CW01433047

HISTOIRE DU MONDE GREC ANTIQUE

FRANÇOIS LEFÈVRE

HISTOIRE DU MONDE
GREC ANTIQUE

LE LIVRE DE POCHE

Série « Antiquité » dirigée par Paul Demont

Ancien membre de l'École française d'archéologie à Athènes, François Lefèvre enseigne l'histoire grecque à l'Université Paris IV-Sorbonne. Ses publications portent sur les relations internationales et sur les institutions dans le monde grec, de la période archaïque à l'époque impériale.

© Librairie Générale Française, 2007.
ISBN : 978-2-253-11373-7

AVANT-PROPOS

Ce volume est né d'une proposition de Paul Demont, tout à la fois flatteuse et intimidante. En effet, il faut sans doute quelques compétences, mais surtout beaucoup d'inconscience pour prétendre retracer en quelques pages l'histoire des Grecs de l'Antiquité. En outre, il existe déjà une offre abondante dans le domaine, la présente collection s'étant elle-même enrichie d'excellentes mises au point sur plusieurs questions précises. De là l'humilité, voire la timidité avec laquelle je me suis lancé dans cette aventure, encouragé par les étudiants comme par les collègues. C'est peu dire que j'ai conscience des limites et des défauts de l'ouvrage. Quiconque s'est frotté de près à la recherche de haut niveau en histoire grecque connaît en effet les risques inhérents à toute synthèse, inévitablement réductrice et provisoire, vu la complexité des problèmes et le rythme auquel progressent nos connaissances. La seule prétention de ce livre est donc d'être utile au public en lui offrant une introduction commode et aussi complète que possible sur la Grèce ancienne. Il s'adresse particulièrement aux étudiants en histoire, mais aussi aux non-spécialistes (lettres classiques, archéologie, inter-âges, etc.), en cette époque qui redécouvre périodiquement les vertus de la pluridisciplinarité, un peu comme M. Jourdain s'émerveille de manier la prose.

Selon l'usage, il faut justifier ici quelques choix. Parmi les problèmes posés à l'historien de la Grèce ancienne, le découpage chronologique est l'un des plus ardus : sur ce sujet, on lira par exemple avec profit les belles pages dues au maître de la discipline qu'était Édouard Will dans la collection « Peuples et Civilisations » (*Le Monde grec et l'Orient*, t. 2, *Le IVe siècle et l'époque hellénistique*[2], 1985, p. 337-346). Le plan adopté est donc discutable comme tous les autres. Autant que possible, il veille à respecter certains équilibres, notamment ceux qui tiennent aux sources disponibles : habituels laissés-pour-compte, les trois siècles de l'époque hellénistique sont pourtant ceux sur lesquels on en sait le plus. Mieux encore, ce sont souvent eux qui donnent la clé des énigmes de l'archaïsme : ainsi un décret de la cité de Sestos en Chersonèse, daté du dernier tiers du IIe s. avant J.-C., nous en apprend-il plus sur les origines de la monnaie, au VIe s., que toutes les exégèses, y compris celle d'un théoricien pourtant aussi rigoureux qu'Aristote (cf. G. Le Rider, *La Naissance de la monnaie. Pratiques monétaires de l'Orient ancien*, 2001, p. 239-247). Dans le même esprit, il a paru indispensable de rappeler quelques notions sur la préhistoire et la protohistoire (ici entendue comme correspondant en gros au IIe millénaire, caractérisé par ses écritures pré-alphabétiques plus ou moins bien déchiffrées), mais aussi d'ajouter un épilogue sur la période romaine, suivant en cela d'autres maîtres, dont Herman Bengtson (*Griechische Geschichte*[5], 1977). L'histoire de la Grèce antique ne commence pas avec Hérodote ; elle s'arrête encore moins à Démosthène ou même à Polybe, et il y a bien longtemps que l'on ne parle plus de « miracle grec », en tout cas au singulier.

Les nécessités éditoriales imposaient naturellement certaines contraintes, à commencer par la concision. Aussi les renvois aux sources se limitent-ils à des indications générales en tête de chaque chapitre et à quelques références représentatives parfois reportées en note, suffisantes pour orienter le lecteur. Ce dernier verra immanquablement sa curiosité récompensée s'il va se plonger dans Homère, Hérodote, Thucydide, etc., dont la pratique rapportera toujours beaucoup plus que la fréquentation de tous les manuels possibles et imaginables : notre plus belle satisfaction serait d'avoir incité à la lecture des chefs-d'œuvre inégalés des littératures grecque et latine.

La bibliographie, inévitablement sélective, énumère en

outre un certain nombre d'études savantes qui en apprendront davantage. Manuels et autres publications en français y sont privilégiés, mais sont cités également des titres dans d'autres langues majeures de la discipline, allemand, anglais et italien, car il serait vain de prétendre persévérer en histoire grecque sans avoir accès à cette production. Il serait encore plus illusoire de vouloir faire l'économie d'une solide initiation au grec et au latin.

L'illustration est volontairement limitée. Il existe déjà quantité d'ouvrages remarquables touchant à l'histoire de l'art et à la civilisation, notamment dans la présente collection, auxquels la bibliographie renvoie naturellement. Les cartes, dressées avec une patience infinie par Anne Le Fur et Claude Dubut, ne prétendent pas à plus d'exhaustivité que le texte et ne visent qu'à en faciliter la lecture. Vu le nombre de mots grecs et latins utilisés, il eût été déraisonnable d'élaborer un lexique : chaque terme est donc traduit ou défini à sa première occurrence, que l'index afférent permet de retrouver.

Il m'est agréable de remercier ceux qui ont accepté de relire tout ou partie du manuscrit, pour le rendre moins imparfait, à commencer par Paul Demont, dont je fus l'étudiant en Sorbonne, voilà une vingtaine d'années ; mais aussi Pierre Carlier, Anne Jacquemin, André Laronde, Olivier Picard, Jean-Marie Salamito et Michel Sève, qui m'ont fait partager leur grande expérience de la matière ; Alexandre Avram, pour qui le monde colonial n'a guère de secrets ; Nicola Cucuzza et Daniela Novaro, parfaits connaisseurs de la protohistoire égéenne ; Cesare Albio Cassio, éminent linguiste ; Jean-Luc Fournet, papyrologue aussi expert qu'habile à rendre sa discipline accessible au profane ; Dominique Prévôt, dont l'énergie et la générosité sont un irremplaçable soutien, tant pour les étudiants que pour ses jeunes collègues de l'Université Paris IV-Sorbonne ; Jean Huré, au nom des auditeurs avertis et exigeants de l'Université Inter-âges ; enfin Dominique et Madeleine Lefèvre, qui m'ont donné le goût de la pensée claire et de l'écriture efficace.

Introduction

Chapitre 1

SOURCES, MÉTHODES ET ENJEUX DE L'HISTOIRE GRECQUE

L'examen critique des sources constitue le préalable indispensable à l'enquête historique, dont il contribue à mettre en évidence les enjeux et les problèmes. Dans le cas spécifique de l'Antiquité grecque, la rareté relative de l'information préservée contraint l'historien à faire feu de tout bois, en collationnant et en mettant en perspective tous les types de données, textes, images, vestiges ou objets, sous forme de *corpus* (série de documents) raisonné. Cette nécessaire pluridisciplinarité se heurte cependant au degré de spécialisation toujours plus élevé des diverses matières impliquées (archéologie, épigraphie, numismatique, etc.). Nous présenterons en premier lieu les auteurs anciens dont les œuvres, connues dans leur majorité par des copies médiévales, sont parvenues jusqu'à nous en vertu d'une sélection ancienne et largement aléatoire. Puis nous évoquerons les sources primaires, textuelles (inscriptions et papyrus) ou archéologiques. Cette rapide présentation sera aussi l'occasion d'exposer succinctement les grandes problématiques de l'histoire de la Grèce antique et les principales orientations de l'historiographie actuelle.

Historiens anciens

L'histoire n'est pas la moindre des inventions que nous devons aux Grecs, née de la perception aiguë qu'ils avaient du *kairos* (moment décisif dans la succession du temps) et

de l'autonomie croissante des faits humains par rapport au
merveilleux et à la mythologie. Longtemps, celle-ci continue
néanmoins à faire partie intégrante de leur vision du monde,
comme le montrent par exemple les épiphanies, c'est-à-dire
les apparitions de dieux ou de héros, tel Thésée lors de la
bataille de Marathon (*infra*, chap. 10).

C'est Hérodote, né dans la seconde moitié des années 480
à Halicarnasse et mort vers 425 à Thourioi, qui est considéré
comme le fondateur de ce nouveau genre. Il lui donne son
nom d'*Historiai* (*Enquêtes*), qui correspond bien à la
méthode utilisée, reposant sur les voyages (Égypte, Babylonie et autres), l'autopsie (vision directe), l'interrogation des
témoins, etc. Le milieu d'où provient Hérodote, imprégné de
cette culture ionienne alors très en avance (*infra*, chap. 10),
son époque, la pentécontaétie (*infra*, chap. 11), enfin l'endroit où il se fixe, l'Athènes de Périclès, expliquent bien des
traits de son œuvre. Consacrée aux guerres médiques, celle-
ci a été divisée en 9 livres que l'on a pris l'habitude d'inti-
tuler d'après le nom des 9 Muses. Il s'agit d'une histoire-
mémorial (« afin que les grands exploits accomplis par les
Grecs et les Barbares ne tombent pas dans l'oubli », lit-on
dans la préface), mais aussi d'un éloge d'Athènes et de la
démocratie, qui ont été selon lui les principaux agents de la
supériorité des Grecs. La curiosité encyclopédique de l'auteur l'entraîne dans des digressions de tous types (géographie, zoologie, mythologie, etc. : cf. la première description
d'un puits de pétrole en VI, 119), l'ensemble faisant de l'*Enquête* un réservoir d'informations inépuisable et très plaisant
à lire. La recherche des causes y tient une grande place
(5 livres sur 9) mais fait encore la part belle au merveilleux
et au divin (oracles, etc.). Ainsi un rôle particulier est-il
reconnu à la vengeance, notamment divine (déesse Némésis), dans le cours des événements : on n'a pas manqué
d'établir un parallèle entre cette vision de l'Histoire et le
développement contemporain de la tragédie, parfois à partir
des mêmes sources d'inspiration, comme dans les *Perses*
d'Eschyle. De là naît la notion de cycles et de déclin des
empires, spécialement de ceux qui se rendent coupables
d'*hybris* ou démesure (ainsi Xerxès en jetant deux ponts de

bateaux sur l'Hellespont ou en marquant le détroit au fer rouge). Or observer la mesure suppose conscience des proportions et de la relativité, ce qui s'accompagne d'un sens surprenant de la tolérance : Hérodote loue à plusieurs reprises le génie des autres peuples (religion égyptienne, écriture phénicienne, etc.), mettant en évidence la dette des Grecs à leur égard, parfois avec ironie. Du même coup, il contribue à définir l'originalité de l'hellénisme (*infra*, chap. 10), auquel la constitution de ce patrimoine de connaissances permet de se situer dans le temps comme dans l'espace.

La tradition veut que ce soit la lecture publique de l'œuvre d'Hérodote qui ait décidé Thucydide (fils d'Oloros, vers 460-397) à devenir historien. Issu d'une famille de l'aristocratie athénienne (il paraît réserver ses faveurs à une démocratie modérée ou encadrée par des êtres d'exception gouvernant à la manière de monarques, tel Périclès), il fut disciple des sophistes. Après avoir essuyé un échec militaire à Amphipolis en 424, il consacre son exil à écrire l'*Histoire de la guerre du Péloponnèse*, qu'il dit avoir commencée dès le début du conflit, car il en avait prévu l'ampleur et l'importance. Après un rappel malheureusement très concis sur la pentécontaétie (*infra*, chap. 11), le récit de la guerre proprement dite s'interrompt en 411, avec le livre VIII, inachevé. Sa méthode, très lucidement présentée, notamment à propos des discours retranscrits ou recomposés, est proche de celle d'Hérodote, mais dépasse la notion de mémoire et promeut l'histoire au rang d'« acquisition pour toujours » (I, 22). C'est que la connaissance du passé aide à définir une conduite, en vertu d'une certaine permanence de la nature humaine, et à affiner les stratégies militaires et politiques. Or le bon chef, dont la qualité première est l'intelligence (cf. Thémistocle et Périclès), est avant tout celui qui sait prévoir. Ainsi l'auteur décrit-il les symptômes et effets de la « peste » d'Athènes pour faciliter les diagnostics futurs, tout comme il décrit quasi cliniquement les manifestations de la guerre civile (*stasis*) qui se répand en Grèce, telle une épidémie. Les dieux n'occupent donc guère de place dans cette quête permanente de la causalité et de la rationalité. Selon Thucydide, l'histoire du temps est celle de l'incompatibilité et du choc des impérialismes, athénien et lacédémonien, la guerre en cours marquant un tournant décisif de l'histoire. Cette lecture est partiellement remise en question depuis quelque temps, notamment l'aspect exagérément démonstratif et sélectif de son exposé, qui le pousse à taire bien des faits, à ses yeux secondaires. Mais bon gré mal gré, nous restons tributaires de la puissance de ses synthèses et du génie de sa pensée. Tout à fait remarquable est par exemple l'attention portée aux facteurs économiques, en une préoccupation reflétant les expériences novatrices conduites dans le cadre de l'alliance athénienne (démocratie, thalassocratie, zone d'influence commerciale et monétaire, etc.) : seule la richesse permet de constituer une force navale, qui favorise elle-même l'apparition de concepts apparentés à ce que nous appelons aujourd'hui « projection de forces » et « géostratégie ».

La suite du récit de Thucydide est à chercher dans les *Helléniques* de Xénophon (vers 430-355), qui couvrent les années 410-362 (le même titre est conventionnellement donné à l'œuvre d'un anonyme connue par des papyrus provenant du site égyptien d'Oxyrhynchos ; elle traitait de la même période et paraît de meilleure facture, mais il n'en reste que quelques pages). Xénophon, issu de l'aristocratie athénienne, fut un disciple de Socrate, qu'il a évoqué dans divers opuscules (*Apologie de Socrate, Mémorables*). Son plus haut fait personnel est de s'être engagé au service de Cyrus le Jeune avec les Dix-Mille, dont il devint même l'un des chefs (*Anabase*). L'aventure le rapprocha des Lacédémoniens auxquels il se rallia. Quoique réconcilié avec Athènes vers la fin de sa vie, il n'y rentra apparemment pas finir ses jours. Son œuvre, volontiers moralisante, est empreinte de philolaconisme (amitié pour les Laconiens), et elle donne une image en partie idéalisée de Sparte (*Constitution des Lacédémoniens, Agésilas*). On doit aussi à Xénophon divers traités techniques : la *Cyropédie* (sur l'éducation), le *Commandant de cavalerie*, l'*Économique*, ou art d'administrer la maisonnée, les *Poroi* (sources de revenus), etc. (cf. *infra*, chap. 18).

Les œuvres de quantité d'historiens du IVᵉ s. sont aujourd'hui perdues ou connues par quelques fragments regroupés dans le colossal corpus commenté de F. Jacoby, *Die Fragmente der griechischen Historiker*. Elles ont été utilisées par les auteurs postérieurs, notamment Diodore de Sicile, Strabon, Plutarque, chez lesquels les spécialistes de la *Quellenforschung* (recherche des sources) tentent de retrouver leur trace avec plus ou moins de bonheur. Citons Ctèsias de Cnide, qui passa plusieurs années auprès de la cour achéménide au début du siècle et composa une *Histoire de la Perse* (*Persika*) ; Éphore de Kymè (Éolide), auteur de la première histoire universelle, depuis le « retour des Héraclides » (*infra*, chap. 5 et 6) jusqu'au règne de Philippe II (partie poursuivie par son fils Dèmophilos, avant que l'Athénien Diyllos ne prenne le relais) ; Théopompe de Chios, auteur des prolixes *Philippiques*, consacrées à Philippe II, où l'accent était mis sur les éléments psychologiques et moraux ; les historiens d'Alexandre, tels Callisthène, neveu d'Aristote exécuté par le roi en 327, l'amiral Néarque, le général Ptolémée, fondateur de la dynastie lagide, Aristobule et Clitarque (*infra*, chap. 17 et 19) ; l'histoire locale enfin, représentée à Athènes par les Atthidographes, dont Philochore, et en Sicile par divers acteurs politiques du temps, dont Philistos de Syracuse.

À la période suivante, où s'échafaudent de nouvelles chronologies générales (cf. la chronique inscrite sur le « Marbre de Paros »[1], les travaux d'Ératosthène, etc.), et où l'on prend l'habitude de se référer aux Olympiades (point de départ correspondant à notre année 776 av. J.-C.), appartiennent d'autres historiens sacrifiés par la tradition philologique, tels Hiéronymos de Cardia, de l'entourage antigonide et auteur d'une *Histoire des Diadoques*, le Sicilien Timée de Tauroménion, qui écrivit à Athènes une histoire de la Méditerranée occidentale très critiquée par Polybe, ou encore Douris de Samos, formé à l'école péripatéticienne (Théophraste) avant de devenir tyran dans sa patrie et d'écrire une histoire

---

1. Cf. J.-M. Bertrand, *Inscriptions historiques grecques*, 1992, n° 1.

allant de Philippe de Macédoine jusqu'à Pyrrhus (Pyrrhos),
avec un goût marqué pour les effets dramatiques.

Mais le plus grand historien de l'époque hellénistique,
considéré aussi comme le meilleur spécialiste du genre après
Thucydide, est Polybe (vers 200-120), fils de Lycortas, stratège de la confédération achaienne, tandis que lui-même en
fut l'hipparque (chef de la cavalerie : *infra*, chap. 21-22).
Bien que d'un parti neutre, il fut en 167 déporté à Rome
avec d'autres dignitaires achaiens et y devint l'un des anima-
teurs du « cercle des Scipions ». Il s'intégra si bien qu'il fut
employé par la République, participant à la guerre contre
Carthage en 146 puis apportant son concours à la provincialisation de l'Achaïe. Convaincu de la supériorité politique et
militaire de Rome, Polybe expose les étapes de l'établissement de la domination romaine, à ses yeux aboutissement
inéluctable de l'Histoire universelle. Car c'est bien une prétention universelle qu'affichent les 40 livres de ses *Histoires*,
dont une partie seulement nous est parvenue. Y sont relatés
les événements allant de 264 à 146, année qui marque un
tournant dans l'histoire politique de la Grèce d'Europe :
matière énorme, qui fait la part belle aux questions de
méthode (cf. les critiques portées à ses devanciers) et à la
recherche rationnelle des causes, même s'il est reconnu un
grand rôle à la *Tychè* (Fortune), mais aussi à la géographie,
aux institutions politiques, à la stratégie et à la tactique sur
tous les théâtres d'opérations. Digne héritier d'Hérodote et
de Thucydide, Polybe a en outre une perception aiguë et
novatrice du fait que l'histoire méditerranéenne forme désormais un corps organique (*sômatoeidès*), dont les différents
aspects sont étroitement entrelacés (*symplokè*). Il est intéressant de mettre en regard les livres correspondants de l'*Ab
urbe condita* de Tite-Live (né vers 60 avant notre ère), souvent étroitement inspirés de Polybe, mais présentant les faits
sous un jour plus favorable à Rome ; cette autre œuvre
monumentale (142 livres) fut abrégée par plusieurs auteurs,
dont Florus (*Épitomè*, peut-être composée dans les
années 130 de notre ère).

Deux auteurs se distinguent à la fin de l'époque hellénistique. Diodore de Sicile (vers 90-30) a beaucoup voyagé

et puisé à de nombreuses sources pour écrire une histoire universelle intitulée *Bibliothèque historique*, en 40 livres dont nous sont parvenus les 5 premiers (période mythique) et les livres XI-XX (années 480-302), ainsi que quelques fragments ou résumés des volumes manquants. Longtemps décrié pour des défauts patents (pauvreté de la pensée, désordre dans la composition, lacunes, confusions chronologiques, etc.), Diodore est aujourd'hui plutôt réévalué par les spécialistes qui y trouvent des informations utiles. D'une autre ampleur est l'œuvre de Strabon (vers 64 av. J.-C. - 25 ap. J.-C.), un Grec du Pont. Strabon a composé une *Histoire* qui complétait celle de Polybe ; elle est perdue, contrairement à sa *Géographie* en 17 livres, dont les deux premiers constituent une sorte de préambule méthodologique, tandis que les quinze suivants décrivent la terre habitée (*oikouménè*), de l'Europe à l'Afrique en passant par l'Asie. De nombreux voyages ont nourri ses écrits (voir son irremplaçable description d'Alexandrie), mais Strabon a également compilé quantité d'auteurs (cf. ses allusions critiques au Massaliote Pythéas) et offre de nombreux et précieux *excursus* historiques. Bien des informations sont pareillement à glaner chez ceux qu'il est convenu d'appeler les « Géographes mineurs », appartenant à diverses époques (Pseudo-Scylax, Pseudo-Scymnos, portulans, etc.).

Le lecteur doit néanmoins garder présent à l'esprit le décalage chronologique existant entre des auteurs comme Diodore et Strabon et une bonne partie de leur sujet, décalage accru à l'époque impériale, qui donne lieu elle aussi à une production historique soutenue : il s'est par exemple écoulé plus de sept siècles entre Solon et la *Vie* que Plutarque lui consacre (*infra*, chap. 9). Il est donc d'autant plus nécessaire ici d'essayer de comprendre comment travaillaient ces auteurs, qui disposaient de plus d'instruments que nous, mais qui ne sont pas à l'abri d'anachronismes.

Flavius Josèphe (né vers 37 av. J.-C.) est un aristocrate juif membre de la famille des Hasmonéens (*infra*, chap. 23). Son ralliement à Rome lui vaut les faveurs de Vespasien et la citoyenneté romaine. C'est à Rome qu'il compose son œuvre, dont les *Antiquités juives* et la *Guerre des Juifs*, en

grec, riches d'informations sur le Levant à l'époque hellénistique ; il s'y inspire de l'auteur païen Nicolas de Damas (né
vers 64 av. J.-C. et proche d'Hérode), ainsi que du premier
livre des Maccabées (fin du IIe s., comme le second livre).

Plutarque de Chéronée (vers 46-126) est issu d'un milieu
de notables béotiens et reçut une formation philosophique
marquée par le platonisme. Il voyagea beaucoup, séjournant
à Rome dans les sphères du pouvoir, sous les Flaviens. Mais
il est surtout connu pour avoir été prêtre d'Apollon à
Delphes, ce qui lui fournit la matière de trois traités delphiques (*Sur l'E du temple de Delphes*, etc.). Auteur
d'*Œuvres morales* également riches d'anecdotes (*Du bavar-
dage, Sur la malignité d'Hérodote,* etc.), il est surtout utile
à l'historien par ses *Vies parallèles,* biographies couplées
associant grands hommes de l'histoire grecque et de l'histoire romaine (par ex. Alexandre et César). Même si le but
poursuivi est plus moral qu'historique et si l'information est
inégale, il y a là un volumineux réservoir de données pour
l'historien, de surcroît plaisant à lire : à ce double titre, Plutarque a connu une grande vogue à la Renaissance, où l'on
redécouvrait l'Antiquité (cf. la traduction d'Amyot). Au Ier s.
avant notre ère, le genre biographique avait déjà été pratiqué,
avec les mêmes préoccupations moralistes mais beaucoup
moins de souffle, par Cornélius Népos, un familier de Cicéron (*Vies des hommes illustres*, en latin).

Arrien de Nicomédie, né vers 90 dans une famille qui
avait reçu la citoyenneté romaine, fut l'élève du stoïcien
Épictète. Comme d'autres notables de l'Orient grec, il a
assumé de multiples charges au service de l'Empire, dans
l'armée et l'administration. Il fut notamment gouverneur de
Cappadoce entre 131 et 137. Son œuvre majeure est l'*Anabase* (Arrien a pour modèle Xénophon) consacrée à l'expédition d'Alexandre. Il y est tributaire d'auteurs plus anciens,
spécialement du Diadoque Ptolémée, mais aussi des traditions politiques de son temps et de sa formation stoïcienne.
Au même sujet avait déjà puisé Quinte-Curce (Quintus
Curtius Rufus, peut-être originaire de Narbonnaise, et qui fit
une carrière militaire et politique au Ier s. de notre ère) : son

Histoire d'Alexandre le Grand, en latin, est nourrie de sources hellénistiques.

Appien d'Alexandrie (vers 90-165) avait aussi la citoyenneté romaine et fut procurateur. Son *Histoire romaine*, écrite en grec, présente un plan original en 24 livres, consacrés aux adversaires successifs de Rome. Nous intéressent particulièrement les livres IX (*Guerres de Macédoine* et *Guerres d'Illyrie*), XI (*Guerres de Syrie*), XII (*Guerres de Mithridate*), XIII-XVII (*Guerres civiles*), inégalement conservés. Son œuvre, qui met en évidence la supériorité de Rome sur tous ses rivaux, mais aussi la diversité de son empire, est précieuse pour l'époque hellénistique.

Avec sa *Description de la Grèce* (ou *Périégèse*) en 10 livres, rédigée pour l'essentiel dans le troisième quart du IIᵉ s., Pausanias nous entraîne dans une visite érudite et passionnante du Péloponnèse et de la Grèce centrale, agrémentant la description des sites de notices historiques ou mythologiques empruntées à diverses sources. Son témoignage demeure primordial pour l'identification des vestiges mis au jour par les archéologues, même si ces derniers se heurtent parfois à de sérieuses difficultés pour faire coïncider ses indications avec leurs découvertes. Quoi qu'il en soit, il y a là une mine de données, comme c'est aussi le cas dans des recueils d'érudition plus tardifs, tels les *Deipnosophistes* d'Athénée (première moitié du IIIᵉ s.). Plus modestes, les *Stratagèmes* de Polyen (8 livres publiés en 162) sont une collection de petits récits à sujet militaire.

L'*Histoire romaine* du Bithynien Dion Cassius, écrite en grec à l'époque des Sévères (fin IIᵉ - début IIIᵉ s.), nous concerne surtout pour les pages consacrées aux épisodes orientaux des guerres civiles du Iᵉʳ s. av. J.-C.

Justin abrège, peut-être au IVᵉ s. de notre ère, la monumentale *Histoire philippique* du Gaulois Trogue-Pompée, contemporain d'Auguste, que l'on connaît aussi par des sommaires (*Prologues*), l'ensemble étant en latin. Il s'agit d'une histoire universelle, très inégalement résumée, qui fait la part belle à l'Occident et au démantèlement de l'empire macédonien par Rome, dont la puissance s'avère supérieure à toutes celles qui l'ont précédée. Justin est une source d'appoint précieuse notamment pour Marseille, le règne de Philippe II et l'époque hellénistique.

Autres auteurs

Naturellement privilégiés, les historiens antiques ne sont pas les seuls auteurs à nourrir les recherches de leurs héritiers d'aujourd'hui : peu ou prou, toutes les œuvres littéraires de l'Antiquité apportent leur lot d'informations. C'est bien sûr le cas pour les périodes antérieures à l'apparition du genre historique mais où la littérature produit déjà ses plus grands chefs-d'œuvre, tels les poèmes homériques ou ceux d'Hésiode, perpétuellement revisités par les spécialistes de l'époque mycénienne et surtout par ceux des « âges obscurs » et des VIIIᵉ-VIIᵉ s. (*infra*, chap. 6 à 8). L'engagement militaire et politique des Lyriques, comme celui de Tyrtée à Sparte ou ceux d'Alcée de Lesbos et de Théognis de Mégare (VIIᵉ-VIᵉ s.), donne également matière à commentaire : c'est par exemple chez Alcée que l'on trouve l'une des plus anciennes définitions de la cité qui, selon lui, s'identifie pratiquement aux citoyens-soldats capables d'en assurer la défense. À partir de l'époque classique, et pas seulement pour les périodes non couvertes par les ouvrages historiques parvenus jusqu'à nous, d'autres genres constituent des sources appréciables : ainsi l'un des témoignages les plus fiables et les plus précis pour reconstituer la bataille de Salamine est-il fourni par le tragique Eschyle (vers 525-455), qui y combattit lui-même, dans *Les Perses* (472). Pareillement, les comédies d'Aristophane (vers 450-385) et de Ménandre (fin du IVᵉ s.) offrent un éclairage inestimable sur l'opinion publique, la société et diverses pratiques de l'Athènes de leur temps, et c'est chez Théocrite que l'on trouvera l'évocation la plus vivante d'Alexandrie sous Ptolémée II, tandis que les saynètes des *Mimes* d'Hérondas nous transportent notamment dans la société de Cos ou d'Éphèse au IIIᵉ s. (*infra*, chap. 23).

Les philosophes, tels l'Athénien Platon (vers 428-347) et Aristote de Stagire en Chalcidique (384-322), nourrissent leur réflexion d'exemples pris à la réalité passée ou présente et leur contribution ne se borne pas à l'histoire des idées ; l'école du second pratique même le genre historique avec bonheur, comme l'atteste l'irremplaçable *Constitution des Athéniens* (traduction conventionnelle, mais impropre, d'*Athènaiôn politeia*), qui fait amèrement regretter la perte de tous les volumes correspondants, consacrés aux autres cités. En outre, l'un et l'autre furent dans une certaine mesure des acteurs de leur temps, Platon par son engagement répété et malheureux auprès des tyrans de Syracuse (*infra*, chap. 14), Aristote non pas tant par son préceptorat auprès d'Alexandre (343-340) que par l'influence qu'exercèrent ses idées, notamment sur un Démétrios de Phalère qui les mit en pratique à Athènes et à Alexandrie ; plus généralement, sa démarche encyclopédique est à la mesure des évolutions en cours et se reflète dans l'universalité de la conquête macédonienne et de la civilisation hellénistique (*infra*, chap. 23). Longtemps, l'Académie fondée par Platon en 387, et le Lycée, siège de l'école d'Aristote à partir de 335, aussi appelée « péripatéticienne » parce que ses membres avaient pour habitude de deviser en se promenant (en grec *péripatein*), compteront parmi les plus illustres ornements d'Athènes.

Mais c'est surtout avec l'éloquence judiciaire et politique que la production littéraire s'inscrit au mieux dans l'histoire, spécialement à Athènes où le jeu démocratique, fondé sur l'*isègoria* (égalité de parole) et sur la *parrhèsia* (liberté de parole), a stimulé le développement de la rhétorique (*infra*, chap. 9)[1]. Parmi ceux qu'il est convenu d'appeler les « orateurs attiques », on trouve des Athéniens, comme Andocide dès la fin du Ve s., Hypéride ou Lycurgue au IVe s., mais aussi des métèques (étrangers domiciliés), tels Lysias de Syracuse ou Isée (de Chalcis en Eubée ?). Isocrate, né en 436, soit peu avant la guerre du Péloponnèse, et mort au lendemain de Chéronée (338), vécut presque centenaire mais fut plus un témoin qu'un acteur de son temps, sinon par l'influence qu'exerça son école de rhétorique. En revanche,

1. Voir L. Pernot, *La Rhétorique dans l'Antiquité*, Le Livre de Poche, « Références », no 553, 2000.

la joute à distance entre Démosthène (384-322) et Philippe
de Macédoine d'une part, et le duel qui oppose ce même
Démosthène à Eschine (né vers 390) d'autre part, scandent
la période cruciale des années 350-336 environ : même si,
entre les allégations des deux partis, il n'est pas toujours aisé
de faire la part des choses, harangues et discours donnent à
l'historien d'aujourd'hui plus de matière que le maigre récit
de Diodore (*infra*, chap. 16). Pour finir, évoquons les traités
techniques, comme la *Poliorcétique* de l'Arcadien Énée le
Tacticien (première moitié du ɪvᵉ s.), qui explique comment
offrir la meilleure résistance à un siège, ou les opuscules de
Xénophon cités plus haut.

Autres sources écrites

Inscriptions et papyrus, conservés par dizaines de milliers,
constituent une mine de renseignements inépuisable, parce
que constamment enrichie par les fouilles ou les découvertes
fortuites, ce qui nécessite une mise à jour régulière de nos
connaissances.

L'épigraphie, dont le plus grand maître fut au siècle dernier le Français Louis Robert, s'attache à l'étude des inscriptions (tablettes d'argile mycéniennes, vases inscrits,
monuments ou stèles de pierre, feuilles ou stèles de bronze,
lamelles d'or), produites depuis l'Âge du Bronze jusqu'à
l'époque impériale (et même byzantine), avec une lacune
durant les « âges obscurs » (*infra*, chap. 6), mais avec une
fréquence remarquable à partir du ɪvᵉ s. et durant l'époque
hellénistique. Dès Hérodote, les historiens antiques exploitent ces documents, privés (dédicaces, lettres sur plomb,
objets inscrits, épitaphes, etc.) et surtout publics : *ostraka*
(tessons de poterie servant notamment pour l'ostracisme à
Athènes, à distinguer des *ostraka* de l'Égypte lagide, qui
portent des documents de diverse nature et ressortissent à la
papyrologie), dédicaces, règlements religieux, traités de paix
ou d'alliance, conventions diverses, comptes de construction
sur les grands chantiers, lois et décrets (spécialement les
décrets honorant tel ou tel individu méritant et dont les atten-

dus livrent des tranches de vie parfois en rapport avec de grands événements), etc. Cette dernière catégorie est celle qui donne les informations les plus riches (religion, institutions, économie, sociologie, prosopographie, c'est-à-dire étude des personnes, de leur famille et de leur carrière). Ces informations peuvent parfois être recoupées avec les indications des auteurs ou viennent au contraire compléter les lacunes de ces derniers. De tels documents présentent en effet le grand avantage de nous arriver sans intermédiaire et de nous faire entrer dans le quotidien des communautés qui les ont produits, parfois fort modestes : si Athènes et les grandes cités, à l'exception notable de Sparte, livrent une épigraphie abondante, bien d'autres, sur lesquelles les auteurs sont peu diserts, voire muets, ne sont connues que par les inscriptions. *A contrario*, nous ignorons aujourd'hui le statut d'une cité aussi importante que Milet entre 197 et 190 environ, période charnière en Asie Mineure, faute d'inscriptions. Mais l'exploitation de ces textes qui nous parviennent souvent mutilés ne va pas sans difficulté : lecture, restitution des parties manquantes (possible si celles-ci ne sont pas trop étendues, en raison du caractère juridique et donc relativement stéréotypé des formulaires), datation, interprétation, etc. Précisons qu'il faut se garder de prendre décrets, lois ou autres pour des archives. Celles-ci étaient constituées de matériaux périssables (papyrus, parchemin, etc.), et conservées dans des lieux spécifiques, tel le *bouleutèrion* (local du Conseil, *Boulè*) ou le Mètrôon (sanctuaire de la Mère des dieux) sur l'agora à Athènes, etc. Seules certaines pièces étaient jugées assez importantes pour être gravées sur la pierre ou sur le bronze et placées « dans l'endroit le plus en vue », agora ou sanctuaire. Cela pouvait contribuer à faire la publicité des décisions, encore qu'une proclamation ou un affichage temporaire sur panneaux de bois peints fût le plus souvent requis à cet effet, et cela visait surtout à en assurer la pérennité.

La papyrologie présente bien des caractéristiques communes avec l'épigraphie, notamment le patient travail de déchiffrement et d'établissement du texte. En l'occurrence, ce dernier est parfois recomposé à partir de lambeaux dispersés dans plusieurs collections, avant qu'il soit possible d'en tirer une interprétation et des informations exploitables. Si le papyrus était utilisé partout comme support d'archives, c'est surtout le climat sec de l'Égypte qui a permis d'en retrouver des quantités considérables, dans des dépôts d'archives, sur le site d'anciens dépotoirs ou réemployés comme cartonnages de momies (ainsi à Philadelphie ou à Tebtunis, dans le Fayoum). On distingue habituellement deux types de papyrus, d'après leur contenu. Les papyrus littéraires d'une part : en grande majorité, des extraits des poèmes homériques, ce qui permet d'apprécier la diffusion et la popularité de ces œuvres, mais aussi des pièces comme les *Helléniques* d'Oxyrhynchos et la *Constitution des Athéniens* évoquées plus haut, ou comme le *Dyscolos* (*Atrabilaire*) de Ménandre. Les papyrus documentaires d'autre part, en grec ou en démotique (égyptien « populaire »), qui intéressent au premier chef l'historien de l'Égypte lagide (*infra*, chap. 22-23). Deux grands ensembles sont assez commodément accessibles dans les publications modernes : les ordonnances royales aujourd'hui regroupées en corpus et, pour partie, les archives de Zénon. Celles-ci couvrent une période allant de 261 à 229 ; il y figure des papiers personnels et surtout des pièces concernant l'administration du domaine (*dôréa*) d'Apollonios, diœcète de Ptolémée II, dont Zénon eut la charge à Philadelphie, dans le Fayoum, vers le milieu du IIIe s. D'autres éclairages proviennent de lots d'archives familiales ou de dossiers comme ceux de Menchès, cômogrammate (secrétaire de village, *kômè*) à Kerkéosiris, dans le Fayoum (vers 110). Ces documents apportent des informations inestimables dans les domaines les plus variés, mais on soulignera spécialement ici leur intérêt exceptionnel pour la vie quotidienne et pour l'histoire sociale et économique. Certains sont tout à fait remarquables, telle cette ordonnance de 33 av. J.-C. accordant divers privilèges fiscaux au général de Marc Antoine, Publius Canidius, et qui se conclut par un « que cela soit » (*ginesthôi*) qui pourrait bien avoir été écrit de la main même de la dernière reine lagide, la grande Cléopâtre [1].

---

1. P. van Minnen, « An Official Act of Cleopatra (with a Subscription in her Own Hand) », *Ancient Society*, 30, 2000, p. 29-34.

L'archéologie

L'archéologie s'entend ici comme l'étude des sources matérielles par opposition aux sources écrites. Celles-ci conservent pour l'historien un primat indiscutable : il n'est que de repenser au bouleversement qu'a représenté le déchiffrement des tablettes en linéaire B pour la compréhension du monde mycénien (*infra*, chap. 5), ou de songer que la Tholos, parfois considérée comme le plus beau monument de Delphes, reste rebelle à l'interprétation, faute d'une inscription ou du témoignage d'un auteur ancien permettant d'en comprendre la destination (photographie de couverture). Mais on n'oubliera pas que c'est l'archéologie qui met au jour la plupart des inscriptions, papyrus ou monnaies (qui ne sont pas des objets muets : cf. ci-dessous), et qu'elle est irremplaçable pour les périodes ne livrant pas de textes (cf. les « âges obscurs », *infra*, chap. 6). Monuments et objets sont déjà utilisés par Hérodote et n'échappent pas à la réflexion méthodologique de Thucydide. Mais à la suite des collectionneurs de la Rome impériale, la discipline est longtemps restée le passe-temps des « antiquaires ». Au XIXᵉ s. sont créés à Athènes les établissements archéologiques étrangers, au premier rang desquels l'École française (1846), et dans la foulée d'Heinrich Schliemann (Troie et Mycènes) eurent lieu les fouilles spectaculaires d'Olympie, Delphes, Délos, Cnossos que fit restaurer Sir Arthur Evans, etc. Il est impossible de passer en revue ici tous les apports d'une discipline parfois traversée d'âpres débats méthodologiques (songeons à la « *New Archaeology* » et à ses détracteurs depuis les années soixante), et dont les exigences scientifiques sont de plus en plus élevées (fouille stratigraphique, méthodes de prospection géophysique, photographie aérienne, paléobotanique, archéologie sous-marine, etc.). Pour une bonne part, c'est sur elle que repose notre connaissance de l'urbanisme antique (colonies d'époque archaïque, Priène ou Pergame hellénistiques), des pratiques funéraires (nécropoles), des échanges commerciaux (qualité, quantité et diffusion des objets et des matériaux), des techniques artisanales (céramique, statuaire, architecture, etc.) ou agricoles (pressoirs), de l'aspect et de l'exploitation des terroirs (prospections et carottages), des régimes alimentaires et de la culture matérielle en général. La recherche contemporaine s'intéresse particulièrement à ces derniers thèmes (production, échanges, consommation), si bien que notre perception du quotidien est notablement renouvelée depuis quelques décennies. Par ailleurs, le sol de la Grèce et, plus encore peut-être, ceux de la Turquie ou de l'Égypte réservent régulièrement des découvertes spectaculaires ou émouvantes : ainsi a-t-on retrouvé la sépulture de ces deux polémarques lacédémoniens dont Xénophon nous dit qu'ils avaient été assaillis de flèches et de javelots par les troupes légères de Thrasybule dans les combats du Pirée en 403 (outre qu'ils sont identifiés par l'inscription funéraire, un squelette avait une pointe de lance dans le côté, l'autre deux pointes de flèches au niveau de la jambe ; cf. *Helléniques* II 4, 31-34 ; *infra*, chap. 13). Aujourd'hui même, en Crète, un nouveau palais minoen sort de terre (*infra*, chap. 4).

L'étude des monuments et objets mis au jour intéresse en priorité l'histoire de l'art, mais les scènes peintes sur les vases apportent aussi leur lot d'informations sur la société, les cultes, etc. L'hybridation culturelle entre milieux grec et égyptien sous les Lagides se mesure notamment aux motifs des monuments funéraires, et l'interprétation de programmes iconographiques tels que ceux de l'Acropole péricléenne ou de la Pergame attalide aide à mieux comprendre les intentions des commanditaires. L'étude des styles permet d'apprécier l'influence et le rayonnement de telle ou telle école, et donc de la cité qui les abrite, même s'il faut constamment se garder de verser dans un excès ou dans l'autre, en veillant à conserver l'équilibre entre aspects politiques, économiques, artistiques, etc.

S'il est un objet représentatif du haut degré de technique et d'érudition requis par les disciplines contribuant à l'enquête historique, c'est bien la monnaie, porteuse d'images et de texte (légende avec l'ethnique de la cité, le nom du roi ou du « monétaire » responsable de l'émission, etc.), et donnant lieu à des analyses qualitatives et quantitatives. Flan métallique placé à chaud entre deux coins gravés qui y

impriment leur marque par une frappe au marteau, la monnaie se diffuse à partir du VIᵉ s. (*infra*, chap. 8). Elle se prête
au commentaire iconographique et aide à établir la chronologie et la géographie (localisation des cités d'après les lieux
de trouvaille). Elle renseigne aussi sur les contextes politique
et économique, par l'étude des coins successifs, par l'évaluation du nombre de monnaies frappées (à partir des calculs
de probabilité les plus sophistiqués), par l'étude des poids et
de l'aloi (activation par neutrons rapides, isotopes du plomb),
et par celle de la circulation monétaire (notamment à partir des
« trésors » enfouis dans l'urgence). Longtemps marginale et
pratiquée par les seuls collectionneurs, la numismatique est
devenue aujourd'hui essentielle à l'histoire du monde grec
antique ; offrant une sorte de synthèse des méthodes que
celle-ci met en œuvre, elle contribue aussi à lui ouvrir de
nouvelles perspectives.

Problèmes et orientations actuelles

Cet inventaire rappelle que la première difficulté pour
l'historien de la Grèce antique consiste à dominer des
matières aussi vastes et aussi complexes. La rareté relative
des sources implique en effet de solliciter tous les types de
données, alors même que celles-ci se trouvent fort dispersées
dans des publications souvent peu accessibles et contenant
des études d'un très haut niveau de spécialisation. L'exigence d'exhaustivité se trouve donc souvent battue en
brèche ou vite menacée d'obsolescence. Les auteurs anciens
constituent en effet un ensemble sinon définitif, du moins
peu renouvelé : la découverte fracassante d'un inédit comme
la *Constitution des Athéniens* aristotélicienne, retrouvée à la
fin du XIXᵉ s. au dos d'un papyrus portant les comptes d'un
petit propriétaire de l'Égypte dans les années 70 de notre
ère, reste fort rare. Mais les inscriptions, les papyrus documentaires et le matériel archéologique se multiplient et se
renouvellent constamment, au rythme des fouilles planifiées
ou conduites dans l'urgence (fouilles dites « de sauvetage »,
telle celle qui, à Thèbes, a récemment mis au jour un lot

important de tablettes en linéaire B du plus haut intérêt).
Par ailleurs, l'étude de ces éléments nouveaux, souvent fort
complexe et minutieuse, peut demander beaucoup de temps
et les publications s'en trouvent retardées, ce qui diffère
d'autant l'exploitation que peut en faire l'historien. Le cheminement de la discipline est donc ininterrompu, mais rarement aussi rapide qu'on le souhaiterait.

En outre, la spéculation tient une grande place car le
manque de documents génère mécaniquement les hypothèses : il est même frappant de constater que la production
scientifique est souvent inversement proportionnelle à la
quantité et à la qualité des données disponibles (cf. l'extraordinaire énigme que constitue encore à ce jour la fin du
monde mycénien). Cette démarche est inévitable et la sub-
jectivité dont elle se nourrit est porteuse d'enrichissement
pour tous, pourvu que l'expression se conforme aux incertitudes et aux carences de l'information, en étant assortie des
indispensables marques de doute. Modestie et prudence sont
donc de mise, surtout pour les époques les plus reculées où
manquent les documents écrits mais où, paradoxalement, les
considérations linguistiques rétrospectives s'avèrent primor-
diales (*infra*, chap. 3 et 5-6). La même réserve vaudra d'ailleurs pour les périodes mieux documentées, car les textes
peuvent délivrer un message plus ambigu qu'une tombe ou
un habitat bien conservé et bien fouillé. Il n'est pas rare que
le même passage d'un auteur ou un même faisceau de données plusieurs fois revisité suscite des commentaires contradictoires et donne lieu à des interprétations révisées. Dans
cette perspective, l'« argument du silence » est particulièrement délicat à manipuler : une éclipse dans la documentation
est-elle imputable au mauvais état général dans lequel celle-
ci nous est parvenue, ou faut-il en déduire que le comportement, l'institution, le groupe humain en question n'est plus ?

Parfois, c'est un nouveau questionnement qui vient renouveler le débat, tel celui que mettent en œuvre l'ethnologie
et l'anthropologie structuraliste, qui ont permis d'ouvrir de
nouveaux champs d'investigation, spécialement pour ce qui
touche aux comportements sociaux et religieux. Encore faut-
il veiller à ne pas s'égarer dans un comparatisme échevelé,

au risque de perdre de vue l'apport si particulier de la civilisation qui nous intéresse. Dans cette perspective, il convient aussi de se garder d'un autre travers, l'anachronisme. Nous ne pouvons bien sûr que constater et reconnaître l'ampleur de la dette contractée vis-à-vis des Grecs, dans à peu près tous les domaines. Il s'ensuit que les rapprochements entre leurs pratiques et les nôtres sont tentants, voire inévitables, d'autant qu'il y a là un artifice pédagogique qui a fait ses preuves : après tout, un historien aussi sérieux que Thucydide nous invite à tirer parti de ces « acquisitions pour toujours ». Bien des conflits, des comportements, des évolutions, spécialement à l'époque hellénistique, évoquent irrésistiblement notre propre monde. Pourtant, il faut aussi se défier de certaines impressions de modernité, en partie illusoires, et constamment essayer de restituer à chaque période sa saveur particulière, ses enjeux, ses représentations, sous peine de passer à côté de ce qui en fait l'originalité et la singularité.

De ce point de vue, le nivellement menace de deux côtés. En premier lieu, on ne perdra pas de vue qu'entre le VIᵉ s. et le règne d'Alexandre le Grand, une proportion écrasante de notre documentation provient d'Athènes ou la concerne, Sparte et Thèbes se partageant les miettes. C'est durant l'archaïsme, mais alors les sources sont indigentes et l'on est souvent contraint d'extrapoler à partir de données postérieures, et surtout à l'époque hellénistique que nous pouvons apprécier le foisonnement créateur ainsi que la diversité de l'hellénisme et des plus de mille cités ou des ligues et autres structures qui le composent. En second lieu, s'il convient de marquer les différences entre les Grecs de l'Antiquité et nous, il est aussi un enjeu capital, qui est de percevoir les évolutions, voire les ruptures au sein même des différents moments de l'histoire antique. On peut être sensible aux continuités, parfois lourdes, spécialement dans le domaine religieux. Il est par exemple significatif que la construction d'un temple serve de révélateur du passage au stade politique (naissance de la cité) pour certains spécialistes de l'époque archaïque, et qu'elle soit encore, à la fin du IIIᵉ et au début du IIᵉ s., un signe de la prospérité et de la fierté des cités d'Asie Mineure, dont elle sert à réaffirmer l'identité. Le même mode d'étalonnage vaut donc à plusieurs siècles d'intervalle. Inversement, il n'est pas toujours aisé de repérer les lignes de fracture : ainsi les « âges obscurs » sont-ils confinés à un laps de temps toujours plus réduit, au fur et à mesure que progresse l'archéologie et que la recherche fait vieillir l'alphabet ; ainsi le IVe s. est-il bien difficile à répartir et à analyser, entre second classicisme et époque hellénistique, avec la bataille de Chéronée (338) ou le règne d'Alexandre comme pivot ; ainsi les spécialistes discutent-ils de l'opportunité d'une distinction entre « haute » et « basse » époque hellénistique, dont la frontière chronologique est d'ailleurs mouvante selon les régions, spécialement dans le cadre civique. Les contemporains de la guerre du Péloponnèse (431-404) avaient-ils perçu son unité telle que Thucydide l'a si fortement mise en évidence ?

Précisément, s'il est un chantier permanent, c'est bien celui de la chronologie : de là le grand nombre de dates assorties d'un *ca*, abréviation du latin *circa* = « environ, vers ». Pour une date précisément fixée grâce à un heureux synchronisme astronomique dûment consigné par les auteurs (cf. la bataille de Coronée, peu après l'éclipse de soleil du 14 août 394, ou celle de Pydna, le lendemain de l'éclipse de lune survenue dans la nuit du 21 au 22 juin 168), combien d'incertitudes ! Celles-ci sont naturellement plus grandes au fur et à mesure que l'on remonte dans le temps : à l'Âge du Bronze (*infra*, chap. 3 à 5), donner une date absolue, ainsi que nous avons choisi de le faire pour la commodité du lecteur, tient aujourd'hui de l'inconscience. Encore à l'époque archaïque, un demi-siècle de battement, sinon plus, est monnaie courante (cf. les guerres de Messénie, *infra*, chap. 9)[1]. Par la suite, des approximations subsistent, spécialement durant la pentécontaétie (*infra*, chap. 11) et au IIIe s. (*infra*,

---

1. Voir par exemple l'ouvrage de P. J. Shaw, *Discrepancies in Olympiad Dating and Chronological Problems of Archaic Peloponnesian History*, *Historia Einzelschriften*, 166, 2003, avec le compte rendu de N. Richer, « L'histoire péloponnésienne archaïque : problèmes chronologiques. À propos d'un livre récent », *L'Antiquité classique*, 74, 2005, p. 267-273.

chap. 19) : il n'est que de songer à l'année de l'archontat de Polyeuctos à Athènes (naguère placé en 246/5, aujourd'hui plutôt en 250/49), simple détail en apparence, mais en fonction duquel des dizaines d'inscriptions, et donc autant d'événements, pourraient glisser de quelques années en raison de la correspondance avec un cycle agonistique (concours des Sôtéria célébré à Delphes selon un rythme triétérique puis pentétérique, c'est-à-dire tous les deux puis quatre ans). Tout cela requiert une enquête patiente et minutieuse, souvent austère, parfois suspendue à la découverte d'un nouveau document (fragment d'inscription, etc.) qui viendra confirmer ou infirmer la pertinence d'une restitution ou d'une reconstitution. Mais c'est là le préalable indispensable pour qui veut rétablir l'enchaînement des faits et proposer des événements l'analyse la plus fine possible.

En raison de la nature de la documentation disponible, certains aspects sont mieux connus que d'autres, par exemple ce qui touche aux champs religieux et politique. Faute de statistiques, c'est le domaine quantitatif, spécialement la démographie et l'économie, qui souffre des plus graves carences. Nous ne possédons au mieux que des ordres de grandeur ou des éclairages ponctuels interdisant toute généralisation. Même les unités de mesure des Anciens ne sont pas toujours précisément converties : on s'est par exemple récemment avisé qu'à Athènes, au IVe s., un médimne (mesure de capacité pour les solides d'une valeur légèrement inférieure à 52 litres) équivalait en poids à un peu plus de 31 kg de blé et non à une quarantaine comme on le croyait (environ 27 kg pour l'orge). Quant à notre perception du commerce au long cours, elle reste, spécialement à l'époque archaïque, excessivement tributaire des trouvailles de céramique. C'est en effet le matériau qui s'est le mieux conservé, mais ce domaine lui-même comporte de nombreuses inconnues ou difficultés d'interprétation (provenance, contenu des vases, identité des producteurs et transporteurs, volume et sociologie des échanges, etc.). Cette documentation trop partielle et réductrice suscite inévitablement des débats de méthode, tel celui qui opposa les « modernistes », interprétant l'économie antique à l'aune des mécanismes modernes du capitalisme et du marché monétarisé (E. Meyer, M. Rostovtzeff), et les « primitivistes », qui la classent comme primitive et subordonnée à la politique (M. I. Finley). Une synthèse se fait peu à peu entre les différents courants. On insiste notamment sur la lenteur des progrès techniques (même si ce point lui-même est depuis peu l'objet d'appréciations plus nuancées et si un lien avec l'esclavage est écarté), sur le primat de la notion de subsistance et sur celui de la fiscalité (cf. les timbres en relief dont étaient marquées certaines séries d'amphores, sur lesquels les études se multiplient depuis quelque temps, et qui pourraient correspondre à la perception d'une taxe sur la production des vases). Mais on souligne aussi que des comportements notables émergent çà et là, tel le développement de l'économie monétaire et des activités commerciales. Parallèlement, des études récentes réévaluent la part de l'écrit dans les affaires et la vie quotidienne en général. On l'aura compris : il reste beaucoup à faire et à apprendre de toutes ces vieilles choses.

Chapitre 2

APERÇU GÉOGRAPHIQUE

L'histoire est fille de la géographie. Ainsi Hérodote, reconnu comme le père de la discipline depuis Cicéron, semble avoir pour principale référence Hécatée de Milet, qui était apparemment plus géographe qu'historien, et lui-même consacre une part non négligeable de son œuvre à des observations d'ordre géographique. Ératosthène, qui au IIIe s. renouvelle la cartographie tout en s'attelant à une chronologie universelle, Polybe au siècle suivant puis Strabon au début de l'époque impériale, perpétuent cette tradition (chapitre précédent et *infra*, chap. 23). À l'image des Anciens, qui considéraient que la connaissance des temps n'allait pas sans celle des lieux, parcourons rapidement le pays grec, ici limité à sa cellule originelle, le bassin égéen, pour tenter d'en mieux comprendre l'histoire.

Relief et climat

Le fait le plus marquant est la prédominance des montagnes, qui occupent plus des trois quarts de la surface. De formation récente (plissement alpin, activité volcanique et surtout sismique encore très perceptible aujourd'hui), elles sont relativement peu élevées : le sommet du pays, l'Olympe, n'atteint pas les 3 000 m, et les plus hauts massifs se situent à 2 400 - 2 500 m en moyenne (Pinde au nord-ouest, Parnasse dominant Delphes en Grèce centrale, Taygète à proximité de Sparte dans le Péloponnèse, Ida en Crète). Mais de multiples dépressions intérieures ont donné

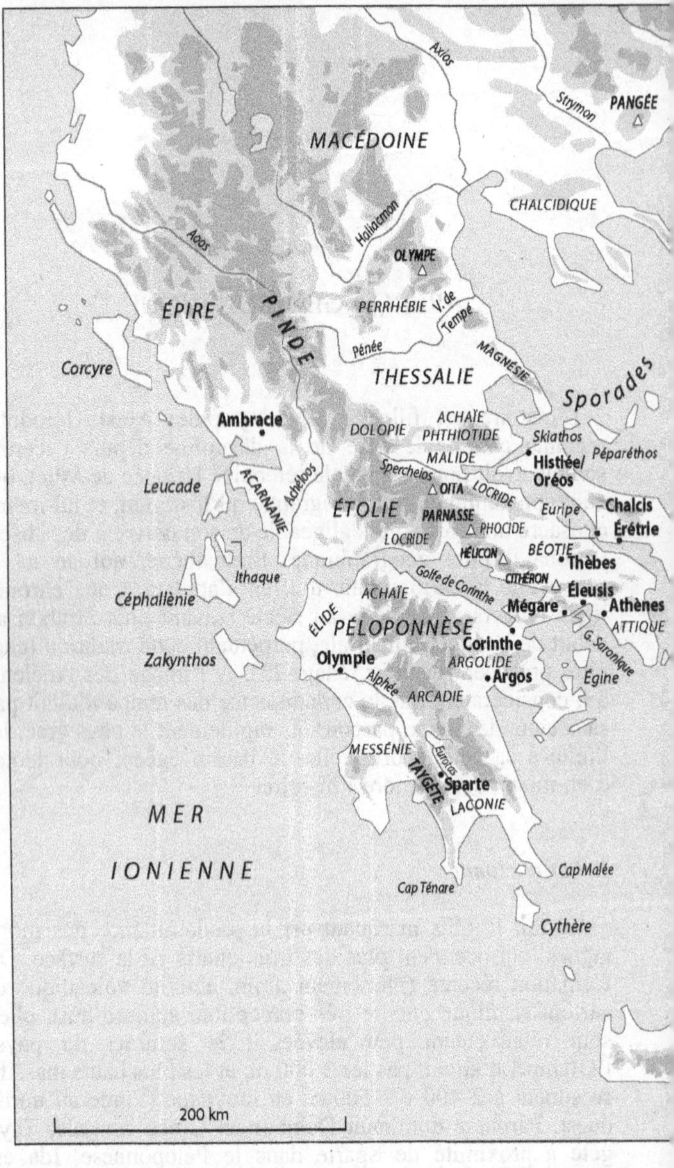

Carte 1. Géographie du bassin égéen.

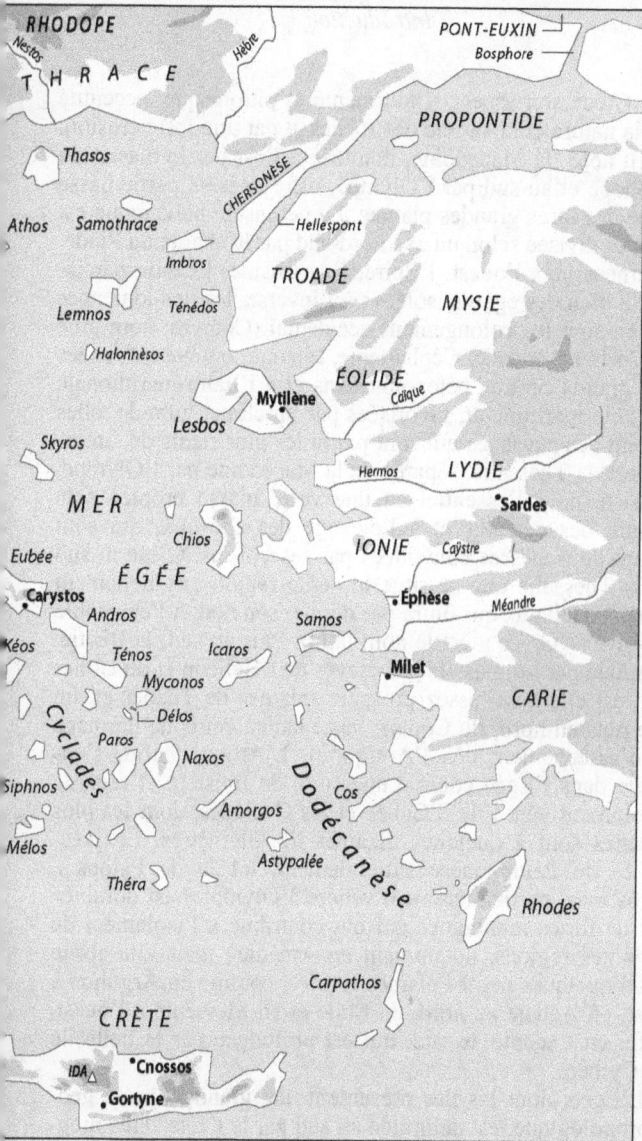

à la Grèce son aspect si tourmenté et pittoresque, accentué par la nature et la variété des roches et par une forte érosion.

Au nord, la Macédoine, dominée à l'est par le massif du Rhodope et au sud par l'Olympe, offre dans sa partie basse l'une des rares grandes plaines. La péninsule balkanique est en gros divisée selon un axe nord-sud par la chaîne du Pinde. Tournées vers l'ouest, l'Épire, l'Acarnanie, l'Étolie paraissent à bien des égards isolées ; à l'inverse, les îles ioniennes qui en sont le prolongement occidental (Corcyre, nom grec de Corfou, Leucade, Céphallénie, Ithaque) ont été tôt reliées aux grands centres péloponnésiens et à l'Italie méridionale par voie maritime et, favorisées par un climat humide, elles offrent des paysages qui sont parmi les plus riants de Grèce. À l'est, la Thessalie, séparée de la Macédoine par l'Olympe, consiste pour l'essentiel en une vaste plaine propice à la culture des céréales et à l'élevage des chevaux, qui sont autant de richesses convoitées par ses voisins. C'est au sud de la Thessalie que se situe la petite région originellement appelée Hellade, qui finira par donner son nom à l'ensemble du pays (« Grèce » est le nom latin). Plus au sud, la Béotie, dominée par les massifs peu élevés de l'Hélicon et du Cithéron, est elle aussi assez prospère (plaines de Thèbes et, un peu plus au nord, du Copaïs, vaste lac en cours de drainage et d'assèchement dès l'Antiquité). L'Attique enfin, s'enfonce dans l'Égée comme une sorte de finistère et regarde résolument vers l'île d'Eubée et les Cyclades, dont les plus proches sont à quelques dizaines de kilomètres. La presqu'île du Péloponnèse (littéralement, « l'île de Pélops », héros local particulièrement vénéré à Olympie) est dominée par de fortes montagnes qui ont contribué à l'isolement de certaines régions, notamment en Arcadie ; mais elle abrite aussi quelques petites plaines fertiles, comme en Argolide à l'est, en Achaïe au nord, en Élide et en Messénie à l'ouest, enfin en Laconie au sud, qui est prolongée par la belle île de Cythère.

L'Égée, dont les îles présentent une grande variété géomorphologique, est délimitée au sud par la Crète. Très montagneuse mais assez riche, celle-ci constitue une sorte de petit continent à elle seule, qui a produit une civilisation remarquable par son originalité et joué un rôle déterminant dans le développement de l'hellénisme, au sein duquel elle a toujours occupé une place à part. Les Cyclades (Naxos, Paros, Délos, etc.), témoins affleurants de l'ancien socle cristallin effondré, sont autant de gros rochers (pour beaucoup, quelques dizaines de km² seulement) offrant un chapelet d'escales. Elles ne sont pas dépourvues d'atouts mais d'autres archipels bénéficient d'un environnement plus favorable, comme les Sporades au nord-ouest (Skiathos, etc.), et surtout le Dodécanèse au sud-est (Rhodes, etc.). Les îles du nord (Thasos, Samothrace, Lemnos) sont riantes, comme celles du littoral asiatique, dont les plus grandes ont abrité des cités florissantes (Lesbos, qui en compte une demi-douzaine à l'époque archaïque, Chios, Samos), souvent dotées d'une annexe territoriale située sur le continent en face (Pérée). La côte asiatique, enfin, est elle aussi découpée et accidentée, hormis la basse vallée des principaux fleuves dont l'alluvionnement a aujourd'hui notablement fait progresser les terres (Hermos, Méandre). Elle est inégalement favorisée, le nord et l'Ionie apparaissant comme plus prospères que les régions méridionales.

Il est un autre élément au moins aussi présent que les montagnes dans le paysage grec : la mer, toujours à moins de 100 km de quelque point de territoire que l'on se trouve, alors qu'inversement, quand on navigue en Égée, il n'est jamais besoin de parcourir plus de 60 km pour atteindre la terre, toujours à portée de vue. Cette interpénétration créant des paysages si plaisants n'est naturellement pas sans conséquence sur les comportements en général et les échanges en particulier, d'autant que le climat offre une belle saison de navigation, d'avril/mai jusqu'à septembre/octobre, spécialement en plein été où les vents étésiens (meltem) peuvent mener de Thrace en Égypte en moins de dix jours. Le printemps peut être humide, mais c'est surtout l'hiver qui constitue la saison des pluies et des tempêtes : neigeux en montagne et rigoureux dans les régions septentrionales, il est plus doux sur les côtes et au fur et à mesure qu'on va vers le sud. Ce climat, où les mi-saisons sont très fugaces, n'a

probablement pas subi d'évolution marquante depuis l'Antiquité.

Les ressources du sol

Le Grec est d'abord un paysan et le restera, même au
plus fort de l'aventure maritime : la lecture d'Hésiode, entre
autres, est de ce point de vue particulièrement instructive.
La « trilogie » typiquement méditerranéenne (céréales, vigne
et olivier dont le plein développement serait lié à la genèse
de la cité archaïque) est imposée par le climat et autorise
une bonne complémentarité des espaces et des conditions
de travail. Le blé et l'orge, plus abondant, sont cultivés en
assolement biennal, parce que la sécheresse estivale interdit
de préparer correctement la terre en vue des semailles de
l'automne. La moisson se fait à partir de mai en plaine, un
peu plus avant en été dans certaines régions d'altitude. Les
instruments, rudimentaires, sont l'araire pour les semailles,
la houe à deux dents à partir de l'époque archaïque, la pioche
pour le défrichage, le sarclage et le labour. L'automne (sep-
tembre-octobre) est la saison des vendanges, où le raisin très
mûr donne un vin épais que l'on consomme coupé d'eau
(cf. les « grands crus » de Chios, Lesbos ou Thasos). L'hiver
est consacré à la taille de la vigne et des arbres fruitiers,
mais surtout à la récolte des olives, à la main ou en gaulant.
L'huile, bien parmi les plus précieux, sert à l'alimentation,
aux soins du corps et à l'éclairage. Les compléments alimentaires sont fournis par les légumes (pois, fèves, lentilles,
choux, oignons, ail, etc.) et par les fruits (figues, pommes,
amandes, etc.). La chasse pratiquée dans les garrigues ou les
bois des confins (cf. le traité de Xénophon sur la *Cynégé-
tique*) fournit de la viande, toutefois surtout procurée, avec
le lait, par l'élevage de petit bétail (porcs, ovins et caprins)
et de bovins (Eubée, Crète, etc.). C'est principalement lors
des fêtes religieuses, où la distribution des parts de sacrifice
observe une stricte hiérarchie, que la viande est consommée : on a par exemple calculé qu'un citoyen de l'Athènes
classique devait participer annuellement à une quarantaine

de fêtes lui donnant l'occasion d'en manger, soit environ un jour sur neuf. La pêche apporte une autre source de protéines (le poisson est éventuellement conservé séché). La nourriture de base reste frugale, faite de bouillies de céréales, de galettes, de fromage (spécialité de certaines Cyclades) et de fruits secs ; le miel tient lieu de sucre.

Les forêts, essentiellement de conifères hormis dans les zones montagneuses du nord où poussent chênes et hêtres, ont dans l'ensemble reculé sous le double effet de l'extension des terres arables et des constructions navales. Le sous-sol donne d'excellentes pierres de construction (tuf, calcaire et marbres réputés, spécialement ceux du Pentélique, au nord-ouest d'Athènes, de Paros, Naxos ou Thasos), et une argile très pure qui a permis une remarquable production céramique (Corinthe et Athènes entre autres). En revanche, il est pauvre en ressources minières et les Grecs durent vite se tourner vers l'extérieur pour subvenir à leurs besoins en métaux. Le cuivre était exploité notamment à Chypre, mais les 10 % d'étain indispensables à l'alliage du bronze provenaient d'Orient ou d'Occident. Le fer pouvait être extrait de micro-gisements, notamment insulaires, mais était lui aussi importé. Globalement, la situation n'est guère meilleure pour les métaux précieux : l'argent était extrait à Siphnos, dans les Cyclades, ou au Laurion, au sud-est de l'Attique, dont le plomb argentifère fut l'un des fondements de la prospérité et de l'hégémonie athéniennes à l'époque classique ; l'or venait du nord (mines de Thasos, de la zone du mont Pangée et de Thrace, qui servirent l'expansion macédonienne sous Philippe II) et resta beaucoup moins utilisé que l'argent en matière monétaire, servant prioritairement aux offrandes religieuses et à la confection de bijoux ou d'objets d'apparat.

Démographie

On touche ici à une question très débattue en raison de l'extrême rareté des informations et de leur manque de fiabilité. Pour les époques les plus hautes, seule l'archéologie est

exploitable, quand une ville (ex. Gournia, en Crète) ou un
site palatial (ex. Cnossos ou Malia, en Crète également) sont
fouillés dans une proportion assez importante, quand les
nécropoles ont livré assez de tombes appartenant à une chronologie homogène (ex. Athènes et l'Attique), ou lorsque les
surveys (prospections de surface) prennent quelque extension (ex. en Béotie). La situation s'améliore à partir de la
fin de l'époque archaïque, quand à ces données s'ajoutent
les chiffres fournis par les auteurs, malheureusement souvent
déformés au fil de la transmission des textes, ou par les inscriptions (effectifs militaires et pertes au combat ; distributions frumentaires ; indications institutionnelles donnant par
exemple le nombre de citoyens votant ; résultats de recense-
ments). Mais là encore, les informations restent partielles
(elles concernent principalement les citoyens, qui ne constituent qu'une minorité de la population totale) et les estimations peuvent notablement varier d'une étude à l'autre (par
exemple, de ± 3 000 à ± 9 000 habitants pour Délos au
IIIe s.). Ici comme ailleurs, c'est pour Athènes que nous
sommes le mieux renseignés. À l'époque de Périclès, où sont
apparemment atteints les *maxima*, les citoyens des classes
mobilisables pouvaient y être ± 50 000, chiffre d'où
l'on extrapole une population « civique » (en comptant les
femmes, les enfants et les vieillards) d'environ 200 000, auxquels s'ajouteraient entre 30 000 et 40 000 métèques, et plus
de 200 000 esclaves (sur ces catégories, voir *infra*, chap. 12).
La population de la plus grande cité de l'époque classique
dépasserait donc les 400 000 âmes, chiffre qui a toutefois
paru excessif à beaucoup. Un recensement de la fin du IVe s.
(Démétrios de Phalère : *infra*, chap. 19) livre un total du
même ordre, mais avec une réduction du nombre de citoyens
(21 000) et de métèques (10 000) : l'interprétation de ces
chiffres, que certains considèrent cette fois comme insuffisants, est également matière à controverse. À Sparte, le
nombre des citoyens était d'environ 8 000 ou un peu plus au
moment des guerres médiques. Pour l'époque hellénistique,
les évaluations relatives à la population d'Alexandrie tournent autour de 400 000 ou 500 000 habitants, une colonie
séleucide comme Séleucie de Piérie, le port d'Antioche,

comptant pour sa part 6 000 hommes libres vers 220. À Colophon-sur-Mer, en Ionie, une assemblée a réuni 2 000 votants dans la première moitié du IIe s., la moyenne oscillant apparemment entre 900 et 1 300 participants, tandis que dans certaines petites cités insulaires, on pouvait ne pas atteindre la centaine. Ces échantillons montrent l'étendue de nos lacunes en matière de chiffres absolus. Mais les grandes tendances elles-mêmes prêtent à discussion : s'il s'est manifestement produit un accroissement global de la population au cours de la haute époque archaïque, ce ne fut sûrement pas au même rythme et dans les mêmes proportions partout. De même, après le pic atteint au début de l'époque classique, du moins pour des cités comme Athènes ou Sparte, on envisage un déclin au IVe s. Mais si c'est indiscutable dans le cas spartiate, cela reste controversé pour l'Attique. L'oliganthropie (dépopulation, manque de citoyens) ne fut pas ressentie avec la même ampleur dans toutes les régions et en plusieurs endroits (Épire, Macédoine, Crète), c'est le phénomène inverse que l'on croit repérer (*infra*, chap. 22).

Conséquences pour l'histoire

Ces caractéristiques géographiques et démographiques ne sont pas sans incidence sur l'histoire de la Grèce antique et appellent quelques remarques où l'on se gardera cependant d'un excès de déterminisme qui aurait pour effet d'ôter une bonne part de son originalité au génie grec. On songe ici aux conditions de vie en général et principalement à ce relief si contrasté, marqué par une spectaculaire interpénétration des terres, majoritairement montagneuses, et de la mer, qui donne au pays son aspect si attrayant, aujourd'hui fortune de l'industrie touristique, jadis probable stimulant de la sensibilité esthétique et de l'éveil intellectuel.

La conséquence la plus importante en est sans doute politique. Il existe manifestement un lien entre le cloisonnement géographique et le développement, si fécond pour la civilisation occidentale, de la cité-État autonome, dont le territoire (moins de 100 km² bien souvent) pouvait être délimité par

une éminence rocheuse, un cours d'eau, une dépression ou
le rivage, ces balises constituant autant de cellules topogra-
phiques et politiques. Encore ce tableau général doit-il naturellement être nuancé : telle entité géographique a pu abriter
plusieurs cités (par ex. la plaine côtière eubéenne disputée
entre Chalcis et Érétrie) et inversement, le territoire d'une
cité pouvait couvrir des formations très hétérogènes
(Athènes, Sparte). Il faut aussi souligner que ce comparti-
mentage n'exclut pas la conscience d'appartenir à un même
ensemble et que si l'horizon peut être ainsi borné, il n'y a
qu'à prendre un peu de hauteur pour embrasser d'un regard
plusieurs régions distinctes : ainsi du haut du Cithéron, on
peut contempler non seulement la plaine de Thèbes jusqu'aux montagnes d'Eubée vers le nord-est, les contreforts
de la Phocide et l'imposante silhouette du Parnasse vers
l'ouest, le golfe de Corinthe jusqu'à la presqu'île de Pérachora vers le sud-ouest, et les confins de l'Attique et de la
Mégaride au-delà d'Éleusis vers le sud-est. On touche là à
une autre conséquence importante de la géographie de la
péninsule balkanique ; elle concerne l'histoire militaire, qui
enseigne que certaines positions particulièrement stratégiques permettent de tenir tout ou partie du pays : ainsi la
célèbre passe des Thermopyles, enjeu de bien des campagnes, la cité eubéenne de Chalcis sur le canal de l'Euripe,
ou encore l'Acrocorinthe (acropole, c'est-à-dire ville haute,
de Corinthe) commandant l'accès terrestre au Péloponnèse.
Inversement, les rares grandes plaines, notamment les vastes
étendues thessaliennes et béotiennes, constituent un lieu de
rencontre idéal pour les belligérants capables de réunir de
gros effectifs (jusqu'à plusieurs dizaines de milliers
d'hommes, dans le cadre d'alliances). En outre, toutes ces
données rappellent qu'en Grèce, les distances restent
courtes, et que le cloisonnement n'est pas un obstacle diri-
mant aux échanges. On est souvent surpris, en lisant les
auteurs, de la rapidité avec laquelle l'information circule,
par signaux optiques ou par transmission orale directe, et de
récentes prospections archéologiques ont mis en évidence
des réseaux de routes et chemins dont on ne soupçonnait pas
l'importance il y a peu, notamment dans le Péloponnèse.

Ceci permet de reconsidérer le rapport des Grecs à la mer. Notre perception de la chose est dominée par la figure d'Ulysse, héros marin intrépide et explorateur au long cours malgré lui, dont la dimension littéraire et symbolique ne doit cependant pas abuser. La navigation devint indiscutablement le principal vecteur d'échanges, mais tout suggère que le mouvement vers la mer ne fut guère spontané. Ainsi l'habitat est-il situé, dans une proportion exceptionnellement élevée, entre 300 et 500 m, spécialement dans les îles, d'où un savant aménagement des pentes pour pratiquer la culture en terrasses. Cela s'explique par des raisons d'hygiène (effets du paludisme en plaine ?), mais aussi par des motifs défensifs. La mer est en effet avant tout perçue comme origine des dangers, notamment en raison de la piraterie, qui prospère dans ce dédale insulaire riche en criques et autres ports naturels facilitant la navigation pour tout un chacun, mais fournissant autant de caches pour des embuscades et de pratiques bases de départ pour les razzias. À toute époque, ce fléau menace et il inquiétera Rome elle-même au tournant des IIe et Ier s.

C'est donc plus par nécessité qu'autre chose que les fils d'Ulysse ont essaimé à travers toute la Méditerranée et le Pont-Euxin (mer Noire, dite « hospitalière », *euxeinos*, par antiphrase), et leur sentiment originel vis-à-vis de la mer est sans doute plus proche des mises en garde méfiantes d'Hésiode ou des regrets exprimés par Théognis que des audaces homériques. Encore le rapport entre l'idéal autarcique de la vie paysanne et les activités commerciales, notamment maritimes, est-il ambigu lui aussi, y compris chez Hésiode, *a priori* le plus terrien des auteurs. On touche là à la balance des besoins et des ressources, autre facteur déterminant de l'histoire grecque. Il apparaît en effet que l'équilibre entre les deux demeure toujours très précaire et que le pays suffit à peine à nourrir sa population. Celle-ci reste limitée en effectifs absolus et l'oliganthropie constitue en elle-même une cause de déséquilibre pouvant faire vaciller une cité. Mais ce problème démographique n'exclut pas la disette et l'on vit dans la crainte de manquer, en raison d'une sécheresse (la pluviométrie normale est juste suffisante pour que le froment arrive à germination), de l'extension de certaines propriétés aux dépens d'autres, d'un léger accroissement de population qui modifie le rapport production/consommation. Tout cela répond au concept d'« économie à pannes » développé notamment par Fernand Braudel. Aussi l'approvisionnement restera-t-il le souci principal de la plupart des cités et, jusqu'à une époque avancée, bon nombre de conflits sont d'ordre frontalier, ayant pour objet la conquête de parcelles supplémentaires ou le contrôle d'un point d'eau, tandis que les situations de guerre civile sont toujours plus ou moins liées au régime de la propriété foncière. C'est là également que la grande aventure de la colonisation archaïque trouve sa principale motivation.

Aussi ce beau pays pourrait-il avoir présenté juste assez d'atouts et de faiblesses pour stimuler ce que l'on a appelé le « miracle grec ». C'est ce que souligne Hérodote, quand il fait dire à Démarate, roi de Sparte en exil auprès de la cour achéménide : « La Grèce a toujours eu pour compagne la pauvreté, mais une autre la suit : la valeur, fruit de la sagesse et de lois fermes » (VII, 102). Par ailleurs, les Anciens voyaient leur monde peuplé de dieux et de héros, modelé par leur action, leurs amours, leurs haines, et il faut aussi avoir présente à l'esprit cette géographie sacrée, si importante pour les mentalités de l'époque (l'Olympe est le séjour de Zeus, né sur l'Ida en Crète ; Apollon fut mis au monde par Léto à Délos avant de s'établir à Delphes, dans le Parnasse ; Héraclès est mort sur l'Oita ; l'île d'Icaros/Icaria doit son nom à l'infortuné Icare, etc.). La part du miracle se réduit au fur et à mesure que passent les générations d'historiens, mais, spécialement pour les périodes les plus reculées, solliciter la mythologie reste aujourd'hui encore absolument nécessaire.

La préhistoire
et l'Âge du Bronze

PREMIÈRE PARTIE

La préhistoire
et l'Âge du bronze

Chapitre 3

LA GRÈCE AU NÉOLITHIQUE
ET AU BRONZE ANCIEN

Un rapide aperçu sur la préhistoire, dont la connaissance a fortement progressé depuis une cinquantaine d'années, est indispensable si l'on veut apprécier à leur juste mesure les deux premières grandes civilisations qu'ait accueillies le bassin égéen, celles des palais, minoens puis mycéniens. Cette période reculée, exclusivement connue par l'archéologie, fait encore l'objet d'âpres débats parmi les spécialistes, notamment en ce qui concerne la périodisation et la chronologie. Nous nous en tiendrons donc ici aux données fondamentales.

La Grèce néolithique

Les populations indo-européennes qui seront un jour qualifiées d'helléniques, parfois appelées « Proto-Grecs », sont arrivées tardivement dans la péninsule balkanique, sans doute vers la fin du III᷎ millénaire. Mais l'occupation humaine y est convenablement attestée au moins depuis la fin du Paléolithique moyen, soit vers 40000 avant notre ère. Les régions concernées alors sont notamment l'Épire, la Thessalie, le Péloponnèse et certaines îles comme Corcyre et l'Eubée, qui pouvaient être encore rattachées au continent. Dès le Paléolithique supérieur (vers 35000-9000), on pratique la navigation, comme le montre l'utilisation de l'obsidienne de Mélos en Argolide. Après cette période, le Mésolithique (en gros les IX᷎-VIII᷎ millénaires) est à ce jour

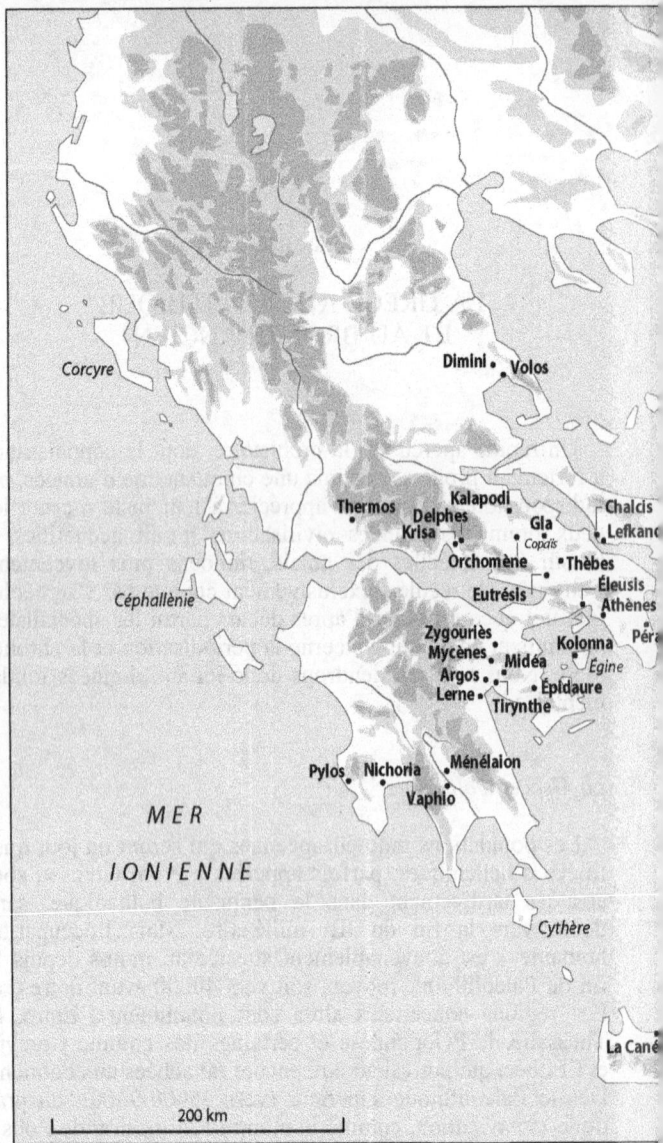

Carte 2. Le bassin égéen du Néolithique au IXᵉ siècle (chap. 3 à 6).

DIKILI
Tash

Samothrace

Lemnos
Poliochni
• **Troie**

Lesbos

MER

Chios

Eubée

ÉGÉE

Andros

Samos

• **Smyrne**

Kéos

Cap Mycale
• **Milet**

Kythnos
— Délos

Paros

Naxos

Siphnos

• **Triopion ?**

Phylakopi

*Vers les caps Ulu Burun
et Gélidonya*

Mélos

Théra
Akrotiri

Rhodes

CRÈTE

Cnossos • **Malia**
Phaistos **Gournia** • **Zakros**

moins bien connu, mais il semble qu'y apparaisse un petit outillage adapté aux pratiques agricoles et annonçant la phase suivante, le Néolithique (vers 7000-3500), qui ne suit pas en Grèce le développement lent et progressif qu'il a eu au Proche-Orient : ce dernier, d'où proviennent par exemple diverses céréales et espèces animales domestiquées, a manifestement exercé une influence permettant un apprentissage accéléré des techniques du côté européen de l'Égée, selon des modalités discutées (diffusion avec ou sans déplacement de groupes humains, etc.). La sédentarisation progressant, la carte des sites s'enrichit alors, quoique inégalement. La Thessalie, par exemple, semble être dans les premières phases du Néolithique l'une des régions les plus riches et les plus peuplées. Élevage (chèvres et moutons), culture des céréales et de légumineuses, abondante production lithique et osseuse, diffusion de la céramique caractérisent cette période d'expansion. Alors que la Crète avait elle aussi été précocement colonisée, c'est au Néolithique récent (à partir de 4800 environ) que des traces d'occupation sont bien attestées dans les Cyclades et dans la plupart des autres îles. D'une manière générale, les échanges semblent alors de plus en plus lointains, désormais à l'échelle de l'Égée entière et différenciés selon les types de production (outillage de pierre taillée, céramique, « biens rares » comme les parures), tandis que se développent les techniques (lames de silex, haches de pierre polie, céramique fine polychrome, etc.). Des structures de type « mégaron » (édifice rectangulaire bi- ou tripartite avec, sur un même axe, porche d'accès, salle centrale oblongue et éventuellement une pièce annexe au fond) trahissent une forme de différenciation sociale (voir par exemple le site de Dimini en Thessalie). Derrière ces phénomènes, on repère des particularismes régionaux laissant supposer soit le développement de traditions locales remontant au Mésolithique, soit des influences diverses, par exemple des migrations paysannes anatoliennes par voie maritime (cf. les constructions crétoises en brique crue, sans doute d'inspiration asiatique).

Le Bronze ancien et l'arrivée des « Proto-Grecs »

L'usage des métaux à l'état natif n'était pas inconnu au Néolithique (Grèce du Nord, Attique et îles) mais c'est au Bronze ancien (BA, en gros le IIIe millénaire) que se diffuse progressivement la métallurgie (cf. les gisements de plomb, de cuivre et d'argent à Siphnos et Kythnos). Parmi les principaux sites fouillés, citons Dikili Tash en Macédoine orientale, Eutrésis en Béotie, Manika en Eubée (quelques km au nord de Chalcis), Kolonna à Égine, Lerne en Argolide, Cnossos en Crète, Phylakopi sur l'île de Mélos et Poliochni sur celle de Lemnos, enfin Troie en Asie Mineure. L'accroissement numérique d'habitats plus concentrés est une tendance nette qui trahit un essor démographique et un certain enrichissement sans doute accompagné de l'émergence d'une élite paysanne (apparition probable de l'araire qui suppose l'emploi de bœufs de labour). Les techniques agricoles et artisanales se perfectionnent (vigne, olivier, pesons et fusaïoles pour le filage et le tissage, four de potier, mais le tour n'apparaîtra qu'au Bronze moyen). C'est dans ce contexte que se développe la civilisation raffinée des Cyclades, qui a livré des sites fortifiés et de célèbres figurines anthropomorphes de marbre, parfois d'assez grande taille et dont l'interprétation reste controversée, sans compter les « poêles à frire » (objets en terre cuite surnommés ainsi en raison de leur forme mais dont la fonction est incertaine) portant des représentations de navires de conception déjà très évoluée. Le continent n'est pas en reste, qui abrite la civilisation helladique, avec ses « maisons à corridors » dont Lerne a donné l'exemple le plus remarquable : la « maison des tuiles », édifice de 25 × 12 m constitué de pièces quadrangulaires ceintes de corridors d'où des escaliers mènent à l'étage, doté d'un toit recouvert de tuiles. L'une des pièces a en outre livré des scellés d'argile supposant une forme d'économie contrôlée et centralisée, peut-être organisée selon le modèle anthropologique des « chefferies » fondées sur des rapports de parenté et plus ou moins hiérarchisées.

Vers la fin de cette période (transition entre le BA II et le

BA III, autour de 2300), on observe des destructions sur
une grande échelle, quoique non homogènes, notamment en
Argolide (incendie de la « maison des tuiles ») et dans les
Cyclades, ainsi que plusieurs changements dans la culture
matérielle et les comportements (constructions absidales,
céramique et outils nouveaux, *tumuli* et pratiques funéraires,
etc.). L'opinion aujourd'hui majoritaire, mais avec de multiples nuances, fait intervenir là une étape capitale, reconstituée par un raisonnement à deux termes principaux.
Premièrement, on ne connaît pas de bouleversements aussi
notables entre cette phase et le moment où le grec est sûrement parlé dans la péninsule, soit à l'époque des plus
anciennes tablettes en linéaire B trouvées dans les palais
(xve s. probablement : *infra*, chap. 5). Deuxièmement, le
grec utilisera toujours des mots de parlers différents, par ex.
des toponymes ou des termes techniques en -*nth*-, tel *laby-
rinthos* (peut-être le nom minoen du palais de Cnossos),
qu'il est naturel de considérer comme des emprunts aux
langues locales préexistantes (« substrat préhellénique »,
ensemble que les Grecs qualifieront de Pélasges, entre
autres). La conjugaison de ces deux éléments, archéologique
et linguistique, conduit à placer dans ces parages l'arrivée
des premières populations hellénophones, soit vers 2300
avant notre ère. Hypothèses et reconstructions divergentes
continuent néanmoins de fleurir sur le sujet : d'aucuns, considérant l'écart trop long avec les premières traces écrites,
ont voulu rapprocher cette migration du xve s. ; d'autres au
contraire ont fait remonter la diffusion des langues proto-
indo-européennes au début du Néolithique. Les chronologies
plus fines obtenues aujourd'hui par l'archéologie montrent
d'ailleurs que toutes les régions n'ont pas été touchées au
même moment, au même rythme ni avec la même ampleur,
et que certains éléments de la nouvelle culture matérielle
étaient déjà utilisés avant les destructions. On pourrait donc
parler d'« infiltration graduelle », au moins autant que
d'« invasion violente ». Reste à préciser qui sont ces nouveaux arrivants.

Le grec (car il s'agit là de considérations linguistiques
avant tout) appartient à la famille indo-européenne, qui

regroupe notamment les langues anciennes de l'Inde, de la
Perse et de l'Anatolie (hittite, etc.), les langues slaves, ger-
maniques, italiques et celtiques. Ces langues présentent de
notables similitudes lexicales et grammaticales et, à la suite
des travaux de Georges Dumézil, des ressemblances en
matière de structures théologiques et institutionnelles ont
également été mises en lumière. On a donc supposé que ces
populations étaient apparentées et provenaient d'une même
région, peut-être les steppes de la Russie méridionale (mais
d'autres ont été proposées), d'où elles auraient essaimé depuis
le Néolithique, par vagues successives. Le rameau hellène lui-
même s'installe en Égée par strates, repérables aux dialectes
connus depuis le mycénien jusqu'à l'époque historique (*infra*,
chap. 5 et 6). Il faut d'ailleurs attendre quelques siècles pour
que les nouveaux arrivants fassent parler d'eux : on ne sait
si la Crète du légendaire roi Minos, première civilisation
d'Europe comparable par son éclat à celles d'Égypte et
d'Orient, était indo-européenne.

Chapitre 4

LE MONDE MINOEN

Durant le xxᵉ s. av. notre ère se développe en Crète ce que l'on appelle le système palatial, organisation très élaborée centrée sur de vastes structures dont l'archéologie a mis au jour les vestiges spectaculaires. Environ cinq siècles plus tard, la Grèce continentale adopte également ce type d'organisation, avec d'importantes différences même si l'inspiration crétoise est manifeste : le palais de Cnossos, successivement minoen puis mycénien quand la Crète passe sous contrôle grec, au xvᵉ s. selon l'opinion aujourd'hui majoritaire, constitue le point de rencontre à la fois le plus explicite et le plus complexe des deux cultures. Pour l'historien, la grande nouveauté réside ici dans l'apparition de documents écrits, avec des systèmes d'écriture proches même si un seul d'entre eux est à ce jour déchiffré : tandis que l'« hiéroglyphique » et le linéaire A, crétois, restent en grande partie incompréhensibles, le linéaire B permet de connaître relativement bien le monde mycénien. Aussi faut-il résister à la tentation qui consiste à interpréter trop mécaniquement le monde minoen à partir des informations recueillies sur son héritier grec. Pour ce faire, nous consacrons un chapitre distinct à chaque ensemble.

Chronologie et évolutions

La Crète du Bronze ancien (Minoen ancien, abrégé MA) présente déjà un développement remarquable, notamment autour de Cnossos et de Phaistos dont la région, la plaine de

la Messara, se couvre de grandes tombes collectives, de plan
circulaire et couvertes d'une sorte de voûte. Le processus
qui conduisit à la naissance de la civilisation palatiale reste
difficile à reconstituer, en particulier les parts respectives de
la continuité locale et des influences extérieures, spécialement proche-orientales (l'arrivée de nouvelles populations
n'est pas envisagée ici). On distingue ensuite deux grandes
périodes. La première, dite « protopalatiale » ou « paléopala-
tiale » (*ca* 2000-1700, soit durant la phase céramique du
Minoen moyen, ou MM), voit s'édifier les premiers palais
(succédant, à Cnossos et à Malia, à des édifices du Minoen
ancien) ; elle s'achève par la destruction de ces palais, qui
sont ensuite reconstruits, parfois avec retard (Phaistos). Là
commence la seconde période, dite « néopalatiale » (*ca*
1700-1450 selon la datation usuelle, soit la dernière partie
du MM et le début de la phase appelée Minoen récent, ou
MR), qui correspond en Grèce péninsulaire à l'essor de la
puissance mycénienne ; elle s'achève également par des destructions, décisives celles-là, sauf à Cnossos qui perdure
jusque vers 1370 (date la plus couramment admise), sous
administration mycénienne (période dite « monopalatiale »,
d'autres sites, tel celui d'Haghia Triada, ne conservant qu'un
rôle secondaire). La chronologie absolue est notamment
étayée de concordances avec les données égyptiennes (importations en Crète, où l'on a en outre découvert des cartouches
pharaoniques, et exportations crétoises en Égypte), mais celle
du Minoen récent pourrait être remise en question par une
série d'investigations en cours (cf. ci-après). Par ailleurs, les
discussions vont encore bon train sur bien des points, spécialement sur les causes et la chronologie des deux vagues de
destructions.

Celles de 1700 environ, qui n'ont pas l'effet catastrophique
des secondes puisque la civilisation minoenne se relève plus
brillante qu'auparavant, demeurent les plus mystérieuses :
l'idée d'une intervention étrangère paraît à écarter, mais des
problèmes internes (révolte populaire ou, plutôt, guerre crétoise) et, surtout, des tremblements de terre sont invoqués
(cf. à Phaistos en particulier). Celles de 1450 environ trouvaient naguère une explication dans la formidable explosion

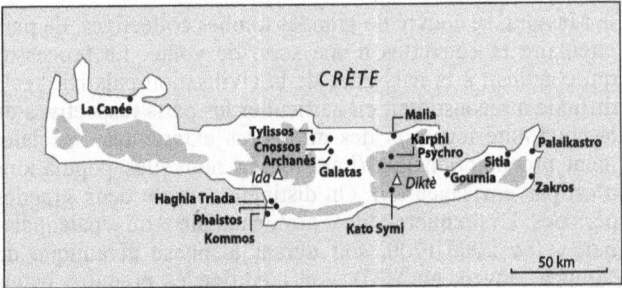

Carte 3. La Crète à l'Âge du Bronze.

du volcan de Théra-Santorin. On sait aujourd'hui que celle-ci fut antérieure d'environ deux générations, mais il reste à en préciser la date absolue. L'archéologie la situe à la fin du XVIe s., à partir des types de céramique minoenne retrouvés dans la couche de destruction du site d'Akrotiri, découvert en 1967 par Spiridon Marinatos sur l'île de Santorin (dans laquelle on hésitera à reconnaître l'Atlantide évoquée par le mythe platonicien). Cela conviendrait à la rigueur pour des destructions secondaires subies par les palais à peu près au même moment, mais se posent alors les problèmes liés à la puissance et à la propagation de l'onde sismique et du raz-de-marée. Cependant, d'autres études tendent à remonter la catastrophe de plus d'un siècle (*ca* 1628), à partir des données suivantes : observation des cernes de croissance des arbres (dendrochronologie), carottages dans les glaces polaires conservant la trace d'une forte activité volcanique, datations au carbone 14 (graines, etc.). Si ce résultat se confirmait, c'est une bonne partie du phasage céramique et, avec lui, la chronologie du Bronze récent en Égée qu'il faudrait décaler d'autant, avec des ricochets inévitables sur les civilisations voisines, spécialement égyptienne, et sur la période mycénienne (chapitre suivant). Quoi qu'il en soit du degré de déstabilisation socioéconomique induit par cet événement, les destructions finales qui frappent la Crète sont en général interprétées comme étant d'origine guerrière et pourraient être en partie imputées aux Grecs mycéniens, dont la langue est ensuite déchiffrée sur les tablettes en linéaire B découvertes en grand nombre à Cnossos. Mais à son tour, la chronologie de ces tablettes et de leur contexte est âprement disputée...

L'évolution entre les périodes proto- et néopalatiales n'est elle-même pas toujours facile à apprécier, notamment parce que les premiers palais restent à ce jour mal connus : parmi les quatre grands sites les plus étudiés, Cnossos, Malia, Zakros et Phaistos, c'est surtout le dernier qui permet de comprendre qu'il s'agissait d'ensembles comparables aux nouveaux palais, à partir desquels on se représente donc, rétrospectivement, la première phase. La Crète serait alors divisée en grandes provinces, à la tête desquelles se trouvait chacun des palais susmentionnés, la partie occidentale semblant à cette époque relativement laissée pour compte. Les habitats secondaires se multiplient et le territoire est également balisé par les « sanctuaires » des sommets et des grottes, probablement fréquentés dans le cadre de l'exploitation agricole et pastorale. L'emploi des sceaux et de l'écriture (dépôts de Phaistos), mais aussi l'existence de grands édifices distincts du palais (quartier *Mu* à Malia), montrent que l'administration n'était pas totalement centralisée. Divers progrès techniques (tour rapide du potier, etc.) autorisent la production d'objets plus raffinés (belle céramique polychrome dite « de Camarès », du nom d'une grotte située sur le versant sud de l'Ida, vases de pierre, sceaux, orfèvrerie et armes d'apparat). Les relations avec l'extérieur sont déjà avérées, tant par la découverte en Syrie et en Égypte d'objets crétois, eux-mêmes influencés par les styles de ces régions, que par les textes : les archives du palais de Mari, sur l'Euphrate, détruit par Hammourabi, le roi de Babylone, vers 1760 (chronologie moyenne) ou 1690 (chronologie basse), mentionnent de l'étain « pour les Crétois » et « pour l'interprète du responsable des marchands crétois à Ougarit » (port du littoral syrien, au sud de l'embouchure de l'Oronte). Les échanges avec les îles et la péninsule balkanique sont également attestés, notamment à Cythère.

Souvent qualifiée d'apogée, la période néopalatiale se caractérise par une nouvelle croissance démographique et une plus grande prospérité, visible au luxe croissant des palais et au rayonnement de la culture matérielle minoenne. Désormais, celle-ci se diffuse largement chez les voisins, notamment en Égypte où fleurit entre la seconde moitié du XVIᵉ s. et la première moitié du XVᵉ une sorte de « mode minoïsante », comme le suggèrent, entre autres, les fresques récemment mises au jour sur le site d'Avaris, à l'est du delta du Nil, et une palette d'écolier égyptienne permettant de « faire des noms du pays Keftiou », c'est-à-dire crétois (la Crète apparaît sous le nom de *Kaphtor* à Ougarit). En Crète même, on observe une augmentation du nombre des sites : établissement palatial à La Canée, comblant un vide en Crète occidentale, « villas » d'Haghia Triada, Archanès, Tylissos, etc., qui pourraient être des relais locaux de l'administration centrale, aux mains d'officiels de rang supérieur, peut-être ceux-là même qu'un texte égyptien de l'époque du pharaon Thoutmosis III (*ca* 1479-1424) nomme les « Grands (chefs, princes ?) du pays Keftiou ». L'interprétation de cette source, que l'on invoque aussi bien à l'appui de l'hypothèse que la Crète ait alors été politiquement unifiée, est controversée (cf. ci-après), mais il n'en reste pas moins que certains centres anciens, comme Phaistos et Malia, paraissent décliner, alors que Cnossos semble exercer une forme de primauté.

La civilisation minoenne

Rappelons dès l'abord que nous manquons absolument de textes exploitables. La ou les langues elles-mêmes que parlaient les Minoens nous sont inconnues (parenté avec les parlers d'Asie Mineure plutôt que langue sémitique ? On sait tout au plus que le « responsable des marchands crétois à Ougarit » était accompagné d'un interprète). Inventions locales ne devant apparemment rien aux systèmes orientaux ou égyptiens développés depuis plus d'un millier d'années, les écritures crétoises ont en revanche servi de modèle au chypro-minoen, utilisé à Chypre du XIVᵉ au XIᵉ s., et au linéaire B employé par les Mycéniens pour noter du grec (dextroverse : de gauche à droite). En Crète même, deux systèmes coexistent, l'« hiéroglyphique » et le linéaire A syllabaire (1 caractère = 1 syllabe), parfois usités dans un même dépôt d'archives (quartier *Mu* de Malia), et notant peut-être deux langues différentes, auquel cas il faudrait admettre la pratique du bilinguisme. Le système « hiérogly-phique », qui semble en réalité déjà tenir du syllabaire, est ainsi dénommé car certains signes sont particulièrement imagés ; n'en ont été élucidés que les notations numériques et certains idéogrammes explicites ou passés en linéaire A et B. Le petit nombre de textes conservés à ce jour ou leur brièveté (notamment sur des sceaux) paraissent ôter tout espoir d'un déchiffrement prochain. Cette écriture disparaît durant l'époque des seconds palais. Pour sa part, le linéaire A est illustré par environ 1 500 documents : parmi eux, quelques textes religieux figurent sur des autels bas appelés « tables à offrandes », mais la très grande majorité consiste en pièces d'archives assez comparables à ce qui existe en linéaire B. La plupart des syllabogrammes (env. 70, contre 87 en linéaire B) sont communs avec ce dernier mais, à part pour quelques mots isolés, leur valeur phonétique est manifestement différente et aucun déchiffre-ment fiable n'a été proposé à ce jour. La diffusion apparem-ment assez large du linéaire A et le fait qu'il ne disparaisse pas après l'arrivée des Mycéniens laisseraient penser que son emploi n'était pas l'apanage d'une classe de scribes liés au milieu palatial. On le voit : parler de la civilisation minoenne est une entreprise risquée, en l'absence de textes compréhensibles. Limitons-nous donc à ce qui peut être déduit des données archéologiques.

Il faut naturellement partir de ce que les Minoens ont laissé de plus spectaculaire : les palais qui ont donné leur nom à toute une civilisation. Ces ensembles ont connu de multiples destructions et remaniements. Le détail des recons-titutions est discuté à l'infini et d'appréciables différences de dimensions pourraient suggérer une hiérarchie des sites, mais quelques traits principaux se dégagent. Les construc-tions s'organisent autour d'une vaste cour centrale rectangu-laire, d'orientation nord-sud : à Cnossos, Phaistos et Malia, une cinquantaine sur une bonne vingtaine de mètres en

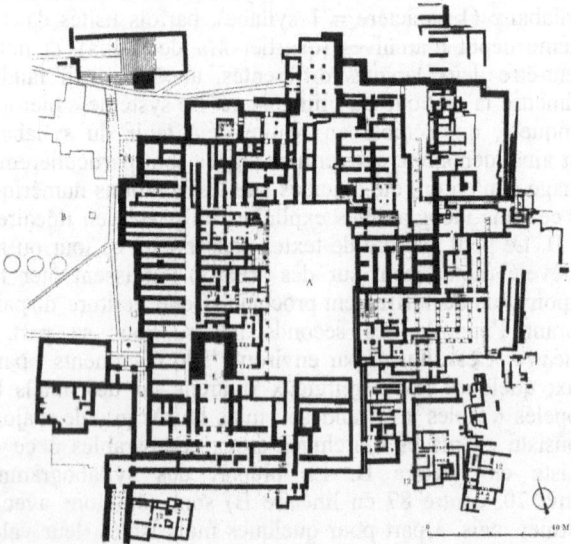

A Cour centrale. B Cour ouest. 1 Entrées du palais. 2 Quartier domestique. 3 Magasins. 4 « Théâtre ». 5 Corridor des processions. 6 Véranda. 7 Propylée intérieur. 8 Escaliers de l'étage. 9 Salle du trône. 10 Région cultuelle. 11 Salles à piliers. 12 Maisons privées.

Fig. 1. Cnossos. Plan général du palais (K. Papaioannou,
L'Art grec, Mazenod, 1993², fig. 822).

moyenne, soit 1 000/1 250 m² (surface notablement réduite
ailleurs). Ces espaces tirent leur monumentalité de portiques
à colonnes et de larges volées d'escaliers menant à des
étages dotés de puits de lumière. On distingue les différents
quartiers selon une distribution largement conventionnelle :
le secteur économique constitué d'ateliers et d'une multitude
de magasins où s'entassent des *pithoi* (vases peints ou à
reliefs pouvant dépasser la taille humaine et stocker jusqu'à
10 hl) ; les appartements officiels et privés, où se repère le
plan original du *polythyron*, improprement appelé « mégaron
à la crétoise » (des baies séparées par des piliers y rem-
placent certains murs). Les pièces y sont plutôt petites, mais
peuvent être richement décorées de fresques aux sujets d'ins-

piration variée et de facture originale : animaux exotiques, motifs marins, scènes de « tauromachie », processions, etc. Des villes jouxtaient ces fastueux ensembles, ordonnées selon un plan concerté et dotées de rues soigneusement dallées ; on y a repéré des places publiques et des maisons de dignitaires (cf. à Malia, mais aussi les agglomérations secondaires de Gournia ou de Palaikastro). Une particularité notable est apparemment l'absence de remparts, ce qui tranche avec les sites mycéniens postérieurs, mais ce point pourrait faire l'objet d'une révision. Des vestiges aussi impressionnants soulèvent de multiples questions sur l'organisation politique, religieuse, sociale et économique.

Rappelons en premier lieu nos incertitudes quant à l'organisation politique de l'île dans son ensemble. Depuis les principautés autonomes de l'époque protopalatiale jusqu'à la probable primauté cnossienne de la phase néopalatiale, notre ignorance reste grande et l'archéologie peut toujours réserver des surprises. Il n'est que de songer à la découverte récente du complexe de Pétras (Sitia), en Crète orientale, et à la mise au jour d'un nouveau palais relativement proche de Cnossos et de Malia, à Galatas Pediados : l'un et l'autre pourraient conduire à un profond réexamen de la question (on a par exemple évoqué pour Galatas, dont l'utilisation paraît n'avoir guère duré, l'hypothèse d'une brève extension cnossienne vers le sud-est, ou au contraire celle d'une dissidence avortée des élites locales vis-à-vis de Cnossos). Quant à la hiérarchie des pouvoirs, il faut se garder, autant qu'il est possible, de l'envisager en des termes anachroniques. On a imaginé au sommet un roi, détenant toutes les prérogatives, politiques, religieuses et économiques. Mais les preuves manquent : à part la documentation égyptienne de la première moitié du XVe s. que nous avons évoquée plus haut, on se réfère principalement là au modèle des monarchies orientales autocratiques et au souvenir du légendaire Minos, ainsi qu'à une hypothétique « salle du trône » et à une fresque d'interprétation controversée dans le palais de Cnossos. Arthur Evans envisageait même une sorte de « roi-prêtre » et certains sont allés jusqu'à considérer ces ensembles comme des temples régis par un pouvoir théocratique. On

suppose aussi, à partir des « villas » implantées sur le territoire et des riches demeures mises au jour dans certaines
villes, une classe d'aristocrates plus administrateurs que
guerriers, relayant localement le pouvoir central. Quant à la
participation du reste de la population, elle pourrait être
déduite de l'existence d'espaces dégagés parfois dotés de
gradins, comme à Cnossos et à Phaistos. La crypte hypostyle
de Malia (période protopalatiale) a même été interprétée
comme une salle du conseil par Henri van Effenterre, selon
qui ces communautés annoncent les futures cités grecques.
Dans la même perspective, l'établissement de Théra pourrait
être perçu comme un précurseur des républiques maritimes
commerçantes. À en juger principalement d'après la typologie de l'habitat, la stratification de la société paraît plus marquée à l'époque des seconds palais (apparition d'une classe
intermédiaire entre la « noblesse » et le peuple ?). Mais
d'une manière générale, il semble y avoir eu peu de tensions
sociales.

Les espaces réservés dont il vient d'être question pourraient aussi bien servir aux manifestations religieuses.
Nombre de pièces dans les palais semblent d'ailleurs conve-
nir à des cérémonies (fresques, « bassins lustraux », « tables
à offrandes », etc.). Outre dans les grottes et sur les sommets,
des sanctuaires dotés d'aménagements architecturaux (autels)
sont également identifiés sur le territoire, comme à Kato Symi
qui restera apparemment un lieu de culte sans discontinuer
jusqu'à l'époque historique. Bien des objets découverts pouvaient avoir une valeur cultuelle : vases rituels (rhytons) ;
cornes de consécration ; doubles haches ; statuettes mascu-
lines (figures debout avec un geste d'adoration, « kouros »
d'ivoire récemment découvert à Palaikastro) et féminines (la
fameuse « déesse » aux seins nus tenant un serpent dans
chaque main) ; enfin ces énigmatiques pierres à cupules dont
la destination est très controversée. Les motifs décoratifs
de certains sceaux, les « tauromachies » montrées par les
fresques ou encore la scène d'offrande figurant sur le célèbre
sarcophage d'Haghia Triada (d'époque mycénienne, mais
qui témoigne sûrement d'influences locales antérieures)
peuvent donner une idée de ce qu'étaient les cérémonies.

Encore faudrait-il connaître le panthéon minoen, sujet qui donne lieu aux reconstitutions les plus diverses, selon que l'on penche vers des références orientales ou que l'on extrapole à partir des données gréco-mycéniennes. Ainsi un vase de stéatite en forme de « cuillère », trouvé à Cythère, pourrait-il porter l'inscription *Da-ma-te*, soit Déméter, si les syllabogrammes y ont bien la valeur phonétique qui est la leur en linéaire B, et alors même que cette déesse n'est pas à ce jour apparue dans la documentation mycénienne : faut-il y voir l'avatar crétois d'une déesse-mère/déesse de la fécondité panméditerranéenne, tardivement adoptée par les Grecs[1] ? Les sacrifices humains, tel celui que les archéologues ont reconstitué sur un site de la région d'Archanès, paraissent exceptionnels. Les coutumes funéraires s'inscrivent apparemment dans la continuité des périodes précédentes (inhumation, sépultures collectives mais aussi individuelles, dépôt d'objets votifs ou cultuels à proximité des tombes) ; elles sont moins bien illustrées à l'époque néopalatiale.

Le système de production, de stockage et d'échange est largement contrôlé par le palais, qui tient une comptabilité précise des entrées et des sorties de matières premières, de denrées alimentaires et de produits artisanaux. Ces derniers sont très élaborés et placent les spécialistes crétois à un très haut niveau justifiant les exportations abondamment attestées : vases de pierre, en terre cuite richement décorée (motif du poulpe, etc.) ou métalliques ; petite glyptique ; bijoux (cf. le pendentif aux abeilles de Malia) ; statuaire dont l'importance dans les goûts et les pratiques des Crétois est réévaluée à la suite de découvertes récentes ; fresques d'une extraordinaire créativité, telles celles de Théra qui suscitent aujourd'hui encore l'admiration des observateurs. La production agricole était favorisée par la richesse du terroir : d'après certaines estimations, celui de Malia couvrait aisément les besoins de la population et les stocks constitués devaient autoriser l'exportation de surplus. À la période suivante, les

1. I. Sakellarakis, J.-P. Olivier, « Un vase en pierre avec inscription en linéaire A du sanctuaire de sommet minoen de Cythère », *Bulletin de correspondance hellénique*, 118, 1994, p. 343-351.

tablettes en linéaire B évoquent aussi force troupeaux et
c'est sans doute là une réalité ancienne. On ignore presque
tout du statut des paysans et des artisans, notamment leur
degré de dépendance vis-à-vis du palais (certains indices
suggèrent qu'il pouvait être assez fort).

Reste à considérer la « thalassocratie » minoenne, évoquée notamment par Thucydide au v⁵ s. (I, 4), à une époque
où les Crétois sont encore connus et redoutés pour leurs activités de piraterie. L'expansion minoenne hors de Crète, dès
l'époque protopalatiale, ne fait aucun doute : il s'agissait au
premier chef de s'approvisionner en métaux, par exemple en
cuivre dont la provenance, et en particulier le rôle joué par
Chypre avant les xvᵉ-xivᵉ s., sont l'objet d'âpres débats, car
les analyses des isotopes du plomb contenu dans des lingots
de cuivre trouvés en Crète ou dans des objets minoens en
bronze ont donné des résultats contestés. Les échanges avec
l'Orient et avec l'Égypte sont attestés par l'archéologie et
par les textes, tel ce document égyptien du règne de Thoutmosis III déjà cité, qui évoque « les Grands (chefs, princes ?)
du pays Keftiou (et) des îles centrales du Grand Vert », cette
dernière expression ayant été récemment réinterprétée
comme désignant le delta du Nil, où les Minoens se seraient
implantés, un peu comme les Grecs à Naucratis quelques
siècles plus tard (*infra*, chap. 8) ; des Crétois sont d'ailleurs
représentés sur les peintures ornant les tombes de hauts dignitaires égyptiens. En outre, les motifs maritimes ou exotiques
abondent sur les sceaux (navires) et les fresques (« bataille
navale » et paysages « nilotiques » de Théra). Des documents
en linéaire A ont été découverts sur tout le pourtour égéen
(jusqu'à Samothrace) et des objets crétois retrouvés jusqu'en
Occident (Sicile). Des établissements permanents existent
notamment à Cythère, à Milet et à Rhodes, assimilables à des
sortes de comptoirs ou colonies : leur statut exact, qui a pu
varier selon les époques, est discuté, la nature des relations
avec Théra étant particulièrement controversée. On observe
une influence indirecte à Mélos (Phylakopi), sans doute plus
prégnante à Kéos (« temple aux statues » inspirées de l'art crétois, à Haghia Irini), et le système pondéral minoen est manifestement adopté dans les Cyclades. Le mythe du Minotaure

enfin, quelles que soient les intentions politiques athéniennes qui le sous-tendent (promotion du héros national, Thésée), doit porter en lui la trace d'un rayonnement, voire d'une domination crétoise jusque sur le continent. La présence minoenne sur les mers ne saurait donc être remise en question, mais on se rappellera que les Crétois y avaient des concurrents (Insulaires, Orientaux, Égyptiens avec lesquels on a supposé l'existence d'une convention au xve s.) et il faut se garder de penser la chose dans les termes de l'empire maritime athénien du ve s. Les structures de ce commerce au long cours demeurent inconnues (monopole royal, autonomie des responsables locaux, classe de marchands semi-indépendants ?).

On l'a signalé, la culture minoenne ne s'éteint pas avec l'arrivée des Mycéniens. Incontestable au niveau de l'administration palatiale, l'impact réel de l'événement sur les points plus reculés du territoire et sur les mentalités reste plus difficile à cerner, compte tenu des inerties propres à tout milieu insulaire. La nature même du pouvoir mycénien en Crète et son étendue, tant chronologique que géographique, restent discutées. On se souviendra aussi que le linéaire A, fût-ce pour un usage non administratif, n'a pas disparu après l'arrivée des nouveaux maîtres des lieux : au-delà des « âges obscurs » (*infra*, chap. 6), ceux que l'on appellera les Étéocrétois (« Crétois des origines », distingués des populations arrivées dans l'île ultérieurement) passeront même pour avoir conservé le souvenir et quelques traditions des temps reculés où la civilisation de leurs ancêtres rayonnait dans toute la Méditerranée orientale.

Chapitre 5

LE MONDE MYCÉNIEN

Les nouveaux maîtres de l'Égée sont grecs. Le site de Mycènes, fouillé dans les années 1870 par Heinrich Schliemann, reste le plus impressionnant par ses vestiges et par la richesse étourdissante des objets découverts ; il a donné son nom à cette civilisation, dont les phases en Grèce péninsulaire sont connues sous le terme conventionnel d'Helladique, mais dont la chronologie absolue est en partie suspendue aux incertitudes exposées au chapitre précédent. Outre les données archéologiques, l'historien est ici aidé par les textes en linéaire B, au nombre de 5 000 environ mais souvent très brefs, sur des vases, des nodules (boulettes d'argile qui accompagnaient les transactions, portant un sceau et quelques indications très succinctes), et surtout sur des tablettes d'argile provenant très majoritairement de Cnossos et de Pylos. Ces tablettes étaient des brouillons de pièces comptables consignant des inventaires de magasins et modifiables en fonction de l'état des stocks. Elles furent cuites accidentellement, par les incendies qui détruisirent les palais, et, de ce fait même, figées en l'état et conservées. Leur déchiffrement par Michael Ventris et John Chadwick en 1952 constitue l'une des découvertes les plus retentissantes pour la connaissance du monde grec ancien. Malheureusement, ces documents restent souvent problématiques, notamment en cas de graphies ambiguës, et ne donnent qu'un éclairage partiel sur cet univers. Pourtant, celui-ci ne cesse de frapper les imaginations, d'autant que sa fin, où vient interférer l'épineuse question de la « guerre de Troie » célébrée par l'épopée homérique, demeure l'un des plus grands mystères de l'Antiquité.

Les débuts de la civilisation mycénienne

Les ancêtres des Mycéniens sont vraisemblablement arrivés en Grèce à la fin du Bronze ancien, selon un mouvement dont la nature et l'ampleur restent à préciser (*supra*, chap. 3). L'archéologie suggère en tout cas que pendant ses premiers siècles, le continent mésohelladique (c'est-à-dire durant la phase de l'Helladique moyen = *ca* 2000-1550) est plutôt en retrait par rapport au reste de l'Égée : il produit une céramique assez terne, à peinture mate ou monochrome (grise, noire, rouge ou jaune) lissée, dite « minyenne » (du nom du légendaire roi Minyas à Orchomène de Béotie) ; l'habitat y est dispersé et parsemé de modestes tombes en fosse ou à ciste (le mort est inhumé en position repliée dans des cavités peu profondes, délimitées par des plaques de pierre), parfois regroupées dans un tumulus assez rudimentaire, ce qui paraît dénoter une faible différenciation sociale. Les établissements insulaires présentent un stade de développement supérieur, tel le site fortifié d'Haghia Irini à Kéos où est utilisé, comme en Crète, un système de « marques de potier » pour identifier et contrôler la production, ou celui de Kolonna à Égine qui présente les mêmes caractéristiques et paraît constituer un important centre de production aussi bien que de transit des objets cycladiques vers la péninsule. Tout change peu après 1700, alors que les palais crétois sont reconstruits plus luxueux qu'auparavant, mais sans que le rapport entre les deux évolutions puisse être mis en évidence. À Mycènes est en effet aménagée une structure funéraire remarquable, le cercle B, fouillé dans les années cinquante du siècle dernier, dont les tombes à fosse ont livré force vases en or et en argent, des perles d'ambre et un premier masque funéraire d'électrum. Daté de 1650-1550 environ, il annonce le cercle A : ce dernier est ainsi nommé car il avait été découvert par Schliemann lui-même, mais il est un peu plus récent (vers 1600-1500). L'une des dernières tombes de ce nouvel ensemble, la tombe IV, où étaient enterrés trois hommes et deux femmes, a livré un mobilier funéraire exceptionnel qu'il est impossible de détailler ici : outre trois exemplaires de ces fameux masques en or dont certains ont fait songer à des portraits, vases en métaux précieux et armes de bronze d'une facture exceptionnelle (poignards à lame incrustée d'or, d'argent et de nielle) s'y comptent par dizaines. Soudaine et inattendue, cette richesse a excité l'imagination des Modernes : installation d'une dynastie crétoise à Mycènes, razzia de Mycéniens en Crète, mercenaires enrichis par des guerres en Égypte au temps des Hyksos (populations étrangères qui occupent Avaris vers 1720 et fournissent les pharaons de la XVe dynastie pendant un peu plus d'un siècle à partir de *ca* 1630), sont des hypothèses aujourd'hui délaissées au profit de la notion de continuité locale. Malgré la rareté des données et la modestie des sites de la période précédente, il semble en effet que la Grèce des débuts du IIe millénaire ait connu un essor démographique dû au développement des cultures et de l'élevage (les ossements des cercles des tombes sont ceux d'individus de taille supérieure à la moyenne). Cette prospérité combinée à l'essor des échanges avec le monde cycladique et surtout minoen suffirait à expliquer l'émergence d'une aristocratie guerrière : c'est en tout cas dans ce sens que peuvent être interprétés l'aménagement des tombes et la nature autant que la décoration des objets découverts, où scènes de chasse et de combats abondent.

Dans le même ordre d'idées, les monumentales tombes à coupole (ou « à tholos », terme grec désignant un édifice en forme de rotonde), avec leur voûte à encorbellement recouverte de terre, qui se développent concurremment avec les tombes à fosse et dont Mycènes livrera plus tard les exemples les plus connus, pourraient n'être que l'évolution pétrifiée des *tumuli* anciens. Dernier type de sépultures, les tombes à chambres creusées dans le roc présentent plusieurs analogies avec les tombes à tholos (cf. le couloir d'accès, ou *dromos*) et, comme elles, peuvent combiner l'usage des fosses et des cistes plus anciennement connu ; certaines ont livré un matériel très riche également. Pour leur part, les habitats fouillés à ce jour restent modestes, un tel décalage pouvant donner à penser que ces gens réservaient le meilleur à leurs morts : la plupart des maisons dérivent apparemment du type rectangulaire allongé dans lequel s'inscrit une enfilade de pièces, dit « mégaron », connu depuis le Néolithique. Ici aussi, la continuité le dispute aux influences extérieures. Dans tous les cas, on est encore loin des palais crétois et même des établissements insulaires ou de la Troie anatolienne, plusieurs fois reconstruits, agrandis et, pour les derniers nommés, fortifiés. Les Cyclades n'ont cependant guère livré de « tombes royales » et, s'il est légitime d'extrapoler de telles sépultures l'existence d'un pouvoir de type dynastique, ces communautés pourraient présenter une organisation différente, dans laquelle certains ont vu des préfigurations de la cité-État, à l'image de ce qui est supposé pour Théra (chapitre précédent). Là comme sur le continent, il convient de rester très prudent, car l'exploitation des données funéraires reste sujette à caution, ainsi que les meilleurs spécialistes l'ont souligné : seuls les cercles et les plus grandes *tholoi* de Mycènes, utilisés sur plusieurs générations et dont le caractère ostentatoire est manifeste, sont vraisemblablement des sépultures aménagées pour des personnages de rang royal et leur famille.

Dans sa première phase, le monde mycénien présente donc une richesse impliquant des échanges avec des horizons variés, nordiques (ambre), occidentaux mais surtout orientaux et crétois (métaux et artisanat), fussent-ils sporadiques et sans doute souvent indirects. Des traits guerriers se dégagent, ainsi qu'une division vraisemblable en principautés, annonçant la formidable expansion observée à la période suivante, qui est mieux connue grâce à ses palais-forteresses et à ses archives.

L'apogée du monde mycénien

Nous avons vu au chapitre précédent que Cnossos est demeuré après 1450 (?) le seul palais à maintenir son activité en Crète, échappant aux destructions subies par les autres

sites, destructions imputables à l'installation dans l'île d'un
pouvoir mycénien. Outre quelques évolutions dans la culture
matérielle et dans les pratiques funéraires (cf. ci-dessous),
celui-ci est précisément repérable à Cnossos même par les
quelque 3 000 tablettes en linéaire B que le palais a livrées
à partir de cette période et jusque vers 1370 (les textes de
Cnossos ne sont probablement pas tous contemporains) ; à
cette date, il est à son tour détruit et périclite, selon la chronologie la plus couramment admise (d'aucuns y rabaissent
l'arrivée des Mycéniens à 1370, voire plus tard, et la disparition du système palatial, fût-il déjà déclinant, à la seconde
moitié du XIIIe s.). Il est indéniable que les Mycéniens ont
emprunté leur système d'écriture aux Crétois et l'ont adapté
à leur langue, mais on discute de la date de cet emprunt, que
certains croient plus ancien (XVIIe s.), et de ses modalités
(contacts en Crète, sur le continent ou les îles, dans des établissements mixtes ?). Soulignons en outre que dans l'état
actuel de nos connaissances, les premières archives en grec
apparaissent en Crète bien avant que la péninsule n'en donne
témoignage, puisque les plus anciennes tablettes continentales datent du XIIIe s. Plus encore, le premier palais admi-
nistré par des Mycéniens est un palais crétois : on mesure à
ces différents paradoxes la dette que les premiers Grecs ont
contractée envers la Crète, dette dont leurs successeurs
des époques historiques conserveront le souvenir. Dans l'île
et en particulier à Cnossos, les traditions locales se perpétuent : production de vases de pierre, d'ivoires sculptés et
de sceaux gravés, art des fresques (cf. la « Procession » et
la « Parisienne »). Mais le renouvellement de la céramique
(cf. le « style du Palais » et la « mycénisation » croissante du
reste de la production) ou des objets comme le sarcophage
d'Haghia Triada portent sans doute la marque des nouveaux
maîtres du lieu. Les anciens sanctuaires sont toujours fréquentés mais les sépultures et coutumes funéraires adoptent
des formes continentales (« tombes de guerriers »). La destruction du palais de Cnossos est attribuée à l'intervention
d'une autre principauté mycénienne continentale ou plutôt à
une révolte des centres crétois secondaires. L'ancien siège
du pouvoir passant au second plan, des sites tels qu'Haghia

Triada et surtout La Canée (Kydônia) paraissent désormais jouer les premiers rôles. C'est notamment à La Canée que sont produites les « jarres à étrier », ainsi nommées en raison de la forme de leurs anses, et qui contiennent vraisemblablement de l'huile d'olive exportée vers les principautés continentales (certaines portent des inscriptions en linéaire B dénotant un lien avec l'économie royale). Sur la côte sud, le site portuaire de Kommos connaît une activité soutenue, puis il décline et est abandonné vers 1250. On considère que la Crète est devenue une « province » du monde mycénien.

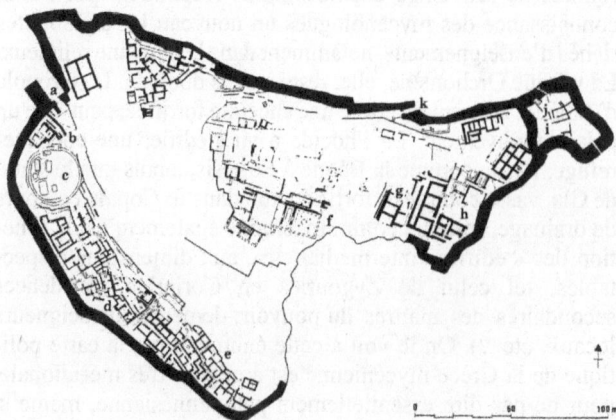

a. porte des Lions — b. grenier — c. cercle A — d. « centre cultuel » — e. quartier sud-ouest — f. palais — g. ateliers — h. maison aux colonnes — i. extension nord-est — j. descente vers la citerne souterraine — k. porte nord.

Fig. 2. L'acropole de Mycènes (R. Treuil *et al.*, *Les Civilisations égéennes*, PUF, 1989, fig. 51).

Sur le continent, c'est dans la première moitié du XIVe s. que s'édifient les ensembles palatiaux, après une phase où un habitat encore modeste mais néanmoins plus centralisé est apparu. Ce retard ne laisse pas de surprendre : est-il concevable que les Mycéniens aient pu se fondre dans l'administration minoenne s'ils n'avaient pas déjà une

expérience en la matière ? Y ont-ils au contraire tout appris
avant d'importer les méthodes dans leur patrie ? Ces problèmes, liés aux débats relatifs à l'âge des tablettes de Cnossos et à l'histoire de la Crète dite « monopalatiale », dont la
fin coïncide curieusement avec l'édification des grands sites
péninsulaires, sont à ce jour insolubles. Trois palais continentaux ont été amplement fouillés : Tirynthe, qui a connu
une phase plus ancienne, Pylos et bien sûr Mycènes. Midéa,
en Argolide, est en cours de dégagement. Un palais était sis
à Thèbes mais n'est que partiellement fouillé, comme les
autres niveaux antiques recouverts par la ville moderne : des
fouilles de sauvetage ont néanmoins récemment porté à la
connaissance des mycénologues un nouveau lot de tablettes
riches d'enseignements, notamment dans le domaine religieux.
La voisine Orchomène, elle, reste un cas douteux. L'Acropole
d'Athènes a sûrement abrité une enceinte fortifiée, peut-être un
palais, tardivement. La Phocide a vu s'édifier une enceinte-
refuge, Krisa, comme la Béotie à Eutrésis, tandis que le statut
de Gla, vaste complexe fortifié situé dans le Copaïs en cours
de drainage, reste incertain. Incertaine également est la fonction des « édifices intermédiaires », aux dimensions respectables, tel celui de Zygouriès en Corinthie (résidences
secondaires des maîtres du pouvoir, demeures de seigneurs
locaux, etc. ?). On le voit à cette énumération, la carte politique de la Grèce mycénienne est à ce jour très méridionale,
pour ne pas dire essentiellement péloponnésienne, même si
des tombes ou autres vestiges ont été découverts plus au nord,
comme à Dimini et à Volos (ancienne Iolcos ?) en Thessalie,
sites qui pourraient réserver des surprises, ou à l'ouest (Acarnanie, Épire, Céphallénie). Plus encore que dans la Crète
minoenne, la question des relations entre principautés mycéniennes est donc problématique. Il y a fort à parier que des
découvertes futures atténueront les déséquilibres et comble-
ront les vides (en Laconie par exemple, malgré les vestiges du
Ménélaion et la tholos de Vaphio, entre autres, et alors que des
tablettes thébaines récemment publiées offrent plusieurs occurrences de l'ethnique *Lacédémonien*). L'exceptionnelle densité
de sites majeurs en Argolide continuera néanmoins de faire

problème : faut-il poser le débat en termes d'indépendance, de rivalité ou de complémentarité ? Comme l'Agamemnon homérique, un roi de Mycènes est-il parvenu à « vassaliser » ses voisins ? Quoi qu'il en soit, l'âge d'or semble dater de l'Helladique récent (HR) III B1, couvrant la fin du XIVe et la première moitié du XIIIe s. : c'est à cette époque que la ville basse de Mycènes prend sa plus grande extension et que sont édifiées les *tholoi* les plus imposantes (« trésor d'Atrée » et « trésor de Clytemnestre »).

La civilisation mycénienne

La civilisation mycénienne a paru standardisée et stéréotypée au point qu'on a pu évoquer là l'existence d'une véritable *koinè*, un peu à l'image de ce que sera la communauté culturelle hellénistique (*infra*, chap. 23), mais ce point de vue tend aujourd'hui à être nuancé.

Les palais ont un aspect très différent de leurs antécédents crétois et l'on a rappelé que les formes continentales anciennes (habitat de type « mégaron », maisons à corridors) ont dû exercer aussi une influence (*supra*, chap. 3). Le trait le plus frappant est que les sites offrent l'aspect d'acropoles puissamment fortifiées, à l'exception de Pylos qui n'est toutefois pas dépourvu de remparts, comme l'ont montré des sondages récents. 30 000 m² sont ainsi enclos par une enceinte de 900 m à Mycènes, dont les murs en appareil cyclopéen (gros blocs polygonaux ajustés sans argile) peuvent atteindre 8 m d'épaisseur et sont percés de portes parfois monumentales : le relief aux lions inséré dans le triangle de décharge de la porte principale est justement célèbre (première moitié du XIIIe s.). De puissantes voûtes en encorbellement et divers raffinements (parcours entre deux murs, portes dérobées) sont également connus. Ces enceintes ont pour fonction de protéger le centre du pouvoir, qui administre et stocke les productions ; d'autres, plus vastes encore (10 ha à Krisa, le double à Gla), pouvaient apparemment abriter la population d'une région, avec tout ou partie des troupeaux. L'urbanisme semble beaucoup moins concerté

qu'en Crète. Mais comme en Crète, il existait, à l'échelle
régionale, de véritables réseaux routiers, avec des ponts, par
exemple en Argolide. Le cœur du palais est le mégaron tripartite, en briques crues mais doté de seuils et jambages en
pierre très soignés, d'aspect et de dimensions quasi iden-
tiques dans les trois grands sites fouillés : rectangle d'environ 20 × 10 m, avec un porche à deux colonnes entre deux
antes donnant accès à un vestibule lui-même ouvert sur la
pièce principale. Couverte de fresques dont la technique est
d'inspiration minoenne, celle-ci est dotée d'un foyer central
entre quatre colonnes et d'un « trône » latéral (hypothétique à
Mycènes, dont le mégaron est le moins bien conservé).
Cours intérieures, propylées (entrées monumentales), étages
et puits de lumière sont attestés, ainsi que de nombreuses
annexes servant de salles d'archives (pièces 7 et 8 de Pylos
où ont été trouvées 80 % des 1 200 tablettes livrées par le
site), d'entrepôts, d'ateliers, de locaux à vocation administrative ou militaire, etc. Certaines de ces annexes peuvent
être relativement excentrées, comme les maisons dites du
Marchand d'huile, des Boucliers, des Sphinx, dans la ville
basse de Mycènes. Des lieux de culte ont également été
identifiés (cf. ci-dessous). Le mobilier, qui peut être richement décoré (ivoire notamment), est connu par les textes, et
Pylos a livré une belle baignoire dépourvue d'orifice d'évacuation (autres exemples moins bien conservés ailleurs).

Les tablettes regorgent d'indications sur l'administration,
mais le détail est souvent difficile à démêler parmi tous ces
titres dont certains survivent dans la Grèce archaïque, le plus
souvent en ayant subi de notables évolutions de sens. Au
sommet de la hiérarchie figure un roi, dont le titre, *wa-na-
ka*, se retrouve dans le grec homérique *anax*. Aucun nom
propre de *wa-na-ka* n'est sûrement connu. Ce personnage a
probablement des attributions religieuses et il possède des
terres (le *téménos*), un secteur proprement royal ayant même
été identifié au sein de l'économie palatiale. À ses côtés, le
ra-wa-ke-ta, doté d'un *téménos* plus modeste, pourrait être un
chef militaire ou exercer principalement des fonctions sacerdotales. À Pylos, le royaume est divisé en deux « provinces », elles-mêmes constituées de plusieurs districts : chacun

est gouverné par un *ko-re-te*, en qui l'on voit une sorte de préfet, assisté d'un *po-ko-re-te*. Toujours dans ce royaume, des *e-qe-ta* assurent la liaison entre le palais et des corps de garde-côtes : eux sont désignés par leur nom personnel, mais aussi par leur patronyme, d'où l'idée qu'il s'agirait des membres d'une noblesse d'épée héréditaire, compagnons du roi. Le *da-mo-ko-ro* est peut-être un gouverneur de province, le terme *da-mo* pouvant notamment désigner les communautés rurales, avec une connotation politique (cf. *dèmos* dans le grec ultérieur) ; une part de l'autorité y est peut-être détenue par les *te-re-ta*, dont le nom suppose l'exercice d'une charge et en qui on a vu des sortes de barons détenteurs en contrepartie de terres dites *ki-ti-me-na*, par opposition aux *ke-ke-me-na* communautaires (le statut des terres est l'une des questions les plus difficiles). Citons encore le *qa-si-re-u*, qui n'est rattaché directement ni à l'administration palatiale ni aux communautés rurales ; il pourrait s'agir d'un dignitaire local associé à des conseils d'Anciens. Le terme persiste dans les poèmes homériques et finira par prendre le sens de *roi* dans les cités (*basileus*) : il représente donc l'un des jalons les plus importants pour retracer les mutations de l'organisation politique depuis l'époque mycénienne jusqu'à l'époque archaïque. Enfin, les épigraphistes doutent de l'existence même d'une classe de scribes, car la multitude de mains identifiées rapportée au nombre total de tablettes conservées (une centaine pour les 3 000 documents de Cnossos) fait croire non à des écrivains professionnels, mais plutôt à des administrateurs lettrés (à Pylos, un même individu a néanmoins inscrit environ 250 tablettes et il est parfois considéré comme un archiviste de rang supérieur). En bas de l'échelle se trouvent les esclaves (*do-e-ro*/féminin *do-e-ra*, *doulos* dans le grec ultérieur), mais il existait sûrement des statuts intermédiaires.

La religion est elle aussi l'objet d'âpres controverses. Le panthéon connu par les tablettes est essentiellement grec, même si manquent à ce jour Héphaïstos, Aphrodite (?), Apollon qui est néanmoins peut-être présent sous un autre nom, et Déméter qui constitue un cas particulier (cf. au chapitre précédent). Le terme *po-ti-ni-ja* (la Souveraine) est problématique, tantôt épiclèse divine, tantôt divinité autonome, elle-même polymorphe. Sur un site comme Pylos, on observe des continuités frappantes (Poséidon en est le grand dieu comme dans les poèmes homériques) et des ruptures nettes (la déesse *Ma-na-sa* est inconnue par la suite). Des « esclaves sacrés », dont le statut réel est incertain, et divers corps de métiers travaillant pour les sanctuaires sont mentionnés, ainsi que des terres sacrées et des redevances dues par ces mêmes sanctuaires au palais, qui en retour contribue au service divin par des versements. Une tablette pylienne appartenant à la série dite des « documents cadastraux » évoque même un litige entre une prêtresse nommée Éritha et un *da-mo* au sujet d'une parcelle de terre : l'intéressée revendique le régime particulier de la « jouissance privilégiée », alors que la communauté lui conteste ce droit, prétendant au contraire qu'elle n'a que la jouissance ordinaire de parcelles communales[1]. De récentes analyses ostéologiques conduites sur des ossements d'animaux sacrifiés ont révélé que le rituel était assez proche de celui de l'époque historique. Les vestiges des sanctuaires eux-mêmes donnent lieu à des appréciations très différentes chez les spécialistes. Les uns insistent sur la difficulté qu'il y a à les identifier, par comparaison avec les nombreuses mentions épigraphiques, tandis que d'autres soulignent que l'époque mycénienne est celle de la différenciation des espaces religieux, tel le centre cultuel de Mycènes où l'on reconnaît un temple avec ses idoles votives, et qui était peut-être le cadre d'un culte officiel distinct des cultes populaires rendus dans des espaces ouverts. Les pratiques funéraires, on l'a dit, observent une grande diversité, même si la crémation, diffusée au Bronze récent depuis l'Anatolie, reste minoritaire, et si les tombes à tholos et, surtout, à chambre ont tendance à supplanter les sépultures à fosse et à ciste, qui ne disparaîtront toutefois pas totalement, revenant même en vogue à la fin de la période.

---

1. Cf. C. J. Ruijgh, *in* R. Treuil, P. Darcque, J.-Cl. Poursat, G. Touchais, *Les Civilisations égéennes du Néolithique et de l'Âge du Bronze*, 1989, p. 416-417 ; P. Carlier, *Homère*, 1999, p. 381-382.

Les économies mycéniennes sont, dans une proportion importante, contrôlées par le palais, qui prélève et redistribue une bonne partie de la production. Tout ce qui n'était pas consigné sur les tablettes et autres documents inscrits nous échappe néanmoins. La fiscalité observe parfois une assiette proportionnelle. Elle vise notamment les animaux d'élevage (10 000 ovins, 1 825 chèvres, 540 cochons et 8 bœufs dans les séries Cc et Cn de Pylos), les céréales et autres denrées alimentaires (vin, oléagineux), ainsi que le lin et la laine. Le contrôle de la production concerne, entre autres, la métallurgie (400 forgerons recensés dans la série Jn de Pylos), la céramique très standardisée, les textiles (cf. les centaines d'ouvrières palatiales dans la série Lc de Cnossos ou dans les séries Aa et Ab de Pylos, où elles perçoivent une ration mensuelle de blé et de figues, et sont appelées par des ethniques étrangers tels que « Milésiennes » ou « Lemniennes », ce qui indique probablement une origine servile). Les armes sont l'objet d'un soin particulier : épées, dont les spécialistes ont pu dresser une typologie complexe ; casques à dents de sanglier ; armures, telle la lourde cuirasse trouvée dans une tombe à chambre de Dendra, près de Midéa en Argolide ; chars, dont les modalités d'utilisation, en raison de leur coût élevé et du relief mal adapté de la Grèce, sont très discutées. On connaît également l'abondante production de sceaux et celle des statuettes stylisées, cultuelles ou votives, en *phi* (bras croisés), en *psi* (bras levés), ou autres (cf. les découvertes du centre cultuel de Mycènes et celles de Phylakopi). Le monde mycénien ayant apparemment connu l'autosuffisance alimentaire, tout cela contribuait à dégager des surplus échangés contre les produits indispensables dont la Grèce manque, notamment les métaux, hormis le plomb et l'argent provenant du Laurion en Attique.

La céramique est pour nous le meilleur traceur de l'expansion mycénienne en Méditerranée. Or on en a retrouvé de la Sardaigne jusqu'à l'Euphrate et de la Thrace jusqu'au Nil. Pas plus ici que pour les Minoens il ne faut cependant envisager la constitution d'un empire : la présence de vases n'implique pas forcément un contact direct, encore moins une installation permanente. On admet en général que les Grecs ont exploité les anciens circuits minoens, s'appropriant leurs comptoirs ou colonies entre la seconde moitié du xvᵉ et la première moitié du xIVᵉ s., par exemple à Rhodes ou à Milet. Cette dernière région, comme d'autres dans le sud-ouest de l'Asie Mineure, accueille manifestement des populations mycéniennes liées à un royaume d'*Ahhiyawa* (très probablement la forme hittite du grec *Achaioi*, c'est-à-dire les Achéens, nom homérique des Mycéniens), que les archives hittites des xIVᵉ et xIIIᵉ s. mentionnent parfois comme une source de conflit (les récents travaux des fouilleurs allemands de Milet suggèrent entre autres que les Hittites, qui appellent Milet et sa région *Millawanda*, en ont pris le contrôle dans la seconde moitié du xIIIᵉ s.). Certains localisent le centre de ce royaume d'*Ahhiyawa* autour des côtes d'Asie Mineure (par exemple, à Rhodes même), d'autres y voient plutôt une grande principauté achéenne continentale, telle Mycènes ou Thèbes. Pareillement, les échanges sont soutenus avec l'Égypte, au point que la possibilité de relations diplomatiques ait été envisagée. En Méditerranée occidentale, qui pouvait être pourvoyeuse des métaux et de l'ambre nord-européens, du matériel mycénien a notamment été découvert à Ischia (île située au nord de la baie de Naples), en Sicile et en Sardaigne, dans le golfe de Tarente et jusque dans la vallée du Pô. Mais c'est surtout l'Orient qui paraît avoir alimenté les palais, avec pour base avancée Chypre, elle-même exportatrice de cuivre et qui joue un rôle d'intermédiaire, entre influences orientales traditionnelles et pénétration mycénienne surtout à partir du xIIIᵉ s. (site d'Enkomi notamment, près de Salamine). Les épaves fouillées sur la côte sud de l'Anatolie, près des caps Ulu Burun (naufrage aujourd'hui précisément daté des dernières années du xIVᵉ s. par la dendrochronologie) et Gélidonya (naufrage postérieur d'un siècle environ), prouvent la densité et la complexité des échanges dans cette zone : si la « nationalité » des navires demeure hypothétique (syro-palestinienne ou chypriote ?), leur cargaison principale consiste en lingots de cuivre, mais il y figure aussi de l'étain, du verre, des objets de bronze et de pierre, de l'ivoire, des vases syriens, chypriotes et mycéniens, et l'on y a même identifié des restes d'épices et de fibres de laine teintées.

La fin du monde mycénien

Cette question constitue l'une des plus grandes énigmes de l'Antiquité. Longtemps considérée comme soudaine et générale, la fin du monde mycénien est aujourd'hui différemment et diversement perçue par les archéologues, qui sont ici encore aux prises avec une chronologie mouvante.

Le palais de Pylos est détruit dans la seconde moitié du XIIIᵉ s. (autour de 1250 selon certains, plutôt vers le tournant du siècle d'après de récentes études céramologiques). On l'a cru à peu près abandonné par la suite, mais de la céramique postérieure y a été identifiée (HR III C, à partir de *ca* 1200). Certaines tablettes antérieures à la destruction pourraient en outre notifier des préparatifs militaires et des réquisitions de métaux liées à un état d'urgence, mais cette interprétation même a été contestée : plus banalement, les mesures prises peuvent aussi bien ressortir à l'administration ordinaire en cas de conjoncture économique difficile. Les données fournies par ce site, actuellement en cours de révision, sont donc pour le moins délicates à exploiter. Vers 1250, des destructions frappent également Mycènes et peut-être Thèbes, et c'est à cette époque que l'enceinte de Mycènes se renforce notablement, englobant le cercle A et protégeant l'accès à une citerne, tandis que le même souci de l'eau est visible à Tirynthe, où la ville basse est prise dans le rempart, et à Athènes, où l'Acropole est transformée en citadelle. Un mur de fortification sur l'Isthme de Corinthe et l'enceinte de Gla dateraient aussi de cette phase : même si ces deux dernières données sont particulièrement sujettes à caution, l'ensemble des aménagements réalisés alors trahissent un climat d'insécurité. À la fin du XIIIᵉ s., Thèbes et Gla sont détruites, comme Tirynthe et Mycènes qui sont néanmoins reconstruites et, pour la première, sur une surface peut-être jamais atteinte auparavant (ville basse). Les Cyclades ne sont pas épargnées (cf. le site depuis peu fortifié de Koukounaries à Paros) et en Crète, surtout orientale, les sites-refuges haut perchés, tel celui de Karphi, se multiplient.

Les destructions sont imputées par les archéologues à des manifestations violentes et surtout à des tremblements de terre (spécialement en Argolide, à Mycènes, Tirynthe et Midéa), l'incendie n'étant une preuve décisive ni dans un sens ni dans l'autre. Ces incendies ont en tout cas conservé les ultimes tablettes en linéaire B, dont aucune n'est à ce jour postérieure à *ca* 1200. C'est sans doute là le meilleur indice que le système palatial périclite alors, du moins sous sa forme et avec son éclat précédents. La production céramique continue néanmoins, souvent de qualité très inférieure (« style du grenier » à Mycènes), parfois avec originalité : le célèbre « vase aux guerriers », qui donne à voir une sorte de défilé de soldats, est daté de 1150 environ. La forte homogénéité culturelle des siècles antérieurs s'estompe au profit d'un régionalisme nouveau. Dans le dernier quart du XIIᵉ s., d'ultimes destructions portent un coup fatal à la citadelle de Mycènes et Tirynthe est quasiment abandonnée. Le nombre de sites occupés diminue fortement : de 90 % en Béotie à 50 % en Attique, moins touchée, notamment sur la côte est (cf. la nécropole de Pérati), phénomène que certains ont relié à la naissance du mythe local de l'autochtonie, plus tard entretenu par les Athéniens. L'ultime phase de l'Helladique (HR III C) entraîne les céramologues jusqu'au deuxième quart du XIᵉ s., le dernier stade, parfois appelé « submycénien », étant très débattu par les spécialistes (*ca* 1070-1010 en Attique, région qui constituera dorénavant la principale référence).

On le voit : la disparition des palais a suivi un processus plus évolutif qu'on ne l'avait d'abord imaginé, en tout cas relativement lent et diversifié selon les sites. En outre, bien des traits de la civilisation mycénienne lui survivent assez longtemps, si bien qu'on ne parle plus désormais d'effondrement, mais plutôt de décomposition : c'est la fin d'un système avant d'être la fin d'un monde (James Hooker et Henri van Effenterre). L'introduction de cette « longue durée » n'est naturellement pas sans incidence sur les explications possibles. Celles-ci sont de trois types : mouvements de population, causes naturelles, conflits internes.

La première catégorie privilégie l'hypothèse de l'invasion dorienne, combinant la tradition mythologique (le retour des Héraclides, descendants d'Héraclès jadis chassé du Péloponnèse par Eurysthée) et les données dialectales (le dialecte dorien est dominant dans le Péloponnèse à l'époque historique). Elle a le défaut de ne guère trouver de soutien archéologique : s'il apparaît alors une céramique dite « barbare », des fibules et des armes d'un type nouveau (épée « Naue II », peut-être de provenance nord-occidentale), faisant un plus large usage du fer, si la crémation se fait plus fréquente, ces éléments intrusifs sont trop épars pour étayer l'idée d'une installation massive faisant suite à une invasion soudaine et brutale que le tableau des destructions démentait déjà. Pour reprendre le mot célèbre de l'archéologue anglais Anthony Snodgrass, ce serait là une « invasion sans envahisseurs », ce à quoi on a répliqué que l'arrivée des nouveaux venus est de toute façon peu décelable par les archéologues, s'il s'agit de semi-nomades ne laissant guère de traces et ayant pu adopter la culture matérielle de leurs adversaires vaincus, d'autant plus vite qu'eux-mêmes auraient été conduits par d'anciens émigrés (les Héraclides). Une série d'hypothèses connexes établit une relation avec les troubles affectant alors l'Anatolie (fin de l'empire hittite, incomparablement plus puissant, dans le premier quart du XIIe s.), Chypre (disparition du royaume d'*Alashiya* connu par la correspondance diplomatique orientale), le Levant (destruction d'Ougarit) et l'Égypte, où les pharaons, tels Merenptah (*ca* 1212-1202) et Ramsès III (*ca* 1185-1153) repoussent les « Peuples de la mer » ou « Peuples du Nord ». Les Philistins établis alors en Palestine produisent une céramique d'inspiration mycénienne, mais on ne sait quel rôle les Mycéniens eux-mêmes (les *Ekwesh* des archives égyptiennes ?) jouèrent dans ces événements. Même si toutes ces péripéties présentent des symptômes communs d'état d'urgence, les liens entre eux restent à démontrer.

C'est aussi dans ce contexte qu'on a songé à placer la « guerre de Troie » homérique, diversement située par les Anciens dans une fourchette de plusieurs siècles à partir de 1334 (1184 selon la chronologie d'Ératosthène). Le niveau VIIa de la ville sise à Hissarlik, détruit par un incendie d'origine apparemment guerrière et à présent daté des environs de 1200, fournit un bon candidat pour être identifié à la Troie (Ilion) de l'épopée. Or pour beaucoup, ce contexte ne convient pas, vu les capacités supposées d'une aristocratie mycénienne alors aux abois, à moins d'imaginer une entreprise inconsidérée ou désespérée, voire un exode massif en armes, ce qui ne correspond pas à la tradition épique. Le détail de la chronologie est néanmoins incertain et d'autres ont rétorqué qu'une puissance en difficulté pouvait précisément se lancer dans ce genre d'entreprise pour tenter de se rétablir : on a même proposé d'y voir une sorte de contre-offensive achéenne destinée à compenser la perte de Milet/Millawanda (cf. ci-dessus), en profitant de l'affaiblissement de l'empire hittite, qui exerçait aussi son influence sur la région de *Wilusa*, nom équivalent selon certains au grec Ilios/Ilion. Il n'est d'ailleurs pas exclu que l'épopée connue de nous repose sur une base d'inspiration antérieure, peut-être en partie orientale, mêlant plusieurs conflits et correspondant à des niveaux archéologiques plus anciens, des XIVe et XIIIe s., où d'autres destructions sont repérées, notamment un probable tremblement de terre vers 1300 (dernières phases de Troie VI). En tout état de cause, l'historicité de l'événement attend une preuve et son interprétation est grevée de trop d'incertitudes chronologiques et autres controverses archéologiques. Néanmoins, force est de reconnaître que l'auteur ou les auteurs des poèmes avaient des notions assez justes sur l'importance de la ville de Troie et sur la capacité du roi de Mycènes, à l'époque de sa splendeur, à mener une expédition asiatique, peut-être même en unissant les Grecs, fût-ce pour un temps et un objectif limités.

Parmi les facteurs naturels, il n'est plus question d'invoquer l'éruption du volcan de Théra (chapitre précédent), mais d'autres ont été mis en avant : perturbations climatiques nuisant à la production agricole et déstabilisant l'économie, alors que les échanges auraient été affectés à leur tour par les troubles agitant la Méditerranée orientale, privant les classes dirigeantes de leur source préférentielle d'approvisionnement en métaux. Ici aussi, les preuves manquent. Mieux illustrés par les données archéologiques, les tremblements de terre ont pu ébranler l'organisation politique et sociale elle-même : quoique d'aucuns aient douté que l'on puisse imputer à un ou à quelques séismes les dommages survenus vers 1200 dans les centres de pouvoir de régions aussi éloignées que l'Argolide, la Messénie et la Béotie, cette explication, compatible avec les traces d'incendie observées, revient en faveur actuellement (possibles répliques ou série assez rapprochée de secousses majeures en différents lieux).

Quant aux conflits internes, ils pourraient être de deux types, opposant les principautés entre elles, qui se seraient épuisées à ces guerres, ou les aristocraties dominantes à leurs sujets. Dans la seconde hypothèse, faut-il entendre par « sujets » des Doriens déjà installés dans la péninsule et d'abord soumis au pouvoir en place ? Une partie des arguments, de nature dialectale (existence d'un « mycénien spécial », proto-dorien qui aurait été parlé par les classes inférieures), est rejetée par la plupart des linguistes, même si la question de la différenciation dialectale dans les tablettes et celle de la position du mycénien lui-même dans l'histoire de la langue grecque restent débattues (cf. au chapitre suivant). On pourrait également imaginer une « fronde » de seigneurs locaux contre le pouvoir central qui aurait imposé une surexploitation du terroir devenue insupportable, alors qu'il était lui-même assez fragile pour être d'abord déstabilisé, puis renversé. Dans ce schéma, les Doriens, inférieurs déjà présents ou plutôt guerriers arrivés depuis peu et par petites bandes (ici aussi, le concept d'« infiltration » est aujourd'hui en vogue), auraient-ils été utilisés, pour finalement s'imposer à leurs employeurs, dépassés par les événements et par le nombre croissant des immigrants ? Cette hypothèse aurait l'avantage de redonner quelque crédit à la tradition littéraire et de s'harmoniser avec les données archéologiques qui, d'une part, mettent en évidence une certaine continuité culturelle pendant à peu près un siècle après la rupture que constitue la fin des palais, et qui, d'autre part, suggèrent que les sites non palatiaux furent proportionnellement moins touchés par les destructions.

Toutes ces explications rivalisent d'ingéniosité et de sophistication. Gageons qu'il y aura peu à attendre pour que l'archéologie offre de nouvelles pistes et retenons provisoirement qu'un scénario unique est aujourd'hui abandonné au profit de l'idée que différents facteurs ont pu se combiner, à l'image des destructions constatées, géographiquement dispersées et étalées dans le temps. Trop rigide et trop centralisé, le système palatial aura été incapable de s'adapter et de faire face à des troubles d'origines diverses mais se produisant en chaîne et, pour partie au moins, avec des liens de cause à effet. Confrontée à des difficultés semble-t-il assez comparables vers 1700, la Crète minoenne était parvenue à se redresser vigoureusement entre les phases proto- et néopalatiales (chapitre précédent). En Grèce, il faudra attendre des siècles pour retrouver une civilisation aussi brillante.

DEUXIÈME PARTIE

L'époque archaïque

Chapitre 6

LA GRÈCE DU XIᵉ AU IXᵉ SIÈCLE

L'expression « âges obscurs » est parfois adoptée pour désigner les XIᵉ-IXᵉ siècles en Grèce. D'origine anglo-saxonne (on a parlé aussi de « Moyen Âge ») et popularisée dans les années 1960-1970, elle a une signification double : d'une part la civilisation grecque connaît alors un net recul, entre deux phases remarquables (le monde des palais et l'époque archaïque : *infra*, chap. 7 à 9) ; d'autre part l'absence de documents écrits et les misérables restes parvenus jusqu'à nous la rendent particulièrement malaisée à comprendre. Ce constat reste partiellement valable aujourd'hui, même si les progrès de l'archéologie ont retiré à la formule beaucoup de sa pertinence et ont notablement rétréci l'époque considérée : réserve faite des incertitudes chronologiques pesant sur la fin du monde mycénien, il s'agit surtout des XIᵉ-Xᵉ s., et l'on ne descend plus jusqu'au VIIIᵉ s. Surtout, la recherche actuelle met volontiers l'accent sur la fécondité de la période, qui a manifestement préparé la « renaissance » du haut archaïsme. On l'aura compris, la problématique des ruptures et des continuités domine les débats, d'autant qu'en bout de chaîne (VIIIᵉ s.), les poèmes homériques et leur genèse constituent un enjeu majeur qui ne cesse d'exciter la curiosité des historiens.

Données démographiques

Outre le net déclin de la culture matérielle, les XIᵉ et Xᵉ s. sont marqués par un spectaculaire recul démographique, à en juger par la diminution du nombre d'habitats ou nécropoles recensés. La raréfaction des vestiges est telle que l'on a cherché à en rendre compte par de profonds changements dans le genre de vie : un retour au pastoralisme, envisageable dans certaines régions au moins, et de nouveaux usages funéraires limitant fortement l'accès à la sépulture individuelle pourraient expliquer que ces gens aient laissé aussi peu de traces derrière eux. Mais ces explications, si elles sont partiellement valables, ne suffisent pas et l'on a aussi invoqué, entre autres, de possibles épidémies (cf. celle qui fait des ravages dans les rangs des Achéens au début de l'*Iliade*) et une espérance de vie limitée (30-40 ans). Une tendance récente est d'ailleurs de nuancer l'ampleur de cette « catastrophe », ce qui minore proportionnellement l'accroissement attribué aux IXᵉ-VIIIᵉ s. (époque géométrique : chapitre suivant). En effet, le recul n'est pas uniforme et certains sites nouveaux apparaissent ou se développent, notamment autour du canal eubéen (Locride orientale ; vaste nécropole de Pérati en Attique, qui correspond à un habitat non découvert à ce jour ; Lefkandi en Eubée) : certains n'hésitent pas à voir dans cette recomposition les prémices des synœcismes (regroupements) constitutifs des futures cités. Ce point ramène à la question lancinante des mouvements de population, déjà rapidement évoquée à propos de l'hypothétique responsabilité des Doriens dans l'effondrement du système palatial mycénien.

Ainsi que nous l'avons rappelé au chapitre précédent, la reconstitution des faits repose principalement sur la combinaison d'éléments linguistiques et mythologiques, relayés par les Anciens, notamment les historiens (cf. Hérodote et Thucydide, qui présentent à l'occasion des observations d'ordre dialectologique). À partir du VIIIᵉ s. en effet, une carte des dialectes se laisse dessiner autour de l'Égée. Une relative cohérence d'ensemble y est repérable, qui autorise quelques reconstructions *a posteriori*, quoique la genèse du processus de différenciation dialectale fasse elle-même l'objet de nombreuses discussions. L'arcado-chypriote étant l'héritier du mycénien, on en déduit que l'Arcadie abritait dès l'Âge du Bronze une population parlant le dialecte des maîtres du pays, certains de ces derniers ayant pu en outre se réfugier dans cette région relativement enclavée tandis que le Péloponnèse devenait majoritairement dorien (archéologie et mythes suggèrent des faits semblables pour l'Achaïe, au nom évocateur, mais les données dialectales manquent) ; d'autres trouvèrent asile beaucoup plus loin, notamment à Chypre, en voie d'hellénisation depuis le XIIIe s. environ. Thessalie et Béotie sont de parler éolien, comme Lesbos et le littoral asiatique situé approximativement sur la même latitude, ces trois ensembles présentant toutefois de notables différences. L'ionien se concentre en Attique et en Eubée, passant aussi dans la plupart des Cyclades, jusqu'à la partie de côte asiatique que l'on appellera l'Ionie (dont la frontière dialectale avec la zone éolienne, notamment à Chios et autour de Smyrne, s'avère mouvante). Pour sa part le dorien, venu du nord de la péninsule jusque dans le Péloponnèse, franchit le sud de l'Égée : Cyclades méridionales, Crète, Dodécanèse et littoral asiatique en face.

Indiscutablement, des migrations sont à l'origine de cette répartition et l'historien, qui a horreur du vide, en affecte tout ou partie aux « siècles obscurs », mal connus et apparemment troublés, alors même que les données disponibles sont en grande majorité beaucoup plus tardives ; il y associe volontiers les regroupements religieux plus tard attestés entre Ioniens (Apollon à Délos et Poséidon au cap Mycale) et Doriens d'Asie (Apollon au Triopion, sur le territoire de Cnide). Mais il convient de rappeler que la chronologie de ces mouvements et les itinéraires qu'ils suivirent (implantations proto-ionienne et proto-éolienne dès l'Âge du Bronze, coulée dorienne postérieure, motifs et cheminements de la colonisation de la côte anatolienne depuis la péninsule balkanique ?), les liens qui purent exister entre chacun d'entre eux (déplacements indépendants ou effet domino, en vertu duquel les Ioniens, premiers occupants grecs de l'Achaïe selon une tradition mythique, en auraient par exemple été

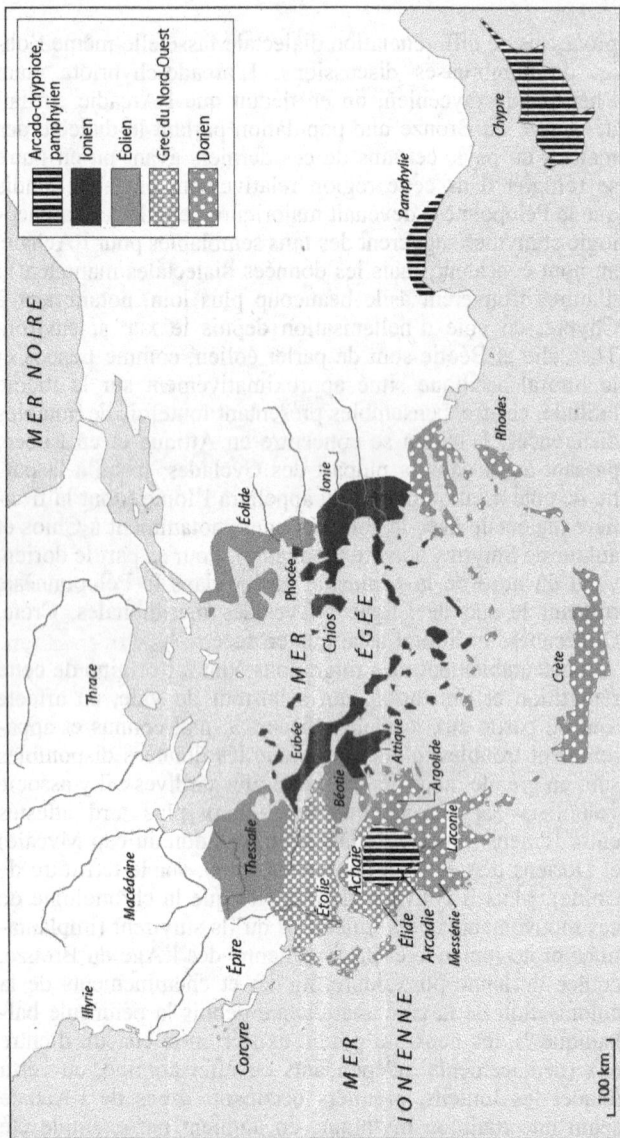

Carte 4. Les dialectes grecs vers le début du Ier millénaire.

Légende :
- Arcado-chypriote, pamphylien
- Ionien
- Éolien
- Grec du Nord-Ouest
- Dorien

Lieux indiqués sur la carte :

MER NOIRE

MER ÉGÉE

MER IONIENNE

Illyrie, Macédoine, Épire, Thrace, Thessalie, Éolide, Corcyre, Étolie, Achaïe, Élide, Arcadie, Messénie, Laconie, Béotie, Eubée, Phocée, Chios, Attique, Argolide, Ionie, Rhodes, Crète, Pamphylie, Chypre

100 km

chassés par des Achéens, eux-mêmes soumis à la nouvelle pression dorienne ?), et enfin leur ampleur (infiltrations plutôt qu'invasions ?), restent très hypothétiques. Quant au « retour des Héraclides » et autres mythes relatifs aux migrations éolienne et ionienne, ils se prêtent à des lectures multiples : les uns insistent sur leur cohérence d'ensemble et sur le fait qu'ils ont fini par constituer pour les Grecs d'époque historique une sorte de vulgate expliquant leurs origines respectives, d'autres en dénoncent au contraire les contradictions ou le caractère propagandiste et tardif (légitimation des prétentions spartiates sur le Péloponnèse à l'époque archaïque, contre les Messéniens et Argos ; Athéniens prétendument autochtones et revendiquant le statut de Métropole des Ioniens, etc.). Il est en tout cas salutaire d'envisager, derrière une apparente unité, la variété des sphères culturelles ionienne et dorienne, dont notre perception est sans doute trop simpliste et excessivement influencée par l'antagonisme athéno-spartiate du Ve s. (*infra*, chap. 11 et 13).

Il faut en outre faire une place aux dialectes « du Nord-Ouest » (étolien, phocidien, locrien, éléen, etc.), appartenant au groupe grec occidental, comme le dorien dont ils sont très proches, et tenir compte de multiples particularismes (cf. l'éléen ; pour le macédonien, voir *infra*, chap. 16) ou situations complexes. Ainsi le pamphylien, de substrat achéen et donc habituellement associé à l'ensemble arcado-chypriote, comporte une forte strate éolienne et même des éléments doriens : ce métissage est le produit d'osmoses successives et imprécisément datables, dans une région où des Grecs d'origines diverses se sont mêlés depuis le IIe millénaire aux populations indigènes (*pamphyloi* signifie « composés de tribus de toute sorte »). Il est tout aussi nécessaire de faire la part de la colonisation archaïque, entre autres dans le secteur des îles « ioniennes » : l'appartenance de Corcyre à l'ensemble dorien n'est par exemple imputable qu'aux implantations corinthiennes de la seconde moitié du VIIIe s., qui ont évincé des populations liburniennes venues du nord de l'Adriatique, ioniennes ou autres (cf. le cas assez comparable de Leucade, étroitement liée au continent acarnanien et qui ne fut colonisée qu'un siècle plus tard environ, ou

celui, disputé, de l'Épire, ouverte de surcroît à la pénétration
illyrienne mais que d'aucuns associent originellement au
groupe Nord-Ouest). Partout où ils iront, les colons apporte-
ront le dialecte de leur métropole et le domaine dorien
s'étendra en Occident, l'ionien dans le nord de l'Égée et en
mer Noire, etc. (*infra*, chap. 8). Pour les époques reculées
qui nous occupent ici, toute carte de répartition dialectale ne
peut donc être que schématique et grevée d'incertitudes,
faute de documentation fiable et suffisamment abondante
(inscriptions trop rares et beaucoup plus récentes). Mais
même ainsi simplifié, ce tableau suffit à donner une idée des
multiples problèmes et hypothèses que suscite le peuplement
de la Grèce historique.

Le témoignage de l'archéologie

Cette fois encore, le découpage suit une terminologie élaborée par les céramologues : dans cette période de pénurie
archéologique, la céramique constitue plus que jamais le
meilleur point de repère. Les concepts de « submycénien »
(*ca* 1070-1010) et de « protogéométrique » (*ca* 1010-900)
sont néanmoins d'utilisation délicate, car ils s'appliquent
essentiellement à l'Argolide, à l'Eubée et à l'Attique, qui joue
vite un rôle pionnier en la matière, tandis que d'autres régions
connaissent une évolution particulière ; en outre, le détail de
la chronologie est constamment remis en question par les
spécialistes. Nous nous en tiendrons donc à l'essentiel.
Parmi les traits notables, citons l'évolution de la métallurgie, qui voit le fer supplanter le bronze avant que le rétablissement de relations soutenues avec l'Orient ne permette de
réimporter le cuivre et l'étain nécessaires (dès la seconde
moitié du Xe s. en Eubée ; les apparentes solutions de continuité dans ce domaine pourraient d'ailleurs n'être dues
qu'aux lacunes actuelles de notre information). L'artisanat
du bronze connaît alors un grand renouveau et ce métal est
utilisé concurremment avec le fer pour bien des usages, y
compris militaires. Autre caractéristique de l'époque, les
usages funéraires où domine désormais l'incinération (déjà

pratiquée, mais marginalement, à l'Âge du Bronze), sauf
pour les enfants et dans certaines régions telle l'Argolide,
où l'inhumation reste en faveur. La céramique, dont la décoration est très simplifiée (demi-cercles et cercles concen-
triques), est néanmoins réalisée avec un tour plus rapide et
décorée au moyen du compas : bientôt, les *skyphoi* (sortes
de gobelets) eubéens à demi-cercles pendants essaiment de
la Macédoine aux Cyclades et de Chypre à l'Occident. Les
échanges reprennent donc et l'Eubée paraît alors en pointe.

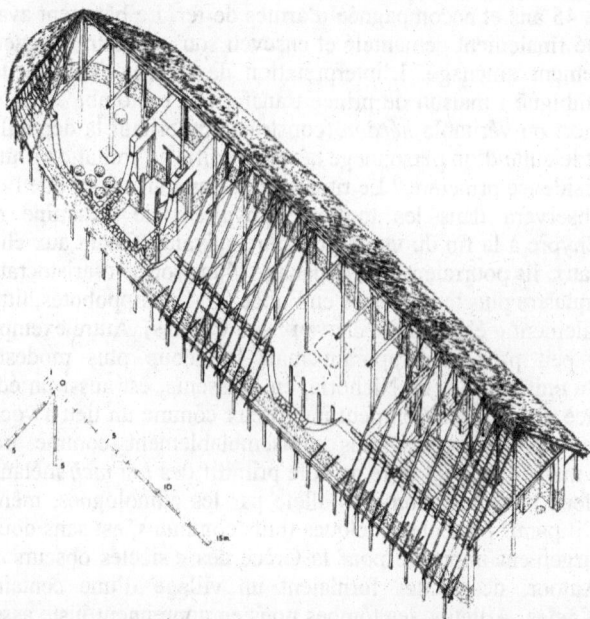

Fig. 3. Restitution axonométrique de l'édifice de Lefkandi (xᵉ s.)
(M.-Chr. Hellmann, *L'Architecture grecque*, Le Livre de Poche,
« Références », nº 544, 1998, fig. 26).

Le site le plus spectaculaire de l'époque se trouve à Lefkandi, aux confins orientaux de la plaine lélantine qui sera
l'objet d'un conflit mémorable entre les cités de Chalcis et

d'Érétrie, au VIIIe s. sans doute (*infra*, chap. 8). Les archéologues y ont mis au jour les restes d'un bâtiment qu'ils resti-
tuent comme une sorte de longue hutte absidale d'environ
45 × 14 m. Daté de la première moitié du Xe s. et entouré
de colonnes de bois formant péristyle, cet édifice semble
annoncer les futurs temples périptères. Dans la pièce centrale, deux tombes contenaient pour l'une les squelettes de
quatre chevaux, pour l'autre celui d'une femme et une urne
de bronze travaillée au repoussé, d'un type chypriote alors
déjà ancien, abritant les cendres d'un homme mort entre 30
et 45 ans et accompagnée d'armes de fer. Le bâtiment avait
été finalement démantelé et enseveli sous un tertre soigneusement aménagé. L'interprétation de l'ensemble demeure
ambiguë : maison de prince transformée en tombe après sa
mort ou véritable *hérôon* (construction abritant la dépouille
et le culte d'un personnage héroïsé) édifié à l'imitation d'une
résidence princière ? Le rituel évoque en tout cas ce que l'on
observera dans les tombes « royales » de Salamine de
Chypre à la fin du VIIIe s. (chapitre suivant). Quant aux chevaux, ils pourraient être l'apanage d'une forme d'aristocratie
équestre plus tard attestée en Eubée (cf. les Hippobotes, littéralement « éleveurs de chevaux », à Chalcis). Autre exemple
à peu près contemporain mais beaucoup plus modeste,
l'« unité IV-1 » de Nichoria, en Messénie, est aussi un édifice absidal que l'on peut interpréter comme un lieu à vocation collective ou plus vraisemblablement comme une
« maison de chef » (le modèle primitif des *big men* mélané-
siens proposé comme parallèle par les ethnologues, même
s'il paraît présenter quelques traits communs, est sans doute
largement impropre pour la Grèce des « siècles obscurs »).
Autour, des huttes formaient un village d'une centaine
d'âmes. Ailleurs, les tombes nous en apprennent juste assez
pour conclure à l'importance de l'activité guerrière, sans
qu'il soit possible de se risquer plus avant dans les spé-
culations sociopolitiques : les étapes menant du *qa-si-re-u*
mycénien au *basileus* homérique durent être franchies à un
rythme et selon des modalités très variables selon les lieux,
et on en ignore l'essentiel. Vers le milieu du IXe s., le village
de Smyrne, au nord de l'Ionie, paraît s'être entouré d'un

rempart, ce qui suppose une forme d'organisation communautaire (certains interprètent plutôt cette première phase des
vestiges comme un mur de terrasse).

Autre question majeure agitant les spécialistes, celle de la
continuité religieuse entre la fin du monde mycénien et le
haut archaïsme. Le panthéon mycénien est déjà, à quelques
différences près, celui qui est connu à l'époque archaïque et
ces dernières années ont allongé la liste des sites témoignant
d'une activité cultuelle ininterrompue depuis l'Âge du
Bronze, même si l'identité des divinités vénérées d'une
période à l'autre demeure souvent hypothétique. Citons le
sanctuaire du mont Kynortion à Épidaure (Apollon Maléa-
tas ?), celui d'Aphaia à Égine (Athéna ?), d'Haghia Irini à
Kéos (Dionysos ?) et les grottes crétoises de Psychro et de
l'Ida (Zeus ?) ou le sanctuaire de Kato Symi (Hermès et
Aphrodite ?) sur les pentes du mont Diktè. Certains de ces
lieux de culte commencent leur existence dans la dernière
phase du monde mycénien (HR III C), tels Kalapodi en Phocide (Artémis Élaphèbolos ?) et peut-être Dodone en Épire
(Zeus), ou juste après, comme à l'Isthme de Corinthe (Poséidon) ou à Olympie (Zeus). Delphes (Apollon Pythien),
Délos (Apollon Délien) et Éleusis (Déméter) demeurent des
cas suspects. Beaucoup de ces sanctuaires se situent aux
marges des zones habitées et l'on peut y voir des lieux de
rencontre régionaux, où le repas en commun accompagnant
le sacrifice jouait le premier rôle, avec le dépôt d'offrandes.
On distingue déjà des sanctuaires urbains et péri-urbains,
comme à Karphi en Crète, qui a livré de beaux exemplaires
de statues de la « déesse aux bras levés », typique de l'île à
cette période. Il reste néanmoins malaisé de faire le départ
entre cultes domestiques et cultes communautaires, et plus
encore entre fonction de type politique et fonction sacerdotale : voir les « mégara » de Thermos, en Étolie, dont la
destination reste incertaine, et surtout le « bâtiment T » qui
aurait été édifié dès le XIIe s. sur les ruines du mégaron
palatial de Tirynthe. D'aucuns pensent que ce dernier, ouvert
sur un autel, aurait pu continuer à fonctionner quasiment
sans rupture comme une sorte de « maison de chef », avant
de finir au VIIIe s. en temple d'Héra, cette déesse étant

elle-même présentée comme une hypothétique héritière de
la Potnia mycénienne...

On le voit, ces données trahissent une forme de chaos
et de morcellement, par comparaison à l'impression d'unité
(peut-être un peu trompeuse) que donnait la civilisation
mycénienne. Mais on y repère aussi une certaine recomposition et une effervescence annonçant par bien des aspects la
« renaissance » à suivre. Les phénomènes sont en tout cas
assez complexes pour que les termes de *rupture* et de *continuité* apparaissent trop schématiques, et l'on tend aujour-
d'hui à parler de *métamorphoses* ou de *transformations*.

L'écriture alphabétique

L'acquis majeur des Grecs de cette période est la redécouverte de l'écrit, avec le perfectionnement de l'alphabet. Celui-
ci est emprunté à l'écriture phénicienne, ce qu'Hérodote
expliquait déjà, en des termes mythologiques autant que phi-
lologiques (V, 58). Les signes sont en effet très semblables
mais, innovation décisive, certains ont été détournés de leur
valeur consonantique originelle, nécessaire aux langues ouest-
sémitiques mais superflue dans la prononciation du grec, pour
noter des voyelles (à l'inverse, celles-ci n'apparaissent pas
dans l'alphabet phénicien, sinon occasionnellement, dans des
textes araméens qui auraient donc pu, selon une théorie minoritaire, constituer un jalon susceptible d'inspirer les Grecs).
Le nombre limité de lettres (une bonne vingtaine) et leur sim-
plicité graphique, les rendant facilement réversibles pour
écrire indifféremment vers la gauche (écriture sinistroverse ou
rétrograde), vers la droite (dextroverse) ou en *boustrophèdon*
(alternativement dans un sens et dans l'autre, comme les
bœufs au labour), expliquent la rapide diffusion du système,
qui met l'écrit à la portée du plus grand nombre. La date, le
lieu et les motivations de cette innovation décisive font débat.

Les plus anciennes inscriptions actuellement connues,
peintes ou incisées sur des vases, sont datées de la seconde
moitié du VIIIᵉ s., à une possible exception près, provenant
d'Italie (cf. ci-dessous). Or, s'il y eut sûrement au départ

un prototype unique (la réaffectation en voyelles des signes consonantiques inutilisés est identique partout), on observe quelques variantes dans les graphies selon les régions ou les cités : ce processus de différenciation suppose quelque délai, et l'on considère aujourd'hui que le moment clé put se produire au IXe, voire dès le Xe s.

Dans ces conditions, il faut chercher le vecteur idoine et pour cette œuvre d'invention/adaptation, la candidature eubéenne est à ce jour celle qui recueille le plus de suffrages. Alors que Chypre, qui est pourtant un haut lieu d'échanges en liaison constante avec les Phéniciens (cf. l'implantation à Kition à partir de *ca* 850), paraît exclue en raison de l'attachement de ses habitants au syllabaire local hérité des Minoens et resté en usage jusqu'au IIIe s., les regards se tournent vers le comptoir syrien d'Al Mina, à l'embouchure de l'Oronte, alors très actif et où la céramique eubéenne est attestée depuis le dernier quart du IXe s. au moins. À l'opposé de cette possible, sinon probable zone de découverte et/ou de mise au point, le couple Eubéens-Phéniciens se retrouve un peu plus tard en Occident, sur les rives de la mer Tyrrhénienne, notamment à Ischia/Pithécusses (au nord de la baie de Naples). Dans ce secteur aussi, l'alphabet s'est rapidement diffusé : une nécropole du Latium a récemment livré un graffite en lettres grecques sur un vase de production locale qui est datable de la fin du IXe ou plutôt du début du VIIIe s. (phase précoloniale), et c'est d'après un modèle eubéen que les Étrusques eux-mêmes ont tôt adopté l'écriture alphabétique. L'exportation de l'alphabet, phénomène précoce, spécialement dans ces régions marquées par l'étroite cohabitation des différentes populations et par une remarquable fluidité des échanges, semble donc suivre les itinéraires eubéens. Parmi d'autres hypothèses, la Grèce de l'Est, notamment Rhodes, voire l'Ionie par l'éventuel truchement d'intermédiaires ciliciens ou phrygiens, ou encore Athènes, communauté ionienne ouverte aux influences orientales (chapitre suivant), pouvaient elles aussi offrir un cadre propice aux contacts avec les Levantins. Mais dans cette optique, la Crète des Xe-VIIIe s. a également ses partisans : Cnossos paraît redevenir alors un centre international (cf., entre autres, le bol

de bronze portant une inscription phénicienne trouvé dans la
nécropole de Tekké), tandis que sur la côte sud de l'île, le port
de Kommos est fréquenté par les Phéniciens, comme le
montrent la céramique livrée par le site et même les vestiges
d'un sanctuaire (temple B à bétyles, pierres dressées caractéristiques).

Le nouveau système de notation pouvait au premier chef
faciliter la transmission d'informations entre les différents
termes du trafic colonial naissant (cf. *infra*, chap. 8). On
est toutefois surpris de ne rien trouver qui ait une fonction
commerciale immédiate : les plus anciennes inscriptions
tournent manifestement autour de la « propriété », dans le
sens le plus large, à l'image des équivalents sémitiques
contemporains (objets énonçant le nom de leur propriétaire,
signatures de potier). Beaucoup considèrent donc que les
premiers marchands grecs trafiquant avec leurs homologues
phéniciens ont d'abord compté et noté des provenances ou
des contenants, voire des éléments contractuels, sur des sup-
ports putrescibles (papyrus, peaux, etc.), ce qui expliquerait
que rien ne nous soit parvenu. Par ailleurs, il est frappant
que certains des plus anciens textes conservés, sur des vases
à boire, adoptent une forme versifiée dénotant déjà une belle
maîtrise et qu'ils ressortissent aux registres du concours
(*agôn*) et du banquet (*symposion*). Dans la tradition homérique, on imagine donc aisément des aristocrates banquetant
et se divertissant à entendre des bouts d'épopée ou des
pièces d'inspiration voisine, parodique ou autre. Ainsi furent
incisées sur une cotyle (sorte de coupe) rhodienne ou
ionienne provenant d'une tombe de la nécropole d'Ischia,
site de l'établissement colonial de Pithécusses (*ca* 725), trois
lignes dont deux hexamètres (vers caractéristique de la poésie épique) faisant allusion au passage de l'*Iliade* où est
décrite la fameuse coupe de Nestor[1]. Ce trait a même fait

_____

1. *Iliade* XI, 632-637 ; R. Meiggs, D. Lewis, *A Selection of
Greek Historical Inscriptions to the End of the Fifth Century B.C.*[2],
1988, n° 1 ; D. Ridgway, *Les Premiers Grecs d'Occident. L'aube
de la Grande-Grèce*, trad. française 1992, p. 31-32 et fig. 9 ;
E. Greco, *La Grande-Grèce*, trad. française 1996, p. 15 et fig. 7-8.
Quelques lacunes dans l'inscription autorisent plusieurs interpréta-

naître l'hypothèse que l'écriture alphabétique ait été inventée pour noter la poésie, spécialement l'épopée homérique. Inscriptions funéraires, dédicaces aux dieux et graffites divers suivront, avant que l'écriture ne trouve une utilisation politique : c'est une véritable révolution qui s'amorce avec l'adoption de ces quelques caractères.

Ainsi les « âges obscurs » laissent-ils à leur postérité le plus bel héritage qui soit. Les Grecs sauront le faire fructifier à la période suivante (VIIIe s.), parfois qualifiée de « renaissance », où résonnent notamment les chants d'Homère et d'Hésiode.

---

tions du texte ; une traduction possible est, parmi d'autres : « Je suis la coupe de Nestor qui se boit bien ; celui qui boira dans cette coupe sera aussitôt pris du désir d'Aphrodite à la belle couronne » (variante : « La coupe de Nestor se boit bien, mais celui qui boira... »).

Chapitre 7

LE MONDE GREC
AU TEMPS D'HOMÈRE ET D'HÉSIODE

Le VIIIe s. constitue un tournant capital pour l'historien de la Grèce qui, pour la première fois, dispose de documents écrits dépassant le stade des pièces comptables et offrant un aperçu global sur des domaines aussi variés que la société, la politique, les croyances, les échanges. Les poèmes homériques et ceux d'Hésiode sont certes des œuvres littéraires avant tout, où la part de l'imaginaire reste fondamentale, comme dans toute création poétique, et l'on doit se garder d'en faire une lecture trop littérale aussi bien que de les surinterpréter[1]. Néanmoins, explorer ces chefs-d'œuvre est indispensable non seulement parce qu'ils ont constitué la référence des Grecs durant des siècles, mais aussi parce qu'ils sont dans une certaine mesure les témoins d'une période charnière où se développe la cité et où le monde grec connaît une expansion sans précédent (pour la commodité de l'exposé, nous traiterons ces deux derniers points au chapitre suivant).

La Grèce à l'époque géométrique

Vers 900 est né à Athènes, avant d'être largement pratiqué ailleurs, le style céramique appelé « géométrique », présentant une décoration de grande qualité, où le méandre notam-

---

1. Voir Ph. Brunet, *La Naissance de la littérature dans la Grèce ancienne*, Le Livre de Poche, « Références », n° 530, 1997.

ment se substitue aux motifs circulaires. Selon le découpage usuel, le Géométrique ancien prend fin vers 850 pour laisser place au Géométrique moyen (jusque vers 750), caractérisé par une ornementation de plus en plus sophistiquée, avec les premières représentations figurées, encore isolées et rudimentaires. Celles-ci se font plus fréquentes et plus complexes à partir de la transition avec le Géométrique récent (vers 750-700), qui produit notamment les grands vases du Dipylon (« double porte », édifiée plus tard au nord-ouest de la ville, dans le quartier du Céramique, ainsi nommé car les artisans potiers s'y concentrèrent). Y sont représentés des défilés de chars, des navires, des scènes de bataille ou d'exposition du mort (*prothésis*) avant le transport à la tombe (*ekphora*), qui ne sont pas sans rappeler certains passages des poèmes homériques, même s'il ne faut sans doute pas prendre la décoration des vases pour une illustration directe de ces derniers.

Cette époque est celle d'un accroissement démographique et d'un enrichissement visible au mobilier des tombes. Ainsi, une sépulture féminine de l'Aréopage (colline située au pied de l'Acropole), dite de la « Rich Lady », a livré des bijoux d'or, plus d'une trentaine de vases et un coffret dont le couvercle est orné de 5 greniers à blé miniaturisés, évoquant dès le milieu du ixe s. une aristocratie terrienne qui pourrait préfigurer la classe des Pentacosiomédimnes connue à l'époque de Solon (*infra*, chap. 9). Que la défunte ait été enceinte au moment de son décès, ainsi qu'une récente analyse des restes osseux contenus par l'amphore cinéraire l'a mis en évidence, pourrait expliquer aussi en partie la nature et l'abondance du mobilier funéraire. Quoi qu'il en soit, Athènes est alors l'un des centres les plus prospères, à en juger par la supériorité de ses artisans et peut-être en raison de l'exploitation des mines du Laurion, auquel cas l'Attique aurait pu dès cette époque être le cadre d'un début de synœcisme (chapitre suivant). Les échanges ont en outre retrouvé une remarquable intensité, comme le suggère une tombe du Dipylon qui contenait des statuettes d'ivoire trahissant des influences orientales (*ca* 730). Au viiie s., spécialement dans ce secteur destiné à devenir le principal cimetière d'Athènes,

Fig. 4. Amphore funéraire attique trouvée au Céramique, avec
scène d'exposition du mort. Vers 760 av. J.-C. Haut. : 1,55 m.
Musée national d'Athènes 804
(R. Martin, *L'Art grec*, Le Livre de Poche, « La Pochothèque »,
1984, fig. 32).

s'observent aussi des changements dans les pratiques funéraires, plus diversifiées : retour à l'inhumation, puis réappa-
rition de tombes d'adolescents ou d'enfants à côté de celles
des adultes, ce qui pourrait dénoter un meilleur accès au
droit à la sépulture ; vers le tournant du siècle, les grands
sèmata aristocratiques (tombeaux matérialisés par les vases
monumentaux évoqués plus haut) disparaissent, les offrandes
étant déposées dans une fosse contiguë, tandis que l'on recommence à brûler majoritairement les morts, non plus sur un
bûcher mais dans les tombes elles-mêmes, désormais regroupées hors des zones d'habitat. Ces modifications successives
du rituel, distinctes de ce que l'on observe dans d'autres
régions de Grèce (cf. l'Argolide et la Corinthie, où l'inhumation est privilégiée), ont été interprétées comme étant le
reflet d'évolutions socio-économiques, voire politiques, ou
comme un souci de différenciation chez certains groupes
familiaux, etc., mais il n'est en définitive guère aisé d'en
rendre compte.

L'Eubée toute proche est pour sa part toujours en avance :
en Campanie, l'établissement colonial eubéen de Pithécusses
date du milieu du VIIIᵉ s. ou peu avant, soit approximativement de l'époque où commence à prendre forme la cité
d'Érétrie, rivale de Chalcis et succédant peut-être à Lefkandi, site lui-même abandonné à la fin du siècle (chapitre
précédent). Ailleurs, des agglomérations sont détruites, telle
Asinè, victime des Argiens (vers 710, notamment d'après
Pausanias), ou périclitent, telle Zagora à Andros (vers 700).
D'autres centres connaissent bientôt un fort développement,
comme Argos, Sparte, Corinthe et Mégare dans le Péloponnèse, les îles de Lesbos, Chios (Emporio), Samos et Rhodes,
enfin Éphèse ou Milet sur le littoral asiatique. Dans toute
l'Anatolie occidentale, les Grecs entretiennent des relations
parfois conflictuelles, mais aussi des échanges fructueux
avec les populations pour partie indo-européennes installées
sur les ruines de l'empire hittite. Hérodote leur consacre
des développements assez longs, notamment à propos des
offrandes de leurs souverains au sanctuaire de Delphes : au
sud, Lyciens et Cariens, crédités de diverses innovations
militaires, mais surtout le royaume phrygien de Midas dont

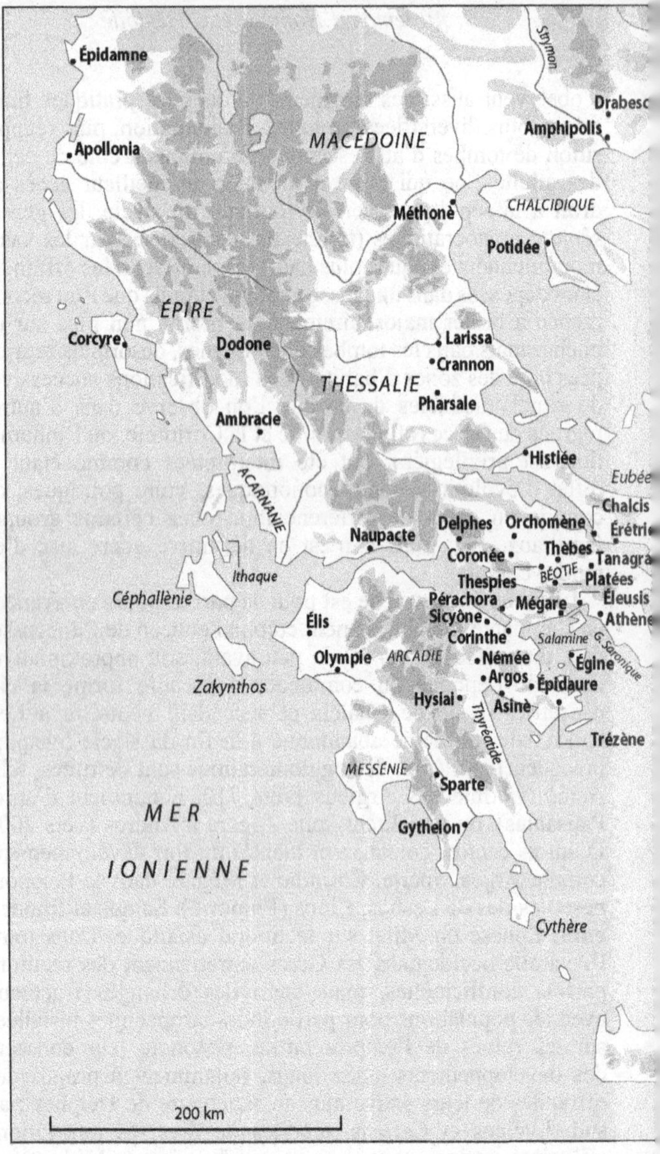

Carte 5. Sites mentionnés dans les chapitres 7 à 12 (*ca* 800 - *ca* 450 av. J.-

les Cimmériens, déferlant du nord de la mer Noire à partir
de la fin du VIIIᵉ s., causent la perte (sac de Gordion, la
capitale, dans les années 690), et qui sera supplanté par les
Lydiens du roi Gygès (ca 680-650), fondateur de la dynastie
des Mermnades dont la capitale est Sardes, elle aussi victime
des raids cimmériens (ses descendants les plus fameux
seront Alyatte, qui règne de 610 à 560 environ, et Crésus,
roi de ca 560 à 546 : cf. infra, chap. 10). Ces cultures,
comme celles du Proche-Orient auxquelles les Grecs doivent
les signes alphabétiques, contribuent au « phénomène orien-
talisant » qui féconde l'hellénisme, surtout dans une période
allant approximativement du milieu du VIIIᵉ s. à la seconde
moitié du VIIᵉ (techniques, arts plastiques et céramique,
religion, coutumes diverses, jusqu'à l'usage de la monnaie :
chapitre suivant), avant d'être elles-mêmes largement influen-
cées par lui.

C'est aussi une phase déterminante pour les sanctuaires
où s'édifient les premiers temples, encore rudimentaires :
mentionnons l'Héraion (sanctuaire d'Héra) de Samos qui,
vers le début du VIIIᵉ s., pourrait fournir le premier exemple
de complexe religieux de type « classique » (espace réservé
appelé *téménos*, autel et temple abritant la statue de culte),
mais aussi celui de Pérachora sur l'Isthme de Corinthe, ou
encore le Daphnéphorion d'Érétrie dédié au culte d'Apollon
Daphnéphoros (littéralement, « porte-laurier »)[1]. La tradition
fait commencer les concours olympiques en 776, date qui a
paru trop haute à beaucoup. Les offrandes commencent à
s'entasser dans ces lieux sacrés, notamment les grands trépieds de bronze dits « à cuve clouée », puis du type à chau-
dron mobile, bientôt suivis par les premières statues dont les
dimensions et le réalisme iront grandissant (bois, marbre,
bronze coulé en fonte pleine puis selon la technique de la
cire perdue, avec une probable influence égyptienne). Dans
cette production se distinguent le Péloponnèse (Argos et
Corinthe notamment), et surtout la Crète qui continue de
bénéficier de ses contacts privilégiés avec les artisans orien-

---

1. Voir M.-Chr. Hellmann, *L'Architecture grecque*, Le Livre de
Poche, « Références », nº 544, 1998.

taux (cf. les boucliers votifs décorés au repoussé découverts
dans la grotte de l'Ida), et qui joue un rôle fondamental dans
le développement du style « dédalique ». Ces consécrations
se font apparemment au détriment des sépultures, moins
dotées même si des contre-exemples notables, telles les
tombes de guerriers d'Argos, dont l'une a livré une impres-
sionnante armure, rappellent que la diversité reste une caractéristique essentielle du monde grec. Exceptionnelles sont
les tombes « royales » de Salamine de Chypre vers 700
(époque où l'île compte environ une dizaine de principautés
soumises aux souverains assyriens Sargon II puis Sennaché-
rib), qui ont révélé des pratiques funéraires comparables à
celles qu'évoquent les poèmes homériques (cf. les funérailles de Patrocle au chant XXIII de l'*Iliade*). De fait, outre
la langue et la religion, l'un des plus puissants agents de
l'unité culturelle est alors constitué par les œuvres d'Homère
et d'Hésiode.

L'épopée homérique

Selon la tradition, l'auteur est un aède aveugle vivant en
Ionie (Chios ?), à la fin du IXᵉ ou au VIIIᵉ s. (« quatre siècles
avant moi », dit Hérodote II, 53). L'*Iliade* (env. 15 000
vers), qui narre la colère d'Achille, survenue dans la dixième
année de la guerre de Troie, et l'*Odyssée* (env. 12 000 vers),
qui chante le retour d'Ulysse dans sa patrie, sont la partie
conservée et la plus achevée du cycle troyen, qui comprenait
aussi des pièces comme les *Chants Cypriens* (origines et
neuf premières années de la guerre), et d'autres *Retours*
(*Nostoi*). Les poèmes eux-mêmes se composent de plusieurs
sous-ensembles : on distingue, dans l'*Odyssée*, les péripéties
de Télémaque, puis les aventures racontées par Ulysse chez
les Phéaciens, enfin le retour et la vengeance à Ithaque.
Aussi l'abbé d'Aubignac, au XVIIᵉ s., a-t-il supposé qu'il s'agissait à l'origine de plusieurs chants indépendants composés
par différents auteurs et reliés ultérieurement. C'est l'un
des aspects les plus fameux de la « question homérique »
qui opposa analystes et unitaires, paroxysme des innombrables

querelles agitant les philologues à la suite des érudits alexandrins (*infra*, chap. 23). Plus sensibles à la cohérence d'ensemble, même si des évolutions de forme et de fond sont perceptibles entre les deux poèmes, les spécialistes actuels tendent à admettre l'existence d'un auteur de génie, ou de deux, composant l'*Iliade* puis l'*Odyssée* à quelques dizaines d'années d'intervalle. Mais cela ne veut pas dire que cet auteur ou ces auteurs n'aient pas hérité d'une longue tradition. Il paraît en effet acquis que la matière des poèmes remonte pour partie à un fond mycénien, voire antérieur (le vers utilisé, l'hexamètre dactylique, pourrait avoir été emprunté aux Minoens), élaboré et transmis durant des générations par des virtuoses de la composition orale, s'aidant notamment de la répétition des fameuses « épithètes homériques », puis fixé et porté au niveau du chef-d'œuvre par Homère à l'aide du nouvel alphabet. La vulgate connue aujourd'hui est le produit d'un long processus d'édition qui aurait été initié par Pisistrate, tyran d'Athènes au VIᵉ s. (*infra*, chap. 9 : cette tradition est jugée suspecte par beaucoup), et achevé par les philologues d'Alexandrie. Mais l'extraordinaire popularité et la très rapide diffusion des poèmes, ou tout du moins de leur substance, se mesurent notamment à des objets comme la « coupe de Nestor » trouvée à Pithécusses (chapitre précédent).

Autre point très débattu, la question du référent historique, incertain en raison de l'épaisseur chronologique de la phase d'élaboration. Les *realia* homériques apparaissent en effet hétérogènes et composites, à l'image de la langue utilisée qui mêle artificiellement le dialecte ionien d'autres éléments. La géographie et certains objets, tels ces casques à dents de sanglier, sont indubitablement mycéniens, au contraire de la crémation des morts, qui trahit un usage postérieur. L'analphabétisme des héros, s'il n'est pas un choix poétique, oriente vers les débuts des « âges obscurs », tandis que l'organisation politique renvoie manifestement aux cités émergentes du VIIIᵉ s. (le vocabulaire spécialisé est déjà en grande partie celui que l'on connaît aux époques archaïque et classique). Il semble qu'Homère ait délibérément entrepris de charmer ses auditeurs en les projetant dans le monde des héros du temps jadis, dont la mémoire collective avait gardé quelque souvenir, mais en repeignant cet univers fabuleux aux couleurs de leur quotidien. La nécessité d'une lecture « stratigraphique » des poèmes apparaît donc si l'on veut replacer tel ou tel point de détail dans son juste contexte, autant qu'il est possible (cf. la question insoluble de la guerre de Troie, rapidement évoquée au chapitre 5). Mais cela ne doit pas faire perdre de vue l'autonomie et la cohérence interne du chef-d'œuvre poétique : selon le mot d'un des plus grands critiques alexandrins, Aristarque de Samothrace (*ca* 170), il convient avant tout d'« expliquer Homère par Homère ». Ces réserves posées, parcourons rapidement le « monde d'Ulysse » (M. I. Finley).

La place de choix est réservée aux aristocrates, à qui le poète s'adresse prioritairement. En sont issus les héros opposés en combat singulier, revêtus de superbes armures et transportés en char au combat (quel peut être ici le rapport avec les pratiques de l'Âge du Bronze ?). L'idéal agonistique de compétition et d'exaltation de l'*arétè* (valeur personnelle, spécialement au combat) restera une référence constante aux époques ultérieures, dans les rangs des *Homoioi* spartiates (*infra*, chap. 9), comme dans ceux des citoyens athéniens épris de *philotimia* (amour des honneurs décernés pour bonne conduite envers la communauté). Outre le butin, constitué notamment des armes du vaincu, leur puissance se mesure à leur domaine, l'*oikos*, terme désignant à la fois le patrimoine et la maisonnée (principalement la famille proche et les esclaves, dont certains peuvent avoir une position remarquable, telle l'intendante d'Ulysse, Eurynomè). Dans la demeure, une place fondamentale est occupée par la chambre au trésor (*thalamos*), où s'entassent les richesses issues de la guerre, des rapines et des dons d'autres nobles, auxquels on rend la pareille si l'on veut tenir son rang. Le maître lui-même se définit volontiers comme expert aux travaux des champs, tandis que l'épouse dirige l'activité domestique et collabore à la production (filage et tissage). Le mariage participe de la pratique du don (présents du marié) et contre-don (dot directe remise par le père avec la fiancée). Hormis sur ce point (seule la dot directe subsistera

par la suite), on est ici apparemment beaucoup plus près du
domaine d'Ischomaque tel qu'il apparaît dans l'*Économique*
de Xénophon, au IVᵉ s., que des inventaires des magasins de
Pylos. Les poèmes ne s'intéressent guère aux petits propriétaires indépendants, que l'on imagine comme Hésiode, fusti-
geant les excès des rois « mangeurs de présents ». Au bas
de l'échelle figurent les thètes, libres mais sans autre res-
source que de louer la force de leurs bras, condition que
l'ombre d'Achille, rencontrée par Ulysse aux Enfers, considère comme la moins enviable de toutes (chant XI de
l'*Odyssée*). À part sont les démiurges, itinérants et détenteurs d'une technique hautement spécialisée mise au service
des communautés contre rémunération (devins, guérisseurs,
orfèvres, etc.). Les activités maritimes révèlent une grande
maîtrise, ce qui ne surprend pas à une époque où l'on a
redécouvert les vieilles routes parcourues à l'Âge du Bronze
et où les Grecs se lancent dans l'aventure coloniale. Les
échanges ont néanmoins un statut ambigu : l'usage aristocratique et ritualisé du don et contre-don n'est pas exclusif du
commerce à base de troc, lui-même jamais bien loin de la
piraterie, activité prisée lorsqu'elle est un avatar guerrier
pratiqué par les nobles, méprisable lorsque des Phéniciens
ou d'autres trafiquants en font profession. Le troc s'opère
avec les marchandises les plus diverses (vin, métaux manu-
facturés ou non, peaux ou bétail sur pied, esclaves), mais les
bœufs constituent l'unité de mesure préférentielle pour la
valeur des biens : lors des concours funèbres organisés pour
Patrocle, c'est par exemple ainsi que les Achéens estiment
les prix mis en jeu par Achille pour l'épreuve de lutte
(12 bêtes pour le grand trépied allant au feu, 4 pour l'esclave
qualifiée et polyvalente).

Parmi les nobles, un cercle restreint se définit comme des
rois (*basileis*), dont l'un se distingue, *primus inter pares*,
comme le roi souverain (même terme au singulier, parfois
au comparatif ou au superlatif ; le terme *anax*, survivance
mycénienne, n'est qu'un qualificatif traduisible par « sei-
gneur », employé aussi bien pour un dieu ou pour le maître
de l'*oikos*). Le terme *géras* désigne les privilèges réservés
aux *basileis*, sous forme de cadeaux du peuple ou de parts

d'honneur dans le butin et les sacrifices. Des contributions peuvent aussi être levées si nécessaire. Le roi régnant détient un pouvoir héréditaire, qu'il doit néanmoins justifier par une position effectivement dominante, tant par sa richesse que par sa force : c'est ainsi qu'Agamemnon s'assure le commandement suprême des Achéens, tandis qu'en l'absence de son père, le jeune Télémaque est mis en difficulté par les prétendants, qui doivent toutefois gagner les faveurs de Pénélope pour régner à sa place. Le roi, assisté des autres *basileis*, tient conseil et réunit l'assemblée des soldats (*Iliade*) ou des citoyens (*Odyssée*). Même si l'on enregistre quelque progrès d'une épopée à l'autre, le peuple n'a guère plus de personnalité en politique que dans la piétaille : qui ose prendre la parole est vite rabroué et il n'y a pas trace de vote. Malgré l'opposition ou la désapprobation de certains de ses conseillers, l'avis du roi l'emporte toujours, comme celui de Zeus, qui doit pareillement composer avec la contestation des autres dieux. *Basileus* et *basileis* jouent aussi un rôle décisif dans l'exercice de la justice, où paraît s'amorcer une ébauche de régulation de la *vendetta* : une scène controversée figurant sur le bouclier d'Achille, décrit au chant XVIII de l'*Iliade*, pourrait porter la trace de cette évolution lente et empirique conduisant aux textes normatifs élaborés par les générations suivantes, tel le « Code » de Dracon postérieur de deux siècles environ (*infra*, chap. 9). La cité homérique connaît aussi les phratries, terme qui se retrouvera pour désigner des structures sociales jouant encore un grand rôle dans l'Athènes classique.

Il est banal de dire que le monde des dieux est dans les poèmes à l'image de celui des hommes, mais le point de vue inverse serait tout aussi légitime, les héros revendiquant une ascendance divine qui leur autorise un commerce privilégié avec tel ou tel dieu (cf. le couple Ulysse-Athéna dans l'*Odyssée*). Hommes et dieux sont également soumis au destin (*moira*), mais les premiers sont surtout dépendants du bon vouloir des seconds, dont ils tentent d'obtenir les bonnes grâces ou qu'ils essaient d'apaiser par des sacrifices. Tous les actes constitutifs du culte tel qu'il est connu aux époques archaïque et classique sont illustrés dans les poèmes, de la simple prière à la consultation des oracles ; le terme *témé-nos* désigne toujours le domaine réservé des *basileis* de rang supérieur, signification héritée du monde mycénien, mais en quatre occurrences le sens a évolué vers l'acception classique d'« espace délimité pour un sanctuaire ». L'*agôn* funèbre célébré pour Patrocle évoque irrésistiblement les concours qui commencent alors à être organisés, notamment à Olympie où ont été mis au jour des trépieds comparables à ceux qu'offre Achille aux vainqueurs. Enfin, ici aussi une évolution est repérable entre les deux épopées : tandis que les dieux de l'*Iliade* participent à la fureur des hommes, l'*Odyssée* s'achève, après qu'Ulysse a obtenu justice, par une réconciliation de la communauté d'Ithaque, sous le patronage d'Athéna, divinité poliade (protectrice de la cité) par excellence (chant XXIV, parfois considéré comme une addition tardive, probablement à tort). Cette fin si morale veut-elle signifier que le monde est en train de changer, apparemment plus ordonné, plus policé, définitivement à l'opposé de l'univers inhumain des Cyclopes qui « ignorent les assemblées et les lois » ?

Hésiode

Ici, point de doute sur l'identité de l'auteur, qui donne lui-même quelques éléments biographiques dans son œuvre. Originaire d'Éolide, son père avait presque tout perdu dans le commerce maritime avant de s'établir en Béotie pour y exploiter un petit domaine, à Ascra, non loin de l'Hélicon, séjour des Muses. L'héritage a opposé Hésiode à son frère Persès, vainqueur mais vite ruiné : *Les Travaux et les Jours*, longue suite de conseils que le poète lui donne pour réussir, sont un précieux témoignage sur la petite paysannerie béotienne, probablement au début du VIIᵉ s. L'autre poème conservé, la *Théogonie*, est plus ambitieux et a valu à Hésiode sa réputation d'ordonnateur des généalogies divines et des cycles mythiques, entreprise partiellement complétée par les *Hymnes* dits « homériques », composés plus tard par des auteurs anonymes et consacrés à telle ou telle divinité en particulier (Apollon, Déméter, etc.). Hésiode lui-même revendique la position d'intermédiaire entre les dieux et les hommes que lui confère son art, tout comme il évoque fièrement ses succès poétiques, ainsi aux concours funèbres célébrés à Chalcis pour le héros Amphidamas (peut-être en rapport avec la guerre lélantine : chapitre suivant).

L'*oikos* hésiodique tel qu'il apparaît dans les *Travaux* est bien modeste en regard de celui des héros : il n'est que de le comparer au domaine qu'Héphaïstos représente sur le bouclier d'Achille, au chant XVIII de l'*Iliade*. Une maison, un bœuf de labour, quelques esclaves ou ouvriers saisonniers pour aider un maître tout entier dévoué à son exploitation, une épouse choisie au bon âge et avec soin pour qu'elle ne dilapide pas les ressources chèrement gagnées. Cette condition difficile s'explique par une dégradation continue, exposée dans le célèbre mythe des races, qui a mené l'homme de l'âge d'or à l'âge de fer, celui de la déchéance, où vit le poète. Dans cette existence chiche, l'impression est que l'équilibre reste précaire et peut être remis en question à tout moment par un endettement non contrôlé, d'où l'affirmation de l'idéal d'autarcie (autosuffisance, avec quelques modulations évoquées ci-dessous), ou par les exigences excessives des *basileis* de la cité voisine de Thespies, que le poète invite à plus de justice. Néanmoins, pas d'appel à la révolte chez Hésiode, pas de crise agraire non plus : s'il est recommandé de n'avoir qu'un fils pour ne pas morceler le patrimoine, on admet aussi que plus de bras permettent de meilleurs rendements ; si l'on se défie du commerce maritime parce que la navigation effraie, l'idée de profit tiré de l'écoulement d'un excédent de production est exprimée, avec la perspective d'arrondir la propriété par l'achat de parcelles voisines. Outre ces ambiguïtés, soulignons que cette poésie est didactique, mais reste peu technique ; elle est en tout cas dominée par une double exigence : morale, qui place le travail de la terre au-dessus de toute autre activité laborieuse, et religieuse, qui recommande l'observance minutieuse des rites et du calendrier. Aussi la connaissance des principes divins, révélée à l'aède par les Muses, est-elle fondamentale.

La *Théogonie* est à sa manière une cosmogonie, voire une

œuvre encyclopédique, qui révèle l'origine du monde, depuis le chaos originel jusqu'aux dernières générations divines. Une place spéciale est réservée aux mauvais principes (Tromperie, Tendresse, Anarchie, Oubli, etc.), et aux bons, enfants de Zeus et de Thémis (la Justice, la Paix, les Heures, etc.). On y retrouve l'homme, puni pour la double faute de Prométhée, qui avait trompé son cousin Zeus en faisant deux parts inégales de sacrifice (aux dieux les os couverts de graisse, aux hommes les chairs consommables), puis lui vola le feu dont Zeus, plein de rancœur, avait privé les mortels : la punition, c'est Pandore, la première femme, « ce mal si beau », perfide cadeau qu'accepte Épiméthée contre les conseils de son frère Prométhée, et qui ouvre la jarre où étaient enfermés tous les maux, à l'exception de l'Espoir. Cette vision pessimiste est présente aussi dans divers récits relatifs à la vie des dieux, émaillée de meurtres et de mutilations : Zeus, qui élimine son épouse Mètis, divinité personnifiant l'intelligence rusée, n'y paraît *a priori* guère meilleur que son père Cronos, qui avait lui-même émasculé son propre père Ouranos, l'un comme l'autre craignant de perdre leur règne au profit d'enfants ou de frères qui prendraient leur place. Elle s'exprime encore par la conscience aiguë que la loi du plus fort régit le monde (parabole de l'épervier et du rossignol). En compensation, Zeus est aussi le garant de la justice, dont il a fait présent à l'humanité, et que les rois sages savent appliquer, sur les conseils du poète inspiré d'Apollon, dieu de la cadence harmonieuse et surtout de la juste mesure. Là est en effet le salut de l'homme : trouver en tout la bonne proportion ainsi que l'on mesure ses semences au plus juste, et saisir le *kairos* (opportunité, bon endroit et bon moment pour chaque activité). Le poète donne donc bien plus qu'un conseil de sagesse paysanne à son frère lorsqu'il conclut ainsi les *Travaux* : « Heureux et fortuné celui qui, sachant tout ce qui concerne les jours, fait sa besogne sans offenser les immortels, consultant les avis célestes et évitant toute démesure (*hybris*). » Les grands principes de la morale grecque sont ainsi fixés pour des siècles et Hésiode rejoint Homère dans le rôle éminent d'éducateur-enchanteur.

Chapitre 8

L'APPARITION DES CITÉS
ET L'AVENTURE COLONIALE

La cité (*polis*, pluriel *poleis*) est la forme d'organisation
politique par excellence de la Grèce antique. Aussi bien les
Grecs qui demeurèrent en marge, regroupés en *ethnè* (singulier *ethnos*) plus ou moins structurés, comme en Étolie ou
en Épire, furent regardés avec quelque condescendance.
Néanmoins, il demeure à ce jour impossible de dater la naissance des *poleis* (cela fut plutôt un processus évolutif et
divers), tout comme il est malaisé d'en retracer les premiers
temps. Envisager la question à ce stade de notre exposé,
c'est-à-dire après avoir traité du monde grec tel qu'il apparaît dans les poèmes homériques et dans ceux d'Hésiode,
n'est donc qu'une commodité conforme aux reconstitutions
qui ont aujourd'hui la faveur de la majorité, mais qui pourraient bien vite évoluer. Plus sûrement, cette période (VIIIe-
VIIe s.) est aussi celle de la colonisation, qui correspond à
une remarquable expansion de l'hellénisme : émergence et
multiplication des cités ne sont apparemment pas sans rapport. C'est enfin à cette époque de grande effervescence
qu'apparaissent l'hoplitisme puis la monnaie. L'ensemble
est illustré par de nombreux textes, néanmoins très postérieurs ou allusifs pour l'immense majorité d'entre eux, et
surtout par une grande quantité de données archéologiques.

La cité-État

L'expression désigne une structure politique (*polis*) jouissant, à des degrés variables, de l'autonomie (*autonomos* = régi par ses propres lois) et de l'indépendance (*éleuthéria* = liberté), d'ordinaire constituée par synœcisme (regroupement, réunion) de petites communautés préexistantes. Ce regroupement est souvent attribué par les Anciens à un héros mythique (Thésée à Athènes). Quoique essentiellement institutionnel (partage de valeurs et de règles communes), il aboutit normalement à la formation d'un centre urbain (*polis* ou *asty*, avec le contre-exemple notoire de Sparte, qui en reste à peu près dépourvue), associé à un territoire (*chôra*) où persiste un habitat rural plus ou moins dense et qui doit assurer la subsistance des habitants. Parmi ces derniers, les citoyens (*politai*, singulier *politès*) s'avèrent l'élément clé : il est révélateur que le terme *politeia* désigne la citoyenneté individuelle avant de renvoyer, par un sens dérivé, aux institutions de la *polis* dans leur globalité. À cette époque, il doit s'agir de quelques centaines d'individus tout au plus dans la plupart des cités, quelques milliers pour les plus grandes, cette échelle réduite ayant probablement favorisé l'émergence progressive de la notion de participation collective à l'administration des affaires communes. Aussi parle-t-on [du peuple] des Athéniens, des Argiens, des Milésiens, comme d'un corps organique, plutôt que d'Athènes, d'Argos ou de Milet, sinon comme toponymes. Conséquence de ce cloisonnement politique, l'étranger (*xénos*) est aussi bien un Grec d'une autre cité qu'un *barbaros*, terme qui est à l'origine une onomatopée qualifiant les non-hellénophones.

La qualité de citoyen, essentiellement liée à la naissance et à la jouissance de la terre (propriété foncière, etc.), confère le droit et le devoir de prendre sa part des activités de la cité, où la religion et la défense tiennent les premiers rôles. Les femmes sont tenues à l'écart et leur participation se limite à des manifestations religieuses ; en bas de l'échelle se trouvent les esclaves, prises de guerre ou achetés, voire citoyens déchus, mais dont les statuts varient beaucoup selon les cités (*infra*, chap. 9 et 12) et que l'on croit peu nombreux dans la période considérée ici. L'*oikos* (*supra*, chap. 7) reste le cadre de la vie quotidienne mais le corps civique connaît d'autres structures, parfois appelées par les Modernes « groupes de sociabilité » ou « de parenté élargie ». Ces structures furent constituées à partir de liens prétendument génétiques (ancêtre commun) et surtout géographiques. Leur importance religieuse et leur implication dans le fonctionnement de la cité sont manifestes, mais les contours en demeurent assez indistincts, d'autant que divers aménagements purent survenir au cours des siècles. Citons les *génè* (singulier *génos*), familles ou clans souvent de rang aristocratique et exerçant héréditairement des prérogatives sacerdotales ; les phratries, interprétées comme des fraternités fictives autour de cultes principalement liés à la famille ; enfin, au niveau supérieur de l'édifice, les tribus (*phylai*, singulier *phylè*) originellement au nombre de trois dans les cités doriennes (Hylleis, Dymanes et Pamphyloi comme à Sparte) et de quatre dans les cités ioniennes, telle Athènes où elles portent les noms des fils légendaires d'Ion, héros éponyme des Ioniens (chapitre suivant). Mais il existe bien d'autres subdivisions et configurations, chaque cité présentant des particularismes, dans ce domaine comme dans tous les autres (cultes, calendrier, institutions, etc.).

Les spécialistes s'opposent sur la date où apparurent les cités, notamment parce que chacun se fait une idée différente de ce qu'est une cité naissante. Pour ne mentionner que les opinions extrêmes, rappelons que certains ont considéré que les sites de l'Âge du Bronze en donnent la première illustration, transmise avec ou sans solution de continuité aux générations suivantes, là où d'autres expliquent qu'il faut attendre les expériences isonomiques de la fin de l'archaïsme (chapitre suivant) pour que l'on puisse véritablement parler de cité. La plupart retiennent aujourd'hui le VIIIe s. (l'archéologie permet par exemple de situer le synœcisme d'Argos vers 750), soit la période des premières fondations coloniales, qui supposent une pratique politique antérieure, encore que le concept de colonies-laboratoires ait aussi été soutenu avec de bons arguments, les métropoles ayant pu bénéficier ensuite d'une sorte de « retour d'expérience » : on songe au cas d'Érétrie, qui commence tout juste à prendre forme au moment des expéditions vers l'Occident et dans le nord de l'Égée ; à celui de Mégare, dont le synœcisme pourrait être de peu antérieur, voire à peu près contemporain de la fondation de Mégara Hyblaea en Sicile ; ou encore au rôle important joué par les populations d'Achaïe dans la colonisation occidentale alors que leur patrie paraît à peu près dépourvue de cités avant le ve s. (cf. ci-après). Dans ce domaine comme dans tant d'autres, les contacts avec l'Orient, surtout phénicien, ont pu être fructueux, sinon décisifs. En vérité, les critères d'appréciation sont variables et c'est aussi bien la conjonction de divers facteurs qui aura permis à ces communautés d'atteindre une sorte de seuil ou de masse critique les faisant passer dans l'ère de la cité : essor démographique, cultes et défense communs, capacité à prendre une décision collective et à produire un effort coordonné en vue, par exemple, de l'édification d'un temple ou de remparts, etc. La recherche actuelle, nourrie du renouvellement rapide des données archéologiques sur les « âges obscurs », va vers plus de souplesse dans l'utilisation du concept de *polis*, que certains tendent à vieillir, à l'image de ce qui a été observé pour l'alphabet, tandis que d'autres, plus sensibles aux aspects institutionnels (codification des lois, etc.), le rajeunissent au contraire.

On s'est surtout intéressé depuis une vingtaine d'années aux aspects religieux du phénomène, par lesquels ces communautés ont en quelque sorte pris possession de leur espace-temps, élaborant des généalogies mythiques en même temps qu'elles définissaient les contours de leur territoire en se disputant le contrôle de sanctuaires frontaliers (par ex. le sanctuaire d'Héra à Pérachora, sans doute perdu par Mégare au profit de Corinthe dès le VIIIe s., ou celui d'Artémis Limnatis commun aux Lacédémoniens et aux Messéniens), et en s'appropriant des vestiges helladiques restés visibles et associés aux mythes fondateurs. En effet, c'est alors que se diffuse le « culte des tombes » (dépôt d'offrandes géométriques sur des sépultures de l'Âge du Bronze), doublé de cultes héroïques, les poèmes homériques constituant à la fois un stimulant et un témoignage de ce passé recomposé. La cité eubéenne d'Érétrie, à laquelle nous avons déjà fait allusion dans les deux chapitres précédents, offre un cas bien étudié et assez représentatif des reconstitutions et hypothèses proposées par les spécialistes. Dans la première moitié du VIIIᵉ s., habitat et tombes sont dispersés sur la plaine côtière limitée par un delta fluvial et fermé au nord par l'acropole ; deux zones cultuelles sont déjà repérables, l'une d'elles correspondant au futur sanctuaire de la divinité poliade, Apollon Daphnéphoros, dont le premier temple est reconstitué par les archéologues comme une sorte de cabane absidale faite de bois et de terre crue, à l'image d'un modèle de terre cuite découvert à Pérachora. L'aménagement de l'espace urbain s'affirme vers le tournant des VIIIᵉ/VIIᵉ s., avec l'édification dans le sanctuaire principal d'un temple de 100 pieds (« hécatompédon », soit 35 m environ) puis la construction de murs endiguant le delta. Les morts sont alors relégués en périphérie, mais ce qui a fait couler le plus d'encre, ce sont les tombes découvertes près de la porte ouest (*ca* 720-680), que la future enceinte englobera dans l'agglomération. À côté de sépultures d'enfants inhumés, des fosses aménagées en niches abritaient des chaudrons de bronze contenant les cendres d'adultes : la principale (tombe nᵒ 6) a livré quantité d'armes, le défunt étant apparemment de rang aristocratique et de ce fait impliqué dans la conduite de la guerre. L'endroit fut ensuite transformé en *hérôon*, l'emplacement des tombes étant matérialisé par un triangle isocèle fait de plaques de pierres sans doute recouvertes d'un tumulus, auquel s'ajoutèrent des bâtiments annexes. Tout cela a été rapproché du peu que les auteurs nous apprennent de la guerre lélantine (du nom de la plaine homonyme située à l'ouest d'Érétrie, dans la zone de frontière avec Chalcis), censée avoir opposé, peut-être dans le dernier tiers du VIIIᵉ s., deux vastes coalitions regroupées autour des Chalcidiens et des Érétriens. Vaincus, ces derniers auraient perdu une partie de leur rayonnement outre-mer (on croit repérer des contrecoups de ce conflit jusque dans le monde colonial : ci-après) et auraient été contraints de quitter l'ancien site de Lefkandi (*supra*, chap. 6) pour se regrouper un peu plus loin vers l'est, dans le nouvel établissement. On a donc formulé l'hypothèse que les sépultures de la porte ouest, qui regarde dans la

direction de l'ennemie irréductible, Chalcis, aient donné lieu
à un culte héroïque lié à cet événement de grand retentissement, à des fins commémoratives et apotropaïques.

L'exercice du pouvoir et son évolution au sein des premières cités ne se laissent qu'imparfaitement reconstituer,
selon un schéma très général reposant pour beaucoup sur
une tradition tardivement réélaborée, notamment aux Ve-
IVe s. (Hérodote, Thucydide, Aristote, etc.). Celle-ci rapporte
que les attributions des anciens rois furent partagées entre
aristocrates (cf. la coexistence, dans les poèmes homériques,
du *basileus* et des *basileis*), gouvernant sur le mode oligarchique (*oligoi* = peu nombreux) et se partageant les charges
publiques, appelées aussi magistratures (*archai*, singulier
archè : pouvoir de commander délégué par la communauté
aux magistrats, souvent appelés archontes). Ainsi à Corinthe,
c'est probablement une monarchie héréditaire qui laisse la
place à l'oligarchie exercée par la famille des 200 Bacchiades (747-657 ?). Pratiquant l'endogamie, ceux-ci désignent
annuellement l'un d'entre eux pour exercer la magistrature
suprême (*basileus* ou prytane). Leur puissance repose avant
tout sur la propriété foncière mais, sous leur gouvernement, la cité connaît un fort développement et une grande
prospérité (rivalité avec Mégare pour le contrôle de l'Isthme
qui ouvre la cité sur deux mers tout en lui permettant de
verrouiller l'accès terrestre au Péloponnèse, sanctuaire isth-
mique de Poséidon, constructions navales et expansion
coloniale). En Ionie, on connaît les Néléides de Milet et les
Basilides d'Érythrées ; à Lesbos, les Penthilides de Mytilène. À Athènes, la royauté héréditaire aurait été remplacée
par trois archontes (le plus anciennement créé, l'« archonte
roi », porte un titre particulièrement évocateur). Ceux-ci
exercent d'abord leur charge à vie, l'archontat étant ensuite
ramené à dix ans avant de devenir annuel à partir de 684/3
ou 683/2 (l'année athénienne commence à la nouvelle lune
suivant le solstice d'été et va donc en gros de juillet à juin,
d'où un décalage d'un semestre environ par rapport à notre
comput)[1]. Les années passant, l'évolution démographique,

---

1. Voici la liste des mois athéniens (normalement de 29 ou
30 jours en alternance, d'où une année théorique de 354 jours

sociale et économique aboutit à un partage croissant des responsabilités : multiplication et annualité des magistratures parfois attribuées par le sort et sans itération, rôle du conseil articulé sur l'assemblée du peuple, etc. Cette évolution séculaire ne se fit pas au même rythme ni selon les mêmes modalités partout et elle fut agitée de bien des soubresauts (tyrannie, guerre civile appelée *stasis*), avant d'aboutir à ce que les Grecs désigneront du terme *dèmokratia* (de *kratos*, le pouvoir, et *dèmos*, le peuple). La démocratie sera elle-même pratiquée avec de multiples nuances selon les cités et ne constituera nulle part un acquis irréversible. Nous donnerons quelques exemples de ces vicissitudes au chapitre suivant.

La phalange hoplitique

L'une des étapes déterminantes de ce processus fut sans doute la modification du mode de combat, souvent qualifiée de « réforme hoplitique », expression trompeuse car ici aussi, l'évolution dut être progressive. Vers le milieu du VIIe s. en tout cas, les représentations figurées, telle la célèbre *olpè* (variété de cruche) « Chigi » (ancienne collection privée italienne), montrent que la phalange constituée de rangs serrés d'hoplites lourdement armés est en ordre de marche, avançant au rythme de l'*aulos* (sorte de flûte ou plutôt de hautbois). À dire vrai, casque, cuirasse, jambières, épée

---

nécessitant que fût intercalé de temps à autre un mois supplémentaire pour compenser le décalage entre cycle lunaire et cycle saisonnier, c'est-à-dire solaire) : Hécatombaion (± juillet), Métageitnion, Boèdromion, Pyanepsion, Maimactèrion, Poseidéon, Gamèlion, Anthestèrion, Élaphèbolion, Mounichion, Thargèlion, Skirophorion. Sur ces calendriers dits « luni-solaires », propres à chaque communauté politique (début de l'année à un équinoxe ou à un solstice, noms de mois particuliers), consulter A. E. Samuel, *Greek and Roman Chronology. Calendars and Years in Classical Antiquity*, 1972 ; C. Trümpy, *Untersuchungen zu den altgriechischen Monatsnamen und Monatsfolgen*, 1997 ; R. Hannah, *Greek & Roman Calendars. Constructions of Time in the Classical World*, 2005.

courte et pique (plus de 2 m de long) étaient connus depuis longtemps. L'innovation technique réside dans le grand bouclier rond (1 m de diamètre ou un peu moins) fait de bois recouvert de bronze, l'*hoplon*, arme emblématique de l'hoplite (l'expression « jeter son bouclier » revient à dire « déserter »). À la différence des anciens boucliers lâchement retenus autour des épaules par un baudrier, celui-ci est solidement fixé au bras gauche par deux poignées (le *porpax* au niveau de l'humérus et l'*antilabè* serrée dans la main). Aussi ne peut-il offrir qu'une protection frontale partielle, la partie droite du corps, dégagée pour tenir la pique, trouvant abri derrière l'arrondi débordant de l'*hoplon* du voisin de droite dans la phalange. Cette dernière est donc le pendant tactique de l'adoption du nouveau bouclier ; elle induit en outre une grande solidarité et instaure une forme d'égalité parmi les combattants (le premier rang et surtout l'aile droite, plus exposés, peuvent néanmoins être réservés à des corps d'élite). Les duels princiers à la manière homérique disparaissent de la scène, ce qui n'empêche pas l'hoplite archaïque de perpétuer l'idéal d'*arétè* (bravoure) héroïque, d'autant plus facilement que certains passages de l'*Iliade* paraissent évoquer des expérimentations annonciatrices de la phalange (voir aussi les poèmes de Tyrtée à Sparte : chapitre suivant). Quant à la cavalerie, elle est cantonnée à des démonstrations de prestige (le cheval reste un attribut aristocratique), de liaison ou de flanquement, hormis dans quelques rares régions qui s'en font une spécialité, telle la Thessalie.

La panoplie (équipement complet) coûtait cher : à l'époque classique, les montants varient de quelques dizaines à quelques centaines de drachmes, selon les sources et les estimations. Aussi dut-elle être au début l'apanage d'aristocrates ou de paysans relativement aisés, premiers intéressés aux gains de terres obtenus par la guerre : le terme d'*Hippeis* (littéralement, « chevaliers » ou « cavaliers »), qui est resté pour désigner par exemple l'élite des hoplites de Sparte, pourrait être un souvenir de cette phase initiale. On reconstitue ensuite un enchaînement de phénomènes

sociaux, militaires et politiques que l'on croit trop intime-
ment liés pour que les rapports de cause et de conséquence
mutuels y apparaissent nettement (primat du fait guerrier sur
le domaine sociopolitique ou l'inverse, interaction, etc. ?).
Selon le schéma le plus couramment admis, les rangs des
hoplites se seraient peu à peu renforcés, au gré de l'enrichissement et des mutations sociales. Inévitablement, la parité
et la cohésion gagnées sur le champ de bataille se seraient
traduites sur la scène politique, la direction des affaires ne
pouvant qu'être partagée en proportion des risques pris au
combat par ces soldats-citoyens d'un nouveau type. Elargis-
sement du corps civique, participation commune à la défense
de la patrie (la terre des ancêtres) et aspirations égalitaires
auraient donc participé de la même genèse.

Fig. 5. Hoplites marchant au combat. Vase Chigi.
Proto-corinthien, 650-630. Rome, Villa Giulia (P. Lévêque,
L'Aventure grecque, Le Livre de Poche, « Références »,
n° 449, 1964, fig. 27).

En outre, le combat hoplitique apparaît très codifié, voire ritualisé, éminemment politique dans son essence : on peut parler à ce sujet d'*agôn*, compétition loyale de même esprit que les grands concours qui prennent forme à la même époque. La guerre, que les sources nous présentent comme estivale, c'est-à-dire cantonnée à une période de moindre activité agricole, mais aussi comme un état de relation quasi normal entre cités voisines, ne vise pas, en théorie, à éliminer l'adversaire. Son but est ordinairement de conquérir, par la poussée des phalanges affrontées, une partie de territoire dont le gain est matérialisé par le trophée consacré aux dieux et constitué des armes abandonnées par l'ennemi. Soulignons néanmoins que la guerre de siège, plus rare et peu maîtrisée, est plus radicale, et que dans la pratique, le « code » hoplitique lui-même s'avère souvent mis à mal. Quoi qu'il en soit, en dépit de ses normes rigides, ce mode de combat, perfectionné au IVe s. par les Thébains et surtout par les Macédoniens, donne aux Grecs une supériorité militaire presque totale en Méditerranée : les mercenaires grecs sont recherchés, notamment en Égypte (cf. les inscriptions en grec laissées au début du VIe s. sur les statues colossales d'Abou Simbel), et la phalange ne sera surclassée que par la légion romaine.

L'expansion coloniale

Il faut ici se garder des anachronismes car le phénomène considéré n'a rien à voir avec les entreprises des époques moderne et contemporaine. Pour l'apprécier, nous disposons du témoignage des auteurs et des inscriptions [1], relativement tardif et souvent anecdotique, et surtout de données archéologiques de plus en plus abondantes. Il est néanmoins impossible d'énumérer ci-après toutes les fondations grecques en Méditerranée et en mer Noire. Nous nous contenterons donc d'évoquer à grands traits le mouvement, dont la chronologie

---

1. Voir par exemple le cas de Cyrène : Hérodote IV, 145-158, et H. van Effenterre, F. Ruzé, *Nomima. Recueil d'inscriptions politiques et juridiques de l'archaïsme grec* I, 1994, n° 41.

s'avère d'ailleurs parfois fluctuante (concordance ou discordance entre sources littéraires et archéologiques). Deux phases sont à distinguer. La première commence vers le milieu du VIIIe s. ou peu auparavant et couvre approximativement une centaine d'années : points d'origine (Chalcis et autres Eubéens, Mégare et Corinthe) et de destination (surtout la Sicile et ce qu'il sera convenu plus tard d'appeler « Grande-Grèce », c'est-à-dire en gros les côtes de l'Italie méridionale) restent relativement concentrés. Citons les colonies chalcidiennes de Pithécusses (*ca* 750, avec des éléments érétriens et une forte présence phénicienne : les liaisons avec le comptoir levantin d'Al Mina sont manifestes et l'on se souviendra que la date communément retenue pour la fondation de Carthage est 814), de Cumes (*ca* 750), Catane et Zancle (*ca* 730, Zancle étant renommée Messine au début du Ve s.), enfin de Rhégion (peu après Zancle ?). Mentionnons également l'installation des Corinthiens à Corcyre où, selon Plutarque, ils auraient évincé des Érétriens (*ca* 734/3 ou plutôt 706, peut-être en relation avec la guerre lélantine ?), et à Syracuse vers 734/3, mais aussi les pérégrinations des Mégariens conduits par Lamis, qui après la mort de leur chef finirent par s'installer sur un territoire cédé par le roi sicule Hyblon et y fondèrent Mégara Hyblaea (*ca* 730 ou un peu auparavant ?). Les Achaiens s'établissent en Italie méridionale, à Sybaris et à Crotone (dernier quart du VIIIe s.), puis à Métaponte (*ca* 630). Les Rhodiens et les Crétois font une percée en Sicile, à Géla (*ca* 690). Les fondations de Tarente par Sparte (fin du VIIIe s.) et de Locres Épizéphyréenne (*ca* 680) par les Locriens de l'Est ou de l'Ouest (Ozoles) demeurent des entreprises isolées, tandis que les habitants de l'Attique ne participent guère à l'aventure, sans doute assez occupés à prendre le contrôle de leur vaste territoire (environ 2 500 km²) et à parfaire le synœcisme.

La deuxième phase présente beaucoup plus de dispersion. On se tourne vers le Nord, exploré par les Eubéens depuis le dernier tiers du VIIIe s. environ (cf. le nom même de la Chalcidique et les implantations érétriennes comme Méthonè). En Thrace, les Pariens s'installent à Thasos vers 680 selon la chronologie la plus couramment admise (épisode illustré par le témoignage du poète Archiloque), et les Corinthiens à Potidée, aux environs de 600. Dans la région des Détroits, on rencontre les Milésiens à Cyzique vers 680, et les Mégariens à Chalcédoine, puis surtout à Byzance vers 660 ou peu avant. La mer Noire est majoritairement fréquentée par les Milésiens (fondation de Sinope, dont la date oscille entre la fin du VIIIe et la seconde moitié du VIIe s., d'Istros et d'Olbia vers 650, cette dernière avec une seconde phase au tournant du siècle, puis beaucoup d'autres ensuite, telles Apollonia vers 610, Panticapée et Odessos vers 575-570), mais aussi par les inévitables Mégariens (à Héraclée du Pont, où ils sont accompagnés de Béotiens, vers 560-550). L'Afrique accueille Cyrène, fondée par les Théréens vers 631, et depuis la même époque approximativement (*ca* 620 ?), l'*emporion* (comptoir) de Naucratis, sur la branche canopique (occidentale) du delta du Nil, doté ultérieurement par Pharaon d'un statut particulier (cf. ci-dessous). En Occident, les colonies de première génération ont elles-mêmes commencé à essaimer (par ex. Sélinonte fondée par Mégara Hyblaea et par un nouveau contingent de Mégariens entre 650 et 630 environ, Himère par Zanclé à peu près à la même époque, Poseidonia/Paestum par Sybaris vers 600, Agrigente par Géla vers 580). En Adriatique, les Corcyréens s'installent à Épidamne vers 625, associés à des Corinthiens qui fondent aussi Ambracie (troisième quart du VIIe s. env.) puis Apollonia d'Illyrie (*ca* 600, avec des Corcyréens). Mais ce sont les Phocéens, déjà implantés à Lampsaque sur l'Hellespont (peu avant le milieu du VIIe s.) et eux-mêmes explorateurs de l'Adriatique, qui lancent les dernières grandes expéditions, fondant Massalia (Marseille, vers 600, avec des installations annexes ultérieures, telle Thélinè/Arles), puis Alalia (Aléria) à Kyrnos, c'est-à-dire en Corse (*ca* 565), ensuite supplantée par Élée (Vélia) à l'ouest de la Lucanie (*ca* 540-535) ; ils s'aventurent même jusque sur les côtes ibériques (Emporion/Ampurias, fondation sans doute de peu postérieure à celle de Massalia, au nord de la péninsule ; Héméroscopeion au sud de la région de Valence, Mainakè dans celle de Malaga, établissements sur lesquels pèsent bien des incertitudes). Dans cette Méditerranée occidentale où les Grecs sont souvent associés aux Étrusques (cf. l'*emporion* mixte de Gravisca, port de Tarquinia), la compétition est parfois vive non seulement avec ces derniers, mais aussi avec les Phéniciens et spécialement les Carthaginois, qui les ont par exemple précédés en Espagne (cf. *infra*, chap. 14).

Les récits de fondation, transmis dans leur immense majorité par des sources tardives, présentent d'infinies variétés de détail, mais un schéma général se laisse dégager. La cité mère (métropole) envoie, éventuellement en collaboration avec une ou plusieurs autres cités, un groupe d'hommes sous la conduite d'un chef d'expédition (*archègétès*) et fondateur (*oikistès*, *ktistès*), pour établir une colonie (*apoikia*, véritable cité normalement distinguée de l'*emporion*, simple comptoir dédié au commerce). La destination est donnée ou confirmée par un oracle, spécialement celui de Delphes, dont le rôle a sûrement été amplifié par des traditions tardives revendiquant un patronage apollinien, avec la complicité du clergé pythique : le sanctuaire, où l'on pouvait aussi trouver des informations sur le voyage, a semble-t-il surtout compté dans la colonisation occidentale. Une expédition de reconnaissance précisait le point d'arrivée et pouvait servir à prendre contact avec les indigènes (cas bien illustré par les Théréens en Libye), avec lesquels tous les types de relations sont attestés, du bon accueil (Gaulois et Phocéens) à l'asservissement brutal (Mariandyniens autour d'Héraclée Pontique). Une fois le but atteint, un peu à la manière de Nausithoos pour les Phéaciens, au début du chant VI de l'*Odyssée*, il revient normalement à l'oikiste de tracer le plan de la ville et du futur rempart, de délimiter l'espace sacré (*téménos*) et public (*agora*), et de procéder au lotissement des habitations (*oikoi*) auxquelles correspondent les parcelles cultivables sur le territoire adjacent (configuration bien étudiée à Mégara Hyblaea et à Métaponte où se lit un plan orthogonal préfigurant les théories d'Hippodamos de Milet au vᵉ s.). La nouvelle cité devient indépendante (il n'est pas question ici d'empires, ce qui est la principale différence avec les colonisations de l'ère moderne). Néanmoins, il y brûle le feu pris au foyer commun de la cité

LIGURES

Rhône

Pô

Adria

Thélinè

ÉTRUSQUES

ADRIATIQUE

Ebre

Emporion

Massalia

Alalia

Gravisca

IBÈRES

Cumes

Pithécusses

Métaponte

Poseidonia

Tare

Élée

Sybaris

Héméroscopeion

Crot

Mainakè

Himère

Zancle

Locr

TARTESSOS

Sélinonte

Rhégion

Colonnes
d'Héraklès

Agrigente

Catane

Carthage

Géla

Syracuse

Mégara
Hyblaea

500 km

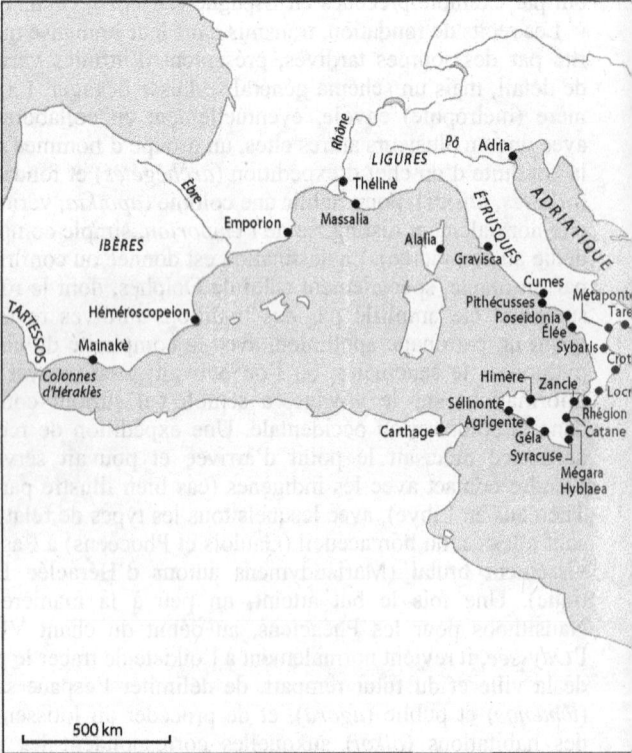

Carte 6. La colonisation archaïque.

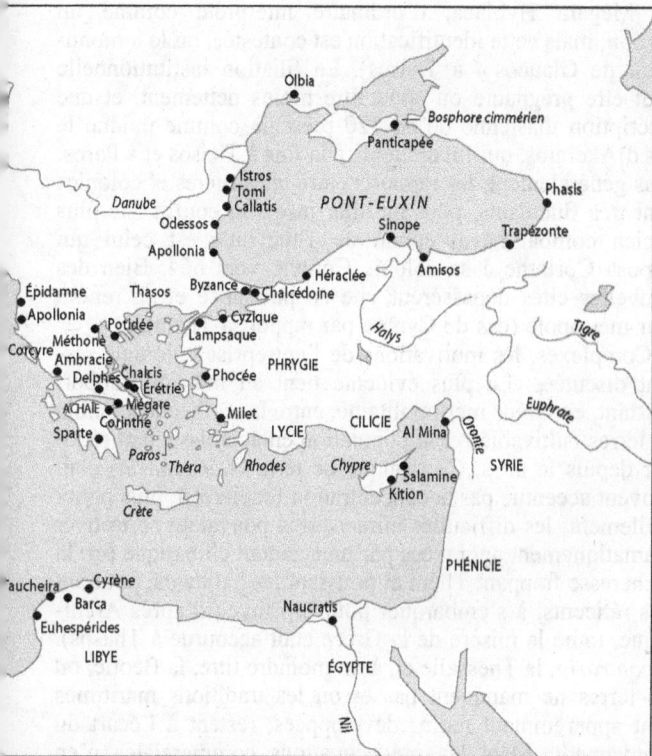

mère, dont on conserve également le panthéon, parfois enri-
chi d'autres divinités (cf. l'Artémis d'Éphèse à Massalia).
L'oikiste, qui peut inaugurer une dynastie locale (ex. Battos
et les Battiades à Cyrène), y reçoit parfois un culte de type
héroïque (cf. l'édifice double à l'angle nord-ouest de l'agora
de Mégara Hyblaea, d'ordinaire interprété comme un
hérôon, mais cette identification est contestée, ou le « monument de Glaucos » à Thasos). La filiation institutionnelle
peut être prégnante ou apparaître moins nettement, et une
inscription thasienne de *ca* 520 présente comme unique le
cas d'Akératos, qui fut archonte à la fois à Thasos et à Paros.
Plus généralement, les rapports entre cités mères et colonies
sont très fluctuants, pouvant aller jusqu'au conflit : le plus
ancien combat naval connu de Thucydide est celui qui
opposa Corinthe à sa colonie Corcyre vers 664. Bien des
nouvelles cités dépassèrent vite en puissance et en renom
leur métropole (cas de Cyrène par rapport à Théra).

Complexes, les motivations de l'entreprise coloniale restent discutées. La plus évidente tient au mauvais rapport
existant, en Grèce métropolitaine, entre la surface disponible
de terres cultivables et la population en accroissement régulier depuis le IXᵉ s. Ce manque de terre (*sténochoria*) était
souvent accentué par la concentration foncière et, plus ponc-
tuellement, les difficultés alimentaires pouvaient se trouver
dramatiquement aggravées par un accident climatique (cf. la
sécheresse frappant Théra et poussant les habitants, pourtant
très réticents, à s'embarquer pour la Libye ; d'après Archiloque, toute la misère de la Grèce était accourue à Thasos).
A contrario, la Thessalie et, à un moindre titre, la Béotie, où
les terres ne manquent pas et où les traditions maritimes
sont apparemment moins développées, restent à l'écart du
mouvement. Mais les préoccupations commerciales n'en
sont pas moins indiscutables, soit pour pallier les carences
d'une impossible autarcie, soit pour le profit, qu'Hésiode
lui-même envisage. Même si eux aussi étaient menacés par
la disette, les Chalcidiens visaient assurément une forme de
contrôle sur le détroit de Messine en s'établissant à Zancle
et Rhégion (cf. encore les Mégariens à Chalcédoine et
Byzance), tandis que Massalia et la plupart de ses sœurs,

notamment Vélia, dotées d'un territoire modeste et inadapté à une véritable agriculture de subsistance, sont avant tout des ports pour les pirates-courtiers phocéens qui écument alors l'Occident sur leurs pentécontores (théoriquement un navire de guerre à cinquante rameurs, soit vingt-cinq par bord, mais dont les Phocéens font un usage polyvalent). Enfin, il est probable que la colonie a parfois constitué une forme de réponse à une crise politique, soit qu'une partie de la faction dirigeante fût en rupture de ban (cas d'Archias, fondateur de Syracuse, membre de la famille des Bacchiades qui gouverne alors Corinthe), soit que l'on cherchât à se débarrasser d'une fraction de la population (cas des Parthénies à Sparte, apparemment issus d'unions illégitimes et envoyés fonder Tarente). Il est en tout cas frappant que dans les premiers temps au moins, bien des colonies, avec leur quadrillage parcellaire régulier, semblent veiller à réserver par le tirage au sort un lot (*klèros*) égal à leurs citoyens, Diodore de Sicile évoquant même un cas d'exploitation communautaire aux îles Éoliennes (Lipari). Peut-être voulait-on construire là un monde meilleur et c'est précisément dans les colonies que sont attestés quelques-uns des plus anciens législateurs connus, tels Zaleucos à Locres (VIIe s.) ou Charondas à Catane (VIe s.). D'aucuns considèrent donc les Grecs d'Occident comme des pionniers en matière politique aussi, même si leurs cités ont pu connaître les mêmes dérives que dans le vieux monde (tyrannies, notamment à Agrigente, Cumes, Géla et Syracuse). De fait, les données dont nous disposons s'avèrent ambiguës et délicates à interpréter. Ainsi le lotissement régulier des premiers temps n'était-il pas incompatible avec l'existence puis le renforcement progressif d'une aristocratie terrienne (par opposition aux arrivants ultérieurs, aux artisans, etc.), comme on l'a récemment fait remarquer à propos de Mégara Hyblaea (la fondation de Sélinonte pourrait être le signe d'une *stasis* provoquée par l'excessive rigidité de la grille des lots et par des déséquilibres démographiques et sociaux). Causes structurelles et conjoncturelles, destins individuels et élan collectif, besoin de terre et appétits commerciaux, esprit de revanche politique, aucun de ces facteurs n'est exclusif des autres.

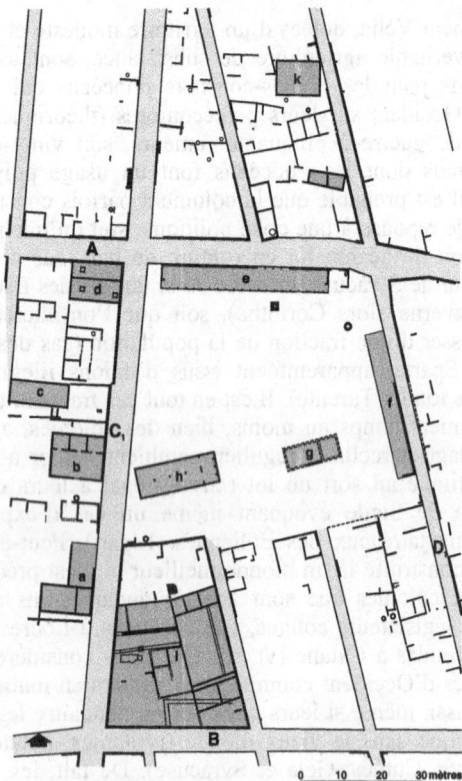

Fin du VIIIᵉ s. : A, B, C1, D1 = rues.
650-625 : d : *hérôon* ? e = portique. i = bâtiment public ou résidence aristocratique ? g et j = temples.
625-600 : f = portique ? h = temple.
600-575 : c = temple.
550-525 : a = bâtiment (public ?) coudé. b = prytanée ? k = temple.

Fig. 6. L'agora de Mégara Hyblaea (d'après G. Vallet,
F. Villard, P. Auberson, *Mégara Hyblaea* III : *guide des fouilles*,
1983, fig. 4, et F. De Angelis, *Megara Hyblaia and Selinous.
The Development of two Greek City-States in Archaic Sicily*,
Oxford University School of Archaeology, 2003, fig. 14).

Si les causes ne se laissent qu'imparfaitement établi, les conséquences du mouvement sont patentes. La première regarde la diaspora elle-même : l'hellénisme touche désormais quasiment toutes les régions de Méditerranée et les contacts avec les indigènes donnent souvent lieu à des échanges féconds : introduction de nouvelles pratiques agricoles (vigne, olivier) et d'autres techniques, écriture alphabétique communiquée aux Étrusques (*supra*, chap. 6) et, plus tardivement, aux Gaulois (*infra*, chap. 14) ; équipement hoplitique adopté dans plusieurs régions d'Italie ; emprunts des Grecs aux artistes locaux ou au contraire développement d'artisanats indigènes imitant et renouvelant les productions métropolitaines (céramique notamment) ; syncrétismes religieux (culte de Déméter et Corè en Sicile). Parallèlement, la rencontre de l'autre et la coexistence avec des civilisations différentes ont dû contribuer à la prise de conscience par les Grecs de l'originalité et de la valeur de leur propre culture, sinon de son unité : ce n'est sans doute pas un hasard si l'une des premières occurrences du terme *panhellènes* (tous les Grecs) se trouve chez Archiloque dans un contexte colonial. Mais c'est probablement dans le domaine commercial que la colonisation eut les effets les plus concrets.

Trafics méditerranéens archaïques

Le commerce au long cours connaît alors un développement sans précédent, quel qu'ait pu être son rôle aux origines de l'aventure coloniale. Il reste toutefois malaisé à analyser, car l'archéologie permet essentiellement de raisonner sur la céramique et la plupart des produits nous échappent, sinon en projetant rétrospectivement ce qu'apprennent des textes bien postérieurs (IVᵉ s. spécialement). On distingue traditionnellement commerce colonial (par ex. entre Corinthe, qui exporte notamment des petits vases à parfum, et ses colonies occidentales, qui lui retournent des céréales) et commerce international, qui procède d'un cabotage aux multiples escales, où les ports de redistribution jouaient sans doute un rôle important. Ce cas pourrait être illustré par une épave de la Pointe Lequin, à Porquerolles (naufrage daté du dernier quart du VIᵉ s.), qui a livré de la céramique-conteneur provenant d'Ionie (Milet, Samos, Chios), de Thasos, d'Athènes et de Corinthe/Corcyre, ainsi que de la céramique fine attique et surtout ionienne. Globalement, les métropoles exportent des produits finis, tels les vases décorés (notamment Corinthe, supplantée par Athènes au VIe s.), mais aussi du vin et de l'huile. Le fret de retour consiste en denrées alimentaires (outre les céréales déjà évoquées à propos des colonies corinthiennes d'Occident, le poisson séché contribue par exemple à la fortune des cités pontiques), en produits utilitaires (bois et peaux de Thrace et du Pont, esclaves de provenances diverses), ou exotiques (papyrus égyptien, silphion de Cyrène, qui était une plante aux multiples vertus, utilisée entre autres comme condiment et comme médicament), et naturellement en métaux. L'or et l'argent venaient surtout du nord de l'Égée ; le cuivre et l'étain, d'Orient, d'Étrurie ou d'Espagne, notamment du royaume de Tartessos. Perçu comme une sorte d'Eldorado, celui-ci était approximativement localisé en Andalousie. Selon Hérodote, il fut vers 630 fortuitement découvert par le Samien Colaios, dérouté par le vent d'est alors qu'il se rendait en Égypte (IV, 152), puis assidûment fréquenté par les Phocéens : ces derniers nouèrent amitié avec le roi Arganthonios, qui pourrait avoir en partie financé le beau rempart dont des vestiges ont été récemment retrouvés à Phocée (I, 163). Néanmoins, la plupart des navires vont à une vitesse moyenne qui ne dépasse probablement pas les 3-4 nœuds (Ulysse évoque cinq jours de traversée, dans des conditions très favorables, entre la Crète et l'Égypte, soit 550 km environ : *Odyssée* XIV, 252-257) ; leurs dimensions restent modestes et les cargaisons atteignent au mieux quelques dizaines de tonnes (à Marseille, les fouilles de la place Jules-Verne, non loin d'un quai du port archaïque, ont notamment mis au jour l'épave d'un navire de la seconde moitié du VIe s., d'une quinzaine de m de long pour 3-4 m de large, et dont la capacité de chargement est estimée à une quinzaine de tonnes).

Les acteurs des échanges sont multiples et l'on ignore comment s'organisent les producteurs d'huile ou de parfums, les ateliers d'amphores ou de petits vases qui contiennent ces précieux liquides, et les transporteurs : ainsi les

Phocéens semblent être de véritables professionnels du trafic maritime et certains ont même parlé de réseau à leur propos. De riches propriétaires exportent leurs surplus sur des navires qu'ils possèdent en propre et mènent eux-mêmes ou font conduire par du personnel spécialisé (cas illustré au chant VIII de l'*Odyssée*), mais l'exploitation d'un bateau en coopérative peut aussi avoir été pratiquée par les plus modestes, avant que ne se développe un véritable métier d'armateur, mieux connu aux siècles suivants. L'empirisme et les initiatives individuelles furent sans doute à la base de ces activités, tandis que l'intervention des cités s'avère très rare : on peut songer à la construction par les Corinthiens du *diolkos*, un chemin de halage traversant l'Isthme et permettant d'éviter le tour périlleux du Péloponnèse, probablement contre le paiement d'une taxe de passage ; à Athènes, aux lois attribuées à Solon sur les exportations (chapitre suivant), spécialement celles d'huile que l'on met en rapport, peut-être abusivement, avec la diffusion des amphores dites « SOS » d'après les motifs ornant leur col. Les premiers documents inscrits sur des feuilles de plomb, laissant deviner la mise en forme de certains usages contractuels, apparaissent au VIᵉ s. (lettres de Bérézan, près d'Olbia pontique, ou de Pech Maho, à une soixantaine de km au sud-ouest d'Agde[1]). Issue des échanges ritualisés qu'illustre l'épopée homérique et qui perdureront dans le cadre des relations d'hospitalité entre aristocrates (don et contre-don), l'*emporia* (commerce maritime) se structure peu à peu, elle-même pratiquée par des nobles tels les Crétois de l'*Hymne homérique à Apollon* ou le Bacchiade Damaratos, par des aristocrates désargentés tel Théognis de Mégare, par des petits propriétaires tentés par l'aventure, tel le frère d'Hésiode, etc. Hérodote évoque la fortune sans égale amassée ainsi par Sostratos d'Égine et c'est sans doute le comptoir international de Naucratis qui incarne le mieux ce monde des affaires naissant, notamment après sa réorganisation sous l'égide du pharaon Amasis

---

1. H. van Effenterre, F. Ruzé, *Nomima. Recueil d'inscriptions politiques et juridiques de l'archaïsme grec* II, 1995, nᵒˢ 72 et 75 ; L. Dubois, *Inscriptions grecques dialectales d'Olbia du Pont*, 1996, nᵒ 23.

(570-526) : la place, qui jouit d'une sorte de monopole pour le commerce avec l'Égypte, est administrée par des préposés (*prostatai*) nommés par les neuf cités ayant part au sanctuaire de l'Hellénion (huit cités ioniennes et doriennes d'Asie Mineure, avec l'éolienne Mytilène), tandis que Samos, Milet et Égine y jouent un rôle distinct (Hérodote II, 178-179). Des relations directes existent et le frère de la poétesse Sappho, Charaxos, va par exemple y vendre du vin de Lesbos (cf. aussi les trouvailles d'amphores de Chios). On reconstitue même une sorte de commerce triangulaire où se seraient spécialement illustrés les Milésiens, échangeant dans le nord de l'Égée et dans leurs colonies pontiques des produits finis (étoffes, armes, etc.) contre des métaux précieux, ceux-ci étant ensuite acheminés, monnayés ou non, en Égypte d'où étaient rapportés, entre autres, du blé, du papyrus et du lin.

La monnaie

Ce commerce repose essentiellement sur le troc ou sur un échange contre du métal non monnayé (cf. le « trésor d'Érétrie », qui contenait 510 gr. d'or en lingots et petits objets déposés dans un vase de la fin du VIIIe s.), alors même qu'à partir du premier quart du VIe s. environ, les cités d'Asie découvrent l'usage de la monnaie. Celui-ci est emprunté au royaume de Lydie où coule le Pactole, petit affluent de l'Hermos réputé charrier des paillettes d'électrum, alliage d'or et d'argent (or blanc) utilisé pour les premières émissions. La monnaie passe ensuite en Europe, d'abord à Égine, puis à Athènes et à Corinthe (troisième quart du VIe s.). On a beaucoup discuté des origines de cette invention capitale, dont les Grecs ont vite su tirer parti. Le lien avec le commerce international est secondaire, car il a été observé que les premières monnaies ne voyageaient guère hors du territoire de la communauté émettrice et que des centres commerciaux aussi prospères que Tyr, en Phénicie, ou que Byzance, sur le Bosphore, avaient tardé à en frapper. Les avantages pratiques sont en revanche indiscutables à l'intérieur même de la cité. En effet, la monnaie établit un étalon commun et constitue de ce fait un instrument relativement simple, et donc virtuellement accessible au plus grand nombre, pour les opérations comptables et la régulation des échanges : on songe à la juste rétribution des services (soldes militaires, financement des travaux publics, etc.), au paiement des amendes et autres taxes, ultérieurement à la reddition de comptes des magistrats sortant de charge, etc. Mais l'intérêt le plus manifeste est d'ordre fiscal, lié au monopole que s'arroge la cité en la matière. Outre que celle-ci donne à son numéraire une valeur nominale légèrement supérieure à sa valeur métallique intrinsèque (de 5 % à Athènes au Ve s.), la différence servant notamment à compenser les frais de manufacture, il était obligatoire de changer les espèces étrangères contre les monnaies locales, qui seules avaient cours dans la cité, à un taux permettant de dégager un bénéfice. Autre aspect primordial, la monnaie constitue une expression de la souveraineté politique : le terme grec pour désigner la monnaie, *nomisma*, est apparenté à *nomos*, loi, et il est établi que seules les cités jouissant d'une certaine *autonomie* pouvaient avoir leur numéraire propre. Ainsi à Érétrie, qui compte parmi les premières cités de la Grèce d'Europe à frapper monnaie, une loi inscrite contemporaine des premières émissions stipule déjà que les pièces doivent avoir cours légal (*ca* 525). Cette souveraineté s'affiche fièrement à travers le type iconographique : divinité poliade (voir les monnaies d'Athènes qui, à partir de *ca* 510, portent Athéna au droit, ou avers, et son animal favori, la chouette, au revers), production nationale (voir le silphion à Cyrène ou l'orge à Métaponte), animal ou objet emblématique (tortue à Égine, Pégase à Corinthe, bouclier en Béotie). Mais ce primat politique n'exclut pas une utilisation commerciale, d'abord localement (cf. Hérodote I, 94, à propos des boutiquiers lydiens), puis sur une plus vaste échelle, sans doute assez précocement mais surtout aux époques classique et hellénistique (*infra*, chap. 12, 18 et 23).

Chaque cité possède un système pondéral propre, d'où des étalons monétaires différents qui compliquent les conversions, même si une unification progressive peut s'opérer

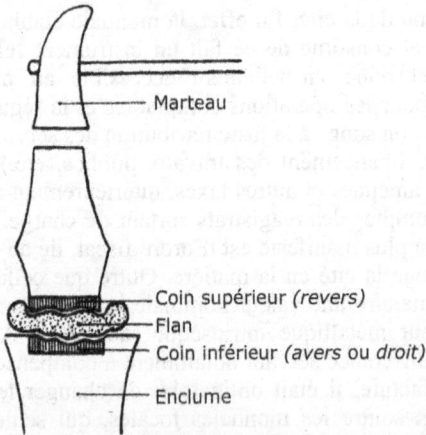

Fig. 7. La frappe d'une monnaie grecque (d'après P. Lévêque,
L'Aventure grecque, Le Livre de Poche, « Références »,
n° 449, 1964, fig. 24).

parmi les cités d'une même région. Les deux principaux systèmes sont l'éginétique (1 talent = 37,7 kg), utilisé notamment à Égine, dans le Péloponnèse et en Grèce centrale, et l'attique : dans ce dernier, le talent monétaire pèse environ 26 kg, divisé en 60 mines, 1 mine valant 100 drachmes (soit 6 000 dr. par talent). La drachme attique pèse donc 4,30 gr. environ, *drachmè* désignant étymologiquement une « poignée » de broches, appelées *obéloi* (une drachme se divise en six oboles) : ces broches parfois réunies en groupe de six ou en faisceau, dont on a retrouvé des exemplaires déposés dans des tombes (ils ressortissent au registre aristocratique du banquet) ou consacrés dans des sanctuaires, spécialement en Argolide vers la fin du VIIIᵉ s., avaient pu constituer des valeurs de référence prémonétaires, mais ce point reste controversé. Après l'électrum, utilisé dans les premiers temps en Asie et, dans certaines cités, jusqu'à l'époque d'Alexandre (cf. les « cyzicènes », monnaies de Cyzique servant aux grosses transactions et largement diffusées dans le Pont), l'argent devient le métal ordinaire des monnaies. On frappait notamment des trioboles (= 1/2 drachme), des drachmes, des didrachmes (= 2 drachmes) équivalant souvent à un statère (terme générique servant à qualifier la principale dénomination d'un système monétaire), des tétradrachmes (= 4 drachmes), etc. L'or est monnayé en période de crise, ou plus couramment comme en Asie et dans le nord de l'Égée ; le ratio or/argent paraît osciller entre 1 : 16 et 1 : 10 (1 : 12 assez souvent). Le bronze, dont l'emploi se répand à partir du ve s. en même temps que la part d'étain entrant dans l'alliage tend à diminuer au profit du plomb, moins coûteux, est frappé pour les petites dénominations nécessaires aux échanges quotidiens, à raison de huit chalques par obole en système attique. Le fer passe pour être utilisé surtout dans le Péloponnèse (cf. Sparte, dont le cas est très discuté, etc.).

Après l'alphabet et l'hoplitisme, la monnaie constitue un nouvel atout pour l'hellénisme, désormais présent sur à peu près tous les rivages de la Méditerranée. Il lui reste à consolider ses institutions politiques pour assurer ses positions et être en mesure de l'emporter sur ses concurrents.

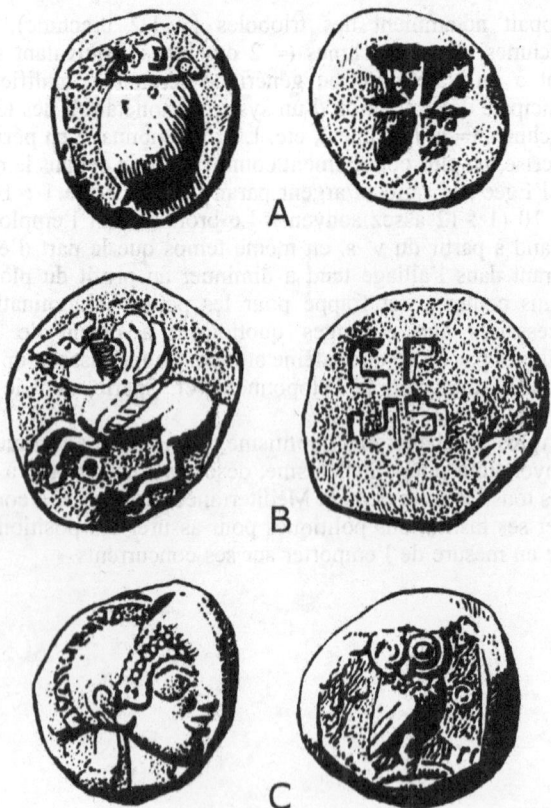

A. Didrachme d'Égine : tortue de mer. R/Poinçon étoilé. **B.** Didrachme de Corinthe : Pégase. R/Swastika. **C.** Tétradrachme d'Athènes : Athéna. R/Chouette.

Fig. 8. Monnaies grecques archaïques, agrandies d'environ 30 %
(P. Lévêque, *L'Aventure grecque*, Le Livre de Poche,
« Références », n° 449, 1964, fig. 26).

Chapitre 9

L'ÉVOLUTION DES CITÉS
À L'ÉPOQUE ARCHAÏQUE

La colonisation remédia en partie à une sorte de crise de croissance de la *polis*, notamment au manque de terres. Cependant, elle ne résolut pas tous les problèmes et l'histoire des VIIᵉ et VIᵉ s. est pour un grand nombre de cités celle d'une suite de soubresauts et d'expériences politiques plus ou moins heureuses. C'est du moins ce que suggèrent nos sources, principalement Hérodote, Thucydide, Xénophon (*Constitution des Lacédémoniens*), Aristote, Plutarque (*Vies* de Lycurgue et de Solon) et les premières inscriptions juridiques. Législateurs, tyrans, changements de régime se succèdent à une cadence et selon des processus variables. La linéarité de l'exposé qui suit, inévitablement trop succinct, ne doit donc pas abuser, d'autant que le contenu de certaines réformes et la chronologie des événements, qui courent sur plus de deux siècles, restent imprécisément connus. À ce stade, il est en réalité encore impossible d'écrire une histoire continue et globale du monde grec ; il est même parfois préférable, pour la clarté du propos, d'évoquer dès à présent ce qu'apprennent les époques postérieures, fût-ce en risquant l'anachronisme (institutions). Tentons néanmoins de dégager les grands traits de l'évolution avant de nous attarder sur deux cas mieux documentés, Sparte et Athènes, qui domineront le Vᵉ s., celui du premier classicisme.

La crise de la cité : tyrans et législateurs

La lecture des poèmes d'Hésiode laissait déjà entrevoir une opposition entre le petit propriétaire et les *basileis* de la cité de Thespies, « mangeurs de présents » et facilement portés à rendre des « sentences torses » (cf. *Travaux*, 219-221 et 248-251). La crise qui couve est tout à la fois économique (agraire), sociale et politique : la grande aristocratie qui monopolise le pouvoir regroupe dans ses rangs les riches propriétaires fonciers qui tendent à accroître leurs domaines aux dépens des petites et moyennes exploitations, de moins en moins viables, l'endettement tant redouté d'Hésiode pouvant se solder par l'esclavage. À ces tensions se superposent des conflits internes à l'aristocratie dirigeante et le tout peut dégénérer en *stasis*, état de troubles sociopolitiques aigus, parfois proche de la guerre civile. C'est dans ce contexte qu'apparaissent des personnages que la tradition présente volontiers comme providentiels parce qu'ils furent en mesure de calmer le jeu, soit par la force du pouvoir qu'ils exercèrent, les tyrans, soit par des réformes, les législateurs. Il n'est d'ailleurs pas toujours aisé de distinguer les deux catégories, ni de faire une place à celle des aisymnètes, connus dans certaines cités d'Asie ou des îles, et qui constituent une sorte de « tyrannie élective », pour reprendre l'expression d'Aristote (*Politique*, III 14, 1285a), apparemment avec la mission d'arbitrer et de consigner le droit par écrit (cf. le mandat exercé dix ans par Pittacos à Mytilène, vers le début du VIᵉ s.).

Apparue plus anciennement même si elle succède parfois à une œuvre législative qui n'a pas obtenu les succès escomptés, comme à Athènes (cf. ci-dessous), la tyrannie est très répandue, jusque dans les colonies d'Occident qui en donnent des exemples durables et récurrents, mais, à quelques exceptions près (cf. le cruel Phalaris à Agrigente, dans le deuxième quart du VIᵉ s.), postérieurs. C'est un phénomène ambigu, d'autant plus difficile à saisir que nos sources proviennent pour la plupart de l'Athènes démocratique des Vᵉ et IVᵉ s., où s'est imposée *a posteriori* une image négative du tyran, stéréotypée et contradictoire à la fois, exploitée notamment dans la tragédie : celle d'un despote parfois sanguinaire (cf. Périandre, fils de Kypsélos, à Corinthe, que certaines traditions rangent cependant parmi les Sept Sages !) et dont la personnalité haute en couleur peut être complaisamment mise en scène au travers d'anecdotes pittoresques ou édifiantes (cf. l'histoire de l'anneau de Polycrate, tyran de Samos tout en rouerie et en démesure, contée par Hérodote III, 40-43). Notre perception de la tyrannie archaïque est donc inévitablement grevée d'hypothèses plus ou moins hasardeuses et de généralisations en partie abusives.

Le tyran est d'ordinaire issu de l'aristocratie : par exemple, Kypsélos appartient par sa mère à la famille des Bacchiades, dont l'un des 200 membres est élu chaque année comme magistrat suprême à Corinthe. Il prend et conserve le pouvoir par la force, souvent à partir d'une magistrature militaire, d'abord exercée légalement (Kypsélos est polémarque). Il liquide, au besoin par le meurtre ou le bannissement, l'oligarchie ou la monarchie en place. Apparemment sans guère toucher à la forme des institutions, il gouverne avec quelques fidèles, entouré d'une garde personnelle (cf. les doryphores ou « porte-lance » de Périandre, les « porte-gourdin » de Pisistrate à Athènes), et léguant parfois le pouvoir à son ou à ses fils, qui semblent rarement à la hauteur de leur père. L'aristocratie, qui paye ici son incapacité à administrer les cités et à juguler les mécontentements, est souvent la première victime de ces coups d'État, comme en témoignent joliment les poètes exilés qui vitupèrent les usurpateurs tout en se lamentant sur leur propre infortune (Alcée à Lesbos, Théognis à Mégare).

Parmi les caractéristiques du gouvernement des tyrans, citons leur politique de prestige (offrandes fastueuses aux grands sanctuaires, tels les monuments de Delphes traditionnellement attribués à Kypsélos et à Clisthène de Sicyône ; instauration ou réorganisation de concours, comme ceux de l'Isthme, de Sicyône ou les Grandes Panathénées à Athènes ; accueil des meilleurs poètes du temps, tel Anacréon auprès de Polycrate puis des fils de Pisistrate) ; les amitiés et alliances matrimoniales (cf. Périandre de Corinthe et Thrasybule de

Milet ; Pisistrate et Lygdamis de Naxos ; les somptueuses
noces d'Agaristè, fille de Clisthène[1]) ; un fort développement militaire animant une politique extérieure dynamique
(rôle de Clisthène dans la « première guerre sacrée » à
Delphes : *infra*, chap. 12 ; ambitions maritimes de Polycrate,
l'un des promoteurs de la trière en Grèce et ami du pharaon
Amasis, ce qui ne l'empêche pas, sous le successeur de ce
dernier, Psammétique, de fournir à Cambyse, le roi des
Perses qui était sur le point de conquérir l'Égypte en 525,
un contingent constitué de ses adversaires politiques ainsi
commodément écartés...). Évoquons enfin les mesures économiques et sociales, qui comptent parmi les plus controversées : *diolkos*, constructions navales et poursuite de la
colonisation (Potidée) à Corinthe ; probable encouragement
de l'artisanat (céramique orientalisante et invention du style
à figures noires à Corinthe, figures noires puis invention du
style à figures rouges à Athènes, où se multiplient aussi les
statues de *kouroi*, jeunes gens, et de *korai*, jeunes filles,
comme à Samos) ; politique de grands travaux, notamment
à Samos (Héraion, tunnel percé par l'architecte-ingénieur
Eupalinos de Mégare), mais aussi à Athènes (aménagement
de l'Acropole et de l'agora, adductions d'eau et fontaine.
Ennéakrounos, début de la construction du temple de Zeus
Olympien, etc.) ; hypothétiques innovations fiscales (dîme
annuelle consacrée à Zeus par Kypsélos ?) et émissions monétaires (cf. Pisistrate et ses fils). Certains auteurs anciens, tels
Aristote ou Nicolas de Damas, émettent des doutes sur les
motivations réelles de ces mesures, qui auraient surtout visé
à occuper les masses et à les détourner de la politique. Ainsi
Pisistrate aurait-il fait rendre la justice dans les campagnes
pour éloigner de l'*asty* les paysans de l'Attique, mais on
peut y voir aussi une tentative de faciliter l'accès à la justice
de l'État, contre l'autorité parfois abusive que détenaient
localement les grands propriétaires aristocrates.

Intervient ici la difficile évaluation du rôle de la tyrannie

---

1. Hérodote VI, 126-131 (seconde moitié des années 570).

dans l'affirmation de l'idéal d'isonomie (cf. ci-dessous), très différente selon que l'on se réfère à l'exemple athénien ou au modèle spartiate. Peut-on qualifier les tyrans de démagogues, au sens originel du terme, qui n'est pas péjoratif (conducteur du *dèmos*, c'est-à-dire du peuple) ? Ceux-ci ont pu rechercher et obtenir une forme de soutien populaire, en organisant la classe hoplitique (Phidon à Argos, dont l'action et la chronologie, oscillant entre le IXe et le VIe s., restent néanmoins très conjecturales ?), en spoliant les plus riches et en prenant des mesures à tendance égalitaire (possible redistribution de terres à Corinthe ; Théagénès contre les éleveurs de Mégare, Polycrate contre les géomores, grands propriétaires terriens à Samos ?), ou en abaissant la minorité précédemment aux affaires (lois de Périandre contre le luxe à Corinthe ; Clisthène peut-être hostile à l'aristocratie dorienne de Sicyône, dont il affuble les trois tribus des noms grotesques de *Porcs, Ânes* et *Porcelets*, cette mesure à vrai dire énigmatique s'accompagnant d'autres visant explicitement la grande rivale Argos, tel le remodelage de la religion civique ; attitude apparemment ambiguë et changeante de Pisistrate puis de ses fils vis-à-vis de grandes familles athéniennes comme les Philaïdes et les Alcméonides : cf. ci-dessous). L'histoire de Sparte, qui n'a pas connu la tyrannie, et le fait que dans la plupart des cas, c'est l'aristocratie, sous la forme d'une oligarchie plus ou moins modérée, qui reprend le contrôle des cités après la chute du tyran, accréditeront l'idée qu'il ne s'agit que d'une parenthèse facultative dans l'évolution des *poleis*. Mais si l'on privilégie l'exemple athénien, qui voit le triomphe de la démocratie isonomique, on sera plutôt sensible au fait que le prestige de l'aristocratie ne sortit probablement pas intact de ces régimes qui se sont dans certains cas maintenus fort longtemps, parfois avec de brefs intermèdes (cf. les Kypsélides à Corinthe entre 657/6 et 584/3 environ, les Orthagorides de Sicyône durant une centaine d'années à partir de *ca* 655, Pisistrate et ses fils pour un demi-siècle), et on y verra plutôt une étape ayant contribué à l'émergence du sentiment d'égalité entre les membres de la communauté politique. Bref, force est de reconnaître que les tenants et aboutissants politiques,

sociaux et économiques de ce phénomène original échappent
encore largement à l'analyse. La tyrannie connaîtra d'autres
avatars aux ve et ive s., notamment en Asie Mineure et, surtout, en Occident (*infra*, chap. 14).

Il n'est guère plus simple d'évoquer les législateurs dont
les plus fameux, Lycurgue de Sparte et Dracon ou Solon
d'Athènes, ont acquis une dimension plus ou moins légendaire. À côté de ces grandes figures subsiste une série d'inscriptions, souvent mutilées ou peu explicites, mais qui
révèlent un effort anonyme et remarquable de fixer le droit.
Elles proviennent entre autres des cités péloponnésiennes,
ioniennes (loi de Chios établissant les compétences et responsabilités des magistrats, le pouvoir du peuple, les juridic-
tions d'appel, etc.), et surtout crétoises (voir la loi de Dréros
contre l'itération du cosmat, magistrature supérieure, ou le
fameux « code » de Gortyne, dont les quelque 600 lignes,
gravées vers 450, réunissent des dispositions sans doute pour
partie plus anciennes, traitant notamment du statut des personnes et des biens)[1]. Les domaines visés sont multiples.
Une attention particulière est portée à la régulation des
conflits familiaux ou entre particuliers : sanction et compensation des violences exercées, notamment dans le cas de
meurtres, pour briser l'engrenage de la vengeance ; contrats
de mariages et héritages, où l'on cherche à préserver l'*oikos*,
notamment dans le cas épineux des épiclères athéniennes
(filles sans frère devant transmettre le patrimoine familial à
un fils et, pour cela, épouser le plus proche parent du côté
paternel, sous le contrôle de la cité) ; constitution d'archives
et embryon de législation du travail, etc. Les cultes font l'objet de « lois sacrées » (aménagement et fréquentation des
sanctuaires, nature des offrandes et calendrier des sacrifices,
etc.), tandis qu'apparaissent les premières lois « constitu-

---

1. H. van Effenterre, F. Ruzé, *Nomima. Recueil d'inscriptions
politiques et juridiques de l'archaïsme grec*, I, 1994, n°s 62 (Chios,
plutôt qu'Érythrées) et 81 (Dréros) ; II, 1995, p. 2-18, 358-389, et
n°s 4, 6, 16, 30-36, 40, 46, 48-49, 51, 53-54, 66, 76, 81 (extraits du
« code » de Gortyne) ; E. Lévy, « La cohérence du code de Gortyne », dans E. Lévy (éd.), *La Codification des lois dans l'Antiquité*, 2000, p. 185-214.

tionnelles », portant notamment sur l'admission des nouveaux citoyens, sur la convocation des assemblées avec parfois la mention de votes émis à la majorité, sur la désignation et la rotation des magistrats dont on commence à dresser des listes (archonte éponyme annuel à Athènes, qui donne son nom à l'année et permet de dater décrets et lois). L'exercice de la justice révèle l'intervention croissante de la communauté dans la prise en charge des intérêts individuels : on met en place des tribunaux, émanation de l'assemblée ou d'un conseil restreint, mais aussi des barèmes d'amendes et un système de cautions ; témoignages et débats contradictoires sont peu à peu codifiés et tout un chacun (*ho bouloménos* = « qui le veut ») peut intervenir en faveur d'une personne lésée (pour l'Athènes classique, cf. *infra*, chap. 18). Cette appropriation collective du droit tend à réduire la part de l'arbitraire et à garantir le bon ordre et la stabilité dans une cité plus harmonieuse mais non égalitaire, état que les Grecs expriment par le concept difficilement traduisible d'*eunomia* (« bonne répartition » : cf. le vers 32 de l'élégie de Solon citée par Démosthène, *Ambassade infidèle* 255, où le terme se définit surtout *a contrario*, comme une défense contre l'injustice, la discorde, la démesure, etc.).

Sparte

Sujet quelque peu exaspérant que celui de l'histoire archaïque de Sparte et de l'œuvre de son législateur mythique, Lycurgue, à propos de qui « l'on ne peut rien dire qui ne soit contestable », comme le souligne Plutarque. Les autorités de Lacédémone elles-mêmes, qui cultivaient le goût du secret, ainsi que le déplore Thucydide, et ont pu à l'occasion réviser l'histoire de la cité pour servir leur propagande (cf. les rois réformateurs Agis et Cléomène, au IIIᵉ s. : *infra*, chap. 19), ne nous ont guère facilité la tâche. Le manque de documents de première main (inscriptions) et le fait que beaucoup de nos sources soient d'obédience athénienne et donc défavorables, à l'exception de Xénophon et de Platon, ont fini d'entourer la question de mystère.

Pourtant, il n'y a apparemment rien que de très ordinaire dans les premiers temps de la cité spartiate : à la fin du IXe s. ou au début du VIIIe, un synœcisme sans véritable urbanisation entre quatre villages (Pitana, Mésoa, Limnai, Kynosoura), auxquels est adjointe ultérieurement la communauté d'Amyclai ; une participation au mouvement de colonisation et aux concours olympiques ; des cultes variés (Apollon Carneios, Artémis Orthia, Athéna Chalkioikos, etc.), assortis de fêtes réputées, spécialement en l'honneur d'Apollon (Hyakinthia, Carneia, Gymnopédies) ; un artisanat de qualité (notamment des petits bronzes et, dans les deux premiers tiers du VIe s., une céramique à décor figuré produisant les remarquables coupes « laconiennes ») ; des musiciens et poètes renommés (séjour de Terpandre de Lesbos, Alcman). Mais c'est l'histoire militaire qui retient prioritairement l'attention, émaillée de conflits frontaliers, notamment avec la puissante rivale qu'est Argos (défaite à Hysiai, traditionnellement datée de 669, face à la phalange hoplitique conduite par le tyran Phidon ?), et surtout dans le cadre de l'expansion en Messénie, dont la chronologie demeure très controversée. La première guerre, qui dura une vingtaine d'années, pourrait avoir eu lieu dans la seconde moitié du VIIIe s., voire dans le premier tiers du VIIe, la deuxième guerre achevant la conquête vers le milieu ou dans la seconde moitié du VIIe s. Le détail est discuté à l'infini, d'autant que l'enchaînement des conflits paraît lié à des réformes politiques de première importance. Or plutôt qu'une œuvre globale et synthétique due à un seul (Lycurgue : ci-dessous), on imagine pour ces dernières un processus évolutif, dont l'essentiel a pu se produire entre la fin du VIIIe et la première moitié du VIIe s. environ (la fondation de Tarente vers 706, qui passe pour être liée à la première guerre de Messénie, peut-elle constituer un *terminus post quem*, c'est-à-dire une limite supérieure, vu que relativement peu des traits caractéristiques des institutions spartiates semblent en vigueur dans la colonie, mise à part la possible existence d'éphores ?). Quoi qu'il en soit, Sparte se dote au bout du compte d'un territoire de plus de 8 000 km² et se maintient dans une vocation continentale (le port principal est Gytheion, à une petite cinquantaine de km au sud) : c'est apparemment en liaison avec ce développement territorial et militaire que la cité évolue pour devenir un cas unique dans le monde grec, sorte d'État-caserne qui fut objet de fascination ou repoussoir, chez les Anciens comme chez les Modernes.

Selon des traditions divergentes, Lycurgue est dit avoir importé de Crète la constitution de Sparte, ou bien l'avoir reçue d'un oracle d'Apollon Pythien, le dieu fondateur par excellence. Cette *rhètra*, paraphrasée par le poète Tyrtée, contemporain de la deuxième guerre de Messénie, et conservée principalement par Plutarque, tient en quelques lignes rythmées et se prête à une mémorisation facile[1]. Elle prévoit la fondation d'un sanctuaire de Zeus et d'Athéna, qui sont des divinités poliades (protectrices de la cité) traditionnelles ; une répartition de la population en tribus et *ôbai* (subdivisions gentilices ou territoriales, dans cette dernière hypothèse peut-être les cinq villages évoqués ci-dessus ?) ; la constitution d'un Conseil d'Anciens (*Gérousia*) de 30 membres, y compris les deux rois (nommés aussi archégètes) ; enfin la tenue régulière, en un lieu convenu, d'assemblées du peuple (*apellai* ou plutôt *ekklèsiai*) à qui doit apparemment revenir le dernier mot, même si un amendement, parfois appelé « petite *rhètra* » et dont la chronologie (vers la fin de la première guerre de Messénie ?) comme le sens demeurent très discutés, renforce manifestement les prérogatives de la *Gérousia*.

Nous savons par ailleurs que les rois proviennent de deux familles, les Agiades et les Eurypontides, entre lesquelles les unions matrimoniales sont proscrites, et qui peuvent nourrir une forte rivalité. Ces rois sont chefs de guerre, mais après le « désaccord d'Éleusis » entre Cléomène et Démarate (506 : cf. ci-dessous), un seul d'entre eux à la fois conduit normalement les troupes en campagne. Ils revêtent aussi d'importantes responsabilités religieuses et sociales (droit de

1. H. van Effenterre, F. Ruzé, *Nomima. Recueil d'inscriptions politiques et juridiques de l'archaïsme grec* I, 1994, n° 61.

la famille, notamment ce qui touche aux filles *patrouchoi*, équivalent des épiclères athéniennes). Leurs funérailles somptueuses, qui ont impressionné Hérodote, montrent bien leur importance pour la communauté. Les Gérontes, âgés de plus de soixante ans, ont une fonction judiciaire et probouleutique (ou probouleumatique : *probouleuma* = projet de décret), c'est-à-dire qu'ils soumettent des propositions à l'Assemblée qui les a élus par acclamation, à vie. Ils sont donc irresponsables, ce qui fait de Sparte une cité oligarchique archétypale, du moins vue depuis l'Athènes post-clisthénienne. En revanche, les cinq éphores, qui n'apparaissent pas dans la *rhètra*, soit parce qu'ils n'existent pas encore, soit plutôt parce que leurs attributions sont alors très secondaires, constituent un collège éminemment démocratique dans son essence, puisqu'ils sont élus pour un an parmi tous les citoyens. L'un est éponyme et au VIᵉ s. (suite à l'action d'un des leurs, Chilon, dans la première moitié du siècle ?), tous les domaines finissent par être de leur compétence : religieux, politique (ils tendent à se substituer à la *Gérousia* dans sa fonction probouleutique), militaire, diplomatique, policier et judiciaire, ce qui leur permet de tenir la dragée haute aux rois eux-mêmes, avec lesquels ils échangent chaque mois un serment mutuel et auxquels ils peuvent adresser des convocations. Au bout du compte, on est bien en peine pour définir cet ensemble où les pouvoirs de type monarchique (en l'occurrence, dyarchique), oligarchique et démocratique se juxtaposent et s'équilibrent, réalisant l'*eunomia* que Tyrtée appelle de ses vœux, et dans lequel Polybe, au IIᵉ s., verra une préfiguration de la constitution de Rome.

À Lycurgue est attribuée aussi l'institution de l'*agôgè*, éducation « à la spartiate » placée notamment sous le patronage d'Artémis Orthia et assurée par la cité. On embrigade les fils de citoyens (et quelques autres : cf. les *mothakes* évoqués ci-dessous) dès l'âge de sept ans afin d'en faire les meilleurs soldats ; aux jeunes filles est réservé un traitement spécifique, à base de chant choral et surtout d'exercices physiques, en vue d'en obtenir plus tard les plus beaux enfants, car les nouveau-nés étaient impitoyablement sélectionnés.

La pédérastie, qui associe des adolescents (éromènes, c'est-à-dire aimés) à des hommes plutôt jeunes (érastes, c'est-à-dire amants), y est une véritable institution sociale revêtant une dimension rituelle et pédagogique (la question de la chasteté de ces relations est discutée). L'élite des jeunes gens s'acquitte en fin de parcours de la cryptie, sorte d'épreuve d'endurance dont la signification reste controversée et le contenu exact incertain, en raison de divergences dans les sources. Le crypte (du verbe *kryptein*, cacher) devait vivre retiré durant une longue période, sans équipement ou presque, se procurant de quoi subsister sans se faire repérer, et égorger un ou plusieurs hilotes. Cette régression initiatique à un état quasi sauvage était sans doute censée développer l'instinct de survie et préparer aux missions les plus difficiles (certains spécialistes parlent de commandos) : il y a probablement un lien entre la cryptie et le recrutement des 300 *Hippeis*, corps d'élite constitué d'hoplites, contrairement à ce que son nom signifie (cavaliers), et assimilable à une sorte de garde royale. À trente ans, on intègre les rangs des citoyens de plein droit, appelés aussi *Homoioi* (les Semblables). Ceux-ci participent à un *syssition* ou repas commun quotidien, caractéristique de la vie communautaire à laquelle le Spartiate est astreint, et qui confère du même coup aux femmes une indépendance de fait très supérieure à la condition des Athéniennes par exemple (des pratiques assez proches étaient en vigueur dans les cités crétoises). Chacun doit apporter aux syssities sa contribution, ce qu'aurait permis une distribution égalitaire des terres, elle aussi due à Lycurgue, en 9 000 lots ou *klèroi* (sing. *klèros*), nombre correspondant théoriquement à celui des citoyens à l'origine.

Là apparaît l'un des points faibles de ce bel édifice : chaque lot est cultivé par des « dépendants ruraux », les hilotes, sorte d'esclaves attachés à la terre et astreints à verser l'*apophora*, c'est-à-dire une redevance sur les récoltes (l'usage de la monnaie, réputé proscrit par Lycurgue, reste très limité dans la cité). L'origine de ces hilotes est incertaine (pré-Doriens et/ou Messéniens asservis : cf. *supra*, chap. 5), leur statut très discuté (propriété ni totalement collective, ni totalement privée, mais partagée entre la cité et les Spartiates ?), et ils constituent une catégorie sans doute assez hétérogène. Mais leur nombre proportionnellement très élevé (à la bataille de Platées en 479, chacun des 5 000 Spartiates est accompagné de 7 hilotes armés à la légère : chapitre suivant) et les mauvais traitements qu'on leur réserve, allant jusqu'au meurtre (cf. la cryptie) ou aux massacres rendus licites par une déclaration de guerre annuelle, en font un danger intérieur potentiel pour la cité. En revanche, on ne redoute guère les révoltes de Périèques, habitants des pourtours regroupés en cités jouissant d'une certaine autonomie, même si elles sont soumises à la surveillance des éphores, et plutôt prospères (la majorité des activités artisanales et commerciales leur reviennent). Les Périèques sont intégrés aux rangs des hoplites et partagent avec les Spartiates la qualité de *Lacédémoniens* mais sont soumis à un régime fiscal particulier et restent en marge de la communauté civique. On voit donc que la société de Sparte, fort complexe, est loin d'être aussi équilibrée que ses institutions, d'autant qu'il semble que les *klèroi* n'aient été inaliénables qu'en théorie et que la propriété privée ait connu un développement précoce, les écarts de fortune battant en brèche le système paritaire, si tant est que celui-ci ait jamais existé : l'endettement et l'appauvrissement pouvaient empêcher d'apporter son écot au *syssition*, d'où une dégradation parmi les inférieurs (*hypomeiones* ; le deviennent également ceux qui ont été convaincus de lâcheté au combat, les *trésantes*, littéralement, « trembleurs »). À l'inverse, il existe d'autres catégories intermédiaires qui bénéficient de promotions, notamment par fait de guerre, en ayant accès à l'éducation spartiate ou en vertu d'une forme de clientélisme, mais dont les contours n'apparaissent pas toujours clairement : citons entre autres les *mothônes*, jeunes hilotes servant le fils du maître et destinés à être affranchis ; les *mothakes*, libres, élevés avec de jeunes Spartiates et pouvant obtenir la citoyenneté (Gylippe et Lysandre, grands hommes de la guerre du Péloponnèse, auraient été de ceux-là) ; enfin les néodamodes, affranchis assimilés aux Périèques, attestés entre 420 et 369.

En effet, c'est surtout aux Ve et IVe s., quand les déséquilibres sociaux en germe dans le système iront croissant, confinant les *Homoioi* à une minorité toujours plus réduite, que ces catégories seront illustrées (*infra*, chap. 11, 13, 15 et 18). À l'époque archaïque, la cité atteint et conserve apparemment une stabilité qui la met à l'abri de la tyrannie et lui permet de surpasser ses rivales dans la région. À partir de la seconde moitié du VIe s., Sparte a pris l'ascendant sur Argos (« bataille des Champions » pour la possession de la Thyréatide, entre Laconie et Argolide, vers 546 ; victoire de Sépeia, au sud-est d'Argos, en 494). Elle a constitué autour d'elle une ligue péloponnésienne dont le fonctionnement est assez lâche, mais qui lui confère une forme de prééminence en matière de relations internationales dans le monde grec, et qui lui garantit surtout la sauvegarde de ses intérêts vitaux (la Laconie et la Messénie), au-delà du premier glacis constitué des territoires occupés par les Périèques. Elle s'avère assez puissante pour abattre des tyrans, tel Lygdamis de Naxos, et pour mettre le siège, avec les Corinthiens, devant Samos à la grande époque de Polycrate, fût-ce sans succès (en 525 ou peu après, quand les Spartiates accueillirent favorablement les opposants politiques dont Polycrate avait tenté de se débarrasser en les envoyant à Cambyse : cf. ci-dessus). Sous la conduite de Cléomène Ier (*ca* 520-488), elle intervient à la fin du siècle dans les affaires athéniennes (ci-après). En outre, même si elle s'est repliée sur elle-même et paraît désormais bien pauvre du point de vue de la culture matérielle et artistique, force est de reconnaître que la cité a exploré, visiblement avec quelques tâtonnements (« petite *rhètra* », éphorat), une voie originale qui en a fait une sorte de laboratoire pour la réalisation politique de l'idéal d'égalité entre les citoyens. Dans ce domaine, Athènes emprunte un tout autre chemin, beaucoup plus riche de promesses pour l'avenir.

Athènes

En comparaison avec celle de Sparte, l'histoire athénienne des VIIᵉ-VIᵉ s. apparaît beaucoup plus mouvementée, puisqu'elle offre – assez tardivement – une sorte de concentré des vicissitudes politiques connues par les cités. Outre les sources habituelles (Hérodote, Thucydide et Plutarque), il faut ici souligner l'importance de la *Constitution des Athéniens*, exposé historique et institutionnel produit par l'école d'Aristote dans les années 330 ou plutôt 320 (*supra*, chap. 1). Mais ce traité lui-même n'échappe pas à la critique, qui soupçonne certains développements d'anachronisme, spécialement dans la section consacrée à Dracon, dont la constitution est rejetée comme apocryphe, c'est-à-dire inauthentique.

Le processus de synœcisme aboutissant à la cité athénienne dut s'accomplir graduellement à partir du IXᵉ s. Il fut complété, au prix d'une âpre rivalité et de conflits répétés avec la voisine Mégare, par l'annexion définitive d'Éleusis à la fin du VIIᵉ ou au début du VIᵉ s., puis par celle de Salamine (action de Solon et de Pisistrate : cf. ci-dessous). On a dit au chapitre précédent comment les traditions locales rapportent la fin de la monarchie et l'établissement des archontes (roi, polémarque, éponyme, puis les six thesmothètes). L'essentiel des affaires est sous le contrôle d'un conseil aristocratique réunissant à vie les archontes sortis de charge, l'Aréopage, ainsi nommé car il siège sur la colline d'Arès, tout près de l'Acropole. L'assemblée populaire paraît n'avoir alors que des attributions limitées. La population est regroupée dans les quatre *phylai* (tribus des Géléontes, Aigicoreis, Argadeis, Hoplètes). Chacune a à sa tête un *phylobasileus* et se subdivise en 12 naucraries présidées par des prytanes, soit un total de 48 naucraries dont le nom pourrait suggérer qu'elles étaient des circonscriptions fiscales liées aux constructions navales (ou aux temples ?). On distingue aussi trois catégories socio-économiques : les Eupatrides (« bien nés »), riches familles aristocratiques qui exercent le pouvoir politique et religieux (par exemple le *génos* des Philaïdes, celui des Étéoboutades, des Alcméo-

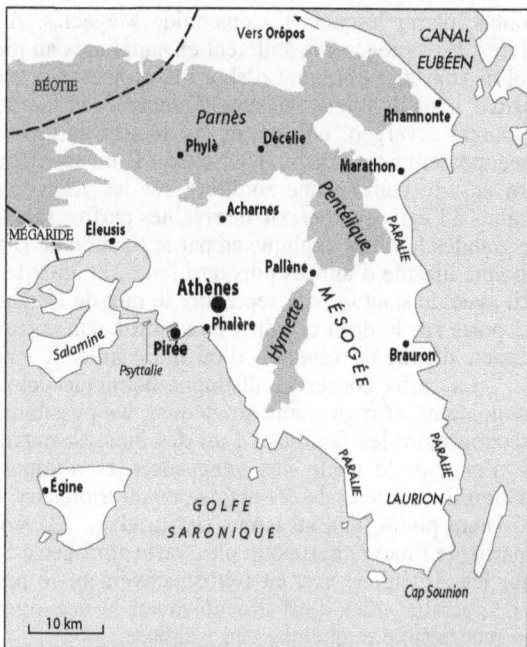

Carte 7. L'Attique.

nides, etc.), les autres propriétaires fonciers, dits *géômoroi* ou *agroikoi*, enfin les démiurges, qui se partagent le reste des activités (artisanat, etc.). Avant le vıᵉ s., l'agora (place publique) se situe à l'est de l'Acropole et non à l'emplacement qu'on lui connaît aujourd'hui, au nord-ouest.

Le premier épisode notable de l'histoire politique athénienne est constitué par la tentative de coup d'État de Cylon. Cet aristocrate que sa victoire aux concours olympiques avait rendu célèbre essaya dans les années 630 (636 ou 632 ?) d'établir la tyrannie, soutenu par son beau-père Théagénès, lui-même tyran à Mégare (cf. ci-dessus). À cette fin, Cylon et ses partisans prirent position sur l'Acropole, dont la population fit aussitôt le siège avant de s'en remettre aux

archontes, parmi lesquels l'Alcméonide Mégaclès. À bout
de vivres, les assiégés s'installèrent en suppliants au pied de
l'autel d'Athéna et obtinrent d'abord la promesse d'avoir la
vie sauve, mais ils furent finalement emmenés et mis à mort
(les sources divergent néanmoins sur le sort de Cylon lui-
même, apparemment échappé). Or c'était là un sacrilège, qui
pèsera ensuite comme une souillure sur les Alcméonides,
contraints à l'exil. Ce contexte de rivalités parfois sanglantes
entre grandes familles explique en partie l'action de Dracon,
une bonne dizaine d'années plus tard (*ca* 621), dont le code
« écrit avec du sang », pour reprendre le mot de Démade au
IVe s., porte sur le droit criminel et a valu à son auteur une
réputation d'extrême sévérité, d'où notre adjectif « draco-
nien »[1]. La partie conservée distingue homicide volontaire
et involontaire, et réglemente strictement les possibilités de
transaction entre les familles : l'un des buts est manifestement d'enrayer le cycle des vengeances et d'imposer la
médiation de la cité et de ses magistrats ou tribunaux. Cette
loi résistera plutôt bien au temps (*infra*, chap. 13), comme
une partie de l'œuvre beaucoup plus vaste attribuée à Solon,
en qui les Athéniens verront rétrospectivement le père de
leur démocratie, mais c'est probablement là une figure en
partie reconstruite et quelque peu idéalisée.

La chronologie usuelle place l'archontat de Solon en
594/3, dans une période de crise agraire aiguë, dont les
causes et manifestations font l'objet de vigoureuses controverses parmi les spécialistes. Les symptômes sont néanmoins à peu près clairs : concentration excessive des terres
entre les mains d'un petit nombre et endettement des paysans, parfois appelés hectémores (redevables du sixième ou
des cinq sixièmes ?) ; cet endettement pouvait se solder en
esclavage, tandis que les droits des créanciers étaient peut-
être matérialisés par des bornes placées sur les parcelles
gagées. Solon procéda alors à ce qu'on appelle la *seisach-
theia*, littéralement « rejet du fardeau », c'est-à-dire à l'abo-

---

1. H. van Effenterre, F. Ruzé, *Nomima. Recueil d'inscriptions
politiques et juridiques de l'archaïsme grec* I, 1994, n° 02 (autre
traduction commentée chez P. Brun, *Impérialisme et démocratie à
Athènes. Inscriptions de l'époque classique*, 2005, n° 93).

lition des dettes et de la servitude qui pouvait en résulter, faisant symboliquement arracher les bornes. Mais, lui-même aristocrate « de la classe moyenne » et partisan de la modération, comme il le déclare dans l'une de ses élégies politiques transmises par la *Constitution des Athéniens*, Solon n'a fait que gommer les effets sans remédier aux causes, renonçant à une redistribution des terres, d'où le mécontentement suscité par son arbitrage et le chaos dans lequel Athènes ne tarde pas à retomber après son départ.

D'autres mesures que la tradition lui attribue peuvent être rattachées à ce contexte de crise sociale, mais elles suscitent souvent le scepticisme des Modernes : développement de l'artisanat, interdit frappant les exportations agricoles sauf l'huile, modification du système des poids et mesures (rappelons que le nouvel emplacement de l'agora pourrait connaître alors ses premiers aménagements). Il est aussi question du droit de la famille (épiclérat, droits des femmes, devoirs des enfants, deuil, etc.), du tribunal populaire de l'Héliée, devant lequel chaque citoyen pouvait se porter accusateur ou faire appel, et de la création d'un Conseil (*Boulè*) des 400 (100 par tribu), particulièrement controversé. Le nom de Solon reste également associé à l'instauration de quatre classes censitaires conditionnant l'accès aux magistratures, alors que tout ou partie en existait déjà probablement auparavant. Quoi qu'il en soit, c'est là une évolution capitale qui consacre le primat de la fortune sur la naissance, même si à cette époque, et pour longtemps encore, les deux coïncident largement (*infra*, chap. 12 et 13). On distingue donc les Pentacosiomédimnes disposant d'un revenu d'au moins 500 mesures de produits secs ou liquides, les *Hippeis* (propriétaires d'un cheval ?) entre 300 et 500 mesures, les Zeugites (c'est-à-dire possesseurs d'un attelage, sorte de classe moyenne où se recrutent les hoplites ?) entre 200 et 300, enfin les Thètes, regroupant les citoyens aux faibles revenus, dont la participation se limite à l'Assemblée et au tribunal populaire, et qui peuvent servir comme troupes légères (*psiloi*). Évoquons pour finir une loi mentionnée par Aristote et Plutarque, selon laquelle « celui qui, dans une *stasis*, ne prendra pas les armes avec l'un des deux camps sera frappé d'atimie (déchéance civique) et n'aura aucun droit politique » : par-delà l'inauthenticité probable ou la paternité douteuse de certaines des réformes considérées, cette période resta dans l'esprit des générations ultérieures comme celle où s'étaient développées la responsabilité collective et la conscience politique du peuple.

Le départ de Solon (en Égypte, pour y faire des affaires et visiter le pays) inaugure une phase de troubles : période sans archonte (anarchie), puis archontat de Damasias durant plus de deux ans, etc. La *stasis* reprend et dans les années 560 s'affrontent trois groupes schématiquement distingués comme suit, mais dont les assises régionales, socio-économiques et politiques sont discutées : les Pédiens (« gens de la plaine », aux environs de l'*asty* et propriétaires des meilleures terres), autour de l'Étéoboutade Lycurgue, partisan de l'oligarchie ; les Paraliens (« gens des côtes », peut-être les artisans et les marchands), autour de l'Alcméonide Mégaclès, descendant de l'archonte du VIIᵉ s., modéré ; enfin les Diacriens (« gens des montagnes », spécialement au nord-est de l'Attique, rassemblement hétérogène d'exclus et de mécontents), autour du polémarque Pisistrate. Appartenant à l'entourage de Solon, ce dernier « passait pour le plus proche du peuple » (Aristote) et s'était en outre distingué en battant les Mégariens à Nisaia, le port de Mégare situé face à Salamine, ce qui avait permis à Athènes de récupérer définitivement cette dernière (*ca* 570-565). Pisistrate parvient à établir la tyrannie grâce à un simulacre d'attentat contre sa personne, en 561/0 probablement. La suite des événements est très confuse, particulièrement leur chronologie, Pisistrate perdant et récupérant le pouvoir à deux reprises, en des épisodes dont Hérodote a fait un récit haut en couleur (I, 59-64) : il aurait été ramené, la première fois, par Athéna en personne, en une mise en scène rocambolesque imaginée par Mégaclès (années 550, mais le caractère proprement « tyrannique » de cet intermède est discuté) ; plus prosaïquement, son deuxième retour (bataille de Pallène, en 546/5 selon la chronologie la plus couramment admise) fut facilité par le soutien de plusieurs amis et par les richesses accumulées

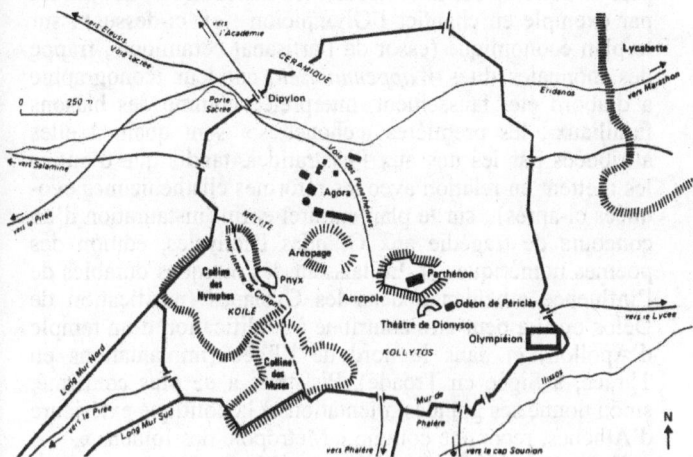

Fig. 9. Croquis du site d'Athènes (Cl. Orrieux, P. Schmitt Pantel, *Histoire grecque*, PUF, 2002⁴, fig. 41).

lors d'expéditions en Thrace (cf. les mines d'argent du mont Pangée).

Sa tyrannie est conforme au schéma général (cf. ci-dessus) mais il donne l'image d'un personnage plutôt débonnaire : proche des paysans auxquels il aurait consenti des prêts peut-être en partie financés par une dîme (?) sur les récoltes, il semble entretenir aussi des relations opportunistes, et donc fluctuantes, avec les grandes familles rivales, notamment celles des Philaïdes et des Alcméonides (ces derniers, en tout cas une partie d'entre eux, paraissent avoir repris le chemin de l'exil après 546/5). Si l'on excepte la création des « juges des dèmes » (villages), les institutions anciennes restent apparemment en place, mises en sommeil ou contrôlées par des proches. Athènes n'a semble-t-il jamais été aussi prospère et l'époque est brillante : sur le plan édilitaire (néanmoins, l'attribution des nombreuses constructions d'alors à la tyrannie de Pisistrate, discontinue, reste largement hypothétique et en outre, il est parfois malaisé de distinguer sa part de celle de ses successeurs, les Pisistratides, qui mirent par exemple en chantier l'Olympieion : cf. ci-dessus) ; sur le plan économique (essor de l'artisanat céramique ; frappe des monnaies dites *Wappenmünzen*, car leur iconographie a d'abord été, faussement, interprétée comme des blasons familiaux ; les premières « chouettes » sont quant à elles attribuées par les uns aux Pisistratides, tandis que d'autres les mettent en relation avec les réformes clisthéniennes évoquées ci-après) ; sur le plan culturel enfin (instauration d'un concours de tragédie aux Grandes Dionysies, édition des poèmes homériques ?). En laissant des marques durables de l'influence athénienne dans les Cyclades (purification de Délos où il a peut-être contribué à l'édification d'un temple d'Apollon) et dans le nord de l'Égée (implantations en Thrace, à Sigée en Troade), Pisistrate a de plus confirmé, sinon donné ses grandes orientations à la politique extérieure d'Athènes, reconnue comme « Métropole des Ioniens ».

Il meurt en 528/7 et lègue le pouvoir à ses fils, notamment à l'aîné, Hippias, qui dut composer avec les Philaïdes et les Alcméonides (d'après une liste d'archontes inscrite un siècle plus tard environ, le futur législateur Clisthène aurait occupé cette fonction en 525/4). Pour un différend privé (une affaire amoureuse) qui prit des airs de complot politique, son frère cadet Hipparque fut assassiné en 514 par Harmodios et Aristogiton. Mis à mort, ceux-ci y gagnèrent le titre populaire de Tyrannoctones (tueurs de tyran) et furent peu après 510 les premiers mortels statufiés sur l'agora aux frais de la cité (groupe sculpté par Anténor). Le gouvernement d'Hippias se durcit alors (violences contre les Philaïdes, nouvel exil des Alcméonides) et le mécontentement des aristocrates et du peuple augmentant, le tyran fut finalement expulsé en 510 avec l'aide du roi Cléomène de Sparte. Les Alcméonides, usant notamment de leur crédit à Delphes (ils y étaient adjudicataires de la reconstruction du temple d'Apollon : *infra*, chap. 12), jouèrent visiblement un grand rôle dans l'affaire. Peu après, en la personne de leur chef Clisthène, petit-fils par sa mère du célèbre tyran de Sicyône homonyme (cf. ci-dessus), ce sont encore eux qui font franchir à la cité le pas décisif vers la démocratie, non sans difficulté. Les réformes engagées à partir de 508/7 (détaillées ci-dessous) suscitèrent en effet l'opposition d'une faction aristocratique menée par Isagoras : ce dernier, bénéficiant à son tour du soutien de Cléomène et mettant en avant le sacrilège jadis commis par les Alcméonides contre Cylon, contraignit Clisthène à la fuite et fit bannir ses partisans, cependant vite rappelés par un soulèvement populaire (Isagoras et Cléomène se retrouvèrent même assiégés sur l'Acropole, avant de se ménager une retraite par capitulation). Une seconde tentative des mêmes, appuyée par une fragile coalition regroupant les Corinthiens, à vrai dire peu décidés, les Béotiens et les Chalcidiens, échoua en 506 (épisode du « désaccord d'Éleusis » évoqué ci-dessus, puis double victoire athénienne sur les Béotiens et les Chalcidiens, avec installation de 4 000 clérouques, c'est-à-dire des colons militaires, sur les terres des Hippobotes de Chalcis). La menace avait toutefois été assez grave pour que les Athéniens sollicitent l'aide des Perses, projet finalement abandonné, sans que le rôle de Clisthène dans l'affaire ressorte nettement (le fait qu'il disparaisse de nos sources peu après est souvent mis en relation avec cette démarche finalement blâmée par l'opinion publique).

Mais ce sont ses réformes qui firent passer Clisthène à la postérité. Ses véritables motivations sont discutées et il reste quelques ambiguïtés entre la sincérité de son sentiment démocratique et la part de calcul politique visant à asseoir la suprématie de sa famille contre les clans rivaux. Il obtint en tout cas le soutien du peuple, tandis que l'incorporation de nouveaux citoyens (étrangers attirés dans la ville en raison de sa prospérité, esclaves affranchis) servait autant sa cause personnelle que celle du nouveau régime, l'une et l'autre trouvant là de fervents partisans. En outre, il n'est pas toujours aisé de faire le départ entre ce que le législateur réalisa lui-même et certaines réformes complémentaires, parfois imprécisément datées et dont la mise en œuvre n'est attestée que plus tardivement (la date de l'instauration de l'ostracisme, aujourd'hui majoritairement attribuée à Clisthène, a par exemple fait couler beaucoup d'encre). Le développement qui suit sera donc aussi l'occasion de brosser un tableau des institutions athéniennes à la fin de l'époque archaïque et au Vᵉ s., certaines données n'étant même correctement illustrées que par le IVᵉ s., proportionnellement surdocumenté (*infra*, chap. 18). Il n'en reste pas moins que l'œuvre accomplie est dans une large mesure révolutionnaire et dénote une vision politique d'une exceptionnelle maturité, où l'abstraction le dispute au pragmatisme, puisqu'on y devine l'influence des systèmes philosophico-arithmétiques développés par les penseurs ioniens (on a parlé de « démocratie décimale »).

Comme auparavant (chapitre précédent), les habitants sont regroupés en *génè* et phratries, qui conservent leur importance, surtout religieuse. Ils vivent dans un dème, entité que la réforme place à la base de la vie civique. Les dèmes (peut-être une centaine à l'origine, 139 au IVᵉ s.) sont l'équivalent de nos communes rurales ou arrondissements urbains et ont une population inégale, proportionnellement à laquelle ils sont représentés au Conseil (cf. ci-dessous). Dotés d'instances locales (les démotes réunis en assemblée élisent ou tirent au sort annuellement un démarque), ils jouent un grand rôle pour l'enregistrement des citoyens à leur majorité (18/20 ans) et pour l'état civil : un Athénien décline son identité en donnant son nom, celui de son père (patronyme) et surtout son démotique, qu'il conserve même en cas de transfert d'habitation. Les métèques (étrangers domiciliés : *infra*, chap. 12) doivent également s'inscrire dans un dème de résidence. Mais la plus grande nouveauté réside dans la création de dix tribus, qui constituent désormais le pivot de toute la vie politique et militaire (conscription, etc.). Ces tribus sont appelées du nom de héros de la mythologie attique, dont le choix est cautionné par l'oracle de Delphes et dont les statues seront érigées sur l'agora. Chacune comprend trois tiers (trittyes) provenant de trois zones recoupant approximativement trois régions de l'Attique, soit une trittye de la ville (*asty*, avec une assez vaste périphérie englobant une section de littoral), une trittye de la côte (paralie, parfois sur une grande profondeur, ainsi au nord d'Éleusis ou dans le Laurion), et une trittye de l'intérieur (mésogée traversant le centre de l'Attique, en gros du Parnès au Laurion exclu). Il y a donc trente trittyes au total, à raison de dix par zone géographique, et réunies par groupes de trois (une de chaque zone) formant chacun une tribu. En conséquence, celle-ci apparaît comme un assemblage quelque peu artificiel, normalement dépourvu d'assise territoriale cohérente (l'affectation des trytties aux tribus par tirage au sort a néanmoins eu pour effet que certaines tribus ont reçu dans l'est de l'Attique une trittye côtière et une trittye intérieure contiguës). Les dèmes sont répartis, en nombre variable selon leur population de manière à obtenir une certaine parité démographique, entre les trittyes, c'est-à-dire entre les tribus. Le corps civique se trouve largement brassé par ce redécoupage, les nouvelles structures politiques outrepassant les cadres sociologiques traditionnels et les solidarités locales qui constituaient le ciment des factions régionales et des clientèles aristocratiques.

Cette remarquable construction trouve une traduction très concrète dans le fonctionnement des institutions, au premier rang desquelles le Conseil (*Boulè*). En effet, à partir des candidats présentés par les dèmes, c'est au sein des tribus que sont tirés au sort, à raison de 50 pour chacune, les 500 bouleutes qui constituent le Conseil. Les 50 bouleutes de chaque tribu y exercent la prytanie (commission exécutive et permanente) pendant un dixième de l'année, le calendrier politique se trouvant du même coup décalé par rapport aux 12 mois lunisolaires du calendrier religieux, qui rythme traditionnellement l'autorité exercée par les Eupatrides, détenteurs des grands sacerdoces. À la fin de chaque prytanie, la tribu en charge pour la suivante est tirée au sort. C'est encore le sort qui désigne pour 24 heures l'épistate des prytanes (sorte de président, qui garde les clefs du trésor entreposé dans les temples, les archives et le sceau de la cité ; plus important est en fait le rôle du secrétaire, renouvelé par le sort à chaque prytanie et qui a la tâche de rédiger, archiver et publier les Actes). Le Conseil est convoqué par les prytanes en séance plénière environ 275 jours par an. Il est investi de grandes responsabilités en matière de finances et de politique étrangère ; surtout, il a le rôle fondamental de préparer les séances de l'Assemblée, notamment en lui soumettant des projets de résolutions (fonction probouleutique).

L'Assemblée (*Ekklèsia*) devait primitivement se réunir sur l'agora, avant de siéger sur la colline voisine de la Pnyx (dès le tournant des vi^e/ve s. ou seulement vers 460 ? Cf. *infra*, chap. 11). En raison de leur proximité, les dèmes urbains ou péri-urbains y sont donc plus représentés que les dèmes ruraux, ce qui n'est probablement pas sans incidence sur les évolutions politiques. En vertu de l'*isègoria* (égalité de parole), tout citoyen sans distinction peut s'y exprimer, par exemple pour proposer une motion qui sera contrôlée et mise en forme par la *Boulè* (*probouleuma*) avant de revenir devant l'*Ekklèsia*, où elle sera entérinée par un vote et deviendra loi (*nomos*) ou décret (*psèphisma, dogma*), ces deux catégories étant d'ailleurs mal distinguées avant la fin du ve s. C'est en effet le peuple qui décide toujours en dernier ressort, libre de rejeter les propositions ou de les amender. Il semble qu'il y avait à l'origine une séance par prytanie, dite principale (*kyria*), plus un nombre variable de séances ordinaires, fixées à quatre à l'époque d'Aristote, soit un total de quarante sur l'année (dont dix principales), auxquelles pouvaient s'ajouter des réunions extraordinaires exigées par les circonstances. Les votes se font le plus souvent à main levée (*cheirotonia*), parfois au moyen de cailloux tenant lieu de jetons (*psèphoi*), procédé allant normalement de pair avec l'exigence d'un *quorum* (nombre minimal de présents), lui-même requis en particulier quand on vote au sujet d'un individu. Ainsi en est-il de l'ostracisme : si l'Assemblée principale de la sixième prytanie en a adopté le principe, une séance de la huitième prytanie, où un *quorum* de 6 000 est requis, se prononce selon une procédure particulière, puisque le nom de celui qu'on souhaite ostraciser est inscrit sur un tesson, *ostrakon*, dont les fouilles ont livré de très nombreux exemplaires. Est ostracisé celui qui compte le plus grand nombre d'*ostraka* à son nom. De la sorte, les Athéniens écartent de la cité tout citoyen prenant trop d'influence ou soupçonné d'aspirer à la tyrannie, pour une période de dix ans durant laquelle il conservera ses biens et sa citoyenneté. Le vote est secret également dans les tribunaux populaires, au premier rang desquels l'Héliée, dont les jurés sont tirés au sort. Leur rôle dépasse largement le strict domaine judiciaire et deviendra peu à peu un véritable instrument de régulation politique, aux côtés de l'*Ekklèsia*, notamment en cas d'action publique (*graphè*, distinguée de l'action privée, *dikè* : *infra*, chap. 18).

Parmi les neuf archontes préexistants, trois se distinguent par leurs attributions religieuses et juridictionnelles. L'archonte éponyme (usuellement appelé « l'archonte »), outre qu'il sert de repère chronologique annuel, supervise notamment l'organisation des Grandes Dionysies (*infra*, chap. 11) et instruit les causes relatives au droit privé des citoyens (tutelle des filles épiclères, etc.). Le roi s'occupe par exemple des Mystères d'Éleusis (*infra*, chap. 12) et instruit les actions en impiété et pour meurtre. L'archonte polémarque, qui conserve un rôle militaire opérationnel jusqu'à l'époque de Marathon (chapitre suivant), a des activités religieuses en rapport avec l'armée et la guerre (concours et sacrifices pour les morts au combat), et est compétent pour les affaires impliquant les étrangers, entre autres les métèques. Les six thesmothètes, auxquels on a adjoint un secrétaire pour que chacune des dix tribus soit représentée, se consacrent principalement aux tribunaux. À partir de 487/6, les archontes sont désignés selon un double tirage au sort « à la fève », sur une liste de candidats présélectionnés par les démotes (cette première étape donne probablement lieu à un vote) ; au terme de leur année de fonction, ils continuent de nourrir les rangs de l'Aréopage (environ 150 Aréopagites en moyenne ?), qui conserve son prestige mais voit ses prérogatives réduites *de facto* par les nouvelles instances. Bien d'autres magistrats sont également tirés au sort, tels les Onze, responsables de la prison et des exécutions. Outre qu'il est l'expression de la volonté divine, le tirage au sort a un caractère égalitaire et finira par être considéré comme indissociable de la démocratie (ainsi les crises oligarchiques, comme sous les Quatre-Cents en 411 ou durant la dérive observée au tournant des IIᵉ/Iᵉʳ s., tendront à lui substituer l'élection : *infra*, chap. 13 et 21). En revanche, sont normalement électives les magistratures requérant des compétences spécifiques, spécialement militaires, comme celle des dix stratèges depuis 501/0, chefs de l'armée en compagnie, pour peu de temps encore, de l'archonte polémarque : c'est l'Assemblée qui les élit, à raison d'un par tribu à l'origine. Le même mode de désignation est utilisé pour les dix taxiarques qui commandent chacun le contingent d'hoplites fourni par leur tribu, mais dont l'institution est peut-être postérieure (Vᵉ s. ?).

Avant d'être tirés au sort selon une procédure centralisée (au IVᵉ s., présidée par les thesmothètes dans le sanctuaire de Thésée) pour arriver au total de 50 bouleutes échu à

chaque tribu (cf. ci-dessus), les candidats au bouleutat avec
leurs suppléants sont présélectionnés (*prokrisis*), sans doute
par vote, dans les dèmes, en quantité proportionnelle au
nombre des démotes (ainsi certains dèmes n'ont-ils au IVᵉ s.
qu'un représentant, d'autres une dizaine ou plus, et les fluctuations démographiques ont peut-être contraint alors à ajus-
ter les quotas bouleutiques et l'attribution des dèmes aux
trittyes). Futurs bouleutes et candidats aux autres magistratures sont soumis à un examen préalable (*dokimasia*) ; quand
ils sortent de charge, ils doivent aussi rendre compte de leur
action et de leur gestion (*euthynai*), principe qu'Hérodote
considère comme l'un des piliers de la démocratie (III, 80).
Si les nécessités démographiques peuvent imposer la participation des Thètes au Conseil, les magistratures dont les titu-
laires manipulent des fonds plus ou moins importants (cf. les
trésoriers, *tamiai*, sing. *tamias*) ne sont donc théoriquement
accessibles qu'aux deux ou trois classes censitaires supérieures, voire aux seuls Pentacosiomédimnes (cas des trésoriers d'Athéna), notamment pour des raisons pratiques de
solvabilité, car les fautes donnent lieu à un redressement ou
à une amende, voire à des sanctions plus lourdes (jusqu'à la
peine de mort, bien attestée pour les stratèges au IVᵉ s. :
infra, chap. 18). Le contrôle des magistrats, à l'origine, doit
être supervisé par l'Aréopage et par le Conseil.

La ville offrira à tous ces organes des bâtiments susceptibles de faciliter leur fonctionnement, regroupés sur l'agora
ou à proximité et souvent remaniés : *bouleutèrion* pour le
Conseil et *tholos* pour les prytanes (le prytanée, apparemment localisé dans le secteur de l'ancienne agora, abrite le
foyer de la cité et est notamment destiné à l'archonte éponyme et aux réceptions officielles), portique royal pour l'archonte roi, tribunaux, archives (dans le Mètrôon, c'est-à-dire
le sanctuaire de la Mère des dieux, *Mètèr*, associé au « vieux
bouleutèrion » à partir du début du IVᵉ s.), etc.[1]. Les institu-

1. Comme la plupart des grands sites archéologiques, les vestiges de l'agora soulèvent de multiples problèmes d'identification.
Ainsi certains voient-ils la résidence de Pisistrate et de ses fils dans
l'édifice de plan grossièrement trapézoïdal construit peu après le
milieu du VIᵉ s. au sud-ouest de la place. Quant à l'Héliée, tradition-

tions elles-mêmes connaîtront en deux siècles plusieurs aménagements mettant en évidence leur souplesse et leur adaptabilité (*infra*, chap. 11, 13 et 18).

Le pouvoir réel est encore très majoritairement détenu par les anciennes élites, mieux formées et assez riches pour disposer du temps libre nécessaire à la conduite des affaires : ce sont des aristocrates pour la plupart, qui se regroupent volontiers en réseaux d'amitiés, les hétairies, surtout connues aux ve/ive s. et que l'on se gardera de prendre pour des partis politiques, concept impropre à qualifier les réalités de l'époque. Ce système qui repose sur une large participation est néanmoins qualifié d'isonomique (*isonomia* peut se traduire par « égale répartition ») ; il annonce la démocratie qui sera achevée au siècle suivant, les discriminations censitaires évoquées plus haut s'estompant peu à peu, parallèlement à la mise en place progressive d'un système d'indemnités (*misthoi*). Le nombre (plusieurs centaines) et l'annualité des magistratures, collégiales, non cumulables et, à quelques exceptions près, non renouvelables (on pouvait être bouleute deux fois dans sa vie, mais pas consécutivement, et stratège sans limitation), imposaient en effet une rotation telle que presque tous les citoyens pouvaient exercer des responsabilités à un moment ou à un autre, s'ils le voulaient (on avait même probablement recours à des désignations d'office en cas de pénurie de candidats). Cet amateurisme de principe suppose un niveau moyen d'instruction remarquable, notamment la capacité de lire et d'écrire, encore que nous ne soyons pas en mesure d'évaluer le degré d'alphabétisation et que dans ce domaine, il pût y avoir un certain écart entre les exigences théoriques du système et la pratique quotidienne : ainsi une partie des tessons d'ostracisme étaient-ils sans doute inscrits d'avance puis distribués aux votants, comme le suggère

_____

nellement localisée à l'angle sud-ouest, elle pourrait aussi bien se situer à l'opposé (v^e-ive s.). Le bâtiment sis à l'autre extrémité du portique Sud est identifié comme un atelier monétaire. À partir du ive s., le monument des héros éponymes, où étaient affichés les documents officiels, fait face au « vieux *bouleutèrion* ». Plus tard, d'autres édifices seront construits, tel le portique d'Attale II fermant l'agora à l'est (*infra*, chap. 22).

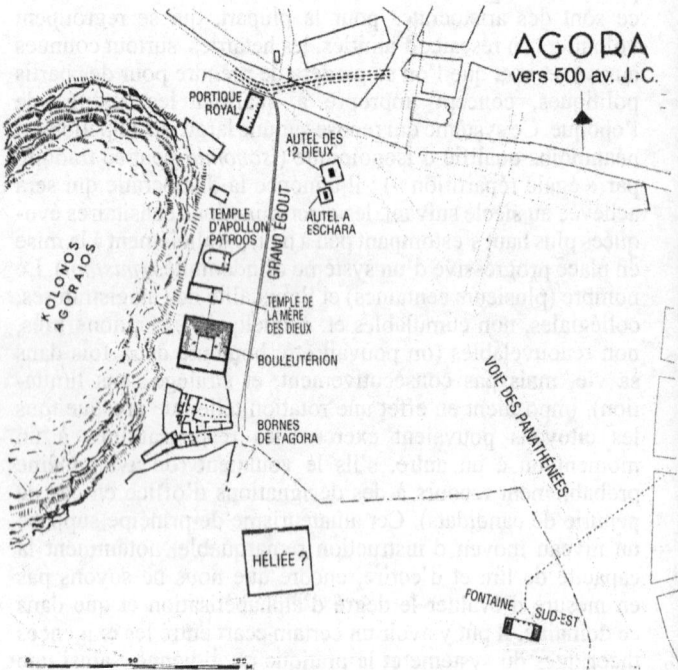

Fig. 10. Plan de l'agora d'Athènes vers 500 av. J.-C. (R. Martin, *L'Art grec*, Le Livre de Poche, « La Pochothèque », 1984, fig. 196).

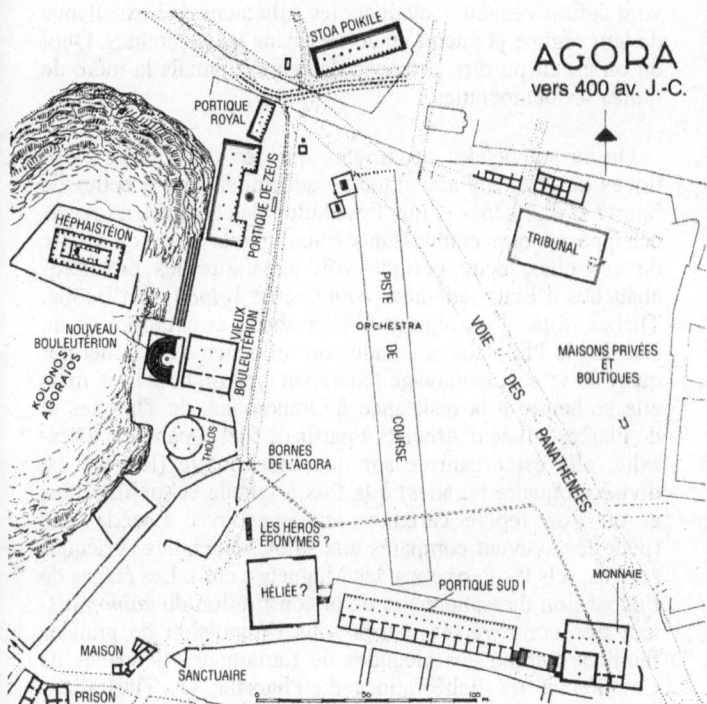

Fig. 11. Plan de l'agora d'Athènes vers 400 av. J.-C. (R. Martin, *L'Art grec*, Le Livre de Poche, « La Pochothèque », 1984, fig. 197).

leur graphie parfois identique, mais cette observation elle-même peut être diversement interprétée (plus généralement, la part respective de l'écriture et de l'oralité dans la vie des cités est l'objet de débats récurrents). En tout cas, les épreuves qu'ils sont sur le point d'affronter victorieusement vont définitivement convaincre les Athéniens de l'excellence de leur régime et ancrer ce dernier dans les mentalités. Quoi qu'on en ait pu dire, Athènes demeure à jamais la mère de toutes les démocraties.

On se souviendra néanmoins que les expériences politiques de la Grèce archaïque ne se limitent pas à celles de Sparte et d'Athènes et que l'évolution de centaines de *poleis* échappe à notre connaissance. Soulignons aussi qu'à côté de ces cités, cette période voit apparaître les premières ébauches d'États fédéraux (*koina*, sing. *koinon*). En Béotie, Thèbes, forte d'un régime foncier stable et équilibré dû au Bacchiade Philolaos, a étendu son influence dans le dernier quart du vi^e s. (monnayage fédéral au type du bouclier), mais elle se heurte à la résistance d'Orchomène, de Thespies et de Platées, alliée d'Athènes à partir de 519. Quant à la Thessalie, elle est organisée sur une base quatre (le pays est divisé en quatre tétrades) à la fois originale et sophistiquée, et où l'on repère certaines analogies avec Lacédémone (pénestes souvent comparés aux hilotes ; peuples périèques soumis, tels les Perrhèbes, les Magnètes, etc.). Les étapes de l'expansion thessalienne et de la constitution du *koinon* restent très controversées, mais sous l'impulsion de grandes familles comme les Aleuades de Larissa, les Scopades de Crannon et les Échécratides de Pharsale, les Thessaliens comptèrent apparemment parmi les plus actifs et les plus puissants aux viie et vi^e s., comme le suggère, entre autres indices, leur mainmise sur l'Amphictionie de Delphes (*infra*, chap. 12). Plus que jamais, le monde grec est multiple et divers, au moment où se profile la menace perse, qui va précisément l'aider à mesurer sa force et l'étendue de ses ressources.

L'époque classique

TROISIÈME PARTIE

I. L'époque classique

Chapitre 10

LES GUERRES MÉDIQUES

Avec les réformes de Clisthène, Athènes atteint le degré de maturité politique qui caractérise l'âge classique. Cependant, la périodisation traditionnelle fait commencer l'époque classique avec le ve s. et les guerres médiques. Celles-ci marquent l'avènement d'une arme ancienne mais qui a bénéficié de divers perfectionnements, la marine, et renforcent la démocratie athénienne, désormais assez forte pour prendre la tête d'un empire. Dans cette évolution décisive pour l'ensemble du monde grec au ve s. et même bien au-delà, se distingue un autre Athénien exceptionnel, Thémistocle, personnage aussi ambigu que fascinant. En l'absence naturellement dommageable de sources perses, ces épisodes célèbres, mais dont les dessous ne sont pas toujours faciles à démêler dans le détail, nous sont principalement connus par Hérodote. Or on a depuis longtemps observé que les *Enquêtes*, qui font la part belle au rôle joué par Athènes, présentent les événements des deux décennies 499-479 selon une continuité logique, sinon une cohérence, qui pourrait être en partie illusoire (cf. la place faite au mécanisme de la vengeance). Il faut y ajouter un autre chef-d'œuvre, *Les Perses*, d'Eschyle qui combattit lui-même à Marathon et à Salamine. Mentionnons enfin Diodore de Sicile (livres X et XI), Plutarque (*Vies* d'Aristide et de Thémistocle) et d'autres documents, tel le célèbre et très controversé « décret de Thémistocle » découvert à Trézène[1], que l'on tient majoritairement aujourd'hui pour un apocryphe du ive s.

---

1. P. Brun, *Impérialisme et démocratie à Athènes. Inscriptions de l'époque classique*, 2005, n° 2.

Les causes

L'appellation « guerres médiques » donnée à ce conflit entre Grecs et Perses vient du nom des Mèdes, qui dominaient les Perses à l'époque des premiers contacts entre ces peuples et les populations helléniques, avant de leur être soumis et associés par Cyrus le Grand, vers 550. Or les Grecs ont continué à utiliser cette dénomination, bien qu'elle ne correspondît plus à la réalité politique en Orient. Sous l'impulsion de Cyrus (559-530), de Cambyse (530-522), puis de Darius Ier, l'empire achéménide (nom du clan familial de Cyrus) s'est étendu sur d'immenses territoires allant de l'Indus à l'Égée et à l'Égypte. Les causes de l'affrontement avec les Grecs sont à chercher en Ionie, région où l'hellénisme a connu un développement particulièrement brillant au VIe s. Il s'y trouve des cités puissantes, telle Samos où s'illustra le tyran Polycrate, mis à mort par le satrape de Sardes[1], et d'autres particulièrement prospères comme Milet, à qui l'on attribue plusieurs dizaines de colonies, et qui elle aussi connaît la tyrannie (voir chapitre précédent). Parmi ces cités, une douzaine est regroupée au sein de la ligue ionienne célébrant le culte de Poséidon Héliconios dans le sanctuaire commun du Panionion, au cap Mycale : organisation essentiellement religieuse qui ne pouvait guère avoir l'efficacité politique que certains, tels Bias de Priène ou Thalès de Milet, auraient voulu lui conférer. La production littéraire et philosophique de l'Ionie est remarquable (Mimnerme et Xénophane de Colophon, Thalès, Anaximandre et Hécatée de Milet, Héraclite d'Éphèse), tout comme la sculpture et l'architecture (grands temples d'Héra à Samos et d'Artémis à Éphèse), où s'illustrent les artistes polyvalents Rhoicos et Théodoros, introducteurs en Grèce de la technique de la fonte en creux. Dans la seconde moitié du siècle, la région qui était auparavant sous influence lydienne (royaume de Crésus : cf. *supra*, chap. 7) est tombée sous la domination des Perses : ceux-ci y contrôlent les affaires par l'intermédiaire de tyrans qui partagent

---

1. Selon Hérodote III, 89, Darius avait divisé l'empire perse en 20 satrapies.

largement leurs intérêts, et imposent un tribut apparemment assez supportable.

La révolte qui agite la région au tournant du siècle est donc malaisée à expliquer. Hérodote l'impute à Aristagoras, tyran de Milet intérimaire, en l'absence du titulaire, son cousin et beau-père Histiée, retenu par Darius à Suse. Intriguant avec le satrape de Sardes Artaphernès, il l'aurait entraîné dans une opération qu'il promettait facile et lucrative. Son projet consistait à s'emparer de l'île de Naxos, où venait d'éclater un mouvement populaire contre des aristocrates auxquels Aristagoras était lié, première étape avant la conquête d'autres Cyclades et de l'Eubée. Mais devant la résistance des Naxiens, l'affaire aurait mal tourné. Dans l'incapacité de tenir ses promesses, Aristagoras fut acculé à la révolte, voie dans laquelle Histiée lui-même l'encouragea. Cette fuite en avant le contraignit à proclamer l'isonomie à Milet et dans d'autres cités : avec son aide ou sur ses conseils, celles-ci se débarrassèrent de leurs tyrans et élirent des stratèges (500-499). Que cache en fait le parcours de cet ambitieux un peu brouillon ? Si les spécialistes ne croient plus guère à une crise économique (déclin du commerce ionien dirigé vers les colonies pontiques, en raison de l'expédition du roi Darius Ier contre une partie du pays scythe et dans les Détroits en 513/2), l'échappatoire politique choisie par Aristagoras trahit probablement un sentiment anti-tyrannique et donc anti-perse assez fort parmi le *dèmos* milésien et dans le reste de l'Ionie, que l'on peut imaginer tout à la fois réceptifs aux innovations athéniennes et mécontents d'une assiette jugée peu équitable pour la perception du tribut (cf. ci-dessous, les adaptations consenties par Mardonios et Artaphernès après 494). Ce n'est donc pas à proprement parler l'éveil d'une conscience nationale contre l'occupant barbare, explication alors anachronique, mais bien plutôt une crise sociopolitique qui sous-tendrait la révolte.

Aristagoras se rendit ensuite à Sparte, comptant y obtenir l'appui des meilleurs hoplites de Grèce. En dépit d'un exposé brillant illustré par une tablette de bronze où était gravée une carte « de la terre tout entière », il fut éconduit par Cléomène, rebuté par les distances à parcourir. En revanche, il trouva un accueil favorable chez les Athéniens, qui virent sans doute là l'occasion de se poser en champions des Ioniens en général et des cités isonomiques en particulier, mais qui tenaient surtout à l'œil Hippias, le Pisistratide exilé chez Artaphernès. Athènes envoya donc vingt navires et les Érétriens, d'origine ionienne eux aussi, cinq. Sardes, capitale de la Lydie, fut incendiée en 498, puis le corps expéditionnaire se rembarqua, non sans avoir essuyé quelques pertes. Les Perses regagnèrent ensuite les positions perdues, remportant à Ladè (îlot situé au large de Milet) une victoire navale décisive contre les 353 trières réunies par des Ioniens irrésolus et mal organisés, malgré les efforts méritoires du Phocéen Dionysios. Puis ils saccagèrent Milet, dont la population fut en partie déportée (494). Mardonios et Artaphernès réorganisèrent alors l'Ionie avec modération et pragmatisme, à la relative satisfaction des habitants : s'accommodant des régimes isonomiques établis dans les cités, ils imposèrent à celles-ci de régler désormais leurs différends par le droit et donnèrent au tribut des bases plus justes.

Tout aurait pu s'arrêter là. Mais Darius, soit parce qu'il considérait que sa vengeance contre Athènes et Érétrie n'était pas consommée[1], soit plutôt pour asseoir sa domination sur l'Égée et s'assurer qu'aucune menace ne viendrait plus de Grèce, envoya d'abord son gendre Mardonios affermir la domination perse en Thrace et confirmer l'allégeance de la Macédoine (492). Thasos, qui s'était soumise en cette occasion, dut l'année suivante démanteler ses remparts (on y ouvrit des brèches) et livrer ses navires. Puis le Grand Roi adressa aux Grecs un ultimatum, exigeant d'eux « la terre et l'eau » (491). Au dire d'Hérodote, il se heurta au refus des Athéniens et à celui des Spartiates. Outre que c'est l'occasion pour l'historien de conter une anecdote édifiante (les Athéniens auraient jeté le héraut perse dans le précipice du Barathre, tandis que les Spartiates l'auraient précipité dans un puits, ce qui était une manière spirituelle et provocante

---

1. « Maître, souviens-toi des Athéniens », se serait-il fait répéter par un serviteur, trois fois à chaque dîner, depuis l'incendie de Sardes... (Hérodote V, 105.)

de remettre la terre et l'eau), on voit là se dessiner précocement, à travers l'affrontement gréco-perse, un duel à distance entre les deux grandes cités du moment. Quelques indices pourraient cependant suggérer que les Athéniens étaient divisés sur l'attitude à adopter face aux Perses : dans la ligne de l'alliance préconisée par certains (responsabilité de Clisthène ?) en 507/6 (chapitre précédent), on a par exemple subodoré l'action d'un parti plus favorable à la conciliation (rôle des Alcméonides ?) derrière la condamnation du poète Phrynichos, pour avoir représenté une tragédie sur la prise de Milet qui émut grandement la population en 493, l'année même où, de son côté, Thémistocle donnait une impulsion décisive aux travaux de fortification du Pirée (cf. ci-dessous).

La première guerre

En 490, l'homme fort à Athènes paraît être Miltiade le Jeune, élu stratège après être rentré de son domaine de Chersonèse (Thrace), hérité de son oncle homonyme. Menacé par l'expansion perse dans le nord de l'Égée, il était aussi un farouche adversaire d'Hippias, qui avait jadis fait assassiner son père. Pour autant, membre du *génos* des Philaïdes, il ne devait pas avoir de sympathie particulière pour l'isonomie ni pour les Alcméonides. Toujours est-il que c'est lui qui commande les opérations contre les forces barbares conduites par Datis, sans doute assez modestes en dépit des chiffres avancés par Hérodote. Parti de Cilicie, Datis a gagné Samos puis soumis les îles de l'Égée, incendiant notamment Naxos. Érétrie, qui a résisté six jours avant d'être livrée par deux des citoyens les plus en vue, est durement châtiée (temples pillés et incendiés, population réduite en esclavage et en partie déportée dans la région de Suse). Puis, sur les conseils d'Hippias qui a gardé des partisans dans la région, Datis débarque dans la baie de Marathon, proche d'Érétrie et jugée propice aux évolutions de la cavalerie (celle-ci ne participera pourtant pas à la bataille, absence qui à ce jour n'a pas reçu d'explication pleinement satisfaisante). Miltiade se porte à sa rencontre avec les hoplites athéniens, renforcés d'un contingent envoyé par la cité voisine et amie de Platées (soit 10 000 hommes au maximum contre à peu près le double du côté des Barbares ?). Après avoir vainement attendu une aide promise par Sparte, retardée par la célébration des fêtes d'Apollon Carneios, Miltiade persuade l'état-major de passer à l'action (était-ce au moment où, comme le pensent certains, les Perses rembarquaient leur cavalerie pour se porter de l'autre côté de l'Attique ?). Hérodote insiste sur l'héroïsme inouï des Athéniens chargeant contre un ennemi bien supérieur en nombre. Surtout, le déroulement du combat montre la maturité tactique de la phalange athénienne, enfoncée au centre, qui est dégarni par manque d'effectifs, et supérieure aux ailes, où elle ne commet cependant pas l'erreur de poursuivre les fuyards, mais se retourne en tenaille pour annihiler l'avantage pris par les Perses au cœur de la ligne de bataille. Avec 192 morts, dont les restes furent ensevelis sur place, sous un tumulus encore visible aujourd'hui, contre plus de 6 000, les Athéniens triomphent.

Datis regagne l'Asie sans tenter aucun autre débarquement : ses adversaires, revenus en toute hâte à Athènes, l'en ont dissuadé (Hérodote mentionne ici, pour l'écarter, l'accusation probablement diffusée par leurs adversaires politiques, selon laquelle les Alcméonides auraient été prêts à livrer la ville aux Perses, alors qu'ils étaient tout au plus favorables à une alliance avec le Grand Roi : cf. ci-dessus). Pour les Perses, cette défaite est somme toute assez secondaire puisque deux de leurs principaux objectifs (soumission de l'Égée et punition d'Érétrie) ont été atteints. Plutôt que de la rancune vis-à-vis des Athéniens, Darius, mort en 486, lègue d'ailleurs à son fils Xerxès la nécessité d'une reprise en main de l'empire (cf. ci-dessous). En revanche, les exploits de ses « Marathonomaques » (combattants de Marathon, parmi lesquels le frère d'Eschyle, qui eut la main tranchée en s'accrochant à la poupe d'un navire perse) apportent à Athènes un immense prestige, et la victoire cautionne le nouveau régime en même temps qu'elle renforce le parti de la résistance aux Perses. En outre, l'événement confirme la

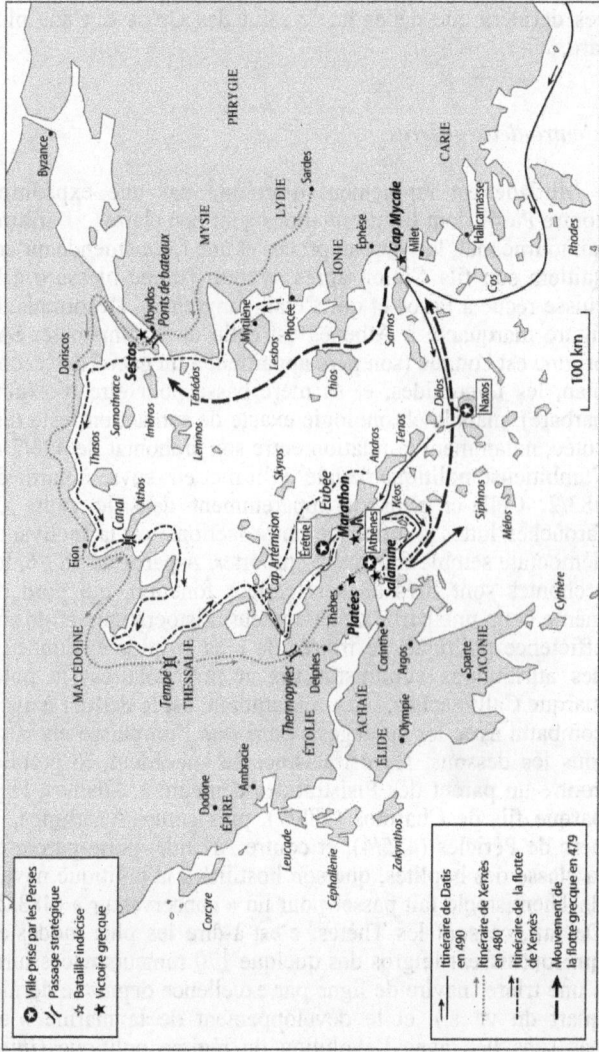

Carte 8. Les guerres médiques.

Légende:

- ⊗ Ville prise par les Perses
- ⋈ Passage stratégique
- ☆ Bataille indécise
- ★ Victoire grecque

Lieux mentionnés sur la carte:

Byzance, Abydos (Ponts de bateaux), Sestos, Doriscos, Eion, Canal, Athos, Thasos, Samothrace, Imbros, Lemnos, Skyros, Tempé, THESSALIE, MACÉDOINE, Thermopyles, Cap Artémision, Eubée, Érétrie, Marathon, Thèbes, Platées, Delphes, ÉTOLIE, ACHAÏE, Corinthe, Argos, Salamine, Athènes, Mégare, ÉLIDE, Olympie, Sparte, LACONIE, Cythère, Dodone, Ambracie, ÉPIRE, Corcyre, Leucade, Céphallénie, Zakynthos, Andros, Ténos, Kéos, Siphnos, Mélos, Naxos, Délos, Samos, Chios, Ténédos, Lesbos, Mytilène, Phocée, IONIE, Éphèse, Milet, Cap Mycale, CARIE, Halicarnasse, Cos, Rhodes, LYDIE, Sardes, MYSIE, PHRYGIE

100 km

Itinéraires:

- Itinéraire de Datis en 490
- Itinéraire de Xerxès en 480
- Itinéraire de la flotte de Xerxès
- Mouvement de la flotte grecque en 479

supériorité des hoplites. Ce n'est pourtant plus seulement de ces derniers que dépendra le salut des Grecs dix ans plus tard.

L'entre-deux-guerres

Miltiade est rapidement discrédité par une expédition contre Paros dont les motivations sont peu claires : l'affaire, qui tourne mal, lui vaut un procès et une forte amende qu'acquittera son fils Cimon après sa mort (d'une blessure à la cuisse reçue à Paros et qui s'était gangrenée). Désormais, la figure marquante à Athènes est celle de Thémistocle. Son origine est connue (son père appartient à un *génos* de second plan, les Lycomides, et sa mère passe pour être d'origine barbare), mais la chronologie exacte de son action reste discutée, notamment la relation entre son archontat de 493/2 et l'ambitieuse politique navale qu'il met en œuvre à partir de 483/2. Celle-ci s'inscrit apparemment dans le cadre de farouches luttes d'influence entre factions, où la mouvance démocrate semble finir par l'emporter. À partir de 487/6, les archontes sont tirés au sort et leur fonction, qui perd du même coup une partie de sa couleur aristocratique et de son efficience politique, se trouve de plus en plus cantonnée à des attributions administratives et protocolaires (le polémarque Callimachos, mort à Marathon, est le dernier à avoir combattu avec les stratèges). Sans que l'on puisse en saisir tous les dessous, les ostracismes se succèdent, le premier contre un parent des Pisistratides demeuré à Athènes, Hipparque fils de Charmos (488/7), puis contre Xanthippe, le père de Périclès (485/4), et contre Aristide, porte-parole de la classe des hoplites, que son hostilité à la politique navale de Thémistocle fait passer pour un « conservateur » (483/2). De fait, ce sont les Thètes, c'est-à-dire les plus modestes, qui fournissent le gros des quelque 170 rameurs nécessaires à une trière (navire de ligne par excellence depuis le dernier quart du VIᵉ s.), et le développement de la marine n'est pas sans lien avec l'évolution du régime politique (*infra*, chap. 11 et 13).

Thémistocle avait, semble-t-il, jeté les bases de ce développement dès 493/2, avec le projet de construire un port au Pirée, site parfaitement adapté avec ses trois anses de Cantharos, Zéa et Mounychie, Athènes étant jusqu'alors à peu près démunie d'infrastructures de ce type. Mais le pas décisif est franchi dans le cadre du conflit sans fin qui oppose la cité à sa voisine Égine, et qui a repris de plus belle durant ces années : Thémistocle en tire prétexte pour faire passer sa « loi navale », ayant persuadé ses compatriotes d'abord réticents de ne pas se partager, comme c'était l'usage, les gains d'un nouveau gisement de plomb argentifère découvert dans le massif du Laurion, mais de les consacrer à la construction de trières, au coût unitaire d'au moins un talent (Athènes ne semble guère en avoir possédé auparavant, sinon en très petit nombre). Dans un second temps, la mesure est étendue à l'ensemble des revenus du Laurion, ce qui permet aux Athéniens, qui s'improvisent marins, d'aligner 200 trières au moment de l'invasion de Xerxès. D'après Hérodote, c'est parce qu'il avait prévu celle-ci que Thémistocle procéda à cet armement sans précédent, Thucydide lui prêtant même un dessein visionnaire, celui de doter Athènes d'une force capable de lui assurer l'hégémonie : la connaissance d'exemples du passé, tel le siège inefficace conduit à la fin du VIIe s. par Sadyatte puis Alyatte, rois de Lydie, contre les Milésiens maîtres de la mer, a pu l'inspirer. Quoi qu'il en soit, le tournant est capital, qui conditionnera les relations politiques et la stratégie en Grèce pour tout le siècle, Périclès ne faisant que reprendre ces principes à son compte pour les appliquer systématiquement. En outre, Thémistocle s'affirme comme un redoutable politicien, expert en manipulation de l'opinion et en désinformation (cf. les pressions exercées sur la Pythie, d'abord favorable aux Barbares, et le fameux oracle selon lequel Athènes serait sauvée par une « muraille de bois », judicieusement interprété dans le sens du salut par les trières, alors que bien des Athéniens y avaient vu un encouragement à dresser une palissade sur l'Acropole). Cela lui permet non seulement de contrôler l'opinion publique athénienne, mais aussi d'être l'éminence grise de l'état-major allié durant la guerre, alors même que Sparte a été désignée comme chef de la coalition.

La seconde guerre

Après avoir maté des révoltes qui touchaient d'autres parties de son royaume (Égypte, Babylonie), Xerxès reprend les projets de conquête occidentale de son père, poussé par Mardonios dont l'insistance trouve un soutien opportun dans l'appel de quelques Thessaliens (Aleuades de Larissa). L'armée, réunie au terme de préparatifs fort longs, est considérable si l'on en croit Hérodote, qui se complaît à en décrire les équipements bigarrés : 1,7 million de fantassins, 80 000 cavaliers, et une flotte comprenant entre autres 1 207 trières, dont un quart environ ont des équipages grecs (Ioniens, Insulaires, etc.). De ces chiffres, seul le dernier a paru acceptable à certains, mais en moyenne, les spécialistes rabaissent l'effectif réel à 600 vaisseaux et 60 000 à 200 000 hommes de troupe, le tout manquant apparemment de cohésion, hormis l'élite des Perses dont Hérodote vante la valeur (cf. le corps des 10 000 « Immortels », ainsi nommés car un homme mort ou malade y était aussitôt remplacé, l'effectif restant donc constant). Au printemps 480, ces troupes conduites par Xerxès en personne franchissent l'Hellespont sur deux ponts de bateaux construits durant les mois précédents, tandis qu'un canal creusé à la base de l'isthme évite à la flotte de faire le tour de l'Athos, où une tempête avait coûté si cher à l'expédition de 492 : le génie des ingénieurs phéniciens s'illustre ici tout autant que l'*hybris* (démesure) du Grand Roi. De là, l'armée, qu'Eschyle compare à l'« invincible houle des mers » (*Les Perses*, v. 90), progresse vers le sud. Les Grecs peuvent opposer une force d'environ 40 000 hoplites et 300 trières : les contingents terrestres sont principalement fournis par Sparte, qui exerce le commandement suprême depuis le quartier général de l'Isthme, près de Corinthe, et par ses alliés péloponnésiens (Argos reste neutre), tandis qu'Athènes assume les deux tiers de l'engagement naval. Une forte tension parcourt le camp des coa-

lisés, opposant les Athéniens et quelques autres, dont les
Eubéens, partisans d'une défense septentrionale à même de
préserver leurs cités, aux Lacédémoniens et à leurs alliés,
prompts à tout sacrifier pour sauver le Péloponnèse, *a priori*
plus facile à défendre : ce désaccord stratégique fondamental
va fournir à Thémistocle l'occasion de donner toute la
mesure de son talent. Dans le camp des « médisants » (du
verbe médiser = épouser le parti des Mèdes, c'est-à-dire des
Perses), figurent naturellement les Grecs d'Asie et des îles
(les messages subversifs de Thémistocle appelant à la défection resteront à peu près sans effet), mais aussi les Thébains
et avec eux les Béotiens, sauf Thespies et Platées. Les relations difficiles que les Grecs entretiennent entre eux ont parfois déterminé leur attitude envers l'envahisseur : ainsi,
d'après Hérodote, les Phocidiens ont pris le parti de la résistance avant tout parce que leurs ennemis héréditaires, les
Thessaliens, penchaient du côté opposé. Les Crétois se défi-
lèrent et Hérodote raconte comment les Corcyréens, après
avoir armé une soixantaine de trières, attendirent prudem-
ment dans les eaux de la Messénie et de la Laconie, per-
suadés de la victoire des Perses : plus tard, ils prétextèrent
que les vents étésiens les avaient empêchés de franchir le
cap Malée... Les coalisés auraient aussi sollicité l'aide du
puissant tyran de Syracuse, Gélon, avant d'y renoncer en
raison de ses prétentions excessives (il revendiquait le
commandement) : c'est que lui-même devait de son côté
faire face à la menace carthaginoise, pendant occidental de
la guerre gréco-perse (*infra*, chap. 14).

Une première ligne de défense, au niveau de la vallée de
Tempé, entre Thessalie et Macédoine, est vite abandonnée,
ce qui a pour effet de rejeter définitivement les Thessaliens
dans le camp des Perses. Le premier choc a lieu aux Thermopyles, défilé éminemment stratégique barrant l'accès vers
le sud, où 7 000 hommes ont été réunis sous le commandement du roi de Sparte Léonidas (parmi lesquels 4 000 Péloponnésiens, 1 000 Phocidiens et 400 Thébains dont le statut
est incertain : otages ou opposants à la politique menée par
les dirigeants de leur cité ?). La position tient jusqu'à ce
qu'elle soit tournée par traîtrise (un Grec du pays, le Malien

Éphialtès, a indiqué aux Barbares un sentier mal gardé par les Phocidiens). Après avoir congédié une bonne partie de ses hommes, Léonidas s'y fait massacrer avec 300 Spartiates. Au grand étonnement de Xerxès, ceux-ci ont pris le plus grand soin de leur apparence physique avant de mourir, parfaitement fidèles à la réputation de leur cité, dont ce sacrifice restera l'un des plus grands titres de gloire (voir la fameuse épitaphe attribuée à Simonide de Kéos : « Étranger, va dire à Sparte que nous gisons ici par obéissance à ses lois »). Pendant ce temps Thémistocle, qui a soudoyé les amiraux de Sparte et de Corinthe au moyen de fonds que lui ont remis les Eubéens (et dont il a mis de côté la plus grande partie pour lui...), a obtenu qu'une partie de la flotte stationne devant le cap Artémision, au nord de l'Eubée. Les trières grecques, sur la défensive, se regroupent en cercle, poupes au centre et éperons dirigés vers l'extérieur (formation dite du *kyklos*) : elles livrent là une bataille incertaine, mais sans connaître la défaite, avant de se retirer en bon ordre et de franchir l'Euripe en sûreté, notamment grâce à l'héroïque exploit des Thermopyles, qui a retardé la progression terrestre des Perses. Quant à la flotte ennemie, déjà amoindrie par la tempête du cap Sépias (pointe méridionale de la presqu'île de Magnésie), elle en essuie une autre sur la côte orientale de l'Eubée, où est perdue une escadre envoyée contourner l'île.

Peu après, Delphes échappe miraculeusement au pillage. Entre autres prodiges, si l'on en croit Hérodote, la foudre aurait provoqué un éboulement qui stoppa l'avance d'un détachement de l'armée barbare, ce que l'on ne manqua pas d'interpréter comme une intervention divine, mais qu'il faut plutôt prendre comme une anecdote inventée ou enjolivée *a posteriori* pour faire oublier le médisme de la Pythie (l'accumulation des ex-voto après la guerre montre que le prestige du sanctuaire n'a en fait guère pâti de ces heures sombres). Or n'ont été livrés jusqu'à présent que des combats retardateurs et la grande question est de savoir où aura lieu l'affrontement décisif. Le tropisme péloponnésien pousse Lacédémoniens et Corinthiens à opter pour une défense sur l'Isthme, qu'ils fortifient en hâte, au risque de livrer Athènes à l'envahisseur : ils offrent en contrepartie l'hospitalité aux Athéniens, dont beaucoup se réfugient effectivement à Trézène. Mais, brandissant la menace d'une défection athénienne, Thémistocle parvient à les convaincre de combattre à Salamine, île située à quelques encablures du Pirée. Pour rendre impossible une nouvelle reculade, il provoque aussitôt l'attaque de Xerxès, qui craignait précisément de voir son adversaire se dérober à nouveau (un faux transfuge, suscité par Thémistocle, vient à point alerter les Perses dans ce sens). Les campagnes de l'Attique et l'*asty*, spécialement l'Acropole, sont donc évacuées et saccagées deux fois, à la fin de l'été 480 et de nouveau au printemps suivant (entre autres actes de pillage, Xerxès fait transporter à Suse le groupe sculpté des Tyrannoctones, qui sera restitué par Alexandre le Grand ou par l'un de ses successeurs séleucides et replacé à côté des statues de substitution réalisées en 477/6). Mais les Athéniens qui, dans l'urgence, ont décrété l'union sacrée et rappelé la plupart des ostracisés, ont la satisfaction et l'avantage de combattre aux portes de chez eux.

Pris dans une souricière (le détroit entre Salamine et l'Attique consiste en un chenal de 2 km de large et des navires égyptiens barrent l'issue du côté de Mégare), les Grecs n'ont plus d'autre solution que de combattre la flotte perse qui elle-même commet l'erreur de s'y engager, ce qui transforme pratiquement sa supériorité numérique en handicap. L'affrontement est confus et combattants comme spectateurs semblent avoir du mal à s'y retrouver, à l'image de Xerxès qui s'est installé au pied du mont Aigaléos, face à Salamine, pour assister à son triomphe, ce qui a pour effet pervers que les siens, saisis d'émulation et voulant briller sous ses yeux, redoublent de précipitation et multiplient le désordre. Les Athéniens connaissent parfaitement les lieux (vents, courants, côtes) et sont galvanisés par l'énergie du désespoir, comme il ressort du célèbre appel rapporté par Eschyle : « Allez, enfants des Grecs, délivrez la patrie, délivrez vos enfants et vos femmes, les sanctuaires des dieux de vos pères et les tombeaux de vos aïeux : c'est la lutte suprême » (*Les Perses*, v. 402-405). Les coalisés prennent le dessus et anéantissent même la fine fleur de l'infanterie perse qui avait été débarquée sur l'îlot de Psyttalie, barrant la baie côté est, en vue d'y exterminer les naufragés grecs. Les pertes dépassent les 200 navires chez les Barbares, soit environ 40 000 hommes « massacrés comme des thons ». La *mètis* grecque (« intelligence rusée », dont Thémistocle, digne héritier d'Ulysse, est alors le dépositaire) triomphe de l'*hybris* barbare : sans qu'il s'agisse d'une fuite éperdue comme le laissent volontiers entendre les auteurs anciens, Xerxès reprend le chemin de l'Hellespont et rentre à Sardes, d'où il gardera le contact avec le front occidental jusqu'à ce que les affaires babyloniennes le rappellent plus à l'est. Il laisse en Europe l'élite de l'armée de terre, soit plusieurs dizaines de milliers d'hommes qui hivernent en Thessalie, sous le commandement de Mardonios. Celui-ci aurait alors envoyé un Carien consulter les oracles accessibles aux Perses, en Béotie.

L'hiver se passe en négociations : Mardonios approche les Athéniens par l'intermédiaire du roi Alexandre de Macédoine (dit « le Philhellène ») pour leur proposer une alliance, qu'ils rejettent. Les Athéniens saisissent l'occasion d'une seconde démarche, quelque temps plus tard, pour adresser un ultimatum aux Spartiates et aux Péloponnésiens, déjà frileusement retournés à leur presqu'île. Après quelques réponses dilatoires (il fallait attendre la fin de la célébration des Hyakinthia et de l'édification du mur barrant l'Isthme), Sparte se résout à marcher au-devant des Perses et ses alliés péloponnésiens lui emboîtent le pas. Les deux armées se rencontrent à Platées, à la fin de l'été 479 : les peuples grecs sont énumérés sur la colonne serpentine soutenant le trépied consacré à Delphes après la victoire ; cette colonne est conservée à Istanbul, l'ancienne Constantinople où elle fut transportée par l'empereur Constantin au IVe s. de notre ère[1]. Les 40 000 hoplites grecs comptent notamment 5 000 Spartiates accompagnés d'autant de Périèques, conduits par le régent Pausanias, et 8 000 Athéniens auxquels les alliés souhaitent laisser affronter le contingent perse, car on les estime plus accoutumés à cet adversaire depuis Marathon, alors même que Mardonios, qu'un vif désaccord oppose à son

---

1. J.-M. Bertrand, *Inscriptions historiques grecques*, 1992, n° 16.

collègue Artabaze sur l'opportunité de livrer bataille, désire se mesurer aux Spartiates. Après douze jours d'hésitations, de mouvements de troupes et d'escarmouches, les Grecs remportent un succès total : Mardonios est tué et la phalange, spécialement celle de Sparte, montre encore une fois sa supériorité technique (armement) et tactique. Il ne reste plus qu'à anéantir les derniers navires repliés au cap Mycale, où aborde la flotte des alliés sous la conduite du roi de Sparte Léotychidas, un an après Salamine. Le contingent athénien y est commandé par Xanthippe qui, de là, part ensuite faire campagne en Chersonèse et en prend le contrôle durant l'hiver (siège et prise de Sestos, dernier fait de guerre relaté par Hérodote).

Bilan

Qui est le grand vainqueur de cet affrontement auquel les Anciens se sont plu à donner une dimension épique, même si, du point de vue perse, l'événement est probablement assez marginal et ses conséquences somme toute limitées (outre le reflux en Égée, on signale particulièrement une nouvelle révolte en Babylonie) ? Une première réponse serait « l'hellénisme », avec tout ce que cela entraîne pour l'avenir de la civilisation occidentale dans son ensemble. Sans doute est-il prudent de ne pas aller trop loin dans cette voie : on ne saura jamais comment ni combien de temps se serait exercée une domination perse en Grèce et il faut se souvenir que plus de la moitié des Grecs ont choisi le mauvais camp. Ainsi les Thébains, par exemple, auront beaucoup de mal à se refaire une réputation. Mais contrairement aux serments échangés en 481 par les coalisés, qui avaient promis de « consacrer au dieu de Delphes la dîme de tous les biens de ceux qui se seraient livrés aux Perses sans y avoir été contraints[1] », il n'y eut guère de représailles, Sparte et Athènes se neutralisant. C'est qu'en fin de compte, chacun

---

1. Hérodote VII, 132.

s'était surtout préoccupé de ses intérêts : les Péloponnésiens étaient restés obnubilés par le Péloponnèse, les Athéniens avaient tout tenté pour demeurer à portée de l'Attique, et les uns comme les autres étaient mal placés pour faire la morale à ceux qui avaient cherché à sauver ce qui pouvait l'être... Même si, à peu près au moment où est livrée la bataille de Salamine, les Syracusains de Gélon l'emportent sur les Carthaginois d'Hamilcar à Himère, ce qui donne à l'affrontement contre les Barbares une dimension méditerranéenne, ces divisions permettent de mesurer la distance qui sépare encore de la réalisation d'un idéal panhellénique. Néanmoins, on ne peut nier que l'événement ait favorisé une forme de prise de conscience, exprimée par Hérodote lorsqu'il rapporte la réponse des Athéniens aux Spartiates, inquiets à l'idée qu'Athènes pût répondre aux avances de Mardonios, durant l'hiver 480/79 : « le monde grec (*to hellènikon*), communauté de sang et de langue, partageant les mêmes sanctuaires et sacrifices ainsi que des coutumes semblables, les Athéniens ne sauraient le trahir » (VIII, 144). Il est sans doute significatif qu'à Olympie, les arbitres des épreuves prennent alors le nom d'hellanodices, « juges des Grecs » (première occurrence en 476). Aux générations futures en tout cas, l'événement laissera le souvenir d'une sorte d'âge d'or où les Hellènes étaient unis contre l'ennemi héréditaire, ce qui pourra être exploité par telle ou telle propagande, spécialement au IVe s.

Plus concrètement, c'est Athènes qui ressort considérablement renforcée de ces guerres. Les hoplites de Sparte n'ont certes pas manqué à leur réputation d'héroïsme confinant à l'invincibilité. Mais dès le début (requête d'Aristagoras), la cité s'est montrée hésitante et timorée, retardant sans cesse le passage à l'action pour des motifs religieux ou parce qu'elle peinait à stimuler ses alliés péloponnésiens. Thémistocle, lui, est au faîte de sa gloire : après Salamine, pour la remise du prix de la valeur, alors que chacun des chefs grecs a voté pour lui-même, il a obtenu une confortable majorité pour la place de second et, vu l'impossibilité de trouver un premier, chacun étant ex aequo, c'est donc lui qui est reconnu comme le vrai responsable de la victoire... À Sparte même, on l'accueille avec des honneurs exceptionnels. L'audace des Athéniens, qui ont payé le plus lourd tribut en sacrifiant leur ville et leur territoire, a fait merveille et il était naturel que la cité en retirât les dividendes, ainsi qu'elle ne manquera pas de le rappeler à la veille de la guerre du Péloponnèse. Elle peut alors légitimement jeter les bases de son empire, tandis que Sparte, retournée à son cocon péloponnésien, lui laisse en quelque sorte le champ libre. Il n'y a plus qu'à réaliser le grand dessein de Thémistocle, qui y veille d'ailleurs lui-même avant d'être ostracisé (chapitre suivant). Dès les lendemains de la guerre se dessine donc un monde grec bipolaire laissant face à face les blocs lacédémonien et athénien. À cela s'ajoute une dimension politique, sur laquelle se plaît à insister Hérodote : si les Grecs ont vaincu, c'est aussi parce qu'ils combattaient avec et pour la liberté, contre les masses asservies par le Grand Roi. Or qui peut mieux représenter cet idéal de liberté que l'isonomie athénienne ? Celle-ci tend désormais vers toujours plus de démocratie, d'autant qu'avec Salamine, les Thètes, c'est-à-dire le petit peuple encore laissé en marge de bien des fonctions dans la cité, ont remporté leur Marathon à eux, et peuvent espérer en retirer une reconnaissance politique proportionnée. Même si le détail est fort complexe (ainsi l'Eupatride Cimon, fils de Miltiade, devient l'une des meilleures chevilles ouvrières de la ligue de Délos), marine, démocratie et empire seront indissociables jusqu'à la fin du siècle.

Chapitre 11

LA PENTÉCONTAÉTIE

Le terme *pentèkontaetia* signifie « cinquantaine d'années » et désigne usuellement l'intervalle entre la fin des guerres médiques et le début de la guerre du Péloponnèse, en 431 (*infra*, chap. 13). Cette période consacre la suprématie d'Athènes : forte de sa supériorité maritime, la cité se constitue un empire (le grec dit : une *archè*) en Égée, renforce sa démocratie et, à l'ombre du nouveau Parthénon, se pique d'être devenue l'« école de la Grèce », selon la formule célèbre que Thucydide prête à Périclès. L'historien est désormais notre source principale, mais le résumé qu'il offre de ces années est fort concis et la trame chronologique est loin d'être assurée. Les inscriptions, quoique de plus en plus nombreuses, soulèvent à peu près autant de problèmes qu'elles en résolvent, et le tout est complété ici ou là par les témoignages tardifs de Diodore de Sicile (livres XI-XII) et de Plutarque (*Vie de Cimon, Vie de Périclès*) : aussi étonnant que cela puisse paraître, il subsiste bien des zones d'ombre sur le « siècle de Périclès ».

La « ligue de Délos »

La victoire de Mycale n'avait pas totalement mis fin à la guerre contre les Barbares : ces derniers occupaient encore quelques places dans le nord de l'Égée et les Ioniens demandaient le soutien de la coalition pour se mettre à l'abri de la menace perse. C'est alors que Sparte, qui assurait le commandement suprême, se retira après quelques débats internes, notamment parce que son hégémonie était en partie discréditée par le comportement arrogant du régent Pausanias. Celui-ci fut rappelé dans sa patrie pour y répondre de graves accusations : on le soupçonnait de collusion avec les Perses, mais c'est en réalité l'ambition personnelle du vainqueur de Platées qui indisposait. Les Insulaires et des cités d'Asie se tournèrent donc vers Athènes et le congrès constitutif de la nouvelle ligue, officiellement dénommée « les Athéniens et leurs alliés », se réunit à Délos pendant l'hiver 478/7. Les Spartiates avaient déjà fermé les yeux l'année précédente lorsque Thémistocle avait fait relever les remparts d'Athènes et achever ceux du Pirée : sans doute plus préoccupés par des considérations de politique intérieure (cas Pausanias, crainte d'un soulèvement d'hilotes) et par les affaires péloponnésiennes qui leur tenaient à cœur par-dessus tout (menaces nées d'un renforcement d'Argos et des Arcadiens), ils laissèrent pareillement s'organiser l'alliance athénienne. Celle-ci visait à étendre la politique de prévoyance maritime conçue par Thémistocle pour contrer un possible retour des Perses. Aristide mit en place le tribut (*phoros*), calculé proportionnellement aux revenus des cités contractantes, en s'inspirant peut-être de ce qu'avait fait Artaphernès vers 493 (chapitre précédent). On pouvait s'en acquitter en nature, c'est-à-dire en fournissant des navires (cf. surtout les riches cités qu'Aristote nomme les « gardiennes de l'*Archè* », Chios, Lesbos et Samos jusqu'à sa révolte : ci-dessous), ou en payant, le but étant de couvrir les dépenses militaires, spécialement navales (construction et entretien des trières, solde de leurs équipages). Aristide fixa le montant théorique des revenus annuels à 460 talents, chiffre qui paraît néanmoins inconciliable avec les estimations autorisées par les inscriptions à partir de 454/3 (cf. ci-dessous). En effet, celles-ci produisent des totaux inférieurs, sans que ce décalage ait trouvé d'explication satisfaisante. Le trésor était conservé par des trésoriers, les hellénotames, dont le nom renvoie à la victoire des Grecs sur les Barbares (cf. les hellanodices d'Olympie) ; il était entreposé à Délos, où se réunissait le conseil des alliés, composé d'un délégué par cité : Athènes, qui désignait les hellénotames et conduisait les opérations militaires, avait naturellement une position dominante, les contractants devant jurer en outre « d'avoir mêmes amis et mêmes ennemis ».

La ligue accomplit fort honorablement sa mission : après avoir chassé les Perses de Thrace (à l'exception de la place de Doriscos, sur l'Hèbre), Cimon remporta un succès décisif, sur terre et sur mer, près de l'embouchure de l'Eurymédon en Pamphylie, entre 469 et 466, soit peu avant la mort de Xerxès (465). La même expédition gagna à la ligue les cités de la région et celles de Carie, plus au nord, qui s'ajoutaient donc à celles d'Ionie, désormais à l'abri de la menace perse. Peu après, les Alliés préparèrent, sans Cimon ostracisé (cf. ci-dessous), une expédition contre Chypre, qui se dérouta vers l'Égypte, entrée en sécession contre l'autorité perse à la faveur de la difficile accession au pouvoir d'Artaxerxès. De 460/59 à 454, un contingent athénien est engagé dans le delta du Nil puis exterminé par une contre-attaque perse ; Athènes y laisse en outre une expédition de secours de cinquante trières, ce qui, à raison de 200 hommes par navire, suppose des pertes humaines considérables. Mais il faut peu de temps aux Athéniens pour relever la tête. Rappelé d'exil, en 450 Cimon conduit une flotte de 200 trières contre Chypre ; il meurt devant Kition, avant que ses hommes ne l'emportent sur l'escadre barbare à Salamine (de Chypre). Cette victoire met un terme aux projets perses d'expansion en Égée. Les sources du IVᵉ s., relayées par Diodore et Plutarque, placent ici (soit vers 449/8) la conclusion d'un accord appelé « Paix de Callias », du nom du négociateur athénien supposé. Cet accord aurait garanti l'autonomie des cités grecques d'Asie, interdit aux forces maritimes des Perses une zone comprise entre Phasélis au sud et le Bosphore, voire l'Halys au nord, et démilitarisé l'Asie Mineure sur une bande côtière d'une profondeur de 70 km environ. Il n'est guère de question plus débattue par l'historiographie moderne, à la suite de Théopompe au IVᵉ s., que celle de l'authenticité de cette paix. Les sceptiques mettent en avant les points suivants, visant la forme (transmission de l'information) comme le fond (contenu de l'accord) : silence de Thucydide (ce qui, en soi, constitue un argument plutôt faible) ; contradictions dans des sources toutes postérieures à la « Paix du Roi » (386), c'est-à-dire en une période où les Athéniens enjolivent leurs succès passés pour dénigrer à proportion la diplomatie spartiate (*infra*, chap. 15) ; concessions territoriales peu crédibles de la part du Grand Roi ; accord contre-productif pour les Athéniens eux-mêmes, puisqu'il rend leur alliance en grande partie inutile. Il n'en reste pas moins que cette phase des opérations suspend l'affrontement gréco-perse jusqu'à la fin du siècle. Mais elle annule aussi l'une des raisons d'être de la ligue de Délos, dévoilant au grand jour l'impérialisme athénien.

L'impérialisme d'Athènes

Nous sommes ici particulièrement tributaires de l'interprétation de Thucydide, dont l'essentiel de la thèse est de montrer comment les alliés (*symmachoi*) devinrent sujets (*hypèkooi*), en un processus qui conduisit à la guerre du Péloponnèse. Le principe est accepté de tous, mais en raison des insuffisances de nos sources et, surtout dans le cas des inscriptions, des incertitudes pesant sur leur date, il est plus délicat de retracer les étapes de cette évolution, que beaucoup considèrent comme inscrite dans les gènes de la politique thémistocléenne. Très tôt en tout cas, les Athéniens montrent des prédispositions. Dès 476/5, après avoir expulsé les Perses de la forteresse d'Eion, près de l'embouchure du Strymon, Cimon s'empare de Skyros, une base de pirates. Ce coup de main est donc conforme aux buts de la ligue, puisqu'il contribue à assurer la sécurité de ses membres, mais il sert tout autant les intérêts particuliers d'Athènes. Skyros est en effet une première étape sur la route des Détroits (avant Lemnos et Imbros, également sous contrôle), et son annexion trouve même une justification mythologique car Thésée, le roi légendaire à qui était reconnu un rôle décisif dans la formation de la cité d'Athènes, passait pour être mort dans l'île : Cimon en rapporte en grande pompe des ossements attribués au héros, réalisant au passage un joli coup de propagande personnelle.

Les opérations en Thrace répondent elles aussi à des préoccupations athéniennes. La région est riche en bois de construction, indispensable aux trières dont la ligue a besoin (à raison d'une soixantaine d'arbres au moins pour un vaisseau, notamment du sapin et du chêne pour la quille), mais également en minerais. Elle avait déjà suscité l'intérêt de Pisistrate (*supra*, chap. 9) et de Miltiade, le propre père de Cimon (chapitre précédent). Une première tentative d'implantation à Ennéahodoi (les Neuf-Routes, quelques km au nord d'Eion), en 465/4, avorta en raison du massacre des colons perpétré par les Thraces, à Drabescos. Mais une génération plus tard, les Athéniens établiront les colonies de Bréa, mal localisée (fin des années 440), et surtout d'Amphipolis, à proximité du site d'Ennéahodoi (437/6). Peu avant la guerre du Péloponnèse, l'adhésion de Méthonè, aux portes du royaume de Macédoine, avec lequel les Athéniens entretiennent des relations fluctuantes, complète le dispositif. Dans la même perspective, le contrôle de la Chersonèse, le libre accès au Pont-Euxin et, peut-être, l'expédition d'Égypte répondent au souci majeur qu'est l'approvisionnement en céréales (les *hellespontophylakes* ou « gardiens de l'Hellespont », magistrats chargés de contrôler le commerce du blé pontique, ne sont attestés que dans une inscription datée de 426/5, mais ils pourraient avoir été institués antérieurement). On versera aussi à ce chapitre l'expansion occidentale, par le biais de la colonisation (Thourioi, sur l'emplacement de l'ancienne Sybaris, en 444/3, mais cette fondation qui se veut panhellénique échappera au contrôle athénien) et de divers traités bilatéraux avec des cités comme Rhégion et Léontinoi, dont la chronologie est toutefois incertaine (peu avant le début de la guerre du Péloponnèse ?).

Quant aux adhésions à la ligue, elles ne furent pas toutes spontanées, loin de là. La contrainte est utilisée dès *ca* 475-470, contre Carystos, et bientôt surviennent les premières tentatives de sécession : Naxos (date incertaine autour de 470 ou un peu plus tard), puis Thasos, qui est condamnée à abattre ses remparts, restaurés depuis les guerres médiques (chapitre précédent), à livrer sa flotte, à verser de lourdes indemnités et surtout à renoncer à l'exploitation de sa Pérée

(annexe continentale) au profit des Athéniens (465-463).
Égine est soumise après environ deux années d'une rude
guerre terrestre et navale (459/8-457/6) : pour payer ce
qu'elle doit à Athènes, elle frappe de nouvelles monnaies,
où la tortue de terre remplace la tortue de mer, opération lui
permettant de dégager un bénéfice au change. La révolte de
l'Eubée est sévèrement réprimée en 446, comme celle de
Samos à la fin des années 440 (cf. ci-dessous).

Le transfert du trésor sur l'Acropole, que l'on situe en
454, comme une conséquence du désastre d'Égypte, ne saurait donc apparaître comme un tournant décisif dans le développement de l'impérialisme athénien, déjà bien affirmé
alors. Mais c'est à partir de cette époque que nous sommes
le mieux renseignés, grâce aux inscriptions, sur le *phoros* :
malheureusement très mutilées, les grandes stèles portant ce
qu'on appelle improprement les « Listes du tribut athénien »
comptabilisent normalement les prémices (*aparchai*) du
soixantième prélevé pour Athéna sur chaque versement, ce
qui permet de calculer le total dû par chaque cité, très
variable (en gros, de moins d'un talent jusqu'à une quinzaine
et plus). Les cotisations, dont le montant était fixé tous les
quatre ans aux Grandes Panathénées et qui étaient perçues
chaque année aux Grandes Dionysies, restaient apparemment très supportables, même si une procédure draconienne
était prévue en cas de retard ou de non-paiement (pénalités).
Le décret proposé par Cleinias (peut-être le père d'Alcibiade) peu après le milieu du siècle (448/7 ?), notifie par
exemple des spécifications tatillonnes pour le recouvrement
et le convoyage des sommes dans l'Hellespont, la Thrace
(qui rapporte le plus : par ex., 120 talents sur 417 perçus en
446), les îles et l'Ionie, c'est-à-dire les quatre principaux
districts de perception (explicitement distingués comme tels
par les listes à partir de 443/2, soit l'année de la première
stratégie de Périclès : cf. ci-dessous), auxquels s'ajoute un
district de Carie, fusionné avec l'Ionie en 438/7. Peut-être à
la même époque, le décret dit « de Cléarque » impose
l'usage des monnaies, poids et mesures d'Athènes, mais l'interprétation en est très discutée, notamment ses modalités
d'application concrètes et son contexte (au gré des reconsti-

tutions, le texte est aussi bien daté des années 430 ou même abaissé jusqu'aux environs de 420, date vers laquelle orientent des travaux récents et qui lui donne naturellement une portée différente, puisque la situation économique d'Athènes est alors beaucoup plus délicate : *infra*, chap. 13)[1].

On relève d'autres manifestations de l'impérialisme athénien, telles ces ingérences dans les affaires politiques, spécialement en cas de troubles ou après une tentative de sécession : Érythrées vers le milieu du siècle, Milet et Chalcis dans les années 440, se voient imposer une constitution démocratique. Mais point d'idéologie dans tout cela : les Athéniens sont surtout soucieux de leurs intérêts stratégiques et financiers et, avec pragmatisme, ils s'accommodent visiblement de bien des régimes, pourvu que ceux-ci demeurent fidèles à l'alliance. Plusieurs cités doivent accueillir une garnison (*phroura*) commandée par un phrourarque, parfois aussi des « archontes » ou encore des *épiskopoi* (littéralement, « surveillants »), magistrats dont les fonctions restent imprécisément connues. Selon un procédé inauguré à la fin du VIᵉ s. (*supra*, chap. 9), Athènes installe aussi des clérouques, qui sont en principe des colons militaires conservant leur citoyenneté athénienne mais recevant un *klèros* (terrain) outre-mer (dans le détail, la nature des implantations et le statut des clérouques sont très discutés). Ce *klèros* est prélevé sur les territoires de cités dont le *phoros* est apparemment réduit proportionnellement au manque à gagner (cf. à Andros et à Naxos vers 450, etc.). Parfois, tout ou partie des habitants sont expulsés et remplacés par des colons athéniens, comme à Histiée (Oréos) en 446/5. L'un des points qui ont le plus frappé les contemporains, par exemple l'auteur anonyme de la *Constitution des Athéniens*, pamphlet probablement écrit vers 430 (selon certains, seulement au IVᵉ s., mais en tout cas faussement attribué à Xénophon), concerne le domaine judiciaire : les compétences des tribunaux athéniens furent étendues à toutes les affaires touchant

---

1. P. Brun, *Impérialisme et démocratie à Athènes. Inscriptions de l'époque classique*, 2005, nᵒˢ 9 (décret de Cleinias) et 18 (décret « de Cléarque »).

choses

les décisions « communes », ainsi qu'aux litiges impliquant des citoyens ou des ressortissants étrangers considérés comme amis d'Athènes. Enfin, la consécration à Athéna du soixantième des contributions et l'obligation de participer à la fête des Grandes Panathénées en offrant une panoplie et une vache de sacrifice à Athéna pouvaient être ressenties comme une forme d'allégeance religieuse et politique.

Dans ce processus de soumission graduelle, les alliés ont leur part de responsabilité, comme le souligne judicieusement Thucydide : en se déchargeant sur Athènes, à quelques exceptions près (cf. ci-dessus), de tout engagement militaire, ils se sont mis eux-mêmes en position d'infériorité, situation ensuite entretenue par les Athéniens que leur appétit (*pléonexia*) et leur activisme (*polypragmosynè*) ont fini par rendre insupportables. S'exprime ici une conception typiquement grecque de la liberté (*éleuthéria*), qui ne s'arrête pas là où commence celle des autres, comme il se dit aujourd'hui, mais qui ne se réalise pleinement que dans la domination exercée sur autrui. C'est cet engrenage que Thucydide fait résumer sans faux-semblants par les ambassadeurs athéniens envoyés à Sparte peu avant le déclenchement de la guerre du Péloponnèse : « C'est parce que vous n'avez pas voulu poursuivre la lutte contre les Barbares qui restaient en Grèce que les alliés se sont adressés à nous [...]. Par le fait même que nous assumions cette tâche, nous fûmes contraints de donner à notre empire son extension actuelle. Nous y fûmes poussés avant tout par la crainte, puis par le souci de notre prestige, et ensuite par intérêt [...]. Nous ne pouvions plus prendre le risque de rendre leur liberté à nos alliés. Ceux en effet qui se seraient séparés de nous auraient passé dans votre camp [...]. Nous ne sommes pas les premiers à nous comporter de la sorte. On a toujours vu le plus fort placer le plus faible sous sa coupe [...]. Jamais les arguments de droit, quand s'offrait une occasion de s'accroître par la force, n'ont arrêté qui que ce fût dans son expansion [...]. Quand on peut user de violence, il n'est nul besoin de procès » (I, 75-77). Cette cynique lucidité, qui trouvera bien des applications durant la guerre, se situe dans la droite ligne de la morale hésiodique (*supra*, chap. 7).

Cet essor sans précédent de la puissance athénienne s'accomplit inévitablement aux dépens de Sparte, ancien détenteur du statut d'*hègémôn* (chef). On a rappelé plus haut que les Spartiates avaient laissé les Athéniens fortifier la ville et le Pirée sans trop protester. Tout juste durent-ils agir en sous-main pour que Thémistocle, qui avait suscité bien des jalousies à Athènes et dont l'hostilité à Sparte était notoire, à l'opposé de Cimon, fût ostracisé pour médisme, sans doute en 470 : après un passage à Argos d'où il se livra à quelques menées anti-spartiates, le vainqueur de Salamine se réfugia auprès du Grand Roi, qui lui donna les revenus de trois cités, dont Magnésie du Méandre. De son côté, après diverses aventures, notamment en Asie Mineure, Pausanias rentra à Sparte où il fut éliminé par les éphores, emmuré dans un bâtiment annexe du sanctuaire d'Athéna Chalkioikos (*ca* 470 ou plutôt 467/6) : ainsi disparaissaient de la scène, à peu près simultanément, les deux principaux artisans de la victoire de 480-479.

Mais paradoxalement, c'est à travers l'action de Cimon, laconophile déclaré, que les relations entre Athènes et Sparte commencèrent à se dégrader vraiment : alors qu'il conduisait une troupe de 4 000 hoplites en Messénie, pour y aider les Lacédémoniens contre les hilotes révoltés après le séisme de 464 et retranchés dans leur bastion irréductible du mont Ithôme (« troisième guerre de Messénie »), les autorités spartiates le renvoyèrent sans ménagement diplomatique (462/1). Cimon, accusé par Périclès « d'être ami des Lacédémoniens et ennemi de la démocratie [1] », fut ostracisé et les Athéniens dénoncèrent l'alliance jadis conclue avec Sparte contre le Mède, qui était toujours en vigueur, du moins formellement. Vers 460, ils s'allièrent en outre avec Argos et Mégare, dont le port de Nisaia, sur le golfe Saronique, fut relié à la ville par des Longs-Murs, à peu près au moment où les Athéniens construisaient les leurs entre le Pirée et la ville (458/7), parachevant ainsi les projets de Thémistocle qui préconisait l'édification d'une base d'opérations inexpugnable (Long-Mur nord et Mur de Phalère ; le Long-Mur

---

1. Plutarque, *Périclès*, IX, 5.

sud est postérieur d'une bonne dizaine d'années). Corinthe, qui approximativement à la même époque se dota d'un dispositif équivalent vers son port occidental (Léchaion), se sentit naturellement menacée par cette intrusion dans l'Isthme, et Sparte dans la foulée.

En 457, à la suite d'événements mal connus survenus en Grèce centrale, une armée spartiate alliée aux Thébains défit les Athéniens en Béotie, à Tanagra, avant que, deux mois plus tard, ceux-ci ne prennent leur revanche sur les Béotiens non loin de là, à Oinophyta. Peu après, Égine cédait enfin (cf. ci-dessus). Vers 456/5, le stratège Tolmidès mena des raids autour du Péloponnèse (incendie de l'arsenal de Gytheion) et dans le golfe de Corinthe : d'après Diodore, en cette occasion les Athéniens prirent le contrôle de Zakynthos, de Céphallénie (spécialement avec cette dernière, les liens seront resserrés en 431) et de Naupacte, cité où furent installés des Messéniens en exil après leur capitulation (la prise de Naupacte pourrait cependant remonter à l'une des deux ou trois années précédentes). Puis ce fut au tour de Périclès de s'en prendre aux intérêts corinthiens jusqu'en Acarnanie, obtenant au passage le ralliement des Achaiens, au nord du Péloponnèse (*ca* 454). Cette phase est parfois retenue comme marquant l'apogée de l'*Archè* athénienne, mais le désastre d'Égypte inversa quelque peu la tendance (cf. ci-dessus).

Après une trêve de cinq ans négociée par Cimon (451 ?), une obscure « deuxième guerre sacrée » autour de Delphes et, surtout, une nouvelle défaite athénienne à Coronée en Béotie, qui permet la mise en place d'une confédération béotienne dominée par Thèbes (447/6), Athènes et Sparte concluent en 446/5 une paix de trente ans. Celle-ci entérine les acquis athéniens, à l'exception de l'Achaïe, des ports de Mégare, ralliée à Sparte peu auparavant, et d'Égine, déclarée autonome tout en faisant toujours partie de la ligue de Délos ; elle établit en outre le principe de l'arbitrage et la règle de la non-intervention entre les deux alliances. Ainsi en 441/0, les Péloponnésiens n'interviennent pas pour soutenir les oligarques de Samos révoltés contre Athènes, qui avait pris position contre eux dans un litige les opposant à la démocratique Milet au sujet du territoire d'une tierce cité, Priène.

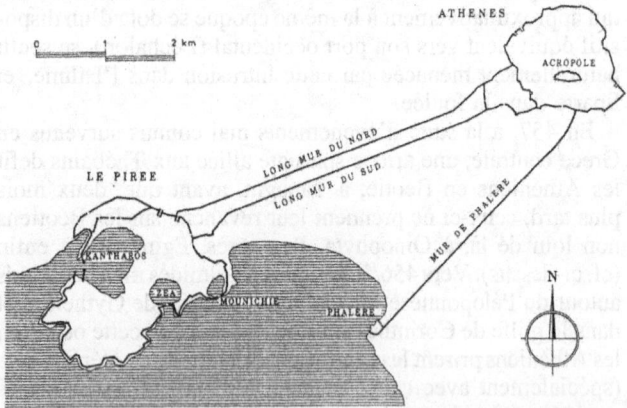

Fig. 12. Athènes, les Longs-Murs, Le Pirée (J.-P. Adam,
L'Architecture militaire grecque, CNRS, 1982, fig. 238).

Les Athéniens installent alors à Samos une démocratie, vite
renversée par les oligarques qui bénéficient du soutien du
satrape de Sardes, Pissouthnès. Il faut une forte expédition
navale conduite par Périclès en personne, une victoire contre
la puissante flotte samienne et neuf mois de siège pour faire
rentrer la cité dans le rang (440/39). Athènes laisse cette
fois en place les oligarques mais leur impose ses conditions
habituelles : otages, flotte livrée, remparts abattus, lourde
indemnité de guerre payée en versements échelonnés (jusque
vers 414/3 ; Samos retrouvera la démocratie en 412 et s'af-
firmera ensuite comme la plus fidèle alliée d'Athènes : *infra*,
chap. 13).

Athènes, « école de la Grèce »

Il faut ici évoquer la figure de Périclès, qui a laissé son
nom à ce siècle que l'on range parmi les « siècles d'or » de
l'Histoire universelle. Né vers 490, Périclès appartient par
sa mère au *génos* des Alcméonides : il est le petit-neveu de

Clisthène et le fils du Xanthippe ostracisé en 485/4 puis chef du contingent athénien à Mycale. Présenté par certaines de nos sources comme un aristocrate quelque peu hautain, il s'est cependant fait connaître en assumant la chorégie (cf. ci-dessous) des *Perses* d'Eschyle, en 472, ce qui trahit sans doute son admiration pour Thémistocle. De fait, même s'il n'est alors pas toujours facile de faire le départ entre les convictions politiques et les rivalités familiales mêlées d'intérêts individuels, la cohérence de son action le situe résolument dans la mouvance démocratique, puisqu'il s'oppose dès ses débuts aux *oligoi* et suscite notamment l'ostracisme de deux des principaux chefs des « gens de bien » (*kaloi kagathoi*) : Cimon (461), puis Thucydide fils de Mélésias (443, à ne pas confondre avec l'historien). C'est qu'il a été l'ami d'Éphialte. Avant d'être mystérieusement assassiné, celui-ci avait profité du départ en Laconie (et/ou du discrédit consécutif au retour) de Cimon et de ses hoplites, que les spécialistes assimilent à une sorte de « classe moyenne » modérée, pour dépouiller l'Aréopage, organe aristocratique par excellence, de l'essentiel de ses prérogatives politiques et judiciaires au profit des instances populaires : les Aréopagites étaient dorénavant confinés au rôle de cour criminelle dans le cas du meurtre d'un citoyen athénien (462/1, mais le détail de la chronologie est incertain). Périclès et ses proches reprennent cette politique à leur compte, faisant ostraciser Cimon dès 461 (cf. ci-dessus). En 457/6, les Zeugites sont admis à l'archontat, puis est mise en place la misthophorie, c'est-à-dire une indemnité de présence destinée à compenser la perte d'une journée de travail, d'abord pour les jurés des tribunaux appelés dicastes ou héliastes (*misthos dikastikos* ou *hèliastikos*, de 2 à 3 oboles), puis pour les prytanes et les autres bouleutes (à l'époque d'Aristote, respectivement 6 et 5 oboles), et pour d'autres magistrats. Même si une réforme de la citoyenneté apporte peu après quelque restriction (451/0 : chapitre suivant), on voit par là comment les institutions profitent de la prospérité nouvelle. C'est peut-être aussi à cette époque qu'est aménagée la colline de la Pnyx en vue d'accueillir les séances de l'Assemblée, que sont réorganisés notamment le contrôle des magistrats et la procédure

d'*eisangélia* (haute trahison et griefs assimilés), désormais
supervisés par le Conseil, par l'Assemblée ou par le Tribunal
du Peuple, enfin qu'est instituée la *graphè paranomôn*, ou
action en illégalité contre l'auteur d'une proposition jugée
non conforme aux lois, par laquelle les tribunaux populaires
peuvent suspendre ou annuler un vote de l'Assemblée. Il est
sans doute plus qu'une simple coïncidence que la première
graphè paranomôn datable avec certitude intervienne en
415, soit juste après le dernier ostracisme connu, en 417 ou
416 (Hyperbolos : *infra*, chap. 13) : un peu comme l'eisan-
gélie, la nouvelle procédure était destinée à se substituer à
l'ostracisme, tombé en désuétude, en tant qu'instrument du
contrôle exercé par le peuple sur ses dirigeants.

L'empire fait alors vivre plus de 20 000 personnes d'après
Aristote, directement (clérouquies, *phoros* utilisé par exemple pour les indemnités, les soldes des rameurs et des
hoplites, les salaires des employés des arsenaux) ou indirectement (grands travaux, prospérité induite par le contrôle de
la navigation et le développement de l'*emporion*, port
commercial du Pirée). Il améliore donc notablement l'ordinaire de la démocratie, surtout celui des Thètes qui fournissent l'essentiel des équipages des trières sur lesquelles
repose désormais la supériorité d'Athènes, et qu'il faut donc
contenter. Aussi le démocrate qu'est Périclès est-il également un chef de guerre et un tenant de l'impérialisme : à
partir de 443/2, c'est au poste de stratège qu'il dirige les
affaires, avec l'éloquence et surtout l'intelligence supérieures que Thucydide admire tant en lui, et qui lui permettent d'être élu quinze ans de suite, jusqu'à sa mort en 429
(*infra*, chap. 13). Ses adversaires ne peuvent en effet le toucher qu'à travers le cercle de ses proches, ainsi sa maîtresse
Aspasie, une Milésienne cultivée et mondaine, le sculpteur
Phidias, accusé à une date incertaine des années 430 d'avoir
détourné des fonds destinés à la statue d'Athéna (cf. ci-
dessous), ou encore l'un de ses maîtres, le philosophe
Anaxagore de Clazomènes, menacé quant à lui d'un procès
pour impiété car il a affirmé, contre la religion traditionnelle,
que le monde était régi par une rationalité suprême, le *nous*.
L'exceptionnelle carrière de Périclès constitue en apparence

l'un des plus grands paradoxes de ce régime « démocratique
de nom, où c'est en réalité le premier citoyen qui gouverne », comme le souligne Thucydide. Mais ce dernier attribue aussi au stratège le mémorable discours en l'honneur
des morts de la première année de la guerre du Péloponnèse
(*Épitaphios*), à l'occasion duquel est proclamée, en des
termes qui n'ont guère vieilli, l'excellence d'une cité où la
majorité décide, où c'est le mérite, non la fortune, qui fait
accéder aux honneurs, et où la loi, encourageant à la fois
l'ascension sociale et l'engagement politique, assure l'épa-
nouissement harmonieux de l'individu comme de la communauté (II, 37-40).

Outre ce monument d'éloquence politique, qui reste
comme l'un des socles de la démocratie occidentale, ce
siècle a laissé d'autres traces de sa grandeur : ici aussi, l'action de Périclès fut déterminante. Le plus tangible, dans cette
politique de prestige, sont les constructions dans toute l'Attique : temples de Poséidon au cap Sounion, d'Athéna à
Pallène et de Némésis à Rhamnonte, aménagement des sanctuaires d'Éleusis (*télestèrion* destiné aux initiations : chapitre
suivant) et de Brauron, etc. Mais c'est l'Acropole, saccagée
par les Perses en 480 et que Cimon a commencé de réaména-
ger, qui constitue le chantier le plus exceptionnel. Même si
l'entreprise put susciter quelque mécontentement, on remet
en question aujourd'hui le bien-fondé de l'accusation selon
laquelle Périclès aurait purement et simplement financé les
travaux avec le *phoros* des alliés : certes, l'opulent trésor
d'Athéna bénéficiait du versement des *aparchai*, mais il était
également alimenté par la dîme du butin gagné dans les
expéditions militaires, le tout donnant apparemment lieu à
des transferts de fonds et à des jeux d'écritures dont nous
ne percevons pas tous les détails (remboursements d'emprunts, etc. : cf. les décrets de Callias, en 434/3 [1] ?).

Quoi qu'il en soit, le Parthénon est édifié avec une stupé-
fiante rapidité, entre 447 et 438, même si une partie de la
décoration sculptée ne sera mise en place que plus tard, un

---

1. P. Brun, *Impérialisme et démocratie à Athènes. Inscriptions
de l'époque classique*, 2005, n° 114.

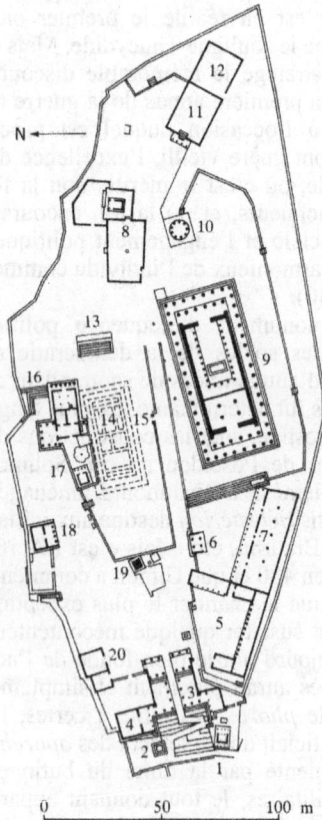

1. Bastion et temple d'Athéna Nikè. 2. Monument équestre d'Eumène II de Pergame, attribué ensuite à Agrippa. 3. Propylées. 4. Salle de banquet, ultérieurement « pinacothèque ». 5. Sanctuaire d'Artémis Brauronia. 6. Entrée de la Chalcothèque. 7. Chalcothèque. 8. Sanctuaire de Zeus Polieus. 9. Parthénon. 10. Temple de Rome et d'Auguste. 11-12. *Téménos* de Pandion et atelier de Phidias ? 13. Autel d'Athéna Polias ? 14. Fondations du « Vieux-Temple » d'Athéna. 15. Accès à la terrasse du « Vieux-Temple ». 16. Érechtheion. 17. Sanctuaire de Pandrosos. 18. Maison des arrhéphores. 19. Statue colossale d'Athéna Promachos. 20. « Bâtiment nord-ouest ».

Fig. 13. Plan de l'acropole d'Athènes à l'époque impériale
(R. Martin, *L'Art grec*, Le Livre de Poche, « La Pochothèque »,
1984, fig. 215).

paiement pour les frontons étant encore enregistré peu avant
la guerre du Péloponnèse. C'est l'œuvre des architectes Cal-
licratès et surtout Ictinos, sous l'autorité supérieure de Phidias. Ce dernier est en outre l'auteur de la monumentale
statue chryséléphantine (en or et en ivoire) d'Athéna, somp-
tueuse offrande d'au moins 700 talents, soit approximativement, selon certaines estimations, le coût du Parthénon lui-
même, qui l'abrite tel un écrin de marbre. Le plan de l'édifice, où les ordres dorique et ionique se mêlent, reprend celui
d'un précédent projet inachevé, mais la réalisation en est
remarquablement raffinée, avec divers aménagements destinés à corriger les illusions d'optique (convexité du soubas-
sement, colonnes exceptionnellement sveltes pour l'ordre
dorique, légèrement inclinées sur des axes différents selon
leur position, etc.). Tout aussi élaboré, le programme iconographique, en grande partie conçu par Phidias et réalisé par
lui-même et ses collaborateurs (la part que l'on attribue à
Phidias est fonction de l'action judiciaire intentée contre lui,
imprécisément datée : cf. ci-dessus), fait également écho à
la grandeur de la cité. Celle-ci se met en scène et se
contemple, par un effet de miroir, dans la frise continue du
mur de la cella (rectangle intérieur), représentant la procession des Panathénées, tandis que les frontons et la frise
dorique exaltent le triomphe de l'humanité sur la bestialité,
de la raison sur la sauvagerie, plaçant la domination
d'Athènes et son œuvre civilisatrice sous le patronage des
dieux. Comme cela a été maintes fois souligné, le Parthénon
n'est pas à proprement parler un temple : le culte avait lieu
ailleurs (restes du « Vieux-Temple » de l'époque archaïque,
puis Érechtheion : ci-dessous) et il faut plutôt y voir une
offrande grandiose à la gloire de la cité et de sa patronne,
Athéna. Aussitôt après (437-432) sont construits les Propylées, porte monumentale où se mêlent également les ordres
et dont l'architecte, Mnésiclès, a dû s'accommoder de difficiles inégalités de terrain ; il s'y ajoute dans les années 420
le gracieux petit temple d'Athéna Nikè (Victoire). On considère généralement que l'Érechtheion, qui accueille les cultes
poliades traditionnels et abrite notamment la vieille statue
d'Athéna en bois utilisée dans les cérémonies (*xoanon*),

appartient à un programme d'inspiration différente, postérieur à la paix de Nicias et achevé, selon un plan complexe
et original (cf. le porche des Caryatides), peu avant la fin de
la guerre du Péloponnèse (soit entre 421 et 406 environ).

Dans l'Athènes de Périclès, on pouvait aussi suivre les
conférences des sophistes. Ces savants itinérants, maîtres de
la pensée et de la parole, étaient inévitablement attirés par
la grande cité où ils pouvaient jouir du statut de métèques
(chapitre suivant)[1]. Contre de fortes sommes, ils y ensei-
gnaient à organiser le discours de manière à pouvoir argu-
menter sur tout type de problème, conformément aux usages
de la démocratie, qui se nourrit de débats contradictoires.
Auteur d'une fameuse maxime qui trouve une forme de réalisation dans la politique de son ami Périclès (« L'homme
est la mesure de toute chose »), Protagoras d'Abdère est l'un
des plus célèbres de cette génération, avec Gorgias de Léontinoi et Prodicos de Kéos. Quant à Socrate, qui place pourtant le *logos* à un tout autre niveau et professe gratuitement,
il fait aussi figure de sophiste aux yeux de l'auteur comique
Aristophane, qui reflète sans doute là une opinion assez
répandue. De fait, hormis dans les cercles lettrés qui suivent
leurs développements avec passion, les sophistes, étrangers
pour la plupart, semblent considérés avec quelque méfiance
par la population et le terme prend rapidement une connotation péjorative.

C'est le théâtre qui reste l'expression la plus remarquable
de l'exceptionnel niveau de culture collective auquel s'est his-
sée la cité[2]. Elle-même supervise l'organisation des concours
dramatiques, notamment lors des Grandes Dionysies célébrées vers la fin mars (mois Élaphèbolion), par l'intermédiaire
de l'archonte éponyme, assisté d'épimélètes (commissaires)
spécialement chargés de la procession au phallus (phallo-
phorie) qui ouvrait les festivités. Ainsi est-ce l'archonte

1. Voir J. de Romilly, *Les Grands Sophistes dans l'Athènes de
Périclès*, Le Livre de Poche, « Biblio essais », n° 4109, 1989.

2. Voir P. Demont et A. Lebeau, *Introduction au théâtre grec
antique*, Le Livre de Poche, « Références », n° 525, 1996 ; J.-Ch. Moretti, *Théâtre et société dans la Grèce antique*, Le Livre de Poche,
« Références », n° 585, 2001.

éponyme qui, pour chacun des trois auteurs tragiques, désigne un chorège dont la liturgie (cf. au chapitre suivant) consiste à financer, pour environ 2 500 à 3 000 drachmes, le chœur et les figurants, costumes et entraînement compris ; les protagonistes (acteurs principaux) sont à l'origine choisis et rétribués par les dramaturges, puis attribués et rémunérés par la cité, qui paye en outre les musiciens et les poètes eux-mêmes. Il y avait également une épreuve de dithyrambe (chant choral accompagné de danse) où concouraient dix chœurs de garçons et dix d'hommes représentant les dix tribus, et un concours de comédie mettant aux prises cinq auteurs : pour ces disciplines, la désignation des chorèges impliquait aussi les tribus, à certaines époques. Les vainqueurs étaient désignés à bulletin secret par des jurés tirés au sort dans le public, selon une procédure complexe qui n'est pas sans rappeler celle des tribunaux populaires (*infra*, chap. 18). Les auteurs recevaient une couronne de lierre, symbole de Dionysos, et les chorèges, un trépied ensuite consacré au dieu. Les acteurs, qui portaient de toute façon des masques, étaient de sexe masculin. Mais contre une somme modique, tous, y compris femmes, enfants, étrangers et esclaves, pouvaient assister aux représentations. L'affluence dépassait donc les capacités d'accueil, estimées à moins d'un dixième de la population, d'où le recours à l'assignation des places, notamment pour ceux qui bénéficiaient du privilège de la proédrie (place d'honneur), en raison de leur fonction (par ex. des prêtres et magistrats) ou de leurs mérites. D'abord doté de gradins en bois formant une sorte de *pi*, avant de devenir un hémicycle de pierre dans le troisième quart du IVᵉ s. (gouvernement de Lycurgue : *infra*, chap. 18), le théâtre de Dionysos était situé en bordure du sanctuaire du dieu, appuyé au flanc sud de l'Acropole. Au Vᵉ s., on y présentait aussi le tribut des cités alliées et les orphelins de guerre y défilaient. Il existait d'autres théâtres à Athènes et dans le reste de l'Attique.

On a quelque difficulté aujourd'hui à imaginer l'atmosphère de ces spectacles, dont la mise en scène pouvait mettre en œuvre une machinerie complexe et qui employaient des centaines d'artistes. Le public assistait par exemple à la représentation d'une trilogie (trois tragédies) et d'un drame satyrique proposés à la suite par le même auteur. Les questions les plus graves étaient abordées, comme dans les *Euménides* d'Eschyle (458), qui font écho à la réforme de l'Aréopage par Éphialte, ou dans les *Suppliantes* d'Euripide (484-406), mettant en scène les femmes argiennes venues chercher à Thèbes les dépouilles des leurs, transposition mythologique des âpres débats qui en 424 opposent Athéniens et Thébains lors de l'affaire de Délion et que rapporte en détail Thucydide (*infra*, chap. 13). Sur un ton tout différent, les comédies d'Aristophane n'hésitent pas à brocarder la politique de Périclès ou les va-t-en-guerre, tel ce Lamachos à qui le Dicéopolis des *Acharniens*, en pleine guerre du Péloponnèse (425), rappelle sans ambages que dans le cadre du débat politique, « la violence ne sert de rien » (v. 591), répondant ainsi à distance aux ambassadeurs qui étaient venus justifier l'expansion d'Athènes devant les autorités de Sparte (cf. ci-dessus). Les chorèges et les dramaturges retiraient une grande considération de leur victoire. Mais c'est sans doute la personne de Sophocle (496-406), ami de Périclès et, entre autres charges politiques, élu stratège en 441, notamment en raison du succès d'*Antigone*, qui incarne au mieux l'importance du théâtre dans la vie de la cité.

Pour que fût le « siècle de Périclès », il fallait assez de génies créateurs et d'artisans qualifiés, mais aussi un public capable de s'associer à l'œuvre en cours. Parlera-t-on pour autant d'impérialisme culturel athénien ? L'expression serait à la fois forcée et anachronique, d'autant qu'il faut toujours se garder de l'« athénocentrisme » de nos sources et que d'autres régions brillent également, tels le Péloponnèse avec ses sculpteurs (Polyclète d'Argos, inventeur du « canon » peu après 450) et ses architectes (Libon d'Élis, auteur du temple de Zeus à Olympie), ou la Grande-Grèce dont l'architecture religieuse est particulièrement inventive (à Poseidonia/Paestum notamment). Mais Athènes attire les plus grands auteurs (Hérodote), penseurs (cf. Hippodamos de Milet, philosophe-urbaniste du Pirée) et artistes étrangers (cf. Polygnote de Thasos, qui participe notamment à la décoration du portique dit « pœcile », c'est-à-dire orné de peintures, au nord de l'agora). À l'inverse, on se souviendra que l'une des sept merveilles du monde, la statue chryséléphantine de Zeus dans le temple d'Olympie, est due à Phidias. Si le « style sévère », qui fleurit approximativement entre 480 et 450 (cf. les frontons du temple de Zeus à Olympie ou l'aurige de Delphes), est défini par les spécialistes comme un phénomène panhellénique, l'influence exercée par le grand chantier de l'Acropole est en général admise. Plus encore, cet élan créateur hors du commun qui, en si peu de temps, a produit une telle concentration de chefs-d'œuvre, a manifestement contribué à la formation de la sensibilité artistique et au développement du discours esthétique que pratiqueront les générations suivantes (Isocrate, Platon, Aristote, etc.). Le rayonnement d'Athènes, alors maîtresse « des arts, des armes et des lois », est donc à la mesure de l'éloge qu'en fait son guide dans l'*Épitaphios*. Or c'est peut-être précisément là le plus remarquable : ce sens du *kairos* prôné par Hésiode (*supra*, chap. 7), en l'occurrence la conscience qu'avaient les Athéniens eux-mêmes, du moins les plus éclairés d'entre eux, de l'exceptionnelle aventure qu'ils étaient en train de vivre et de l'héritage qu'ils laisseraient au monde.

Chapitre 12

ASPECTS DE LA CIVILISATION GRECQUE
AU Vᵉ SIÈCLE

Faute de place, il est impossible d'envisager ici sous tous ses angles la civilisation du premier classicisme, dont bien des éléments sont d'ailleurs en place depuis le VIᵉ s. au moins et se retrouvent au IVᵉ, qui est le mieux documenté (*infra*, chap. 18). Nous nous contenterons donc d'une rapide présentation touchant à la religion, à la société et à l'économie. Comme le plus souvent, notre information est très, pour ne pas dire trop, athénienne : elle provient tant des auteurs que des inscriptions et du matériel archéologique (iconographie des vases, vestiges, etc.). Si le fait religieux, en raison de son importance dans la vie des Grecs, est bien illustré, nous manquons cruellement de données pour l'histoire économique, sauf en ce qui concerne les monnaies.

La vie religieuse

Les *hiéra* (ensemble de ce qui touche au sacré) rythment l'existence des Grecs. Nous avons vu que, dans leurs grandes lignes, les représentations religieuses sont fixées ou mises en forme dans les poèmes d'Homère et d'Hésiode, et c'est à peu près à la même époque (VIIIᵉ s.) que l'espace religieux se structure : *téménos* et autel offrent sous certaines conditions l'asyle (du grec *asylia*) aux fugitifs et restent seuls véritablement indispensables au culte, mais les temples se multiplient, fierté de la cité naissante (*supra*, chap. 7). Au Vᵉ s., celle-ci est omniprésente dans la pratique religieuse, et la piété (*eusébeia*, contraire *asébeia*) connaît diverses manifestations. Avant tout constituée de rites censés permettre aux fidèles de trouver leur juste place dans l'ordre harmonieux du monde, la religion grecque est par essence collective : ablutions, prières, libations et sacrifices d'ordinaire suivis de repas, chants et danses se font en commun. Le panthéon est très riche et il existe d'infinies variétés de détail dans les cultes rendus localement, à des divinités certes communes à tout le monde grec, au premier rang desquelles les douze Olympiens, mais affublées d'épiclèses (surnoms) qui peuvent être autant d'expressions identitaires (par ex. Apollon Carneios chez les Doriens et notamment à Sparte, Athéna Parthénos à Athènes ou Artémis Élaphèbolos dans l'*ethnos* phocidien). S'il est assez facile, sur les scènes peintes ou sculptées, de reconnaître les dieux à leurs attributs conventionnels (arcs d'Apollon et d'Artémis, foudre de Zeus, Égide d'Athéna et couronne de lierre de Dionysos, massue du héros Héraclès, etc.), leurs attributions divergent notablement d'un endroit à l'autre et finissent quelquefois par se superposer : Poséidon, Aphrodite et les Dioscures (Castor et Pollux) ou « Grands Dieux », spécialement vénérés à Samothrace, se partagent la mer et la navigation, tandis que la fécondité est une fonction complexe, qui regarde Déméter, Aphrodite, Héra et d'autres encore. Quant aux héros, forts de l'ascendance en partie divine que leur confèrent les généalogies mythiques, ils sont perçus comme des médiateurs entre les hommes et les dieux ; revêtant parfois une dimension politique en tant que fondateurs ou assimilés (cf. Thésée à Athènes), ils peuvent aussi se voir reconnaître des pouvoirs spécifiques, par exemple divinatoires ou guérisseurs (cf. Amphiaraos : *infra*, chap. 18). Plus généralement, le domaine des morts est le cadre privilégié des pratiques de sorcellerie : ainsi les tablettes de plomb portant des formules d'envoûtement destinées à neutraliser des rivaux (défixions) étaient-elles volontiers enfouies dans les tombes.

Le sacrifice, que l'on a rattaché à la déchéance originelle de l'homme causée par Prométhée, condamnant l'humanité à la consommation alimentaire et donc à la matérialité et à la mort, tandis que les dieux se contentent de fumets, de nectar et d'ambroisie, mais jouissent de l'immortalité, est conventionnellement divisé en deux grandes catégories (distinction néanmoins trop schématique pour rendre compte de l'infinie variété des situations) : dans les cultes chthoniens (divinités souterraines ou infernales comme Pluton/Hadès), le sang est normalement versé à la terre et les victimes peuvent être entièrement brûlées (holocauste) ; dans les autres cultes, voués aux divinités que l'on qualifie parfois d'ouraniennes, égorgement, libations et cuisson sont à destination du ciel (*ouranos*) et donnent lieu à partage de nourriture selon un ordre protocolaire (*thysia*). Le commerce ainsi établi avec la puissance divine vise à en obtenir une faveur (fonction propitiatoire), à en détourner la colère (fonction apotropaïque), à la remercier. Les principaux interdits touchent à la pureté et à la souillure (*miasma*), en général liée au sang. Ainsi en 426, les Athéniens purifient l'île sacrée de Délos, lieu mythique de la naissance d'Apollon ; les tombes sont vidées de leurs ossements, transportés dans l'île voisine de Rhénée, et il est désormais interdit d'y enfanter comme d'y mourir.

Quoique codifiée elle aussi, l'offrande (*anathèma*), consistant en prémices de la récolte, en un objet lié au culte, etc., laisse plus de place à l'initiative individuelle, mais la pratique religieuse reste fondamentalement communautaire, et donc réservée aux membres du groupe qui s'y adonne. C'est vrai au sein de l'*oikos* (maisonnée), protégé par un bon génie qui prend la forme d'un serpent, par Zeus *Herkeios* (littéralement, « de l'enclos ») et *Ktèsios* (« des possessions »), par Hestia surtout (foyer domestique), quotidiennement honorés. Toutes les grandes étapes de l'année et de la vie (naissance, mariage, mort, arrivée d'un nouvel esclave, etc.) donnent lieu à des cérémonies où officie le chef de famille. Ainsi à Athènes, lors de la fête des Amphidromies, le cercle familial reconnaît le nouveau-né que l'on porte en courant autour du foyer. Ainsi le mort est-il exposé (*prothésis*) et pleuré (*thrènos*) dans la maison, avant la levée du corps (*ekphora*) et le transport à la sépulture, les formes du deuil étant peu à peu codifiées par la cité (délais, dépenses, purification, etc.). En outre, celle-ci prend elle-même en charge les funérailles des morts à la guerre, dont les restes sont déposés au *dèmosion sèma*, tombeau public situé hors les murs, du côté du Céramique. La phratrie, placée sous la protection de Zeus *Phratrios* et d'Athéna *Phratria*, prolonge les cultes familiaux, à l'occasion des banquets offerts par le nouveau marié, de la présentation des enfants nés dans l'année (ou légèrement plus âgés), ou encore dans le cadre des « rites de passage », tel le passage à l'âge adulte qui donne lieu à une seconde présentation aux phratères (fête des Apatouries, au troisième jour de laquelle les jeunes garçons pubères coupent leur chevelure pour la consacrer à Artémis : cf. ci-dessous). L'articulation religieuse entre la cité et ces niveaux inférieurs apparaît bien lors de la *dokimasia* des nouveaux archontes avant leur entrée en charge (*supra*, chap. 9). D'après Aristote en effet, cet examen ne porte pas sur leurs compétences, mais au premier chef sur leurs origines familiales, puis on demande à chacun « s'il participe à un culte d'Apollon Patrôos et de Zeus Herkeios et où sont ces sanctuaires ».

Cité et religion sont en effet indissociables. Les multiples fêtes et célébrations, mensuelles pour certaines, annuelles pour d'autres, rythment le calendrier (à Athènes, cela concernait peut-être 120 jours par an, dont une moitié pour les célébrations annuelles). Elles contribuent à renforcer la cohésion de la communauté civique, au fil des mois dont beaucoup ont des noms théophores, tels Artémision, Apellaios (d'Apollon), Dios (de Zeus). On connaît par exemple les Héraia d'Argos et de Samos, les Hyakinthia et les Gymnopédies de Sparte. Mais les mieux documentées sont les fêtes athéniennes. Au premier rang d'entre elles, citons les Panathénées célébrées en l'honneur d'Athéna Polias, au mois Hécatombaion (± juillet). Tous les ans, les Petites Panathénées doivent durer un ou deux jours et comportent essentiellement procession et sacrifice. La troisième année de chaque olympiade, les Grandes Panathénées préparées par la commission des dix athlothètes (tirés au sort pour quatre ans, à raison d'un par tribu) se prolongent sur une semaine environ car on y organise des concours musicaux, gymniques et hippiques (cf. les représentations sur les amphores « panathénaïques » remises aux vainqueurs de ces deux dernières catégories d'épreuves, emplies de l'huile provenant des oliviers sacrés). La grande procession (*pompè*), que Phidias et ses collaborateurs ont partiellement représentée sur la frise ionique du Parthénon, cheminait à travers la ville depuis son point de départ dans le quartier du Céramique (*supra*, chap. 7 ; au début du IVᵉ s. y est construit un bâtiment *ad hoc*, le Pompeion), jusqu'à l'Acropole ; là, on remettait à Athéna son *péplos*, vêtement de laine tissé par des jeunes filles issues des meilleures familles, les deux (?) arrhéphores et une centaine (?) d'ergastines qui leur avaient prêté main forte (il subsiste bien des incertitudes quant à la périodicité, la préparation et le déroulement de cette partie de la cérémonie). La fête, d'une haute portée politique, s'achevait par une fastueuse hécatombe (étymologiquement, sacrifice de 100 bovins, dont les viandes étaient distribuées à la population). Les Lénéennes, célébrées en hiver (mois Gamélion) pour Dionysos, dieu des débordements et de l'ivresse libératrice (cf. les *Bacchantes* d'Euripide), donnent lieu à des concours dramatiques, dont les plus importants sont cependant organisés aux Grandes Dionysies que nous avons évoquées au chapitre précédent. Les Thesmophories enfin (Pyanepsion, soit ± octobre) sont des fêtes de la fécondité célébrées par les femmes mariées, en l'honneur de Déméter et de sa fille Corè-Perséphone.

Mais la fertilité du territoire, vitale pour ces communautés qui restent largement agraires, est aussi invoquée par les nouveaux citoyens, les éphèbes, qui prennent à témoin de leur serment, entre autres divinités, « les bornes de la patrie, les blés, les orges, les vignes, les oliviers, les figuiers »[1]. Prières, sacrifices, oracles et présages à interpréter (entrailles des victimes immolées, vol des oiseaux, phénomènes atmosphériques et astronomiques) accompagnent également les armées. Tout comme le corps civique, la constitution est parrainée par les dieux : certaines sources évoquent la légen-

---

1. Chr. Pélékidis, *Histoire de l'éphébie attique, des origines à 31 avant Jésus-Christ*, 1962, p. 110-113 (également chez J.-M. Bertrand, *Inscriptions historiques grecques*, 1992, nº 18, et P. Brun, *Impérialisme et démocratie à Athènes. Inscriptions de l'époque classique*, 2005, nº 104).

daire sanction oraculaire reçue à Delphes par Lycurgue de Sparte, et les héros éponymes des dix tribus clisthéniennes sont agréés par la Pythie avant d'être statufiés sur l'agora, espace religieux au moins autant que politique (cf. l'autel des Douze Dieux, etc.). Dès avant, les Athéniens avaient fondé leur légitimité politique en élaborant le mythe fondateur du synœcisme dû à Thésée, doublé de celui de l'autochtonie. Rappelons enfin que toute séance de l'Assemblée, dont le nom pourrait être étymologiquement lié aux fêtes d'Apollon à Sparte (*apellai*), s'ouvre sur un sacrifice et que l'ordre du jour commence par l'examen des questions religieuses : y parler « en premier après les *hiéra* (affaires sacrées) » est un privilège.

En effet, la cité délibère et décide sur tout ce qui touche à la religion, notamment par l'intermédiaire des « lois sacrées » : aménagement et règles de fréquentation des sanctuaires ; programme des fêtes ; calendrier et nature des sacrifices ; administration du trésor sacré, où l'on puise, sous forme d'emprunt, en cas de nécessité ; dispositions judiciaires, telle l'accusation pour impiété ou vol de biens sacrés, passibles de peine de mort. Aussi ne s'étonnera-t-on pas que les autorités aient également une fonction de type sacerdotal (cf. l'archonte roi à Athènes, les rois à Sparte), et même si la tradition réserve une place privilégiée à certaines grandes familles (par ex. à Athènes, les Étéoboutades pour le culte d'Athéna Polias, ou les Eumolpides et les Kèrykes à Éleusis), la plupart des prêtres, simples techniciens au service de la cité, sont tirés au sort annuellement comme les magistrats : on voit à ces exemples que notre concept de laïcité serait totalement dépourvu de sens dans la *polis*, qui peut se définir aussi comme une communauté religieuse. Celle-ci accueille volontiers les cultes étrangers (cf. la déesse phrygienne Cybèle, la déesse thrace Bendis), pourvu qu'elle y reconnaisse ses croyances et ses pratiques ; le « démon » de Socrate, individuel et inassimilable par la communauté, est perçu au contraire comme une menace contre la cité et ses dieux tutélaires (chapitre suivant).

Autre forme de religiosité marginale ou à tendance sectaire, le mysticisme se développe à partir du VIe s., notamment en Grande-Grèce où il semble avoir exercé une influence politique (Empédocle à Agrigente, Pythagore à Crotone, connu aussi pour ses recherches mathématiques). Le mythe d'Orphée et le culte de Dionysos (deux personnages qui, chacun à sa manière, passent pour avoir échappé à l'au-delà) servent de bases à la doctrine orphico-pythagoricienne. Celle-ci est fondée sur des textes sacrés dont se font l'écho certains auteurs (Pindare, Platon) et est illustrée par des lamelles d'or inscrites découvertes dans des tombes : selon elle, la nature humaine, mi-divine, mi-terrestre, peut, au prix de pratiques d'initiation, d'ascèse et de purification (régime végétarien et autres interdits alimentaires), éviter les réincarnations successives, s'affranchir de son enveloppe charnelle et se confondre avec l'esprit divin. Il est malaisé de mesurer la diffusion de ces croyances ésotériques et en partie clandestines, mais leur finalité sotériologique (en vue du salut, puisque la mort y est perçue comme libératrice) leur a manifestement conféré quelque popularité. Mieux connue parce qu'intégrée à la vie de la *polis*, la religion à mystères était plus accessible. Elle est attestée dans plusieurs cités, comme à Samothrace, mais c'est encore une fois Athènes qui fournit le meilleur exemple, avec Éleusis, où pouvait être initié tout hellénophone de l'un ou l'autre sexe, libre ou esclave : le succès était tel que les participants pouvaient se compter en milliers. Les phases préparatoires (Petits Mystères dans le dème d'Agrai au bord de l'Ilissos, à la périphérie immédiate de l'*asty*, au début du printemps ; premiers jours des Grands Mystères au début de l'automne, à Athènes, au Phalère et à Éleusis même) sont les mieux connues : le bain rituel, le sacrifice, le jeûne et la consommation de boissons et produits divers, enfin la manipulation d'objets sacrés y conféraient la qualité de myste. La phase ultime, l'époptie, était accessible dix-huit mois après la participation aux Petits Mystères. Son contenu échappe pour l'essentiel à notre connaissance. Après la grande procession qui empruntait sur une vingtaine de kilomètres la Voie sacrée menant à Éleusis, la dernière étape avait lieu au *télestèrion*, édifice des initiations où était savamment entretenue une atmosphère propre à susciter l'émotion mystique, notamment par des jeux de lumière que supervisait un officiant appelé dadouque (littéralement, « porte-flambeau »). Elle pouvait comporter la représentation d'un drame commémorant le mythe de Déméter recherchant sa fille Corè, et la contemplation d'objets sacrés (l'épi de blé, cadeau de la déesse aux hommes en général et aux Athéniens en particulier ?) que faisait apparaître l'hiérophante. Ce rituel complexe, où se mêlaient cycle de la nature, fécondité et espérances eschatologiques, était réputé plonger les participants dans des transports de béatitude. Sa renommée dépassait largement les frontières d'Athènes et son importance pour la cité se mesure aux poursuites intentées en 415 contre Alcibiade, soupçonné d'avoir participé à une parodie des cérémonies (chapitre suivant).

La cité est le cadre par excellence de la pratique religieuse, mais par-delà les particularismes civiques, celle-ci est aussi un facteur d'unité sur une plus vaste échelle. La langue mise à part, on peut même dire qu'elle seule mérite pleinement le qualificatif de panhellénique, surtout dans ces creusets de l'identité grecque que sont les sanctuaires internationaux, tels ceux d'Olympie (Zeus), de Delphes (Apollon), de l'Isthme de Corinthe (Poséidon) et de Némée (Zeus), où sont célébrées les plus grandes fêtes. À cet effet, une trêve sacrée est proclamée par des ambassadeurs spéciaux, les *théores*, dans tout le monde grec où les accueillent des hôtes dûment désignés, les *théarodoques*. Délégations officielles (appelées aussi *théories*) et particuliers affluent à la panégyrie. Celle-ci consiste en sacrifices et autres manifestations religieuses ordinaires. Elle comporte également une foire, mais le clou, ce sont les concours (*agônes*, sing. *agôn*). Il peut y figurer des épreuves gymniques (course sur différentes distances, disciplines de combat, saut en longueur, lancer du disque et du javelot, ces trois dernières spécialités combinées au sprint et à la lutte constituant le pentathlon) ; des épreuves hippiques (courses de chevaux montés, de biges ou de quadriges, etc.) ; des épreuves musicales (drame, dithyrambe, musique instrumentale). Le programme varie selon les fêtes : par exemple, les concours olympiques n'admettent pas d'épreuves musicales. La pério-

dicité est de quatre ans à Olympie et à Delphes (concours pentétériques, c'est-à-dire célébrés chaque cinquième année), de
deux ans à Corinthe et à Némée (concours triétériques,
célébrés chaque troisième année), ces quatre grandes manifestations constituant ce que l'on appelle la Période. Les
vainqueurs reçoivent une couronne végétale comme récompense (concours dits « stéphanites », du grec *stéphanos*
= couronne, d'olivier sauvage à Olympie, de laurier à
Delphes, etc.). Leur gloire est immense : dans la première
moitié du v⁵ s., et bien au-delà, elle peut s'apprécier par les
Odes que Pindare a composées pour quelques-uns d'entre
eux, ou par la popularité internationale de Théogénès de
Thasos, boxeur qui s'illustra aussi au pancrace (mélange de
lutte et de boxe parfois comparé au catch) et à la course de
fond, et à qui ses compatriotes érigèrent un autel et une statue sur l'agora[1].

Parmi d'autres (Dodone en Épire, Didymes, près de Milet,
en Ionie), mais à un rang supérieur, au point d'être considéré
comme le centre (*omphalos* : nombril) du monde, le sanctuaire de Delphes se distingue en outre par son oracle, que
cités et particuliers peuvent consulter moyennant paiement
d'une taxe (le *pélanos*). Apollon s'y exprime, en avis parfois
ambigus, d'où son surnom de *Loxias* (l'Oblique), par la
bouche de la Pythie qui siège sur un trépied au fond du
temple (*adyton*), et à qui les prophètes transmettent des
questions portant sur des préoccupations quotidiennes
comme sur des sujets de la plus grande importance : la tradition, il est vrai souvent suspecte et vraisemblablement
enjolivée *a posteriori*, montre la Pythie partie prenante
à la colonisation, à l'œuvre constitutionnelle, aux guerres
médiques, etc. L'oracle est contrôlé par la cité voisine de
Delphes, qui en tire une grande prospérité et accorde parfois
la priorité pour la consultation (privilège de la *promanteia*).
Le renom et la fortune du sanctuaire, où s'accumulent des
richesses extraordinaires sous la forme d'ex-voto souvent
abrités dans des « trésors », petits édifices en forme de temple

---

1. Y. Grandjean, F. Salviat *et al., Guide de Thasos*², 2000, p. 27
et 73-76.

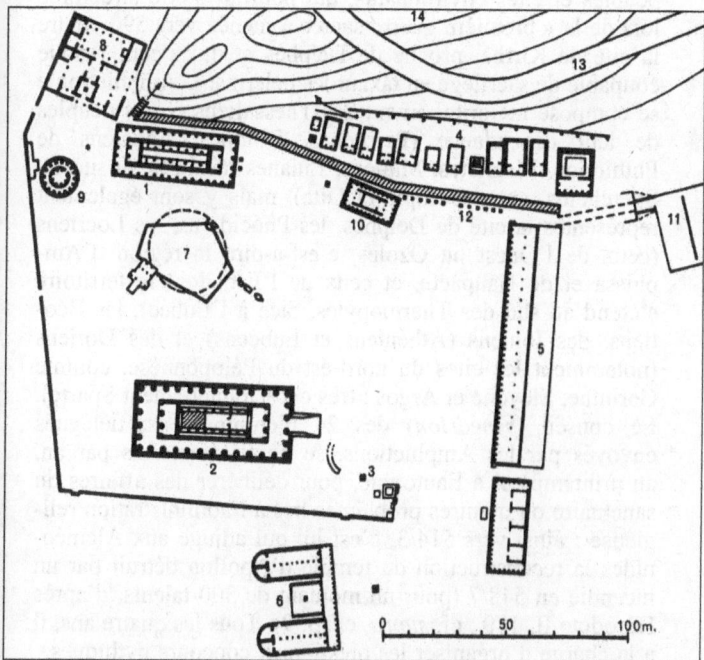

1. Temple d'Héra. – 2. Temple de Zeus. – 3. Victoire de Paeonios. – 4. Terrasse des Trésors. –
5. Portique d'Écho. – 6. Bouleutèrion. – 7. Enclos de Pélops. – 8. Prytanée. – 9. Philippeion. –
10. Temple de la Mère des Dieux. – 11. Stade. – 12. Statues de Zeus (Zanes). – 13. Route moderne.
– 14. Mont Cronion.

Fig. 14. Le sanctuaire de Zeus à Olympie (Fr. Chamoux,
La Civilisation grecque, Arthaud, 1963, fig. 29, p. 417).

construits tout exprès par les cités, ont en outre nécessité
la mise en place d'une instance de contrôle internationale,
l'Amphictionie (d'un mot grec signifiant littéralement « ha-
biter autour »). Celle-ci est une association constituée des
peuples et cités environnants, qui pourrait s'être structurée
lors de la « première guerre sacrée » menée vers 590 contre
la cité de Kirrha, proche de Delphes et qui s'était rendue
coupable de sacrilège en taxant les pèlerins. L'Amphictionie
se compose majoritairement des Thessaliens et des peuples
de leur dépendance (Perrhèbes, Dolopes, Achaiens de
Phthiotide, Magnètes, Maliens, Énianes localisés au sud du
Spercheios, entre Dolopie et Oita), mais y sont également
représentés la cité de Delphes, les Phocidiens, les Locriens
(ceux de l'Ouest ou Ozoles, c'est-à-dire la région d'Amphissa et de Naupacte, et ceux de l'Est, dont le territoire
s'étend au sud des Thermopyles, face à l'Eubée), les Béotiens, des Ioniens (Athéniens et Eubéens) et des Doriens
(notamment les cités du nord-est du Péloponnèse, comme
Corinthe, Sicyône et Argos ; très occasionnellement Sparte).
Le conseil (*synédrion*) des 24 hiéromnémons, délégués
envoyés par les Amphictions, se réunit deux fois par an,
au printemps et à l'automne, pour délibérer des affaires du
sanctuaire ou d'autres problèmes liés à l'administration religieuse : ainsi vers 514/3, c'est lui qui adjuge aux Alcméonides la reconstruction du temple d'Apollon détruit par un
incendie en 548/7 (pour un montant de 300 talents, d'après
Hérodote II, 180 ; cf. *supra*, chap. 9). Tous les quatre ans, il
a la charge d'organiser les prestigieux concours pythiques.

La société

Il ressort clairement des textes qu'une cité est avant tout
l'ensemble des citoyens (*politai*) qui la composent. Cette
condition suppose une ascendance citoyenne mais aussi une
formation (*paideia*), dont nous avons vu la rigueur à Sparte
(*supra*, chap. 9) ; la Crète, avec une même institutionnalisa-
tion de la pédérastie et l'entraînement au sein des *agélai*
(littéralement, « troupeaux »), où l'on obtient la qualité de

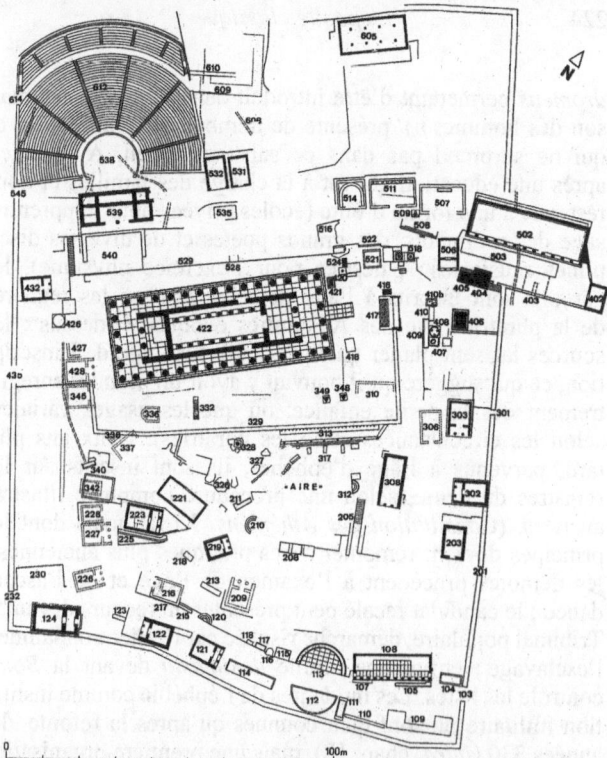

104 : base du taureau de Corcyre (1re moitié du ve s.). 108 : portique anonyme (ve/ive s.). 109 : monument des « navarques » lacédémoniens (fin du ve s.). 110 : base de Marathon (« monument de Miltiade », 2e quart du ve s. ?). 112-113 : hémicycles argiens (ve et ive s.). 114 et 409 : groupes statuaires de Tarente (ve et ive s.). 121 : trésor de Sicyône (vie s. ?). 122 : trésor de Siphnos (vers 525). 124 : trésor de Thèbes (2e tiers du ive s.). 219 : trésor de Cnide (milieu du vie s.) ? 223 : trésor d'Athènes (début du ve s.). 225 : base de Marathon (héros éponymes ? 490). 302 : trésor de Cyrène (334-324). 308 : trésor de Corinthe (fin du viie s. ?). 313 : portique des Athéniens (478). 328 : sphinx des Naxiens (vers 570-560). 329 : soutènement de la terrasse du temple (« mur polygonal », dernier quart du vie s.). 349 : emplacement approximatif du pilier des Messéniens et des Naupactiens (milieu du ve s.). 406 : pilier supportant le char des Rhodiens (dernier tiers du ive s.). 407 : trépied de la victoire de Platées (479). 408 : trépied de Crotone (vers 470). 418 : autel d'Apollon (Chios, ve et iiie s.). 422 : temple d'Apollon (vie et ive s.). 502 : portique d'Attale Ier (fin du iiie s.). 509 : base de la colonne d'acanthe supportant les « Danseuses » (vers 330). 511 : groupe statuaire du Thessalien Daochos (vers 338-334). 518 : offrandes deinoménides (Syracuse, vers 480-470). 524 : pilier étolien de Prusias de Bithynie (182). 538, 539 et 612 : théâtre. 540 : niche de Cratère (Chasse d'Alexandre, vers 320-300). 605 : leschè (lieu de réunion) des Cnidiens (2e quart du ve s.).

Fig. 15. Le sanctuaire d'Apollon à Delphes (d'après
J.-Fr. Bommelaer, D. Laroche, *Guide de Delphes. Le site*,
École française d'Athènes, 1991, pl. V ; A. Jacquemin,
Offrandes monumentales à Delphes,
École française d'Athènes, 1999, pl. 3).

dromeus permettant d'être introduit dans l'*andreion* (« maison des hommes »), présente de nombreuses similitudes, ce qui ne surprend pas dans ce substrat dorien. À Athènes, après une éducation qui est à la charge des familles et donc réservée à une forme d'élite (écoles privées pour l'apprentissage des rudiments, des grands poètes et de diverses disciplines musicales ; palestres pour l'exercice physique), les garçons sont inscrits à l'âge de seize ans sur les registres de la phratrie (fête des Apatouries évoquée ci-dessus : les sources laissent planer quelque doute sur l'âge de l'inscription, ce qui suggère qu'il pouvait y avoir un premier enregistrement dès la petite enfance, ou que les usages variaient selon les circonstances et/ou les phratries). Deux ans plus tard, parvenus à l'âge d'éphèbes, ils sont inscrits sur les registres du dème, selon une procédure complexe illustrée au IVᵉ s. (*Constitution des Athéniens*, XLII), mais dont les principes doivent remonter à des pratiques plus anciennes : les démotes procèdent à l'examen de l'âge et de l'ascendance ; le candidat recalé peut présenter un recours devant le Tribunal populaire, démarche risquée car l'échec condamne à l'esclavage ; enfin, une ultime *dokimasia* devant la *Boulè* contrôle les listes. Les modalités de l'éphébie comme institution militaire ne sont bien connues qu'après la refonte des années 330 (*infra*, chap. 18), mais une première organisation pourrait remonter à l'époque cimonienne, en relation avec le culte de Thésée (seules les trois premières classes censitaires auraient alors été concernées), avant une réforme survenue au lendemain de la guerre du Péloponnèse. À l'issue de l'éphébie, le jeune homme pouvait participer aux séances de l'Assemblée, mais il ne jouait pleinement son rôle de citoyen qu'à trente ans, âge requis pour accéder aux magistratures et aux jurys populaires. Une éducation « supérieure » pouvait s'obtenir auprès des sophistes puis, au IVᵉ s., dans des écoles de rhétorique (celle d'Isocrate, où la scolarité de trois ou quatre ans se paye un millier de drachmes, est particulièrement réputée), ou auprès des philosophes, dont l'enseignement abordait de multiples domaines.

Au citoyen revient un ensemble de prérogatives et de devoirs : parmi les premières, citons la propriété foncière (à la fin du siècle, environ 80 % des Athéniens sont encore propriétaires d'une terre ; à Sparte, nous avons vu que la possession d'un *klèros* est une condition *sine qua non*) ; la participation aux affaires publiques (Assemblée et tribunaux, Conseil et magistratures) et religieuses (sacerdoces et sacrifices) ; enfin divers avantages (distributions d'argent ; assistance exceptionnelle en cas de disette ; indemnités, ou *misthoi*, par exemple pour les jurys populaires à Athènes). Les devoirs tiennent principalement aux obligations militaires (mobilisation par classes d'âge jusqu'à cinquante-neuf ans dans le cadre des tribus athéniennes) et à l'imposition directe, plus ou moins régulière et qui peut taxer la production agricole (cf. les magistrats connus sous le nom de carpologues à Thasos ?), ou être proportionnelle au capital, comme l'*eisphora* dont le premier exemple sûrement connu à Athènes rapporta 200 talents en 428/7. Selon sa gravité, un manquement entraîne une amende, l'atimie (dégradation) partielle (interdit judiciaire) ou totale (perte des droits politiques, exclusion de l'agora et des sanctuaires), voire la peine de mort. Les plus riches des Athéniens (à partir de 3-4 talents de patrimoine, mais il existait de plus grosses fortunes : on attribue 50 talents à Cléon et 200 à Callias) sont en outre soumis aux liturgies. Volontaires ou obligatoires quand elles ont une finalité militaire, celles-ci consistent à assumer un service public qui peut être particulièrement lourd (de quelques centaines de drachmes à près d'un talent). Citons la triérarchie, c'est-à-dire le cofinancement, avec la cité, d'une trière dont le triérarque assume aussi le commandement, et la chorégie visant à cofinancer un spectacle (chapitre précédent). Dans la continuité des traditions agonistiques et somptuaires de l'aristocratie, prestige et considération s'attachaient à ceux qui s'étaient ainsi illustrés, mais le poids des dépenses nécessita des aménagements (syntriérarchie, ou triérarchie collégiale dès les dernières années de la guerre du Péloponnèse), et parfois le recours à la procédure de l'*antidosis* (échange), permettant de se dégager de ces frais sur un concitoyen dont on avait démontré qu'il était plus riche et qu'un refus exposait à un échange de fortune. Le citoyen se définit enfin par rapport à tous ceux qui, à des degrés divers, sont aux marges de la *polis* : femmes, étrangers résidents ou de passage, esclaves. Ces dernières catégories mises ensemble sont numériquement majoritaires dans la communauté, mais ce constat ne saurait interférer dans la définition des régimes en place dans les cités, par exemple pour remettre en question le caractère démocratique du régime athénien, qui ne peut s'apprécier institutionnellement qu'au sein des « ayants droit » : il suffira de rappeler que dans nos démocraties modernes, le vote féminin n'est qu'un acquis relativement récent.

Nous avons vu que la femme spartiate jouissait d'une relative liberté dans la vie quotidienne. À la différence des épiclères athéniennes (*supra*, chap. 9), elle bénéficiait aussi d'un régime assez favorable en matière de succession, comme dans la cité crétoise de Gortyne dont les usages sont connus par le célèbre « code » inscrit sur la pierre. En Macédoine, faculté est donnée aux veuves de conclure des contrats sans tuteur légal (*kyrios*), et les femmes ont également une certaine autonomie en Épire. Mais d'une façon générale, on a coutume de comparer la condition féminine en Grèce à celle d'une éternelle mineure. Depuis Hésiode, les auteurs ont multiplié les aphorismes misogynes (Sophocle, *Ajax*, v. 293 : « La parure des femmes, c'est le silence ») et une personnalité d'exception comme Aspasie suscite une certaine réprobation. Sans être nécessairement recluse dans le gynécée à perpétuer les travaux de Pénélope, la femme athénienne est soigneusement tenue à l'écart de la politique. Les toutes jeunes filles peuvent, dans certaines circonstances, être inscrites dans la phratrie de leur père, mais leur éducation reste limitée au strict minimum (musique et lettres pour une minorité, pas nécessairement dans les meilleurs milieux). Le grand moment de l'existence féminine est le mariage, contrat passé par le père ou le *kyrios*, qui donne avec la fiancée une dot rétrocédée en cas de répudiation (sauf adultère avéré ou faute comparable, circonstances dans lesquelles la loi imposait la rupture du lien conjugal, sous peine d'atimie). L'union autorise de fortes différences d'âge (entre vingt-cinq et quarante ans environ pour les hommes, à partir de quatorze/quinze ans pour les filles à Athènes, voire moins dans d'autres cités) et vise principalement à avoir des enfants légitimes (à Sparte, le célibat était frappé d'infamie). S'il le souhaite, le mari peut confier à son épouse de hautes responsabilités dans l'*oikos*, comme l'Ischomaque de Xénophon qui prétend dans l'*Économique* faire de sa femme une sorte de « reine des abeilles ».

La place de l'épouse à Athènes change néanmoins avec la loi promulguée par Périclès en 451 : désormais, comme dans beaucoup d'autres cités, la citoyenneté n'est plus reconnue qu'aux enfants nés non seulement d'un père athénien mais aussi d'une mère elle-même fille de citoyen. Cette mesure restrictive, dont les motivations restent discutées (limitation du nombre des « ayants droit » et meilleur accès de chacun à la rotation des magistratures, désir de s'opposer aux unions étrangères volontiers pratiquées par les aristocrates ou de faciliter le mariage des Athéniennes pauvres), a pu faire songer à une forme de citoyenneté féminine. Il est toutefois significatif qu'hormis dans les utopies comiques d'Aristophane (*Lysistrata, L'Assemblée des femmes*), destinées à faire rire et où tout finit par rentrer dans l'ordre, la prise de position féminine la plus forte soit exprimée par Antigone dans sa *stasis* contre le tyran Créon : or son objet, ce sont les lois non écrites de la piété. C'est en effet la religion qui constitue le meilleur vecteur d'intégration à la vie publique, spécialement dans la haute société, à travers une initiation spécifique (cf. les fillettes appelées « ourses » dans le sanctuaire d'Artémis à Brauron) ou par des fonctions réservées dans les fêtes (canéphores, c'est-à-dire porteuses de corbeilles, etc.). Les femmes peuvent jouer là les premiers rôles, telle l'épouse de l'archonte roi lors des Anthestéries célébrées en l'honneur de Dionysos, certaines fêtes étant même exclusivement féminines (Thesmophories évoquées plus haut ; Adonies en l'honneur d'Adonis, divinité de la séduction, d'origine orientale). Les sacerdoces sont le point d'orgue de ce parcours. Le plus remarquable est sans doute celui d'Athéna Polias qui confère à sa titulaire, telle Lysimachè, une forte personnalité des ve/ive s.[1], une auto-

1. B. Holtzmann, *L'Acropole d'Athènes. Monuments, cultes et histoire du sanctuaire d'Athéna Polias*, 2003, p. 220-221.

nomie judiciaire et patrimoniale (faculté de donner à la
déesse sans en référer au *kyrios*), le droit d'apposer son
sceau sur des registres, et lui donne l'occasion de rendre ses
comptes devant les instances de la cité, à l'instar des autres
prêtres et prêtresses (cf. Eschine, *Contre Ctésiphon*, 18).
Aussi arrive-t-il que lui soient décernés, par décret, des honneurs civiques tels que l'éloge public et la couronne. À sa
manière, l'Athénienne peut donc participer à la vie de la
communauté politique.

L'étranger (*xénos*) n'a pour ainsi dire aucun droit quand
il est en dehors de sa patrie, mais les traditions anciennes
d'hospitalité (*xénia*), particulièrement bien illustrées par les
aristocrates homériques, et les nécessités de l'échange ont
contribué au développement d'usages internationaux. Outre
les conventions bilatérales désignées sous le terme général
de *symbola* (étymologiquement, les deux parties d'un objet
servant de signe de reconnaissance quand les deux possesseurs les réunissent), l'institution la mieux connue et la plus
développée, spécialement dans le cadre de l'empire athénien,
est la proxénie. Le proxène désigné par une cité, souvent en
vertu de liens familiaux anciens avec elle, est une sorte
d'hôte public qui accueille les ressortissants de cette cité
quand ils passent dans sa patrie, où il veille à leurs intérêts
(caution, etc.). En retour, il reçoit un certain nombre d'honneurs et de privilèges dans la cité qui l'a choisi : la proxénie
est donc à la fois utile et honorifique. On peut citer le cas
bien connu de l'Athénien Cimon, philolaconien notoire (il
donne à son fils le nom de Lakédaimonios) et proxène de
Sparte dans sa cité.

À Athènes, les étrangers séjournant depuis plus d'un mois
entrent dans la catégorie des métèques (des Grecs en majorité). Inscrits dans un dème sous la responsabilité d'un « patron » (*prostatès*) qui leur sert de garant et les représente en
justice (ils relèvent d'une juridiction spéciale), ils doivent
s'acquitter d'une taxe distinctive, le *métoikion* (annuellement, 12 drachmes pour les hommes, la moitié pour les
femmes), à moins d'avoir obtenu le privilège de l'isotélie,
qui leur permet de contribuer à l'égal des citoyens (dans tous
les cas, les métèques sont astreints à payer l'*eisphora*, pour

un sixième du montant total). Avec diverses restrictions, ils peuvent aussi être chorèges, participer aux fêtes religieuses et servir dans l'armée. L'Assemblée leur décerne parfois l'épigamie (droit d'épouser une Athénienne), voire l'*enktèsis* (droit de propriété foncière en Attique), mais la citoyenneté reste très rarement accordée (cf. au chapitre suivant, pour la fin de la guerre du Péloponnèse). Ils sont donc partiellement intégrés à la communauté. Mais diversement perçus (les « bons » métèques sont des Grecs fixés dans la cité dont ils partagent le destin, les « mauvais », plutôt d'origine barbare, n'étant intéressés que par un profit rapide), ils restent soigneusement distingués des citoyens (on a même parlé à leur propos d'« anticitoyens »). Beaucoup sont de condition modeste (petits artisans et commerçants, travailleurs agricoles), mais certains peuvent prospérer, tel l'armurier Képhalos, originaire de Syracuse et père de l'orateur Lysias, qui possède une fabrique d'armes et 120 esclaves, ou comme ceux qui sont actifs dans le commerce au long cours, activité à laquelle leur origine étrangère et leur connaissance des bonnes filières les prédisposent.

L'esclavage menaçait virtuellement tout un chacun. On pouvait être capturé licitement, à la guerre ou en vertu du droit de représailles qui s'exerçait contre n'importe quel membre de la communauté du coupable (*sylè*), avant d'être revendu s'il n'y avait pas eu de rançon. Brigands et pirates alimentaient également le marché : le phénomène est illustré dès les poèmes homériques (cf. le destin du porcher Eumée, au chant XV de l'*Odyssée*), et particulièrement bien connu à l'époque hellénistique (*infra*, chap. 20, 21 et 23). Grecs et, surtout, barbares, les esclaves étaient pour la plupart achetés, au prix de 2 à 5 mines environ (soit 200 à 500 drachmes), selon leurs compétences (la location coûtait une obole par jour ou un peu plus), et faisaient partie de la maisonnée (*douloi, oikétai* ; pour l'esclavage de type hilotique, cf. *supra*, chap. 9). Bien des Athéniens, notamment parmi les Thètes, n'en possédaient pas, à l'image de l'invalide défendu par Lysias, et deux ou trois suffisaient le plus souvent pour aider à mettre en valeur les terres familiales et permettre au propriétaire de s'acquitter de ses devoirs civiques. À l'exception notable des esclaves employés dans les gisements miniers du Laurion, leur condition quotidienne passe pour n'avoir pas été trop mauvaise, même s'ils n'avaient aucun droit et si le maître réglait leur vie jusqu'aux relations sexuelles (les enfants d'esclaves étaient le plus souvent exposés). Il était interdit de frapper l'esclave d'autrui, plus par nécessité de protéger la propriété que par souci humanitaire, et il existait même quelque recours contre les mauvais traitements infligés par un maître (asyle dans certains sanctuaires). L'emploi de la torture pour obtenir un témoignage dans le cadre d'un procès, prévu par la loi, paraît avoir été bien rare dans les faits. Les stèles funéraires montrent l'intimité qui pouvait exister entre une maîtresse de maison et sa servante. Certains esclaves, les pédagogues, étaient chargés de conduire les enfants à l'école et, éventuellement, de contribuer à leur instruction. D'autres se voyaient confier de plus hautes responsabilités, par exemple l'exploitation d'une portion de patrimoine trop distante, une activité artisanale ou commerciale (ils sont alors parfois appelés au IVᵉ s. *chôris oikountes*, littéralement « habitant séparément »). Ils pouvaient être intéressés au rendement et se constituer un pécule, toutefois rarement suffisant pour acheter leur liberté et passer dans la catégorie des métèques : encore cette promotion ne délivrait-elle pas l'affranchi de toutes ses obligations vis-à-vis du maître qui restait son *prostatès*. Le cas de Pasion, employé de banque affranchi au tout début du IVᵉ s., puis reprenant l'affaire de son ancien maître et recevant plus tard la citoyenneté en remerciement de services rendus aux Athéniens, reste un cas exceptionnel de mobilité sociale. L'utilisation militaire des esclaves, sinon comme valets d'armes ou comme rameurs, semble exceptionnelle avant la guerre du Péloponnèse. Dans le cadre des *staseis* (guerres civiles) déclenchées par celle-ci, il y eut aussi quelques tentatives d'instrumentalisation politique des esclaves (ainsi à Corcyre en 427), et Thucydide enseigne que 20 000 d'entre eux s'enfuirent à la faveur de la guerre décélique (chapitre suivant). Mais à l'exception de cas bien spécifiques comme celui des hilotes de Messénie, on ne connaît guère de révoltes serviles en Grèce (pour l'époque hellénistique, cf. *infra*, chap. 23).

La présence des esclaves était sans doute trop diffuse et tout fugitif devait être dénoncé et restitué, d'où le grief des Athéniens contre les Mégariens à la veille de la guerre du Péloponnèse.

Depuis Solon, un citoyen ne pouvait normalement plus être asservi à Athènes et, au IVᵉ s., Platon défendra l'idée qu'aucun Grec ne devrait être réduit en servitude. Mais jamais le principe de l'esclavage ne fut sérieusement remis en question, car il était perçu comme une loi de nature, permettant elle-même de justifier une commodité pratique et économique. C'est ce que rappelle Aristote dans un passage célèbre du livre I de la *Politique* (I 3, 1253b - 7, 1255b) : après avoir admis que l'on se passerait d'ouvriers ou d'esclaves si les instruments pouvaient travailler d'eux-mêmes, il développe l'idée qu'il y a dans l'espèce humaine des individus aussi inférieurs aux autres que le corps l'est à l'âme ou que la bête l'est à l'homme ; chez ceux-là, l'emploi des forces corporelles est le meilleur parti qu'on puisse en tirer. Cela n'empêche pas Athènes de confier d'importantes responsabilités à des esclaves publics (*dèmosioi*), tels les vérificateurs de la monnaie dans une loi de 375/4, passibles de cinquante coups de fouet en cas de manquement, ce qui dénote leur condition servile[1]. La cité les employait également dans des tâches bureaucratiques et au service des organes de la démocratie (appariteurs divers, 300 archers scythes stationnés à l'Aréopage et assurant le maintien de l'ordre à l'Assemblée ou dans les tribunaux).

Aperçu sur l'économie

Métèques et esclaves ont avant tout une fonction économique dans la cité et soulèvent la question de la valeur du travail dans les sociétés grecques. L'idéal du citoyen oisif (*scholè*) se consacrant aux études et aux affaires publiques apparaît surtout comme une construction philosophique et

---

1. P. Brun, *Impérialisme et démocratie à Athènes. Inscriptions de l'époque classique*, 2005, nᵒ 94.

moraliste développée au IV⁰ s. : ainsi Aristote affirme-t-il dans la *Politique* que « la cité idéale ne fera pas de l'homme de métier un citoyen » (III 5, 1278a), car les travaux manuels ou rétribués ôtent à l'esprit tout loisir et toute élévation, indispensables à la vertu politique. Sparte avait pu dès avant mettre en pratique cet idéal grâce aux hilotes et aux Périèques, mais prioritairement au service des armes. Au début de la guerre du Péloponnèse, dans le célèbre discours que nous avons déjà évoqué au chapitre précédent (*Épitaphios*), Périclès insiste, lui, sur la nécessité de pouvoir concilier ses affaires avec celles de la cité, d'où la mise en place progressive des indemnités de participation (*misthoi*). La très grande majorité des citoyens athéniens s'occupaient de leur patrimoine et travaillaient d'une manière ou d'une autre : les comptes de construction de l'Érechtheion, sur l'Acropole, les montrent à la fin du siècle mêlés aux métèques et aux esclaves (le salaire de base tourne autour d'une drachme par jour, soit l'équivalent de la solde d'un hoplite en campagne). Une hiérarchie existait néanmoins entre ce qu'Hésiode considérait déjà comme l'activité noble par excellence, l'agriculture, et l'artisanat, plus ou moins bien vu selon les cités (Corinthe passait pour être la moins réprobatrice), et plus ou moins dégradant selon le degré de savoir-faire exigé, du *banausos* employé aux tâches les plus vulgaires, au *dèmiourgos* possédant une technique élaborée (la distinction entre artiste et artisan est d'ailleurs bien difficile à établir, tous deux étant avant tout détenteurs d'une *technè*). L'artisanat reste souvent familial et rural, mais on repère des quartiers spécialisés à Corinthe et à Athènes (ainsi les potiers au Céramique ou au sud-ouest de l'agora), sans qu'il faille y voir une ségrégation sociale : proximité des matières premières ou d'un cours d'eau nécessaires à la fabrication, tel l'Ilissos pour les tanneurs athéniens, débouché d'une route utile à l'acheminement des marchandises, comme celle reliant la ville au Pirée, sont des motivations plus évidentes. On évalue à moins d'un demi-millier le nombre des artisans potiers à Athènes. Le commerce, surtout celui de détail que pratiquent les *kapèloi* (boutiquiers), demeure en bas de l'échelle.

Nous l'avons dit, l'agriculture reste l'activité principale : selon certaines estimations, elle pouvait occuper jusqu'à 80 % de la population, avec de fortes disparités selon les cités (sans doute beaucoup moins à Athènes). Tandis qu'à Sparte, le *klèros* ordinaire aurait une superficie d'environ 18 ha, les plus grandes propriétés athéniennes, souvent morcelées, dépassent rarement la vingtaine d'ha, mais il peut s'y ajouter des biens outre-mer, dans le cadre de l'empire. La plupart se situent sans doute entre le lopin et une dizaine d'ha, un domaine de 3 à 6 ha suffisant selon certains à fournir le revenu nécessaire aux frais d'un hoplite. On observe peu d'évolutions dans les pratiques agricoles, sinon peut-être une extension de la surface cultivée aux dépens des vaines pâtures situées surtout dans les confins, appelés *eschatiai* (phénomène parfois qualifié de « colonisation intérieure »), et une tendance à la concentration foncière plus ou moins marquée selon les cités. Parmi les rares innovations, les spécialistes citent l'introduction de plantes fourragères telles que la luzerne, importée de Perse.

Le genre de vie est modeste. Seules les plus hautes classes se plaisent à entretenir des chevaux, signe extérieur de richesse tourné en dérision par Aristophane, et une culture matérielle plutôt sobre transparaît dans les stèles dites « des Hermocopides » parce qu'elles consignent, selon l'interprétation traditionnelle, les biens de ceux qui ont été condamnés pour avoir mutilé les Hermès en 415 (il semble en réalité qu'il faille plutôt y voir les saisies opérées contre les auteurs de l'autre grand scandale du moment, la parodie des Mystères d'Éleusis : voir chapitre suivant)[1]. La viande, notamment bovine, reste marginale dans l'alimentation : dans les calendriers de sacrifices de certains dèmes au début du IVᵉ s., on compte environ 6 ovins pour 1 bovin, et la consommation est estimée à 2 kg par personne et par an. Dans la législation solonienne, la valeur d'un mouton aurait été équivalente à celle d'un médimne (une bonne trentaine de kg) de blé, soit une drachme, mais dans le dernier tiers du Vᵉ s., un mouton

---

1. P. Brun, *Impérialisme et démocratie à Athènes. Inscriptions de l'époque classique*, 2005, n° 154.

s'achète au moins 10 dr. (de 2 à 5 fois plus pour un bœuf)
et le prix du blé est monté à 5-6 dr. Le vin s'échange normalement à moins de 10 dr. le métrète (un peu moins de
40 litres), mais peut atteindre la centaine pour certains crus,
tandis que le prix du métrète d'huile tourne autour d'une
quinzaine de dr. Il n'est pas impossible qu'une production
de type spéculatif se soit déjà développée dans certaines
cités, autour de denrées recherchées (huile et miel attiques ;
poissons séchés du Pont ; grain de Béotie et de Thessalie ;
vins de Lesbos, de Chios ou de Thrace). Certains produits
de l'artisanat étaient réputés également (étoffes de Milet, tis-
sus fins « d'Amorgos » dont sont confectionnées les petites
tenues affriolantes que possède la Lysistrata d'Aristophane).
Mais on hésite à parler de spécialisation ou de rationalisation, sinon pour l'exploitation minière (cf. les baux du Laurion et les techniques de raffinage du métal). Les ateliers
athéniens d'Hyperbolos (lampes), de Cléon (tannerie), de
Képhalos (armurerie), ou le système de production des
tuniques de laine que l'on entrevoit à Mégare, demeurent
apparemment exceptionnels. Sur ces divers points, le siècle
suivant apportera plus d'éclairages (*infra*, chap. 18).

L'autarcie est vue comme un idéal et les échanges en sont
le complément naturel. Entre primitivisme et modernisme,
la recherche actuelle tend à placer le monde grec classique
entre l'économie de consommation ou de subsistance, où
la demande précède et dépasse l'offre, et l'économie de
marché. Dans cette perspective, aux côtés d'Égine et de
Corinthe, plus actives en Occident, l'empire athénien paraît
avoir joué en Égée un rôle pionnier : citons le recul de la
piraterie, le développement des installations portuaires,
notamment au Pirée qui est perçu par les contemporains
comme un « *emporion* de la terre », la mise en place d'une
zone unifiée où se développe un véritable marché monétaire
dominé par les « chouettes », enfin des comportements nouveaux connus plus tard sous le nom d'*oikonomia attikè*, ou
manière attique de gérer son *oikos* (telle est l'étymologie du
mot *économie*). Cette dernière est représentée par Périclès,
dont Plutarque nous dit qu'il vendait en bloc toutes ses
récoltes avant d'acheter au fur et à mesure des besoins, en

tenant un compte rigoureux des dépenses et des recettes. Certains négoces pouvaient s'inscrire dans le cadre de conventions internationales. C'est ainsi que des traités conclus avec les rois de Macédoine concèdent aux Athéniens une position privilégiée pour importer du bois de marine, qui est l'une des richesses de la région ; en 411, Andocide, dont la famille était liée à celle du roi Archélaos, use probablement de ces facilités pour fournir en rames la flotte stationnée à Samos (*Sur son retour*, 11 ; cf. chapitre suivant). Les besoins militaires sont en effet l'un des principaux stimulants de l'activité, surtout dans un monde qui reste, de l'avis de la plupart, dominé par le primat du politique. Reprenons donc à présent le cours des événements du Vᵉ s.

Chapitre 13

LA GUERRE DU PÉLOPONNÈSE

Nous possédons ici un guide exceptionnel avec Thucydide, qui nous apprend « s'être mis au travail dès le début des hostilités, car il avait prévu que ce serait une grande guerre et qu'elle aurait plus de retentissement que tous les conflits antérieurs ». Mais s'il a connu l'issue de l'affrontement, Thucydide n'a pu achever son récit. À partir de l'année 411/0, Xénophon, avec ses *Helléniques*, prend le relais, et l'on dispose aussi de quelques pages d'Aristote sur la tyrannie des Trente, du résumé de Diodore et des biographies de Plutarque consacrées à Nicias, Alcibiade et Lysandre. Les comédies d'Aristophane donnent de précieux éclairages sur la société et l'opinion publique athéniennes, tandis que certains acteurs du temps ont laissé des discours, tel Andocide, impliqué dans la mutilation des Hermès en 415, Antiphon, l'un des principaux meneurs du coup d'État oligarchique de 411, ou le métèque Lysias, dont la famille fut victime des Trente en 404. Durant plus d'un quart de siècle (431-404), les Grecs, Sicile comprise, se déchirent autour de Sparte et d'Athènes, finalement vaincue et qui doit pour quelques mois renoncer à sa démocratie. Mais dans le fond, c'est l'ensemble du monde des cités qui ressort affaibli de ce que certains spécialistes considèrent comme la première guerre totale de l'Histoire.

Les causes

Parmi les prodromes de la guerre, trois événements ressortent, impliquant surtout deux cités alliées de Sparte menacées dans leurs intérêts économiques : Corinthe, puissance

maritime et commerciale en concurrence avec Athènes, et
Mégare, qui a rejoint le camp spartiate peu avant la paix de
446. Il y eut tout d'abord l'affaire d'Épidamne, colonie
mixte de Corcyre et de Corinthe en proie à la guerre civile
et à l'hostilité des barbares du voisinage, qui sollicita l'aide
de Corinthe. Celle-ci, elle-même métropole de Corcyre mais
en froid avec elle, saisit l'occasion de reprendre l'initiative
dans cette région. Les Corcyréens conclurent alors avec
Athènes une alliance défensive et, lors de la bataille navale
des îles Sybota (au sud-est de Corcyre), la flotte corinthienne
victorieuse ne put pousser son avantage en raison de la présence d'une escadre athénienne (433). Peu après, la cité de
Potidée, membre de la ligue de Délos mais aussi colonie de
Corinthe avec laquelle elle était restée très liée, entra ouver-
tement en rébellion contre Athènes, qui avait exigé d'elle
qu'elle détruisît une partie de ses murailles et livrât des
otages (433/2) : les Athéniens durent entreprendre alors un
siège qui dura près de trois ans (432-430/29) et leur coûta
plus de 2 000 talents, siège au terme duquel les Potidéates
furent expulsés et une colonie athénienne installée. Enfin,
Athènes vota en 432 (ou peu auparavant) un décret interdisant aux Mégariens les marchés de l'Attique et les ports de
la ligue, au double motif qu'ils accueillaient des esclaves
fugitifs et avaient mis abusivement en culture des terrains
frontaliers indivis ou consacrés et de ce fait frappés d'interdit.

Poussées à bout, Corinthe et Mégare pressèrent donc les
Spartiates d'intervenir, tandis que les Athéniens prônaient le
recours à l'arbitrage, conformément aux conventions de
446/5. L'Assemblée de Sparte, où le roi Archidamos, partisan de la paix, s'opposa à l'éphore Sthénélaïdas, soutenant
la position contraire, vota finalement la guerre, par peur de
voir la ligue péloponnésienne se désagréger et de perdre du
même coup l'indispensable contrôle sur la Messénie et les
hilotes. En droit, les Athéniens ne sont donc pas responsables du conflit, mais on ne peut que suivre Thucydide
quand il considère les faits exposés plus haut comme secondaires et voit « la cause la plus vraie » (*alèthestatè propha-
sis*) de cette guerre, inévitable à ses yeux, dans la crainte

qu'inspirait l'expansion démesurée d'Athènes, qui rompait les équilibres et mettait Sparte en porte à faux vis-à-vis de ses alliés. Quant à Périclès lui-même, outre qu'il désirait peut-être détourner l'attention des scandales frappant son entourage (*supra*, chap. 11), il se rendit apparemment coupable de quelques erreurs d'évaluation dans sa politique agressive envers Corinthe. C'est en tout cas lui qui fit repousser par les Athéniens l'ultimatum qu'adressèrent les Spartiates à l'hiver 432/1 (retrait de Potidée, abrogation du décret mégarien, respect de l'autonomie des Grecs, notamment celle des Éginètes).

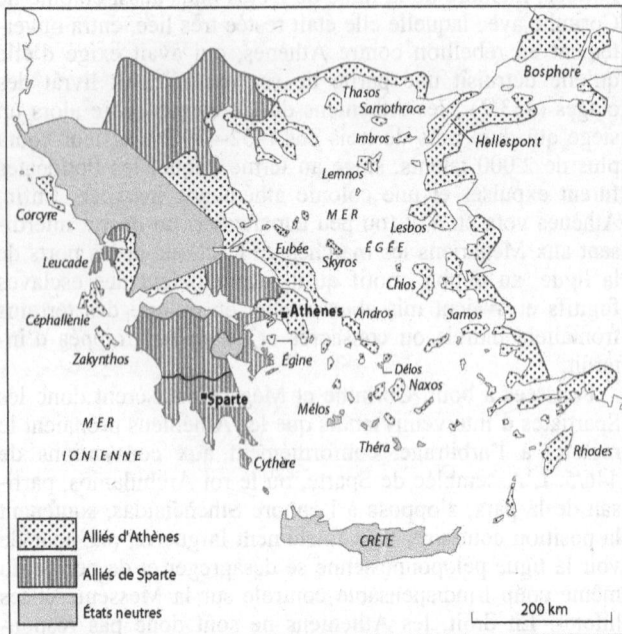

Carte 9. La guerre du Péloponnèse, alliances en 431.

Forces en présence et stratégies

Dans toute guerre, les ressources déterminent en grande partie les stratégies : en l'occurrence, les deux blocs qui s'affrontent sont en tous points différents. Sparte et ses alliés disposent de plusieurs dizaines de milliers d'hoplites et de l'excellente cavalerie béotienne, mais n'ont qu'une centaine de trières, notamment de Corinthe et d'Ambracie. Ils manquent de ressources en argent, d'où des projets d'emprunts à Delphes et à Olympie, et de cohésion dans les choix et le commandement, ainsi que le souligne Périclès. Ce dernier impose en revanche une stratégie claire et cohérente, inspirée de Thémistocle. Athènes ne dispose que de 13 000 hoplites et de 1 200 cavaliers, plus les réservistes, mais elle détient de grosses richesses en argent (réserve de 6 000 talents monnayés sur l'Acropole, rentrée annuelle de 600 talents notamment grâce au *phoros*, 500 talents d'or ou argent en objets et offrandes diverses empruntables aux sanctuaires, etc.), et une flotte de 300 trières sans égale en Méditerranée.

Sans doute extrapolée des anciennes dières à deux rangs superposés de rameurs (jusqu'à une centaine) et mise au point au VIe s. (rôle respectif des Phéniciens, des Corinthiens et des Samiens ?), la trière constituait déjà le fer de lance des escadres engagées dans la seconde guerre médique. Mais comme l'explique Thucydide, tous manquaient alors de l'expérience et de la dextérité requises pour en tirer le meilleur parti. C'est la guerre du Péloponnèse qui fournit à ce formidable navire l'occasion de donner sa pleine mesure et il faut s'y attarder quelques instants ici. Sa conception et son maniement sont très complexes, comme l'ont montré les diverses tentatives de reconstitution, demeurées longtemps infructueuses, avant qu'un exemplaire ne soit finalement reconstruit : on peut aujourd'hui le voir naviguer de temps à autre dans le golfe Saronique. À bord prennent place environ 170 rameurs sur trois rangs (de haut en bas, thranites, zygites ou zeugites à ne pas confondre avec la classe censitaire athénienne homonyme, et thalamites), une quinzaine d'officiers et hommes d'équipage, nécessaires notamment pour la manœuvre des deux mâts et des voiles, qui permettent

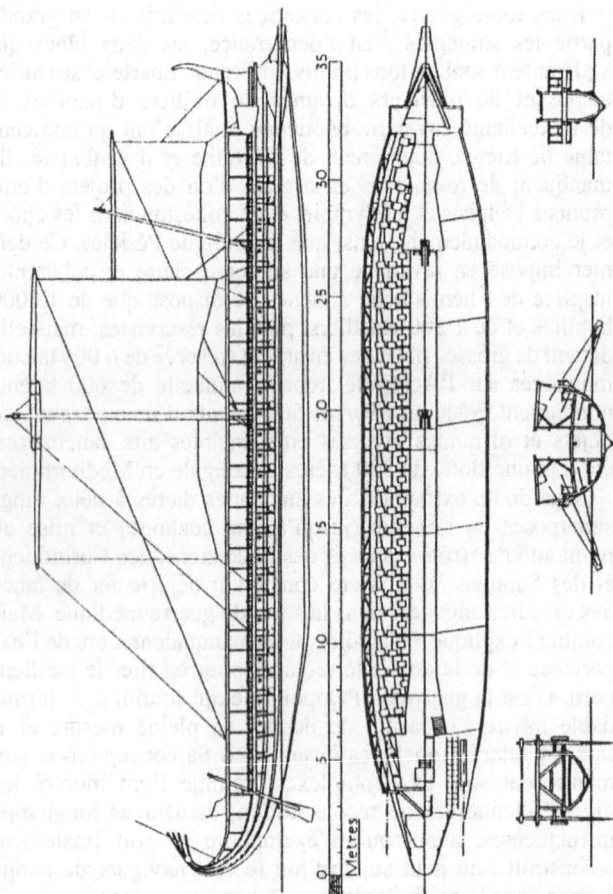

Fig. 16. Plans d'une trière athénienne (J. S. Morrison, J. F. Coates, *The Athenian Trireme*, Cambridge University Press, 1986, fig. 62).

une navigation au portant mais que l'on dépose avant un engagement, enfin une dizaine d'hoplites embarqués, appelés « épibates », plus quelques archers. Le commandement est assuré par un triérarque, dont la liturgie (triérarchie) consiste aussi à assurer une bonne partie des frais d'équipement et de la solde. Les Athéniens sont passés maîtres dans la construction et dans l'utilisation de ces navires. Relativement fragiles (même s'ils peuvent rester en service plus de dix ans, moyennant un bon entretien, ils ne donnent le meilleur de leurs performances que quelques années), mais racés (environ 35 m de long pour 5 m de large et de hauteur), ces derniers ont un faible tirant d'eau (inférieur à 2 m). Leur mauvaise stabilité exige donc une mer calme, mais leur vitesse (de 5 à près de 9 nœuds en pointe) et leurs capacités manœuvrières les rendent redoutables entre les mains d'équipages entraînés, surtout au maniement des rames (plus de 4 m de long). La rapidité des conversions (*anastrophai*), mise au service de tactiques savamment préparées, comme le *périplous* (manœuvre enveloppante ou tournante) ou le *diekplous* (percée), assure aux escadres athéniennes une indiscutable supériorité au combat, tandis que l'empire égéen fournit des rameurs et toutes les infrastructures requises par les escales, indispensables pour la relâche quotidienne et le ravitaillement des milliers d'hommes entassés à bord. Périclès persuade donc ses compatriotes de tout miser sur cet incomparable atout : Athènes, dont l'essentiel du ravitaillement vient de la mer, deviendra littéralement une île, la population se retranchant derrière l'enceinte urbaine et les Longs-Murs pendant les incursions de l'ennemi sur le territoire ; on évitera un engagement terrestre majeur dans lequel le camp adverse aurait la supériorité, tout en menant des raids de harcèlement contre le Péloponnèse. Outre cette opposition fondamentale dans les moyens militaires et les conceptions stratégiques, Thucydide insiste sur le contraste des caractères entre des Lacédémoniens temporisateurs et timorés, et des Athéniens novateurs, vifs et entreprenants : cela aussi explique les options retenues par chaque camp.

Les événements

Il n'est pas possible ici de rapporter tous les épisodes du conflit, que nous envisagerons comme un tout, conformément à la conception de Thucydide. Trois grandes phases se laissent néanmoins distinguer : la guerre dite « archidamique » jusqu'à la « Paix de Nicias » (431-421), la paix armée et l'expédition de Sicile (421-413), enfin la guerre dite « décélique » et l'effondrement final d'Athènes (413-405).

La première phase des opérations, parfois appelée aussi « guerre de dix ans », tire son nom du roi de Sparte, Archidamos. Le premier acte de guerre est l'attaque de Platées, vieille alliée d'Athènes en Béotie, par les Thébains. C'est un échec et ces derniers, assistés des Péloponnésiens, ne prendront et raseront la ville qu'en 427, au terme d'un siège de deux ans, mettant à mort les hommes et réduisant en esclavage le reste de la population, dont une bonne partie avait toutefois été évacuée par les Athéniens après la première tentative thébaine. De leur côté, les Athéniens expulsent les Éginètes de leur île dès 431 et s'y installent (les Éginètes furent accueillis dans le Péloponnèse). Mais l'essentiel se déroule chaque année (hormis en 429 et en 426) en Attique : selon les usages archaïques, les hoplites péloponnésiens envahissent le territoire à la belle saison, lui causant des dommages dont l'ampleur est malaisée à évaluer, mais sans doute plus limitée qu'on ne l'a longtemps pensé, sinon sur les esprits. En effet, Périclès a apparemment sous-estimé l'attachement des Athéniens à leur terre et surtout les risques sanitaires liés à l'entassement de la population dans l'*asty* et l'espace étroit menant au Pirée : une épidémie qualifiée de peste, mais qui fut plus probablement une fièvre typhoïde, fait des ravages dès 430. Un temps contesté et mis à l'amende, Périclès est finalement réélu stratège mais meurt lui-même de la maladie (429).

Conformément à ses plans, les Athéniens réalisent plusieurs raids sur les côtes du Péloponnèse et leur stratège Phormion, avec des effectifs pourtant très inférieurs, remporte dans les eaux de Naupacte un succès spectaculaire qui fragilise encore un peu plus le moral des escadres ennemies (429). Une révolte est réprimée à Mytilène (Lesbos), dont les remparts sont détruits et une bonne partie des revenus du sol attribués à des clérouques, tandis qu'éclate la terrible guerre civile de Corcyre, entre démocrates soutenus par Athènes et oligarques appuyés par Sparte : premier exemple, minutieusement analysé par Thucydide qui y voit le début d'une épidémie d'un autre genre, des effets dévastateurs du conflit en cours sur les affaires intérieures des cités, dont beaucoup resteront durablement déstabilisées (427-425). En 426, le stratège athénien Démosthénès essuie un échec cuisant face aux farouches Étoliens, dont les soldats armés à la légère s'accommodent mieux que les hoplites des reliefs boisés de l'Étolie. La même année, Sparte renforce sa position dans la région des Thermopyles en y fondant Héraclée Trachinienne. En 425, Démosthénès obtient une revanche importante en établissant un point fortifié à Pylos, en Messénie, d'où il sera aisé de susciter des soulèvements d'hilotes. Les hoplites envoyés par Sparte pour réduire cette tête de pont se retrouvent pris au piège sur l'îlot de Sphactérie et sont contraints à la capitulation par Cléon, qui devient alors l'homme politique en vue à Athènes. L'événement est d'un très grand retentissement : les Grecs ne reconnaissent pas là l'héroïsme des combattants des Thermopyles et le prestige de Sparte s'en trouve fortement affecté, sans compter la lourde perte militaire et démographique (120 *Homoioi* prisonniers d'Athènes). Cythère, prise en 424, constitue une autre base d'opérations pour déstabiliser Lacédémone et ses dépendances territoriales.

Mais les Athéniens, qui paraissaient avoir pris là un avantage décisif, subissent coup sur coup deux revers durant l'hiver 424/3. D'une part les Thébains qui, sous la conduite du béotarque Pagondas, ont donné à leur phalange une profondeur inusitée, écrasent l'armée athénienne en rase campagne, à Délion, en Béotie. D'autre part le Spartiate Brasidas réussit l'exploit de traverser toute la Grèce avec une troupe composée de 1 000 mercenaires péloponnésiens et de 700 hilotes ainsi éloignés de Laconie ; il obtient la reddition d'Amphipolis que Thucydide, alors stratège, n'a pu empêcher, arrivé

Carte 10. La guerre du Péloponnèse, principales opérations en Égée.

trop tard avec la petite escadre basée à Thasos (cet échec lui vaut son exil). L'équilibre est donc rétabli entre les deux camps et, après une trêve d'un an conclue en 423, la mort simultanée, l'année suivante, des deux chefs les plus entreprenants, Cléon et Brasidas, devant Amphipolis, fait naturellement le lit de la paix. Athènes a vu fondre ses réserves en argent : en 428/7, 200 talents d'impôt exceptionnel, l'*eisphora*, sont levés ; en 426/5, le décret de Cléonymos impose des règles plus strictes pour la perception du *phoros*, ordonnant notamment aux cités de désigner des collecteurs du tribut et prévoyant pour les contrevenants des procès en trahison devant les instances athéniennes ; en 425/4, le montant du *phoros* est approximativement triplé[1]. À cela s'ajoutent les fortes ponctions opérées par les épidémies et les combats sur les effectifs des citoyens, la lassitude de la population et la rancœur des paysans déracinés, dont Aristophane se fait l'écho. Quant à Sparte, elle tient à récupérer les hommes capturés à Sphactérie et à se prémunir contre les soulèvements d'hilotes. Conclue en 421, la paix dite « de Nicias » (nom du principal négociateur athénien, qui s'était déjà opposé au démagogue belliciste Cléon) prévoyait notamment la restitution des prisonniers et des places conquises, spécialement un échange Pylos-Amphipolis. Aux alliés d'Athènes, elle garantissait l'autonomie et un retour au tribut d'Aristide. Sa durée prévue était de cinquante ans, moyennant des renouvellements annuels, mais outre les Éléens (gens d'Élis, au nord-ouest du Péloponnèse), les Béotiens, les Corinthiens et les Mégariens refusèrent de jurer. Ces abstentions suggèrent qu'Athènes sortait de la première phase du conflit en position avantageuse, puisque Sparte n'était pas parvenue à consolider sa place d'*hègémôn* au sein de son alliance, alors que c'était manifestement pour cette raison avant tout qu'elle avait en 432 cédé aux sollicitations pressantes de ses alliés.

Sans aucun doute, tout cela n'était qu'une pause tactique et bien des clauses du traité restèrent lettre morte (cf. les restitutions d'Amphipolis et de Pylos, que Sparte ne récupérera qu'en 410/9 ; le réajustement du *phoros* fut inégal selon les alliés). De fait, cette période de « paix » donne lieu en réalité aux opérations les plus spectaculaires du conflit : c'est donc bien comme la deuxième phase de la guerre du Péloponnèse qu'il faut la concevoir. Les deux grandes cités s'emploient à mettre de l'ordre dans leur camp respectif. Sparte est aux prises avec des manœuvres d'Argos, neutre depuis le début, mais qui obtient une alliance défensive l'unissant à Athènes, Mantinée et Élis (419). Quoique ce traité ne soit pas formellement en contradiction avec la paix

---

1. Thucydide III, 19 ; P. Brun, *Impérialisme et démocratie à Athènes. Inscriptions de l'époque classique*, 2005, nᵒˢ 17 et 20.

de 421, la situation devient de plus en plus instable dans le Péloponnèse : dès l'année suivante a lieu la bataille de Mantinée qui est aussi, par les effectifs engagés, la plus importante de toute la guerre. C'est un succès complet pour Sparte qui redore ainsi son blason, terni depuis l'affaire de Pylos (le petit contingent athénien échappe de peu à l'anéantissement et les deux stratèges sont tués). De son côté, Athènes ne parvient pas à récupérer Amphipolis mais réduit Mélos, île dorienne qui refusait de se soumettre et dont le territoire avait déjà été saccagé en 426 : tous les habitants en âge de porter les armes y sont exécutés, les femmes et les enfants réduits en esclavage et 500 colons athéniens installés dans l'île (416). Thucydide a composé un dialogue justement resté célèbre, qu'il place dans la bouche des stratèges athéniens et des autorités de Mélos avant le dénouement : la loi du plus fort, qui est aussi celle de la nature des hommes et des dieux, y est réaffirmée avec un rare cynisme.

C'est que les démagogues et tenants de l'impérialisme à tout va ont repris le dessus à Athènes, en la personne d'Alcibiade, qui avait déjà été le promoteur de l'alliance avec Argos. Alcibiade, neveu de Périclès qui fut son tuteur, est un disciple de Socrate, mais nos sources le présentent surtout comme un aristocrate flambeur, ambitieux et dépourvu de scrupules. En 415, il s'oppose à Nicias, porte-parole des modérés, et persuade les Athéniens de s'en prendre à la Sicile, projet qui apparaît avec le recul comme une folie, contraire en tout cas aux recommandations de Périclès, qui avait promis la victoire aux Athéniens à condition qu'ils se contentent de l'empire existant et ne lancent pas la cité dans des aventures inconsidérées. Alcibiade renchérit au contraire sur la nécessité de s'accroître toujours davantage : « Nous sommes désormais dans une telle situation qu'il nous faut à la fois préparer de nouvelles conquêtes sans rien abandonner, car nous serions en danger de tomber sous domination étrangère, si nous cessions nous-même de dominer[1]. » On se souvient qu'Athènes avait noué dès avant la guerre divers contacts diplomatiques avec des cités de Sicile et de Grande-

---

1. Thucydide VI, 18.

Grèce, où elle avait en outre établi une colonie, Thourioi (*supra*, chap. 11). En 427, elle avait déjà envoyé en Sicile une vingtaine de navires pour une expédition que Thucydide présente comme exploratoire : officiellement, il fallait alors secourir la cité de Léontinoi, que les Athéniens épaulèrent trois années durant. Cette fois, c'est Égeste (ou Ségeste), en guerre contre Sélinonte, qui en appelle aux Athéniens, dont elle est l'alliée depuis 418/7 au moins ; ceux-ci projettent en réalité de faire main basse sur de nouvelles ressources tout en privant les Péloponnésiens d'une aide possible, spéciale-ment Corinthe, métropole de Syracuse et qui pourrait en obtenir un précieux appui. Les préparatifs sont considé-rables : une centaine de trières dont quarante sont armées en cargos (l'une est dite « hippagogue », transport de chevaux), plus de 2 000 hoplites, auxquels se joindront des détache-ments alliés. En une page célèbre, Thucydide décrit le départ de cette expédition, « spectacle extraordinaire, qui témoi-gnait d'une ambition à peine croyable » (VI, 31-32) : Athènes est prise de démesure, à l'image d'Alcibiade, lui-même rattrapé peu après par sa propre *hybris*. Deux scan-dales éclatent en effet à ce moment : des statues d'Hermès placées aux carrefours sont retrouvées mutilées et l'on apprend que, lors de réunions secrètes, les Mystères d'Éleu-sis (cf. au chapitre précédent) ont été parodiés. Soupçonné à tort ou à raison, Alcibiade, que l'on a d'abord laissé partir, est rappelé à Athènes mais parvient à s'esquiver et finit par trouver refuge à Sparte.

C'est donc sous le commandement de Nicias et de Lama-chos que les Athéniens mettent le siège devant Syracuse, après une traversée qui les a conduits de Corcyre aux côtes de l'Italie méridionale. Mais les craintes de Nicias, demeuré seul après la mort au combat de Lamachos, se réalisent bien vite : les troupes s'avèrent insuffisantes, d'autant que les alliés siciliens n'apportent pas l'aide escomptée. En outre Syracuse, secondée par des renforts péloponnésiens sous les ordres du Spartiate Gylippe, se révèle un adversaire redou-table, qui présente d'ailleurs bien des points communs avec Athènes (démocratie, traditions navales : flotte d'au moins 80 trières), et l'on doit constater ici la profonde méconnaissance des réalités siciliennes par les Athéniens. Malgré l'envoi de renforts substantiels commandés par Démosthénès, ceux-ci échouent dans leur tentative de circonvallation sur le plateau des Épipoles, qui domine Syracuse. Par suite d'une série d'erreurs de leurs généraux (atermoiements et crainte superstitieuse de Nicias après l'éclipse de lune du 27 août 413, qui paralysa l'armée), ils se retrouvent pris au piège dans le Grand Port, comme s'ils n'avaient pas retenu la leçon qu'ils avaient jadis eux-mêmes donnée au Grand Roi dans le réduit de Salamine. Après la capitulation, Démosthénès et Nicias sont exécutés et, sur les milliers d'Athéniens emprisonnés dans les carrières de Syracuse, les Latomies, bien peu purent rentrer à Athènes (413). Ce gâchis constitue le tournant de la guerre, comme l'a bien mis en évidence Thucydide, qui y a consacré deux livres entiers : désormais, ce sont les trières syracusaines qui croiseront en Égée aux côtés de leurs alliés péloponnésiens.

L'aide apportée par ces derniers à Syracuse avait déjà sonné le glas de la paix et marquait le début de la dernière phase du conflit, parfois appelée « guerre décélique » ou « guerre d'Ionie », d'après les deux principaux fronts ouverts. De fait, dès 413, sur les conseils d'Alcibiade, le roi de Sparte, Agis, harcèle de nouveau l'Attique, mais désormais sans interruption saisonnière, à partir de la base fortifiée de Décélie. Les effets se font vite sentir : toutes les terres et le bétail sont perdus, 20 000 esclaves ont déserté, le ravitaillement depuis l'Eubée est fortement perturbé, l'exploitation des mines du Laurion compromise. Pour suppléer provisoirement le tribut (celui-ci sera encore épisodiquement levé par la suite), une taxe du vingtième (5 %) sur le commerce maritime est instituée. Mais Athènes est aux abois, comme le souligne Thucydide : « Ce n'était plus une cité, mais une forteresse » (VII, 28). Avec l'auteur, on ne peut néanmoins que s'étonner de l'énergie et de la résistance exceptionnelles des Athéniens, qui vont tenir ainsi plus d'une demi-douzaine d'années. La situation s'aggrave encore quand les Spartiates entreprennent de détacher d'Athènes les cités d'Ionie (Chios, Milet, etc.), avec l'aide financière des satrapes concurrents Pharnabaze et surtout

Tissapherne, auprès de qui l'on retrouve Alcibiade, qui a perdu son crédit à Sparte (il a eu une liaison scandaleuse avec la femme d'Agis, Timaia). Les Athéniens parviennent à endiguer la vague de sécessions en envoyant une forte escadre soutenir la démocratie nouvellement établie à Samos (412/1).

Mais c'est sur le front politique que ce corps expéditionnaire s'illustre d'abord. En effet, tandis qu'à Athènes les oligarques ont renversé la démocratie en vue de conclure la paix, constituant un nouveau Conseil de 400 membres, abolissant les *misthoi* et ne laissant leurs pleins droits de citoyens qu'aux 5 000 capables de supporter les frais d'un équipement d'hoplite, Thrasybule et quelques autres entraînent les marins de Samos dans la mutinerie, jurant de rester fidèles à la démocratie et de poursuivre la guerre. Image saisissante d'une cité coupée en deux, en une *stasis* qui voit rapidement s'imposer la démocratie des rames : la vraie Athènes est là où sont ses trières, d'autant qu'Alcibiade, après avoir encouragé le mouvement oligarchique, s'est rapproché de Thrasybule, comprenant que c'est pour lui le meilleur moyen de revenir aux affaires (411). La déroute d'une autre escadre à Érétrie et la perte de l'Eubée précipitent la chute des Quatre-Cents. Après un bref intermède assuré par les Cinq-Mille, la démocratie est rétablie et, conséquence de la crise politique, la codification des lois confiée à une commission d'*anagrapheis*, à qui est due notamment la réédition de la loi de Dracon sur l'homicide et d'une partie révisée de la législation solonienne (*supra*, chap. 9). Sparte, mal soutenue par Tissapherne, dont le jeu personnel s'avère bien ambigu, n'a pas su profiter de l'occasion. Plusieurs succès dans la région des Détroits, notamment trois belles victoires navales à Kynos Sèma et à Abydos (411) puis au large de Cyzique (410), permettent à Athènes de recouvrer ses positions (Byzance, qui a fait défection en 411, ne sera toutefois reprise par Alcibiade qu'en 408). Ravitaillement et revenus sont de nouveau assurés : une taxe de 10 % sur les transports sortant du Pont est alors prélevée dans la région de Chalcédoine. Dans l'euphorie, les Athéniens repoussent des ouvertures de paix venant de Sparte et le démagogue

Cléophon, un fabricant de lyres, se distingue en instaurant la diôbélie (probablement une allocation de deux oboles qui sera versée jusqu'en 406 environ aux citoyens nécessiteux). En 407, Alcibiade est triomphalement accueilli à Athènes, lavé des accusations qui pesaient sur lui depuis 415 et élu stratège avec les pleins pouvoirs.

Alors que les Athéniens se retrouvent de nouveau, contre toute attente, en position favorable, deux faits changent profondément la donne. Darius II (Grand Roi depuis 424/3), désireux de reprendre le contrôle des côtes d'Asie Mineure, y envoie son fils Cyrus le Jeune, qui conclut une alliance cette fois sans ambiguïté avec Sparte. De son côté, celle-ci a désigné un navarque de grande valeur, Lysandre, qui renforce la flotte grâce aux ressources mises à sa disposition par Cyrus. Au printemps 406, il remporte la bataille navale de Notion (Ionie), en l'absence d'Alcibiade. Relevé de son commandement, ce dernier se rend en Thrace, d'où il tentera un dernier baroud d'honneur peu avant Aigos Potamoi (ci-dessous) ; il trouvera ensuite asile auprès de Pharnabaze, qui le fera néanmoins mettre à mort quelque temps plus tard. Cependant, Lysandre ayant achevé son mandat annuel, son successeur Callicratidas est vaincu aux îles Arginuses (au sud-est de Lesbos), où les Athéniens, en un ultime sursaut (cf. les monnayages d'or et d'argent fourré de bronze), ont envoyé 110 trières avec tous les hommes disponibles, sans distinction de classe (été 406). Mais à la suite de manœuvres orchestrées notamment par l'oligarque modéré Théramène, les généraux vainqueurs sont à leur retour accusés de haute trahison (*eisangélia*) et condamnés à mort pour le motif qu'ils n'ont pas recueilli leurs naufragés après la bataille. En réalité, une tempête les en a empêchés et c'est bien plutôt la démocratie athénienne qui donne alors l'image d'un bateau ivre, se privant de ses derniers officiers de valeur et transformant la victoire en défaite, amère autant qu'absurde. Les remords qui s'ensuivent ne changent rien à l'affaire et Cléophon fait rejeter une nouvelle proposition de paix lacé-démonienne. Lysandre, désormais officiellement *épistoleus*, c'est-à-dire commandant en second faisant fonction de secré-taire, mais en réalité véritable chef des opérations, parvient finalement à surprendre au mouillage l'escadre athénienne à Aigos Potamoi, en Chersonèse (405).

Ce qui restait de l'empire s'effondre alors. Seuls les Samiens résistent et, fait exceptionnel (seuls les Platéens avaient bénéficié de pareille mesure au début du conflit), les Athéniens leur accordent la citoyenneté collectivement, au cas où ils seraient contraints d'abandonner leur cité et souhaiteraient s'installer à Athènes[1]. Puis les Athéniens eux-mêmes, affamés derrière leurs murailles, tentent de négocier avec Agis et Lysandre, notamment par l'intermédiaire de Théramène. Les tractations durent tout l'hiver 405/4. Finalement, tandis que Thèbes et Corinthe demandaient la destruction d'Athènes, les Spartiates, peut-être un peu par souvenance des exploits jadis accomplis en commun contre les Barbares, mais surtout pour ne pas laisser dans la région les coudées trop franches à ces deux cités, se contentèrent d'imposer une alliance (« mêmes amis et ennemis »), la livraison de tous les navires sauf douze, et la démolition des Longs-Murs, « que l'on sapa au son des flûtes, avec un enthousiasme extrême, s'imaginant que ce jour inaugurait pour la Grèce une ère de liberté », note Xénophon avec un soupçon d'ironie (*Helléniques*, II 2, 23).

Dans l'immédiat, les conséquences les plus lourdes sont politiques. En effet, l'accord prévoit aussi le retour à la « constitution des ancêtres » (*patrios politeia*), concept vague, mais que Lysandre, qui laisse un harmoste (gouverneur) avec une garnison à Athènes, conçoit comme une oligarchie, à l'image des régimes installés alors dans toutes les cités « libérées ». Celle-ci est entre les mains des Trente, dont les deux principaux meneurs sont Théramène et Critias, ancien disciple de Socrate et parent de Platon. Au dire de Xénophon, les débuts sont plutôt satisfaisants : les Trente, dont l'un des premiers actes fut d'annuler les lois d'Éphialte (*supra*, chap. 11) et de rétablir l'Aréopage dans ses anciennes prérogatives, s'en prennent aux sycophantes (« dénonciateurs

---

1. J. Pouilloux, *Choix d'inscriptions grecques*[2], 2003, n° 23-24 (autre traduction commentée chez P. Brun, *Impérialisme et démo-cratie à Athènes. Inscriptions de l'époque classique*, 2005, n° 31-32).

de figues » et, par suite, « délateurs », le terme remontant
selon Plutarque aux lois de Solon sur les exportations), qui
empoisonnaient l'existence des Athéniens. Puis les extré-
mistes, conduits par Critias, évincent les modérés dont le
chef, Théramène, est mis à mort. Violences, règlements de
comptes sanglants et proscriptions se succèdent alors, touchant spécialement les métèques (cf. les péripéties parfois
rocambolesques narrées par Lysias dans le *Contre Ératosthène*), jusqu'à ce qu'une petite troupe de démocrates
conduits par Thrasybule reprenne l'initiative, s'emparant de
la forteresse de Phylè, au nord-ouest de l'Attique, avant de
croître rapidement et d'être en mesure de libérer le port et
la ville (404-403). L'amnistie est votée, sauf contre les survivants des Trente tyrans (les derniers seront éliminés en 401,
quand Éleusis, où ils s'étaient établis, est réintégrée à la
cité). Sparte, malgré l'opposition de Lysandre qui est alors
en butte à l'hostilité du roi Pausanias, soucieux de limiter
son autorité, ferme les yeux sur la restauration de la démocratie.

Les conséquences de la guerre

La Grèce sort profondément marquée de ce quart de
siècle : certaines transformations étaient sûrement amorcées
dès avant mais, à tout le moins, la guerre a accéléré les
processus. Dans le domaine militaire tout d'abord : tandis
que les techniques de siège, malgré quelques progrès, ont
une nouvelle fois montré leurs limites, il est désormais
acquis qu'il n'est pas de victoire possible sans maîtrise
de la mer, ce qui confirme une fois encore la justesse des
vues de Thémistocle. En faisant d'Athènes une thalassocratie, ce dernier a indirectement contraint les Lacédémoniens
à suivre le mouvement, même s'il fallut attendre l'or perse
et Lysandre pour leur faire franchir le pas décisif dans ce
domaine. Sur terre, l'affrontement des phalanges reste la
reine des batailles, mais la cavalerie et surtout les troupes
légères ont gagné en crédit. C'est notamment pour nourrir
les rangs de ces dernières que se recrutent les mercenaires,

barbares ou Grecs déracinés par des années de campagnes, en quête d'un engagement et d'une armée qui tiendra lieu de patrie : quoique Xénophon s'en défende dans L'Anabase, les Dix-Mille qui cheminent avec lui à travers les contrées asiatiques en 401-400 appartiennent bien à cette catégorie (infra, chap. 15). C'est donc la figure du soldat-citoyen qui se trouve ébranlée, tandis que la spécialisation croissante des tâches militaires amorce un début de professionnalisation au sommet également : les généraux abandonnent peu à peu l'assemblée aux orateurs de métier. Plus généralement, les atrocités commises par les deux camps durant cette guerre ont porté un rude coup au code hoplitique qui, il est vrai, avait apparemment déjà connu bien des entorses précédemment.

Il demeure difficile d'évaluer les pertes humaines et de mesurer l'impact de la guerre sur la démographie. Le nombre des citoyens athéniens aurait par exemple diminué de moitié par rapport à 431. Quant à l'exode rural, on tend aujourd'hui à en minorer l'ampleur, même si la population urbaine, souvent misérable, a manifestement connu un accroissement relatif. Là encore, ces phénomènes sont surtout illustrés à Athènes où, dans un contexte d'appauvrissement global, l'artisanat a pu profiter de ces transferts : tel pourrait être le destin d'Euthéros, à qui Xénophon fait dire que, dépossédé de son patrimoine, il est désormais « forcé de travailler de ses mains pour se procurer le nécessaire » (Mémorables II, 8). Bien des fortunes semblent avoir à peu près disparu, comme celle de Nicias, qui possédait 1 000 esclaves loués aux concessionnaires des mines du Laurion, ou celle d'Alcibiade qui, au temps de sa splendeur, dépensait sans compter pour faire courir ses attelages dans les concours panhelléniques. Parallèlement sont apparus des néoploutoi (nouveaux riches) et le personnel politique s'en est trouvé renouvelé, dès la première phase de la guerre : le « tanneur » Cléon puis le fabricant de lampes Hyperbolos, qui fut le dernier ostracisé (417 ou 416 ?), deviennent des prototypes du démagogue haï et raillé par les modérés, tels Thucydide ou Aristophane. L'aristocratie foncière n'est plus seule détentrice du pouvoir, la fortune, quelle que soit son

origine, prend le pas sur la naissance, et le point commun
des nouvelles générations semble être le souci plus marqué
de leurs intérêts privés : le respect de l'individu, vanté par
Périclès dans l'*Épitaphios*, se teinte d'individualisme. Les
tribulations d'un Andocide, membre du prestigieux *génos*
des Kèrykes (ou autre), banni et ruiné après les scandales de
415, qui se refait dans le commerce maritime (*supra*,
chap. 12) avant de recouvrer ses droits de citoyen puis de
connaître à nouveau l'exil, illustrent assez bien les désarrois
du temps et les évolutions en cours.

Le champ politique et social conserve donc lui aussi les stig-
mates du conflit : la guerre civile, souvent utilisée à leur profit
par les belligérants, a étendu ses ravages dans à peu près toutes
les régions. Athènes elle-même a fini par vaciller, perdant dans
la restauration de 403 une occasion d'ouvrir et de renouveler
son corps civique. En effet, pour éviter que des esclaves n'en
bénéficient, on attaque en illégalité (*graphè paranomôn*) le
décret de Thrasybule donnant le droit de cité à ceux qui
s'étaient battus pour que fût rétablie la démocratie (seuls
quelques-uns, ralliés à Phylè, seront apparemment inscrits,
d'autres ne bénéficiant que de l'isotélie, ou égalité des charges
fiscales[1]). Le décret de Phormisios, prévoyant de retirer la
citoyenneté à ceux qui ne possédaient pas de bien foncier (seulement 5 000), est pareillement rejeté, tandis que la loi de
Périclès réservant la qualité de citoyens aux seuls enfants de
père et de mère athéniens, qui avait été suspendue durant la
guerre, est remise en vigueur et rigoureusement appliquée (des
peines sévères seront bientôt instituées contre les mariages
mixtes). La démocratie tente bien de se réformer. On reprend
l'œuvre de codification en mettant de l'ordre dans les lois, clairement distinguées des décrets et dont l'élaboration est dorénavant confiée à des commissions législatives de nomothètes,
désignés parmi ceux qui ont prêté le serment des héliastes,
c'est-à-dire les jurés du Tribunal populaire ; parallèlement, une
action publique « pour avoir proposé une loi inopportune » est
créée, distincte de la *graphè paranomôn* désormais réservée

1. P. Brun, *Impérialisme et démocratie à Athènes. Inscriptions
de l'époque classique*, 2005, n° 155.

aux décrets inconstitutionnels. En vue d'atteindre le *quorum* requis par certaines séances de l'Assemblée, à la place de la contrainte (une corde vermillonnée utilisée précédemment pour rabattre les citoyens vers la Pnyx), on instaure une indemnité de présence usuellement appelée *misthos ekklèsiastikos* par les Modernes, semble-t-il non pas tant pour lutter contre la désaffection des Athéniens que pour les inciter à la ponctualité (décret d'Agyrrhios établissant peu après la restauration démocratique une indemnité d'une puis trois oboles pour les 6 000 arrivés en premiers). Mais dans l'ensemble, il s'agit surtout d'éviter toute forme de nouveauté ou d'excès, en un repli frileux sur les valeurs traditionnelles.

C'est dans ce contexte de crise morale que s'inscrit le procès de Socrate, accusé de corrompre la jeunesse et de ne pas reconnaître les dieux de la cité par le poète Mélétos, l'orateur Lycon et Anytos, un riche tanneur qui avait été proche de Théramène avant de rejoindre le camp des démocrates (399). Ses disciples nous présentent pourtant leur maître comme un citoyen modèle : entre autres, il a combattu valeureusement à Potidée et à Délion ; parmi les prytanes, il fut le seul à s'opposer à la condamnation des généraux vainqueurs aux Arginuses. Mais son discours non conventionnel et ses relations avec Alcibiade et Critias, même s'il ne s'associa pas aux Trente, faisaient de lui un personnage pour le moins ambigu et pouvaient contribuer à le désigner comme une sorte de bouc émissaire. De fait, le comportement de Socrate fut provocant et paradoxal jusqu'au bout. Après qu'un premier vote eut dégagé une faible majorité contre lui (une soixantaine de voix sur 501), selon l'usage, le jury devait se prononcer entre les peines proposées par l'accusation et par l'accusé, et l'on pouvait s'attendre à une simple amende. Mais Socrate demanda à être nourri au prytanée, ce qui était normalement un honneur réservé aux hôtes de marque ou aux citoyens particulièrement méritants. Peu après, alors qu'on lui proposait de s'enfuir, il refusa de se sauver, dans tous les sens du terme, par respect pour les lois de sa patrie (cf. les *Mémorables* et l'*Apologie de Socrate*, de Xénophon ; l'*Apologie* et le *Criton* de Platon). Ordre moral à Athènes, ordre social à Sparte : l'année même où Socrate boit la ciguë (ou en

398, voire 397 ?), les éphores étouffent dans l'œuf la révolte fomentée par Cinadon et ses complices, qui « ne voulaient plus être inférieurs à personne » (*Helléniques*, III 3, 4-11). Aussi est-ce dans les rangs de ces *hypomeiones*, des néodamodes et des hilotes (*supra*, chap. 9) qu'est levée une bonne partie des troupes envoyées à l'extérieur au début du IVᵉ s. (expéditions asiatiques et recrutement de Denys l'Ancien). Après les soulèvements hilotiques connus dans le passé, ce sont là de nouvelles lézardes dans un édifice qui s'avérera incapable de supporter le poids de la victoire (*infra*, chap. 15).

En apparence, de tout cela ressortent donc deux vainqueurs : Sparte et surtout le Grand Roi, revenu dans le jeu à la faveur de cette guerre fratricide. Mais loin de présenter l'équilibre du premier classicisme, le IVᵉ s. sera celui de la dispersion des énergies jusqu'à épuisement, avant qu'un nouveau venu, le royaume de Macédoine, n'impose sa conception de l'unité : il n'est sans doute pas exagéré de dire qu'une bonne partie du monde grec ne se releva jamais tout à fait de la guerre du Péloponnèse.

Chapitre 14

LES GRECS EN OCCIDENT, EN CYRÉNAÏQUE
ET DANS LE PONT-EUXIN

Les Grecs d'Occident ne sont pas coupés de la Métropole et leur histoire ne commence pas au IVe s. Il n'est cependant pas illégitime de leur réserver un chapitre à cette place parce qu'ils jouent un rôle spécifique dans l'histoire de l'hellénisme et que ce rôle est alors exceptionnellement documenté, notamment grâce à Diodore, bien informé sur sa patrie, en particulier aux livres XIII à XVI, et à Plutarque (*Vies* consacrées à Dion et à Timoléon), qui ont l'un et l'autre puisé leur information chez des auteurs contemporains des faits ou de peu postérieurs, comme Philistos, compagnon des Denys, ou Timée de Tauroménion (Taormine), qui leur est au contraire hostile. Les lettres de Platon, qui fit trois séjours à Syracuse, donnent aussi un éclairage intéressant, même si l'on a beaucoup discuté de leur authenticité. En outre, les livres III à VI de Strabon fournissent quantité de données, et la Sicile comme l'Italie méridionale ont livré aux archéologues un matériel considérable : on y trouve par exemple les temples grecs les mieux conservés. Quant à Marseille (Massalia), « cité phocéenne » comme elle se plaît à s'appeler elle-même aujourd'hui encore, elle fait l'objet de recherches renouvelées. Nous dirons enfin quelques mots des autres périphéries du monde grec, Cyrénaïque et mer Noire, qui sont elles aussi le cadre d'une fructueuse activité archéologique.

Aperçu sur la Grande-Grèce et la Sicile avant le IVᵉ siècle

Les conditions de l'installation des Grecs en Occident ont été exposées au chapitre 8. Comme dans le Pont-Euxin, seule une bande littorale est occupée. L'arrière-pays, souvent montagneux, reste le domaine des indigènes : en Sicile, d'ouest en est, Élymes, Sicanes et Sicules, puis mercenaires de diverses origines (Campaniens notamment) implantés par les tyrans ; en Italie, Samnites, Iapyges (dont les Messapiens) et surtout les Lucaniens, qui constitueront avant les Brettiens un puissant État ; Gaulois celtoligures autour de Massalia. Ces populations se montrent plus ou moins turbulentes et réceptives à l'influence grecque : il n'est que de songer au superbe temple d'Égeste, ou Ségeste, cité élyme, tandis qu'en Grande-Grèce, Cumes et Poseidonia (qui prend alors le nom de Paestum) passent sous domination barbare dans le dernier quart du Vᵉ s. S'y ajoutent les Carthaginois, maîtres de la partie la plus occidentale de la Sicile, domaine que les Grecs qualifient du terme *épikrateia*, et les Étrusques au nord de la Campanie : les premiers sont les héritiers des terribles Phéniciens déjà si mal considérés dans l'*Odyssée*, alors que les seconds sont fortement influencés par la culture grecque, comme l'ont montré de spectaculaires découvertes archéologiques en Étrurie. Spécialement en Sicile, la situation est encore compliquée par le fait que les populations sont largement mêlées. De nombreux trafiquants puniques fréquentent régulièrement les ports grecs ou y résident, et il existe des communautés grecques dans les établissements carthaginois : l'extraordinaire statue de jeune homme mise au jour à Mozzia (Motyè), site punique à la pointe occidentale de la Sicile, constitue l'un des chefs-d'œuvre de la statuaire grecque, et pourrait être un symbole de cette cohabitation (commande d'un Carthaginois à un atelier grec ou produit du pillage d'un site grec ?). Quant aux cités, ici comme ailleurs elles peuvent être farouchement rivales : Sybaris est par exemple mise à sac par Crotone en 510 et passe dans sa dépendance, tandis que Syracuse exerce sa domination sur les Siciliotes, nom donné aux Grecs de Sicile, et même au-delà. En outre, elles sont souvent déchirées par la *stasis* (guerre civile). Ce mélange détonant produit une histoire particulièrement complexe et, au moins au IVe s., un peu répétitive, surtout en Sicile où les faits sont mieux connus et où l'insularité confère une vague cohérence à l'ensemble : soumission ou révolte des indigènes, guerres contre les barbares, conflits d'influence ou de frontière entre cités et troubles sociopolitiques se superposent et s'entremêlent, parfois inextricablement.

Cette situation n'empêche pas les Grecs d'Occident de bénéficier globalement d'une grande prospérité. Parfois, celle-ci est essentiellement due au commerce, comme à Marseille ou à Rhégion, dont le tyran Anaxilas (494-476) étend son contrôle sur le détroit peu après 490 en s'emparant de Zancle (il la renomme Messine, étant lui-même d'origine messénienne). Mais l'élément le plus remarquable est sans doute constitué par les cas d'exploitation méthodique du territoire en vue d'une production céréalière spéculative. Ainsi prospections et photographies aériennes ont-elles révélé une parcellisation rigoureuse sur de vastes étendues de la *chôra* de Métaponte dont le principal symbole monétaire est l'épi d'orge ; plusieurs entrepôts reliés à la côte ont également été mis au jour et l'ensemble révèle une abondante production en partie destinée à l'exportation. Selon les cas, les terres pouvaient être cultivées par les citoyens eux-mêmes, éventuellement aidés d'esclaves, ou par des indigènes asservis (Kyllyriens au service des *gamoroi*, grands propriétaires à Syracuse). D'autres produits étaient réputés, comme le vin d'Agrigente, prisé des Carthaginois, l'orfèvrerie et les vêtements teintés de pourpre à Tarente, où l'exportation de laine était apparemment interdite. Tarente brille en outre par son artisanat du bronze, comme d'autres cités d'Italie méridionale, telles Rhégion et Locres, qui est connue aussi pour ses *protomés* (représentations limitées à la tête et au cou) et reliefs votifs (*pinakes*) de terre cuite. La production de vases décorés est également florissante : notamment sous l'influence de potiers et peintres venus d'Athènes pour s'installer à Thourioi puis ailleurs, une belle céramique imitée du style attique à figures rouges, mais avec une décoration d'inspiration originale, se développe dans la seconde moitié

Carte 11. Sicile et Grande-Grèce.

du ve s. en Lucanie, Apulie, Campanie et Sicile, où les découvertes de fours et vestiges d'ateliers se sont multipliées ces dernières décennies (cf. à Métaponte). Encore aujourd'hui, la richesse des colonies grecques se mesure aisément aux vestiges impressionnants qu'elles ont livrés : tombes peintes et temples de Poseidonia, où l'on repère des audaces et des raffinements qui anticipent sur le Parthénon ; temples en quantité inégalée à Sélinonte ; « vallée des temples » à Agrigente, sur la terrasse inférieure de la ville qui a pu compter jusqu'à 200 000 habitants, dont 20 000 citoyens d'après Diodore de Sicile (estimations voisines pour Sélinonte, notablement revues à la baisse par certains, mais plutôt confirmées par les dernières recherches archéologiques).

En Grande-Grèce, les institutions restent assez mal documentées, même si quelques inscriptions sur bronze viennent parfois compenser la rareté des informations fournies par les auteurs (cf. à propos des législateurs archaïques : *supra*, chap. 8). On y retrouve à peu près toutes les configurations observées ailleurs : oligarchies d'aristocrates comme à Crotone (avec des intermèdes démocratiques et tyranniques) ou à Rhégion (jusqu'à la tyrannie d'Anaxilas), démocraties modérées comme à Tarente, qui est gouvernée entre 367/6 et 361/0 (chronologie usuelle mais peu assurée) par un ami de Platon, le savant pythagoricien Archytas, et dont Aristote loue la constitution équilibrée ainsi que certaines pratiques sociales, ou comme à Locres, où sont attestés à partir de la seconde moitié du ive s. une Assemblée, un Conseil et des magistrats annuels formant des collèges de trois, les citoyens étant répartis en trois tribus (cf. les comptes du sanctuaire de Zeus transcrits sur des tablettes de bronze). Mais tout particulièrement en Sicile, le fait marquant est la tyrannie, qui avait déjà prospéré dans la première moitié du ve s. Outre Cléandros puis Hippocratès à Géla (*ca* 505-490), et Théron à Agrigente (*ca* 489-472), citons les Deinoménides de Géla et de Syracuse, où Gélon a pris le pouvoir vers 485 en profitant de l'opposition entre les *gamoroi* et le peuple allié pour la circonstance aux Kyllriens, avant de réorganiser la région à sa guise (destruction de Camarine et évacuation forcée de Mégara Hyblaea, transferts de population). Il ressort d'Hérodote et de Thucydide qu'après les Grecs d'Ionie, mais avant l'Athènes de Thémistocle, c'est en Sicile que les flottes de combat comprenaient le plus de trières, signe d'un fort développement technique et économique : rien d'étonnant à cela car, avec la Grèce de l'Est, celle d'Occident était la plus exposée à la concurrence orientale, en l'espèce surtout phénico-punique, et à son formidable potentiel naval. En 480, Gélon est assez puissant pour vaincre les Carthaginois à Himère, puis son frère Hiéron, qui lui a succédé en 478, prend le dessus sur les Étrusques devant Cumes (474). Tandis que les grands sanctuaires de la Métropole résonnent de la gloire des Deinoménides (victoires à Olympie, consécration à Delphes de trépieds monumentaux et du célèbre aurige), Syracuse s'orne alors de temples et sa cour est réputée dans toute la Grèce : elle accueille entre autres Pindare, Épicharme de Cos, un pionnier de la comédie, et Eschyle, qui y fit représenter *Les Perses* peu après leur création à Athènes et finit ses jours à Géla.

La tyrannie disparaît cependant dans la plupart des cités durant les années 460 (le dernier des Deinoménides, Thrasyboulos, tombe en 466/5 ; Rhégion et Messine s'en libèrent en 461). Notamment en Sicile, des démocraties s'y substituent, plus ou moins teintées d'oligarchie et souvent traversées de fortes tensions, dues entre autres à l'hétérogénéité des corps civiques que les tyrans avaient remodelés selon leur bon vouloir, en vue d'appuyer leur politique personnelle. C'est dans ce contexte de contestations multiples que l'éloquence judiciaire passe pour être née à Syracuse (Corax et Tisias, dont le sophiste Gorgias aurait été l'élève) ; à l'imitation d'Athènes, les Syracusains expérimentèrent même quelque temps un équivalent de l'ostracisme, appelé là-bas pétalisme. À cela s'ajoute l'agitation indigène : entre 460 et 450, les Sicules rassemblés par un ancien mercenaire, Doukétios, forment un État indépendant dans le centre de l'île. Néanmoins, le mouvement conduit par Doukétios, qui semble lui-même parfaitement hellénisé, repose apparemment plus sur ses ambitions personnelles que sur une véritable conscience nationale sicule. Les cités pour une fois réunies derrière Syracuse parviennent en tout cas à le résorber et

Doukétios est exilé à Corinthe, avant de rentrer en Sicile et de mourir peu après. Durant la guerre du Péloponnèse, les Syracusains réussissent à repousser l'invasion athénienne entre 415 et 413 (chapitre précédent). Par la suite, tandis que le stratège Hermocratès guerroie avec les alliés péloponnésiens en Égée, côtoyant en cette occasion les satrapes d'Asie Mineure, Dioclès réforme les institutions de la cité dans un sens plus démocratique (on pourrait presque dire plus athénien...), substituant notamment le tirage au sort à l'élection pour la désignation des magistrats. Hermocratès, proche de la faction oligarchique, est destitué et condamné à l'exil. C'est dans ce contexte que se profile une nouvelle menace carthaginoise.

Denys l'Ancien (406-367)

L'*épikrateia* punique se limitait alors principalement aux places de Motyè, Solonte et Panormos (Palerme). Le parti belliciste étant revenu aux affaires, sous la conduite du Magonide Hannibal, petit-fils de l'Hamilcar jadis défait à Himère, les Carthaginois profitèrent de la fin de la guerre du Péloponnèse, qui retenait en Égée une partie des forces de Syracuse et celles de ses alliés péloponnésiens, pour reprendre l'offensive. Comme en 415, tout part d'un conflit frontalier entre Égeste et Sélinonte, qu'Athènes n'est plus en mesure d'arbitrer : les Égestains se tournent alors vers Carthage qui ne laisse pas passer l'occasion d'intervenir. En 409, Sélinonte est prise et en grande partie détruite, comme Himère dont ceux des habitants qui n'avaient pas encore été évacués sont torturés et exécutés pour venger la mort d'Hamilcar. Tenu pour responsable de l'inefficacité des secours syracusains, Dioclès est exilé, sans qu'Hermocratès, qui vient pourtant de réussir une incursion dans les villes détruites et des raids victorieux contre Motyè et Panormos, puisse en profiter. Hermocratès s'est en effet rendu suspect en enrôlant des troupes grâce à des subsides du satrape Pharnabaze et est rabroué par ses compatriotes qui le soupçonnent d'aspirer à la tyrannie. Il parvient toutefois à pénétrer dans Syracuse avec la complicité de quelques partisans, mais le peuple, informé, se réunit aussitôt en armes sur l'agora et l'exécute avec la quasi-totalité de ses compagnons (408/7). Cet engrenage est très représentatif du complexe sicilien : un problème gréco-indigène local a dégénéré en affrontement gréco-punique, puis en crise politique à Syracuse. En 406, une nouvelle offensive carthaginoise aboutit à la destruction d'Agrigente, cette fois encore mal soutenue par les Syracusains.

Parmi les survivants de l'entourage d'Hermocratès figure Denys, jeune homme de vingt-cinq ans apparemment issu d'une bonne famille, que Timée décrit comme « un grand blond plein de taches de rousseur ». D'abord condamné à une amende pour avoir fait devant l'Assemblée la proposition illégale de condamner sans procès les généraux incapables, il revient à la charge avec l'aide de son ami Philistos (le futur historien) qui a payé pour lui l'amende, cette fois avec plus de succès puisqu'il est élu stratège (406). Rappelant d'exil d'autres proches d'Hermocratès qui l'appuieront, il obtient du peuple de Géla la condamnation à mort des plus riches citoyens et la confiscation de leurs biens. Ces nouveaux subsides lui permettent d'augmenter la solde de ses troupes, puis il fait destituer ses collègues stratèges pour négligence. Dans la foulée, tandis que ses partisans s'appliquent à rappeler quelle fut la supériorité de Syracuse sur Carthage quand les forces de la cité étaient sous le commandement d'un seul (Gélon au Vᵉ s.), il est élu stratège avec les pleins pouvoirs (*stratègos autokratôr*, en 405). Alors qu'il se trouve à Léontinoi, au moyen d'une mise en scène simulant un attentat contre sa personne, tel Pisistrate jadis à Athènes, il obtient une garde personnelle de plusieurs centaines d'hommes. Il épouse ensuite la fille d'Hermocratès et se débarrasse de ses opposants les plus influents et les plus riches. Le voilà désormais muni de tout l'appareil du parfait tyran, au point que l'on a émis des réserves sur l'authenticité de certains détails transmis par nos sources, qui pourraient relever du « folklore » s'attachant conventionnellement à la tyrannie (*supra*, chap. 9).

Les opérations contre Carthage ne sont malheureusement pas plus fructueuses et, *in extremis*, une tentative de coup d'État perpétrée par des cavaliers syracusains, représentant les classes les plus riches souvent hostiles à la tyrannie, est mise en échec. Les opposants ont cependant eu le temps d'assassiner l'épouse de Denys avant d'être massacrés par ce dernier ou de se réfugier hors de la ville. En 405, la paix est conclue avec Carthage : le traité, défavorable pour Syracuse qui a toutefois évité le pire, prévoit que les Élymes et les Grecs rentrés dans leurs cités de Sicile occidentale paieront tribut à Carthage et n'auront pas le droit de relever leurs remparts, tandis que les Sicules et les cités grecques de Sicile orientale seront autonomes, échappant donc à la domination de Syracuse. Mais la soumission de celle-ci à Denys est réaffirmée, ce qui pour l'heure suffit au tyran. On s'est demandé pourquoi Carthage, qui avait alors une nette supériorité militaire, n'a pas cherché à en profiter davantage. Diodore évoque une épidémie de peste dans l'armée, mais on soupçonne là un *topos* (lieu commun), celui de la punition des sacrilèges barbares qui abattent les temples grecs (ainsi celui d'Héra à Agrigente, dont l'incendie a laissé des traces encore visibles de nos jours). Il est possible aussi que les Carthaginois aient craint une intervention des Péloponnésiens, tout juste libérés de la guerre contre Athènes.

Les années suivant ce traité sont occupées à consolider la tyrannie, d'abord en fortifiant l'îlot d'Ortygie où Denys établit son palais, ainsi protégé des périls intérieurs autant qu'extérieurs. C'est de là qu'il étouffe une nouvelle tentative de révolution en 404/3. Sur les terres confisquées à ses adversaires, il lotit des mercenaires, des citoyens démunis, des Kyllyriens hellénisés et autres esclaves affranchis promus néocitoyens (*néopolitai*) et devenant par là même des fidèles du tyran, qui recompose ainsi le corps civique selon son intérêt. Cela ne l'empêche pas d'épouser une jeune aristocrate syracusaine, Aristomachè, sœur de Dion (cf. ci-dessous). La même politique vaut en dehors de Syracuse. Faisant fi du traité de 405, Denys renoue en effet avec l'expansion : il s'empare de Catane et de Naxos, vend les habitants et installe des mercenaires campaniens et sicules sur

leur territoire, tandis que les Léontiniens sont déportés à
Syracuse dont ils deviendront citoyens (403). Du côté continental, une alliance est conclue avec la cité de Locres, sanc-
tionnée par un autre mariage avec l'aristocrate Doris, ce qui
lui permet d'accentuer sa pression sur Rhégion. En même
temps, un vaste effort d'armement est accompli en vue de
reprendre la guerre contre Carthage. Les leçons des tentatives d'investissement athéniennes de 414 ont été retenues
et de gigantesques travaux de fortification commencent sur
le plateau des Épipoles, réalisés par 60 000 ouvriers de
condition libre stimulés par des primes substantielles : pièce
maîtresse du dispositif, le fort de l'Euryale, qui sera achevé
beaucoup plus tard, représente l'un des aboutissements de
l'architecture militaire grecque. Syracuse se transforme alors
en une véritable usine d'armement, jusque dans l'opisthodome (pièce arrière) des temples si l'on en croit Diodore :
artisans et ingénieurs y construisent des armes de toutes
sortes, y inventent, dit-on, la catapulte, tandis que les arsenaux, alimentés par les forêts de l'Etna, lancent les premières tétrères et pentères, sans doute à l'imitation de
modèles carthaginois (très probablement des navires à deux
ponts seulement, mais à deux ou trois rameurs par rame,
plus lourds que les trières). On rapporte que Denys, désirant
accroître l'ardeur des artisans et des ouvriers, participait lui-
même aux préparatifs. Une armée importante et bien équipée
est ainsi constituée, composée de Syracusains et de mercenaires recrutés jusqu'à Sparte, parmi les inférieurs (*supra*,
chap. 9 et 13). Les Carthaginois furent alors sommés de se
retirer de toutes les cités grecques et, d'après Diodore, la
haine raciale, encouragée par Denys, se déchaîna : partout
les intérêts puniques furent mis à mal par des émeutes et des
persécutions (398/7).

Les opérations commencèrent par le siège de Motyè, très
long et complexe, dont Diodore a laissé un récit spectaculaire. L'île finit par tomber mais en 396, Himilcon, commandant de l'armée de secours envoyée par Carthage, la reprend
et déplace la guerre à l'est : il rase Messine et menace Syracuse. Denys rentre précipitamment, au moment où, sans
succès, ses opposants tentent de profiter des événements pour

le renverser, l'accusant notamment de prolonger à dessein l'état de guerre pour se maintenir au pouvoir. Syracuse est sauvée par ses remparts et par la peste qui, encore une fois, aurait frappé l'armée barbare. En 393, une autre expédition carthaginoise, sous les ordres de Magon, n'obtient rien de plus : la paix est conclue l'année suivante, plus favorable que celle de 405 car Tauroménion et les Sicules dépendent désormais officiellement de Syracuse, tandis que Carthage semble relâcher son étreinte sur les cités grecques de l'*épikrateia*, limitée au secteur nord-occidental de l'île (une troisième guerre, dont la chronologie est incertaine, s'achèvera peu après le milieu des années 370 sur un revers : Carthage y regagnera provisoirement plusieurs positions, dont Sélinonte, la frontière étant fixée au fleuve Halycos).

Fort de ces (relatifs) succès qui lui valent d'être honoré à Athènes sous le titre d'« archonte de Sicile » (394/3)[1], Denys reprend son expansion en Grande-Grèce. Toujours allié avec Locres, il se lance en 390/89 dans une guerre contre la Ligue italiote, constituée de cités regroupées sous l'égide de Crotone et liées par un traité d'assistance mutuelle. Rhégion, vieil objectif de Denys qui ambitionne depuis longtemps de contrôler le détroit de Messine, en fait partie. Avec l'aide des Lucaniens, Denys prend le dessus (victoire près du fleuve Elléporos, de localisation incertaine) et conclut une paix avantageuse avec la Ligue (388). Isolée, Rhégion finit par capituler après un siège de onze mois (387/6). Obtenant, moins d'une dizaine d'années plus tard, la soumission de Crotone, allié avec Métaponte, Tarente et sa colonie d'Héraclée, il domine alors l'Italie méridionale. D'après Strabon, il entreprend même de protéger son domaine par un mur traversant la Calabre dans toute sa largeur. Mais ses ambitions vont bien au-delà. Malgré les honneurs que lui ont décernés les Athéniens, il envoie vingt trières au Spartiate Antalkidas en 387, dans le cadre des opérations préludant à la Paix du Roi (chapitre suivant). Peu après, il arrange à son avantage les affaires des Molosses, un peuple

---

1. P. Brun, *Impérialisme et démocratie à Athènes. Inscriptions de l'époque classique*, 2005, n° 37.

de l'Épire, en installant sur le trône son ami Alkétas, auparavant réfugié à Syracuse. Même si les archéologues tendent aujourd'hui à la revoir à la baisse, car leurs trouvailles ne corroborent pas toujours les témoignages antiques, sa politique coloniale est apparemment très dynamique. D'après Diodore, il fonde notamment Lissos en Illyrie et encourage diverses implantations en Dalmatie (Pharos et Issa). D'aucuns lui attribuent aussi la fondation, sur les sites d'anciens comptoirs, d'Ancône et d'Adria, qui lui auraient permis d'être présent sur les deux rives de l'Adriatique et de prélever des taxes sur les produits qui y transitent, notamment depuis l'Italie septentrionale (blé, ambre, etc.). Mais la paternité de ces deux établissements lui est contestée et, plus généralement, la nature de l'expansion syracusaine en Adriatique est discutée, notamment la part des colonies militaires. Parmi les Gaulois fixés dans ces régions, il peut en tout cas recruter de nouveaux mercenaires et une incursion en territoire étrusque lui rapporte un butin de 1 500 talents. Selon les termes de Diodore, qui lui prête même l'intention de piller le sanctuaire de Delphes, il est devenu l'homme le plus puissant d'Europe.

C'est que la personnalité haute en couleur de Denys et son action politique ont fait couler beaucoup d'encre. Les anecdotes pittoresques se sont multipliées, comme il est fréquent pour les tyrans. On insiste volontiers sur sa méfiance confinant à la paranoïa : par exemple, il ne se serait laissé raser que par ses trois filles, appelées Vertu (Arétè), Justice (Dikaiosynè) et Tempérance (Sôphrosynè), avec des coquilles de noix rougies au feu. Sa cruauté était proverbiale et sa mégalomanie s'illustra notamment lorsqu'il fit représenter une tragédie de son cru à Athènes, au concours des Lénéennes, et y obtint un premier prix de complaisance, à peu près au moment où les Athéniens nouaient alliance avec lui (368/7). Il ne dérogea pas à la tradition de mécénat des tyrans siciliens, accueillant notamment Platon avant de se brouiller avec lui (388). Dans le gouvernement de la cité, Denys tient du politicien retors. Il sait entretenir une fiction de démocratie (Assemblée, monnaie avec la légende civique *Syrakosiôn* = *[monnaie] des Syracusains*), et s'appuie sur le

damos (peuple) qu'il a refaçonné à son avantage en introdui-
sant autant de nouveaux citoyens que nécessaire. Ses guerres
continuelles, faisant appel à de gros effectifs de mercenaires,
sont en outre financées par une fiscalité aussi inventive que
pressante et par une politique monétaire orientée vers les
échanges locaux et les émissions fiduciaires (drachmes d'argent surévaluées à la valeur nominale de 2 drachmes et
numéraire de bronze aligné sur des monnaies puniques).
Tout cela explique qu'il soit devenu pour les théoriciens
politiques du IVe s. une sorte d'archétype du tyran et de tout
ce qu'il y a de blâmable dans un tel système, contaminant
en retour le concept même de tyrannie et faussant sans
doute la perception qu'un Aristote pouvait avoir des tyrans
archaïques (*supra*, chap. 9). Mais dans ce registre, on lui en
a probablement attribué plus qu'il n'a réellement fait. On se
souviendra aussi qu'Isocrate, impressionné par son ardeur à
combattre les Carthaginois, a un temps songé à lui pour
conduire la guerre panhellénique contre les Perses. Héritier
de traditions occidentales (Deinoménides), athéniennes
(aspirations thalassocratiques) et orientales (il a pu s'inspirer
de certains usages achéménides quand il accompagnait Hermocratès en Égée), Denys en a réalisé une synthèse originale
et beaucoup voient en lui le fondateur du premier grand État
territorial du monde grec, ce qui en ferait un précurseur
d'Alexandre et de ses héritiers hellénistiques (*infra*, chap. 17
et 19).

Denys le Jeune, Dion et Timoléon (367-337)

À la mort de son père, alors que les hostilités ont repris
avec Carthage, Denys le Jeune, qui est le fils de la Locrienne
Doris, obtient de conserver le pouvoir par un vote de l'Assemblée (367). Plutôt rusé, mais d'un naturel indolent et taxé
d'ivrognerie, il est loin, d'après nos sources, d'avoir le tempérament paternel, même si le début de son règne est crédité
de quelques succès militaires et politiques. Aussi son entourage espère-t-il avoir quelque emprise sur lui, spécialement
Dion, qui avait été un fidèle compagnon de Denys l'Ancien ;

il en était même devenu le beau-frère depuis le mariage de ce dernier avec sa sœur Aristomachè (cf. ci-dessus), et en même temps le gendre car lui-même avait épousé l'une des filles de Denys, Arétè. Très riche, Dion est aussi un disciple de Platon depuis le premier séjour de ce dernier à Syracuse, et c'est lui qui persuade le nouveau tyran de rappeler le philosophe. D'après la lettre VII, celui-ci aurait hésité avant de se décider à saisir cette occasion de réaliser ses idées politiques. Après d'excellents débuts (selon Plutarque, toute la cour se serait alors piquée de géométrie), Dion et Platon éveillèrent les soupçons. Denys parvint astucieusement à convaincre le premier de collusion avec les Carthaginois et le contraignit à l'exil, tandis que le second, sans avoir rien pu imposer de concret, rentra à Athènes (367/6). La Sicile connut alors une période de paix, mais apparemment sans bénéficier d'un retour de la prospérité. Le mécontentement gagna les Syracusains, décidément versatiles. Pour la troisième et dernière fois, Platon prit le chemin de Syracuse mais il échoua dans sa tentative de réconciliation entre Denys et Dion, tandis que son neveu Speusippe, futur directeur de l'Académie, sondait l'opinion publique et put confirmer l'impopularité de Denys (360).

Au printemps 357, Dion, à qui Denys a d'abord laissé sa fortune, rassemble 800 mercenaires et quelques navires à Zakynthos, esquive la flotte de Philistos qui gardait le canal d'Otrante et débarque à Héraclée Minoa, cité grecque de l'*épikrateia* où il est accueilli avec bienveillance par les autorités puniques, Carthage ayant tout à gagner dans la *stasis* qui couve à Syracuse. À son arrivée dans la ville, Dion est salué en libérateur, alors même qu'il n'avait obtenu que peu de soutien des autres exilés syracusains, qui percevaient sans doute l'opération comme un règlement de compte familial. De fait, le personnage est pour le moins ambigu et la suite des événements fort confuse. Pendant que Denys s'est exilé à Locres, Dion lui-même se révèle arrogant et hautain. Il fait assassiner son ancien condisciple et plus dangereux rival, le navarque Héracleidès qui avait la faveur du *damos* (mais était-ce le démagogue prêt à tout que nous dépeint Plutarque, lui-même néoplatonicien et inconditionnel de

Dion ?) ; il s'abstient aussi de raser la citadelle d'Ortygie, comme si la tyrannie avait seulement changé de visage. Finalement, Dion est assassiné en 354 par l'un de ses compagnons, l'Athénien Callippos. S'ensuit un intermède tyrannique exercé par le meurtrier, puis par deux autres fils de Denys l'Ancien, avant que Denys le Jeune ne reprenne le pouvoir en 346. La Sicile est alors en proie à la division et dans la plupart des cités, la tyrannie refleurit (cf. Andromachos, le père de l'historien Timée, à Tauroménion).

C'est dans ces conditions que les opposants syracusains à Denys, dont Hikétas, qui gouvernait alors Léontinoi, lancèrent un appel à Corinthe, métropole de Syracuse, où l'on désigna Timoléon pour conduire en Sicile quelques centaines de mercenaires (345/4). Personnage étonnant que ce Timoléon : nos sources le présentent comme secondé par la fortune et exposent complaisamment tous les prodiges qui accompagnèrent son aventure sicilienne. Son passé est fort mal connu, si ce n'est que dans sa jeunesse, il aurait tué son propre frère, soupçonné de briguer la tyrannie à Corinthe. Quand il débarque à Tauroménion, où il est bien accueilli par Andromachos, les ralliements se multiplient et en cinquante jours il obtient l'abdication de Denys, qui achèvera sa vie comme maître d'école à Corinthe. S'ensuit une phase confuse de combats de rues à Syracuse, partiellement tenue par Hikétas auquel s'est associée une armée punique. Finalement, par peur d'une fraternisation entre mercenaires grecs présents de part et d'autre, les Carthaginois préfèrent se retirer et Hikétas s'enfuit. Timoléon veille alors prioritairement à éviter les erreurs commises par Dion et lève toute ambiguïté sur ses intentions politiques en rasant les remparts d'Ortygie et en lançant un premier train de réformes, parmi lesquelles une distribution de terres.

Pour aller plus loin dans ce domaine, il lui faut cependant avoir les mains absolument libres et être débarrassé de la menace punique. Or Carthage envoie une armée considérable en Sicile, que Timoléon affronte en 341 ou 339 avec des effectifs très inférieurs, sur les rives du Crimisos (Sicile occidentale, localisation discutée) : son habileté tactique (il attaque au moment où l'ennemi traverse le fleuve), secondée par un orage providentiel, lui donne la victoire. Il a alors les coudées franches pour liquider les tyrans, à l'exception d'Andromachos, installer des oligarchies modérées comme à Syracuse (la nature exacte des réformes et du nouveau régime fait néanmoins débat chez les spécialistes), et fédérer les cités siciliotes, repeuplées par des colons venus de métropole. La période qui suit est décrite comme une véritable renaissance pour l'île, ce que l'archéologie a en partie confirmé (nombreuses constructions, circulation de monnaies au type corinthien de Pégase, etc.). Au faîte de sa gloire mais jugeant son œuvre accompli, Timoléon se retire en 337, justifiant pleinement les thèmes développés par sa propagande, qui en faisait un libérateur désintéressé, une sorte d'anti-tyran. À sa mort en 334, les Syracusains lui organisent des funérailles nationales. Mais la Sicile retombe bien vite dans le désordre, d'où les doutes émis par certains sur la profondeur et l'efficacité des réformes engagées.

Syracuse renouera plus tard avec le pouvoir monarchique, en la personne d'Agathocle, tyran (avec, entre autres titres légaux, celui de *stratègos autokratôr*) à partir de 316, puis roi de *ca* 305 à 289, à l'imitation des Diadoques. Agathocle mène une lutte acharnée contre Carthage, portant même la guerre en Afrique (310-307) ; il est en relation notamment avec Ptolémée Ier, par le biais d'Ophellas de Cyrène (assassiné en 308), puis dans le cadre d'une alliance matrimoniale (il épouse la princesse lagide Théoxénè vers le tournant des IVe/IIIe s.), mais aussi avec Pyrrhos et Démétrios Poliorcète, donnant sa fille Lanassa à l'un puis à l'autre (vers 295-291). Après un nouvel intermède politique confus et le passage de Pyrrhos (278-276), Hiéron II, *stratègos autokratôr* entre 275 et 270 environ, puis roi jusqu'en 215, embellit la ville et entretient une cour brillante. La cité tombe aux mains des Romains après un long siège, malgré les inventions d'Archimède, en 211, tandis que la majeure partie de la Sicile avait déjà été annexée à Rome au terme de la première guerre punique (246-241, mais la province prétorienne n'est créée qu'en 227). Quant aux cités d'Italie méridionale regroupées dans la Ligue italiote qu'avait reconstituée Archytas de Tarente, elles sont livrées par la disparition de l'empire syracusain à la pression croissante des barbares de l'intérieur (Brettiens notamment). Plus ou moins bien secondées par les initiatives sporadiques de rois-aventuriers venus de Grèce (Archidamos III de Sparte et le roi d'Épire Alexandre le Molosse, qui y laissent la vie respectivement en 338 et 331/0, puis Pyrrhos entre 280 et 275), elles sont absorbées dans l'alliance romaine dès le premier tiers du IIIe s. (*infra*, chap. 19-20).

Marseille (Massalia)

La colonisation phocéenne a été rapidement abordée au chapitre 8. Les vicissitudes de l'Ionie au VIe et au début du Ve s., spécialement la prise de la métropole par le Mède Harpage, général de Cyrus (546/5), ont suscité une nouvelle émigration en Méditerranée occidentale, dont l'ampleur et les modalités restent cependant discutées : le silence d'Hérodote sur Massalia, alors même que l'auteur s'attarde sur le siège de Phocée, est particulièrement irritant, et une notule ambiguë de Thucydide ainsi que d'autres sources, transmises notamment par Strabon, ajoutent encore au trouble. La ville a connu en tout cas un développement assez rapide et son extension a pu être précisée par les archéologues, notamment celle du port du Lacydon, plus vaste que l'actuel Vieux Port et dont les fouilles ont révélé plusieurs phases d'aménagement (quai, arsenal avec loges de navires). D'abord concentré sur l'emplacement actuel du fort Saint-Jean et sur la butte Saint-Laurent, l'habitat s'est étendu vers l'intérieur et un rempart (états des VIe, IVe et IIe s.) englobe finalement les Moulins et les Carmes. Les monuments et la topographie demeurent à ce jour mal connus (temples d'Athéna, d'Apollon Delphinien et d'Artémis Éphésienne ; théâtre). Nous sommes mieux renseignés sur le régime politique, loué par Aristote au IVe s. (oligarchie ouverte au mérite), et plus tard qualifié par Strabon de « constitution aristocratique la mieux réglée de toutes celles de ce type » (VI 1, 5). Strabon évoque le conseil oligarchique des six cents timouques (littéralement, « ceux qui détiennent les honneurs »), eux-mêmes présidés par quinze d'entre eux, à leur tour dirigés par trois des leurs, parmi lesquels est encore distingué un président. Ces timouques sont élus à vie parmi les citoyens ayant des enfants et à la condition que les ascendants soient citoyens depuis trois générations : le caractère archaïque de ces dispositions a été maintes fois souligné, tout comme le conservatisme des Massaliotes en général, d'autant plus fermement attachés à leurs racines (cultes et anthroponymes typiquement ioniens, etc.) qu'ils étaient isolés dans un environnement barbare.

La ville abritait des écoles renommées jusqu'à Rome. Connus pour être austères et disciplinés, les Massaliotes avaient aussi la réputation d'être polyglottes, pratiquant, outre le grec, le gaulois puis le latin. La question des rapports avec les indigènes est précisément l'une des plus débattues. D'après les auteurs, les relations, bonnes à l'origine, ont ensuite connu des hauts et des bas (cf. le siège conduit par le chef gaulois Catumandus, qui se serait finalement réconcilié avec les Massaliotes, au début du IVe s.). L'influence grecque sur les populations locales est indiscutable, mais elle paraît plutôt tardive et malaisée à mesurer : citons l'introduction de l'olivier et le travail de la vigne, la technique de construction des remparts comme à Saint-Blaise, l'adoption de l'alphabet (utilisation bien attestée par les inscriptions surtout à partir du IIe s. [1]). Une trace d'influence croisée peut aussi être repérée dans l'adaptation aux formes grecques de la céramique modelée des indigènes, utilisée à Massalia même vers la fin de l'époque hellénistique. La vallée du Rhône a joué le rôle d'un couloir d'irrigation, diffusant parfois fort loin les monnaies massaliotes et des objets grecs. Le trajet suivi dans le dernier tiers du VIe s. par le célèbre cratère de bronze découvert dans une tombe princière à Vix, près de Châtillon-sur-Seine, est cependant l'objet d'âpres débats, l'itinéraire alpin depuis les comptoirs d'Adria ou de Spina, à l'embouchure du Pô, ayant aussi de fervents partisans (l'objet lui-même a probablement été réa-

---

1. Dès la première moitié du VIe s., il existe cependant dans l'est de la Gaule des traces d'écriture alphabétique, venue d'Étrurie par les Alpes : St. Verger, « Un graffite archaïque dans l'habitat hallstattien de Montmorot (Jura, France) », *Studi Etruschi*, 64, 1998, p. 265-316.

lisé dans une colonie d'Italie méridionale). Beaucoup plus près de Marseille, on observe également la persistance des traditions locales, surtout religieuses, tel le culte des têtes coupées qui impressionnait fortement les Grecs. Ce culte est attesté par exemple à Entremont, à Glanum où influences architecturales grecques et italiques se mêlent, ou encore dans l'*oppidum* de La Cloche, à quelques kilomètres de la ville.

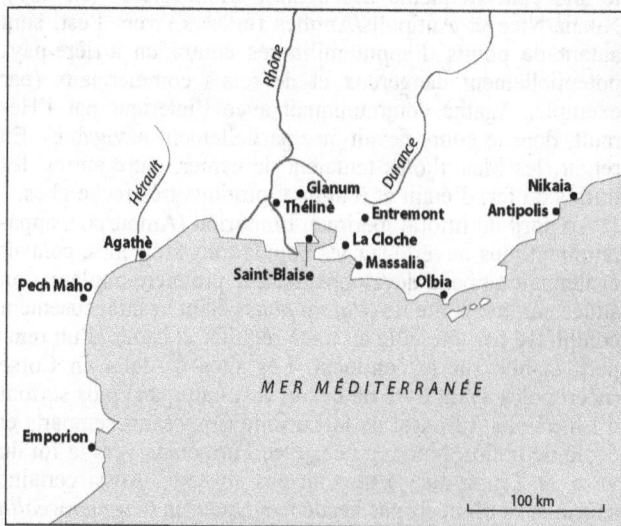

Carte 12. Marseille et sa zone d'expansion.

Dotée d'une *chôra* réduite avant le IVe, voire jusqu'au IIe s. où elle profite de la conquête et de la pacification de la Transalpine par les Romains (fondations d'Aix et de Narbonne autour de 120), recevant d'eux quelques territoires indigènes, Massalia était principalement tournée vers la mer. Les très nombreuses épaves répertoriées sur tout le littoral méditerranéen français trahissent un commerce de redistribution des produits de Grèce métropolitaine ; elles mettent surtout en évidence l'exportation des productions locales,

notamment le vin contenu par des amphores produites en
abondance à partir du dernier tiers du VIᵉ s. environ (avec
une pâte micacée caractéristique à partir de *ca* 500), apparemment en relation avec les événements ayant affecté Phocée et l'afflux de nouveaux colons qui aurait dynamisé
l'activité (corrélativement, cette période se caractérise par la
moindre diffusion des produits étrusques). Les fondations
plus tardives d'Agathè/Agde vers l'ouest (fin du Vᵉ s., mais
le site était fréquenté dès avant), Olbia/Hyères (*ca* 330),
Nikaia/Nice et Antipolis/Antibes (IIIᵉ/IIᵉ s.) vers l'est, sont
autant de points d'appui militaires contre un arrière-pays
potentiellement dangereux et de relais commerciaux (par
exemple, Agathè communiquait avec l'intérieur par l'Hé-
rault, dont le cours devait être partiellement navigable). En
retour, les Massaliotes tentaient de capter, entre autres, les
trafics de fer, d'étain et d'ambre, produits très recherchés.

Au nord du littoral ibérique, Emporion (Ampurias), apparemment plus ouverte sur les populations indigènes, connaît
également un beau développement, la première implantation
située sur une petite île (*Palaia polis*) étant avantageusement
complétée par une ville au tracé régulier et ceinte d'un rempart, établie sur le continent. Les sites d'Alalia en Corse
(nécropoles ayant livré de beaux vases attiques) puis surtout
d'Élée/Vélia à l'ouest de la Lucanie (imposants remparts et
école de philosophie réputée, avec Parménide vers la fin du
VIᵉ s. et Zénon au Vᵉ) ne sont pas en reste. Aussi certains
spécialistes n'ont-ils pas hésité à évoquer un *Commonwealth*
phocéen, au sein duquel Massalia aurait assuré une sorte de
leadership après la prise de la cité mère. Quoi qu'il en soit,
la bataille navale à l'issue incertaine livrée vers 540 au large
d'Alalia par les Phocéens fait bien voir que ces derniers
avaient de rudes concurrents avec les Carthaginois et surtout
les Étrusques, anciennement implantés dans ces régions. On
en verra encore une illustration dans la piraterie sélective
menée contre les intérêts puniques et étrusques par le Phocéen Dionysios, dans les eaux tyrrhéniennes où il s'était
replié après la défaite de Ladè en 494, d'après Hérodote
(*supra*, chap. 10). Dans le second quart du Vᵉ s., une lamelle
de bronze découverte sur le site languedocien de Pech Maho

porte sur une face un document commercial grec impliquant des Ibères, et sur l'autre un texte étrusque.

Après une période de relatif repli au ve s., qui pourrait être dû à une poussée celte et à l'expansion athénienne, Massalia connaît un nouvel essor au ive s. Les voyages d'exploration réalisés alors en sont le symbole le plus fameux, notamment celui qui conduisit Pythéas en Europe du Nord, sans doute dans les années 320, soit à peu près au moment où, à l'autre extrémité de l'*oikouménè* (terre habitée), Alexandre le Grand entraînait son armée à la découverte de l'Inde (*infra*, chap. 17). Sans doute parti à la recherche des pays de l'étain et de l'ambre, mais aussi animé d'une curiosité de savant, Pythéas franchit les Colonnes d'Héraclès (Gibraltar), remonta le long des côtes jusqu'aux îles Britanniques et alla peut-être jusqu'en Islande (Thylè ?), où il vit les limites de la mer gelée (le « poumon marin »), avant d'approcher les rivages de la Baltique. Strabon nous a transmis quelques bribes de la relation du voyage et, à la suite de Polybe, il tient plutôt ce Massaliote pour un expert en galéjades. Aujourd'hui, on tend à accorder crédit à Pythéas, comme on reconnaît ses compétences en géographie, en astronomie et en mathématiques, qui lui permettaient de calculer les latitudes en mesurant l'inclinaison du soleil au moyen d'un instrument appelé *gnomon*.

Fidèles alliés de Rome (selon Justin, les premiers colons en route vers la Gaule auraient fait relâche à l'embouchure du Tibre et noué amitié avec le roi Tarquin), les Massaliotes lui fournissent un précieux appui naval durant les guerres puniques (cf. la bataille de l'Èbre en 217). Ils usent de ces relations privilégiées pour aider d'autres cités phocéennes en difficulté, telles Lampsaque en 197/6 et Phocée elle-même, la métropole où une communauté s'est maintenue et où un culte de Massalia divinisée est instauré vers 130 (*infra*, chap. 20 et 21). Mais dans le même temps, ils subissent la concurrence accrue des trafiquants romains et des productions italiennes. Pris dans la tourmente des guerres civiles, ils se retrouvent dans le camp de Pompée et César assiège la ville en 49. Massalia est alors la dernière cité grecque d'Occident à perdre son indépendance, même si, par respect pour sa grandeur passée, le conquérant se montre clément envers elle.

Cyrénaïque et Pont-Euxin

Marseille occupe une place à part dans le monde grec et il était impossible de ne pas s'y attarder quelque peu. On n'oubliera pas pour autant que d'autres régions ont favorisé un développement original de l'hellénisme, ainsi autour de Cyrène et de ses établissements secondaires implantés un peu plus à l'ouest (Euhespérides, Taucheira, Barca, refondées et parfois déplacées avec des noms dynastiques par Ptolémée III : *infra*, chap. 19). Les Cyrénéens, d'abord en bons termes avec les indigènes, ont pris le dessus vers 570 sur une coalition égypto-libyenne et doivent également composer avec Carthage, notamment pour l'exploitation du trafic caravanier (or du Soudan, plumes d'autruche, esclaves). Malgré divers soubresauts (compromis pro-aristocratique du législateur Démonax de Mantinée puis intervention des Perses au VIᵉ s.), la cité est dominée jusque vers 440 par la dynastie des Battiades, héritiers du fondateur Battos (les victoires pythiques du dernier des rois, Arkésilas IV, sont chantées par Pindare). Celle-ci laisse ensuite la place à une « république » aux mains de l'aristocratie foncière. La fonction la plus haute était alors celle du prêtre d'Apollon, choisi pour un an parmi les citoyens de plus de cinquante ans, restriction d'âge valant également pour la magistrature essentielle, celle des stratèges. Une nette tendance oligarchique caractérise encore les institutions réorganisées par Ptolémée, fils de Lagos (*diagramma* de 321 connu par une inscription [1]). Ce dernier confiera Cyrène au gouvernement d'Ophellas, assassiné par Agathocle de Syracuse en 308 (cf. ci-dessus), puis à son beau-fils Magas (300-250 ; cf. *infra*, chap. 19 et 22). La ville a livré des ruines imposantes (avenue monumentale, temples d'Apollon et de Zeus) et possède à 20 km de distance un port plus tard appelé Apollonia, reflet de sa grande prospérité, fondée sur la production du blé et sur l'exploitation du silphion. Comme les Massaliotes l'avaient fait environ deux siècles plus tôt dans le sanctuaire d'Athéna

---

1. A. Laronde, *Cyrène et la Libye hellénistique, LIBYKAI HISTORIAI, de l'époque républicaine au principat d'Auguste*, 1987, p. 95-128 ; J.-M. Bertrand, *Inscriptions historiques grecques*, 1992, nᵒ 77.

Pronaia, les Cyrénéens ont eux aussi édifié un somptueux trésor à Delphes, mais dans le sanctuaire d'Apollon (vers 330). La vie intellectuelle y est riche et réputée dès le IVᵉ s. (écoles de philosophie et de médecine), et produit à l'époque hellénistique des esprits remarquables, tels le poète érudit Callimaque (*ca* 310-240), le savant Ératosthène (*ca* 275-195) et le philosophe Carnéade (214/3-129/8 ; cf. *infra*, chap. 23).

Dans le Pont-Euxin aussi, les Grecs sont aux prises avec les barbares, notamment les Thraces et les Scythes dont l'art des métaux précieux, justement célèbre, s'inspire entre autres de motifs grecs. Ces peuplades sont parfois organisées en royaumes dont les élites s'hellénisent fortement (cf. les rois du Bosphore Cimmérien, en Crimée, qui entretiennent des relations amicales et intéressées avec Athènes). La richesse des cités repose sur les ressources traditionnelles de la région (*supra*, chap. 8) et l'archéologie a mis en évidence sur la côte septentrionale de la mer Noire une exploitation céréalière et viticole des territoires assez comparable à ce qui existe en Italie méridionale (cas d'Olbia et de Chersonèsos, fondée au Vᵉ s. par Héraclée pontique et où les *klèroi* pouvaient dépasser les 25 ha). Dans toutes ces régions, le IVᵉ s. semble caractérisé par un certain essor des échanges, peut-être parce que l'empire athénien a contribué à stimuler l'activité et à développer des circuits commerciaux qui lui survivent, malgré les vicissitudes hégémoniques et l'appauvrissement d'une partie de la vieille Grèce, avant d'être redynamisés après la conquête d'Alexandre (*infra*, chap. 17-18).

L'histoire politique reste assez mal connue, hormis à Héraclée, sur laquelle nous sommes principalement renseignés par l'historien local Memnon (Iᵉʳ/IIᵉ s. ap. J.-C. ?). Y domine la figure du tyran Cléarchos, qui renverse l'oligarchie en place et nous est présenté comme étant à la fois cruel, démagogue et excentrique. Il règne douze ans (364-352) et périt assassiné, mais sa dynastie se maintient sans être sérieusement contestée jusque dans les années 280, y compris quand la cité passe (par mariage) dans le domaine du Diadoque Lysimaque, en 302/1 (*infra*, chap. 19). Héraclée connaît ensuite une longue période d'indépendance (*ca* 280-70), qu'elle défend farouchement, surtout au moyen d'une habile diplomatie qui la met au centre d'un réseau d'alliances régionales conventionnellement appelé « ligue du Nord » (notamment avec Byzance et Chalcédoine). Sa vigueur commerciale se mesure à la large diffusion de ses amphores timbrées dans le Pont-Euxin, mais au IIIe s., c'est surtout Sinope qui s'illustre dans ce registre, avant d'être prise par le roi Pharnace Ier du Pont en 183. À l'époque hellénistique, les sources littéraires font à peu près défaut pour la côte occidentale (« Pont gauche »), mais une riche épigraphie renseigne sur la vie religieuse, sur les institutions d'ordinaire démocratiques (d'origine mégarienne ou milésienne selon les cas), et sur l'action des évergètes (bienfaiteurs : *infra*, chap. 22), tel Prôtogénès d'Olbia vers 230. La période est jalonnée de conflits entre les cités : par exemple entre Callatis (colonie d'Héraclée) et Byzance, pour le contrôle du port de Tomi peu avant le milieu du IIIe s. ; ou encore entre Apollonia, appuyée par Istros, et Mésembria, pour un litige frontalier survenu dans la première moitié du IIe s. Mais dans cette région, c'est la pression croissante des barbares qui précipite le déclin : ainsi Istros est-elle aux prises avec les Gètes et les Thraces, ces mêmes Thraces que contiennent à grand-peine les Byzantins, contraints en outre d'instaurer une taxe de passage sur les Détroits pour payer le tribut qu'exigent les Galates établis dans la région (*ca* 230-220)[1]. Quant à la prospère Olbia, dès les années 230 environ, elle est également exposée à la menace galate et doit en sus remettre des « cadeaux » au roitelet Saitapher- nès ; vers le milieu du IIe s., elle se place sous le protectorat du roi scythe Skilouros, avant d'être incorporée dans le royaume de Mithridate VI Eupator (*infra*, chap. 21), puis elle est détruite par le Gète Byrébistas vers 55 avant J.-C.

Bien qu'inégalement documentés, ces divers échantillons sont là pour rappeler l'extraordinaire variété des expériences vécues par l'hellénisme qui, tout en conservant son identité, sut s'adapter aux conditions les plus diverses.

---

1. Institut Fernand Courby, *Nouveau choix d'inscriptions grecques*[2], 2005, n° 5-6 ; Polybe IV, 45.

Chapitre 15

LES HÉGÉMONIES DE LA PREMIÈRE MOITIÉ DU IVᵉ SIÈCLE

Les guerres médiques avaient façonné un monde égéen bipolaire : nous avons vu au chapitre 13 où conduisit l'affrontement sans merci qui en résulta. Le demi-siècle qui suit est celui d'une impossible stabilité : y sont aux prises trois puissances, Sparte, Athènes et Thèbes, avec l'arbitrage du Grand Roi et finalement un seul vaincu, Sparte, mais pas de vrai vainqueur dans une Grèce exsangue. La trame événementielle devient fort complexe et il faudra considérablement résumer. C'est que nos sources se multiplient, donnant des informations qu'il n'est pas toujours aisé de concilier : historiens tels Xénophon (*Anabase, Helléniques, Agésilas*), l'auteur anonyme des *Helléniques* d'Oxyrhynchos, Diodore de Sicile (livres XIV et XV) et Plutarque (*Vies* d'Agésilas et de Pélopidas) ; écrits d'Isocrate ; inscriptions dont le nombre va croissant ; monnayages.

L'hégémonie spartiate

La victoire de 404 mettait Sparte en face d'un choix aussi lourd de conséquences qu'en 479 : assumer l'hégémonie à la place d'Athènes ou se retirer conformément à ses buts de guerre initiaux, qui étaient de garder le contrôle de la ligue péloponnésienne tout en se posant en libératrice des Grecs opprimés par les Athéniens. Le premier courant l'emporta, incarné notamment par Lysandre qui réussit à forcer la nature profonde de la cité, plutôt frileuse et repliée sur elle-même. L'hégémonie spartiate se révéla rapidement aussi dure et arrogante, sinon plus, que sa devancière athénienne : l'oligarchie fut partout favorisée, souvent sous la forme de décarchies (groupes de dix oligarques dévoués à Sparte), parfois avec l'appui de gouverneurs militaires, les harmostes, commandant des détachements d'inférieurs (*supra*, chap. 9) ainsi commodément éloignés de Lacédémone. À l'image de ce qui se passa à Athènes, les règlements de comptes furent nombreux et sanglants, au point que, d'après Isocrate, cette nouvelle hégémonie fit plus de victimes en trois mois qu'Athènes n'avait fait de procès durant toute sa domination. Rappelons ici les paroles prêtées *a posteriori* par Thucydide aux ambassadeurs athéniens venus à Sparte en 431 : « Si d'autres venaient à prendre notre succession, c'est alors qu'on apprécierait notre modération [...] ; s'il vous arrivait de nous abattre et d'exercer à votre tour l'empire, vous verriez rapidement disparaître la popularité que vous a value la crainte que nous inspirons » (I, 76-77). Rendu suspect notamment par la popularité qu'il doit à sa victoire (cf. à Samos : *infra*, chap. 18) et par les richesses qu'il a accumulées (son origine modeste pourrait expliquer en partie son ambition et sa cupidité : *supra*, chap. 9), Lysandre est dès 403 écarté des affaires mais retrouve rapidement son influence par l'intermédiaire de son protégé, Agésilas. C'est avec son appui que celui-ci, frère d'Agis, devient roi en évinçant le fils de ce dernier, Léotychidas, soupçonné d'être un bâtard d'Alcibiade (*ca* 400-398). Agésilas sera durant les années qui suivent le grand homme de Sparte, suscitant notamment l'admiration de Xénophon, tandis que d'autres le jugent plus sévèrement. Dans le Péloponnèse, l'emprise de Sparte ne se relâche pas : la cité récalcitrante d'Élis, qui contrôlait Olympie, est contrainte de rentrer dans le rang en 400. On se rappellera aussi que cette période est celle où la société lacédémonienne est ébranlée par la tentative de révolte fomentée par Cinadon et d'autres inférieurs, étouffée dans l'œuf par les éphores (*supra*, chap. 13).

Avec les Perses également, les problèmes ne tardent pas à surgir. La difficile succession de Darius II, mort en 405/4, avait déjà été la cause de l'expédition des Dix-Mille levés par Cyrus le Jeune, qui revendiquait le pouvoir contre son

frère aîné Artaxerxès II. L'affaire avait tourné court à la
mort du prétendant (bataille de Counaxa, près de Babylone,
en 401). Le long et pénible cheminement de ses mercenaires,
désormais sans employeur, à travers les contrées asiatiques
fait l'objet du passionnant et émouvant récit qu'en fit Xénophon, lui-même protagoniste de l'aventure, dans *L'Anabase* :
parvenus sur la côte sud du Pont (région de Trapézonte, une
colonie de Sinope), les Grecs y firent entendre ce fameux
cri de joie : « *Thalatta, thalatta !* » (« La mer, la mer ! »),
pour eux synonyme de retour dans la patrie (*Anabase*, IV
7, 24). Tandis que les satrapes, notamment Tissapherne et
Pharnabaze, escomptaient percevoir à nouveau le tribut du
Roi auprès des cités grecques d'Asie, celles-ci obtinrent le
soutien de Sparte. Une nouvelle expédition, renforcée de res-
capés des Dix-Mille, fut envoyée sous les ordres de Thibron
(400-399), remplacé ensuite par Derkylidas puis par Agésilas en personne (396), ce qui acheva d'envenimer les relations entre Perses et Lacédémoniens. Tandis qu'Agésilas
qui, exceptionnellement, concentrait alors commandement
de l'armée et de la flotte, guerroyait et réunissait un butin
appréciable, Artaxerxès fit exécuter Tissapherne, jugé incapable. Puis il parut opportun au Grand Roi de se débarrasser
de cette présence gênante sur ses territoires en suscitant en
Grèce des menées anti-spartiates. Les mécontentements qui
s'y étaient fait jour et l'or perse devaient grandement faciliter l'opération : une coalition hétéroclite se constitua alors,
regroupant Athènes, prompte à saisir cette première occasion
de se relever, Corinthe et Thèbes, alors dominées par les
démocrates et déçues que Sparte n'ait pas accédé à leur
requête de détruire Athènes en 405/4, Argos enfin, toujours
hostile à Sparte. En vue de se prémunir contre les oligarques
favorables à la paix, Corinthe conclura même quelques
années plus tard une sorte d'accord de sympolitie avec
Argos, ce qui reviendra pratiquement à réunir les deux cités
à l'avantage de cette dernière (*ca* 392-386 ; les avis divergent sur la nature juridique exacte de cette union).

Un obscur conflit frontalier en Grèce centrale, opposant
Phocidiens et Locriens, déclencha la « guerre de Corinthe »
(où fut établi le quartier général des coalisés) pour une

dizaine d'années. En voici les principaux linéaments. Lysandre meurt dans les premiers combats en Béotie (395) et les succès semblent ensuite partagés : la phalange lacédémonienne confirme son écrasante supériorité près de Némée, en une bataille qui peut être considérée comme son chef-d'œuvre, puis de nouveau à Coronée en Béotie, cette fois sous le commandement d'Agésilas rappelé d'Asie (394). Mais la même année, l'Athénien Conon, qui avait déjà participé aux dernières années de la guerre du Péloponnèse, pas toujours à son avantage, remporte au large de Cnide une éclatante victoire à la tête de la flotte mise à sa disposition par les Perses : belle revanche, pour le vaincu d'Aigos Potamoi, que de mettre ainsi un terme, dix ans après, à l'éphémère thalassocratie de Sparte. Celle-ci perd alors la plupart de ses positions en Égée orientale, où les démocrates refont du même coup surface. Rentré à Athènes où, honneur exceptionnel, on lui décerne une statue, Conon accélère la reconstruction des Longs-Murs. Flotte exceptée, la cité retrouve les bases de son ancienne puissance : elle reprend le contrôle de Délos et des îles indispensables à son ravitaillement pontique, Skyros, Lemnos et Imbros ; elle recommence à frapper des chouettes en bon argent, qui regagnent rapidement un statut de monnaie internationale à peu près équivalent à celui qu'elles avaient au ve s. En 390, Iphicrate, à la tête de ses peltastes (infanterie légère tirant son nom d'un type de bouclier appelé *peltè*), dont il a perfectionné l'équipement et les techniques de combat, anéantit un bataillon d'hoplites lacédémoniens devant Corinthe, événement d'un grand retentissement. La même année, Thrasybule obtient le ralliement de Thasos et de Byzance ; il rétablit, notamment dans le Bosphore, la taxe du vingtième (5 %) sur le trafic maritime (cf. *supra*, chap. 13), puis il soumet Lesbos. Il gagne ensuite le sud-est de l'Égée mais ses exactions lui valent d'être assassiné en Pamphylie (389/8). Peu après, les Athéniens sont incapables d'empêcher le raid mené par le Spartiate Téleutias contre le Pirée.

Athènes est également l'alliée du roi de Salamine de Chypre, Évagoras, en rébellion contre le pouvoir achéménide. Les progrès athéniens en Égée orientale sont tels qu'on s'avise en Perse de ce nouveau danger : le plan anti-Agésilas a trop bien fonctionné. La politique d'équilibre des puissances que mènent le Grand Roi et ses conseillers, où s'affrontent en outre des courants pro-spartiate (Tiribaze qui, en 392, a fait arrêter Conon) et pro-athénien (Strouthas), vise à affaiblir les Grecs en les mettant en position de se neutraliser mutuellement (c'était déjà ce qu'Alcibiade avait conseillé à Tissapherne une vingtaine d'années plus tôt). Elle exige donc pour l'heure un rapprochement avec Sparte. Aussi est-ce désormais celle-ci qui bénéficie du soutien naval des Perses et la flotte commandée par Antalkidas menace bien vite l'accès aux Détroits : Athènes n'a pas encore assez de moyens propres pour faire jeu égal et accepte la paix qui s'ensuit, appelée Paix du Roi, ou Paix d'Antalkidas, conclue à Sardes en 386. Celle-ci est le premier exemple de « paix commune » (*koinè eirènè*), concept très en vogue au IVe s., mais trop théorique et facilement instrumentalisé par les plus puissants qui, sous couvert de faire respecter le traité, s'autorisent bien des abus. Les villes d'Asie et Chypre reviennent à Artaxerxès, Athènes garde Skyros, Lemnos et Imbros, et les autres cités se voient garantir l'autonomie, principe jugé incompatible avec l'existence de ligues telle la Confédération béotienne placée sous la houlette de Thèbes depuis 446 (*supra*, chap. 11). Sparte est officiellement désignée *prostatès* (patron) de la paix, mais c'est Artaxerxès qui tire les ficelles et Isocrate, dans le *Panégyrique*, fustige cette paix honteuse et l'abandon des Grecs d'Asie Mineure, dont il ne faut toutefois pas se cacher que certains préféraient apparemment l'autorité d'un satrape à l'impérialisme d'une cité hégémonique. Du point de vue achéménide, le retour des cités grecques d'Asie sous l'autorité royale marque la fin de la parenthèse ouverte avec la création de la ligue de Délos près d'un siècle plus tôt. Les affaires du Grand Roi ne sont pourtant pas aussi florissantes partout, puisqu'il doit faire face à la sécession d'Évagoras de Chypre et à celle de l'Égypte, situation qui pourrait expliquer son empressement à pacifier la Grèce.

Sur le terrain, Sparte garde la main et ne tarde pas à donner sa version toute personnelle de l'autonomie des cités, tout d'abord en mettant de l'ordre dans les affaires péloponnésiennes : dès 385, la cité arcadienne de Mantinée, coupable d'avoir choisi le mauvais camp durant la guerre de Corinthe, est prise et démantelée en quatre bourgades (diœcisme). Il convient aussi d'occuper les nombreux effectifs d'inférieurs enrôlés les années précédentes et un autre but de campagne plus lointain est trouvé en 382 : la cité d'Olynthe, accusée de devenir trop puissante à la tête de la Confédération chalcidienne. Au bout de quatre campagnes difficiles, Olynthe capitulera, au grand bénéfice du roi de Macédoine, Amyntas III, allié de Sparte (379). Mais le fait le plus marquant de cette phase que certains spécialistes considèrent comme l'apogée de l'hégémonie spartiate concerne Thèbes : sur le chemin de la Thrace, un détachement lacédémonien commandé par Phoibidas se déroute et s'empare de la Cadmée, citadelle de Thèbes, plaçant aussitôt aux affaires le chef du courant prolaconien, Léontiadès, à la place de l'hostile Hisménias (382). L'affaire fait grand bruit en Grèce, en tout cas à Athènes, car elle apparaît comme un double sacrilège, contre les serments échangés lors de la conclusion de la paix et contre les usages liés aux trêves sacrées (les Thébaines célébraient alors les Thesmophories locales et les concours pythiques approchaient). Thèbes se libère au bout de trois ans (cf. ci-après), mais l'important est ici de noter que Phoibidas n'est pas clairement désavoué à Sparte, pas plus que Sphodrias après sa tentative de coup de main ratée contre le Pirée en 378 : l'un et l'autre sont notamment soutenus par Agésilas pour des raisons complexes et parfois obscures, où se mêlent relations personnelles et stratégie d'ensemble (volonté de précipiter la guerre contre Athènes avant que celle-ci ne redevienne trop puissante ?). Ces agressions, que nous considérons plutôt comme des bavures ou des provocations cyniques, sont perçues par les contemporains comme des actes de démesure (*hybris*). Elles poussent apparemment les Athéniens à élaborer une stratégie qui fait plus de place à la défense du territoire (renforcement du réseau de fortifications) et, plus généralement, décuplent l'énergie d'une cité qui était déjà prête à recouvrer son ancienne prééminence.

Le redressement d'Athènes

Nous avons vu plus haut comment les Athéniens, notamment grâce à l'action de Conon et de Thrasybule, avaient regagné nombre de positions depuis les années 390. Le Pirée et les Longs-Murs à peu près reconstruits, il fallait doter la cité d'une flotte digne de ce nom, ce qui fut fait en 378, grâce aux réformes financières de Callistratos, qui organisa la caisse militaire du *stratiôtikon* et leva une *eisphora* au moyen des nouvelles symmories (subdivisions fiscales : *infra*, chap. 18). Restait alors à donner un cadre général aux alliances bilatérales conclues depuis plusieurs années et dont certaines nous sont connues par les inscriptions (cf. le traité avec Chios, daté de 384). Vers la fin de l'hiver 378/7, juste après que trois nouvelles alliances ont été formalisées, avec Thèbes, Byzance et Méthymna de Lesbos, le décret d'Aristotélès jette les bases de ce que l'on a appelé la « seconde Confédération maritime », dont les membres fondateurs sont, outre les quatre déjà nommés, Rhodes et Mytilène, principale cité de Lesbos. Transcrit sur une stèle relativement bien conservée découverte sur l'agora[1], ce décret que l'on considère comme une sorte de charte fondatrice énonce très explicitement les buts de la nouvelle ligue : celle-ci vise à ce que « les Lacédémoniens laissent les Grecs vivre tranquilles, libres et autonomes ». L'attachement à la paix commune et les acquis asiatiques du Grand Roi sont réaffirmés, mais l'alliance est ouverte à tous, sous forme défensive. Toutes les assurances sont données aux candidats : strict respect de l'autonomie, garantie de ne pas se voir imposer de garnison ni de tribut, interdiction pour les Athéniens d'acquérir des propriétés sur les territoires des contractants, avec effet rétroactif (restitutions), sévère interdiction de proposer quoi que ce soit qui serait contraire au présent décret. Il est même spécifié que soient détruites les « stèles inamicales » pour les alliés, décision à laquelle certains ont

---

1. J. Pouilloux, *Choix d'inscriptions grecques*[2], 2003, n° 27 (autre traduction commentée chez P. Brun, *Impérialisme et démocratie à Athènes. Inscriptions de l'époque classique*, 2005, n° 46).

relié l'état de délabrement dans lequel nous sont parvenus les restes des stèles consignant les prémices du tribut du vᵉ s. (*supra*, chap. 11). On voit que les Athéniens veillent à bien marquer la rupture avec les abus du passé, dont le *phoros* est resté un symbole. Celui-ci est remplacé par la *syntaxis* (plur. *syntaxeis*), contribution financière n'excluant pas une participation armée, sollicitée en fonction des besoins : on ignore les détails mais il est assuré que les sommes collectées à partir de 373/2 au moins demeuraient insuffisantes pour financer l'effort de guerre (maximum d'environ 200 talents). La ligue était dotée d'un conseil (*synédrion*) réunissant à Athènes un délégué par cité et qui, entre autres attributions, décidait de la levée de la *syntaxis* et en fixait sans doute le montant, en liaison avec la *Boulè* et l'*Ekklèsia* athéniennes. Athènes elle-même n'y est pas représentée et on a visiblement recherché un certain équilibre, au moins théorique, entre la cité hégémonique et les instances communes, qui paraissent avoir collaboré en bonne intelligence, en tout cas jusqu'à la « guerre des Alliés » (ci-après). En pratique, le fonctionnement de l'ensemble, apparemment assez lourd, reste mal illustré, mais les Athéniens conservaient bien des moyens d'influencer les décisions et leur Assemblée, souveraine, avait tout pouvoir de les ratifier ou non, spécialement pour les questions les plus graves. La liste des cités ralliées, en partie conservée par la même stèle, montre en tout cas le grand succès de la nouvelle ligue, qui comptera plus d'une soixantaine de membres. Tout sourit alors aux Athéniens et la fortune des armes ne le cède en rien aux réussites diplomatiques : en 376, au large de Naxos, le stratège Chabrias remporte avec les navires récemment construits une victoire navale décisive contre la flotte lacédémonienne. Dans la foulée, Timothée, le fils de Conon, obtient de nouvelles adhésions en mer Ionienne (Céphalléniens, Acarnaniens, etc.). Athènes, qui est désormais en position de force pour conclure avec Sparte une paix qui sera très populaire dans la cité, redevient la première puissance navale en Égée (375/4).

On a beaucoup discuté de la sincérité des intentions athéniennes. Il semble que la ligue ait fonctionné dans l'esprit des termes initiaux jusqu'à la fin des années 370, où furent enregistrés les derniers ralliements spectaculaires, notamment en mer Ionienne (succès de Timothée en 375, puis campagne avortée à Corcyre, faute de fonds et d'équipages, finalement menée à bien par Iphicrate en 372), c'est-à-dire tant que Thèbes, qui figure parmi les membres fondateurs, a partagé le même but qu'Athènes (l'abaissement de Sparte) sans lui faire trop d'ombre. Vers 373, la destruction de Platées par les Thébains (cf. le *Plataïque* d'Isocrate) entraîna un nouveau rapprochement entre Sparte et Athènes, mais c'est la bataille de Leuctres, en 371, qui rompit définitivement l'équilibre entre Athéniens et Thébains, dont les objectifs ne concordaient plus et qui devenaient rivaux. Le revirement des cités eubéennes, prenant leurs distances avec la seconde Confédération pour suivre les Thébains aussitôt après leur victoire, est de ce point de vue très significatif. Les prétentions navales d'Épaminondas, à partir de 365, contribuèrent peut-être à accélérer encore l'évolution (ci-après). L'attitude athénienne se durcit alors et il se produit apparemment une dérive qui n'est pas sans rappeler celle du Ve s., même s'il faut se garder des comparaisons abusives. En effet, l'impérialisme était, semble-t-il, consubstantiel à la ligue de Délos et s'était exprimé dès avant la « Paix de Callias » en 449 (*supra*, chap. 11). Cette fois, les Athéniens se sont d'abord appliqués à ne rien faire qui fût juridiquement contraire à la « charte » de 377 : ainsi Samos n'est-elle pas membre de la ligue quand Timothée s'en empare en 366/5 et y installe une importante clérouquie. Néanmoins, c'était bafouer l'esprit de l'alliance et, quand Kéos fait sécession en 364, sans doute en relation avec la nouvelle politique navale d'Épaminondas, les Athéniens la font rentrer dans le droit chemin par la force et prennent diverses mesures clairement impérialistes, contraignant par exemple les Kéiens à faire juger par les tribunaux athéniens les causes les plus importantes, puis s'octroyant l'exclusivité d'un produit très réputé de l'île, l'ocre (ou vermillon, utilisé pour les constructions navales et les teintures).

Plus généralement, les extorsions de *syntaxeis* par les stratèges au service d'une politique répondant aux seuls intérêts athéniens, l'expansion dans le nord de l'Égée (Pydna et

Méthonè sur les côtes macédoniennes ; Potidée en Chalcidique ; Sestos en Chersonèse), s'accompagnant souvent de
l'implantation de clérouquies, suscitèrent mécontentements
et inquiétudes, d'autant que l'*hègémôn* n'était pas toujours
à même de remplir sa mission de protection. Ainsi en 362, le
tyran thessalien de Phères, Alexandre, lança plusieurs raids
contre les Cyclades et se permit même une incursion dans
le port du Pirée : l'Athènes d'Iphicrate, de Timothée et de
Chabrias est loin d'exercer la même souveraineté sur l'Égée
que celle de Cimon et de Périclès. Cela se vérifie spectaculairement lors de la « guerre des Alliés », en 357, quand font
défection Rhodes, Cos, Chios et Byzance, soutenues par le
dynaste et satrape de Carie, Mausole. Deux fois, la flotte
athénienne est défaite par les coalisés au large de l'Ionie
(batailles de Chios et d'Embata, non loin d'Érythrées) ; elle
perd Chabrias, mort au combat, et Timothée qui est contraint
à l'exil, incapable de payer la lourde amende à laquelle il a
été condamné. À peu près au même moment, Athènes reprend
néanmoins le contrôle de l'Eubée et la seconde Confédération
se maintiendra jusqu'en 338, spécialement dans les Cyclades
et dans le nord, comme à Samothrace ou à Ténédos. Mais
elle ressort de cette guerre ébranlée, car les Athéniens ont
dû reconnaître l'indépendance des cités victorieuses et ce
revers marque un tournant dans leur politique. En effet, ce que
l'on appelle parfois, peut-être abusivement, le « parti de la
paix » s'impose alors (cf. Isocrate, *Sur la paix*) et les réformes
financières d'Eubule (loi sur le *théôrikon* : *infra*, chap. 18)
entraînent une nette augmentation des revenus mais aussi
une plus grande rigidité en matière de dépenses et d'interventions militaires, d'où une moindre réactivité dont saura
profiter au mieux Philippe de Macédoine. Ce point sera
traité au chapitre suivant : auparavant, il faut évoquer le
troisième grand protagoniste de cette première moitié de
siècle, la cité de Thèbes.

L'hégémonie thébaine

Nous avions quitté Thèbes en 382, sous le contrôle des troupes lacédémoniennes postées sur la Cadmée et d'une faction d'oligarques laconophiles (ci-dessus). Cette situation ne dure pas et dès l'hiver 379/8, un groupe de démocrates réfugiés à Athènes parvient à libérer la cité par surprise. La démocratie est alors rétablie et, forte de sa richesse agricole et démographique, la cité reconstitue autour d'elle la Confédération béotienne dissoute sur ordre de Sparte lors de la Paix du Roi. Les bases en sont néanmoins différentes et font une meilleure place à Thèbes, à qui échoient quatre districts, et donc au moins quatre béotarques (chefs de l'armée fédérale désignés pour un an) sur sept, alors que le rapport était de quatre sur onze dans l'ancienne organisation. Le principal organe de cette dernière était un conseil de délégués auquel on a substitué une assemblée primaire, en apparence plus démocratique, mais où les Thébains sont très majoritaires, vu que leur ville est le siège des réunions, tout comme elle abrite l'atelier monétaire fédéral. Cette nouvelle ligue apparaît donc comme un instrument d'expansion, redoutable aux mains de chefs d'exception comme Pélopidas et Épaminondas : leur disparition à la fin des années 360 scelle le déclin progressif de Thèbes, ce qui permet de mesurer rétrospectivement le rôle essentiel qu'ils jouèrent dans l'éphémère hégémonie de la cité, même si l'on tend aujourd'hui à nuancer ce point de vue. C'est surtout Pélopidas que l'on voit intervenir dans les années de formation : il compte parmi les organisateurs de l'armée, qui comprend notamment le fameux bataillon sacré, 300 hommes d'élite liés d'amour si l'on en croit Plutarque ; il est aussi le vainqueur des premiers combats contre des troupes de Sparte, spécialement en 375 à Tégyres, au nord de la Béotie, où il dispose pourtant d'effectifs notablement inférieurs. Vers 373, les Thébains font place nette en détruisant Platées, fidèle alliée d'Athènes où la population se réfugie, puis en abattant les remparts de Thespies.

On a dit plus haut comment cette montée en puissance avait décidé Athéniens et Lacédémoniens à se rapprocher :

au congrès tenu à Sparte en 371 pour renouveler la paix, ils font front commun face à Thèbes, pourtant formellement membre de l'alliance athénienne. Comme en 386, on refuse aux ambassadeurs thébains de prêter serment au nom de tous les Béotiens, ce à quoi Épaminondas aurait répliqué en demandant à Agésilas de reconnaître l'autonomie de la Laconie. Thèbes n'est donc pas incluse dans le traité et la guerre est aussitôt votée par l'Assemblée de Sparte, qui envoie le roi Cléombrotos avec une forte armée, dont 700 Spartiates. Le choc a lieu dans la plaine de Leuctres, au sud de la Béotie : l'état-major thébain, au premier rang duquel Épaminondas, peut compter sur une cavalerie de qualité nettement supérieure et a massé le gros de son infanterie lourde à l'aile gauche, sur 50 rangs de profondeur, en vue d'enfoncer l'élite des troupes lacédémoniennes, placées à droite avec le roi Cléombrotos, comme il se doit. Une attaque fulgurante de ce côté, qui donne un aspect « oblique » au mouvement de la ligne de bataille béotienne, atteint son but : le roi est tué et le dispositif adverse désorganisé. Pas moins de 400 Spartiates périssent, soit le tiers du total des citoyens mobilisables à cette époque : on mesure ici les effets désastreux de l'oliganthropie spartiate (*infra*, chap. 18).

La nouvelle de la victoire thébaine est accueillie fraîchement par les Athéniens, dont la ligue perd une bonne partie de sa raison d'être du fait de l'abaissement soudain de Sparte. Attentistes, ils ne donnent pas suite à une demande d'assistance présentée par les Arcadiens. Dans le Péloponnèse, la défaite de la cité hégémonique a en effet déclenché l'agitation des factions démocratiques et divers mouvements d'indépendance, comme chez les Éléens ou les Mantinéens qui relèvent leurs murs. Contrairement à Athènes, Thèbes accède à la requête arcadienne et dépêche Épaminondas et Pélopidas. Ceux-ci mettent au pillage la Laconie et occupent le port de Gytheion. Puis ils refondent Messène, au pied de l'Ithôme, haut lieu de la grande révolte des années 460 (*supra*, chap. 11), avant de patronner le synœcisme de Mégalopolis, nouvelle capitale fédérale arcadienne et siège de l'Assemblée des Dix-Mille. En l'espace de quelques mois, Lacédémone a perdu son statut de *prostatès* de la paix, mais

THRACE

Mélas

Hèbre

Héraion
Teichos

Byzance

Périnthe

PROPONTIDE

Maronée

Abdère

Thasos

Samothrace

CHERSONESE Cardia

Cyzique

Sestos • Hellespont

Abydos

Lemnos

Imbros

TROADE

Ténédos

Halonnèsos

Assos

Méthymna

Mytilène

Atarnée

Érésos

Lesbos

Skyros

Hermos

LYDIE

MER

Sardes

Chios

Érythrées

IONIE

ÉGÉE

Éphèse

Méandre

Carystos

Ténos

Samos

Priène

Kéos

Milet

CARIE

Délos

Naxos

Calymna

Cos

Halicarnasse

Cnide

Rhodes

Rhodes

CRÈTE

Cnossos • Lyttos

Gortyne

Son assassinat en 370 mit un terme à ces projets hypothétiques et ouvrit la voie aux Thébains dans la région, non sans difficultés il est vrai. Il fallut plusieurs campagnes pour confiner Alexandre, le successeur (indirect) de Jason, à Phères : d'abord prisonnier de ce dernier, puis libéré (368/7), Pélopidas périt en remportant la bataille de Cynoscéphales, qui confortait la domination de Thèbes sur la Thessalie (364). Ces opérations ont également permis aux Thébains de s'immiscer dans les affaires de Macédoine, alors en proie, comme souvent, à une crise dynastique dans laquelle l'Athénien Iphicrate intervient également : dès 369 ou 368, ils avaient obtenu qu'on leur livrât des otages, parmi lesquels Philippe, le jeune frère des rois Alexandre II (assassiné en 369/8 par Ptolémée d'Alôros, qui règne jusqu'en 365) et Perdiccas III (365-360/59). La cité peine cependant à faire reconnaître son nouveau statut d'*hègémôn*. On le voit à l'échec de la paix commune que Pélopidas et Artaxerxès tentent de mettre sur pied en 367, au congrès de Suse, qui prévoyait notamment la reconnaissance de l'indépendance messénienne et le désarmement de la flotte athénienne, mais qu'aucune cité ne daigne jurer. On le mesure encore au bilan somme toute modeste de la politique navale ébauchée par Épaminondas en 365-364. Avec les cent trières construites alors, il entreprend une grande tournée diplomatique en Égée, dont les résultats concrets contre l'alliance athénienne restent limités (défection probable de Byzance, assurée mais vite réprimée à Kéos). Il manque aux ambitions des Thébains une dimension maritime étrangère à leurs traditions et outrepassant leurs moyens.

En Béotie en revanche, la mainmise de la cité ne se relâche pas : d'abord intégrée à la Confédération, Orchomène, par tradition rebelle à Thèbes, est rasée en 364. Mais c'est dans le Péloponnèse que les Thébains doivent redoubler d'activité : les Arcadiens, sur lesquels ils ont fondé l'essentiel de leur dispositif anti-spartiate, retombent dans leurs anciennes querelles. Une guerre conduite contre Élis dégénère en sacrilège puisqu'on puise dans le trésor sacré d'Olympie pour payer leur solde aux troupes d'élite arcadiennes, les *éparitoi*, et qu'on se bat dans l'Altis (nom du sanctuaire de Zeus) en pleine célébration des concours. Les Mantinéens protestent devant l'Assemblée fédérale des Dix-Mille et la paix est conclue avec les Éléens, mais l'affaire dégénère vite en guerre entre Mantinée, soutenue par Athènes et par Sparte, impatiente de prendre sa revanche, et Tégée, l'autre grande cité arcadienne, appuyée par Thèbes et ses alliés de Grèce centrale. Les deux coalitions se rencontrent près de Mantinée, en 362. Sur le plan militaire, les Thébains montrent une nouvelle fois leur supériorité sur les Spartiates, mais la mort de leur dernier chef charismatique, Épaminondas, les empêche de l'exploiter. Achevant les *Helléniques* sur cet épisode, Xénophon écrit : « La divinité fit si bien les choses que chacun des deux camps dressa un trophée comme s'il avait remporté la victoire [...]. L'incertitude et la confusion furent plus grandes après qu'avant dans toute la Grèce » (VII 5, 26-27). Cette bataille à l'issue incertaine ne marque pas la fin des ambitions thébaines : la cité interviendra encore pour mettre de l'ordre dans les affaires arcadiennes et soutenir le synœcisme de la capitale fédérale, Mégalopolis ; même si quelques positions lui sont contestées (cf. l'alliance des Athéniens et des Thessaliens en 361), elle reste une puissance importante, surtout en Grèce centrale où des événements décisifs se produiront bientôt. En 362/1, les Grecs concluent une nouvelle *koinè eirènè* (paix commune). Sparte, définitivement écartée de la grande politique, n'y est pas associée, pas plus que le Grand Roi, ce qui constitue un tournant important. L'attention du pouvoir achéménide est en effet retenue ailleurs : il faut soumettre l'Égypte et réduire une révolte de satrapes dont l'ampleur et la gravité sont discutées. Outre une profonde lassitude, ce demi-siècle de course à l'hégémonie laisse en Grèce un équilibre aussi fragile que précaire. Un *outsider* venu du Nord saura bientôt en tirer le meilleur parti.

Chapitre 16

PHILIPPE II ET L'HÉGÉMONIE MACÉDONIENNE

L'ascension macédonienne constitue un tournant décisif et l'une des périodes les plus stimulantes de l'histoire antique. Même s'il convient, ici comme ailleurs, d'éviter les comparaisons anachroniques, c'est aussi une époque perpétuellement revisitée car les enjeux en sont d'une grande modernité. L'affrontement entre Philippe et Athènes est en effet resté comme un archétype du combat entre le despotisme et la démocratie, si lucidement analysé et en des termes si frappants par Démosthène, par exemple aux § 40-43 du discours *Sur les affaires de Chersonèse*. Ainsi cet axiome du même Démosthène, qui exhorte ses compatriotes, selon lui assoupis par la politique alors en vigueur, à soutenir la cause des démocrates rhodiens, trouverait parfaitement sa place dans certains débats actuels de politique extérieure : « Mettre en avant des raisons de droit pour ne rien entreprendre, ce n'est plus de l'honnêteté, c'est de la lâcheté » (*Pour la liberté des Rhodiens*, 28). Au premier rang de nos sources figurent donc les harangues du grand orateur qui, à partir de la fin des années 350, désigne à ses concitoyens Philippe de Macédoine comme l'ennemi public numéro un.

Mais ces dernières décennies, c'est surtout le roi qui a retenu l'attention. Philippe, qui a longtemps souffert, dans l'historiographie, de la comparaison avec la personnalité hors norme de son fils Alexandre, est aujourd'hui reconnu comme l'un des plus grands hommes d'État de l'Histoire, un authentique bâtisseur d'empire dont l'action ne saurait se réduire au seul affrontement avec Athènes et encore moins à un duel à distance avec Démosthène, relativement surdocumenté au regard de l'œuvre accomplie, immense et qui échappe encore pour partie à notre connaissance. Ses adversaires, tel Eschine, apportent heureusement quelque contradiction à un Démosthène toujours enclin à se donner le beau rôle, et nous disposons aussi de certains développements un peu abstraits d'Isocrate. Théopompe, Éphore et les Atthidographes (auteurs de chroniques sur l'Attique) n'étant connus que par quelques fragments, le seul récit continu est celui de Diodore de Sicile (livre XVI), dont la chronologie apparaît souvent peu fiable et qui peut être complété ici ou là par le résumé squelettique de Justin. Inscriptions et monnaies tiennent aussi une part importante et la spectaculaire découverte des tombes royales de Vergina (l'antique Aigai/Aigéai), voilà une trentaine d'années, a livré un matériel étonnant, en même temps qu'elle soulevait des difficultés d'interprétation à la mesure du personnage fascinant qu'est Philippe.

Les débuts de Philippe (360-353)

Avant le IV⁵ s., nous ne savons que relativement peu de choses sur la Macédoine, qui tient une place marginale. La dialectologie, entre autres, a établi que les Macédoniens sont grecs (leur parler ancestral est intermédiaire entre le thessalien et le grec « du Nord-Ouest » : cf. *supra*, chap. 6), mais le peuplement de la région a été marqué par une grande hétérogénéité. Celle-ci subsiste notamment entre la Basse-Macédoine, où domine la *polis*, et les *ethnè* traditionnels de Haute-Macédoine, où règnent des dynasties locales et qui vivent en villages administrés par des conseils d'Anciens (péliganes). Le pays recèle de grandes richesses : démographie prospère, riche terroir agricole, ressources minières et bois très prisé pour la construction navale, dont l'exploitation est un monopole royal. Ses principales faiblesses sont d'ordre politique. La monarchie existe depuis le VII⁵ s., mais le premier roi qui joue un rôle notable dans nos sources est Alexandre I⁵, dit le Philhellène, dont le règne couvre

approximativement la première moitié du Ve s. Fort de sa
prétendue ascendance héraclide, qu'une tradition rattache à
Téménos, roi de la cité d'Argos (dynastie argéade, qu'un
autre mythe fait directement descendre de Zeus), il fut autorisé à participer aux concours olympiques ; lors de la
seconde guerre médique, il joua l'intermédiaire entre Grecs
et Perses, avant de profiter du recul de ces derniers pour
doubler la superficie de son domaine, se dotant en outre
d'une monnaie abondante et de qualité. Après lui, Perdiccas II est surtout connu pour avoir entretenu des relations en
dents de scie avec Athènes. Lui succède l'énergique Archélaos (413-399), qui accomplit un effort d'armement sans
précédent (Thucydide s'en fait l'écho), et auprès duquel
l'auteur tragique athénien Euripide achève sa carrière. Dans
le premier quart du IVe s., Amyntas III (393-370), le père de
Philippe, transfère d'Aigai à Pella la capitale politique du
royaume.

Certaines traditions locales, telle la formation des jeunes,
notamment celle des pages attachés à la personne du roi
(*basilikoi paides*), ne sont pas sans rappeler les pratiques
observées à Sparte ou en Crète, mais l'on constate aussi de
nettes affinités avec l'Épire et la Thessalie voisines. Les institutions primitives restent mal connues, notamment les relations entre le roi et les Macédoniens, parfois constitués en
assemblée de soldats, d'où la comparaison avec les usages
homériques : la nature de la monarchie macédonienne,
« contractuelle » selon la thèse « constitutionaliste » qui ne
fait pas l'unanimité, reste débattue (pour l'époque hellénistique, voir *infra*, chap. 22). Dans l'exercice du pouvoir,
beaucoup dépendait apparemment de la personnalité du roi
et de sa capacité à s'imposer : à sa propre famille et aux
autres nobles d'abord, dont l'élite, constituée au mérite,
forme un conseil (les assassinats sont fréquents à la cour,
surtout dans le premier tiers du IVe s.) ; à ses sujets ensuite,
spécialement aux populations de Haute-Macédoine difficilement tenues en bride, tels les Orestes et les Lyncestes, sans
compter les turbulents voisins épirotes, illyriens, thraco-
scythes et apparentés (cf. les Péoniens, les Triballes et les
Gètes). Ce sont là autant de facteurs d'instabilité, surtout

en l'absence d'une armée bien structurée, malgré quelques réformes dont la paternité est d'ailleurs très controversée (action d'Archélaos mise à part) : en 360 (ou 359), Perdiccas III, qui régnait depuis 365, est vaincu et tué avec 4 000 de ses hommes par les Illyriens du roi Bardylis.

Philippe est le jeune frère de Perdiccas et a un peu plus de vingt ans lorsqu'il est acclamé roi, après avoir peut-être exercé la régence pour son tout jeune neveu Amyntas IV. On se rappelle qu'il fut otage à Thèbes à la grande époque (chapitre précédent), mais il est difficile d'apprécier au juste ce qu'il en retira. Il n'est en tout cas pas inexpérimenté et son exceptionnelle énergie, doublée d'un tempérament bien trempé, lui permet de faire face sur tous les fronts, tant à l'intérieur (il écarte ses rivaux, éliminant notamment le prétendant Argaios soutenu par les Athéniens qui comptaient s'en servir pour récupérer Amphipolis) qu'à l'extérieur (il gagne du temps en reconnaissant la suzeraineté de Bardylis, dont il épouse la fille Audata, et traite avec les Péoniens et les Thraces). Une paix est vite conclue avec les Athéniens, déjà présents à Pydna, Méthonè et Potidée, et à qui Philippe reconnaît leurs droits sur Amphipolis (un pacte secret prévoyant un échange Amphipolis-Pydna pourrait avoir été scellé un peu plus tard, mais c'est un point très controversé). En même temps, il réorganise l'armée, en une réforme dont le contenu (terminologie) et le rythme sont discutés : à côté de la cavalerie qui comprend les *hétairoi* (compagnons), la phalange, avec l'élite des *pezhétairoi* (compagnons à pied), est restructurée et durement entraînée ; une nouvelle arme est progressivement introduite, la sarisse, notablement plus longue (entre 5 et 6 m) que la pique traditionnelle de l'hoplite (une variante probablement plus maniable existait pour la cavalerie), et qui impose l'emploi d'un bouclier plus petit que l'*hoplon*. Le couple original constitué de cette phalange, qui sera encore améliorée par les successeurs de Philippe, et de la redoutable arme de choc qu'est la cavalerie, formée au contact des Thessaliens mais aussi des populations thraco-scythes, assurera aux Macédoniens une supériorité incontestée durant un siècle et demi, jusqu'à la rencontre fatale avec la légion romaine. C'est également sous Philippe, puis

Alexandre, que les armes de jet (catapultes à torsion) et les
techniques de siège connaissent un perfectionnement sans
précédent. Les résultats ne tardent pas : Péoniens et Illyriens
sont vaincus en 358 et les frontières du royaume reculées et
pacifiées.

Tandis que les Athéniens, défaits dans la « guerre des
Alliés », se résolvent à la paix et réforment leur administration sous la conduite d'Eubule (loi sur le théorique : *infra*,
chap. 18), Philippe profite de la situation et, contrairement
aux accords, ne restitue pas Amphipolis dont il s'est emparé
en 357, peu avant Pydna (hiver 357/6). Puis il prend Potidée,
livrée à Olynthe, cité chef de file de la prospère ligue chalcidienne avec laquelle il a pour l'heure intérêt à s'entendre
(356), Méthonè trop tard secourue par Athènes, enfin
Abdère et Maronée (355-354). Il s'empare aussi de l'établissement thasien de Crénidès, refondé avec un statut spécial
sous le nom de Philippes, d'où il ne tardera pas à contrôler
les gisements de métaux précieux du mont Pangée : le monnayage royal (ateliers de Pella et d'Amphipolis ou d'Aigai),
proche de l'étalon chalcidien pour l'argent et attique pour
l'or (Philippe est le premier roi de Macédoine à frapper monnaie dans ce métal), illustrera certaines des grandes étapes
de son ascension (cf. le type au jockey, commémorant la
victoire olympique de 356, Apollon lauré probablement en
relation avec les succès dans la guerre phocidienne). Les
Athéniens ont ainsi perdu la quasi-totalité de leurs positions
dans la région. C'est que la nouvelle doctrine due à Eubule,
dont il serait certes faux de croire qu'elle aboutit au désarmement de la cité et prône systématiquement la non-intervention,
entrave malgré tout son action et limite les expéditions loin-
taines à ses seuls intérêts vitaux. Mais cette absence ou cette
lenteur de réaction s'explique sans doute aussi par le fait que
l'on n'a pas encore pris à Athènes la mesure des ambitions
de Philippe, et que l'on s'attend à ce qu'il soit emporté par
une de ces révolutions de palais dont la cour de Macédoine
est coutumière. Entre mépris et méprise, une telle espérance
s'avérera fondée, mais seulement une vingtaine d'années
plus tard : entre-temps, Athènes aura à peu près tout perdu.

La « troisième guerre sacrée » et la « paix de Philocrate »
(356-346)

C'est la décennie cruciale pour l'expansion macédonienne. Dans ce processus, le sanctuaire de Delphes joue un rôle déterminant. Depuis le milieu des années 360, les Amphictions (cf. *supra*, chap. 12) y reconstruisent le temple d'Apollon, détruit vers 373 par un glissement de terrain consécutif à un séisme. En 357/6, cette œuvre de piété consensuelle est troublée par une affaire dont les dessous ne sont toujours pas élucidés. Une double amende frappe alors Sparte et les Phocidiens voisins du sanctuaire, la première pour l'occupation sacrilège de la Cadmée, pourtant déjà ancienne (382 : chapitre précédent), les seconds pour avoir mis en culture une partie de la « terre sacrée » correspondant au territoire de l'ancienne cité de Kirrha, dédié à Apollon depuis la « première guerre sacrée » (*ca* 590) et frappé d'interdit. La nécessité de réunir des fonds pour les travaux en cours a pu être exploitée en vue de régler de vieux comptes : on soupçonne là les Thébains et les Thessaliens, alliés et forts de la majorité au conseil amphictionique, mais bien d'autres hypothèses ont été formulées, le détail de la chronologie prêtant lui aussi à d'infinies discussions. Toujours est-il que les condamnés refusent de payer. Sparte, par l'intermédiaire du roi Archidamos, ne jouera par la suite qu'un rôle marginal, conforme à ce qu'elle représente désormais sur la scène internationale. Mais les Phocidiens, qui revendiquaient depuis longtemps la possession du sanctuaire pythique, commettent l'irréparable, sous la conduite de leur chef Philomèlos, en occupant le sanctuaire dont ils ne tarderont pas à piller les fabuleuses richesses pour payer leurs mercenaires. C'est le début de la « troisième guerre sacrée », qui oppose donc les Phocidiens, aidés en sous-main par leur traditionnel allié athénien, à une coalition regroupant principalement les autres Amphictions.

En 355 ou 354, ceux-ci ont remporté un avantage qui aurait pu être décisif, à la bataille de Néon (Phocide) où périt Philomèlos, si les Thébains avaient aussitôt exploité la victoire au lieu de se disperser dans une entreprise asiatique (soutien au satrape révolté Artabaze) dont les motivations profondes sont discutées. L'intrépide successeur de Philomèlos, Onomarchos, en profite pour reconstituer son armée et menace la Thessalie avec l'aide des tyrans de Phères, dissidents. C'est alors que les autres Thessaliens font appel à Philippe, qui était peut-être déjà intervenu dans le pays en 358. Les Phocidiens lui infligent coup sur coup deux des très rares défaites que le roi essuie durant son règne. Il se replie alors pour revenir en force et remporte l'année suivante une éclatante victoire à proximité du golfe de Pagases, au champ du Crocos (353 ou 352), où ses troupes vont au combat couronnées de laurier, l'arbre sacré d'Apollon. Sort réservé aux sacrilèges, le cadavre d'Onomarchos est crucifié et les morts (avec les prisonniers ?) de l'armée phocidienne sont jetés à la mer. Philippe ne peut cependant pousser son avantage car la passe des Thermopyles est tenue notamment par un détachement athénien. Il se contente pour l'heure de réduire la cité de Phères et se fait élire chef des Thessaliens, avantage stratégique et militaire (cavalerie) capital pour la suite.

Tandis que la guerre sacrée s'enlise, les années suivantes sont occupées sur le front nord-oriental, notamment en Thrace, dont le royaume est en pleine décomposition depuis la disparition de Cotys, roi des Odryses, en 360/59. À la suite de subtiles et complexes alliances, où les revirements ne manquent pas, entre les héritiers de Cotys, les Athéniens et Philippe, celui-ci parvient à tirer au mieux son épingle du jeu et prend pied en Propontide, s'emparant à l'automne 352 de la forteresse d'Héraion Teichos, qu'il remet à la cité alliée de Périnthe : les Athéniens, d'abord décidés à intervenir, ont laissé faire, trompés par la fausse nouvelle de la maladie, ou même de la mort de Philippe, que tous ces événements font voir aussi comme un expert en propagande et désinformation. On considère que cette fulgurante progression, tant vers le sud qu'en direction du Pont-Euxin, servit de révélateur pour les Athéniens : pour la première fois depuis Xerxès, un roi contrôle à peu près tout entre les deux secteurs éminemment stratégiques que sont les Thermopyles et les Détroits. C'est en tout cas de cette période (351) que date la *1re Philip-*

pique de Démosthène, qui semble pourtant avoir d'abord soutenu la politique d'Eubule : l'orateur y fustige la passivité, coupable selon lui, de ses compatriotes, et prône l'intervention contre Philippe (cf. au § 50 : « Faute de vouloir aujourd'hui le combattre là-bas, c'est ici peut-être que nous y serons contraints »), mais il n'est pas entendu.

Après un intermède de deux années consacrées à consolider ses positions du côté de l'Illyrie et à accentuer son emprise sur l'Épire, Philippe s'en prend à la ligue chalcidienne et spécialement à son alliée d'hier, Olynthe, qui se retourne vers Athènes : c'est l'occasion de trois discours de Démosthène, les *Olynthiennes*. Mais l'orateur bute sur la loi relative au *théôrikon* et les Athéniens envoient des renforts insuffisants quand un soulèvement en Eubée, qui a toujours été une cause prioritaire pour eux, détourne leur attention. Philippe exploite ces tergiversations et, en soudoyant des officiers de cavalerie affectés à la défense d'Olynthe, il prend et détruit la ville. Les Athéniens se sont finalement décidés à envoyer un corps expéditionnaire mais, gêné par les vents du nord, celui-ci arrive trop tard pour intervenir (348). Incapable de mener la guerre sur plusieurs fronts et trop longtemps empêtrée dans des débats contradictoires qui la pénalisent face à un adversaire qui n'a naturellement pas les mêmes handicaps institutionnels et peut prendre une avance décisive en saisissant toutes les occasions d'agir, Athènes n'a pu éviter, au final, de perdre l'Eubée en même temps qu'un allié stratégique en Thrace. Philippe est alors en position de force pour faire des avances de paix : il n'est pas dans son intérêt de prolonger les hostilités avec une cité dont les capacités navales restent somme toute importantes et une alliance ou, à défaut, la neutralité d'Athènes lui conviendraient mieux. D'une manière générale, il semble que Philippe ait été moins hostile envers Athènes que Démosthène n'a voulu le faire croire et que bien des Athéniens ne l'étaient à son encontre. Après la chute d'Olynthe, Eubule lui-même et ses amis, dont Eschine, songent un temps à entreprendre en Grèce une action diplomatique visant à isoler le roi, sans grand résultat.

Pendant ce temps en effet, le cours de la guerre sacrée s'accélère : les belligérants sont épuisés par dix années d'un conflit où, sous le couvert de la religion, les atrocités se sont multipliées et, cette fois, ce sont les Thébains qui en appellent à Philippe. Celui-ci a dispensé les promesses en tous sens, à ses amis comme à ses ennemis, et les Athéniens se sont finalement décidés à jurer la paix dite « de Philocrate », du nom d'un de leurs ambassadeurs, comme un pis-aller (cf. le discours *Sur la paix* de Démosthène). Mais de son côté, le roi retarde à dessein sa propre prestation de serment en attendant un dénouement favorable du côté de Delphes. De fait, le stratège phocidien Phalaicos finit par lui livrer les Thermopyles contre un sauf-conduit pour lui et ses hommes (certains furent ensuite engagés par Timoléon en vue de son expédition sicilienne : *supra*, chap. 14). Habilement, Philippe confie le règlement de la paix au conseil amphictionique, qui lui est acquis par l'intermédiaire des délégués béotiens et thessaliens. Le conseil punit durement les Phocidiens, sans toutefois les anéantir, et transfère leurs deux sièges à Philippe qui, avec les douze suffrages impartis au bloc thessalien, bénéficie *ipso facto* d'une majorité ; le roi se voit confier en outre la présidence des concours pythiques (été 346). Celui que Démosthène, et sûrement beaucoup d'autres avec lui, considèrent comme un « barbare », est donc reçu avec tous les honneurs dans la plus prestigieuse instance de la vieille Grèce. Outre cette promotion inespérée et la crédibilité accrue qui en découle, cela donne à Philippe un droit de regard sur ce qui se passe au sud des Thermopyles et un excellent tremplin pour de futures interventions. Dans son *Philippe*, publié la même année, Isocrate l'intronise comme seule incarnation efficiente du panhellénisme en vue d'une future croisade contre l'empire perse, projet que le roi, s'il l'a déjà conçu (cf. les premiers contacts avec Hermias, tyran d'Atarnée et d'Assos, dès 347 ?), n'est cependant pas encore en mesure de réaliser. Les dix années qui suivent vont mettre entre ses mains tous les atouts pour cela.

L'établissement de l'hégémonie macédonienne (346-336)

La période immédiatement postérieure à ce triomphe diplomatique rappelle que le royaume de Macédoine demeure fondamentalement une puissance balkanique, puisqu'elle est principalement consacrée à diverses campagnes contre les Illyriens et au renforcement du protectorat sur l'Épire : déjà marié depuis 357 à la princesse molosse (peuple épirote) Olympias, mère de son fils Alexandre né l'année suivante, Philippe place sur le trône d'Épire un autre Alexandre, qui est le jeune frère d'Olympias (343/2). Le roi, dont les guerres incessantes et les succès internationaux contribuent à forger la conscience nationale de ses sujets, transforme radicalement la Macédoine (urbanisation et développement des unités civiques, regroupées en quatre régions administratives et militaires dotées elles aussi d'une instance délibérative). Il veille en outre à coloniser l'arrière-pays thrace au moyen d'importants transferts de populations, perpétuant là les méthodes de ses prédécesseurs. La Thessalie, elle, fait l'objet d'une réforme constitutionnelle dont le détail est très discuté (années 345-343). Déjà reconnu comme un remarquable chef de guerre et un habile diplomate, Philippe confirme là ses talents d'organisateur et d'administrateur.

Avec Athènes, les relations s'enveniment rapidement, à l'initiative de Démosthène et d'autres dont le rôle ne fut apparemment pas moindre, comme Hégésippe et Hypéride. Ceux-ci ont commencé par faire la chasse aux « Philippisants », tel Philocrate qui s'enfuit et est condamné à mort par contumace. De cette époque date aussi une célèbre joute avec Eschine conservée par les deux discours homonymes *Sur l'ambassade infidèle*, qui ressassent les tractations de 346 : Eschine est néanmoins acquitté. De son côté, Philippe est parvenu en 344 à faire capoter un rapprochement diplomatique entre Athènes et Artaxerxès III Ochos, qui règne depuis 359/8 et se méfie des entreprises du Macédonien dans le secteur des Détroits, au moment de lancer une grande offensive pour soumettre enfin l'Égypte (ce qui sera fait en 343/2, Hermias d'Atarnée étant exécuté à peu près à la même époque). Autre fait révélateur de la détérioration des

rapports entre le roi de Macédoine et Athènes, la fameuse
« querelle des syllabes » au sujet de la petite île d'Halonnèse, que Philippe avait prise aux pirates et qu'il souhaitait,
par un geste de conciliation, « donner » (en grec *dounai*) aux
Athéniens, mais dont Démosthène et ses amis affirmaient
qu'il ne faisait rien d'autre que la leur « rendre » (*apodou-
nai*), considérant le domaine insulaire comme leur (342). Les
chicaneries ne tardent pas à tourner en guerre froide : entre
342 et 340, aiguillonnés par Démosthène, qui enchaîne les
harangues (*3e* et *4e Philippiques*), les Athéniens joignent l'efficacité à l'énergie et contrent Philippe partout où ils le peuvent : en intervenant en Acarnanie, en regagnant l'Eubée, en
prenant position en Chersonèse avec le corps expéditionnaire
du stratège Diopeithès (341), en secourant, de concert avec
d'autres Grecs et avec le pouvoir achéménide, Périnthe et
Byzance assiégées par Philippe, qui essuie là le second et
dernier grand échec de sa carrière militaire après celui que
lui avait infligé Onomarchos (340). Il ne tarde pas à se venger en interceptant un convoi de 180 cargos chargés de blé
à destination d'Athènes, mal protégé par le stratège Charès :
cette provocation est la dernière et les Athéniens brisent la
stèle du traité de 346. Il semble toutefois qu'on ait cherché
de part et d'autre à éviter un choc frontal jusqu'au bout,
mais une fois encore, Delphes allait précipiter les choses.
    En 340, alors que Philippe est parti guerroyer contre les
Scythes, le délégué locrien d'Amphissa au conseil amphictionique accuse les Athéniens d'avoir fixé des boucliers d'or
sur le temple d'Apollon avant que celui-ci, tout juste reconstruit, n'ait été officiellement consacré, et d'y avoir fait gra-
ver une inscription évoquant le médisme des Thébains en
480. Eschine, qui fait alors partie de la délégation athénienne, détourne l'attention des Amphictions contre les gens
d'Amphissa, qu'il accuse pour sa part d'avoir mis en culture
une partie de la terre sacrée d'Apollon. Cette manœuvre de
diversion fonctionne à merveille : les Amphisséens refusent
de se soumettre à une inspection et l'engrenage des sanctions
amphictioniques conduit à une nouvelle guerre sacrée,
d'abord conduite par les Thessaliens qui obtiennent peu de
résultats. Philippe, qui est rentré de Scythie et dont on consi-

dère plutôt aujourd'hui qu'il est étranger au déclenchement de cette malheureuse affaire, ce qui ne l'empêche pas de l'exploiter avec l'opportunisme qu'on lui connaît, est alors appelé à la rescousse. Grâce à l'extraordinaire mobilité de son armée et avec sa rapidité d'intervention coutumière, il envoie un détachement mettre de l'ordre du côté d'Amphissa (revers du stratège athénien Charès et de son collègue béotien Proxénos) et, surtout, déboule avec le gros des troupes à Élatée, sur la frontière phocido-béotienne : la route de Thèbes et, au-delà, de l'Attique, lui est grande ouverte.

Dans le discours *Sur la couronne*, qui répond au *Contre Ctésiphon* d'Eschine, Démosthène a laissé un récit mémorable de la panique qui envahit alors Athènes, se présentant comme l'homme providentiel[1]. De fait, l'orateur a enfin obtenu la suspension de la loi d'Eubule sur le théorique au profit du fonds militaire ; il parvient aussi à mettre sur pied une alliance plutôt inattendue, celle de sa patrie avec Thèbes, à qui il a proposé dans l'urgence des conditions très avantageuses (les Thébains dépensent moins mais commandent plus). Les troupes se concentrent à Chéronée, où la phalange macédonienne astucieusement commandée par Philippe (recul tactique pour attirer et distendre la ligne ennemie), mais aussi la cavalerie conduite par Alexandre, qui a alors dix-huit ans et piaffe de se montrer l'égal de son père, écrasent la coalition (fin de l'été 338). Le bataillon sacré des Thébains est anéanti : un piédestal supportant un lion monumental fut édifié sur la sépulture des combattants de cette unité d'élite que Philippe tenait en haute considération. Thèbes elle-même, dont la conduite est perçue comme une trahison, est durement traitée : l'oligarchie lui est imposée, ainsi qu'une garnison cantonnée sur la Cadmée. À Athènes, on prend des mesures de dernière extrémité en prévision d'un siège : Démosthène, dont l'attitude au combat ne fut apparemment pas exemplaire, supervise le renforcement des fortifications et Hypéride promet la citoyenneté aux métèques et la liberté aux esclaves qui s'enrôleront. Rien de tout cela ne servira : Philippe, qui vient de connaître l'échec dans cet exercice,

---

1. *Sur la couronne*, 169-173.

souhaite éviter un siège long et coûteux, et son intérêt est plutôt de se concilier les Athéniens dont la flotte pourrait lui servir. Une paix somme toute avantageuse pour la cité est négociée par Démade, qui avait été capturé à Chéronée, ainsi que par Eschine et Phocion : les prisonniers sont restitués sans rançon, Alexandre en personne escorte le convoi funèbre ramenant à Athènes les restes des soldats tombés sur le champ de bataille. La confédération maritime est dissoute, mais les Athéniens conservent les clérouquies vitales de Skyros, Lemnos et Imbros, celle, non moins importante, de Samos, l'administration du sanctuaire de Délos et, surtout, leur démocratie, confortée dès le printemps 336 par une loi stigmatisant toute tentative d'installer une tyrannie.

Une promenade militaire dans le Péloponnèse achève d'asseoir l'autorité de Philippe : ses partisans y ont pris le contrôle de plusieurs cités et Sparte est encore amputée de quelques portions de territoire, en l'absence du roi Archidamos parti guerroyer en Italie à l'appel des Tarentins, aventure dans laquelle il laisse la vie (*supra*, chap. 14). Le terrain est donc préparé pour la mise en place d'une nouvelle structure couronnant l'édifice patiemment construit depuis plus de vingt ans. C'est à Corinthe, haut lieu du panhellénisme combattant lors de la seconde guerre médique, que l'ensemble des cités grecques, sauf Sparte, s'associent durant l'hiver 338/7 à la paix commune (*koinè eirènè*) patronnée par Philippe, qui est élu *hègémôn*. Le serment est conservé par une stèle découverte sur l'Acropole et peut être complété par d'autres sources : y sont affirmés la fidélité à la monarchie argéade et l'engagement de tous à ne pas modifier l'ordre politique et social[1]. Un *synédrion* (conseil) de délégués doit se réunir périodiquement, notamment à l'occasion des concours panhelléniques, pour examiner les affaires communes. D'un point de vue militaire, il est prévu une assistance mutuelle, spécialement contre quiconque enfreindrait la *koinè eirènè*. La ligue se mue donc en symmachie (alliance) quand Philippe fait voter la guerre contre les

---

1. P. Brun, *Impérialisme et démocratie à Athènes. Inscriptions de l'époque classique*, 2005, n° 83.

Perses, que la propagande argéade présente comme une menace pour la nouvelle paix, développant en outre le thème de la vengeance contre les sacrilèges perpétrés en 480 contre divers sanctuaires de Grèce (Delphes, l'Acropole, etc.). Au-delà de ces prétextes, il s'agit pour Philippe de profiter de la crise que traverse le pouvoir achéménide, car Artaxerxès III a été assassiné durant l'été 338. Au printemps 336, une avant-garde de Macédoniens commandés par Parménion et Attale passe en Asie, où les Grecs les accueillent en libérateurs : tandis que de son côté, le roi songeait peut-être à organiser son propre culte (cf. le *Philippeion*, tholos abritant des statues de la famille royale édifiée à Olympie ?), sa statue est placée par les Éphésiens à côté de celle d'Artémis, dont il devient ainsi *synnaos* (= qui partage le temple), et deux autels à Zeus *Philippeios* sont dressés dans la cité d'Érésos, à Lesbos (après sa mort ?).

　Philippe n'aura pas le loisir de rejoindre ses troupes. Il est en effet assassiné par un Macédonien du nom de Pausanias, en pleine célébration du mariage de sa fille Cléopâtre avec Alexandre le Molosse, dans le théâtre d'Aigai. Philippe lui-même s'est remarié peu avant, pour la septième fois, avec une autre Cléopâtre, nièce d'Attale, et même si nos sources présentent l'attentat comme une vengeance personnelle de Pausanias doublée d'une affaire de mœurs, beaucoup ont soupçonné un complot ourdi par Olympias et par son fils Alexandre, alors brouillé avec son père et menacé d'être dépossédé de la succession par de nouveaux héritiers putatifs, d'autant que lui-même n'était pas d'ascendance macédonienne pure (Olympias est épirote). Ce point n'a pas fini de faire couler de l'encre, comme la personnalité de Philippe, tour à tour vu comme un ivrogne débauché se complaisant dans la démesure, un politicien retors et sans scrupule, mais aussi comme un valeureux combattant (cf. ses innombrables blessures), convivial et excellent orateur, habile diplomate et génie politique expert à tirer le meilleur parti de la situation et à saisir promptement toutes les occasions favorables. Le bilan de ce quart de siècle crucial, lui, ne souffre guère la contestation. L'une des somptueuses tombes de Vergina abritait peut-être les restes de celui qui, « parti de fort peu, devint le plus grand roi d'Europe », pour reprendre les termes de Diodore (XVI, 1 et 95). Il restait à conquérir l'Asie, grand dessein que réalisera Alexandre, à qui l'œuvre paternelle inspirera une constante émulation.

Chapitre 17

ALEXANDRE LE GRAND

La prodigieuse aventure d'Alexandre clôt d'une certaine manière la période ouverte par l'invasion perse des années 490-480 : en même temps que s'estompe le classicisme grec, l'empire barbare s'effondre et la conquête ouvre à l'hellénisme de nouveaux horizons. Mais contrairement à l'époque de Philippe, relativement peu de sources directes ou contemporaines nous renseignent sur ces treize années de règne qui ont bouleversé la Méditerranée orientale et bien au-delà : quelques inscriptions et des allusions dans les derniers discours de Démosthène et de ses collègues, les bribes des « historiens d'Alexandre » (Callisthène, neveu d'Aristote et historiographe officiel, exécuté par Alexandre en 327, l'amiral Néarque, le général Ptolémée, futur fondateur de la dynastie lagide, Aristobule et Clitarque), dont se sont inspirés les historiens tardifs, notamment Diodore de Sicile (livre XVII), Plutarque dans sa *Vie d'Alexandre*, Arrien (*Anabase*) et Quinte-Curce (*Histoires*). À cela s'ajoute l'iconographie, relativement tardive elle aussi mais abondante : citons seulement la célèbre mosaïque de la maison du Faune à Pompéi (bataille d'Issos ?) et la riche série de portraits livrés par la statuaire. Bref, tout est réuni pour qu'un véritable mythe se soit constitué autour de la personnalité flamboyante du conquérant dès l'Antiquité (cf. le *Roman d'Alexandre* aux multiples versions élaborées à partir d'un original grec remontant sans doute au IIIe s. de notre ère). Depuis lors, Alexandre fut tour à tour perçu comme le prototype du héros romantique, comme un génie visionnaire ou comme un caractériel aux penchants sanguinaires. Nous

nous contenterons d'un rapide résumé des faits, suffisant pour constater que le fils a su faire fructifier au mieux l'héritage laissé par le père.

Les débuts du règne (336-335)

Alexandre a vingt ans lorsqu'il succède à son père et a déjà eu l'occasion de montrer sa valeur, notamment à Chéronée. Mais il lui faut au plus vite imposer son autorité, d'abord en Macédoine où les règles de la succession dynastique laissent apparemment le champ ouvert aux coups de force, et vis-à-vis des Grecs, dont beaucoup, tel Démosthène, considèrent avec quelque mépris « ce petit jeune homme ». Avec une énergie digne de son père et secondé par sa mère Olympias et par Antipatros, un officier de Philippe, Alexandre fait assassiner ses rivaux potentiels dans la plus pure tradition macédonienne, notamment Amyntas IV, neveu de Philippe que celui-ci avait évincé, et Attale avec sa famille, dont Cléopâtre, la dernière épouse de Philippe. Puis il entreprend une tournée diplomatique qui lui permet de reformer en quelques semaines le réseau constitué par son père en une vingtaine d'années : allégeance thessalienne, reconnaissance par les Amphictions, serment de la ligue de Corinthe (et donc des Athéniens) au nouvel *hègémôn*. Au printemps 335, il fait face brillamment aux obligations de tout souverain macédonien : la consolidation des frontières septentrionales, contre les Thraces, les Triballes et les Gètes au-delà du Danube, où il offre un sacrifice à Zeus, à Héraclès et au dieu du fleuve (il y reçoit également l'amitié de Celtes, bien que ceux-ci aient quelque peu déçu son orgueil en lui répliquant n'avoir peur que d'une chose : non pas de lui, mais que le ciel ne leur tombe dessus...). Puis il guerroie contre les peuplades illyriennes vers l'Adriatique.

Pendant ce temps, Darius III Codoman, qui s'est imposé à la tête de l'empire perse, s'applique à expulser l'avant-garde envoyée en Asie par Philippe. Tandis que son général, le *condottiere* rhodien Memnon, reconquiert les positions littorales et insulaires gagnées par Parménion, le Grand Roi reprend à son compte la manœuvre qui avait si bien réussi à Artaxerxès II en 396/5 contre Agésilas : susciter en Grèce même une révolte sur les arrières de l'envahisseur (*supra*, chap. 15). Il adresse des fonds aux opposants, tel Démosthène, et promet des subventions aux Grecs qui se soulèveront contre le pouvoir macédonien. La nouvelle de la mort d'Alexandre en Illyrie déclenche la rébellion de Thèbes, que Péloponnésiens et Athéniens promettent d'aider, quand le roi surgit à l'improviste avec son armée : les Thébains, abandonnés à eux-mêmes, rejettent les offres de négociation et résistent héroïquement au siège, mais sont vaincus. S'inspirant des méthodes de son père, Alexandre laisse habilement au conseil de la ligue le soin de statuer sur le sort de Thèbes, tous les Grecs se trouvant ainsi impliqués dans la sanction. Or celle-ci se doit d'être exemplaire. Les ennemis traditionnels de la cité en Béotie et en Phocide ont remis en avant la vieille histoire du médisme thébain, qui prenait il est vrai un sens nouveau dans le cadre des opérations asiatiques en cours. La ville est donc rasée et la population vendue en esclavage. À Athènes, on se prépare au pire comme en 338, mais Démade amadoue Alexandre qui réclame seulement qu'on lui livre les meneurs, parmi lesquels Lycurgue, Hypéride et Démosthène. Ce dernier expose alors la fameuse parabole des moutons livrant leurs chiens aux loups et le peuple ne donne pas suite : seul le stratège Charidèmos doit s'exiler. Alexandre qui, comme son père, sait trop bien que le siège d'Athènes lui coûterait beaucoup plus qu'il ne lui rapporterait, se contente de cette mesure symbolique. Démade, qui recevra de ses concitoyens les plus grands honneurs pour son action, obtient même d'Alexandre qu'Athènes recouvre Orôpos et son important sanctuaire du héros devin et guérisseur Amphiaraos, à la frontière béotienne (Orôpos était passé aux mains de Thèbes en 366 et Philippe lui avait donné l'indépendance en 338).

À l'automne 335, le roi réunit pour la troisième fois le conseil de la ligue et est confirmé dans la mission de conduire la guerre contre les Perses, assignant à chacun les contingents qu'il doit fournir. L'aide des alliés s'avère bien modeste : 7 000 fantassins (contre 12 000 Macédoniens) et

600 cavaliers, plus des navires ; au total, l'armée de terre compte au moins 30 000 fantassins et 5 000 cavaliers. Elle comprend de remarquables corps techniques : ingénieurs, interprètes, service topographique, etc. ; c'est apparemment sous Alexandre que les termes de « compagnons » et de « compagnons à pied » ont fini par désigner respectivement l'ensemble de la cavalerie et de l'infanterie macédoniennes (dont l'équipement tendait à s'alléger), d'où la nouvelle appellation d'*agèma* pour la garde à cheval, et celle d'« hypaspistes » pour les fantassins d'élite. Alexandre a confié la garde de l'Europe au fidèle Antipatros, qui dispose d'une autre armée représentant à peu près la moitié du potentiel macédonien (12 000 fantassins et 1 500 cavaliers). Cette répartition des forces dénote une prudence qui invite à soulever la question des objectifs d'Alexandre : celui-ci avait-il dès le début envisagé d'aller aussi loin qu'il le fit, suscitant d'ailleurs les réticences de son état-major et de ses troupes ? Dans le *Philippe* (346 : chapitre précédent), Isocrate avait proposé trois plans à son père : se contenter de libérer les cités grecques de la côte, repousser les Perses au-delà d'une ligne allant de Sinope, au nord, jusqu'à la Cilicie, au sud, ou le démantèlement pur et simple de l'empire achéménide. Mais d'une certaine manière, tout se tenait et l'option retenue a pu aussi bien évoluer en fonction du déroulement des opérations, les succès ne faisant que renforcer les ambitions du conquérant : de ce point de vue, le passage en Égypte et la consultation de l'oracle d'Ammon ont pu constituer un tournant (ci-après). Parmi les motivations de Philippe, puis d'Alexandre, figure certainement la volonté de renflouer le trésor royal, vidé par les incessantes campagnes militaires (nos sources évoquent des dettes se montant à plusieurs centaines de talents, mais les chiffres sont discordants et leur interprétation controversée). Or l'empire achéménide avait la réputation – justifiée – d'être fabuleusement riche et les Argéades, comme beaucoup d'autres Grecs impressionnés par les succès des expéditions lacédémoniennes du début du IVe s. (*supra*, chap. 15), devaient avoir la conviction qu'il constituait une proie facile.

La recherche actuelle a montré qu'une telle vision des

choses était en partie infondée : même si les forces centrifuges l'ont toujours menacé en raison de son immensité et de son hétérogénéité (cf. les sécessions de l'Égypte ou les révoltes de satrapes), l'empire achéménide n'est apparemment pas ce colosse aux pieds d'argile en pleine déliquescence. Darius III lui-même est loin d'être le souverain illégitime, lâche et incapable que l'on se représente souvent à partir de certaines sources grecques, sacrifiant au lieu commun de la *tryphè* (mollesse) barbare. Il peut en outre compter sur un réservoir militaire considérable et s'est livré à des préparatifs précoces : outre une élite relativement réduite de combattants perses (cf. les Mille de la garde royale commandée par le chiliarque), son armée comprend une cavalerie de valeur, des contingents d'infanterie locaux innombrables même si leur qualité intrinsèque et leur hétérogénéité en font une troupe médiocre, et surtout quelque 50 000 mercenaires grecs aguerris, soit plus qu'Alexandre. Celui-ci peut cependant s'appuyer sur ses Macédoniens, parfaitement dévoués, mieux armés et plus expérimentés, et surtout sur son propre génie militaire, qui surclasse les capacités de Darius et de son état-major. Le roi et ses satrapes ont adopté une stratégie qui s'avère vite défectueuse, sans doute parce qu'ils ont d'abord mal pris la mesure de la situation (c'est la première fois que l'Empire se trouve confronté à une guerre de conquête totale et sans merci), mais surtout celle de l'adversaire (la cavalerie macédonienne, notamment, était d'une force sans précédent chez des Grecs). Au printemps 334, l'armée passe à Abydos, tête de pont encore tenue par Parménion en Asie. On raconte que depuis son navire, Alexandre planta une lance en terre pour faire valoir ses droits sur le continent asiatique (*gè doriktètos*, terre conquise par la lance) et que, premier débarqué, il se rendit aussitôt en pèlerinage à Troie pour y célébrer des sacrifices en l'honneur des héros homériques, geste « aussi romantique que publicitaire » (P. Goukowsky).

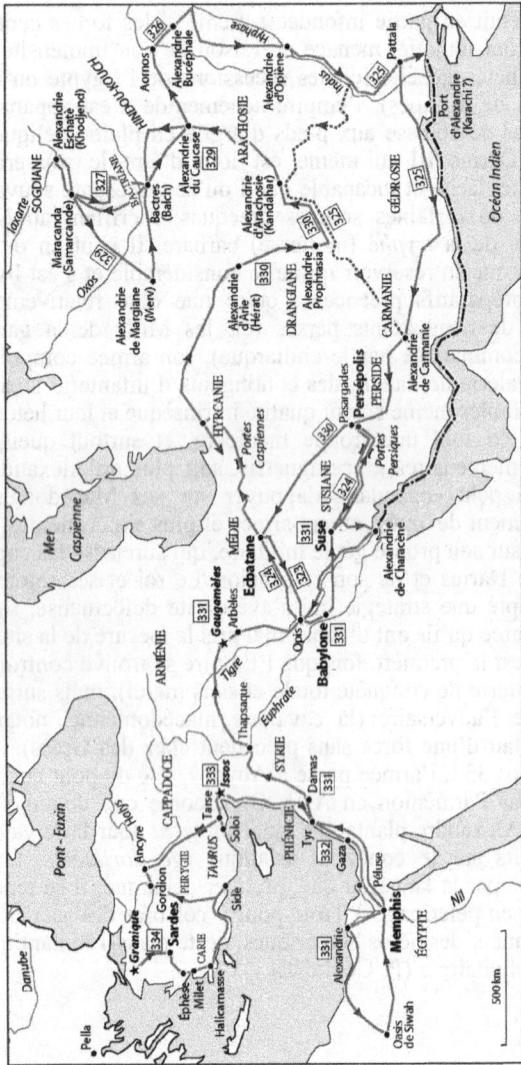

Carte 14. L'expédition d'Alexandre.

La guerre contre Darius (334-331)

Memnon de Rhodes préconisait une sorte de politique de la terre brûlée, destinée à empêcher le ravitaillement de l'armée d'Alexandre tout en évitant un choc frontal, mais il échoue à imposer ses vues, les satrapes préférant lever une armée plutôt que de voir leurs domaines sacrifiés. Grâce à une charge de cavalerie fougueuse et d'une grande audace, Alexandre remporte une première victoire sur les berges du fleuve Granique (juin 334). La propagande royale ne manque pas d'exploiter ce succès et expédie 300 panoplies prises à l'ennemi pour qu'elles soient consacrées sur l'Acropole avec l'inscription « Alexandre fils de Philippe et les Grecs, sauf les Spartiates, sur les Barbares de l'Asie ». La Phrygie hellespontique et la Lydie sont conquises à point pour remplir les caisses (Sardes ouvre ses portes à Alexandre qui accorde aux Lydiens de conserver leurs lois ancestrales), et les cités grecques de la côte sont « libérées » en ce sens que les oligarchies favorables aux Perses sont liquidées et qu'une forme d'autonomie leur est reconnue (cf. à Éphèse et à Priène). Mais on leur demande apparemment des contributions et leur statut par rapport à la ligue de Corinthe n'apparaît pas clairement. L'accueil n'est d'ailleurs pas unanimement enthousiaste. Alexandre rencontre une forte résistance à Milet, où il licencie sa flotte, peu sûr de la loyauté des équipages grecs, et à Halicarnasse, soumise à un long siège qu'il confie à l'un de ses lieutenants. Il obtient l'allégeance de la dynaste de Carie, Ada, puis conquiert les places côtières jusqu'en Pamphylie, comptant priver la flotte ennemie de ses bases. Le début de 333 se passe à Gordion, l'ancienne capitale du roi Midas. C'est là que se trouvait le fameux nœud gordien, liant à son joug le char de Gordios, père de Midas : selon une tradition locale, celui qui parviendrait à le dénouer deviendrait le maître de l'Asie. On rapporte qu'Alexandre aurait tranché la question d'un coup d'épée, ne manquant pas cette occasion de frapper les esprits. Ayant reçu des renforts essentiellement macédoniens (3 000 fantassins et 300 cavaliers), il reprend sa route en direction de la Cilicie. Mais entre-temps, Memnon a profité de sa supériorité navale pour lancer une contre-offensive en Égée, reprenant notamment Chios et Lesbos. Cependant, il périt devant Mytilène (printemps 333) ; avec Memnon disparaît l'un des meilleurs stratèges du camp perse, même si nos sources grecques lui font sans doute une part un peu trop belle. Son neveu Pharnabaze le remplace à la tête de la flotte, avec quelque succès, mais les effectifs sont amputés par Darius, qui prépare alors une nouvelle offensive, non sans avoir conçu le projet d'ouvrir un second front en Grèce : à cet effet, il offre des subsides au roi de Sparte, Agis III, qui ambitionnait alors de reconquérir un peu du terrain perdu par sa cité.

Il est désormais clair pour le pouvoir perse que l'entreprise en cours est beaucoup plus ambitieuse que les incursions du début du siècle. Écartant le plan du stratège athénien Charidèmos, qui est exécuté, Darius prend lui-même la tête d'une vaste armée (un peu plus de 100 000 hommes ?), fait relativement rare car il n'est pas d'usage que la personne du Grand Roi s'expose au danger. La rencontre a lieu à la frontière entre Cilicie et Syrie, à Issos, où les deux armées se retrouvent à front inversé, les Perses étant arrivés sur les arrières d'Alexandre. C'est de nouveau un succès complet pour les Macédoniens : Darius et une partie de son armée purent s'enfuir pour organiser une défense plus orientale, mais Alexandre mit la main sur le camp du roi, notamment sur sa famille qu'il traita avec égards (novembre 333). Au début de l'année suivante, Tyr refusa de se soumettre en raison d'un malentendu religieux (les Tyriens s'opposaient à ce qu'Alexandre sacrifiât à Melqart, équivalent phénicien d'Héraclès, ancêtre mythique des Argéades). La ville tomba après un siège mémorable de près de sept mois, qui reste une référence en matière de poliorcétique (du grec *poliorkein* = assiéger) ; il y eut dans la population 8 000 morts et 30 000 prisonniers vendus comme esclaves. Puis ce fut le tour de Gaza : tandis que Chypre et Rhodes se ralliaient, le contrôle de la Phénicie sonnait le glas de la flotte perse et permit de récupérer les positions que Memnon puis Pharnabaze avaient gagnées ou regagnées sur les côtes égéennes. De son côté, Antigone le Borgne, placé par Alexandre comme satrape de

Grande Phrygie, repoussait une contre-offensive perse. C'est probablement durant cette période qu'Alexandre inaugura ses monnayages d'argent, puis d'or, frappés d'abord par l'atelier de Tarse (Cilicie), puis dans d'autres villes.

À la fin de 332, Alexandre entre en Égypte, que lui livre sans combattre le satrape Mazacès. Il y est accueilli très favorablement par les Égyptiens et sacrifie au taureau Apis, à Memphis où il est probablement couronné comme pharaon. En vue de tirer le meilleur parti des richesses du pays, il choisit un site dont la valeur était déjà connue pour y fonder Alexandrie, qui surpassera le vieux comptoir de Naucratis (début 331). Puis il pousse jusqu'à l'oasis de Siwah, siège d'un oracle d'Ammon réputé en Grèce même, où le dieu est identifié à Zeus. Alexandre y est salué comme « fils du dieu » : le processus de divinisation initié du temps de Philippe fait son chemin à mesure que son fils accumule les succès, ces anecdotes étant savamment exploitées par la propagande royale. Conscient qu'un satrape unique pourrait être tenté par la sécession et aurait en Égypte tous les moyens à sa disposition pour parvenir à ses fins, Alexandre y divisa le pouvoir militaire et administratif, avec Cléomène de Naucratis comme responsable des finances, tout en laissant une place importante aux indigènes. On rapporte aussi qu'il envoya une mission explorer le Soudan pour percer le secret de la crue du Nil.

Tout cela fut réalisé en un hiver. Au printemps 331, après avoir réorganisé la caisse militaire, confiée à Harpale, Alexandre prend la direction de Babylone, où Darius s'est replié. Le Grand Roi lui aurait fait parvenir alors plusieurs propositions, notamment celle d'en faire son gendre et de lui céder tout le pays à l'ouest de l'Euphrate. Alexandre les aurait repoussées dédaigneusement, et à Parménion lui déclarant qu'« il accepterait ces propositions s'il était Alexandre », il aurait répondu sèchement qu'« il les accepterait, s'il était Parménion »[1]. Cette fois encore, la propagande officielle a sûrement joué son rôle et bien des doutes pèsent sur le contenu des offres ; néanmoins, le principe d'ouvertures

---

1. Plutarque, *Alexandre*, XIX, 8.

diplomatiques de la part de Darius est admis. Cela n'exclut pas que le Grand Roi fasse montre dans le même temps d'une belle capacité de réaction et d'une grande énergie : il lève une nouvelle armée, à laquelle il fait apporter divers perfectionnements, à la lumière des enseignements tirés des défaites récentes. À l'est du haut Tigre, région atteinte par Alexandre, il trouve un lieu favorable pour l'affrontement, à Gaugamèles, près d'Arbèles (octobre 331) : le terrain, largement découvert et nivelé, devrait lui permettre de tirer parti de sa supériorité numérique et de ses terribles chars à faux. De son côté, Alexandre a disposé la phalange sur deux lignes avec des ailes en forme de croissant, le tout pouvant se convertir en un vaste carré capable de contrer une tentative d'encerclement. Malgré cela, Mazaios, qui commande l'aile droite des Perses, met à mal son vis-à-vis Parménion. Mais Alexandre, s'engouffrant dans une brèche provoquée par le mouvement de l'aile gauche sous les ordres de Bessos, le satrape de Bactriane, porte son effort principal sur la garde royale : la fuite de Darius (à destination de la Médie) lui donne une nouvelle fois la victoire.

L'achèvement de la conquête (331-325)

Babylone se donne au nouveau « roi de l'Asie », même si le statut de libérateur que lui confèrent nos sources est sûrement amplifié, ici aussi, par l'imagerie officielle. Le valeureux Mazaios s'est rallié et Alexandre l'y installe comme satrape, cette gratification visant notamment à séduire les élites perses encore loyales au Grand Roi, bien que l'autorité de ce dernier commence à être sérieusement ébranlée par les échecs militaires. Suse tombe également sans coup férir, avec les 50 000 talents qui y sont entreposés, mais sur le chemin de Persépolis, Alexandre rencontre une forte résistance de la part des populations de Perside et du satrape Ariobarzanès. Son trésor s'enrichit encore des fabuleuses richesses découvertes dans la ville (120 000 talents), qui est incendiée au printemps 330 : sans doute faut-il y voir des représailles destinées à impressionner les Perses mais aussi un message adressé aux Grecs, avant même que soit parvenue la nouvelle qu'Antipatros avait réprimé le soulèvement suscité par Agis III en 331/0 (bataille de Mégalopolis ; Démosthène qui, à peu près au même moment, obtient pourtant la condamnation d'Eschine et justifie avec succès l'ensemble de sa politique dans le discours *Sur la couronne*, a convaincu les Athéniens de s'abstenir). De fait, la vengeance panhellénique pour laquelle Alexandre a reçu mandat de la ligue de Corinthe a désormais atteint la plupart de ses buts. Elle est consommée quand Darius, d'abord réfugié à Ecbatane (Médie), est assassiné par le satrape de Bactriane, Bessos, qui usurpe le titre de Grand Roi. Faisant fi des contradictions que cela comporte, Alexandre trouve là un prétexte pour poursuivre plus avant : afin de se poser en véritable successeur des Achéménides, il convient désormais de venger Darius, et Alexandre fait courir le bruit que ce dernier l'a lui-même désigné pour cette mission. Des funérailles royales sont organisées, dans le même esprit que sera restauré le tombeau de Cyrus le Grand, fondateur de la dynastie, à Pasargades.

Ce nouveau dessein assure à Alexandre le ralliement de nombreux Perses dont beaucoup se voient confier, en raison de leur bonne connaissance des réalités locales, l'administration des régions conquises, conservant l'ancien titre de satrape. Désormais, l'armée sera elle aussi continuellement enrichie d'éléments asiatiques, même si les trésors achéménides suscitent une certaine affluence dans les bureaux de recrutement en Grèce et ailleurs (outre des Macédoniens, plusieurs milliers de mercenaires viennent en renfort à Suse durant l'hiver 331/0, puis à Bactres durant l'hiver 329/8 ; inversement, à Ecbatane en 330, des contingents alliés sont renvoyés dans leurs patries avec une forte prime). Parallèlement, la royauté change de nature, Alexandre adoptant progressivement l'étiquette orientale. Aussi beaucoup de Macédoniens, en désaccord sur la poursuite de la conquête et nostalgiques des traditions nationales, commencent-ils à manifester leur mécontentement. Philotas, le fils de Parménion, est exécuté après un simulacre de procès pour trahison, en Drangiane, peu avant son père, assassiné à Ecbatane

(330). Puis viendra le tour de Cleitos, un ami d'enfance qui avait en outre sauvé la vie d'Alexandre au Granique, mais que le roi, lassé de ses reproches, tue de sa propre main lors d'une beuverie, regrettant ensuite amèrement son geste (328). En 327, Alexandre épouse une princesse de Sogdiane, Roxane, et enrôle 30 000 jeunes Iraniens qu'il équipe et entraîne à la macédonienne et à qui il fait apprendre le grec. La colère atteint son comble lorsque, encouragé par les flatteurs, il demande que l'on s'incline devant lui à la manière des dignitaires perses, en une posture que les Grecs appellent la proskynèse et qu'ils réservent aux dieux : l'indignation est donc double, puisque le roi attend des Grecs qu'ils se conduisent comme des Barbares et qu'ils commettent du même coup un sacrilège. Alexandre renonce finalement à son projet mais, après qu'un complot ourdi par des pages a été déjoué, il élimine Callisthène qui avait été l'un des inspirateurs de la contestation.

Pendant ce temps, l'anabase s'est poursuivie tant bien que mal en direction des hautes satrapies (ou « satrapies supérieures »). Après le franchissement des Portes Caspiennes, l'armée est passée en Hyrcanie et, de là, en Drangiane puis en Arachosie (330), où Alexandre fonde les premières Alexandrie d'Asie centrale (cf. Alexandrie d'Arachosie, aujourd'hui Kandahar). Ces établissements, où sont installés notamment des mercenaires grecs et des prisonniers libérés, sont autant de points d'appui pour tenir le pays conquis. Après avoir hiverné dans la région de Kaboul, Alexandre franchit l'Hindou-Kouch, que les Grecs confondent avec le Caucase, au printemps 329. Jusqu'en 327 (il subsiste des incertitudes sur le détail de la chronologie et de certains mouvements), il se lance dans la conquête de la riche plaine de Bactriane, puis de la Sogdiane, ancienne frontière nord-orientale de l'empire achéménide, pays prospère mais au relief plus difficile. Il y rencontre la résistance souvent acharnée de populations en partie nomades et parfois divisées, donc mal contrôlables (Scythes et assimilés, tels les Saka, les Parnes, les Massagètes, etc.), tandis que les féodaux, retranchés sur leurs nids d'aigle inexpugnables, se rallient pour mieux se rebeller. Ainsi Bessos lui est-il livré par les

Sogdiens (329) qui mènent ensuite une farouche guérilla sous la conduite d'un des leurs, Spitaménès, lui-même finalement décapité par les Massagètes vers la fin de l'année 328. Outre qu'il trouve là l'occasion d'accomplir de nouveaux exploits militaires, Alexandre montre son pragmatisme en répondant par plusieurs vagues de répression, mais aussi en nouant une alliance matrimoniale (Roxane), en traitant, par exemple avec les Chorasmiens habitant près du delta de l'Oxos (Amou Daria), au sud de la mer d'Aral, enfin en établissant de nouvelles colonies : au-delà de Samarcande, la plus lointaine est Alexandrie Eschatè (l'« ultime »), aujourd'hui Khodjend, sur l'Iaxarte, actuel Syr Daria (329 ; en 323, on dénombrera environ 20 000 colons grecs en Bactriane et Sogdiane).

En 326 commence la conquête de l'Inde : derrière ce mot, il faut entendre l'actuel Pakistan et notamment la vallée de l'Indus (le « pays des cinq fleuves »), dont les souverains achéménides avaient perdu le contrôle après Darius Ier, qui avait fait descendre le fleuve à sa flotte et envoyé le Carien Skylax de Caryanda reconnaître les côtes de l'océan Indien et de la mer Rouge jusqu'à l'isthme de Suez. C'est peut-être précisément là l'un des premiers buts de cette campagne qui ne se justifie pas par des objectifs stratégiques : sceller l'entente avec les troupes asiatiques massivement engagées depuis quelque temps. On a invoqué aussi le tempérament romantique, sinon mystique, d'un Alexandre attiré par l'immensité et l'inconnu, voire animé d'une curiosité d'explorateur que stimulent peut-être les savants qui l'accompagnent. Plus concrètement, la richesse de l'Inde était proverbiale. La région est la proie de guerres entre principautés, ce dont profite Alexandre dans un premier temps : sa réputation l'a précédé et avant même qu'il n'ait repassé l'Hindou-Kouch (été 327), le roi de Taxila (à l'est de l'Indus) lui avait proposé une alliance. Une armée d'environ 120 000 hommes est réunie, où se côtoient Macédoniens, mercenaires grecs, thraces et orientaux de toutes origines. L'adversaire le plus redoutable est le roi Pôros, qui ambitionne apparemment de contrôler le Pendjab. À l'été 326, sur l'Hydaspe, un affluent oriental de l'Indus, l'extraordinaire génie militaire d'Alexandre s'illustre encore une fois. Même si c'est au prix de lourdes pertes, l'armée de Pôros est vaincue, bien qu'elle ait englobé une composante nouvelle et effrayante pour les Grecs : selon les sources, de 85 à 200 éléphants dressés au combat. Blessé, Pôros est traité avec égards et laissé en place comme roi vassal, selon les usages indiens. Deux colonies commémorant la victoire sont fondées, l'une appelée Alexandrie Nikaia, l'autre du nom du cheval d'Alexandre mort peu auparavant, Bucéphale.

Selon certaines représentations géographiques de l'époque, l'Indus n'était autre que le cours supérieur du Nil. Or Alexandre apprit que cette représentation était erronée et, à l'instigation de Pôros et du Maurya Tchandragoupta, il conçut le projet de marcher plus à l'est, apparemment en direction du pays des Nanda et de la vallée du Gange, dont l'embouchure passait pour communiquer avec l'Océan ou Mer extérieure, ce qui en faisait l'une des extrémités du monde habité. Mais une fois l'armée parvenue sur l'Hyphase, un autre affluent de l'Indus plus à l'est, la lassitude des troupes, éprouvées notamment par la mousson, éclata au grand jour et les Macédoniens refusèrent d'aller plus loin (on a calculé qu'en huit ans et demi, pas loin de 20 000 km avaient été parcourus). Après cette nouvelle fâcherie avec les siens, sans doute dramatisée à plaisir par les auteurs, Alexandre finit par céder : les présages défavorables observés lors d'un sacrifice sur le fleuve lui auraient permis de le faire sans perdre la face, lui-même étant peut-être désormais convaincu qu'aller plus loin n'était pas opportun. Douze autels monumentaux furent érigés aux dieux de l'Olympe, pour marquer le point extrême atteint par l'expédition. On construisit une flotte de 1 000 navires en vue de descendre l'Hydaspe puis l'Indus, ce qui s'avéra tout sauf une croisière d'agrément. Cette fois encore, Alexandre dut tour à tour faire montre de clémence et de férocité. De sanglants combats, dans lesquels le roi lui-même fut blessé et passa pour mort, furent livrés contre les Indiens habitant la basse vallée du fleuve, notamment les Malles (325). L'armée se divisa alors en trois pour reprendre le chemin de la Mésopotamie : avec les blessés, le train et une partie de la phalange,

Cratère emprunta la route traditionnelle par Kandahar ; l'amiral crétois Néarque reçut la mission d'explorer les côtes en direction du golfe Persique (cf. le pittoresque récit transmis par Arrien) ; avec le reste des troupes, Alexandre comptait assurer le soutien terrestre de la flotte, mais la progression à travers les déserts de Gédrosie (Balouchistan) fut des plus pénibles et il essuya des pertes importantes. La jonction avec Cratère s'opéra en Carmanie, où Alexandre passa le début de l'hiver 325/4. Néarque lui-même, faisant relâche dans la région d'Hormuz, vint lui présenter son rapport avant de reprendre sa route.

Les affaires égéennes et la monarchie universelle (324-323)

Les prodigieux exploits du roi étaient connus dans les parties occidentales de l'empire (récits des vétérans rapatriés, etc.). Même si aucune rébellion ne s'était plus produite en Europe depuis 331/0 (révolte d'Agis de Sparte : cf. ci-dessus), une reprise en main s'y imposait. En Orient, la rumeur de la mort d'Alexandre, en 325, avait mis en péril l'autorité centrale : résurgence de prétendants indigènes, agitation dans les colonies militaires de Bactriane, etc. Quelques gouverneurs laissés à la tête des régions conquises avaient pris leurs aises, opprimant les populations et menant une politique toute personnelle. Alexandre élimina les indélicats et ordonna aux satrapes le licenciement de leurs mercenaires, procédant à un large renouvellement des cadres, Cléomène de Naucratis et Antigone le Borgne exceptés. L'élément macédonien était désormais prédominant dans les niveaux supérieurs de l'administration locale. Cette épuration orientale ne manqua pas d'avoir des conséquences en Grèce, où les signes d'agitation étaient déjà anciens. Évoquons en particulier la sombre affaire d'Harpale, grand trésorier d'Alexandre à Babylone, qui a pris la fuite avec 5 000 talents à la fin de 325, gagnant la Cilicie puis Athènes (Antiménès de Rhodes le remplace comme préposé aux affaires financières). Après bien des hésitations, les Athéniens, qui lui avaient précédemment octroyé la citoyenneté pour le remercier de ses générosités intéressées (dons de blé), l'accueillent puis, craignant la colère d'Alexandre, l'emprisonnent et finalement le laissent s'échapper. Mais entre-temps, une partie des fonds a disparu et Démosthène et Démade sont poursuivis pour corruption (324/3). L'incident, qui ranime les plus vives tensions entre Athènes et le pouvoir argéade, est révélateur de la nervosité qui règne dans la vieille Grèce.

Une autre difficulté est liée aux troupes libérées, notamment les mercenaires rassemblés au cap Ténare, qui constituent un foyer d'agitation potentielle : pour faciliter leur retour dans leurs patries respectives et réduire les risques de *stasis* qui pourraient déstabiliser la Grèce, tout en se faisant de nouveaux partisans dans les cités, Alexandre intime à celles-ci l'ordre de réintégrer les bannis et de leur restituer leurs biens (« rescrit de Suse », communiqué par Nicanor aux Grecs réunis pour les concours olympiques de l'été 324, parmi lesquels 20 000 bannis si l'on en croit Diodore). La décision constitue une atteinte au principe de l'autonomie des cités et son application ne manque pas de susciter des difficultés. Elle s'accompagne apparemment de la demande d'instaurer un culte en l'honneur d'Alexandre, « dieu invincible », exigence inouïe car jusqu'à présent, de tels cultes procédaient d'initiatives locales, officiellement en tout cas (les desseins réels de Philippe dans ce domaine restent controversés : chapitre précédent). Les réactions semblent là encore contrastées, à l'image de ce qui se passe à Athènes : certaines consciences s'insurgent, comme le patriote Lycurgue qui aurait déclaré qu'il faudrait se purifier *en sortant* du sanctuaire d'Alexandre, tandis que le pragmatique Démade aurait averti ses compatriotes qu'en préservant le ciel, ils risquaient de perdre la terre... (les clérouquies athéniennes, comme à Samos, étaient particulièrement visées par le rescrit sur le retour des bannis). Le culte est finalement institué et il est désormais clair pour tous que le simulacre de droit incarné par la ligue de Corinthe a vécu au profit d'une monarchie brutale et autocratique, voire théocratique. D'*hègémôn*, Alexandre est devenu Grand Roi et même plus encore car pour les Perses, le roi n'est qu'un intercesseur entre le grand dieu Ahura-Mazda et le peuple.

Mais la crise la plus grave oppose une nouvelle fois Alexandre à ses Macédoniens qui, pour leur part, supportent toujours plus mal de voir la royauté dépouillée de toutes ses caractéristiques nationales au bénéfice d'usages barbares, d'autant qu'il est maintenant évident qu'Alexandre ne rentrera pas à Pella (Babylone est sa capitale). Poursuivant son projet de fusion des élites grecques et iraniennes, celui-ci donne l'exemple en épousant une fille d'Artaxerxès III et une de Darius, sans pour autant répudier la jolie Roxane (la polygamie est commune aux Argéades et aux Achéménides). Mais les « noces de Suse » impliquent également, malgré leurs réticences, plusieurs dizaines d'officiers supérieurs mariés à autant de jeunes filles de l'aristocratie perse. Parallèlement, les unions mixtes déjà consommées de 10 000 Macédoniens avec des femmes asiatiques sont reconnues et officialisées par des cadeaux, mais il est stipulé que si les hommes venaient à rentrer au pays, les enfants resteraient en Asie et Alexandre assurerait leur entretien. Le roi comptait intégrer les fils nés de ces mariages à son armée, tout comme il incorpore les 30 000 premiers « Épigones », jeunes Iraniens recrutés et formés à la macédonienne depuis quelques années (cf. ci-dessus). C'est toujours à Suse, d'après la plupart des auteurs, mais selon Arrien à Opis, au nord de Babylone, que la querelle atteint son paroxysme. Alors qu'Alexandre annonce renvoyer les vétérans macédoniens avec force gratifications, ce qui aurait dû satisfaire la troupe, celle-ci laisse éclater son dépit et se mutine littéralement, l'invitant ironiquement à faire dorénavant campagne avec son « père », Ammon. Le roi fait exécuter les meneurs, reproche aux Macédoniens leur ingratitude et se retire dans son palais, entouré de dignitaires perses. Cette crise passionnelle dure trois jours, jusqu'à ce que les Macédoniens viennent l'implorer. La réconciliation est célébrée par un immense banquet où l'on sacrifie à la Concorde (*Homonoia*) entre Macédoniens et Perses. La dernière difficulté vient d'Antipatros, devenu dans les faits une sorte de vice-roi en Macédoine, que Cratère et les vétérans devaient relever de

son commandement européen, lui-même étant appelé auprès
d'Alexandre. Réfractaire à la dérive orientale de la royauté
et connaissant le sort qui fut réservé à Parménion, Antipatros
n'obtempère pas et envoie son fils Cassandre en ambassade
pour gagner du temps, tandis que Cratère lui-même s'attarde
en chemin : personne n'a intérêt à une guerre civile entre
Macédoniens, au moment où de nouveaux projets de sédition
sont préparés à Athènes par Hypéride et Léosthénès.

La fin de règne est marquée par la perte d'Héphaestion,
« premier après le roi » et son plus proche ami, dont
Alexandre porta le deuil avec effusion, à l'image d'Achille
pleurant Patrocle (il aurait dépensé plus de 10 000 talents
pour les funérailles). Les Grecs furent de nouveau sollicités
pour un culte héroïque destiné au défunt et des théores, ou
ambassadeurs sacrés, vinrent bientôt rapporter à Alexandre
leur assentiment : l'envoi de telles délégations, normalement
réservées à la consultation des oracles ou aux concours
panhelléniques, suggère que bon gré mal gré, le caractère
divin du roi entrait dans les mœurs. Alexandre reçoit en
outre les hommages apportés par des ambassades provenant
de toute l'*oikouménè* (terre habitée), et notamment d'Occident (Italie, etc.). Peut-être avait-on eu vent dans ces régions
des projets de conquête occidentale dont quelques sources
se font l'écho : son oncle Alexandre le Molosse y avait déjà
tenté une incursion (*supra*, chap. 14), tandis que lui-même,
selon certains, visait Carthage en priorité (les Cyrénéens
avaient fait allégeance tandis qu'il se rendait à Siwah). Dans
l'immédiat, après avoir conçu le projet d'une circumnaviga-
tion africaine, il préparait une exploration de la Caspienne
et, surtout, une grande expédition en Arabie, assortie d'un
projet de doubler la péninsule, sans doute en vue d'établir
une liaison maritime entre l'Inde, la Babylonie, dont il faisait
aménager les canaux, et l'Égypte : les navires de la flotte de
Phénicie furent même démontés et transportés sur l'Euphrate
pour descendre le fleuve. Mais après quelques jours de
fièvre, Alexandre mourut en juin 323, à Babylone, à moins
de trente-trois ans : on a invoqué le paludisme, les effets
conjugués de l'épuisement et de l'alcoolisme, voire un assassinat tramé par Antipatros.

Les ambiguïtés et contradictions de la personnalité d'Alexandre, toute en démesure et sur laquelle on a formulé les jugements les plus divers, ont été relevées dès longtemps : son « désir impérieux » (*pothos*) de conquête et de dépassement, le poussant à la plus grande témérité, mais également son sens aigu du possible, sa cruauté et ses colères d'ivrogne, son insatiable curiosité intellectuelle (une bibliothèque de campagne l'accompagnait dans l'anabase et les observations nouvelles qu'autorisait celle-ci profitèrent aux études de son maître Aristote, entre autres, par l'intermédiaire de rapports scientifiques), etc. Force est de constater en tout cas que l'œuvre accomplie du Danube à l'Indus n'avait aucun antécédent connu. Parmi les faits les plus remarquables, citons ses fondations, que les Anciens comptaient par dizaines, mais dont le nombre exact est discuté par les Modernes (rôle respectif d'Alexandre et de ses officiers ou successeurs, problèmes de localisation, etc.). L'une, Alexandrie d'Égypte, allait devenir la plus grande ville de Méditerranée, seulement dépassée par Rome. Répondant surtout à des considérations stratégiques, ces colonies diffusèrent aussi les valeurs grecques, spécialement celles de la *polis*, sans compter la langue et le genre de vie en général : bien plus qu'un empire, Philippe et Alexandre ont fondé une époque, celle de l'avènement de l'hellénisme comme référence culturelle autour de la Méditerranée et en Orient : belle revanche pour ceux que d'aucuns qualifiaient de « barbares » ! Les préoccupations commerciales n'étaient pas absentes non plus, à en juger notamment par l'emplacement de certains établissements (cf. Alexandrie d'Égypte ou Alexandrie Charax/de Characène, sur le golfe Persique), par les missions d'exploration qu'ordonna Alexandre et par la cohérence de sa politique monétaire (adoption de l'étalon attique également pour les émissions en argent, mais sans imposer systématiquement les types royaux aux Grecs ni aux barbares, ce qui est interprété comme du pragmatisme, sinon comme le signe d'un certain détachement du roi vis-à-vis de son numéraire). La conquête avait en outre rapporté un butin considérable, se montant à 180 000 talents en 330. Il n'en restait que 50 000 à la mort du roi, qui devait faire face à de fortes dépenses, mais l'empire produisait en 324/3 un revenu de 30 000 talents, d'après Justin.

Point n'est besoin de revenir sur la bravoure d'Alexandre au combat, sur ses qualités de meneur d'hommes, ni sur ses exceptionnelles aptitudes en matière de tactique et de stratégie : s'il n'accomplit pas de révolution dans ce domaine, on ne peut que relever son don infaillible pour saisir l'instant opportun de l'attaque, en une remarquable exploitation militaire du *kairos* (*supra*, chap. 7). Même si, à sa mort, beaucoup restait naturellement à faire dans ce domaine, on en sait assez pour conclure qu'il avait aussi hérité de son père un grand talent d'administrateur, s'adaptant avec souplesse et pragmatisme aux réalités des pays conquis : il n'est que de songer à son respect pour les cultes locaux et à l'emploi de l'administration indigène quand c'était nécessaire, par exemple la chancellerie achéménide de langue araméenne. Il a même conçu le projet sans exemple de faire gouverner son empire par une caste métissée et a inventé une nouvelle forme de monarchie, absolue et fondée sur un caractère divin matérialisé par le culte du souverain, avec la conviction « d'avoir été envoyé par les dieux pour être le gouverneur et le conciliateur de l'univers [...] ordonnant que tous considèrent la terre habitée (*oikouménè*) comme leur patrie » : de ce point de vue, son origine macédonienne le mettait relativement à l'abri du préjugé méprisant des Grecs envers les barbares [1]. Il n'est dès lors pas surprenant que l'*imitatio Alexandri* (imitation d'Alexandre) ait constitué une référence pour les très grands de ce monde durant des siècles : Alexandre reste comme l'un des phénomènes de l'Histoire universelle.

---

1. Plutarque, *La Fortune, ou la Vertu d'Alexandre* (I), 6 (*Mor.* 329 C).

Chapitre 18

LES MUTATIONS DU IVe SIÈCLE

À bien des égards, le IVe s. est l'héritier de son prédécesseur : l'histoire politique des cinquante premières années est la résultante directe de la guerre du Péloponnèse et une nette impression de continuité se dégage aussi des faits de civilisation. Pourtant, en 341, Démosthène décrit longuement et déplore l'ampleur des changements par rapport au « bon vieux temps » (*3e Philippique*, § 36-52). C'est que peu à peu, bien des caractéristiques de l'époque hellénistique commencent à se faire jour. Ainsi que nous l'avons fait pour le Ve s., dégageons à grands traits les principales évolutions, en matière religieuse, socio-économique et politique : dans tous ces domaines, les sources sont plus nombreuses et mieux exploitables, notamment en raison de l'abondance des inscriptions et du volumineux ensemble légué par l'éloquence judiciaire (plaidoyers politiques et civils, spécialement le corpus démosthénien), tandis que les écrits théoriques se multiplient (Isocrate, Xénophon, Énée le Tacticien, Platon, Aristote).

Religion

C'est l'un des domaines où les choses évoluent le plus lentement et le tableau général présenté au chapitre 12 reste valable pour la période considérée ici. Les évolutions que l'on observe étaient d'ailleurs déjà amorcées au Ve s. et se prolongent au-delà du IVe. La cité reste le cadre privilégié de la pratique religieuse et les manifestations traditionnelles de la piété gardent toute leur vigueur. À côté de celles-ci, on croit repérer une forme d'individualisation (cf. la dévotion très sincère d'un Xénophon pour Artémis ou pour Zeus Meilichios, c'est-à-dire « doux, bienveillant ») et d'intériorisation des croyances, trahissant la recherche d'une plus grande proximité avec le divin, l'aspiration à trouver des remèdes concrets aux tourments de l'existence, un salut personnel autant que la sauvegarde de la collectivité. Une divinité jusque-là secondaire profite au mieux de ces tendances : Asclépios, spécialement vénéré à Épidaure où son sanctuaire est alors considérablement embelli, par un temple (*ca* 380-370), une *thymélè* (édifice circulaire à la destination incertaine) et un théâtre d'un travail particulièrement soigné (dernier tiers du siècle). Les pèlerins viennent y chercher la guérison, notamment par l'incubation et le songe, dans un portique dédié à cet effet, comme dans l'Amphiaraion d'Orôpos (sanctuaire d'Amphiaraos, héros devin et guérisseur, aux confins de l'Attique et de la Béotie). On ne conclura cependant pas à un progrès des superstitions aux dépens de la rationalité. En effet, ces pratiques confinant à la magie ont toujours existé et, parallèlement, l'école de médecine de Cos, autre lieu privilégié du culte d'Asclépios, se développe autour de l'héritage d'Hippocrate (né vers 460 et mort entre 375 et 351). À Athènes, où il avait été introduit peu après la grande épidémie du début de la guerre du Péloponnèse (420), Asclépios possède un sanctuaire prospère, alors même qu'Aristote et ses disciples, au Lycée, étudient scientifiquement la physiologie, entre autres.

Deux traits caractéristiques de la période sont le succès du mysticisme, sous diverses formes (orphisme, initiation éleusinienne, etc.), et le développement du dionysisme. La mythologie dionysiaque était en effet susceptible de fournir des explications à la dualité de l'âme et du corps, en même temps qu'elle offrait un exutoire à d'autres angoisses. En outre, ces croyances furent propices au développement d'associations cultuelles (thiases) qui se multiplièrent durant les siècles suivants, parfois aux marges mais pas en dehors de la cité dont elles mimaient d'ailleurs l'organisation (instances, décrets, etc.). À Delphes par exemple, on assiste à une promotion très officielle de ce culte aux côtés de celui d'Apollon et Dionysos conservera une place éminente dans la religion hellénistique, investi d'une dimension politique par certaines monarchies. Quant aux divinités étrangères, elles poursuivent leur pénétration, notamment au Pirée qui attire les négociants de tous horizons : citons par exemple Isis, en provenance d'Égypte et promise ultérieurement à une grande popularité, ou les dieux syro-phéniciens tels Adonis, cantonné au culte privé, et Astarté (Aphrodite) qui est officiellement reconnue.

D'autres types de cultes apparaissent, qui toutefois se laissent eux aussi rattacher à des usages anciens. Depuis longtemps, les Grecs honoraient les héros, panhelléniques tel Héraclès, locaux comme Thésée ; dans les colonies, on vouait un culte au fondateur (*supra*, chap. 8). La guerre du Péloponnèse a fait connaître d'autres personnages dont la réussite ne pouvait qu'être ressentie comme favorisée par les dieux : ainsi Lysandre à qui on élève des autels, notamment à Samos où les grandes fêtes des Héraia sont renommées Lysandreia. Ces honneurs sont quasi divins mais un cap est franchi deux générations plus tard, avec les manifestations cultuelles destinées par plusieurs cités à Philippe de Macédoine, avant qu'en 324 Alexandre impose par rescrit son propre culte à tous les Grecs (*supra*, chap. 16-17). Ce culte royal, qui a rencontré ici ou là quelques résistances, comme à Athènes, connaîtra un grand succès à l'époque hellénistique. C'est dans une tradition ancienne également, puisque déjà la *Théogonie* d'Hésiode fait la part belle aux allégories, qu'il faut chercher l'origine des abstractions divinisées, dont certaines sont particulièrement en faveur au IVe s., comme *Eirènè*, la Paix, très en vogue à Athènes après le traité de 375/4 avec Sparte (cf. le groupe sculpté par Céphisodote, le père de Praxitèle, qui la représente comme une femme portant dans ses bras l'enfant *Ploutos*, la Richesse). On verra là le pendant religieux d'un effort politique récurrent pour établir la « paix commune » (*koinè eirènè*), régulièrement réaffirmée pour mieux être violée au service de telle ou telle hégémonie (*supra*, chap. 15). D'autres abstractions survivront à une mode éphémère, comme *Homonoia*, la

Concorde, ou *(Agathè) Tychè*, la (Bonne) Fortune, que l'on prend l'habitude d'invoquer en proposant les décrets. Autant d'éléments revivifiant la religion grecque dont les cadres traditionnels, il faut y insister, coexisteront avec ces nouveaux cultes durant l'époque hellénistique.

Aperçu socio-économique

C'est à Sparte que les bouleversements semblent être les plus importants, même si nos sources, d'obédience athénienne ou de tendance moralisante pour la plupart, insistent sans doute trop complaisamment sur le thème de la décadence (cf. Xénophon lui-même, *Constitution des Lacédémoniens*). Aristote et Plutarque évoquent des déséquilibres profonds dans la répartition des terres : fortune excessive des uns laissant les autres démunis, notamment depuis l'hypothétique *rhètra* de l'éphore Épitadeus (fin du Ve s. ou première moitié du IVe ?), qui aurait autorisé le don ou le legs du *klèros*, cette vente déguisée ayant accéléré la rupture – déjà amorcée – du bel équilibre dû à Lycurgue (*supra*, chap. 9). Les femmes passent pour avoir concentré entre leurs mains une bonne partie de la propriété foncière (les deux cinquièmes d'après Aristote), tandis que l'afflux de richesses sous forme de butin ou de contributions des alliés, notamment en métaux précieux monnayés dont l'usage était auparavant sinon interdit, du moins très limité et étroitement surveillé, corrompait les mœurs en développant la cupidité et le goût du luxe, que l'on ne craignait plus d'étaler au grand jour. On sait les conséquences en ce qui concerne l'organisation militaire : la déchéance des *Homoioi* incapables de payer leur contribution aux syssities, ajoutée aux pertes dues aux guerres et à une faible natalité, en dépit de quelques lois « natalistes », ont accentué les effets de l'oliganthropie (manque de citoyens) au profit des catégories inférieures. Il faudra attendre environ un siècle et demi après Leuctres pour que des réformes substantielles et une vraie œuvre de restauration de la société lacédémonienne soient entreprises (chapitre suivant).

À Athènes également, on constate une plus grande mobilité de la richesse foncière. Les bornes hypothécaires se multiplient, mais c'est surtout parce que la terre reste une garantie prisée en cas d'emprunt et on ne conclura pas à une crise agraire profonde. De récentes prospections archéologiques suggèrent plutôt que l'exploitation de l'Attique atteint alors son plus haut niveau (évolution semblable par exemple en Béotie et dans les Cyclades) : y contribuent sans doute aussi un meilleur emploi de la main-d'œuvre et la diffusion de quelques progrès techniques (broyeur à trémie). Il se serait même développé une forme d'agriculture spéculative, tournée vers les marchés, l'ensemble donnant des campagnes une image de relative prospérité. Selon certaines estimations, moins de 10 % des Athéniens détiendraient près de 50 % du terroir, mais il est probable que beaucoup répondent encore au modèle de l'*autourgos*, petit propriétaire exploitant lui-même son terrain. En 322, 22 000 d'entre eux (Diodore), ou plutôt 12 000 (Plutarque), posséderaient l'équivalent de moins de 3 ha : de là les très nombreux départs en Thrace, quand Antipatros y proposera des terres à ceux que le nouveau régime censitaire avait privés de leurs pleins droits de citoyens (chapitre suivant). Il ressort d'ailleurs de nos sources que les thèmes du partage des terres et de la remise des dettes étaient alors assez diffusés en Grèce. Plus encore, la lecture du traité de *Poliorcétique* d'Énée le Tacticien enseigne que le péril le plus grand pour une ville assiégée est le danger intérieur, constitué de tous les mécontents et laissés-pour-compte : l'auteur recommande donc, si besoin est, de soulager les débiteurs et d'assurer le nécessaire à tous ceux qui pourraient en manquer.

Les tyrans ont pu ici ou là exploiter ces mécontentements pour asseoir leur pouvoir, tels Denys l'Ancien à Syracuse ou Cléarchos et son fils Timothéos à Héraclée Pontique, qui ont largement refaçonné le corps civique selon leurs intérêts, redistribuant les terres et annulant les dettes. Xénophon s'attarde aussi sur le cas d'Euphron de Sicyône, chef de mercenaires et tyran populaire, dont l'action est au cœur de l'affrontement entre Sparte et Thèbes dans la première moitié des années 360. Inversement, parmi les principes constitutifs de la ligue de Corinthe, qui doit être un instrument de stabilité entre les mains de Philippe II, figure l'engagement de ne tolérer ni partage des terres, ni abolition de dettes, ni libération d'esclaves à des fins révolutionnaires. Un comptage minutieux a cependant révélé qu'il n'y avait guère plus de *staseis* recensées au IVe qu'au Ve s. et ici aussi, il convient de tenir compte des déséquilibres de notre information, car les sources font naturellement la part belle aux situations de crise. Ainsi Diodore s'attarde-t-il sur le « scytalisme » d'Argos où, peu après Leuctres, plus d'un millier de riches notables furent exécutés (bastonnade ou, selon certains, sorte de crucifixion ?), avant que le peuple ne se retourne contre les démagogues. Mais la pauvreté demeure un fait incontestable et le développement du mercenariat en constitue sans doute l'une des preuves les plus éloquentes. Ces troupes finissent même par constituer des sortes de puissances mobiles et autonomes, comme il ressort d'Énée le Tacticien, qui évoque d'une traite les ambassadeurs « de cités, de tyrans ou d'armées » (*Poliorcétique*, X, 11).

Si l'on retourne à Athènes, on constate que les salaires ont plutôt augmenté (2 drachmes/jour et plus ne sont pas rares sur le chantier d'Éleusis peu après 330). Mais il en va de même pour les prix : à la fin des années 360, il faut débourser 40 dr. pour un porc et 70 pour un bœuf ; quant au médimne de blé, il n'est manifestement pas rare qu'il dépasse le prix jugé raisonnable de 5-6 dr. (on connaît des pics à 16 dr. pour le froment et 18 pour l'orge), cette hausse globale étant diversement expliquée par les spécialistes (contexte politico-militaire ou plutôt conjoncture et tendances de l'économie agricole : mauvaises récoltes, développement des marchés et de la spéculation, etc.). Or on estime que 3 oboles par jour sont nécessaires pour subsister, ce qui correspond au *misthos* de l'héliaste quand le sort l'a désigné pour siéger (cf. ci-dessous) ; le *misthos ekklèsiastikos*, lui, est monté jusqu'à 1 dr. 1/2 pour la séance principale de chaque prytanie. À défaut d'être suffisantes pour vivre toute l'année, ces indemnités occasionnelles constituent donc un complément très appréciable. C'est qu'Athènes, forte notamment de sa monnaie qui n'a guère de rivale jusqu'aux émissions argéades et qui est protégée par une législation scrupuleuse (loi de 375/4 sur les imitations étrangères [1]), demeure fondamentalement riche : des inscriptions d'Épidaure et de Delphes (comptes de construction et de réaménagement des sanctuaires) enseignent par exemple qu'entre 350 et 335 environ, l'argent attique a gagné plus de 5 % sur l'éginétique (*supra*, chap. 8), pénalisé par les « guerres sacrées ». La politique avisée d'Eubule puis celle de Lycurgue (ci-après) ont contribué également à préserver l'*homonoia* en garantissant le minimum aux citoyens (la *trophè*, littéralement « nourriture »), tout en évitant les mesures extrêmes comme le partage des terres et l'abolition des dettes, ainsi qu'il est stipulé dans le serment des héliastes.

L'approvisionnement en grain (*sitos*), dont une bonne partie est importée, reste donc le souci numéro un, spécialement lors des périodes difficiles, comme dans les années 360-357 et 330-325. La mer Noire n'est pas la seule provenance mais elle tient une place particulière, sinon essentielle, vérifiable à l'importance qu'y attachent les Athéniens. Ceux-ci veillent par exemple à entretenir les meilleures relations avec les souverains Spartokides (du nom du fondateur de la dynastie, Spartokos) régnant dans le Bosphore Cimmérien (Crimée), d'où la cité fait venir annuellement 400 000 médimnes environ (en 340, ce ne sont pas moins de 180 navires à destination d'Athènes que Philippe intercepte à l'entrée nord des Détroits : *supra*, chap. 16). Les Athéniens y exportent du vin, de l'huile et de la céramique décorée (« style de Kertch », du nom moderne de Panticapée où ces vases ont été retrouvés en grand nombre), mais la marchandise échangée contre le blé était aussi bien achetée sur la route du Pont, par exemple du vin en Chalcidique de Thrace. Une loi due à Agyrrhios, récemment publiée, réglemente en 374/3 la taxation (1/12 en nature), le transport, le stockage et la vente à Athènes d'une partie de la production de blé et d'orge des

---

1. P. Brun, *Impérialisme et démocratie à Athènes. Inscriptions de l'époque classique*, 2005, n° 94.

clérouquies de Lemnos, Imbros et Skyros, « afin que le peuple dispose d'une réserve de grain public » (total annuel estimé à plus de 30 000 médimnes, dont les 4/5 d'orge)[1]. La clérouquie de Samos, établie notamment pour compenser la perte d'Orôpos et de son territoire en 366, devait jouer également un rôle non négligeable (vu que le Conseil local réunissait 250 bouleutes vers le milieu du siècle, le total des effectifs pouvait y atteindre les 10 000 hommes). On connaît aussi diverses dispositions législatives destinées à capter les trafics et à faciliter l'approvisionnement, telles l'interdiction faite aux citoyens et aux métèques de prêter de l'argent pour des navires ne transportant pas du grain à destination d'Athènes, et l'obligation de vendre le grain importé sur place, à raison d'un tiers au Pirée et deux tiers en ville, sous la responsabilité de magistrats spécialisés, les épimélètes de l'*emporion*. Il existe par ailleurs, depuis le ve s., mais leurs effectifs ou champs de compétences vont croissant, des agoranomes (commissaires du marché), des métronomes (responsables des poids et mesures) et des sitophylaques (commissaires au grain), désormais plus ou moins également répartis entre la ville et le port. Tout cela contribue à maintenir les prix à Athènes parmi les plus bas, les autorités négociant même avec les importateurs un « prix établi » (*kathéstèkuia timè*, notion dont l'interprétation reste discutée dans le détail). Dans la première moitié des années 320, en une période de grande disette, Cyrène a expédié environ 800 000 médimnes de grain à diverses cités, dont 100 000 pour la seule Athènes[2]. Un décret de 325/4 apprend que celle-ci a même décidé d'établir une nouvelle colonie en Adriatique, pour faciliter son approvisionnement occidental et lutter contre la piraterie, projet dont on ignore s'il s'est concrétisé (pour la

---

1. P. Brun, *Impérialisme et démocratie à Athènes. Inscriptions de l'époque classique*, 2005, n° 95 (cf. O. Picard, *Guerre et économie dans l'alliance athénienne (490-322 av. J.-C.)*, 2000, p. 157-158). 2. A. Laronde, *Cyrène et la Libye hellénistique, LIBYKAI HISTORIAI, de l'époque républicaine au principat d'Auguste*, 1987, p. 30-34.

production céréalière en Grande-Grèce et dans le Pont, voir aussi *supra*, chap. 14) [1].

Les écarts de fortune et les fortes disparités sociales se laissent entrevoir au mode d'imposition directe assez bien documenté pour l'Athènes du IVe s. Dans le cadre des 100 symmories (circonscriptions fiscales) instaurées en 378 après une estimation (*timèma*) du capital imposable dans chaque dème, qui a donné un montant légèrement inférieur à 6 000 talents, les Athéniens comme les métèques (pour un sixième du total) sont astreints à payer l'*eisphora*, au prorata de leur fortune. Les plus pauvres en sont exemptés mais on ignore à la fois le seuil requis (autour de 2 000 dr. ?) et le nombre de contribuables (entre un tiers et un cinquième du total des citoyens, évalué par certains à 25 000 ou 30 000), tout comme le caractère progressif de l'impôt et son lien avec les anciens cadres censitaires soloniens demeurent controversés. L'Assemblée vote la levée de l'*eisphora*, qui n'est donc pas annuelle, et son montant : apparemment, on s'en tenait d'ordinaire au centième du capital global, soit environ 60 talents partagés entre les symmories (en 347/6, l'impôt devient annuel, mais pour un montant de 10 talents). Pour garantir et accélérer la perception, à partir de 364 au moins, les 300 plus riches répartis dans chaque symmorie avaient à leur charge une liturgie appelée *proeisphora*, c'est-à-dire qu'ils devaient avancer la somme due par leur symmorie avant de récupérer ensuite cette avance auprès des autres symmorites, avec l'appui des instances légales : obligation assurément peu gratifiante, mais l'ensemble paraît avoir eu un rendement assez satisfaisant. La loi de Périandre instaura en 358/7 un système spécial pour la charge la plus lourde, la triérarchie, dont les plus aisés regimbaient à s'acquitter : les 1 200 citoyens les plus riches, répartis en 20 symmories triérarchiques, se partagent désormais les frais, en fonction du nombre de trières nécessaires. Destinée à alléger la part de chacun en répartissant les coûts sur un plus grand nombre, cette réforme trop compliquée semble n'avoir

---

1. P. Brun, *Impérialisme et démocratie à Athènes. Inscriptions de l'époque classique*, 2005, n° 122.

jamais bien fonctionné et en 340/39, Démosthène fait voter le retour à un système très proche de l'ancienne triérarchie individuelle et directe, impliquant les 300 citoyens les plus riches.

On estime que la « classe liturgique » assumant *proeisphora*, triérarchies et liturgies cultuelles compte de 1 000 à 2 000 citoyens. La propriété foncière demeure la valeur de référence : sous l'administration de Lycurgue (338-326 ou plutôt 336-324 ?), cette même catégorie acquiert 16 % des terres publiques mises en vente. Mais les baux miniers constituent un autre placement préférentiel et, en général, la richesse s'est considérablement diversifiée, comme on peut le voir aux biens dont Démosthène a hérité avant d'en être dépouillé par ses tuteurs malhonnêtes (cf. le *Contre Aphobos*) : deux fabriques, l'une de couteaux où travaillent 30 esclaves, assurant un revenu annuel de 3 000 dr., l'autre de lits (20 esclaves et 1 200 dr. de revenu annuel), l'ensemble constituant un capital de 23 000 dr., sans compter le stock de matières premières estimé à 15 000 dr. ; une maison de 3 000 dr. et des meubles et objets divers pour 10 000 dr. ; 8 000 dr. en liquidités ; 4 600 dr. de dépôts bancaires et un peu plus de 3 talents de créances, le tout approchant 14 talents et dénotant apparemment, de la part du père de l'orateur, une stratégie d'ensemble bien pensée. Les évolutions amorcées dans la seconde moitié du Ve s. se sont donc accentuées et d'aucuns ont même parlé d'un développement de l'affairisme, spécialement dans les milieux de l'*emporion*, à travers ce que l'on appelle communément les « prêts maritimes » (une partie des biens placés par le père de Démosthène appartiennent d'ailleurs à cette catégorie). Ces « prêts » donnaient lieu à un contrat écrit (*syngraphè*) et étaient consentis à des marchands (*emporoi*) ou à des armateurs (*nauklèroi, nauclères*), à des taux fort élevés (entre 20 % et 30 % environ, alors que le taux ordinaire tourne autour de 12 %), proportionnels aux risques inhérents à tout voyage en mer (le prêteur n'avait pas ou peu de recours en cas de naufrage, d'attaque de pirates, etc.). Lors de la période de navigation, c'est-à-dire du printemps à l'automne, une législation spéciale assurait aux *emporikai dikai* (procès commerciaux) une procédure accélérée (jugement dans le mois suivant le dépôt de la plainte, mesure spécialement attractive pour les étrangers, puisqu'elle leur évitait d'avoir à s'inscrire comme métèques). Le corpus démosthénien des *Plaidoyers civils* abonde en arnaques pittoresques impliquant des escrocs de tout poil, Phasélitains, Massaliotes ou autres.

La documentation athénienne pèse ici très lourd, mais l'évolution des pratiques et des mentalités se vérifie également ailleurs. L'un des cas les plus spectaculaires est apparemment celui de Thasos qui, entre la fin du ve et le début du ive s., légifère sur le vin, produit renommé de la région (réglementation relative aux récoltes, contrôle des importations et de la commercialisation sur un vaste secteur côtier, sanctions contre les trafiquants). Ce dispositif a été mis en relation avec la production d'amphores, timbrées à partir de 395-390 environ, et avec la richesse générale de la cité : dotée de fortes ressources minières, celle-ci produit un abondant monnayage dont le type est alors renouvelé, en même temps qu'est introduit le numéraire de bronze, le tout constituant un ensemble remarquablement cohérent qui n'est pas sans annoncer, sur une petite échelle, des expériences plus vastes pratiquées à l'époque hellénistique (Égypte lagide : *infra*, chap. 22)[1]. Les sources disponibles suggèrent en tout cas que jamais les cités ne s'étaient autant préoccupées de politique commerciale, comme le montre encore une inscription d'Érythrées, en Ionie, réglementant dans la seconde moitié du siècle le marché de la laine, production nationale réputée (pesée de la laine, horaires de vente, âge des moutons, devoirs de l'agoranome, etc.)[2]. À Ténos, dans les Cyclades, une inscription conserve le registre d'une petite cinquantaine de mutations et prêts hypothécaires réalisée durant un an, sous l'archonte Ameinolas. Maisons en ville,

1. Documentation réunie par Y. Grandjean, O. Picard, F. Salviat, *Guide de Thasos*², 2000, p. 175-192 et 303-309.   2. H. Engelmann, R. Merkelbach, *Die Inschriften von Erythrai und Klazomenai* (*Inschriften griechischer Städte aus Kleinasien, IK* 1), 1972, n° 15, avec Chr. Chandezon, *L'Élevage en Grèce (fin v^e - fin Ier s. a. C.). L'apport des sources épigraphiques*, 2003, p. 211-212.

dont le prix varie de 60 à plus de 2 000 dr., pour un total
d'un peu plus de 2 talents, et propriétés rurales, dont le montant peut atteindre 8 000 dr., pour un total supérieur à
10 talents, sont l'objet de transactions. Parmi celles-ci, certaines obéissent manifestement à des stratégies familiales
(regroupement de patrimoines après partages successoraux)
ou servent à faire fructifier des dots, ce qui a pu faire songer
à une sorte d'« affairisme rural », même si celui-ci demeurait
le fait d'une marge de la société constituée des plus riches[1].
Ces comportements supposent en outre de bonnes réserves
de numéraire, à l'image de ce que conservait avec lui le père
de Démosthène. Aussi les spécialistes insistent-ils volontiers
sur la monétarisation croissante de l'économie à cette
époque (cf. l'augmentation des émissions de bronze, qui
coûte moins du centième de l'argent), allant de pair avec le
développement de l'activité bancaire, incarnée à Athènes par
les deux anciens esclaves Pasion et Phormion. L'essor du
crédit (cf. les prêts consentis par le sanctuaire d'Apollon
Délien, sous obédience athénienne, à des cités comme à des
particuliers) peut aussi être compris comme un signe de
dynamisme économique, quand la dette n'atteint pas des
proportions catastrophiques compromettant l'ordre social et
politique. On a fait observer que le parcours d'un Xénophon,
depuis l'*Économique* qui traite de la gestion traditionnelle
du patrimoine domestique, jusqu'aux *Poroi* (sources de
revenus) où sont envisagées diverses innovations pour augmenter les revenus de la cité (ci-après), était assez emblématique de l'évolution générale.

Évolutions politiques

Les arrière-plans socio-économiques des difficultés traversées par les cités ont été exposés plus haut : extension
(relative) des *staseis* et retour des tyrannies sont deux consé-

1. R. Étienne, *Ténos II. Ténos et les Cyclades du milieu du
IVe siècle av. J.-C. au milieu du IIIe siècle ap. J.-C.*, 1990, p. 51-83,
avec Ph. Gauthier, « L'archonte éponyme à Ténos », *Revue des
études grecques*, 105, 1992, p. 111-120.

quences de ce que beaucoup n'hésitent pas à qualifier de
« crise ». Les auteurs anciens eux-mêmes, notamment Isocrate ou Démosthène, exploitent le thème du « c'était mieux
avant », mais il est évident qu'ils grossissent le trait pour
fustiger certains abus contemporains ou pour provoquer une
réaction salutaire face à une menace précise. Nous l'avons
vu plus haut, bien des aspects de cette crise ne sont pas
nouveaux, même si la guerre du Péloponnèse et les inces-
sants conflits qui ont suivi ont assurément accéléré et
aggravé les processus, ne serait-ce que dans le domaine militaire où s'observe, très schématiquement, un relatif déclin
de l'hoplitisme citoyen traditionnel au bénéfice des peltastes
mercenaires, de la cavalerie et de la guerre de siège (poliorcétique). Mais on peut tout aussi bien insister sur les
réponses apportées.

Le développement des États fédéraux, surtout illustré par
les exemples béotien et thessalien, constitue une piste pro-
metteuse. Plus remarquable encore est le retour au premier
plan de l'idéologie monarchique, dont la tyrannie est habituellement considérée comme une forme dégénérée. Ce
thème de la royauté avisée est abordé notamment par Isocrate, correspondant du roi de Chypre Évagoras et de son
fils Nicoclès, et la Macédoine en constitue la plus belle réussite. Mais les cités elles-mêmes ont largement su s'adapter
aux nouvelles conditions. Le perfectionnement est surtout
connu à Athènes, où les réformes ont commencé aussitôt
après la restauration de la démocratie en 403 (*supra*,
chap. 13), et continuent ensuite, sans qu'on puisse toujours
bien les dater. Ainsi les prytanes conservent-ils leur fonction
probouleumatique, mais la présidence du Conseil et de l'Assemblée est confiée à neuf proèdres tirés au sort parmi les
tribus n'assurant pas la prytanie, de la sorte plus directement
associées aux affaires ; en outre, la désignation a lieu juste
avant chaque séance, ce qui permet de mieux prévenir
d'éventuelles pressions ou tentatives de corruption. Dans les
années 370, la procédure d'octroi de la citoyenneté est alour-
die, puisqu'il faut désormais deux réunions de l'Assemblée,
la seconde avec un *quorum* de 6 000 et un vote à bulletin
secret : on estime à quelques centaines les étrangers méri-

tants, souvent de grands personnages, qui reçurent alors cette
faveur diplomatique ; encore celle-ci ne prenait-elle effet
que si le bénéficiaire s'installait pour vivre à Athènes
(on parle donc de « citoyenneté potentielle »). Devant la
complexité croissante de l'administration, magistratures et
commissions *ad hoc*, dans leur grande majorité constituées
par tirage au sort, se multiplient, s'étoffent ou voient leurs
attributions étendues (cf. l'énumération figurant dans la
Constitution des Athéniens). Parmi beaucoup d'autres, citons
les dix auditeurs des comptes qui procèdent au contrôle des
magistrats sortant de charge (*logistai*, ou logistes, distincts
de leurs homonymes issus du Conseil, qui examinent les
comptes à chaque prytanie). Évoquons encore les astynomes,
qui sont responsables de la voirie et ont des fonctions de
police (ils veillent notamment à ce que la location des musi-
ciennes-courtisanes ne dépasse pas le prix de 2 drachmes
fixé par la loi et qu'elle ne provoque pas de rixe...), à raison
de cinq pour la ville et autant au Pirée. Ce dernier, objet de
tous les soins, jouit d'un statut particulier : divers magistrats
spécialisés y officient (cf. ci-dessus) et son démarque est
désigné selon une procédure de tirage au sort centralisée et
non locale. Depuis les années 360, la charge de secrétaire
du Conseil est annuelle et on lui a adjoint un secrétaire aux
lois et un secrétaire aux décrets. La moitié des stratèges
reçoit désormais une affectation précise (hoplites, défense
du territoire, Pirée, symmories triérarchiques). En 346/5, on
procède à une révision générale des registres d'état civil
dans les dèmes. Peu après Chéronée, l'éphébie (cf. *supra*,
chap. 12) est réformée et, dès lors, elle s'adresse virtuellement à tous les jeunes Athéniens qui y reçoivent une indemnité de nourriture, un équipement et une formation militaires
(vie en communauté, apprentissage du maniement des
armes, notamment dans les trois gymnases publics subur-
bains, manœuvres et patrouilles sur le territoire, tournée des
sanctuaires, garnisons au Pirée et aux frontières, revues et
prestation de serment). Les responsables (le cosmète, les dix
sophronistes et deux pédotribes) en sont élus.

C'est pour le ive s. que nous possédons le plus d'informations sur l'exercice de la justice, fort élaboré. On distingue

grossièrement deux types de causes : privées, *dikai* (singulier *dikè*), et publiques, *graphai* (sing. *graphè*), mais les contours antiques de ces concepts ne se superposent pas exactement aux nôtres et la distinction ressort surtout des différences de procédures (ainsi l'exécution de la peine est-elle à la charge du vainqueur dans une *dikè*, alors qu'elle revient aux magistrats dans une *graphè*). Mais ces procédures sont elles-mêmes bien souvent enchevêtrées et il n'est pas toujours facile de délimiter la part respective du Tribunal du Peuple, de l'Assemblée, du Conseil, voire de l'Aréopage, par exemple en cas de haute trahison (*eisangélia*) ou pour le contrôle des magistrats (*dokimasia, euthynai*) : ainsi le Conseil en place procède-t-il en fin d'année à la *dokimasia* des neuf archontes et des bouleutes nouvellement désignés pour l'année suivante, mais le Tribunal populaire est seul à se prononcer pour le secrétaire des archontes et reste souverain pour tous les magistrats, notamment en cas d'appel. On se souvient aussi que la frontière entre les domaines judiciaire et politique est ténue, puisqu'une action en illégalité (*graphè paranomôn*) peut donner aux tribunaux l'occasion d'invalider un décret de l'Assemblée (*supra*, chap. 11) ; la variante réservée aux lois, plus rare, constitue un cas extrême puisqu'elle donne même l'occasion au Tribunal populaire de réexaminer une loi promulguée par certains de ses membres réunis en commission législative, les nomothètes (*supra*, chap. 13).

La plainte doit être déposée devant le magistrat compétent, par exemple l'archonte éponyme pour ce qui regarde la famille, le roi pour une affaire religieuse (*supra*, chap. 9), les stratèges pour le droit militaire, les épimélètes de l'*emporion* pour un litige commercial au Pirée, etc. Le magistrat peut rejeter la plainte si elle n'est pas de sa compétence ; si le défendeur oppose une « exception d'irrecevabilité » (*paragraphè* réfutant le bien-fondé de l'accusation, visant la qualité de l'accusateur, un délai de prescription, etc.), l'affaire est suspendue, voire annulée si le tribunal confirme l'irrecevabilité. Les magistrats supérieurs se consacrent surtout aux causes publiques ou aux affaires importantes. Les causes privées jusqu'à 10 drachmes sont du ressort des Quarante, tirés au sort à raison de quatre par tribu et héritiers des juges des dèmes de Pisistrate rétablis peu avant le milieu du ve s. (ils furent trente jusqu'à la fin de la guerre du Péloponnèse). Les causes d'un montant supérieur sont remises par les Quarante à des arbitres pris dans le cadre des tribus parmi les citoyens de cinquante-neuf ans, soit la dernière des 42 classes d'âge mobilisables. Moyennant le paiement de frais de justice proportionnels à la gravité du litige, une instruction préliminaire est organisée sous forme d'audience des parties (*anakrisis*), avec toutes les pièces requises et prestation de serment. Cette étape peut aboutir à un arrangement (actions privées) ; dans le cas contraire, l'affaire est transmise aux thesmothètes qui l'inscrivent au calendrier des tribunaux. Ces derniers fonctionnent environ deux cents jours par an en sections de 201 à 2 501 jurés, selon l'importance de la cause jugée (minimum de 501 pour une action publique ; ces nombres impairs sont censés empêcher une parfaite égalité des suffrages, mais si celle-ci vient à se produire par suite de la défection inopinée d'un ou de plusieurs jurés, le défendeur est acquitté). À partir d'un quota constitué annuellement d'environ 6 000 juges, âgés de plus de trente ans, les jurys sont sélectionnés chaque jour ouvrable, selon les besoins, à l'aide de plusieurs tirages au sort effectués notamment au moyen d'appareils ingénieux et sophistiqués (*klèrôtèria*), pour éviter toute corruption.

Assermentés, les juges votent à bulletin secret, avec deux jetons (*psèphoi*) circulaires traversés d'un axe, l'un plein signifiant l'acquittement, l'autre creux indiquant la condamnation, particularité qu'il est aisé de dissimuler en tenant le jeton par son axe entre le pouce et un autre doigt. L'urne de vote, en bronze, reçoit le jeton valable, l'autre étant déposé dans une urne de bois ; l'ouverture de ces urnes, qui est obstruée entre les opérations, ne laisse passer qu'un jeton, et le dépouillement se fait au moyen d'une table percée de trous dans lesquels on fiche les axes des jetons, l'ensemble constituant un dispositif efficace contre les fraudes. Il n'y a pas de délibération mais le vote intervient après audition des parties, qui doivent elles-mêmes prendre la parole. Néanmoins, elles ont souvent recours à des logographes qui composent la plaidoirie (Lysias, Isée, Démosthène vivent de cette activité), ou à des amis bénévoles plus qualifiés pour parler, appelés synègores. Le temps de parole est mesuré par la clepsydre, une horloge à eau. Les peines étaient fixées par la loi ou donnaient lieu à un vote après propositions des parties (cf. pour Socrate : *supra*, chap. 13). Nos sources regorgent de chicaneries procédurières et Démosthène a beau jeu de déclarer que les stratèges de son temps risquent plus devant les tribunaux que sur les champs de bataille, mais on tente aussi de limiter les excès dus aux accusations abusives : dans un certain nombre de cas, le dénonciateur touche une partie du montant de la condamnation, et la menace d'une action contre autrui peut lui permettre d'exercer un chantage rémunérateur, mais les sycophantes (délateurs) risquent eux-mêmes de fortes amendes et l'atimie partielle (interdiction d'intenter de nouveau le même type de poursuites), tout comme l'auteur d'une *graphè* qui n'aurait pas obtenu le cinquième des voix (cf. *supra*, chap. 11 et 12).

C'est encore au IVᵉ s. que nous sommes le mieux renseignés sur les finances publiques, toujours à Athènes. Leur fonctionnement reste largement empirique, même si un indiscutable effort de rationalisation est accompli, notamment grâce à Callistratos, Eubule et Lycurgue. Outre la contribution sur le capital (*eisphora*) dont il a été question plus haut, les revenus de la cité proviennent principalement de l'exploitation des ressources minières (baux locatifs des gisements du Laurion, réorganisés dans les années 370), de la taxe douanière du cinquantième sur les marchandises (affermée par Andocide pour 36 talents autour de 400, en une période pourtant difficile, ce qui suppose plus de 1 800 talents de marchandises échangées), d'autres taxes (*métoikion* dû par les métèques, etc.), des frais de justice et d'amendes diverses, sans oublier le butin de guerre. Les adjudications de l'État (exploitation des mines, affermage des impôts, etc.) et la vente des biens confisqués étaient effectuées par des magistrats spéciaux, les dix pôlètes désignés par le sort à raison d'un par tribu.

Parmi les secteurs mobilisant les fonds et les énergies, citons les aménagements portuaires, spécialement ceux du port de guerre, avec ses centaines de loges pour les trières et son arsenal construit par l'architecte Philon d'Éleusis (347/6). Les dépenses militaires, pour lesquelles Callistratos a créé une caisse spéciale, le *stratiôtikon*, sont très lourdes. La cavalerie, commandée par deux hipparques (un pour cinq tribus) et dix phylarques (un par tribu) élus, coûte à peu près 40 talents par an (l'entretien des chevaux est alors subventionné). En 351, Démosthène propose, en vain, la création d'une force d'action rapide composée de 10 trières, 2 000 hoplites dont 500 citoyens, et 200 cavaliers : il en estime le coût annuel à 92 talents. Par comparaison, les frais de fonctionnement de l'*Ekklèsia* sont évalués à environ 45 talents par an, ceux des tribunaux à une trentaine. Les fonds sont ventilés conformément au *mérismos* (loi de répartition annuelle), sous le contrôle du Conseil et des dix receveurs généraux (*apodektai*, ou apodectes, tirés au sort à raison d'un par tribu). À partir des réformes d'Eubule (355/4 ?) et jusqu'en 339/8, les excédents passent non plus au *stratiôtikon* mais au *théôrikon*, à la fois fonds des spectacles et caisse d'assistance contribuant à l'entretien des citoyens pauvres ; la loi interdit dès lors de transférer ces crédits au fonds militaire, sous peine de mort (cf. *supra*, chap. 16). Eubule, réélu dans le collège des dix « Préposés au théorique », dont le mandat dure quatre ans (d'une fête des Grandes Panathénées à l'autre), devient l'un des personnages les plus influents d'Athènes : sous son administration (354-346 ?), les revenus annuels atteignent les 400 talents. Ce total sera triplé avec Lycurgue, qui occupera le nouveau poste d'« Administrateur des finances » durant le règne d'Alexandre.

Les spécialistes considèrent que la cité équilibrait convenablement ses comptes, hors dépenses exceptionnelles causées par les guerres, que l'on rechigne de plus en plus à financer, d'où les difficultés des stratèges livrés à eux-mêmes et contraints de payer leurs troupes sur leurs propres deniers ou de mettre au pillage les contrées traversées. Tous ces éléments sont très représentatifs des efforts d'adaptation de la cité et des idées nouvelles, spécialement après la guerre des Alliés qui a révélé la fragilité de l'empire. On se préoccupe désormais d'augmenter les ressources en dehors d'un cadre hégémonique, à l'image de ce que prône Xénophon dans le préambule de son traité sur les *Poroi*, contemporain des réformes d'Eubule auquel l'auteur est d'ailleurs lié : Athènes peut faire vivre la masse du peuple, c'est-à-dire les plus pauvres, sans dominer injustement les autres Grecs. Cet opuscule n'offre certes pas de pensée économique globale au sens moderne du terme, mais l'auteur y propose diverses mesures techniques relatives à l'exploitation minière (constitution d'un capital de main-d'œuvre servile louée aux concessionnaires des mines pour une obole par homme et par jour), aux métèques et aux activités commerciales du Pirée, destinées avant tout à accroître les rentrées fiscales.

Tout cela n'étaie guère l'idée d'un déclin de la démocratie athénienne, qui a manifestement su se réformer et préserver la paix civile. Mais assurément, les mœurs changent. Ainsi les anciennes pratiques liturgiques commencent-elles à céder du terrain devant les actes d'évergétisme, bienfaits ou générosités volontaires plus rentables, en termes de considération et de prestige, pour leurs auteurs. Démosthène, qui met lui-même sa fortune à disposition lorsqu'il est chargé du renforcement des défenses d'Athènes après Chéronée, stigmatise par ailleurs le goût excessif des dépenses et du luxe ostentatoire chez ses contemporains (cf. certains monuments chorégiques commémorant une victoire, tel celui de Lysicrate après qu'il a remporté l'épreuve de chœur dans la catégorie d'âge des garçons en 334, visible aujourd'hui encore à l'est de l'Acropole[1]). Autre comportement avant-coureur de l'époque hellénistique, les très grands honneurs décernés aux généraux vainqueurs (Conon, Chabrias, etc.), qui annoncent l'idéologie royale de la victoire (*infra*, chap. 22). Insistons aussi sur la spécialisation croissante des fonctions. Le cas des stratèges est souvent mis en exergue, qui sont de plus en plus cantonnés aux tâches militaires tout en restant aux ordres des instances de la cité : comme les autres magistrats,

---

1. J.-Ch. Moretti, *Théâtre et société dans la Grèce antique*, 2001, p. 227-229 ; P. Brun, *Impérialisme et démocratie à Athènes. Inscriptions de l'époque classique*, 2005, n° 102.

lors de l'*Ekklèsia kyria* de chaque prytanie (cf. *supra*, chap. 9), ils sont confirmés ou non dans leur charge par un vote à main levée de l'Assemblée, où dominent désormais des professionnels de la parole et de la politique. Ainsi la carrière d'un Démosthène, plusieurs fois triérarque, bouleute, ambassadeur, préposé au théorique et auteur de plusieurs lois ou décrets, notamment au sujet de la flotte et des fortifications dont il a supervisé le financement, n'a pas grand-chose à envier à celle des grands hommes politiques du siècle précédent, si ce n'est qu'il y manque la stratégie. On attribue une centaine de propositions de décrets au seul Timarque, tandis que Phocion, que l'on présente comme un homme d'État à l'ancienne, est élu stratège quarante-cinq fois. Mais cette hyperactivité de quelques-uns n'est pas un fait nouveau, pas plus que les excès de démagogie condamnés entre autres par Xénophon, ou que les relations familiales existant entre dirigeants, tels Callistratos, neveu d'Agyrrhios, Timothée, fils de Conon et lui-même lié à Iphicrate (mariage de leurs enfants) après avoir pourtant entretenu de très mauvais rapports avec lui, etc.

Parallèlement, l'engagement militaire des citoyens semble bien connaître un fléchissement au profit des mercenaires, mais le recours à ces derniers se conçoit avant tout comme un complément rendu nécessaire par la multiplication des théâtres d'opérations, surtout lointains. La participation du grand nombre à la politique est en tout cas toujours bien réelle et à l'époque d'Aristote, il faut chaque année tirer au sort, outre les 500 bouleutes, environ 600 magistrats et en élire encore une centaine d'autres. La catégorie des liturges continue naturellement à jouer un rôle majeur, mais le lien entre magistratures et classes censitaires se perd, puisque depuis le milieu du siècle au moins, des pauvres peuvent devenir archonte ou trésorier d'Athéna, bien que cette dernière charge soit théoriquement réservée aux Pentacosiomédimnes (*supra*, chap. 9). Après la parenthèse des Trente, l'Aréopage n'a certes pas été rabaissé au niveau où l'avait placé Éphialte, ses pouvoirs s'étant même graduellement accrus : contrôle des sanctuaires et de l'application des lois, immixtion dans certaines affaires politiques, etc. À l'initiative de Démosthène en particulier, il voit ses compétences judiciaires élargies, par exemple aux lendemains de Chéronée ou dans le cadre de la procédure spéciale d'*apophasis*, poursuite publique utilisée notamment lors de l'affaire d'Harpale en 324. Mais il suscite toujours la méfiance et l'attachement à la démocratie reste fort, comme l'atteste la loi contre la tyrannie adoptée après Chéronée[1]. De fait, à côté des critiques sévères et des utopies développées par Platon, la démocratie modérée demeure le moins mauvais des régimes aux yeux d'Aristote, notamment en vertu des principes logiques et mathématiques de moyenne et de probabilité. Cette époque est aussi celle où les théoriciens revisitent la *patrios politeia* (constitution des ancêtres) et l'œuvre des fondateurs (Dracon, Solon, Clisthène). Somme toute, même s'il lui a manqué la suprématie que lui ont refusée les circonstances, le IVe s. athénien ne s'est guère montré moins novateur que son illustre prédécesseur ; il a su, dans une large mesure, en prolonger les expériences en s'adaptant tant bien que mal à la nouvelle donne.

Hors d'Athènes, même s'il ne faut pas se dissimuler les difficultés que connaît le monde grec, on tend également à relativiser l'ampleur de la crise traversée par les cités. C'est que les progrès réalisés dans la connaissance du monde hellénistique ont contraint à abandonner cette idée longtemps en faveur que la cité grecque était morte à Chéronée. Du même coup, la phase antérieure ne saurait plus être considérée comme une lente agonie. Ce qui est en train de disparaître effectivement, c'est le type de la cité hégémonique qui a dominé la scène internationale depuis un siècle et demi au moins. Mais dans le nouvel ordre du monde, le modèle de la *polis*, qui reste le cadre de la vie quotidienne, a encore de beaux jours devant lui. Héritier du Ve s. et posant les cadres de l'époque hellénistique, le IVe s. brille aussi par sa créativité, souvent mise en rapport avec l'inquiétude des esprits et l'évolution des mœurs. Évoquons la nouvelle sensibilité

---

1. J. Pouilloux, *Choix d'inscriptions grecques*[2], 2003, n° 32 (autre traduction commentée chez P. Brun, *Impérialisme et démocratie à Athènes. Inscriptions de l'époque classique*, 2005, n° 101).

qui s'exprimera bientôt dans les comédies de Ménandre, l'anticonformisme volontiers provocateur du cynique Diogène, mais aussi les chefs-d'œuvre de la sculpture, dont les thèmes se renouvellent (adolescence, nudité féminine), avec des recherches de virtuosité, de mouvement, de sensualité et d'expressivité. Citons Praxitèle, dans le deuxième tiers du siècle (Aphrodite de Cnide, Hermès d'Olympie), Scopas (frontons du temple d'Athéna Aléa à Tégée, vers 340), Lysippe qui invente un nouveau canon (statues de « l'apoxyomène », d'Agias de Pharsale) et se met au service des Argéades. Quant à elle, l'architecture produit des édifices particulièrement originaux, tels le « monument des Néréides » à Xanthos (vers 380), la Tholos de Delphes (vers 380-370 : photographie de couverture), et le Mausolée d'Halicarnasse (vers 360-350) où travaillent les plus grands artistes du temps : on verra comme un signe annonciateur le fait que deux de ces monuments aient été édifiés dans ce qui est pour la culture grecque une terre d'adoption orientale (Lycie et Carie). Dès les années 380, Isocrate avait pris la mesure de l'évolution en cours, qu'il imputait alors à l'œuvre civilisatrice d'Athènes : « Le nom de Grec ne désigne plus la race, mais la manière de penser, et sont appelés Grecs plutôt les gens qui participent à notre éducation que ceux qui ont la même origine que nous » (*Panégyrique*, 50). Entre continuité et révolution, cette époque constitue donc une étape essentielle dans l'histoire de l'hellénisme, que la conquête d'Alexandre a fait changer d'échelle.

QUATRIÈME PARTIE

L'époque hellénistique

Chapitre 19

LE MONDE HELLÉNISTIQUE JUSQU'À
LA PREMIÈRE GUERRE DE MACÉDOINE
(323 - *ca* 215 av. J.-C.)

L'appellation conventionnelle d'« époque hellénistique »
s'applique d'ordinaire aux trois siècles séparant la mort
d'Alexandre de celle de Cléopâtre VII, dernière représen-
tante des royautés macédoniennes issues de la conquête. La
dislocation de celle-ci donne lieu à des événements particulièrement complexes jusqu'au début des années 270, où
s'opère une forme de stabilisation. Les grands royaumes ont
alors trouvé la place qu'ils conserveront en gros jusqu'au
début du IIᵉ s., avant le redécoupage asiatique occasionné par
la paix d'Apamée (188) et la fin de la dynastie antigonide
en Europe (168). Mais le vrai tournant est constitué par l'intervention récurrente de Rome dans les affaires grecques à
partir de la première guerre de Macédoine (215-205), peu
après le remarquable synchronisme qu'offre l'année 217
(fin de la guerre des Alliés et de la quatrième guerre de
Syrie). Aussi est-ce la césure retenue pour ce premier chapitre
consacré à l'histoire événementielle de l'époque hellénistique. Diodore de Sicile, Plutarque (*Vies* d'Eumène, de Démétrios, de Pyrrhos, d'Aratos et d'Agis et Cléomène notamment)
puis surtout Polybe nous renseignent sur les grands événements. Mais ce qui est conservé de leurs œuvres ne couvre
que très incomplètement la période et, outre quelques
allusions glanées chez d'autres auteurs (Strabon, Memnon
d'Héraclée, Pausanias, Polyen, Athénée, Justin, etc.), ce sont
les inscriptions et les papyrus qui comblent peu à peu les

lacunes, encore nombreuses, spécialement autour du milieu du III⁰ siècle, où la chronologie reste souvent approximative.

Les Diadoques

On appelle ainsi les successeurs d'Alexandre, qui se partagèrent son héritage (du grec *diadochos* = qui hérite, prend la succession). En effet, la disparition du conquérant laisse la famille argéade sans candidat valable au trône : son demi-frère Philippe III Arrhidée est mentalement inapte et Roxane n'a pas encore donné naissance au futur Alexandre IV. Ce vide nécessite donc une régence, tandis que l'immensité du domaine conquis impose de répartir le pouvoir entre plusieurs hommes forts. Durant une cinquantaine d'années, jalonnée de partages et de guerres, ceux-ci se disputeront impitoyablement les dépouilles, chacun ou presque nourrissant l'espoir de reconstituer pour son propre compte l'unité de l'empire. Ce tourbillon les emportera l'un après l'autre jusqu'au dernier d'entre eux, Séleucos, mort en 281.

Un premier partage est décidé en 323 à Babylone. Au sommet des responsabilités se trouvent Antipatros, confirmé dans sa stratégie d'Europe, Perdiccas, en charge de l'Asie avec le titre de chiliarque, Cratère enfin, désigné tuteur (*prostatès*) des deux rois, Philippe III et le bébé de Roxane. Au niveau inférieur, même si leur contact direct avec les territoires, que l'on continue à appeler satrapies, leur donne en réalité un pouvoir plus concret, se trouvent principalement Ptolémée fils de Lagos (Égypte et Cyrénaïque confiée à Ophellas), Antigone Monophthalmos, c'est-à-dire le Borgne (Anatolie occidentale), Lysimaque (Thrace), et Eumène de Cardia, l'ancien chancelier d'Alexandre et aussi le seul qui ne soit pas macédonien (Paphlagonie et Cappadoce, enclave restant en réalité à conquérir). Pour sa part, Séleucos apparaît comme commandant de la cavalerie (hipparque) et n'a pas encore reçu de domaine.

Ces hommes doivent faire face en priorité aux troubles que n'a pas manqué de susciter la mort d'Alexandre, en Bactriane où éclate une nouvelle révolte de colons militaires, sévèrement matée, et surtout en Grèce d'Europe, toujours prête à se soulever contre le joug macédonien. À la tête de ce dernier mouvement se trouvent les Athéniens, conduits par Hypéride, le général Léosthénès et Démosthène, pourtant plutôt hésitant au début. Autour de la cité, désertée par les promacédoniens, dont Aristote, se constitue une vaste coalition regroupant Étoliens, Phocidiens, Locriens, puis aussi les Acarnaniens, quelques Péloponnésiens et d'autres encore. Léosthénès contraint Antipatros à s'enfermer dans la ville de Lamia, d'où le nom de « guerre lamiaque » donné à ce conflit. Mais après la mort de Léosthénès durant le siège, les Macédoniens reprennent l'initiative, remportant la victoire navale d'Amorgos et, sur terre, celle de Crannon en Thessalie, avec des troupes de renfort amenées par Cratère (322). Athènes a perdu le dernier instrument de sa grandeur passée, sa flotte qui lui avait valu la mansuétude de Philippe en 338. Aussi est-elle cette fois beaucoup plus durement traitée. Hypéride est exécuté, Démosthène se suicide dans le sanctuaire de Poséidon à Calaurie (près de Trézène), où il s'était réfugié. Une garnison macédonienne est cantonnée à Mounychie. Même si les institutions subissent assez peu de modifications, le corps civique est considérablement réduit par une réforme censitaire, ce qui dénature profondément la démocratie à laquelle les Athéniens tenaient plus que tout (selon les sources, 22 000 ou plutôt 12 000 citoyens auraient été déchus parce que possédant moins de 2 000 dr., 9 000 conservant leurs pleins droits). Cette nouvelle « oligarchie de la défaite » (Éd. Will) est présidée par Phocion, alors octogénaire, et par Démade. En outre, la cité perd Samos et Orôpos (qui connaîtra encore bien d'autres vicissitudes par la suite), et elle doit verser une lourde indemnité de guerre. Bien plus qu'Aigos Potamoi (*supra*, chap. 13), Amorgos marque la fin d'une époque : il y aura certes un ultime sursaut dans les années 260 (ci-après), mais c'en est bel et bien fini de la grandeur athénienne.

Cette étape franchie, les Diadoques, que lient pourtant diverses alliances matrimoniales, peuvent donner libre cours à leurs rivalités. Perdiccas, qui a usurpé le titre de *prostatès*, s'en prend à Ptolémée qui lui aurait subtilisé peu auparavant la dépouille d'Alexandre. Mais après une attaque infructueuse contre l'Égypte, il est assassiné à la suite d'une conjuration dans son état-major. Le Lagide, qui se singularise par sa prudence et son indépendance d'esprit, refuse de reprendre les titres de Perdiccas comme le lui avaient proposé les conjurés. Pendant ce temps, Cratère périt, vaincu par Eumène, l'allié de Perdiccas. Un nouveau partage a donc lieu à Triparadisos, en Syrie. Antipatros assume désormais la tutelle des rois, Séleucos se voit décerner la satrapie de Babylonie et Antigone, « stratège de l'Asie », est chargé de la lutte contre Eumène, condamné par ses concurrents pour la mort de Cratère (321 ou 320). La disparition d'Antipatros en 319 modifie la donne. Contre son propre fils, Cassandre, Antipatros a en effet confié la garde des rois à un autre vieil officier de Philippe, Polyperchon. La lutte qui s'ensuit, envenimée de rivalités féminines, ne tardera pas à précipiter la perte de ce qui reste de la famille argéade : en 317, Olympias élimine Philippe III et son épouse Eurydice, avant d'être elle-même assassinée l'année suivante par Cassandre. Ce dernier, qui a obtenu le soutien des autres Diadoques, conserve la garde du petit Alexandre IV et compte asseoir sa légitimité en épousant Thessalonikè, demi-sœur d'Alexandre et éponyme de la cité alors fondée en son honneur, Thessalonique. Par ailleurs, après avoir fait exécuter Démade (319), il prend le contrôle d'Athènes, où un bref intermède démocratique favorisé par Polyperchon vient de coûter la vie à Phocion (318) : en 317, Cassandre confie la cité au philosophe péripatéticien Démétrios de Phalère, dont le gouvernement modéré (abaissement du cens à 1 000 dr.) est surtout connu pour ses lois somptuaires (*infra*, chap. 23). Peu après, Cassandre invite les Thébains à reconstruire leur ville, entreprise à laquelle contribuent leurs anciens alliés athéniens (315).

De son côté, Polyperchon paraît avoir eu moins de succès, malgré un original édit (*diagramma*) d'amnistie pour les fautes commises par les Grecs à l'occasion de la guerre lamiaque, ce qui revenait à liquider les oligarchies imposées alors par Antipatros et à favoriser le retour des exilés.

Confiné dans le Péloponnèse, où son *diagramma* provoqua violences et règlements de comptes, il disparaît de nos sources vers 302, après une longue hostilité avec Cassandre, dont les détails restent mal connus. En Asie, Antigone, déjà vainqueur d'Eumène qu'il a fait exécuter (316/5), s'empare de la Babylonie d'où il expulse Séleucos ; contre Cassandre, il déclare être en charge du royaume et proclame la liberté des cités (« manifeste de Tyr »), encourageant par ailleurs la formation d'une ligue des Insulaires, le *koinon* des Nésiotes (le centre religieux en est Délos, qui en 314 échappe à la tutelle athénienne et devient indépendante). Lui et son fils Démétrios essuient néanmoins quelques revers militaires, notamment à Gaza contre Ptolémée, et une paix générale est conclue en 311, à laquelle seul Séleucos, qui a entre-temps récupéré Babylone et, de là, est parti conquérir les satrapies supérieures, ne participe pas (cette année 312/1 sera retenue comme marquant le début de l'ère royale séleucide, bien que Séleucos n'ait pris le titre royal qu'avec les autres Diadoques, quelques années plus tard : ci-après). L'année suivante, Cassandre élimine Alexandre IV et sa mère Roxane, ce qui met un terme à la fiction de la tutelle : la lignée argéade disparue, les Diadoques ont les coudées franches pour tenter de réaliser leurs aspirations unitaires.

Antigone, apparemment le plus audacieux et le plus entreprenant, poursuit le double but de prendre pied en Europe contre Cassandre et de contrôler la mer contre Ptolémée. En 307, Démétrios est accueilli en libérateur à Athènes : c'est la fin du régime présidé par Démétrios de Phalère, qui se réfugie chez Cassandre. Les Athéniens décernent à l'Antigonide des honneurs inouïs, parmi lesquels la création de deux tribus, l'*Antigonis* et la *Démétrias*, dans le cadre de la démocratie restaurée (il y a donc désormais 600 bouleutes et douze prytanies par an : cf. *supra*, chap. 9). L'année suivante, par la victoire de Salamine de Chypre, Démétrios arrache l'île à Ptolémée qui en avait pris le contrôle dans la seconde moitié des années 310, date à laquelle il y avait placé son propre frère Ménélaos comme gouverneur. Antigone et son fils prennent alors le titre de *basileus* (roi), bientôt imités par Ptolémée et les autres Diadoques, qui ne

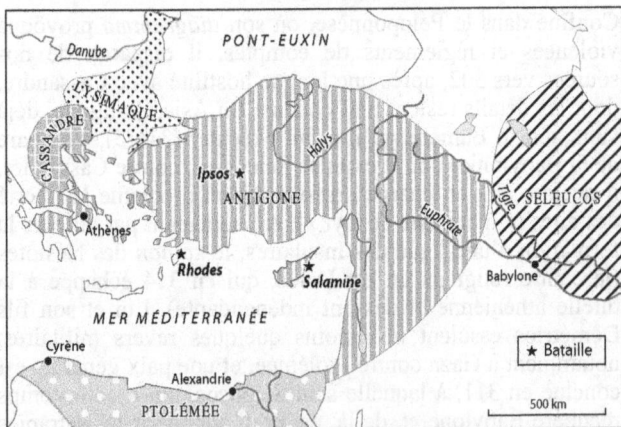

Carte 15. Les royaumes hellénistiques avant Ipsos.

veulent pas être en reste (306-305/4 ; Agathocle fait de même à Syracuse après une guerre aux résultats pourtant mitigés contre Carthage : *supra*, chap. 14). Après une nouvelle expédition malheureuse contre l'Égypte (fin 306), Démétrios, qui passera à la postérité avec le surnom de Poliorcète (l'Assiégeur), met le siège durant un an devant Rhodes, en vain. La cité est secourue notamment par Ptolémée, qu'elle remercie en lui vouant un culte (305/4) ; en outre, pour commémorer cette victoire retentissante, on y édifie le fameux Colosse, qui est une statue d'Hélios (le soleil, divinité poliade), mise au nombre des sept merveilles du monde.

Ces échecs n'interrompent cependant pas l'inlassable activité de Démétrios qui, en Grèce, reconstitue en 302 une ligue inspirée du modèle de la ligue de Corinthe jadis mise sur pied par Philippe II (*supra*, chap. 16) : Cassandre est le premier visé par cette nouvelle alliance[1]. Une vaste coalition regroupant celui-ci, Lysimaque et Séleucos, revenu d'Orient avec des éléphants que lui a remis le souverain de la dynastie

1. J.-M. Bertrand, *Inscriptions historiques grecques*, 1992, n° 83.

indienne des Mauryas, Tchandragoupta (en grec, Sandracottos), s'organise alors contre Antigone et Démétrios. Le Borgne périt à la bataille d'Ipsos (Phrygie) en 301, son fils conservant sa flotte et quelques places littorales en Asie et en Europe, mais pas Athènes, désormais gouvernée par le tyran Lacharès pour le compte de Cassandre (Démétrios avait fini par s'y rendre insupportable, notamment en installant son harem au Parthénon et en faisant modifier sur un caprice le calendrier des initiations à Éleusis). Lysimaque est le grand gagnant de l'opération puisqu'il s'adjoint l'Asie Mineure jusqu'au Taurus, moins quelques enclaves, notamment celles que détient Ptolémée sur la côte sud. Séleucos s'empare de la Syrie et y fonde en 300 une nouvelle capitale, Antioche, mais doit renoncer à la Phénicie et à la partie sud du pays (Cœlè-Syrie ou « Syrie creuse »), occupées par le Lagide : c'est l'origine des guerres de Syrie qui scanderont durant plus d'un siècle l'histoire hellénistique en général et les rapports entre Lagides et Séleucides en particulier.

Après s'être rapproché de Séleucos, à qui il donne sa fille Stratonice avant que celle-ci n'épouse finalement son beau-fils Antiochos Ier, Démétrios parvient à se rétablir en Grèce à la faveur de la mort de Cassandre (297). Après un siège qui met la cité à dure épreuve, il contraint Athènes, d'où Lacharès s'enfuit, à capituler (295). Il envahit ensuite la Macédoine et son armée l'y proclame roi : l'un des buts paternels, recouvrer la mère patrie, est alors atteint (294). L'année suivante, il fonde une nouvelle capitale, l'importante place de Démétrias, sur le golfe Pagasétique. Mais le Poliorcète doit bien vite affronter les Étoliens, qui s'étaient tirés sans dommages de la défaite dans la guerre lamiaque, et surtout le turbulent roi d'Épire, Pyrrhos (292-289). C'est durant ces années qu'Agathocle de Syracuse noue alliance avec ce dernier avant de se retourner vers Démétrios, mariant successivement sa fille Lanassa à l'un puis à l'autre (*ca* 295-291), avec pour dot l'île de Corcyre dont il s'était emparé vers 299 (et dont il semble garder le contrôle effectif). Harcelé par Pyrrhos et par Ptolémée qui a repris Chypre (295/4), placé les Nésiotes sous son protectorat (vers le début des années 280) et contribué à la libération d'Athènes

(287), Démétrios tente une dernière aventure en Asie, où Séleucos le capture (286/5). On lui offre une captivité dorée en Syrie où il meurt, en 283, laissant le souvenir d'une personnalité particulièrement haute en couleur. La situation est alors confuse en Europe : la Macédoine est partagée entre Pyrrhos et Lysimaque, mais ce dernier ne tarde pas à rester seul maître du terrain (285), tandis que le fils de Démétrios, Antigone Gonatas (le Cagneux), tient encore quelques places stratégiques, les « entraves », au nombre desquelles l'Acrocorinthe (acropole de Corinthe), le Pirée, Chalcis et Démétrias. Il ne reste plus désormais que trois Diadoques, régnant sur autant de grands royaumes : Ptolémée, qui disparaît en 283/2 et laisse la place au fils né d'un second mariage, Ptolémée II, associé au trône depuis 285 ; Séleucos, secondé par son fils Antiochos Ier, corégent chargé des provinces orientales depuis 294 ou 293 ; Lysimaque enfin, jusque-là assez discret, sans doute parce qu'il s'est surtout préoccupé de consolider son domaine thrace contre la menace que constituent les barbares du Nord (Gaulois notamment), mais qui, au moins théoriquement, semble avoir les plus grands atouts entre les mains puisque son domaine déborde largement sur l'Europe (Thrace, Macédoine et Thessalie) et englobe l'essentiel de l'Asie Mineure.

Les événements ne lui laissent guère le temps de profiter de cette position avantageuse. De sinistres drames familiaux empoisonnent en effet la fin de son règne : remarié avec Arsinoé, sœur de Ptolémée II, il fait exécuter Agathoclès, fils du premier lit, pour lui complaire. Ce crime contribue sûrement à dégrader les relations au sein de son entourage : Philétairos, chargé de garder l'abondant trésor entreposé à Pergame (9 000 talents), se rapproche alors de Séleucos (283 ou 282), auprès duquel s'est en outre réfugiée Lysandra, la veuve d'Agathoclès. À la cour de Séleucos, celle-ci retrouve son frère Ptolémée Kéraunos (la Foudre), comme elle né de la première épouse de Ptolémée Ier (Eurydice), mais écarté au profit du fils de la seconde (Bérénice), Ptolémée II, frère d'Arsinoé (cf. ci-dessus). Ce nœud de vipères détermine Séleucos à la guerre et Lysimaque est vaincu et tué à Couroupédion, non loin de Sardes (281). Séleucos, qui s'affirme cette fois encore comme un général de premier plan, récupère *ipso facto* le domaine de son adversaire et s'apprête à fondre sur la Macédoine, mais à peine a-t-il traversé les Détroits qu'il est assassiné par celui dont il était pourtant le bienfaiteur, Kéraunos, *outsider* inattendu dans la course au pouvoir suprême, et dès lors sur le point de réunir Asie et Europe. Kéraunos parvient même à se débarrasser de Pyrrhos, que les Tarentins ont appelé à l'aide, inquiets des progrès de Rome en Italie méridionale : impatient, comme Gonatas et Antiochos, d'éloigner l'Éacide, il lui fournit des subsides propres à faciliter cette expédition occidentale. Pyrrhos y remportera des succès mitigés, devenant même un temps *hègémôn* (chef, plutôt que roi ?) des Siciliotes (280-275). Kéraunos a désormais les mains libres, mais la disparition de Lysimaque entraîne une dislocation rapide des frontières nord de son royaume, qui cède sous la pression des invasions gauloises (bandes de Belgios et de Brennos notamment). Kéraunos est emporté dans la tourmente (280/79), la Grèce est submergée jusqu'au niveau de Delphes, dont le sanctuaire est sauvé par une tempête de neige providentielle et par une armée à dominante étolienne (hiver 279/8). Il faut deux ans à Antigone Gonatas pour rétablir la situation, grâce à sa victoire dans les environs de Lysimacheia, en Thrace (277). Les Galates (appellation grecque, réservée par les Modernes aux Gaulois d'Asie Mineure) refluent, une bonne partie allant s'établir en Grande Phrygie, dans la future Galatie. Ils continueront longtemps à semer le trouble en Asie Mineure, malgré l'action d'Antiochos Ier dès les années 278-275, puis sans doute vers 269 (« bataille des éléphants », imprécisément datée). Archétype de la barbarie pour l'imaginaire grec et pour la propagande étolienne ou royale (roi Sauveur, spécialement à Pergame : ci-après), ces peuplades en réalité assez bien organisées et fournissant des mercenaires redoutés seront un acteur important des siècles suivants. Gonatas, désormais reconnu comme roi en Macédoine même (277/6), met à profit son succès pour étendre son influence en Grèce.

Le kaléidoscope hellénistique se stabilise alors pour quelques décennies : de ce point de vue, la principale nouveauté dans la seconde moitié du IIIᵉ s. sera l'émergence du royaume de Pergame, Philétairos ayant profité des difficultés rencontrées par Antiochos Iᵉʳ pour s'émanciper de la tutelle séleucide à partir du début des années 270 (dynastie attalide). Les lignes de force se répartissent alors comme suit : le plus proche voisin est assez naturellement un ennemi, d'où l'antagonisme entre Lagides et Séleucides autour de la Cœlè-Syrie, Lagides et Antigonides pour la maîtrise de la mer, puis entre Séleucides et Attalides en Asie Mineure, Antigonides et Attalides autour des Détroits. Inversement, il s'instaure une alliance de fait entre Antigonides et Séleucides et entre Attalides et Lagides, qui ont mêmes ennemis : respectivement, les Attalides et les Séleucides, ainsi pris en tenaille. Localement, ce jeu diplomatico-militaire peut être arbitré ou perturbé en Asie par les Rhodiens, le plus souvent alliés des Lagides et des Attalides, et en Europe par les ligues étolienne et achaïenne, qui iront en se fortifiant tout au long du siècle. Sur le continent asiatique, il reste un peu de place pour que des royaumes secondaires apparaissent ou prennent de l'importance (Bithynie dès 297, Pont à partir de 281 environ, Cappadoce vers 260-255, Bactriane autour du milieu du siècle ou peu après, Arménie surtout aux IIᵉ et Iᵉʳ s.). Enfin, outre les remuants Galates déjà évoqués, il faudra compter avec de nouvelles incursions barbares (Parnes/ Parthes en Iran, Dardaniens en Europe, etc.).

Les affaires d'Asie jusqu'en 215 environ

On l'a dit plus haut, l'histoire des rapports entre Lagides et Séleucides est rythmée par les guerres dites de Syrie. La première, fort mal connue, éclate en 274 à la suite d'une entente entre Antiochos Iᵉʳ et Magas, demi-frère de Ptolémée II qui s'était fait roi de Cyrène. Cette entente visait à prendre en tenaille Ptolémée, appelé Philadelphe (littéralement, « qui aime sa sœur ») en raison de son remariage avec sa sœur Arsinoé, à l'imitation des mœurs pharaoniques. Le projet échoua néanmoins et les opérations menées en Cœlè-Syrie (Ptolémée dut défendre l'Égypte à partir de la région de

Pithom), plutôt qu'en Basse-Mésopotamie comme on l'a cru parfois (improbable expédition de Ptolémée depuis le golfe Persique), n'apportèrent guère de résultats concrets, se concluant par une paix de *statu quo* qui fut peut-être l'occasion d'une procession à grand spectacle organisée à Alexandrie et dont Athénée nous a conservé la description (271/0 ?). Antiochos meurt dix ans après, non sans avoir essuyé une lourde défaite près de Sardes, contre Eumène de Pergame, neveu et successeur de Philétairos : même si les conséquences immédiates de cette bataille sont discutées, le domaine pergaménien constituera désormais une enclave toujours prompte à s'agrandir aux dépens du royaume séleucide.

La deuxième guerre de Syrie (*ca* 260-253) n'est guère mieux documentée. Elle a principalement pour cadre l'Asie Mineure, où les Lagides ont de solides positions côtières, de l'Ionie à la Cilicie, et implique un personnage des plus énigmatiques, corégent depuis plusieurs années et chargé de ces régions, Ptolémée dit « le Fils », fils de Philadelphe (adoptif ou né de son premier mariage ?) et souvent confondu avec un « Ptolémée d'Éphèse ». Allié au tyran de Milet, Timarque, ce Ptolémée entre en rébellion, donnant à Antiochos II l'occasion de prendre le contrôle de quelques villes, dont Milet et Éphèse, avec l'aide des Rhodiens, ce qui suppose une brouille exceptionnelle entre ces derniers et Alexandrie. Tandis que l'influence de Rhodes en Égée s'étend, la guerre se solde plutôt positivement pour Antiochos. Le traité de paix donne lieu au remariage du Séleucide avec la fille de Philadelphe, Bérénice, sans que la position de sa première épouse, Laodice, apparaisse clairement (il semble qu'il faille écarter l'idée d'une répudiation). C'est approximativement à cette époque que se produit en Iran une autre série d'événements dont la chronologie est controversée (entre la seconde moitié des années 250 et *ca* 238 selon les reconstitutions) : sécession de la Bactriane, où Diodote s'arroge le titre royal, émancipation d'Andragoras, satrape de Parthyène-Hyrcanie, ensuite éliminé par Arsace Ier, chef des nomades Parnes qui prennent le nom de Parthes après s'être établis dans la région (l'ère royale arsacide commence en 247). Quels que soient les liens entre ces différentes péripéties et leur relation avec le front occidental (deuxième et troisième guerres de Syrie ?), cette réaction en chaîne met en lumière la très grande difficulté, pour les Séleucides, de maintenir leur domination sur d'aussi vastes étendues. Les deux anciens adversaires, Antiochos II et Ptolémée II, disparaissent en 246, le second après avoir recouvré Cyrène (mariage de Bérénice, fille de Magas, avec le futur Ptolémée III : cf. *supra*, chap. 14 ; *infra*, chap. 22) et au terme d'un règne de près de quarante ans, dont on considère qu'il marque l'apogée de l'Égypte lagide.

La troisième guerre de Syrie (246-241) procède de l'alliance matrimoniale qui avait scellé la fin du précédent conflit. Pour sa succession, Antiochos n'a pas désigné le jeune enfant qu'il a eu de sa seconde épouse, la Lagide Bérénice, mais Séleucos, le fils aîné que lui avait donné Laodice une vingtaine d'années plus tôt, d'où le nom de « guerre laodicéenne » donné à ces événements. Répondant à l'appel de sa sœur, Ptolémée III la trouva assassinée avec son fils, à Antioche. De là, il aurait poussé jusqu'à Babylone sans guère rencontrer de résistance, et même rapporté de cette expédition spectaculaire, quoique la propagande royale en ait exagéré les résultats [1], des statues de dieux égyptiens enlevées au VIe s. par le Perse Cambyse (quelques doutes pèsent sur l'authenticité de cet exploit, de très grande valeur aux yeux des Égyptiens ; en tout cas, ce n'est probablement pas là l'origine de l'épiclèse de Ptolémée, Évergète, c'est-à-dire « Bienfaiteur », qui est typiquement grecque : *infra* : chap. 23). Après le retrait du Lagide, rappelé par des troubles survenus en Égypte, Séleucos II récupère l'essentiel de son domaine, à l'exception notable de Séleucie de Piérie, le port d'Antioche. Il a également perdu Éphèse, Milet ainsi que diverses autres places, et doit en outre laisser l'Asie Mineure à la corégence de son frère cadet, Antiochos Hiérax (l'Épervier). Bientôt éclate la « guerre fratricide », lourde de

---

1. Cf. l'inscription triomphale d'Adoulis (mer Rouge) : J.-M. Bertrand, *Inscriptions historiques grecques*, 1992, n° 102.

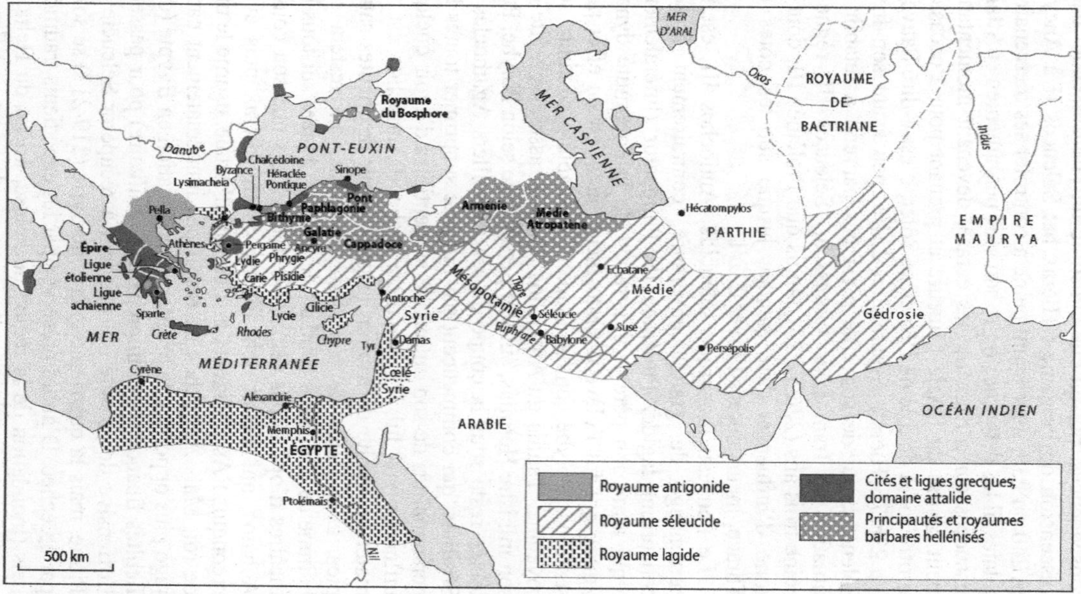

Carte 16. Le monde hellénistique vers 240.

Légende:
- Royaume antigonide
- Royaume séleucide
- Royaume lagide
- Cités et ligues grecques; domaine attalide
- Principautés et royaumes barbares hellénisés

MER CASPIENNE
OCÉAN INDIEN
MÉDITERRANÉE
MER ÉGÉE
PONT-EUXIN

EMPIRE MAURYA
ROYAUME DE BACTRIANE
PARTHIE
Gédrosie
Médie
Médie Atropatène
Arménie
Royaume du Bosphore
Cappadoce
Paphlagonie
Galatie
Bithynie
Pont
Prusias
Mysie
Lydie
Phrygie
Pisidie
Carie
Lycie
Cilicie
Syrie
Coelé-Syrie
Mésopotamie
ARABIE
ÉGYPTE

Indus
Oxos
Tigre
Euphrate
Nil
Danube

Hécatompylos
Ecbatane
Suse
Séleucie
Babylone
Antioche
Damas
Tyr
Persépolis
Chypre
Rhodes
Crète
Alexandrie
Memphis
Péluse
Cyrène
Sparte
Athènes
Épire
Pella
Byzance
Chalcédoine
Héraclée Pontique
Sinope
Lysimacheia

Ligue étolienne
Ligue achéenne

500 km

conséquences, puisqu'elle constitue un jalon essentiel dans l'ascension de Pergame : Hiérax bat Séleucos II à Ancyre en 240 ou 239, mais ayant peine à contrôler ses mercenaires galates, il les détourne contre son allié pergaménien et Attale, le successeur d'Eumène, les écrase, devenant momentanément maître de l'Asie Mineure et prenant pour l'occasion le titre royal doublé de l'épiclèse Sôtèr, c'est-à-dire Sauveur (*ca* 238/7). Hiérax disparaît en 227/6, peu avant son frère Séleucos, qui de son côté n'est pas parvenu à rétablir la situation en Iran. Leur successeur, Séleucos III, règne à peine trois ans (226/5-223), tandis que Ptolémée III, dont la zone d'influence s'est étendue jusque sur les côtes de Thrace, meurt durant l'hiver 222/1.

Le nouveau monarque séleucide, Antiochos III, est un personnage de grande envergure, contrairement à son concurrent lagide. Ptolémée IV Philopator (littéralement, « qui aime son père », illustration de la continuité dynastique), qui fut l'élève d'Ératosthène, nous est en effet présenté par Polybe comme indolent et inapte à conduire son royaume. Tandis qu'Antiochos se débarrasse assez vite de son ministre Hermias, sinistre personnage selon Polybe, Ptolémée reste sous la coupe de ses conseillers Agathoclès et Sôsibios, qui commencent par lui faire supprimer toutes les personnalités de son entourage susceptibles d'avoir quelque influence sur lui. La première tâche d'Antiochos est de mater la révolte de Molon, le gouverneur des hautes satrapies, avec l'aide de son stratège Zeuxis, qui restera son homme de confiance pendant de longues années sur tous les théâtres d'opérations (222-220). C'est alors que son cousin Achaios, qui s'était déjà illustré contre Hiérax puis avait reconquis l'Asie Mineure aux dépens d'Attale, usurpe le titre de roi. Mais Antiochos ne réagit pas immédiatement car il juge plus opportun de profiter de la situation en Égypte (difficultés financières et impréparation militaire) pour passer à l'offensive de ce côté : il parvient à récupérer Séleucie de Piérie, mais la quatrième guerre de Syrie (219-217) se solde par un échec. D'abord préservée par les expédients traditionnels (inondation de la région de Péluse, à l'est du Delta, et comblement des citernes d'eau potable de la zone), l'Égypte est sauvée par la politique énergique du ministre de Ptolémée, Sôsibios, qui réunit une armée renforcée de 20 000 Égyptiens équipés en phalangites. À Raphia, dans le sud de la Palestine, les troupes de Ptolémée l'emportent sur celles d'Antiochos (217). En vérité, cette bataille aux résultats contrastés s'avère bien paradoxale : Antiochos y a gagné son duel personnel contre Ptolémée (l'aile droite qu'il commandait a enfoncé l'aile gauche où avait pris place son adversaire), mais sans avoir pu l'éliminer ni s'emparer de lui et, sur le reste du front, ses hommes eurent le dessous, ce succès lagide ayant lui-même de fâcheuses conséquences. En effet, le royaume était sauf, la Cœlè-Syrie conservée, mais la participation décisive des natifs à la victoire modifia le rapport de forces entre le pouvoir macédonien et ses sujets égyptiens : sécessions et troubles se multiplièrent peu après dans la *chôra* (territoire), le clergé indigène profitant de la situation pour renforcer sa position. D'une certaine façon, cette période scelle donc le déclin de la monarchie lagide. Tel n'est pas encore le cas du camp séleucide, qui se relève spectaculairement de la défaite pour vivre un second âge d'or. Afin de redorer son blason, Antiochos entreprend dès 216 de réduire le « vice-roi » d'Asie Mineure, Achaios : assiégé dans la citadelle de Sardes, ce dernier y est capturé et mis à mort vers la fin de l'année 214. Dans le quart de siècle suivant, Antiochos s'appliquera à reconstituer le domaine jadis possédé ou revendiqué par le fondateur de la dynastie, Séleucos Ier, d'où une activité tous azimuts, vers l'Orient, la Cœlè-Syrie et l'Occident (Asie Mineure puis Europe), qui le conduira finalement à la guerre contre Rome.

Les affaires d'Europe jusqu'en 215 environ

En Grèce, Gonatas emploie les premières années de son règne à nettoyer le pays des bandes résiduelles de Galates et à imposer son autorité. Le choix de Pella comme capitale marque sa volonté de s'inscrire dans la tradition. De retour d'Italie en 275 (en 272, Tarente, livrée à elle-même, se soumet à Rome qui étend sa domination sur toute l'Italie

méridionale), Pyrrhos reprend ses projets macédoniens et
inflige une sévère défaite à Gonatas en 274. Celui-ci doit
évacuer la majeure partie de la Macédoine avant de prendre
sa revanche deux ans plus tard, à Argos, où Pyrrhos périt
dans un combat de rues. Débarrassé de son plus sérieux
rival, Antigone doit pourtant continuer à faire face, tout au
long de son règne, à diverses difficultés.

La première vient d'Athènes. Libérée en 287, même s'il
reste des garnisons macédoniennes au Pirée et dans certaines
places de l'Attique (Sounion), celle-ci a recouvré sa démocratie, dont l'une des premières décisions a consisté à voter
des honneurs posthumes à Démosthène, parmi lesquels une
célèbre statue-portrait due au sculpteur Polyeuctos. Cette
tendance antimacédonienne nostalgique de la grandeur passée de la cité se retrouve plus tard, incarnée notamment par
Glaucon et son frère Chrémonidès, éponyme de la guerre du
même nom (268/7-263/2). On a conservé le décret par lequel
ce dernier propose une alliance avec le roi de Sparte Areus,
qui de son côté ambitionne d'être une sorte de *basileus* hellénistique aux dimensions péloponnésiennes (cf. les monnaies à son nom)[1]. L'entente y est placée sous les auspices
des plus grands précédents de l'histoire athéno-spartiate,
Gonatas tenant en quelque sorte le rôle joué jadis par Xerxès
(*supra*, chap. 10). Le décret évoque aussi la politique de
Philadelphe, derrière laquelle on a cru deviner l'influence de
sa sœur-épouse Arsinoé, morte depuis peu (270 ou 268) mais
pourtant citée dans le texte : il s'agissait pour le Lagide de
contrecarrer les projets d'expansion maritime d'Antigone,
qui était de surcroît en bons termes avec Antiochos depuis
les guerres galates (ci-dessus). Cette dernière convulsion de
l'histoire militaire athénienne tourne à la catastrophe : aux
mains de Gonatas, l'Acrocorinthe remplit parfaitement sa
fonction d'entrave et empêche les coalisés d'opérer leur
jonction (Areus est tué en 265). Athènes est assiégée et une
expédition lagide échoue à la dégager, la suprématie navale
des Ptolémées étant peut-être mise à mal lors de la fantoma-

---

1. J.-M. Bertrand, *Inscriptions historiques grecques*, 1992,
n° 95.

tique bataille navale de Cos, dont la date et le contexte restent néanmoins peu sûrs (certains spécialistes la placent vers 255). À l'instar de Démétrios de Phalère, qui avait été accueilli par Ptolémée Ier à la mort de Cassandre trente-cinq ans auparavant, Chrémonidès trouve asile à Alexandrie, où il servira Philadelphe comme navarque (amiral), notamment à la bataille d'Éphèse, lors de la deuxième guerre de Syrie (ci-dessus). Gonatas, qui est également parvenu à tenir en respect Alexandre II d'Épire, impose aux Athéniens une occupation militaire, leur laissant une autonomie limitée. Il leur restituera la liberté en 255, mais c'est seulement en 229 que le peuple, conduit par Eurycleidès et son frère Mikion, parviendra à négocier le départ des dernières garnisons antigonides contre 150 talents (peu après, un rapprochement avec Ptolémée III aboutit à la création d'une treizième tribu *Ptolémaïs*).

Ce sont les Étoliens, neutres dans le conflit, qui profitent au mieux de ces événements. Ils ont su tirer le meilleur parti de leur statut de sauveurs de Delphes en 279/8, prenant à l'Amphictionie la place que les Macédoniens avaient délaissée depuis Démétrios Poliorcète. Non contents de cette reconnaissance internationale, déjà remarquable pour ceux que Thucydide considérait comme des semi-barbares, ils associent peu à peu à leur Confédération (*koinon*) tous les peuples de Grèce centrale et annexent au fur et à mesure les suffrages amphictioniques correspondants. Ils contrôlent la région des Thermopyles à partir de la fin des années 260 et, désormais forts d'un double débouché maritime, sur le golfe de Corinthe et sur le canal eubéen, ils peuvent donner libre cours à leurs activités de piraterie, couvertes dans une certaine mesure par le conseil amphictionique où ils détiennent la majorité. Cette sorte de terrorisme avant la lettre leur permet de déployer une politique extérieure active, sinon agressive envers leurs cibles potentielles, surtout des cités égéennes parfois contraintes d'entrer dans leur alliance (voir aussi les conventions d'asylie : *infra*, chap. 22). Il y a là désormais un sérieux contrepoids à la puissance antigonide en Grèce.

Peu après le milieu du siècle (ca 246/5 ?), celle-ci s'illustre peut-être par une nouvelle victoire contre la flotte ptolémaïque, au large d'Andros : l'événement est au moins aussi énigmatique que la bataille de Cos évoquée ci-dessus, mais cette période correspond apparemment à un certain regain d'influence antigonide dans les Cyclades, aux dépens des Lagides, et à l'éclipse du *koinon* des Nésiotes jusqu'à sa reformation par Rhodes vers le début du IIᵉ s. (il s'avère en fait bien difficile de préciser la nature et les contours tant géographiques que chronologiques de l'influence exercée par les uns et les autres en Égée à cette époque). Cependant, le dispositif méridional de Gonatas se trouve ébranlé entre 251/0 et 245/4 environ par la révolte d'Alexandre, gouverneur à Corinthe et en Eubée. Mais dans le Péloponnèse, la force montante est celle d'Aratos de Sicyône qui, apparemment d'abord soutenu par Gonatas, a débarrassé sa cité du tyran qui la gouvernait (251). En 245, Aratos prend les rênes de la ligue achaienne, qui s'était reconstituée vers 280 : il en sera régulièrement élu stratège, lui donnant une extension nouvelle. En 243, il s'empare de l'Acrocorinthe, suscitant même contre lui une alliance de Gonatas avec les Étoliens. Deux ans plus tard, ceux-ci envahissent le Péloponnèse, où diverses alliances leur confèrent une certaine influence, mais ils sont défaits par Aratos : la paix est alors conclue, faisant de cette année 241 un point d'équilibre précaire dans l'histoire du temps, au moment où s'achève la guerre laodicéenne et, en Méditerranée occidentale, la première guerre punique. Âgé de quatre-vingts ans, Gonatas, le « roi-philosophe » (il fut notamment le disciple de Zénon de Kition), s'éteint après un règne remarquablement rempli, qui lui a permis de redresser la Macédoine (240/39).

Il subsiste bien des zones d'ombre dans l'activité de son fils Démétrios II, depuis longtemps associé au gouvernement du royaume. Démétrios doit faire face à une coalition pourtant contre nature des Étoliens et des Achaiens (« guerre démétriaque »), et surtout à la poussée des Dardaniens au nord, qui causent sa perte (229). Son fils Philippe, trop jeune pour régner, est confié à la régence d'Antigone, fils de Démétrios « le Beau » (lui-même demi-frère de Gonatas :

cf. *infra*, chap. 22), et dont le surnom Dôsôn (participe futur du verbe *didonai* = donner) reste mal expliqué (selon certains, cela aurait signifié qu'il devait remettre le pouvoir à son détenteur légitime, une fois celui-ci en âge de l'assumer, mais Plutarque, *Paul-Émile* VIII, 3, donne une interprétation beaucoup moins flatteuse). Rapidement revêtu du titre royal mais ne perdant pas de vue la mission de tuteur qui lui a été confiée, Dôsôn repousse les Dardaniens, reprend la Thessalie, brièvement occupée par les Étoliens, et lance une expédition en Carie où il gagne quelques places. Surtout, il répond à l'appel d'Aratos et des Achaiens, menacés par la politique révolutionnaire de Cléomène III de Sparte, soutenu par Ptolémée III (227-225). Reprenant à son compte et adaptant les idées d'Agis IV (244-241), Cléomène a éliminé les éphores et entrepris de reconstituer le corps civique (*anaplèrôsis*), porté à 4 000 - 4 500 citoyens, en redistribuant les terres, notamment aux Périèques. Comme Agis, Cléomène partage sa propre fortune et décide une remise des dettes. Le roi prône aussi un retour au régime de Lycurgue et aux valeurs traditionnelles de l'*agôgè* (*supra*, chap. 9), tout en équipant la phalange à la macédonienne, mêlant ainsi conservatisme et innovation (voir encore, après l'abolition de l'éphorat, la création des patronomes, sortes d'administrateurs et gardiens des traditions, dont l'un est éponyme).

La guerre cléoménique ébranle tout l'édifice achaien, en péril du côté de l'Élide et amputé notamment d'Argos, qui avait adhéré quelque temps auparavant, et de la région de l'Isthme. Contre la promesse de recouvrer l'Acrocorinthe, Dôsôn accède à la requête d'Aratos et chasse Cléomène du nord du Péloponnèse en 224. La même année, il met sur pied l'Alliance hellénique, lointaine héritière de la ligue de Corinthe, dont il est l'*hègémôn* et qui regroupe Achaiens, Béotiens, Phocidiens, Locriens de l'Est, Eubéens, Thessaliens, Acarnaniens et Épirotes (la dynastie éacide s'est éteinte peu avant 230, le *koinon* étant désormais de type « républicain ») : on devine que l'encerclement des Étoliens comptait aussi parmi les buts de la manœuvre. Mais pour l'heure, il est prioritaire d'abattre Cléomène. Dans l'urgence, pour renflouer son trésor et compléter les effectifs, celui-ci

a offert aux hilotes d'acheter leur liberté pour le prix de
5 mines et de s'enrôler : 6 000 auraient ainsi été recrutés.
Mais il est écrasé par les troupes de la coalition en 222, à
Sellasie, au nord de la Laconie. Pour la première fois de son
histoire, Sparte connaît une occupation étrangère. L'antique
constitution y est rétablie (notamment l'éphorat, mais pas la
royauté), tandis que Cléomène s'est réfugié à Alexandrie.
Au terme d'un règne énergique et pragmatique, le loyal
Dôsôn meurt de phtisie en 221, transmettant les affaires au
jeune Philippe V. Celui-ci est rapidement sollicité par les
Achaiens, attaqués par les Étoliens : l'un des buts de l'entrée
en guerre de l'Alliance hellénique est la libération de
Delphes, mais après quatre années d'un conflit stérile (sac
de Dion et de Dodone par les Étoliens ; sac de Thermos,
leur grand sanctuaire fédéral, par Philippe V), la « guerre
des Alliés » s'achève, sans résultat notable, avec la paix de
Naupacte, en 217, soit l'année même de la bataille de Raphia
(ci-dessus).

En 217 encore, les troupes romaines essuient le désastre
du lac Trasimène face au corps expéditionnaire d'Hannibal.
En 216, ce dernier est de nouveau vainqueur à Cannes et il
conclut l'année suivante un traité d'entente avec Philippe V.
Les Romains ne l'oublieront pas.

Chapitre 20

LES ÉTATS HELLÉNISTIQUES FACE À ROME
(*ca* 215-168 av. J.-C.)

Le fil conducteur de l'histoire hellénistique est désormais la conquête romaine. Ce sont les premières étapes de ce processus que Polybe s'est attaché à exposer, mais son récit peut dès lors être complété par celui de Tite-Live, qui s'en inspire largement, par Plutarque (*Vies* de Philopoimèn, Flamininus et Paul-Émile) et par Appien (*Guerres d'Illyrie, Guerres de Syrie*) principalement. Inscriptions et papyrus continuent d'apporter un flot sans cesse renouvelé d'informations. Il convient cependant de se défier d'une reconstitution trop linéaire de l'expansion romaine en Orient : l'impérialisme, le philhellénisme et son contraire (voir la réaction incarnée par Caton l'Ancien), les ambitions personnelles et les intérêts économiques, enfin ce que les Grecs appelaient la *Tychè* (Fortune) ont joué leur rôle et il est souvent malaisé de faire la part des choses. Quoi qu'il en soit, le sort du monde grec s'est joué durant cette soixantaine d'années qui va de la première guerre d'Illyrie à la troisième guerre de Macédoine et, conformément au principe polybien de la *symplokè* (entrelacement des faits), l'ascension de Rome réunifie peu à peu histoire grecque d'Europe et d'Asie.

Les origines de l'intervention romaine

Facilités par une nette convergence culturelle, les contacts sont anciens entre Rome et l'hellénisme, qui suscite quelque méfiance mais qui, surtout, exerce ce fort pouvoir de séduction qu'évoquera plus tard un vers célèbre du poète Horace, dans une Épître à Auguste : _La Grèce conquise a conquis son farouche vainqueur..._ (II 1, 156). Ces contacts se sont produits notamment par le truchement des cités de Grande-Grèce (ainsi Naples est-elle passée dans l'orbite romaine dès 327/6) et de Sicile, ou par celui de l'amitié massaliote, si précieuse lors des guerres puniques (_supra_, chap. 14). On se souvient aussi des campagnes de Pyrrhos en Italie dans les années 280-275, l'Éacide ayant finalement été repoussé après la bataille de Maleventum/Bénévent (chapitre précédent). Des sources tardives évoquent un échange d'ambassades entre Ptolémée II et Rome en 273, dans le cadre d'une politique occidentale et maritime dont d'aucuns ont pensé qu'elle avait été inspirée au roi par sa sœur-épouse Arsinoé : apparemment, la seule conséquence concrète de ces contacts amicaux fut l'adoption de deux systèmes monétaires parallèles. Quoi qu'il en soit, à l'époque de la deuxième guerre contre Carthage (218-201), les Romains connaissent déjà le chemin de la péninsule balkanique.

En effet, la première intervention militaire romaine y avait eu pour objectif le royaume illyrien de la reine Teuta, en 229-228. La cause en était l'essor de la piraterie illyrienne, dont les _lemboi_ (embarcations légères) écumaient l'Adriatique, portant préjudice aux commerçants italiens. Selon Polybe, ceux-ci auraient déterminé le Sénat à adresser une ambassade à Teuta, qui aurait fait exécuter l'un des émissaires ; selon Appien, saisis d'un appel d'Issa, importante place de commerce de l'archipel dalmate jadis colonisée par Denys l'Ancien (_supra_, chap. 14), les Romains auraient dépêché une mission d'information dans la région, et c'est lors de la traversée qu'un de leurs ambassadeurs aurait été tué par des pirates. Une expédition fut en tout cas envoyée sur place et, avec l'aide de Démétrios de Pharos, précédemment au service de Teuta, les Romains contraignirent celle-ci à demander la paix après avoir dégagé Corcyre, Apollonia et Épidamne de l'étreinte illyrienne. La reine s'engagea à ce que pas plus de deux bateaux illyriens ne passent ensemble au sud de Lissos. Quant aux cités libérées, elles étaient autonomes et exemptes de tribut mais devenaient clientes aux yeux de Rome, qui exerçait ainsi une sorte de protectorat discontinu sur les zones côtières entre Issa et Corcyre, notamment sur les territoires des *ethnè* (peuples) parthins, au nord d'Épidamne, et atintanes. L'archipel dalmate fut remis à Démétrios pour prix de son aide, les Romains comptant sur ce dynaste pour surveiller les Illyriens. De fait, toutes les troupes évacuèrent aussitôt la région et les Romains se bornèrent à confier les territoires qu'ils contrôlaient à ces nouveaux États clients, inaugurant là un procédé qui trouverait bien d'autres applications ailleurs. Peu après, plusieurs ambassades romaines visitèrent les Grecs, soulagés par le revers infligé aux pirates illyriens, pour leur communiquer les clauses du traité. Les Romains furent alors admis à participer aux concours isthmiques. Cette affaire somme toute accidentelle et aux conséquences limitées donne à penser qu'il n'y a alors de la part de Rome aucune visée d'expansion en Méditerranée orientale. En 219, une deuxième expédition romaine vint rétablir le *statu quo* après que Démétrios de Pharos eut violé les clauses du traité en menant des dizaines de *lemboi* piller les côtes de Messénie et pirater jusque dans les Cyclades, d'où il fut refoulé par les Rhodiens.

Les première et deuxième guerres de Macédoine

Le traité conclu en 215 entre Philippe V et Hannibal, alors en Italie, qui prévoit de réserver au roi de Macédoine les territoires placés sous protectorat romain en Illyrie, donne une impulsion nouvelle à l'intérêt de Rome pour les affaires grecques, désormais directement liées à ses préoccupations les plus pressantes. Cependant, la première guerre de Macédoine ne donne lieu qu'à des opérations limitées. Philippe, un temps conseillé par Démétrios de Pharos, qui disparaît en 214, et affranchi de l'influence d'Aratos, mort l'année suivante, vise principalement l'Illyrie. Quant aux Romains, ils ont de leur côté fort à faire avec les Carthaginois et mènent donc une sorte de guerre par délégation, s'alliant avec des adversaires traditionnels des Antigonides, les Étoliens, que soutient également Attale Ier de Pergame (en 212 ou 211, soit à peu près au moment où Syracuse est prise par Marcellus dans le cadre de la deuxième guerre punique). L'accord passé prévoit que les Romains, chargés des opérations navales, se réserveront le butin et laisseront les conquêtes territoriales aux Étoliens, qui de leur côté s'engagent à attaquer Philippe sur terre : ainsi l'action la plus notable des forces romaines est-elle la prise de l'île d'Égine, cédée aux Étoliens puis vendue par ces derniers à Attale. À part cette opération ponctuelle, Rome laisse ses alliés supporter à peu près tout le poids de la guerre. Or Philippe déploie une énergie remarquable et se montre supérieur, poussant même jusqu'à Thermos, qu'il met encore une fois au pillage. Épuisés et mal soutenus, les Étoliens doivent se résoudre à conclure une paix séparée avec lui, ce qui à Rome est perçu comme une violation de l'alliance (206). Ils cèdent une bonne partie de leurs annexions en Thessalie occidentale et sur la côte égéenne ; surtout, la rancœur que conservent les anciens alliés de ce malentendu est à l'origine d'une brouille dont les conséquences seront considérables pour l'ensemble de la Méditerranée orientale une quinzaine d'années plus tard. En 205, à Phoinikè, capitale du *koinon* épirote, une paix générale met un terme au conflit, entérinant la conquête de l'Atintanie par Philippe. Du point de vue romain, la suite des événements fait apparaître ce traité comme une simple pause tactique, mais sans que rien permette encore de conclure à un plan délibéré de conquête au-delà de l'Adriatique.

Les origines de la deuxième guerre de Macédoine sont à chercher beaucoup plus à l'est. C'est en effet dans cette direction que Philippe, dont la marge de manœuvre occidentale est limitée par la paix de Phoinikè, tourne ses regards. En vue d'une nouvelle politique d'expansion égéenne renouant avec les heures glorieuses des fondateurs de sa dynastie, mais manquant des moyens correspondants, notamment navals, il s'associe à Dicaïarchos, un pirate étolien (à cette époque, on retrouve des mercenaires étoliens dans pratiquement tous les camps). Ce dernier s'emploie à soutenir les Crétois, eux-mêmes connus pour être de redoutables pirates et alors en guerre contre les Rhodiens, qui s'appliquent à assurer la police des mers (« première guerre crétoise »). Le butin rapporté de ces opérations permet à Philippe de se doter d'une flotte de haut bord. La situation en Asie et en Égypte ne tarde pas à lui donner une occasion de s'en servir.

À la mort de Ptolémée IV (204), la dynastie lagide, déjà ébranlée depuis la quatrième guerre de Syrie, est en proie à une grave crise. Ptolémée V Épiphane (qualificatif lié aux apparitions divines, mais dont la signification dans cet emploi est complexe et controversée) est en effet trop jeune pour régner : les rivalités de ses tuteurs (Sôsibios, vite disparu, puis surtout Agathoclès et Tlèpolémos) déclenchent de terribles émeutes à Alexandrie, tandis que la *chôra* est le cadre de plusieurs soulèvements (Haute-Égypte et Delta). Quant à Antiochos III, il a commencé à mener à bien le projet de recouvrer le domaine de son glorieux aïeul, Séleucos Ier. L'Anabase (212-204) l'a conduit sur les traces d'Alexandre, lui permettant de rétablir une forme de suzeraineté sur les parties les plus orientales du royaume. L'autorité séleucide y était battue en brèche depuis le milieu du siècle par des mouvements sécessionnistes, telles la constitution du royaume de Bactriane (Diodote Ier et II puis Euthydème Ier et son fils Démétrios) ou la révolte de Molon, mais aussi par l'irruption de populations extérieures, tels les Parnes/Parthes (dynastie arsacide : chapitre précédent). L'entreprise finit par s'apparenter à une tournée diplomatique plus qu'à une conquête militaire, comme le suggèrent le traité avec le Parthe Arsace II (209) ou celui qu'Antiochos doit se résoudre à conclure après avoir assiégé Bactres en vain, par lequel Euthydème voit l'indépendance de son royaume officiellement reconnue (206). Mais elle a conduit le roi d'Arménie en Arabie, en passant par les confins iraniens annexés par des princes indiens, d'où il ramène des éléphants ; elle lui a donné l'occasion d'abondants prélèvements sur les contrées traversées, permettant de renflouer le trésor royal ; elle lui vaut enfin un prestige considérable, traduit par le surnom de *Mégas* (le Grand) que seul Alexandre avait porté avant lui. Les événements d'Égypte offrent une occasion idéale pour passer à la suite du programme : la conquête de la Cœlè-Syrie, que les Séleucides ont toujours considérée comme devant leur revenir. Mais il lui faut aussi tenir compte des ambitions de Philippe, Antigonides et Séleucides entretenant traditionnellement de bons rapports. En 203/2, un pacte est donc conclu, dont les détails sont incertains, mais qui prévoit le partage des possessions lagides. Philippe passe les Détroits, s'empare de diverses places (Kios) tandis que d'autres lui ouvrent leurs portes (Milet), met le siège devant Samos, saccage le territoire de Pergame, livre deux batailles navales à Attale et aux Rhodiens (Ladè et Chios), puis passe l'hiver 201/0 à Bargylia (Carie). Il y est mal ravitaillé par Zeuxis, Antiochos commençant apparemment à trouver cet allié trop envahissant. Rappelé par les affaires de Grèce, Philippe laisse ses troupes occuper la Carie et rentre en Europe : l'Attique est mise à sac en 200, avant d'être secourue depuis Égine par les flottes rhodienne et attalide (à Athènes, une tribu *Attalis* remplace alors l'*Antigonis* et la *Démétrias*, ce qui, avec la *Ptolémaïs*, ramène le total à douze : cf. au chapitre précédent). C'est sans doute à la suite de ces événements que les Rhodiens, déjà influents en Égée, réactivent la ligue des Nésiotes, apparemment en sommeil depuis le milieu du III⁰ s. De son côté, Antiochos, profitant notamment de la défection d'officiers étoliens au service des Lagides, remporte en 200 la victoire de Panion (localisation incertaine, peut-être une quarantaine de km à l'est de Tyr) ; il s'empare de la Cœlè-Syrie et prend dès lors le titre de Grand Roi (cinquième guerre de Syrie).

Entre-temps, Scipion a vaincu Hannibal à Zama et Rome, débarrassée de la menace carthaginoise, a désormais les mains libres (202). La volonté de faire une pause militaire se fait jour dans la cité. Pourtant, durant l'année 200, deux ultimatums somment Philippe de ne faire la guerre à aucun État grec et d'évacuer les anciennes possessions lagides, alors même que les opérations en cours ne touchent pas les territoires inclus dans le traité de Phoinikè. Plusieurs facteurs expliquent la décision romaine d'entrer en guerre : plutôt qu'une vision globale de la géopolitique égéenne assortie de la conscience réelle du danger représenté par l'axe Antioche-Pella, les spécialistes évoquent le souvenir de l'alliance passée entre Philippe et Hannibal, l'ambition des magistrats vainqueurs de Carthage et celle des protagonistes de la première guerre de Macédoine, enfin les difficultés inhérentes à toute démobilisation de masse, spécialement la nécessité de lotir les vétérans sur l'*ager publicus* (territoires conquis par le peuple romain), au risque de susciter divers mécontentements. Ce parti de la guerre, creuset de l'impérialisme et tenant d'une politique réaliste plus que philhellène, même si ce sentiment existe et peut étayer le principe d'une intervention, l'emporte non sans résistance (il y eut un vote négatif des Comices centuriates, l'assemblée du peuple romain convoqué dans ses cadres militaires, les centuries). Il est conforté par l'appel à l'aide venant d'Attale et des Rhodiens, puis des Athéniens, qui ont su exploiter la disponibilité nouvelle de l'incomparable puissance romaine (201/0).

Les deux premières années de la guerre (200-199) donnent peu de résultats : Philippe s'empare d'Abydos et les légions ne progressent guère en Illyrie et en Épire. L'arrivée du jeune et brillant consul philhellène T. Quinctius Flamininus, en 198, change la donne : parvenu sur le golfe de Corinthe, il pousse Philippe à négocier, mais les exigences romaines exposées lors des négociations de Locride (que Philippe se retire en Macédoine et renonce à ses acquisitions récentes comme à la Grèce, notamment aux « entraves » encore en sa possession : chapitre précédent) paraissent inacceptables au roi. La bataille décisive a lieu l'année suivante en Thessalie, à Cynoscéphales : engagée dans le brouillard, longtemps confuse et incertaine, elle se solde par une victoire quelque peu chanceuse des légions. Conformément aux négociations de Locride, la paix imposée à Philippe le cantonne en Macédoine, mais reste somme toute clémente, au grand dam des Étoliens notamment : le roi doit seulement verser des indemnités et livrer des otages (dont son fils

Démétrios), mais il conserve son royaume, utile État tampon
contre les barbares du Nord (197/6). Quant aux affaires
grecques, une commission sénatoriale de dix membres vint
pour les régler à sa manière, ce qui suscita de vives discussions avec Flamininus. L'épisode le plus célèbre de cette
phase est transmis par une page mémorable de Polybe
(XVIII, 46). Il a lieu aux concours isthmiques de 196, où
Flamininus fait solennellement proclamer, dans l'incrédulité
d'abord, dans un tonnerre d'applaudissements ensuite, un
sénatus-consulte déclarant les Grecs « libres, exempts de
garnisons et de tributs, jouissant de leurs propres lois », spécialement les peuples de Grèce centrale et de l'orbite thessalienne, que se disputaient Philippe et les Étoliens. La forme
de la proclamation montre que les Romains ont assimilé la
rhétorique hellénistique, le thème de la liberté s'inscrivant
dans une propagande antimonarchique qui ne se démentira
pas les années suivantes. Quant au contenu, il cache probablement bien des arrière-pensées et, là encore, les Modernes
ont diversement évalué le poids du philhellénisme qui, tout
en étant plus un sentiment personnel et un penchant culturel
qu'un programme politique, n'est sans doute pas sans incidence sur la ligne diplomatique adoptée alors. Quoi qu'il en
soit, le rapport entre Rome et les Grecs répond désormais au
concept romain de la *fides*, loyauté réciproque qui, concrètement, se traduit par un protectorat, *patrocinium*, exercé selon
l'arbitraire du vainqueur. Cela se vérifie dès l'année suivante, quand Flamininus affecte de faire voter par un
congrès panhellénique la guerre contre le roi-tyran Nabis de
Sparte. Ce dernier, allié de Rome contre les Macédoniens,
prétendait poursuivre l'œuvre de Cléomène et opprimait la
cité d'Argos. Vaincu mais pas anéanti, Nabis n'est pas
détrôné par le proconsul, qui a manqué de temps pour finir
la guerre et ne souhaitait peut-être pas abandonner à un successeur les dividendes d'une victoire totale. Flamininus fixe
en tout cas lui-même les clauses de paix, veillant aussi à ne
pas laisser les coudées trop franches à la ligue achaïenne
dans le Péloponnèse, même si celle-ci recouvre Argos. Son
action touche également aux institutions, puisqu'il donne
des constitutions censitaires aux cités thessaliennes, gages

de stabilité intérieure et de fidélité à Rome. Il retire de tout cela la gloire immense qu'il avait recherchée (cf. le concours des Titeia, dénommé ainsi d'après son prénom, Titus, qu'instituèrent les Argiens après qu'ils eurent été libérés de Nabis). Malgré les réticences de certains sénateurs relayées par les dix commissaires, il obtient le départ complet des légions en 194. La description de son triomphe à Rome suggère qu'il sut tirer le meilleur parti matériel de ces succès et le personnage demeure ambigu à plus d'un titre (les accusations de machiavélisme dont il a parfois fait l'objet sont néanmoins très excessives).

La guerre antiochique

Tout n'était cependant pas fini, car le sénatus-consulte qui déclencha l'hystérie des foules réunies aux Isthmia de 196 faisait également un sort aux « Grecs d'Asie ». De qui pouvait-il s'agir, vu que la guerre de Macédoine avait été une guerre balkanique ? On a songé aux éphémères conquêtes de Philippe entre les Détroits et la Carie (202-200). Mais il n'en reste plus grand-chose à cette époque et le Sénat a visiblement d'autres idées en tête : le but est bien plutôt d'adresser un avertissement à Antiochos III. Maître de la Cœlè-Syrie, ce dernier n'a pas poussé son avantage contre l'Égypte sans que l'on comprenne bien pourquoi : souvenir de Raphia, nécessité plus urgente d'organiser ses nouveaux territoires et surtout de passer à la suite de son programme de reconquête, en Asie Mineure ? C'est en tout cas de ce côté, où le champ est libre depuis le retrait de Philippe, qu'on trouve peut-être trace dès 198 d'entreprises écornant le domaine attalide. L'année suivante, Antiochos lance une offensive de grand style, imposant avec l'aide du fidèle Zeuxis sa suzeraineté sur la Cilicie, la Lycie, la Carie (déjà partiellement reconquise en 203) et l'Ionie, où sont liquidées les dernières possessions lagides. Il passe l'hiver 197/6 à Éphèse et, de là, envoie des troupes occuper Abydos, mais se heurte à la résistance de Smyrne et de Lampsaque. Un décret de cette cité en l'honneur de son ambassadeur Hégésias montre que

les Lampsacéniens ont sollicité l'aide du Sénat à Rome, d'où
ils ont été renvoyés à Corinthe, auprès de Flamininus et des
dix commissaires sénatoriaux, peu avant la fameuse proclamation dont il a été question plus haut[1]. On soulignera ici
la prodigieuse accélération de l'histoire, que ces pratiques
diplomatiques permettent de mesurer : à l'automne 201, dans
des circonstances équivalentes, la cité carienne d'Alabanda
(Antioche des Chrysaoriens) croyait obtenir son salut dans
la reconnaissance par les Grecs d'une asylie patronnée par
Antiochos, ce qui n'empêcha nullement Philippe V de mettre
à sac son territoire pour s'y ravitailler durant l'hiver suivant[2] ; quatre ans plus tard, et cette fois-ci contre Antiochos,
c'est Rome qui apparaît aux Lampsacéniens comme le seul
interlocuteur valable en cette matière. Il est donc permis de
penser que cet appel contribua à inciter les Romains à
inclure l'Asie dans la proclamation. Une contre-ambassade
envoyée par Antiochos, qui venait de franchir les Détroits
pour reprendre possession de la Thrace, avancée extrême du
domaine de Séleucos en 281, n'y changea rien.

C'est précisément à Lysimacheia que le roi rencontre
L. Cornelius Lentulus, qui lui réitère l'injonction déjà for-
mulée à Corinthe : évacuer l'Europe et les places prises aux
Lagides, respecter les cités autonomes. Antiochos oppose
une fin de non-recevoir, rétorquant que lui ne se mêlait pas
des affaires d'Italie. L'Égypte, dont Lentulus venait officiellement défendre les intérêts, constitue le seul point sur lequel
Antiochos agit conformément à la volonté romaine, par nécessité et par calcul : en 195, après avoir échoué à s'emparer de
Chypre, il conclut la paix avec Ptolémée V, lui donnant même
un peu plus tard sa fille Cléopâtre (Ire) en mariage (hiver
194/3). Cette apparente concession n'endort cependant pas la
méfiance de Rome car la même année, Hannibal, dont les pérégrinations constituent à la fois une sorte de traceur et de *stimu-
lus* de l'expansionnisme romain en Orient à cette époque, vient
trouver refuge auprès d'Antiochos : la réaction à Rome est la

---

1. J.-M. Bertrand, *Inscriptions historiques grecques*, 1992,
n° 119. **2.** F. Lefèvre, *Corpus des inscriptions de Delphes
IV. Documents amphictioniques*, 2002, n° 99 ; Polybe XVI, 24.

réélection au consulat de Scipion l'Africain, le vainqueur de Zama. Mais les tiraillements et hésitations du Sénat se vérifient l'année suivante à la décision d'évacuer la Grèce : outre l'influence personnelle de Flamininus, rival de Scipion, le désir de clore un théâtre d'opérations favorisant par trop les ambitions individuelles n'est sans doute pas la moindre motivation de ce retrait (cf. ci-dessus). La passivité s'impose donc à Rome et cette période de « guerre froide » se prolonge, personne n'étant pour l'heure ni prêt, ni disposé à engager les hostilités.

Les contacts reprennent en 193. Flamininus en personne reçoit à Rome une ambassade du Séleucide et offre un honnête compromis : les Romains se désintéresseront de l'Asie si Antiochos quitte la Thrace ; dans le cas contraire, ils étendront leur *patrocinium* sur les cités asiatiques. Le camp séleucide demande un délai de réflexion, délai fatal pour la suite des opérations, d'autant que des problèmes familiaux (décès du prince héritier Antiochos, possible répudiation de la reine Laodice) perturbent peut-être la prise de décision royale. Les Étoliens, qui ont un contentieux avec Rome depuis 206 et sont de surcroît revanchards parce qu'ils n'ont pratiquement rien reçu des dépouilles antigonides en Grèce, et Eumène II, qui règne à Pergame depuis 197, saisissent en effet l'occasion pour pousser les uns et les autres à l'irréparable. Les premiers tentent de persuader Antiochos que toute la Grèce se soulèvera derrière lui s'il intervient en Europe, faisant ensuite miroiter aux Grecs une aide massive du plus puissant des rois en cas de soulèvement contre les Romains. Le second s'applique à faire capoter toute négociation entre Antiochos et Rome, où il alimente la psychose anti-Hannibal en répandant de fausses nouvelles, notamment celle d'un passage des Détroits par Antiochos en grand arroi, en 192, alors qu'il s'agit d'une simple tournée administrative. Le roi lui-même a sans doute aussi sa part de responsabilité, car il prête apparemment une oreille bienveillante aux élucubrations étoliennes, même s'il hésite jusqu'au bout à se lancer dans cette aventure. Il le fait d'ailleurs plutôt timidement : à l'automne de cette même année 192, seuls 10 000 hommes débarquent à Démétrias, dont les Étoliens viennent de s'emparer. Quant aux Grecs, loin des promesses étoliennes, ils se révèlent hésitants et Antiochos n'obtient que peu de ralliements, face à une solide coalition composée des Romains, des Achaiens et de Philippe V. Sans faire cas des conseils d'Hannibal, qui préconisait de masser les troupes en Épire pour faire face au débarquement romain, le roi stationne aux Thermopyles dont la position, mal défendue par les Étoliens, est tournée par l'armée romaine, conduite par le consul M' Acilius Glabrio, un peu comme en 480 (*supra*, chap. 10). Antiochos rentre en Asie avec seulement 500 hommes (191). Deux ans plus tard, les Étoliens se voient imposer un traité inégal (*foedus iniquum*), cèdent bon nombre de leurs positions extérieures et perdent leur *leadership* au sein de l'Amphictionie delphique. À l'opposé, la ligue achaienne qui s'est enrichie de Sparte, puis de Messène et de l'Élide, domine le Péloponnèse sans partage.

Mais Rome, où s'impose désormais le parti de ceux que l'on appellerait aujourd'hui les « faucons », incarné par Scipion l'Africain, ne compte pas en rester là. Scipion lui-même ne pouvant être réélu consul, vu qu'il l'avait été moins de cinq ans auparavant (cf. ci-dessus), c'est son jeune frère qui est désigné, accompagné en Asie par son glorieux aîné qui exerce en fait le commandement, emmenant avec lui 5 000 vétérans d'Afrique. Les premières opérations sont navales : malmenés par suite d'une trahison à Samos, les Rhodiens remportent ensuite deux victoires au large de la Pamphylie et de l'Ionie (190). Contraint de lever le siège de Pergame que conduisait son fils Séleucos, Antiochos tente en vain de renégocier avec les Romains, toujours plus exigeants. La bataille décisive a lieu durant l'hiver 190/89, à Magnésie du Sipyle, dans des conditions climatiques difficiles. Avec des effectifs deux fois moindres (30 000 fantassins contre plus de 70 000) mais plus aguerris et formant une troupe beaucoup plus homogène, en outre bien conseillés par Eumène, les Romains écrasent l'armée séleucide. La paix, dont le traité est intégralement transmis par Polybe (XXI, 43-46), est conclue l'année suivante à Apamée, en Phrygie : Antiochos reçoit l'amitié des Romains au prix de conditions territoriales (évacuation des régions sises à l'ouest du Taurus, à l'exception de la Cilicie), financières (indemnité cumulée de 15 000 talents) et militaires (nombre d'éléphants et de navires limité) ; il doit en outre livrer des otages, dont son fils, le futur Antiochos IV. Les autres questions sont traitées par le proconsul Manlius Vulso, qui vient de mener une terrible campagne contre les Galates pour impressionner les populations, assisté de dix commissaires sénatoriaux. Les anciennes possessions séleucides sont partagées entre les deux alliés désormais rivaux : le royaume de Pergame, qui atteint alors sa plus grande extension (jusqu'en Europe, avec la Chersonèse et la côte thrace adjacente, que lui conteste toutefois Philippe V), et Rhodes, qui se voit attribuer la Carie au sud du Méandre et la Lycie, en des termes ambigus (en tant que sujettes aux yeux des Rhodiens, en qualité d'amies et alliées ainsi que le précisera plus tard le Sénat). Les cités sont traitées en fonction de leur statut antérieur et de leur comportement vis-à-vis d'Antiochos et des Romains. Celles qui avaient échappé à l'emprise séleucide sont déclarées *liberae et immunes* (libres et exemptes de tribut) : dans ce cas sont les plus importantes (outre les îles du littoral, Lampsaque, Colophon, Magnésie du Méandre, Milet, Halicarnasse, etc.), à l'exception notable d'Éphèse, qui tombe dans l'escarcelle attalide.

Désormais, les affaires grecques se règlent au Sénat (appelé par les Grecs *synklètos*) où se bousculent les ambassades, telles celles d'Eumène et des Rhodiens qui n'hésitent pas à se dénigrer mutuellement pour obtenir la meilleure part du festin. À la fin de 188, armée et magistrats romains se retirent. Hannibal a trouvé son ultime refuge auprès de Prusias Iᵉʳ de Bithynie ; il se suicide après que son protecteur a été sommé de le livrer, à la suite d'une défaite contre Eumène, dans une guerre où l'Attalide a fini par recevoir le soutien du Sénat (*ca* 186-183). Peu après, le royaume de Pergame sort encore renforcé d'une victoire contre Pharnace Iᵉʳ du Pont (182-179). Quant à Antiochos, dont l'embarras financier a été diversement estimé par les Modernes, il est tué par la population alors qu'il essayait de piller un sanctuaire indigène d'Élymaïde (Susiane), en 187 : le pouvoir séleucide ne cessera dès lors de régresser, au premier chef dans les régions sises à l'est de la Babylonie. Trente ans après le désastre du lac Trasimène, Rome n'a plus de rivaux en Méditerranée.

Rome, la Grèce et l'Orient, d'Apamée à Pydna (188-168)

En Grèce propre, après l'abaissement de l'Étolie, le dernier État ayant quelque envergure est la ligue achaienne, alliée de Rome et alors gouvernée par Philopoimèn, que Plutarque qualifiera de « dernier des Grecs ». De force, celui-ci parvient en 188 à réduire Sparte, en proie à de sérieuses divisions depuis la disparition de Nabis et l'adhésion au *koinon* (192), que rejetait une bonne partie de la population. Mais Philopoimèn périt dans la guerre menée contre la sécession de Messène, avant que son ancien bras droit élu stratège à sa suite, Lycortas, le père de l'historien Polybe, ne contraigne la cité à réintégrer la ligue (183/2). Nos sources présentent le reste du pays comme étant en proie à la *stasis* (guerre civile), spécialement en raison des dettes, pour lesquelles l'arbitrage du Sénat est sollicité à plusieurs reprises (cf. les commissions envoyées en Étolie puis en Thessalie en 174 et 173). En Macédoine, Philippe V a mené à bien une œuvre de restauration intérieure, économique et démographique. Profitant de la guerre contre Antiochos, durant laquelle Rome a dû se montrer conciliante à son égard, il s'est maintenu ou a repris pied dans diverses places, dont la paix de 197/6 l'avait pourtant privé, ainsi autour de la Thessalie (Démétrias) et en Thrace, d'où il s'est employé à consolider les frontières septentrionales du royaume contre ses dangereux voisins (Dardaniens, entre autres). Diverses ambassades, notamment attalides, sont venues s'en plaindre auprès du Sénat, qui reformule alors ses exigences passées, partiellement exécutées par Philippe (évacuation d'Ainos et de Maronée en 183). Peu avant de mourir, celui-ci a fait exécuter son fils cadet Démétrios, otage à Rome après Cynoscéphales puis ambassadeur au Sénat, auprès duquel il jouissait d'une faveur suspecte. Persée, le fils aîné, succède donc à Philippe en 179 et se révèle un habile politique, pour-

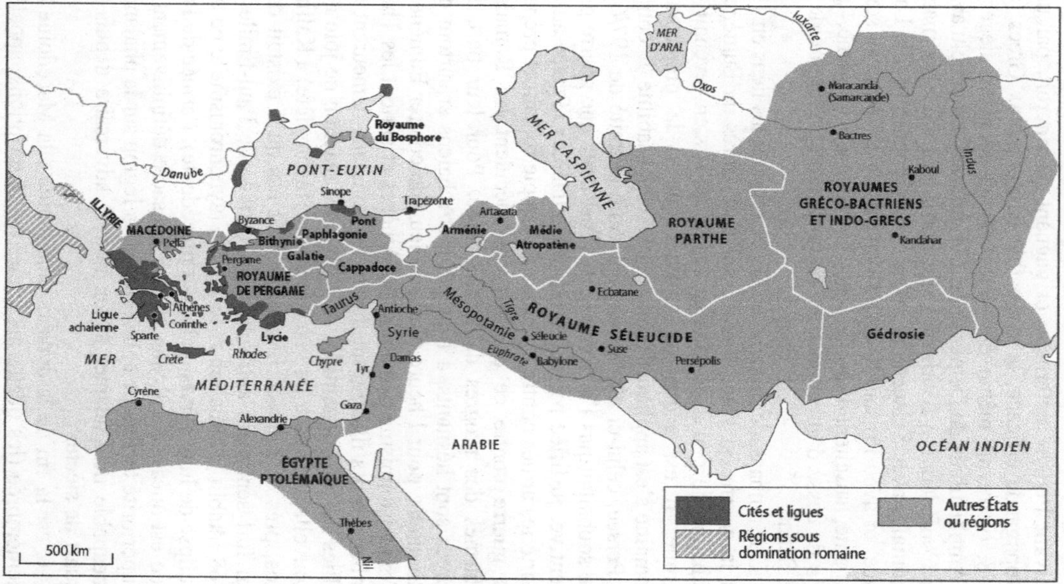

Carte 17. Le monde hellénistique vers 185.

suivant l'œuvre paternelle et gagnant de surcroît, par une propagande efficace, la sympathie de nombreux Grecs (en 178, on revoit même des délégués macédoniens siéger à l'Amphictionie de Delphes ; en 174, un traité est conclu avec la Confédération béotienne). En outre, des alliances matrimoniales avec Séleucos IV, dont Persée épouse la fille Laodice, et avec Prusias II de Bithynie à qui il donne sa sœur Apamè, suscitent l'inquiétude d'Eumène de Pergame, qui n'a de cesse d'envenimer les rapports entre l'Antigonide et le Sénat.

Une ambassade romaine en Grèce resserre les liens en 172 et la guerre est votée l'année suivante, après qu'Eumène a échappé de peu à un attentat tandis qu'il s'en revenait de Rome. Il est acquis aujourd'hui que si la propagande romaine s'est appliquée à imputer la responsabilité du conflit à Persée, celui-ci n'avait en rien violé le traité de 197/6 et ne souhaitait pas l'affrontement. C'est donc une guerre préventive, justifiée par des prétextes fallacieux (Persée aurait porté les armes contre les alliés du peuple romain et préparé la guerre contre ce dernier), que décident les Romains, alarmés des progrès de l'Antigonide. Pour leur part, les Grecs sont hésitants, à l'image des Achaïens et surtout des Rhodiens, pour l'heure plus soucieux de contrer Eumène et l'expansionnisme pergaménien. Athènes et surtout les Thessaliens, qui s'illustreront durant les combats, demeurent les alliés les plus déterminés de Rome. La réaction de joie à la nouvelle de la victoire macédonienne (incomplète) à Kallinikos, près de Larissa, montre en tout cas qu'il existait déjà un fort sentiment anti-romain. L'arrivée de Paul-Émile en 168 rétablit la situation et le 22 juin (synchronisme avec une éclipse de lune survenue la nuit précédente), l'armée de Persée est anéantie à Pydna, ce qui consacre définitivement la supériorité technique et tactique de la légion sur la phalange, incapable de s'adapter à son nouvel adversaire depuis un quart de siècle.

C'est la fin de la dynastie antigonide : la Macédoine est démembrée (les quatre anciennes circonscriptions, appelées *mérides*, deviennent autonomes), en partie désarmée et paye désormais tribut à Rome, d'un montant réduit de moitié par rapport aux contributions précédemment dues au roi. Ce dernier, déporté à Rome, constitue le clou du triomphe de Paul-Émile, où l'abondance inouïe des trésors pillés dans le pays vaincu fait grande impression : les 30 millions de deniers qu'a rapportés la victoire permettent même de suspendre le *tributum* qui pesait sur le peuple romain. Dès avant de rentrer, Paul-Émile a aussi cultivé son image auprès des Grecs, organisant de somptueuses fêtes à Amphipolis, sur le mode panhellénique, et consacrant à Delphes un pilier votif laissé inachevé par Persée. Mais parallèlement, une vague de répression et d'épuration frappe alors le pays, déjà durement touché pendant la guerre (cf. en Béotie). Les Romains visent au premier chef les alliés de Persée, telle la communauté épirote des Molosses (150 000 personnes furent réduites en servitude), et tous ceux qui leur avaient apporté un soutien jugé trop tiède, notamment en Grèce centrale ; en outre, tyrannies (cf. Charops en Épire) et oligarchies censitaires (cf. en Macédoine et en Eubée) furent localement encouragées. C'est aussi à ce moment-là qu'un millier d'Achaiens sont emmenés comme otages à Rome, dont Polybe. Quant aux Rhodiens, discrédités notamment depuis qu'ils s'étaient entremis entre Persée et Séleucos IV, ils perdirent probablement leur protectorat sur le *koinon* des Nésiotes (dissous ?) et, surtout, la Carie et la Lycie, qui supportaient mal la domination de la cité (il y avait eu plusieurs guerres et ambassades au Sénat depuis Apamée). Pour Rhodes, il s'ensuit une perte notable de prestige et de revenus, même si ce dernier point donne lieu à des estimations divergentes de la part des spécialistes (*infra*, chap. 22 et 23). À l'opposé, ce fut le début d'une grande période pour Athènes, qui se vit confier l'administration de Délos, déclarée port franc et désormais placée sous l'autorité d'un épimélète (commissaire) athénien : cette concurrence contribua encore au déclin rhodien (167/6).

Chez les Séleucides, Séleucos IV qui, en 187, avait hérité de son père la lourde indemnité due aux Romains, payée avec beaucoup de retard, fut assassiné par son ministre Héliodore, laissant le souvenir d'un roi-percepteur (175). Son frère Antiochos IV, qui lui succède, a une personnalité controversée : Polybe le présente comme un déséquilibré, ce qui aurait fait tourner son surnom officiel, *Épiphanès*, « (dieu) apparu, éclatant », en *Épimanès*, « complètement fou »... Il semble s'être préoccupé d'abord de redresser le royaume, avant qu'un nouveau conflit avec l'Égypte ne devienne le fait marquant de son règne. Déclarée en 170, cette sixième guerre de Syrie est surtout de la responsabilité de l'entourage des jeunes rois Ptolémée VI et Ptolémée VIII, fils de Ptolémée V, mort en 180 (son épouse séleucide, Cléopâtre Iʳᵉ, disparaît en 176). Conduites en deux étapes (169 et 168), les opérations mettent en évidence la supériorité d'Antiochos, mais lors de la seconde phase, à Éleusis, faubourg d'Alexandrie, le roi se heurte à l'ultimatum que lui présente Popilius Laenas, dépêché par le Sénat auprès des autorités lagides qui ont sollicité son aide. Avec son bâton, le légat trace un cercle sur le sol et interdit à Antiochos, qui sollicitait un délai de réflexion, d'en sortir avant d'avoir donné sa réponse[1]. Le roi cède sur-le-champ et évacue l'Égypte et Chypre, dont il s'était emparé peu auparavant, n'ayant d'autre expédient, pour redorer son blason, que d'organiser une panégyrie extravagante avec un défilé militaire de 50 000 hommes, à Daphnè, faubourg d'Antioche consacré à Apollon, dieu tutélaire de la dynastie (166). Rien ne révèle mieux que cette célèbre anecdote l'assurance des Romains, encore renforcée par la récente victoire de Pydna.

---

1. Polybe XXIX, 27 ; Tite-Live, XLV, 12.

Chapitre 21

LA FIN DU MONDE HELLÉNISTIQUE
(168-30 av. J.-C.)

Le dernier pan de l'histoire grecque est aussi une phase décisive de l'histoire romaine et, pratiquement, les Grecs finissent par être confinés au rôle de figurants dans les guerres civiles. Tout cela aboutit à la « rédaction » (du latin *redigere*) progressive de la Grèce d'Europe, puis de l'Asie, de la Syrie et enfin de l'Égypte en provinces de l'Empire. Polybe, qui participe aux affaires du côté grec puis pour le compte de Rome, reste notre meilleur fil conducteur jusque dans les années 140, avec Tite-Live, Plutarque (*Vies* de Sylla, Lucullus, Pompée, Brutus, Antoine), Appien (*Guerres de Mithridate* et *Guerres civiles*), Dion Cassius (*Histoire romaine*), quelques fragments de Diodore et les abréviateurs Justin ou Florus. Mais un auteur comme Cicéron, qui fut proconsul en Cilicie, livre aussi des informations intéressantes, par exemple dans le cadre des actions contre Verrès. La question juive est surtout illustrée par les deux livres des Maccabées et par Flavius Josèphe. De Pydna à Actium, on assiste à une lente agonie, toutefois riche en rebondissements qui compliquent singulièrement l'exposé et contraignent à résumer fortement.

Les débuts de la provincialisation (168-129)

Les mesures suivant Pydna suscitèrent de graves difficultés en Grèce et en Macédoine, où la royauté faisait partie de l'identité du pays et qui supportait mal le nouveau statut que

les Romains avaient pourtant affecté de concevoir comme
une libération. C'est ce contexte qui explique la guerre
d'Andriscos, tenant à la fois de l'aventure d'un usurpateur
(Andriscos se fait passer pour le fils de Persée) et de
l'insurrection nationale, encore que ce dernier aspect soit
discutable, car bien des Macédoniens, surtout parmi les possédants, s'opposèrent au « Pseudo-Philippe » (149). Après
qu'une légion eut été taillée en pièces, des renforts
commandés par Q. Caecilius Metellus vinrent à bout de
celui-ci (148) et la Macédoine fut réduite en province
romaine. Cette affaire, révélatrice de la vague d'antipathie
soulevée par les Romains depuis plusieurs années, n'est pas
sans rapport avec la guerre d'Achaïe, qui éclate peu après
(146). Déjà en froid avec les Achaiens en raison des protestations répétées de Sparte, avide d'indépendance, auprès du
Sénat qui lui prêtait une oreille favorable, Rome ordonna un
quasi-démantèlement de la ligue. En réaction, mal guidée
par les démagogues Critolaos et Diaios, celle-ci vota la
guerre contre Sparte, guerre qui donna lieu à un fort élan
patriotique dans la plus grande partie du pays. L'armée
romaine eut une nouvelle fois le dessus, le consul Mummius
mettant un terme à l'histoire de la vieille et prestigieuse cité
de Corinthe, livrée au pillage et à la destruction (les
concours isthmiques échoient alors à Sicyône), tandis que la
troisième guerre punique anéantissait Carthage (l'une et
l'autre seront plus tard refondées comme colonies romaines).
Les Thessaliens, Sparte et son ancienne colonie d'Héraclée
Trachinienne (*supra*, chap. 13) reçurent un traitement de
faveur, mais tous ceux qui aux yeux des Romains leur
avaient été hostiles se virent imposer de sévères réformes :
la plupart des ligues furent (provisoirement) dissoutes ou
réduites, et dans un grand nombre de cités les affaires pas-
sèrent aux mains d'oligarchies censitaires de synèdres
(membres d'un conseil réduit appelé *synédrion*). Polybe fut
chargé de faciliter l'application de ces mesures par les dix
commissaires sénatoriaux venus cette fois encore pour réorganiser la Grèce. L'autorité était désormais exercée par le
gouverneur de Macédoine depuis Thessalonique, bientôt
reliée à l'Adriatique par la Via Egnatia.

En Asie Mineure, le royaume de Pergame n'a plus de rival depuis l'abaissement de Rhodes en 167. Même si l'on note un certain refroidissement, Eumène a su en effet préserver l'essentiel avec le Sénat lors de la guerre contre Persée. Mais une brouille survient peu après la troisième guerre de Macédoine au sujet des Galates, à nouveau vaincus par le roi mais déclarés autonomes par un sénatus-consulte (166). Son frère Attale II, associé au pouvoir en 159, retrouve néanmoins le soutien du Sénat lors de la guerre contre Prusias II de Bithynie (156-154). Attale III lui succède en 138, dont le seul acte politique notable, décisif au regard de l'expansion romaine, est le testament par lequel il lègue son royaume au peuple romain, exception faite de la cité elle-même avec son territoire civique (133). Les motifs de ce geste prêtent à discussion : désir de se prémunir d'un attentat contre sa personne, suivant l'exemple de Ptolémée VIII en 155 (ci-après), crainte de voir le royaume tomber dans de mauvaises mains en l'absence d'héritier, conscience lucide que la situation générale aussi bien que les tensions sociales internes provoqueraient immanquablement une intervention romaine ? Les conséquences, elles, en sont bien connues : un bâtard d'Eumène II, Aristonicos, dont les ambitions se trouvaient anéanties par ce legs qui le visait peut-être directement, se proclame roi sous le nom d'Eumène (III) et entreprend de soulever tous les mécontents, s'appuyant notamment sur certaines colonies militaires de peuplement macédonien hostiles aux Romains, mais aussi sur les populations indigènes et même sur des bandes d'esclaves libérés ou fugitifs. On a prêté à Aristonicos le projet de fonder une utopie politique et sociale, Héliopolis (« la cité du soleil »), mais les aspects révolutionnaires de son programme ultra-démagogique ne doivent pas faire illusion : il faut plutôt y voir les expédients habituels de qui veut se constituer une force militaire capable de le porter au pouvoir, et Aristonicos reste avant tout un prétendant au trône dans la tradition hellénistique. Bien qu'il ait indiscutablement séduit parmi les communautés du royaume et à Pergame même, il est d'ailleurs considéré comme un usurpateur par une majorité de citoyens et n'obtient que peu de ralliements parmi les cités (cas de Phocée).

La guerre d'Aristonicos, « effroyable jacquerie » (Éd. Will), prend néanmoins une extension considérable : nombreux sont les décrets faisant écho aux grandes difficultés que traversent alors les cités, en particulier aux exactions perpétrées par des bandes armées plus ou moins contrôlées[1]. Rome, accaparée alors par le front ibérique (Numance) et sicilien (première guerre servile), n'envoie d'abord que peu de troupes et Aristonicos remporte un certain nombre de succès. Le poids de la guerre est supporté par les communautés locales : à Pergame, on incorpore de nouveaux citoyens, surtout parmi les soldats cantonnés en ville et sur le territoire, et c'est la flotte d'Éphèse qui bat celle de l'usurpateur, avec le soutien des rois de Bithynie, du Pont et de Cappadoce. Ce n'est qu'en 130 que le consul M. Perperna capture Aristonicos, expédié à Rome avec le trésor royal attalide. À partir de l'année suivante, le consul M' Aquilius et une commission sénatoriale s'emploient à pacifier le pays (il faudra plusieurs années pour cela) et à organiser le legs. La volonté royale est respectée pour ce qui est de Pergame et des autres cités libres (le détail est fort incertain), Phocée échappe à la destruction grâce à une intervention de Marseille auprès du Sénat, et certains rois alliés sont récompensés de gains territoriaux (par ex. une partie de la Phrygie pour Mithridate V du Pont). Éphèse devient capitale de la nouvelle province d'Asie. La dîme et autres impôts (cf. ci-après) sont réorganisés en 123 par la *lex Sempronia de Asia* (loi de C. Sempronius Gracchus sur l'Asie) ; leur perception est affermée à des sociétés de publicains (« prestataires de services » pour le compte de l'État romain), aux enchères, tous les cinq ans à Rome, c'est-à-dire sans considération des variations possibles du revenu des tributaires et hors de leur présence. Comme en Europe et à quelques années d'intervalle, les Grecs d'Asie passent de l'état de clients à celui

---

1. Documents réunis et traduits par P. Brun, *in* J.-Chr. Couvenhes, H.-L. Fernoux (éds), *Les Cités grecques et la guerre à l'époque hellénistique*, 2004, p. 44-52.

de provinciaux, et même s'il existe des différences (aspects sociaux et dynastiques plus marqués, dimension nationale et patriotique moins nette), on ne manquera pas de faire le parallèle avec les guerres d'Andriscos et d'Achaïe. Le soutien qu'obtiendra Mithridate une quarantaine d'années plus tard, aussi bien en Europe qu'en Asie, trouve d'ailleurs pour partie son origine dans ces circonstances et dans leurs dramatiques conséquences.

Mais avant d'en venir à cet épisode crucial, il ne sera pas inutile de présenter un bref récapitulatif de l'histoire des Séleucides et des Lagides, dont le déclin est précipité par les querelles dynastiques et les imbroglios conjugaux.

Le déclin des Séleucides et des Lagides

Antiochos IV, dont la fin de règne est marquée par la révolte des Maccabées en Judée (à partir de 167 : *infra*, chap. 23), périt lors d'une expédition en Iran (164/3). Démétrios Ier, fils de Séleucos IV, qui avait remplacé Antiochos IV en qualité d'otage à Rome, rentre alors en Syrie. Il y fait assassiner le jeune Antiochos V et son régent Lysias, puis règne dans l'hostilité de 162 à 150, date à laquelle il est défait et tué par l'usurpateur Alexandre Balas, promu en 153/2 par Attale II de Pergame (150-145). Le nouveau monarque est si insignifiant que le peuple d'Antioche acclame roi Ptolémée VI, qui avait promis sa fille Cléopâtre Théa à Balas. De peur d'indisposer Rome, le Lagide renonce peut-être à cette opportunité mais poursuit son ingérence dans les affaires séleucides en transférant l'alliance matrimoniale au nouveau prétendant au trône, Démétrios II, fils de Démétrios Ier. Débarrassé de Balas, ce dernier règne une première fois de 145 à 140/39, période durant laquelle naît l'État juif indépendant de la dynastie hasmonéenne et se poursuit l'expansion parthe (en 141, l'Arsacide Mithridate Ier s'empare de la seconde capitale du royaume, Séleucie du Tigre). Après quelques succès initiaux, Démétrios est capturé par les Parthes, et à partir de 138 règne son frère Antiochos VII, dit Sidètès (il avait été élevé à Sidè en Pamphylie), personnage non dénué de capacités. Celles-ci lui permettent notamment d'éliminer aussitôt un usurpateur, Diodote Tryphon (bien implanté dans la Syrie côtière et dont le « règne » personnel paraît avoir commencé en 142/1), de mettre au pas les Hasmonéens et de remporter des succès contre les Parthes, désormais conduits par Phraate II, avant d'être à son tour vaincu et tué par ces derniers, en 129. Démétrios, libéré, retrouve alors son trône jusqu'à sa mort en 125 : après avoir suscité contre lui l'usurpateur Alexandre Zabinas, Ptolémée VIII abandonne ce dernier au profit du fils de Démétrios et de Cléopâtre Théa (qui avait depuis épousé, en troisièmes noces, Sidètès...), Antiochos VIII Grypos (« au nez aquilin », 125-96). Celui-ci se débarrasse de sa mère, mais doit plus tard affronter le règne concurrent de son demi-frère Antiochos IX Cyzicène (« de Cyzique », *ca* 114/3-95). En Syrie-Phénicie, bien des cités qui bénéficiaient déjà d'un statut favorable depuis Antiochos IV jouissent alors d'une autonomie accrue, comme l'attestent leurs émissions monétaires (cf. Tyr, qui inaugure en 126 une « ère de la liberté », puis Sidon, Séleucie de Piérie, etc.). Plus divisée que jamais (plusieurs rois, parfois jusqu'à quatre concurremment, se partagent la Syrie et la Cilicie), fragilisée par la poussée des Parthes et des Nabatéens, la dynastie périclite (Philippe Ier, qui s'est maintenu entre 95/4 et 84/3, émerge à peine). Las de l'anarchie, les Antiochéniens font appel en 83 à Tigrane d'Arménie, qui se substitue à Antiochos XIII. Dernier des Séleucides, celui-ci sera rétabli sur le trône par Lucullus à la faveur de la troisième guerre mithridatique, pour un règne de cinq ans (69-64). En 64, Pompée réduira la Syrie en province.

Les Ptolémées, quant à eux, ont perdu la plupart de leurs dominions égéens depuis le début du siècle. Leur histoire se confond de plus en plus avec celle d'Alexandrie, tandis que les équilibres dans le reste de l'Égypte ont été modifiés depuis la victoire de Raphia et que le territoire (*chôra*) est régulièrement troublé par l'agitation paysanne et par des tendances sécessionnistes, ce qui contraint les souverains à multiplier les concessions au clergé indigène (chapitre suivant). On a vu comment de terribles émeutes avaient contribué à défendre le jeune roi Ptolémée V Épiphane contre l'appétit de certains de ses tuteurs (204-203). La foule, où l'élément macédonien s'est dissous, a pris conscience de sa force à mesure que celle de la dynastie s'amenuisait : de ce point de vue, les événements de 168, qui montrent qu'un légat romain avec une faible escorte était mieux à même de défendre la ville que le roi et ses armées, ont dû constituer un autre révélateur. L'entourage d'Épiphane, où se distinguent l'Acarnanien Aristoménès et l'Argien Polycratès, est parvenu à remettre de l'ordre : d'une part en résorbant les révoltes dans le Delta (197/6, mais l'agitation s'y poursuit au moins jusqu'en 185) et la sécession de la Thébaïde, érigée en royaume indépendant aux mains de pharaons indigènes (207/6-187/6) ; d'autre part en réformant la hiérarchie aulique (du grec *aulè* = la cour) et l'administration (création de l'épistratège de la *chôra*, plus tard avec un sort spécial pour la Thébaïde). Mais après la mort de Ptolémée V (180), il devient habituel que « les querelles du palais descendent dans la rue » (Cl. Préaux) : versatile, la populace contribue grandement à faire et défaire les rois, dont elle est parfois aussi la victime, alors que la *chôra* connaît des périodes répétées d'*amixia* et de *tarachè* (anarchie, troubles assortis de violences et de pillages).

La veuve de Ptolémée V, Cléopâtre Iʳᵉ, est morte en 176. Leur fils aîné, Ptolémée VI Philomètor (littéralement, « qui aime sa mère » : cf. *supra*, chap. 19, pour Philopator), règne sous le contrôle de ses tuteurs ; en 170, sa sœur-épouse, Cléopâtre II, et surtout son frère cadet, Ptolémée VIII Évergète II, dit Physcon (le Bouffi), ou Tryphon (le Magnifique), sont associés au pouvoir[1]. Outre le désastre de la sixième guerre de Syrie, cette corégence est marquée par la tentative de coup d'État perpétrée à Alexandrie par Dionysios Péto-

---

1. Nous suivons ici le comput conventionnel des Lagides, mais si l'on retire de la liste le règne suspect de Ptolémée VII Néos Philopator, toute la série remonte d'une unité à partir de Physcon : voir M. Chauveau, « Un été 145 », *Bulletin de l'Institut français d'archéologie orientale*, 90, 1990, p. 135-168, avec le « Post-scriptum » du fascicule 91, 1991, p. 129-134 ; W. Huß, *Ägypten in hellenistischer Zeit, 332-30 v. Chr.*, 2001, p. 11.

sarapis, un Grec ou un Égyptien hellénisé de la cour, que son échec conduisit dans la *chôra* où il alla chercher le soutien des Égyptiens (168/7). La rébellion matée, en 164 une faction contraint Ptolémée VI à fuir à Rome, d'où il regagne ensuite Chypre : le Sénat est désormais l'interlocuteur privilégié des princes en rupture de ban et l'île leur base arrière. En 163, un nouveau partage attribue l'Égypte et Chypre à Philomètor, et Cyrène à Physcon. Celui-ci tente dès lors d'obtenir une révision du traité en gagnant à son tour les faveurs de Rome, à qui il lègue même son royaume par testament (155), néanmoins sans parvenir à reprendre l'avantage (ses visées sur Chypre, notamment, sont déçues). De son côté, Philomètor conduit une politique opportuniste avec ce qui reste des voisins séleucides (cf. ci-dessus). Il retrouve ainsi un droit de regard sur la Cœlè-Syrie, mais il meurt de ses blessures après une bataille victorieuse livrée à l'usurpateur Balas (bataille de l'Oinoparas, près d'Antioche, en 145). Le retour de Ptolémée VIII, dont la recherche actuelle tend néanmoins à réévaluer la personnalité et l'action, inaugure l'une des périodes les plus sombres de l'histoire d'Alexandrie : répression contre les anciens partisans de Philomètor, modification probable des institutions et du corps civique, expulsion des intellectuels et savants, réfugiés dans de nombreuses cités où ils étaient réduits à professer, cette diaspora des cerveaux faisant dire qu'Alexandrie était indirectement devenue une nouvelle « école de la Grèce » (expression parodiant le fameux *Épitaphios* de Périclès : *supra*, chap. 13). En 131/0, Physcon doit fuir à Chypre en raison d'un soulèvement attisé par Cléopâtre II, la veuve de Philomètor dont il a eu lui-même un fils : otage de son père, le petit Ptolémée Memphitès est assassiné par ce dernier et ses restes expédiés en morceaux à sa mère... Bien qu'il eût rapidement repris pied dans la *chôra* en proie aux troubles et où il avait des appuis, ce n'est qu'en 127/6 que Ptolémée VIII se rendit maître d'Alexandrie, par la force militaire (peu après, les jeunes se trouvant dans le gymnase y furent massacrés). Il intervint alors activement dans les affaires de Syrie (cf. ci-dessus). En 124, il se réconcilia avec Cléopâtre II et décréta une amnistie générale en 118, deux ans avant de mourir.

Cléopâtre III, sa nièce devenue son épouse, hérite du trône avec ses deux fils, l'aîné Ptolémée IX Sôtèr II (dit Lathyros, « pois chiche »), gouverneur à Chypre et favori du peuple, et Ptolémée X Alexandre I, qui est son préféré. Mais ce sont sa propre mère, Cléopâtre II, et la foule d'Alexandrie qui imposent leurs goûts, et les deux princes échangent leurs positions rapidement, avant qu'une volte-face populaire et les intrigues de leur mère (Cléopâtre II a disparu dans l'intervalle, peut-être pas de mort naturelle) ne les contraignent à les intervertir de nouveau en 107, ce double chassé-croisé étant significatif des nouveaux ressorts politiques dans l'Égypte lagide. Alexandre, peu reconnaissant, élimine sa mère en 101 ; aux prises avec diverses difficultés, il doit quitter Alexandrie en 88 et périt l'année suivante dans une ultime tentative de retour. Désormais seul au pouvoir, Sôtèr II réunifie l'île et le pays (expédition en Haute-Égypte et sac de Thèbes en 86/5). À sa mort (hiver 81/0), il ne reste plus à Alexandrie que sa fille, la populaire Bérénice III, vite rejointe par Ptolémée XI Alexandre II, bâtard d'Alexandre I et ancien otage de Mithridate, expédié de Rome par Sylla : cet Alexandre épouse Bérénice avant de l'assassiner au bout de quelques semaines et de périr lui-même dans une émeute que ce crime avait provoquée (80). C'était la première intervention directe de Rome dans les affaires dynastiques : amis des Lagides de longue date (*supra*, chap. 19) et exerçant depuis 168 un protectorat passif, les Romains s'étaient jusqu'alors contentés de maintenir les équilibres régionaux (cf. Popilius Laenas), accueillant au Sénat, qui était apparemment peu résolu, les doléances des princes évincés et soutenant l'un ou l'autre plutôt mollement (cf. Philomètor et Physcon). Le renforcement de leur position en Orient et les testaments répétés en faveur de Rome, qui étaient souvent pour leurs auteurs une manière de se prémunir contre des rivaux (Physcon lors de son exil à Cyrène ; Ptolémée Apion qui légua effectivement la Cyrénaïque en 96, même si la province ne vit le jour qu'en 75 ou 74 ; Ptolémée X enfin, qui aurait tout bonnement cédé son royaume après avoir dû l'abandonner en 88), suscitent désormais plus de convoitises, d'autant que la richesse du pays est bien connue. Le royaume est donc en sursis, mais cela n'empêche pas les Alexandrins de se trouver eux-mêmes des souverains, deux fils (illégitimes ?) de Sôtêr II, qui eux aussi avaient été otages de Mithridate : l'un est placé à Chypre (un Ptolémée sans numéro d'ordre), l'autre à Alexandrie, sous le titre pompeux de Ptolémée XII Théos, Néos Dionysos (Nouveau Dionysos), Philopator, Philadelphos, dit Aulète (le Flûtiste). Ce dernier se fait haïr des Alexandrins en obtenant le titre d'« ami et allié du peuple romain », avec le soutien de César qu'il a subventionné à cet effet, et en fermant les yeux sur l'annexion de Chypre (59-58), rattachée à la province de Cilicie. Exilé notamment à Rome où il est l'hôte de Pompée, Aulète est rétabli en 55 sur ordre de ce dernier : sa fille Bérénice IV et son amant, le prince pontique Archélaos, qui ont été intronisés en son absence, ne survivent pas à son retour (cf. ci-après).

Après ce détour par les affaires syro-égyptiennes, regagnons l'Égée, principal théâtre d'opérations du dernier grand drame de l'histoire grecque, les guerres de Mithridate.

Les guerres mithridatiques (89-63)

Nous l'avons souligné plus haut : cet épisode sanglant et ruineux pour le monde grec peut être perçu aussi comme une conséquence lointaine des événements de *ca* 148-129. En effet, s'il existe des exemples de bonne entente, par exemple entre Grecs d'Asie et Romains (cf. la création de la fête des Moukieia en l'honneur de Q. Mucius Scaevola, gouverneur au début du siècle, qui prit des mesures favorables aux provinciaux et intervint pour réconcilier Éphèse et Sardes), les indices abondent d'une détérioration des rapports. Les causes en sont diverses : dans les provinces, le poids du tribut levé par des publicains trop avides (en Asie, 10 % des productions, un impôt sur les pacages appelé *scriptura* et le *portorium*, taxe douanière de 2, 5 % dont les modalités de perception sont connues par une longue inscription du Ier s. de notre ère, dite *monumentum ephesenum*) ; dans les cités libres, normalement exemptées, des empiètements abusifs et diverses ingérences (cf. à Colophon et à Pergame à la fin du siècle). Plus généralement, on constate une aggravation de la situation économique et financière, mise en relation avec l'administration provinciale et l'afflux de *negotiatores* (marchands) romains et italiens, de plus en plus nombreux (cf. à Délos). À tout cela s'ajoute chez les Grecs le sentiment d'être démunis face à l'arbitraire de la superpuissance romaine, là où les siècles passés avaient permis aux cités de tirer leur épingle du jeu, dans un monde multipolaire et, somme toute, relativement équilibré, où les Grands se neutralisaient plus ou moins. Descendant d'une dynastie d'origine iranienne dont le royaume avait fini par englober ou contrôler le pourtour de la mer Noire, le roi du Pont Mithridate VI Eupator (« de noble lignée », né à Sinope en 132) sut exploiter au mieux ce ressentiment. Lui-même se considérait spolié car Rome lui avait retiré en 120/19, à la mort de son père Mithridate V Évergète, les cadeaux territoriaux qu'elle avait faits à ce dernier en récompense de l'aide apportée durant la guerre d'Aristonicos (cf. ci-dessus). Les Romains avaient ensuite soutenu Nicomède IV de Bithynie contre lui, notamment dans le cadre de complexes affaires cappadociennes (fin des années 90).

Mithridate gagna la sympathie des Grecs par une habile propagande : se présentant comme une sorte de synthèse des Grands Rois orientaux et d'Alexandre, exploitant, notamment dans l'iconographie de ses monnaies, la mythologie relative à Dionysos et à Persée, dont la geste impliquait l'Asie comme l'Europe, il multiplia aussi les dons aux cités, manifestant sa munificence et faisant ressortir par contraste la *philokerdia* (avidité) romaine. La guerre commença en 89, lors d'une nouvelle agression de Nicomède : le moment de lancer une contre-offensive était bien choisi car Rome était alors empêtrée dans la guerre sociale en Italie et en proie à la guerre civile entre partisans de Marius et de Sylla. Cet opportunisme se retrouve dans l'art de multiplier les fronts et de porter les combats loin du royaume, mais c'est surtout l'exceptionnelle ténacité du roi durant un quart de siècle qui mit Rome en difficulté. Bousculant les quelques troupes romaines stationnées en Asie, Mithridate reçut aussitôt l'adhésion d'un grand nombre de cités : parmi celles qui lui résistèrent, citons Aphrodisias, Rhodes qui réédita son exploit de 305/4 en faisant échec au siège conduit par le roi en personne, et les Lyciens. De son quartier général d'Éphèse, il ordonna le massacre méthodique des 80 000 (150 000 selon certaines sources) Italiens et Romains qui résidaient dans la province, sans distinction de sexe et d'âge : les fameuses et sinistres « Vêpres Éphésiennes » donnèrent lieu à de multiples atrocités. Vint ensuite la soumission des îles (prise de Délos en 88 ; la flotte pontique bénéficiait de l'appui des pirates ciliciens), et le ralliement d'une bonne partie de la Grèce d'Europe, notamment celui d'Athènes, pourtant indéfectible alliée de Rome jusque-là, mais qui traversait elle-même depuis quelque temps une crise économique (révolte des esclaves du Laurion, baisse des revenus du commerce en raison d'une conjoncture défavorable) et institutionnelle (gouvernement de Médeios plusieurs fois réélu à l'archontat vers 90 ; importance accrue des fonctions de stratège des hoplites et de « héraut », c'est-à-dire de président de l'Aréopage). À l'initiative d'Athènion, Mithridate fut choisi comme archonte éponyme en 88/7. Pour leur part, l'Étolie et la Thessalie restèrent fidèles aux Romains.

Débarqué en Épire avec cinq légions au printemps 87, Sylla rétablit la situation : saisissant les trésors des grands sanctuaires pour financer sa campagne, il s'empare d'Athènes après plusieurs mois de siège (hiver 87/6) et la ville est mise à sac ; sans que le rôle joué par le vainqueur apparaisse nettement, la dérive oligarchique observée depuis la fin du IIe s. s'accentue ensuite, confirmant le rôle éminent de l'Aréopage (*infra*, chap. 24). Puis Sylla bat à deux reprises les armées pontiques, commandées par Archélaos et Dorylaos, en Béotie, tandis que Mithridate doit affronter également des légions marianistes : la guerre civile rattrape ici la guerre extérieure, cette contamination marquant la suite des rapports gréco-romains jusqu'à l'établissement du principat par Auguste (cf. le massacre perpétré à Ilion par le légat

marianiste Fimbria, qui, en sus de la parenté mythique avec
Rome, vaudra à la cité une clémence spéciale de Sylla, alors
même qu'elle avait épousé la cause pontique). À l'exemple
d'Éphèse, les défections commencent alors dans le camp de
Mithridate, accélérées par le durcissement de l'attitude du
roi. Ce dernier avait en effet favorisé la tyrannie dans certaines cités et se livrait à des extorsions de fonds (cf. à Chios
dont la population fut déportée), tout en reprenant à son
compte un vieux programme démagogique (abolition des
dettes, citoyenneté pour les métèques, liberté pour les
esclaves) de nature à inquiéter les possédants, même si
pareilles promesses n'étaient pas son fait exclusif. Le désen-
chantement qui en découla, mêlé de remords opportunistes,
fit oublier la haine contre les Romains. La paix fut conclue
à Dardanos, sur les Détroits, en 85 : Mithridate conservait
son royaume mais dut évacuer la province d'Asie et toutes
ses conquêtes, verser une indemnité de 2 000 talents (ou
3 000, selon les sources) et livrer 70 navires.

Ces clauses sont clémentes, surtout si on les compare au
sort des Grecs : Appien prête à Sylla un discours prononcé
à Éphèse, dans lequel les sanctions sont justifiées par la
« barbarie » dont ont fait preuve les Grecs, et où Rome a le
beau rôle (84) [1]. L'Égée est rattachée à la province d'Asie,
où seules les rares communautés qui sont restées fidèles
gagnent ou conservent la liberté, parfois assortie de diverses
faveurs (Magnésie du Sipyle, Rhodes, les Lyciens et les
Cariens, telle la cité de Stratonicée), ainsi que celles qui
avaient trop souffert de Mithridate ou des Marianistes, ce
qui permet à Sylla de se donner des airs de clémence (Ilion
et Chios). Mais ce sont les sanctions financières qui seront
les plus lourdes à supporter : cinq années d'arriérés de tribut
plus des indemnités, le total atteignant d'après Plutarque
20 000 talents qui vont aussi permettre à Sylla de financer
sa guerre personnelle contre les Marianistes. Pour faire face,
cités et particuliers durent s'endetter et, avec les intérêts des
emprunts, ce sont au total 120 000 talents qui auraient été
dus, toujours selon Plutarque (on ne peut toutefois guère

---

1. *Guerres mithridatiques*, LXI-LXIII.

déduire de ces chiffres le montant du tribut annuel de la province). Le poids de ces mesures fut accentué par les exigences de Sylla en matière de cantonnement des troupes, par l'intensification des activités de piraterie et par les abus de certains gouverneurs, tel le légat Verrès, de sinistre mémoire (vols de statues et de biens divers, réquisition d'un navire de la flotte de guerre de Milet pour le revendre, violences contre les personnes, etc.). La détresse était telle que bien des débiteurs ne pouvaient éviter l'esclavage, pour eux-mêmes ou pour leurs enfants qu'ils étaient contraints de vendre. Ont été conservés plusieurs décrets remerciant des citoyens qui sont intervenus en haut lieu pour tenter d'alléger le fardeau, ainsi à Pergame (Diodoros Pasparos), ou dans le cadre du nouveau *koinon* (communauté) des Hellènes d'Asie, dont les délégués se réunissent à Éphèse et qui témoigne de la solidarité des cités face aux épreuves. Certaines d'entre elles en étaient venues à hypothéquer des édifices publics et en 71/0, Lucullus prit des mesures pour alléger un endettement catastrophique, limitant notamment les taux à 12 % et les sommes exigibles au quart des revenus du débiteur.

La lutte contre le roi du Pont n'était pas terminée. La brève « deuxième guerre de Mithridate » conduite par L. Licinius Murena, laissé par Sylla en Asie, se solda dans le Pont et en Cappadoce par un avantage au roi (83-81). Demeurée irréductible, Mytilène ne fut prise par Lucullus qu'en 81/0. De son côté, Mithridate reconstituait ses forces depuis quelque temps et s'entendit même avec un général romain rebelle, Sertorius. Les hostilités reprirent quand Nicomède IV de Bithynie, mort en 76/5 (plutôt qu'en 74 ?), eut légué son royaume à Rome. Le roi du Pont envahit aussitôt la Bithynie, où il fut bien accueilli (73). Vainqueur du premier proconsul de la nouvelle province, M. Aurelius Cotta, il eut en revanche le dessous face aux Galates et à Lucullus, qui le forcèrent à lever le siège de Cyzique et à évacuer la Bithynie. Après un siège de deux ans (72-70), Cotta obtint ensuite la reddition de la cité libre d'Héraclée du Pont, qui avait pris sans enthousiasme excessif le parti du roi : maltraitée par son vainqueur, elle sera restaurée peu après par Rome. Pour sa part, Lucullus s'emparait des autres places, faisant preuve de modération, même si cette guerre est connue pour avoir fourni des quantités d'esclaves à Rome. Mithridate se réfugia chez son gendre Tigrane d'Arménie, dont le domaine s'étendait de la Mésopotamie jusqu'à la Syrie, où il avait évincé les Séleucides (83), se faisant appeler le « Roi des Rois ». Lucullus fut vainqueur de Tigrane à deux reprises, en 69 à Tigranocerte, la nouvelle capitale du royaume sise aux confins de l'Arménie et de la Mésopotamie, puis en 68, près de la vieille capitale arménienne, Artaxata. Mais cette incursion jusqu'en Haute-Mésopotamie ne lui permit pas de mettre la main sur Mithridate. Antiochos XIII, libéré, fut néanmoins rétabli à Antioche ; Lucullus reçut aussi l'allégeance du roitelet de Commagène (royaume indépendant depuis la fin des années 160), Antiochos Ier (*ca* 69-36), qui a édifié à la gloire de sa dynastie le spectaculaire monument du Nemrud Dagh.

Or Lucullus, dont les succès et la réputation d'humanité avaient suscité à Rome jalousie et irritation, fut relevé de son commandement. Mithridate en profita pour reprendre pied dans le Pont et l'emporta sur le légat Triarius (68/7). Pompée prenait dorénavant les affaires en main, investi par la *lex Gabinia* d'un *imperium* (commandement) extraordinaire contre les pirates. Ceux-ci continuaient en effet à écumer la Méditerranée : M. Antonius, le grand-père du futur rival d'Octavien, avait bien remporté une victoire en 102 (création de la province de Cilicie ?), mais son fils homonyme reçut en 74 un commandement général qui se solda par un fiasco, remettant en question les succès que P. Servilius Vatia avait obtenus entre la Lycie et la Lycaonie (cf. la liquidation du « royaume » piratique de Zénikétès), vers 78-75 (selon certains spécialistes, c'est seulement à partir du début des années 70 qu'existe véritablement une province de Cilicie). Des raids menaçaient alors les côtes italiennes, y compris Ostie, le port de Rome ; en 69, Délos fut de nouveau mise à sac et connut ensuite un inexorable déclin. Mais en quelques mois, Pompée et ses légats quadrillèrent et nettoyèrent méthodiquement la Méditerranée, la victoire décisive survenant à Korakèsion, sur la côte de Cilicie Trachée

(67). Les pirates furent dispersés dans diverses cités, Soloi
étant par exemple refondée sous le nom de Pompéiopolis.
L'année suivante, la *lex Manilia* donna au vainqueur autorité
sur toute l'Asie et lui confia la guerre contre Mithridate. Ce
dernier, réfugié en Crimée, se résolut à la mort : devenu
insensible aux effets du poison en vertu de la « mithridatisa-
tion » (accoutumance), il se fit égorger en 63 par un mercenaire. Ainsi s'achevaient les tribulations du dernier grand roi
hellénistique. Désormais, le monde grec n'était plus que le
figurant involontaire et souvent malheureux des guerres
civiles (cf. Marseille en Occident : *supra*, chap. 14).

Le monde grec de Pompée à Antoine (63-30)

Après sa victoire, Pompée s'attache à réorganiser l'Orient.
Il confine Tigrane à l'Arménie, Pharnace (II), le fils de
Mithridate, à la Crimée, et laisse également en place d'autres
principautés ou petits royaumes clients, tels ceux du Galate
Déiotaros, de la Cappadoce et de la Commagène, celui des
Nabatéens ou encore l'ethnarchie judéenne (*infra*, chap. 23),
qui sont autant de relais de l'autorité romaine ou d'États
tampons. Ce glacis ne pourra néanmoins empêcher de nouvelles offensives des Parthes (désastre de M. Licinius Crassus à Carrhes en 53, invasion de la Syrie par Orode II en
51). La nouvelle province du Pont-Bithynie compte dans sa
partie pontique onze cités ou communautés assimilées, ainsi
que des domaines sacrés, parfois improprement appelés
« États sacerdotaux », tel celui du prêtre de Ma à Comana ; la
partie bithynienne (occidentale) présente un aspect comparable. L'urbanisation est encouragée, tandis que la *lex Pom-
peia* tend à instaurer une certaine homogénéité dans les
institutions des cités de la province. On y trouve désormais
un Conseil dont les membres (à vie) sont retenus par le cen-
seur (*timètès*) parmi les citoyens de cens requis ayant déjà
endossé une magistrature, mais aussi cinq archontes, dont
un « premier archonte », et d'autres magistrats ; en outre,
l'octroi de la citoyenneté y est réglementé. Cette unité, inspirée du modèle romain, battait en brèche l'ancestrale diversité

des *poleis*. Ailleurs, Pompée procède à plusieurs fondations et redécoupages territoriaux.

Dans la province d'Asie, des documents postérieurs montrent que les citoyens romains échappaient à la justice des cités et relevaient du gouverneur, qui constituait aussi un recours pour tout type de causes. La province comportait une dizaine de districts environ (*conventus* en latin ; *dioikèsis*, soit « diocèse », en grec), inégaux et constitués sans guère tenir compte des frontières traditionnelles, avec une cité principale (« diocèses » de Milet, Éphèse, Pergame, Sardes, Alabanda, etc.). Les charges financières restaient très lourdes. Outre que la campagne de Pompée aurait rapporté 20 000 talents, les compagnies de publicains continuaient de sévir. La perception se faisait cité par cité, selon une convention. Le gouverneur arbitrait les litiges en fonction de ses penchants ou amitiés, mais aussi des pots-de-vin qu'il pouvait toucher ; lui-même levait des impôts exceptionnels et la confusion était constante entre administrateurs et créanciers (cf. les cas d'extorsions et de détournements de fonds encore illustrés par le *Pro Flacco* de Cicéron). L'endettement restait fort : ainsi Salamine de Chypre, qui avait emprunté à Brutus, l'un des futurs meurtriers de César, au taux annuel de 48 %, sollicita l'intercession de Cicéron, gouverneur de Cilicie en 51 (Chypre était alors rattachée à cette province : cf. ci-dessus). Cependant, il arrivait aussi qu'une cité reçût quelques avantages de son « patron » romain, et les notables tiraient parti des relations personnelles qu'ils pouvaient avoir avec les puissants en vue d'obtenir un sort plus favorable pour leur patrie : ainsi Théophane de Mytilène, fait citoyen romain par Pompée et donc devenu Gn. Pompeius Théophanès, obtint la liberté pour sa cité, qui en retour lui décerna les plus grands honneurs, ainsi qu'à Pompée lui-même.

La guerre entre Pompée et César apporta son lot de misère et de difficultés, spécialement en Macédoine et en Thessalie, qui servirent de bases aux légions et de champ de bataille. Vaincu à Pharsale en 48, Pompée comptait se réfugier en Égypte où il pensait trouver bon accueil, vu que c'est sur son ordre que le gouverneur de Syrie, Gabinius, y avait en

55 rétabli Ptolémée XII, mort en 51 (cf. ci-dessus). Mais en débarquant à Péluse, il fut assassiné par l'entourage du nouveau roi Ptolémée XIII. César, indigné, entra dans Alexandrie où Cléopâtre VII, sœur aînée et épouse de Ptolémée XIII, se fit porter jusqu'à lui au moyen d'un subterfuge des plus romanesques, roulée dans un tapis. Elle aura de lui un enfant, Césarion, le futur Ptolémée XV qui, trop jeune pour avoir véritablement pu régner, clôture la liste des princes lagides. Le palais fut alors assiégé plusieurs mois, notamment par un conseiller de Ptolémée, Achillas, avec le soutien des Alexandrins. César gagna finalement la sanglante « guerre d'Alexandrie », où périt Ptolémée XIII, grâce à des renforts romains, grecs, juifs et nabatéens (48/7). Cléopâtre se remaria avec son autre frère, plus jeune encore, Ptolémée XIV. Après son départ d'Égypte (47), César mena une campagne expéditive contre Pharnace II qui tentait de se rétablir en Asie (ce fut l'occasion du célèbre *Veni, vidi, vici*, « Je suis venu, j'ai vu, j'ai vaincu »). Dans la province, il abaissa les charges financières et retira aux publicains certaines de leurs prérogatives. Il gratifia de la liberté les cités qui avaient sa faveur, telles Ilion (il se prétendait descendant du Troyen Énée), Cnide et Pergame, et confirma ou étendit des asylies anciennes, comme celles du sanctuaire d'Apollon Didymaios à Milet ou de celui d'Artémis à Sardes. Sur la côte sud de la mer Noire et dans la zone des Détroits, il créa ou repeupla plusieurs établissements destinés à renforcer la région, notamment contre les velléités expansionnistes du Gète Byrébistas (*supra*, chap. 14). En Europe, Athènes, qui avait d'abord épousé la cause de Pompée, se rallia aussitôt après Pharsale, et César se montra magnanime. Il nomma un gouverneur pour l'Achaïe, ainsi soustraite à l'autorité du proconsul de Macédoine, et refonda Corinthe sous forme de colonie romaine, surtout peuplée d'affranchis vivant précédemment à Rome, dont beaucoup devaient être d'ascendance grecque (44).

César fut assassiné le 15 mars 44 ; Cléopâtre, qui l'avait rejoint à Rome en 46, rentra en Égypte. Deux des responsables du meurtre, M. Junius Brutus et C. Cassius Longinus, gagnèrent la Grèce et la Macédoine pour y rallier les légions.

Les Rhodiens, qui avaient soutenu P. Cornelius Dolabella, du parti adverse, subirent leur vengeance. Malgré une résistance des plus valeureuses, la cité tomba aux mains de Cassius qui, oubliant qu'il y avait fait des études et malgré l'intervention de son maître Poseidonios d'Apamée, frappa durement les vaincus, ordonnant des exécutions et une saisie de tous les métaux précieux qui lui rapporta 8 500 talents : la prestigieuse cité ne devait jamais retrouver son rang par la suite. Brutus rencontra une résistance tout aussi acharnée en Lycie : les habitants de la cité de Xanthos préférèrent se suicider collectivement plutôt que de tomber entre ses mains. Après bien d'autres exactions en vue de trouver des subsides, Cassius et Brutus furent défaits par Octavien et Marc Antoine en Macédoine, à Philippes (42), transformée ensuite en colonie romaine. Parfaitement hellénisé, Antoine resta comme le « dernier prince de l'Orient grec » (Fr. Chamoux). Selon l'habitude, il y prit des mesures favorables aux communautés qui avaient choisi le bon parti, tout en sollicitant encore les finances des cités pour entretenir ses troupes, ce qui appauvrit encore le pays, déjà exsangue.

Il restait cependant encore assez d'énergie pour que l'offensive parthe de 40, menée par Pacoros, le fil d'Orode, avec Labienus, un ancien officier de Cassius, trouve sur son chemin la farouche résistance de diverses cités dont Stratonicée de Carie (épiphanie et autres miracles de Zeus au sanctuaire de Panamara), qui en fut récompensée (cf. aussi Milet). Mais ce n'est qu'au bout de trois ans que les Parthes furent refoulés au-delà de l'Euphrate et expulsés de Judée. Constamment fidèle, Aphrodisias, qui avait eu la faveur de César et bénéficiait de l'appui d'Octavien, obtint en 39 une série d'avantages par sénatus-consulte : liberté et asylie du sanctuaire d'Aphrodite, exemption de cantonnement, de réquisitions, et surtout de toutes les taxes et de la présence des publicains. De son côté, Antoine fonda peu de cités mais redécoupa les provinces orientales, multipliant les principautés clientes en Asie et redistribuant les territoires, notamment à l'avantage de l'Égypte de Cléopâtre (Chypre, etc.). Antoine et Cléopâtre, seule au pouvoir depuis qu'elle avait fait empoisonner Ptolémée XIV (44), étaient liés depuis 41

et menaient une vie excentrique, s'attachant le surnom
d'« inimitables ». En 36, une campagne contre les Parthes
échoua complètement. En 34, une victoire sur l'Arménie
fournit le prétexte à l'organisation d'un triomphe extrava-
gant à Alexandrie et d'une cérémonie durant laquelle
Antoine, dont la position personnelle n'est pas définie, parta-
gea l'Orient entre Césarion, Cléopâtre (« Reine des Rois »)
et les trois enfants qu'il avait eus d'elle. Mais la rupture
entre les deux anciens vainqueurs des meurtriers de César
était consommée et les projets d'Antoine sombrèrent dans
les eaux d'Actium (bataille navale du 2 septembre 31, au
déroulement très incertain). L'été suivant, le suicide d'Antoine, celui de Cléopâtre qui aurait affecté une forme égyptienne rituelle (morsure de l'uræus, le serpent d'Amon-Rè),
et l'élimination de Césarion scellaient la réunion de l'Empire
romain sous la férule d'Octavien, futur Auguste, qui fit une
place spéciale à la province d'Égypte (*infra*, chap. 24). Un
point final était mis à l'aventure des Macédoniens en Orient,
qui s'achevait en la personne de Cléopâtre comme elle avait
commencé avec Alexandre, par une figure de légende.

Chapitre 22

ROYAUMES, CITÉS ET LIGUES À L'ÉPOQUE HELLÉNISTIQUE

Les trois chapitres précédents l'ont rappelé : telle que nos sources permettent de la retracer, l'histoire événementielle de l'époque hellénistique s'avère extrêmement riche et mouvementée. L'extension des théâtres d'opérations et l'entrelacement des intrigues y sont pour beaucoup. Mais il est un autre élément qui contribue à compliquer la donne : la multiplication et la juxtaposition des formes d'organisation étatique. Le fait marquant est l'apparition des grandes monarchies territoriales constituées sur les dépouilles de l'empire argéade, spécialement en Orient. À côté ou au cœur de ces vastes ensembles, on retrouve les cités, apparemment plus faibles mais qui survivront pourtant à ces superpuissances, cités du vieux monde grec et fondations nouvelles, dues à Alexandre ou à ses successeurs, surtout séleucides. Enfin, l'expérimentation la plus novatrice est sans doute constituée par le fédéralisme, particulièrement bien représenté en Grèce. Les relations internationales n'ont jamais été aussi intenses et bien illustrées. Pour toutes ces questions, même s'il subsiste des zones d'ombre, les auteurs et, surtout, les inscriptions et les papyrus, toujours plus nombreux, donnent quantité d'informations.

Caractères généraux de la monarchie hellénistique

On se rappelle que dès avant Philippe II et Alexandre, la royauté n'est pas inconnue des Grecs, même si le cas spartiate reste très spécifique et si les rois chypriotes connus notamment au IVe s. n'ont joué qu'un rôle marginal. À l'époque hellénistique, c'est naturellement le modèle macédonien qui sert de référence. Les Diadoques se réclamèrent particulièrement d'Alexandre et tentèrent d'asseoir leur légitimité sur la continuité, en s'unissant à une princesse argéade (Cassandre et Thessalonikè), en conservant l'épouse que leur avait donnée le conquérant (Séleucos et Apamè), en récupérant sa dépouille (Ptolémée), ou en se posant en héritiers politiques (ligue d'Antigone et de Démétrios en 302). Cependant, les conditions d'existence propres à chaque royaume ont imposé des différences sensibles dans l'exercice du pouvoir. Tentons de dégager quelques traits communs avant d'en venir aux cas particuliers.

Le roi (*basileus*) est un chef de guerre et c'est avant tout par la victoire, qui met en exergue ce que d'aucuns ont appelé son « héroïsme charismatique », qu'il est reconnu par les siens, c'est-à-dire par les troupes, selon l'usage national des Macédoniens (assemblée des soldats : *supra*, chap. 16). Ainsi Attale Ier de Pergame prend-il le titre royal après l'avoir emporté sur un autre roi, Antiochos Hiérax, et ses terribles Galates, en 238/7. Chez les Séleucides, dont beaucoup ont péri par fait de guerre, le thème de la victoire (*nikè*) est exploité notamment par les épithètes cultuelles de Séleucos Ier *Nikator* (« Victorieux ») ou de Séleucos II *Kallinikos* (« Glorieux vainqueur »). Le fondement de la puissance du roi est le territoire qu'il domine (*chôra* ou *gè basilikè*) et qui lui fournit notamment de quoi entretenir ses armées (effectifs de plusieurs dizaines de milliers d'hommes, pour la plupart mercenaires). Il en dispose à sa guise, attribuant par exemple à des proches une contrée, par le biais d'une *dôréa* (littéralement « don »), en pleine propriété et donc transmissible (en Macédoine), ou en usufruit et révocable (Lagides et Séleucides, mais dans les faits, là aussi ces domaines tendent à devenir propriétés héréditaires). La *dôréa* concédée par Ptolémée Philadelphe à Apollonios, dans le Fayoum, est un exemple particulièrement bien illustré grâce aux archives de Zénon, qui en fut l'intendant entre 256 et 248. Ce patrimoine doit être défendu, si possible accru aux dépens des voisins, en une compétition permanente et d'esprit typiquement grec (principe de la *gè doriktètos*, terre conquise à la pointe de la lance, réaffirmé lors de son débarquement en Asie par Alexandre). Cette compétition se manifeste aussi dans les réalisations édilitaires (construction et embellissement des capitales, telles Alexandrie, Antioche ou Pergame), l'organisation de fêtes frappant l'imagination (processions d'Alexandrie et de Daphnè), les réalisations militaires (navires de dimensions gigantesques, emploi des éléphants et de machines de siège formidables), la bienveillance et la magnificence (dons aux cités). Prestige et propagande sont également des armes de choix, surtout jusqu'au début du IIe s., avant un épuisement des richesses qui réduit notablement le train de vie des rois, comme le souligne Polybe. Diadème, sceptre, anneau portant le sceau royal et monnaies à l'effigie du roi sont les principaux symboles du pouvoir. À l'exception des Attalides, chez qui il peut échoir à un collatéral, celui-ci se transmet héréditairement, d'où le rôle primordial joué par les reines et par la « diplomatie d'alcôve » durant toute l'histoire hellénistique. Bien avant les complexes successions lagides des IIe-Ier s., où s'illustrèrent plusieurs Cléopâtre (*supra*, chap. 21), il n'est que de songer à Arsinoé, successivement épouse de Lysimaque, de Ptolémée Kéraunos, et finalement de son frère Philadelphe, dont elle put inspirer en partie la politique : cette existence romanesque et en même temps si profondément marquée par la *Realpolitik* est à elle seule un résumé des années 290-270, décisives à bien des égards.

Le gouvernement est supervisé par le roi lui-même, sorte de loi vivante (*nomos empsychos*, concept qui remonterait à Archytas de Tarente et sera développé par une littérature pseudo-pythagoricienne tardive : *supra*, chap. 14), exerçant un pouvoir personnel, absolu et irresponsable, par le biais d'ordonnances (*prostagma*, pluriel *prostagmata*) et de règlements (*diagramma*, plur. *diagrammata*). Cette activité donne lieu à une abondante correspondance, adressée aux fonctionnaires locaux et aux cités (*epistolè* = lettre). Autour du roi évoluent les Amis (*philoi*), Macédoniens ou Grecs de tous horizons occasionnellement réunis en un conseil informel ; véritables compagnons à l'origine, ils finissent par constituer une sorte d'ordre, dont la titulature s'alourdit au fil du temps, jusqu'à produire une hiérarchie aulique (*aulè* = la cour) comme celle qui est connue à Alexandrie à partir du IIᵉ s., avec pas moins de six catégories principales, elles-mêmes subdivisées en sous-catégories. Parmi ces hauts personnages, quelques-uns se distinguent, tels Adeimantos de Lampsaque, promoteur de la politique de Démétrios Poliorcète en Grèce à la fin du IIIᵉ s., Apollonios, qui fut le diœcète (cf. ci-après) de Ptolémée II à partir de 260 environ et quitta la fonction peu après la mort du roi, ou le stratège Zeuxis, fidèle bras droit d'Antiochos III pendant près d'une trentaine d'années. Enfin s'ajoute une dimension religieuse, exprimée notamment par les épiclèses royales : hormis chez les Antigonides, dont les surnoms s'apparentent plutôt à des sobriquets, et, dans une certaine mesure, chez les Attalides, celle-ci est exploitée toujours davantage (Ptolémée Iᵉʳ Sôtèr ; Antiochos Iᵉʳ Théos ; Ptolémée V ou Antiochos IV Épiphane ; Ptolémée XII Néos Dionysos, c'est-à-dire « Nouveau Dionysos » ; la grande Cléopâtre, Théa Philopator, « déesse aimant/honorant son père », etc.). Le développement du culte royal avait été préparé peut-être par Philippe, sûrement par Alexandre (*supra*, chap. 17), et il est largement dû à l'initiative des cités, ce qui implique de ne pas surévaluer les influences orientales. Ptolémée Iᵉʳ doit par exemple son épiclèse aux Rhodiens d'après Pausanias, dont le témoignage est toutefois remis en question, notamment parce que les Nésiotes s'enorgueillissent aussi de cette primeur ; Antiochos Iᵉʳ doit la sienne aux Milésiens. Il n'en reste pas moins que les royautés antigonide en Macédoine ou éacide chez les Molosses (auxquels ont été fédérés les deux autres peuples d'Épire, les Thesprôtes vers 330 puis les Chaones sous Pyrrhos), fondées sur un consensus national, présentent des caractéristiques notablement différentes des monarchies orientales. Celles-ci doivent en effet composer avec un antique substrat indigène et avec les traditions pharaoniques ou achéménides.

Les Antigonides[1]

Notre connaissance de la Macédoine antigonide est profondément renouvelée depuis quelques années grâce à la découverte de nouveaux documents et à la multiplication d'études de qualité. Agrandi (spécialement vers l'est : région d'Amphipolis, Chalcidique, etc.), unifié (même s'il reste une grande variété de structures en fonction des traditions locales) et urbanisé par Philippe II, le pays est divisé en quatre districts qui seront la base des *mérides* romaines après 168/7 (*supra*, chap. 16 et 20). Il est aujourd'hui établi que les cités y jouent un rôle essentiel, jouissant d'une certaine autonomie, notamment financière, et dotées d'institutions civiques semblables à ce que l'on connaît ailleurs : Assemblée, Conseil et magistrats, parmi lesquels les épistates (puis politarques) qui paraissent assurer la liaison avec l'administration royale, et les gymnasiarques, responsables des gymnases dont le fonctionnement devait être mis en conformité avec les édits royaux relatifs à la formation militaire des jeunes (voir la loi gymnasiarchique de Béroia[2]). Le recrutement des troupes se fait sur base censitaire et territoriale (alternance par districts). Réorganisée par Philippe II, l'armée continue à être l'objet de tous les soins des souverains, notamment de Philippe V, admirateur de son prédécesseur homonyme et qui est aujourd'hui considéré comme un excellent administrateur, en même temps qu'un chef de guerre à l'énergie remarquable. À travers l'organisation militaire en Macédoine, sans rivale jusqu'à l'arrivée des légions, apparaît bien la spécificité de cette monarchie nationale : le roi dirige les affaires avec son conseil d'Amis, mais en tenant compte occasionnellement de l'Assemblée des

---

1. Rappel : Antigone le Borgne (roi en 306, mort en 301) et Démétrios Poliorcète (roi en 306, en 294 en Macédoine, perdue en 288/7 ; mort en 283) ; Antigone Gonatas (roi à partir de 283, mais en Macédoine à partir de 277/6 ; mort en 239), Démétrios II (239-229 ; corégent depuis la première moitié des années 250 env.), Antigone Dôsôn (229-221), Philippe V (221-179), Persée (179-168).   2. Ph. Gauthier, M. B. Hatzopoulos, *La Loi gymnasiarchique de Béroia*, 1993.

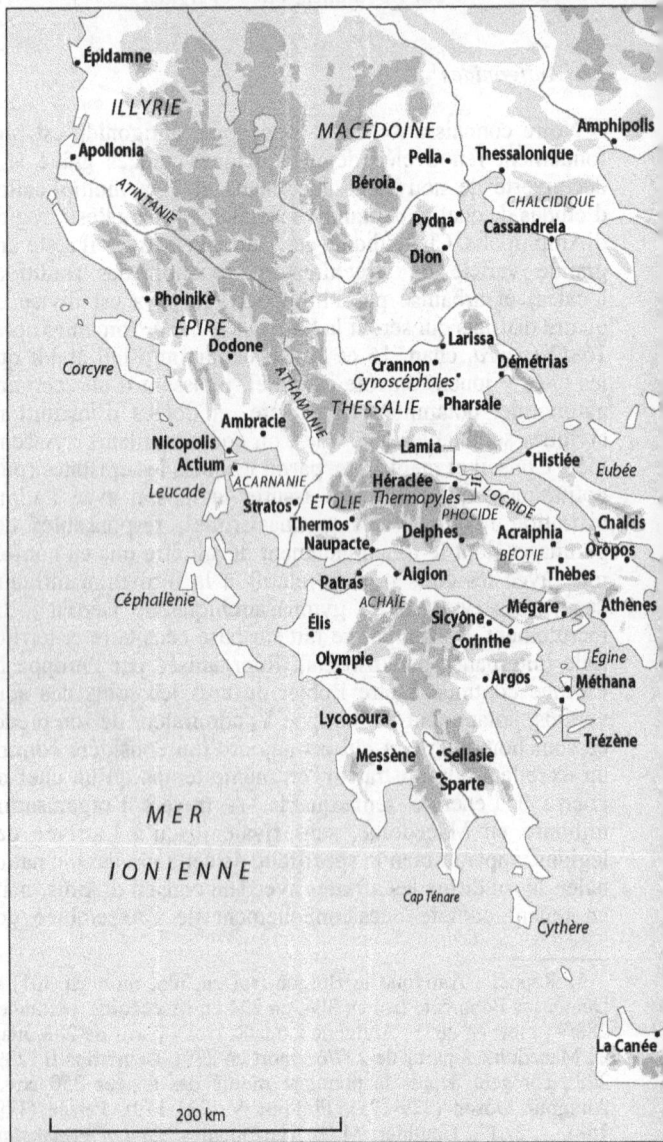

Carte 18. Le bassin égéen à l'époque hellénistique.

Macédoniens, réunie notamment vers l'équinoxe d'automne, qui marque le début de l'année (fêtes de Zeus), et au printemps, lors de la fête des Xandika, célébrée en un lieu variable et qui est l'occasion d'une lustration (rituel de purification) de l'armée. Les Macédoniens, distingués de leur roi par les inscriptions (« le roi Un tel et les Macédoniens »), avaient leur mot à dire, par exemple lors des successions et régences, ou en cas de peine capitale ; en outre, ils se montraient volontiers frondeurs : ainsi en 218 à Corinthe, lorsque des troupes d'élite, excitées par des meneurs et mécontentes de leur part de butin, s'en prennent à Philippe V et à ses Amis. Les finances du royaume étaient principalement alimentées par les revenus des mines (ceux du Pangée sont estimés à 1 000 talents annuels) et du sol (terre royale sur laquelle le roi peut faire des donations), et par diverses taxes (notamment portuaires et foncières, droits de mutation). Les Macédoniens étaient par ailleurs astreints à des contributions personnelles (travaux d'intérêt général).

Une fois écartée la menace représentée par Pyrrhos, la politique extérieure des Antigonides est définie selon trois axes principaux. Tout d'abord, préserver le royaume contre les incursions barbares, galates puis dardaniennes notamment (Démétrios II y laisse la vie en 229 : *supra*, chap. 19). Ensuite, contrôler la péninsule balkanique en tenant les entraves (Démétrias, Chalcis, le Pirée et l'Acrocorinthe), avec l'aide de tyrans dévoués placés à la tête des cités ou par des alliances, notamment avec les Achaiens du Péloponnèse, le plus souvent contre les Étoliens qui ont une position dominante en Grèce centrale. Enfin, rivaliser avec les Lagides pour la suprématie navale en Égée : on se souvient que la ligue des Nésiotes était une création d'Antigone le Borgne avant de tomber sous obédience ptolémaïque dans la première moitié du IIIe s. ; Gonatas (victoires de Cos et d'Andros : *supra*, chap. 19) et Dôsôn y réaffirmèrent leur présence, puis Rhodes s'imposa au début du siècle suivant. Cette lutte de longue haleine donna lieu à une véritable course aux armements, à l'initiative de Démétrios Poliorcète qui lança les premières hypergalères, jusqu'au « seize » (sans doute un vaisseau à deux rangs de rames superposés et huit rameurs par rame), son navire amiral (cf. aussi l'Isthmia de Gonatas, construite pour surclasser la Léontophoros de Lysimaque). La présence antigonide en Égée se matérialise encore par des offrandes de prestige à Délos (portiques de Gonatas et de Philippe V, entre autres), alors que les rivaux lagides et rhodiens se concentrent plutôt sur le sanctuaire des Grands Dieux de Samothrace. Le point d'orgue de cette politique est constitué par le traité de partage du domaine ptolémaïque conclu avec Antiochos III à la fin du siècle, mais dès avant eurent lieu plusieurs tentatives de déstabilisation, comme lorsque Gonatas voulut empêcher le retour de Cyrène dans le giron lagide, après la réconciliation de Philadelphe avec Magas. Celle-ci avait été assortie de fiançailles entre Bérénice, fille de Magas, et le futur Ptolémée III. Mais à la mort de Magas (250), sa veuve Apamè, une fille d'Antiochos Ier qui avait apparemment gardé certains réflexes de sa famille d'origine, annula les fiançailles, tandis qu'Antigone dépêchait à Cyrène son demi-frère, Démétrios « le Beau » (le père de Dôsôn), en vue de séduire la princesse et de faire définitivement capoter la réunification. Mais la manœuvre échoua, Bérénice faisant même exécuter ce second fiancé alors qu'il se trouvait dans le lit de sa future belle-mère, Apamè...

Le royaume lagide [1]

Le royaume lagide, dont la capitale, Alexandrie, jouit d'une position particulière aux portes de l'Égypte (*ad Aegyptum*, dira le latin : chapitre suivant), est constitué de la *chôra* égyptienne et de possessions extérieures telles

---

1. Rappel : Ptolémée Ier Sôtèr (306/5-283 ou 282), Ptol. II Philadelphe (283 ou 282-246, corégent en 285), Ptol. III Évergète (246-222/1), Ptol. IV Philopator (222/1-204), Ptol. V Épiphane (204-180), Ptol. VI Philomètor (180-145), Ptol. VIII Évergète II (170-163 puis 145-116), Ptol. IX Sôtèr II (116-107 puis 88-81/0), Ptol. X Alexandre I (107-88), Ptol. XI Alexandre II (80), Ptolémée XII, dit Aulète (80-58 puis 55-51), Ptolémée XIII (51-47), Ptolémée XIV (47-44), Cléopâtre VII (51-30).

Chypre, la Phénicie et la Cœlè-Syrie, sans compter diverses places en Égée et en Asie Mineure. C'est le royaume dont l'organisation est le mieux connue, surtout grâce à la documentation papyrologique, même s'il subsiste des incertitudes chronologiques et si les champs de compétences entre telle ou telle fonction n'apparaissent pas toujours très distinctement. L'administration centrale compte notamment le diœcète, sorte de surintendant et administrateur général. Au sommet de la chancellerie figurent l'épistolographe chargé de la correspondance du roi, spécialement des ordres épistolaires, et l'hypomnèmatographe, qui paraît consigner les éphémérides et décisions royales, et notifier aux fonctionnaires régionaux, sous forme de simples apostilles, les réponses aux pétitions (*infra*, chap. 23) qui sont passées par lui. L'Égypte est divisée en un peu moins d'une quarantaine de nomes, administrés par des nomarques et des économes, qui tendent cependant à se subordonner aux stratèges, dont les fonctions ne sont pas exclusivement militaires et dont l'autorité peut s'étendre à plusieurs nomes. Ces nomes sont eux-mêmes subdivisés en toparchies et en villages (*kômai*), administrés par des toparques et des cômarques. Hormis la capitale, il n'y a en Égypte proprement dite que deux cités : l'ancien comptoir de Naucratis (*supra*, chap. 8), qui a probablement reçu ce nouveau statut d'Alexandre, et Ptolémaïs, fondée par Sôtèr pour faire pièce à Thèbes et au puissant clergé de Haute-Égypte, région qui manifeste régulièrement des penchants séparatistes.

Les rapports avec le clergé égyptien sont l'un des points cruciaux de l'histoire de la dynastie : le roi était pour les natifs un pharaon, ce qui lui donnait un statut religieux primordial. L'intérêt mutuel exigeait que les relations fussent globalement bonnes et que l'ordre régnât : le clergé avait besoin des rois pour maintenir ses privilèges et les rois ne pouvaient se passer de ce relais de leur autorité sur les masses. Aussi cette période voit-elle encore s'édifier de grands temples dans le style national, comme à Edfou (Horus) et à Philae (Isis). Au fur et à mesure que décline la monarchie, notamment après la bataille de Raphia (217) où s'illustrent les combattants (*machimoi*) égyptiens (*supra*, chap. 20), les concessions royales se multiplient (extension du droit d'asyle, dons de terres et relâchement de la pression fiscale, etc.), et l'on observe une certaine tendance à l'égyptianisation de la dynastie, du moins dans ce domaine (seule Cléopâtre VII passait pour connaître le démotique, la langue égyptienne « populaire »). Parmi les documents les plus suggestifs figurent les stèles trilingues (prototype grec avec versions hiéroglyphique et démotique) qui ont conservé des décrets de synodes, ces réunions de prêtres venant de tout le pays sur convocation du roi. Ainsi, après la victoire de Raphia, un relief de style égyptien, surmontant une stèle provenant du Delta oriental, donne à lire la titulature pharaonique très développée de Ptolémée IV, lui-même représenté comme un cavalier macédonien, mais coiffé de la double couronne traditionnelle de Haute et Basse-Égypte (*pschent*). Ptolémée V passe pour être le premier Lagide couronné selon le rite indigène, dans le temple de Ptah, à Memphis (voir la fameuse « pierre de Rosette », portant les décisions du synode de 196)[1].

Deux traits remarquables de la dynastie lagide, révélateurs de l'inventivité des premiers rois, sont le culte royal et les expériences économiques. Le premier point est encore l'objet de reconstitutions divergentes car certains aspects, notamment chronologiques, prêtent à discussion. Dès avant de prendre le titre royal, Ptolémée Ier avait consolidé sa légitimité en s'emparant de la dépouille d'Alexandre, dont le culte (prêtre éponyme) peut être considéré comme le socle du complexe édifice échafaudé par ses successeurs. La deuxième étape est constituée par le culte posthume de Sôtèr, institué par son fils Ptolémée II : la fête des Ptolémaia pentétériques (première célébration en 279/8) inaugure la longue série des nouveaux concours stéphanites alignés sur ceux de la Période (*supra*, chap. 12), qui se multiplieront

---

1. A. Erskine (éd.), *Le Monde hellénistique. Espaces, sociétés, cultures, 323-31 av. J.-C.*, 2004, p. 257 ; J.-M. Bertrand, *Inscriptions historiques grecques*, 1992, n°s 110 et 117 ; A. Bernand, *La Prose sur pierre dans l'Égypte hellénistique et romaine*, 1992 : t. 1, *Textes et traductions*, p. 37-42 et 44-49 ; t. 2, *Commentaires*, p. 41-44 et 46-54.

plus tard dans tout le monde hellénistique (chapitre suivant). Le culte dynastique des Dieux Adelphes (frère et sœur), dont le sacerdoce est associé à celui d'Alexandre, est institué en 272/1, Arsinoé elle-même étant après sa mort assimilée à diverses déesses, telles Isis et Aphrodite : lui est alors affectée une prêtresse spéciale, la canéphore, ainsi qu'un prélèvement fiscal, l'*apomoira*. Le culte des Dieux Évergètes est organisé par Ptolémée III, qui y associe le clergé indigène (décret du synode de Canope en 238, créant une nouvelle tribu de prêtres *ad hoc*), avant que Ptolémée IV ne réforme l'ensemble, édifiant à Alexandrie un complexe funéraire et cultuel dédié à ses prédécesseurs. Enfin, certains Lagides seront assimilés aux grandes divinités de leur vivant (cf. Cléopâtre III Isis et Ptolémée XII « Nouveau Dionysos »).

L'économie du royaume des Ptolémées est un autre sujet qui a fait couler beaucoup d'encre. En marge du débat entre modernistes et primitivistes (*supra*, chap. 12), d'aucuns y ont vu une préfiguration des États modernes (M. Rostovtzeff), tandis que d'autres en ont eu une vision beaucoup plus négative, insistant sur le pillage organisé des ressources de l'Égypte : celui-ci aurait même fini par être contre-productif, notamment du fait d'une administration pléthorique, constituée aussi pour répondre aux vœux d'une partie des Grecs d'Égypte qui y trouvaient des emplois commodément. Le règne de Ptolémée Philadelphe marque une sorte d'apogée, de surcroît particulièrement bien documenté par les archives de Zénon, l'intendant du diœcète Apollonios, par les *ostraka* (tessons portant notamment des reçus fiscaux), ou par des pièces comme le papyrus dit « des *Revenue Laws* », qui est une collation de dispositions fiscales datée des environs de 260. Bénéficiant des premières expériences de Cléomène de Naucratis (*supra*, chap. 17), dont on tend aujourd'hui à minorer l'ampleur, les Lagides reprirent à leur compte les pratiques locales millénaires. Ils y ajoutèrent des éléments grecs, comme la monnaie, dont l'usage en Égypte était resté limité, la banque, et surtout le système de la ferme et des monopoles. Était notamment affermée la perception des impôts : recrutés au plus offrant et liés par un contrat d'adjudication à l'État, les fermiers trouvaient leur intérêt dans les surplus qu'ils dégageaient, une fois reversé au trésor royal ce qu'ils lui devaient.

Un autre fait marquant est le contrôle étroit de la production, notamment celle du blé. Dans la *chôra*, outre la propriété privée (surtout sur les territoires civiques), et les terres concédées en *dôréa*, on distingue principalement : les domaines des temples, dont la gestion est supervisée par le roi ; la terre clérouchique, qui reste propriété royale mais est attribuée à des soldats en usufruit, sous forme de tenure révocable, en échange de l'obligation de service en cas de mobilisation (*klèroi* d'une superficie allant d'environ 1 ha à plusieurs dizaines, selon le grade et l'arme, supérieure pour les cavaliers, notablement inférieure pour les troupes indigènes) ; enfin le reste de la terre royale cultivée par des paysans égyptiens liés au roi par un contrat de bail qui les contraint à reverser environ 40 % de la récolte, le total des prélèvements atteignant ± 50 % si l'on ajoute l'impôt foncier d'une artabe (de 30 à 40 litres env.) par aroure (un peu plus d'un quart d'hectare), acquitté également par les temples et les clérouques. Pour ces paysans de la terre royale, le blé faisait en outre l'objet d'une distribution strictement comptabilisée des semences, sous forme d'avances remboursables, d'après les résultats de l'année écoulée et l'ampleur moyenne de la crue du Nil mesurée à l'aide de nilomètres (*diagraphè sporou*, « bordereau d'ensemencement » à propos duquel certains spécialistes ont parlé de « planification » ou de « prévision budgétaire »). Population et matériel (houes, pressoirs, métiers à tisser, etc.) étaient scrupuleusement recensés et, depuis les semailles jusqu'au stockage dans les greniers royaux confiés à la garde des sitologues, toutes les étapes étaient contrôlées par des fonctionnaires. Les paysans pouvaient disposer des surplus, après prélèvement du grain dû au roi, dont une partie était utilisée pour les besoins locaux (salaires des fonctionnaires, stocks pour les prochaines semences), le reste étant transporté par le fleuve pour nourrir Alexandrie et vendre les excédents à l'exportation. La double récolte annuelle et le gain de terres cultivables étaient encouragés : le cas le mieux documenté est l'assèchement et l'irrigation du Fayoum autour de Philadelphie (nome Arsinoïte), où Apollonios avait l'essentiel de sa *dôréa* et qui a été qualifié de « front pionnier ». Il existait en outre un monopole sur l'huile (oléagineux, eux aussi soumis à la *diagraphè*, l'huile d'olive étant en partie importée et son prix fixé par les magasins royaux), et un quasi-monopole sur d'autres produits (lin, bière et papyrus). Le système d'impôts et de taxes était très sophistiqué : outre l'impôt foncier, citons l'impôt sur le sel (en réalité une sorte de capitation), les tarifs de douanes qui pouvaient atteindre 50 %, les octrois, taxes sur les métiers, droits de mutation, vente des droits sacerdotaux, etc. L'usage d'un étalon monétaire propre au royaume constituait une autre source de profit, plutôt qu'un moyen de contrôler les changes et la circulation des métaux précieux (chapitre suivant). On a estimé que le pays rapportait entre 10 000 et 15 000 talents d'argent annuels à Ptolémée II.

Car c'était bien là le souci essentiel : assurer des rentrées d'argent pour subvenir aux besoins traditionnels que sont les dépenses militaires et autres moyens indispensables à la bonne marche du royaume. Plutôt que de verser dans l'anachronisme en parlant de dirigisme ou de mercantilisme d'État, il convient donc de garder présentes à l'esprit les préoccupations antiques, qui sont principalement fiscales et politiques. Ainsi les Lagides laissent-ils les exportations à des négociants étrangers, dont les trafics sont protégés par le précieux allié rhodien, chargé de la police des mers (cf. ci-après). Ce bel édifice, dont on relativise aujourd'hui l'originalité, a d'ailleurs commencé à se dégrader dès le règne de Ptolémée III. En raison de l'évolution du système des tenures clérouchiques, qui tendaient dans les faits à devenir héréditaires et à ne plus être liées à des obligations militaires, les terres échappaient au contrôle royal et étaient moins bien exploitées. Quant aux paysans égyptiens, auxquels étaient imposées diverses corvées (entretien des digues et canaux, etc.), et que des contrats de bail de plus en plus contraignants soumettaient à une pression et à un endettement excessifs, ils en venaient à refuser de travailler et trouvaient parfois refuge dans la fuite (anachorèse). La situation était encore aggravée par l'attitude des bureaucrates locaux qui vivaient sur le pays, mêlant les affaires officielles à leurs intérêts privés et s'affranchissant toujours plus du contrôle central, d'où le développement local des rapports de protection privés (*sképè*) et l'influence croissante du clergé. En 118, celui-ci obtient en outre que le roi abandonne la gestion de ses terres, désormais exemptées de l'impôt foncier. Au IIᵉ s., l'appareil est déjà passablement déréglé et coûte peut-être plus qu'il ne rapporte, mais il est vrai que l'ambitieuse politique extérieure qu'il était censé soutenir appartient désormais au passé.

Par une sorte de répulsion mécanique, celle-ci visait, au temps de sa splendeur, à contrer les Antigonides en Égée (cf. l'assistance à Rhodes contre le Poliorcète en 305/4, la concurrence des deux dynasties auprès des Nésiotes, les dons de céréales et autres générosités aux Athéniens dans les années 280 puis l'aide militaire durant la guerre de Chrémonidès, ou encore les subsides fournis à Cléomène III de Sparte : *supra*, chap. 19). Cela entraînait d'importantes dépenses liées à la flotte (environ 300 vaisseaux sous Philadelphe, avec un fort coefficient de grosses unités). Cela supposait également la constitution d'un « empire » maritime, composé de Chypre, placée sous l'autorité d'un gouverneur général, mais aussi de bases en Crète (Itanos), à Samos, Théra, dans les possessions de Carie ou de Lycie (*dôréa* de « Ptolémée de Telmessos », neveu de Philadelphe), et jusque dans le Péloponnèse (Méthana sur la péninsule argolique) comme dans le nord de l'Égée (cf. Ainos et Maronée). Cela justifiait enfin une politique de fondations beaucoup plus dynamique à l'extérieur de l'Égypte (Arsinoé de Cilicie, etc.), mais aussi l'influence exercée sur des cités telles que Cos ou Milet et, surtout, l'alliance rhodienne. Précisons néanmoins que les contours exacts de cette influence, mouvants, demeurent parfois difficiles à saisir, notamment sur le littoral asiatique et dans les îles (cf. Samothrace ; à Lesbos, la présence lagide est bien attestée dans la partie occidentale, mais pas à Mytilène). Les dernières bases lagides en Égée (Itanos, Théra, Méthana) sont apparemment évacuées après la mort de Ptolémée VI (145). L'autre pièce maîtresse du glacis protégeant l'Égypte est constitué de la Cœlè-Syrie, face à l'ennemi ancestral venu d'Asie.

Séleucides et Attalides

Précisément, bien des traits opposent le royaume séleucide[1] à son voisin lagide : une extension est-ouest, une très grande hétérogénéité, à la mesure de l'immensité des étendues dominées, une multitude de cités, etc. À la cour, dont l'étiquette d'inspiration orientale tend à s'alourdir avec le temps, on trouve notamment un « préposé aux affaires » (cf. Hermias auprès d'Antiochos III) et un grand chambellan (Nicanor jusqu'en 209, avant de devenir *archiéreus* : ci-après). Mais c'est surtout le contrôle des territoires qui soulève les plus grandes difficultés : dans ses grandes lignes, l'organisation satrapique des Achéménides a été conservée (la question de la continuité est ici l'une des plus discutées qui soient) et l'on connaît aussi des subdivisions (hyparchies et toparchies), même si la rareté des attestations et une titulature fluctuante interdisent d'y voir très clair (la stratégie finit apparemment par prédominer). L'habitude a été prise très tôt de confier de vastes régions à la responsabilité d'un proche du roi, d'ordinaire l'héritier présomptif associé au trône (cf. Antiochos Ier dans les satrapies supérieures), ou un autre membre de la famille ou assimilé (Hiérax, Achaios, puis le stratège Zeuxis en Asie Mineure, où Nicanor assuma également la fonction d'*archiéreus*, grand prêtre supervisant

---

1. Rappel : Séleucos Ier Nicator (*ca* 305-281), Antiochos Ier Sôtèr (281-261, corégent en 294 ou 293), Antiochos II Théos (261-246, corégent vers 267), Séleucos II Callinicos (246-*ca* 226), Séleucos III Sôtèr (*ca* 226-223), Antiochos III le Grand (223-187), Séleucos IV Philopator (187-175), Antiochos IV Épiphane (175-164/3), Antiochos V (164/3-162), Démétrios Ier Sôtèr (162-151/0), Alexandre Balas (150-145), Démétrios II Nicator (145-140/39 puis 129-125), Antiochos VII Sidètès (138-129), Antiochos VIII Grypos (125-96), Antiochos IX Cyzicène (*ca* 114/3-95)... Antiochos XIII (84/3 puis 69-64).

les sanctuaires et chargé du culte royal d'État, une fois celui-ci institué par Antiochos III).

Pour mailler le territoire, les Séleucides reprennent à leur compte la politique de fondations à grande échelle inaugurée par Alexandre. On en attribue par exemple une cinquantaine à Séleucos Ier. Parfois, il s'agit de simples établissements militaires sans statut de cité (cf. les *katoikoi* de Toriaion/Tyriaion en Phrygie), ou de refondations avec un nouveau nom emprunté à la famille régnante : on parle alors de métonomasie, par exemple en Antioche, Séleucie, Stratonicée, etc., d'où des homonymies nécessitant une précision géographique (cf. Alabanda, devenue Antioche des Chrysaoriens, du nom d'une subdivision locale de l'*ethnos* carien, sous Antiochos II). Construites sur des sites militairement et/ou économiquement stratégiques, selon un plan en damier (cf. Doura-Europos sur l'Euphrate) et donnant lieu à un lotissement des terres, les nouvelles cités étaient confiées à la garde d'un épistate royal et n'avaient qu'une autonomie municipale. Elles constituaient autant de relais du pouvoir, qui multipliait les mesures de faveur au début de leur existence, en vue d'en garantir le succès (exemptions fiscales, etc.). En revanche, les anciens centres indigènes semblent avoir rarement retenu l'attention des rois, hormis Babylone et ses temples prestigieux (cf. l'*Histoire de Babylone* écrite pour Antiochos Ier par le prêtre Bérose). Au bout du compte, l'empire séleucide donne l'impression d'un domaine polycentré : à Sardes réside le « vice-roi » d'Asie Mineure, à Séleucie du Tigre, qui fut la première capitale dynastique fondée, le gouverneur des satrapies orientales, tandis qu'Antioche sur l'Oronte, au sein de la Tétrapole syrienne (avec Séleucie de Piérie, Laodicée-sur-Mer et Apamée), devient la capitale royale théorique. Le roi devait en effet parcourir le pays périodiquement et réaffirmer son autorité contre les forces centrifuges, l'Anabase d'Antiochos III en étant le plus bel exemple. Cela n'empêcha pas la constitution de plusieurs royaumes dissidents, l'apparition d'une multitude de dynastes locaux (cf. Olympichos d'Alinda, en Carie, passé au service d'Antigone Dôsôn), ni l'incursion de populations

SCYTHES

Olbia

Tanaïs

GÈTES

MER CASPIENNE

CRIMÉE

Théodosia

Danube

Istros

Chersonèsos

Tomi

Callatis

PONT-EUXIN

Mésembria

Apollonia

Sinope

Héraclée

Artaxata

Nicomédie

Comana

ARMÉNIE

Pruse

Nicée

Pessinonte

Pergame

Toriaion

Halys

Hanisa

COMMAGÈNE

Tigranocerte

PHRYGIE

Apamée

CAPPADOCE

Samosate

Tigre

MÉDIE

LYCAONIE

Tarse

Carrhes

MÉSOPOTAMIE

Ecbatane

Araxa

TAURUS

Soloi

Séleucie

Euphrate

PAMPHYLIE

LYCIE

Telmessos

Antioche

Apamée

Xanthos

Myra

Arsinoé

Laodicée

Oronte

Séleucie

Phasélis

Chypre

Arados

SYRIE

Doura-

ÉLYMAÏDE

Suse

Attaleia

Sidè

Kition

Triparadisos

Europos

Korakésion

Sidon

PHÉNICIE

Babylone

MER
MÉDITERRANÉE

Tyr

Jérusalem

Naucratis

Gaza

Canope

Péluse

Raphia

Pétra

Alexandrie

Pithom

NABATÉENS

Memphis

Fayoum

Philadelphie

Oxyrhynchos

ÉGYPTE

ARABIE

Nil

MER
ROUGE

Ptolémaïs

Thèbes

Edfou

Bérénikè

Philae

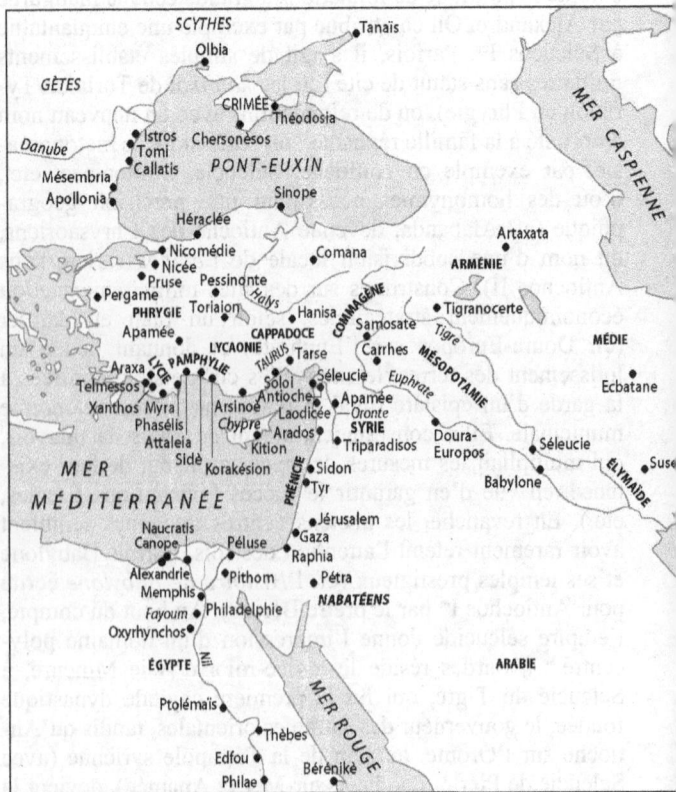

Carte 19. L'Orient hellénistique.

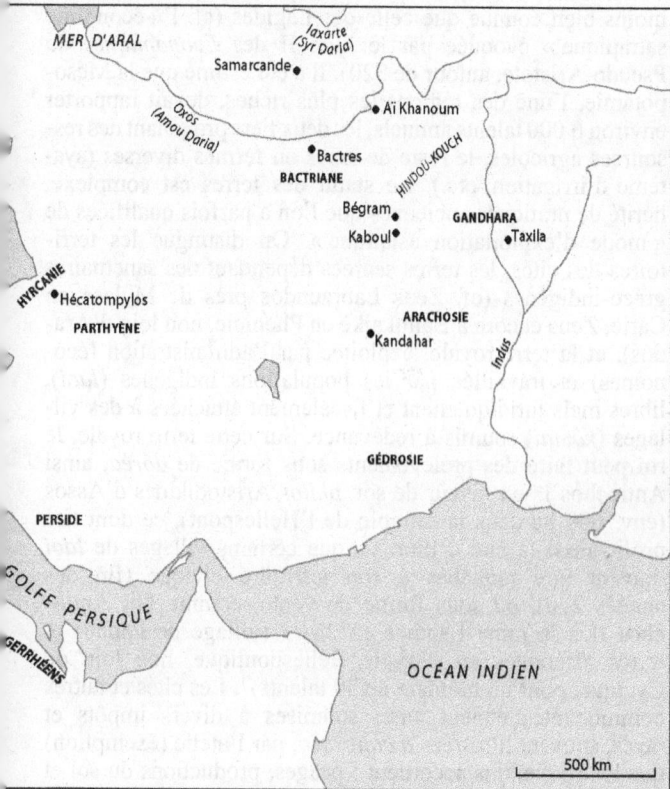

MER D'ARAL

Iaxarte
(Syr Daria)

Samarcande

Aï Khanoum

Oxos
(Amou Daria)

Bactres

BACTRIANE

HINDOU-KOUCH

Bégram

GANDHARA

Kaboul

Taxila

HYRCANIE

Hécatompylos

PARTHYÈNE

ARACHOSIE

Kandahar

Indus

GÉDROSIE

PERSIDE

GOLFE PERSIQUE

GERRHÉENS

OCÉAN INDIEN

500 km

extérieures, tels les redoutables Parnes/Parthes (*supra*, chap. 19 à 21).

Bien qu'elle suscite un intérêt croissant auprès de la recherche contemporaine, l'économie royale séleucide demeure moins bien connue que celle des Lagides (cf. l'« économie satrapique » évoquée par le livre II des *Économiques* du Pseudo-Aristote, autour de 320). Il a été estimé que la Mésopotamie, l'une des régions les plus riches, devait rapporter environ 6 000 talents annuels, les deux tiers provenant des ressources agricoles, le reste de taxes ou fermes diverses (système d'irrigation, etc.). Le statut des terres est complexe, hérité de pratiques anciennes que l'on a parfois qualifiées de « mode d'exploitation asiatique ». On distingue les territoires des cités, les terres sacrées dépendant des sanctuaires gréco-indigènes (cf. Zeus Labraundos près de Mylasa en Carie, Zeus encore à Baitokaikè en Phénicie, non loin d'Arados), et la terre royale, exploitée par l'administration (économes) et travaillée par les populations indigènes (*laoi*), libres mais juridiquement et fiscalement attachées à des villages (*kômai*) soumis à redevance. Sur cette terre royale, le roi peut faire des prélèvements sous forme de *dôréa*, ainsi Antiochos Ier en faveur de son *philos* Aristodikidès d'Assos (env. 600 ha dans la satrapie de l'Hellespont), ce dont tire profit aussi la cité d'Ilion vu que certains villages de *laoi* doivent être rattachés à son territoire civique (fin des années 270), ou sous forme de vente, comme fait Antiochos II à la reine Laodice en 254/3 (village de Pannos et terres afférentes en Phrygie Hellespontique, non loin de Cyzique, pour un montant de 30 talents)[1]. Les cités et autres communautés étaient aussi soumises à divers impôts et taxes, souvent illustrées *a contrario*, par l'atélie (exemption) que les souverains accordent : péages, productions du sol et autres, telle la taxe sur les ruches dont Zeuxis exempte la cité carienne d'Héraclée du Latmos vers 195, « or coronaire » dont les Juifs se voient dispensés par Antiochos III après la conquête de la Cœlè-Syrie (l'expression désigne un

---

1. M. Sartre, *L'Anatolie hellénistique de l'Égée au Caucase (334-31 av. J.-C.)*, 2003, p. 169-171.

hommage d'abord spontané, consistant en couronnes et tendant à devenir un impôt régulier).

Le royaume de Pergame [1] est surtout documenté quand l'amitié romaine lui a donné sa plus grande extension, après la paix d'Apamée (188). Au premier chef, c'est Pergame elle-même qui est l'objet de tous les soins des dynastes puis des rois. La cité est dotée d'institutions traditionnelles, Assemblée, Conseil, prytane (et prêtre de Philétairos) éponyme, l'un des sacerdoces les plus importants étant celui du stéphanèphore (porte-couronne) des Douze Dieux (et d'Eumène II). Mais en réalité, ce sont les monarques qui contrôlent les affaires par le truchement du « préposé à la cité » et des cinq stratèges qu'ils ont la faculté de nommer eux-mêmes. On connaît aussi le corps des astynomes, chargés de l'administration urbaine, grâce à un célèbre document d'urbanisme [2]. À l'extérieur, les Attalides semblent avoir mené en gros la même politique que les Séleucides qui, après une période initiale de bonne entente, devinrent leurs principaux rivaux : nomination de hauts fonctionnaires, tel Corragos, « stratège préposé aux districts de l'Hellespont », fondations stratégiques (cf. la colonie militaire lydienne d'Apollonis, du nom de la mère d'Eumène II et d'Attale II, ou le port d'Attaleia, l'actuelle Antalya, sous Attale II), relations avec les domaines sacrés (cf. le sanctuaire galato-phrygien de Pessinonte). Selon une vue assez largement répandue, les Attalides passent pour avoir adopté une attitude relativement libérale vis-à-vis des Grecs (cités sujettes mises à part, telles Sardes et Éphèse), retirant une certaine popularité de leur statut de champions dans la lutte contre les Galates. Mais des études récentes ont rappelé qu'il ne fallait pas se laisser abuser par les discours officiels et ont apporté quelques nuances à cette vision des choses.

On leur prête aussi une forte emprise sur les richesses du royaume par le biais d'une fiscalité rigoureuse. Or si le roi,

---

1. Rappel : Philétairos (*ca* 281-263/2), Eumène Ier (263/2-241), Attale Ier Sôtèr (241-197, roi à partir de *ca* 238), Eumène II Sôtèr (197-158), Attale II Philadelphe (159-138), Attale III Philomètor (138-133). **2.** M.-Chr. Hellmann, *Choix d'inscriptions architecturales grecques traduites et commentées*, 1999, n° 2.

ici comme ailleurs, est un acteur du stockage, l'existence de manufactures royales (tuileries) reste très discutée et il n'y avait apparemment pas de monopole, y compris pour les productions originales (cf. le parchemin). La famille régnante fut épargnée par les querelles dynastiques ; la propagande royale s'appliqua en outre à la doter d'origines respectables (selon la tradition dont Strabon se fait l'écho, Philétairos aurait été un eunuque) : elle la rattacha à Télèphe, fils d'Héraclès né en Mysie et dont la descendance passait pour s'être liée aux Troyens, ce qui permit aussi de trouver un contact mythique avec les Romains (eux-mêmes descendants du héros troyen Énée). Outre l'institution d'un concours pentétérique en 182 (Nikèphoria, en l'honneur d'Athéna Nikèphoros = « qui apporte la victoire »), la politique de prestige des Attalides consistait principalement en des constructions dans des endroits en vue (portiques à Delphes et à Athènes), à l'image des monuments grandioses dont ils ornèrent leur capitale (chapitre suivant).

Les cités

À l'époque hellénistique, les cités demeurent le cadre ordinaire de la vie des Grecs. Leur nombre a crû du fait des fondations et certaines d'entre elles ont connu alors un grand essor, ainsi qu'une condition supérieure à ce qu'elles avaient pu connaître à l'âge classique, notamment sous les férules athénienne ou lacédémonienne. Le modèle de la cité hégémonique, lui, a disparu, même si le cas rhodien en offre un modeste avatar.

La question des rapports avec les royaumes (puis avec Rome) est l'une des plus complexes. À la suite d'Antigone le Borgne, les souverains – d'origine macédonienne – affectent le plus souvent d'afficher leur philhellénisme, c'est-à-dire leur bienveillance pour les cités (*eunoia*, qu'une fiction diplomatique fait entendre comme du « dévouement »). Une bonne entente est d'ailleurs de l'intérêt des deux parties, car les *poleis* deviennent alors autant de relais locaux de l'autorité royale : en 188, Eumène II accorde par exemple le statut de cité à la communauté phrygienne des Toriaitai dont il a été question plus haut[1]. Les cités peuvent aussi profiter de la compétition que se livrent les monarchies pour tirer leur épingle du jeu. Ainsi Athènes, jouant de ses atouts stratégiques (Pirée) et de son prestige, reçoit des dons de Lysimaque et des Lagides (spécialement du blé), mais aussi des Attalides (portiques d'Eumène II et d'Attale II) et des Séleucides (Antiochos IV, qui y avait passé une partie de sa jeunesse, relance la construction du gigantesque temple de Zeus Olympien, en style corinthien, confiée à l'architecte romain Cossutius). Ainsi Milet tire-t-elle parti de son sanctuaire d'Apollon Didymaios pour obtenir au début du IIIe s. des générosités de Séleucos Ier et de son fils Antiochos, soucieux de manifester la piété due à leur divinité tutélaire, et elle passe plutôt habilement d'une « alliance » à l'autre : la cité se partage entre Démétrios et Lysimaque de 301 à 281, puis se range dans le camp de Ptolémée II jusqu'à la deuxième guerre de Syrie (*ca* 260-253), au début de laquelle règne le tyran étolien Timarque. Après qu'Antiochos II l'a libérée de ce dernier, ce qui lui vaut son épiclèse de *Théos* (Dieu), elle se retrouve du côté séleucide. Elle rentre dans l'orbite lagide, mais avec une large autonomie, entre la « guerre laodicéenne » (246-241) et 197, hormis durant un bref intermède antigonide lors des opérations militaires de 201/0. La position de la cité entre 197 et 190 est très incertaine et Milet sera finalement déclarée libre à Apamée.

Il peut y avoir des usages différents selon les dynasties (cf. ci-dessus pour les prétendues libéralités attalides), mais les rapports de force réels bornent le plus souvent la marge de liberté des *poleis* et la confinent à une simple autonomie. Le degré d'indépendance est parfois jaugé à la capacité militaire, qui va de pair avec la frappe de monnaies propres. Dans les faits, il existe une infinité de situations particulières, depuis l'absence complète de tutelle monarchique (Héraclée du Pont) ou l'alliance formelle avec un roi (prati-

---

1. M. Sartre, *L'Anatolie hellénistique de l'Égée au Caucase (334-31 av. J.-C.)*, 2003, p. 92-93, avec Ph. Gauthier, *Bulletin épigraphique, Revue des études grecques*, 112, 1999, p. 680-682, n° 509.

quée notamment par les Séleucides), jusqu'aux mesures les
plus autoritaires, tel le synœcisme entre plusieurs cités,
mesure à laquelle les populations pouvaient toutefois trouver
quelque avantage. Par exemple, Antigone le Borgne décida
vers 303 de transférer à Téos les gens de Lébédos, détruite
par un séisme, et vers la fin des années 290, Lysimaque
refonda Éphèse, renommée Arsinoéia d'après le nom de son
épouse lagide, avec l'idée d'y regrouper les populations de
plusieurs cités de la région (tout ou partie de ces projets
avortèrent). Les relations roi-cité pouvaient aussi dépendre
des circonstances et des premiers contacts : ainsi Sardes, qui
était la résidence d'Achaios, fut réduite à l'état de cité sujette
et tributaire par Antiochos III après qu'elle eut été prise et
le rebelle mis à mort (ca 215-213), puis le roi allégea son
fardeau par diverses faveurs, notamment fiscales. La présence d'une garnison et/ou d'un épistate (gouverneur royal)
est le signe le plus tangible de la sujétion : Athènes elle-
même en est un exemple fameux entre 263/2 et 255, avant
d'être totalement libérée en 229 (le Pirée, lui, resta aux mains
des Antigonides sans discontinuer de 295 à cette date).
Inversement, Xanthos de Lycie résiste au siège de ce même
Antiochos en 197 et en retire un statut avantageux. Certaines
cités vont jusqu'à un sacrifice héroïque plutôt que de devoir
tomber sous la coupe d'un souverain, telle Abydos face
à Philippe V en 200 (supra, chap. 20)[1]. Les cités côtières
ou insulaires ont en outre à lutter contre les pirates, face
auxquels elles s'entraident, et il faut encore compter avec
les barbares, tels les Galates en Asie et, parmi beaucoup
d'autres, les Scythes dans le Pont (supra, chap. 14). Du fait
de la multiplicité des dangers, la culture militaire est entretenue chez les citoyens dans le cadre du gymnase (chapitre
suivant), d'autant que les finances ne permettent d'avoir
recours aux mercenaires que comme force d'appoint. Les
guerres entre cités continuent d'ailleurs comme au bon vieux
temps, pour un fortin ou un sanctuaire frontaliers, ou pour
un morceau de territoire contesté (ainsi entre Apollonia du
Pont, soutenue par Istros, et Mésembria dans la première

1. Polybe XVI, 30-34.

moitié du IIe s., ou entre Milet et Magnésie du Méandre dans les années 180). On veille à entretenir les remparts et à organiser les gardes, les cités les plus riches conservant une flotte, le plus souvent modeste (Héraclée du Pont, Éphèse, Milet, etc. ; pour Rhodes, cf. ci-après).

Les institutions sont d'ordinaire de type démocratique, dans le sens le plus large du terme, ce qui exclut la présence d'un tyran en général soutenu par une puissance extérieure (voir notamment la politique menée par Antigone Gonatas). Mais il existe des modulations infinies. Une page célèbre de Polybe (XXXVI 17, 5-12) dépeint le déclin démographique et l'oliganthropie (manque de citoyens) qui frappent la Grèce, et la documentation épigraphique montre que certaines cités, telle Pharsale en Thessalie, ont choisi d'incorporer de nouveaux citoyens (politographie), notamment parmi les pénestes (*supra*, chap. 9), graduellement libérés, semble-t-il, à partir de la seconde moitié du IIIe s. Néanmoins, l'ampleur réelle de tels phénomènes est débattue et dans d'autres régions, la situation est loin d'être catastrophique, spécialement en Épire, en Macédoine et dans les diverses destinations de l'émigration. La participation politique reste en tout cas très grande et le développement de l'évergétisme n'y change apparemment rien.

Le terme *évergète* (cf. *supra*, chap. 18) désigne les bienfaiteurs, étrangers (rois, citoyens d'autres cités, puis Romains « communs bienfaiteurs »), ou citoyens, pour ces derniers d'ordinaire dans le cadre de responsabilités officielles, ce qui en fait en quelque sorte les substituts des anciens liturges. Les évergètes assument un certain nombre de dépenses dont ils soulagent les finances publiques (achat de grain, fourniture d'huile, solde des troupes, travaux édilitaires, etc.) ; ils peuvent aussi obtenir des conditions favorables auprès des rois puis de Rome (par exemple une exemption de cantonnement militaire), ou des générosités (céréales, argent), en jouant de leurs relations avec un *philos* royal ou un magistrat romain. Ils sont remerciés de leur munificence par un décret qui leur confère tout un éventail d'honneurs (éloge public, couronne, nourriture au prytanée, statue) et de privilèges comme la proédrie (place d'honneur au théâtre ou autre), et pour les étrangers la proxénie (*supra*, chap. 12), l'*asphaleia* (sauf-conduit), l'asylie (garantie contre les saisies sur la personne et les biens, notamment en cas de représailles), l'accès à l'assemblée, l'atélie (exemption de taxes), l'*enktèsis* (droit d'acquérir des biens-fonds), l'*épinomia* (droit de pâturage), voire la *politeia* (citoyenneté potentielle, au cas où ils viendraient à s'installer dans la cité : *supra*, chap. 18). En vertu du principe du don et du contre-don, les bienfaiteurs reçoivent une juste gratification, en même temps qu'ils sont invités à poursuivre dans la même voie ; en outre, la reconnaissance du peuple proclamée lors des fêtes et affichée dans les endroits en vue (ce sont les stèles que nous lisons encore aujourd'hui) était censée susciter l'émulation. Par les considérants exposant la motivation du décret, on connaît ainsi les hauts faits de Callias ou Philippidès d'Athènes [1], de Boulagoras de Samos [2] ou de Prôtogénès d'Olbia. Beaucoup considèrent que cette classe de riches notables, sollicitée de plus en plus souvent, et pour des générosités de plus en plus considérables, a fini par constituer à partir du IIᵉ s. environ une sorte d'oligarchie de fait, dans le cadre d'institutions qui conservaient par ailleurs leur aspect démocratique (« grands bienfaiteurs » se substituant partiellement aux rois, tels Moschion ou Cratès à Priène, Polémaios ou Ménippos à Colophon, Diodoros Pasparos à Pergame, Théophane de Mytilène ou Théopompos de Cnide : on note que l'Asie, particulièrement mise à mal par la pression fiscale et les guerres civiles romaines, est bien représentée). Des femmes s'illustrent également, telle Archippè à Kymè en Éolide, qui fait reconstruire le *bouleutèrion* et édifier un temple d'*Homonoia* (la Concorde) [3], ou Épié, qui assume à Thasos plusieurs charges religieuses délaissées car trop onéreuses. À basse époque, le patronage romain se surajoute à ces pratiques.

Cette évolution est due en grande partie aux difficultés financières que traversent les cités. Le souci principal reste

1. J.-M. Bertrand, *Inscriptions historiques grecques*, 1992, nᵒˢ 86 et 94.   2. J. Pouilloux, *Choix d'inscriptions grecques* ², 2003, nᵒ 3.   3. I. Savalli-Lestrade, « Archippè de Kymè, la bienfaitrice », *in* N. Loraux (éd.), *La Grèce au féminin*, 2003, p. 247-295.

le ravitaillement : de là l'attention particulière accordée au territoire, et la nomination de *sitônai*, magistrats chargés de l'achat public de grain. Les dépenses les plus lourdes concernent le fonctionnement du gymnase (chapitre suivant) et la défense de la communauté en général, notamment les fortifications : dans les années 205-201, la cité de Cos réunit un peu plus de 150 000 dr. « afin qu'il soit clair qu'en toutes circonstances les citoyens s'unissent pour prendre en charge la sécurité commune »[1]. Les sources de revenus traditionnelles subsistent (impôts, taxes variées), mais d'autres apparaissent ou sont particulièrement bien documentées. Citons les ventes de prêtrises (volumineux dossier à Cos), les souscriptions publiques, qui sont plutôt un signe de prospérité, au contraire des emprunts ou de la vente de la citoyenneté (rare), en période de crise. Les fondations sont notamment illustrées dans le domaine scolaire, à Milet[2], Téos ou Delphes : elles servent au premier chef à verser un salaire (plutôt modeste) aux maîtres de musique (citharistes), de lettres (grammatistes) et de gymnastique (pédotribes), après que ceux-ci ont été recrutés par l'Assemblée, éventuellement sous la responsabilité du pédonome (magistrat chargé de l'enfance : l'époque se caractérise par un plus grand souci de la jeunesse et par un meilleur accès à l'instruction, y compris pour les filles). Soulignons malgré tout qu'il subsiste de nombreux signes de cette prospérité à laquelle Polybe imputait la baisse de la natalité, y compris dans le Péloponnèse qui passe pour être l'une des régions les plus mal loties (cf. les fouilles en cours à Messène, qui révèlent un spectaculaire programme édilitaire). Tout particulièrement en Asie Mineure, les constructions de prestige se poursuivent. Les temples de l'architecte Hermogénès, inventeur de l'« eustyle », en témoignent : par exemple celui d'Artémis Leucophryénè à Magnésie du Méandre, qui crée aussi un concours pentétérique en 208/7, suivant en cela l'exemple

---

1. L. Migeotte, *Les Souscriptions publiques dans les cités grecques*, 1992, n° 50 ; Ph. Gauthier, *Bulletin épigraphique, Revue des études grecques*, 115, 2002, p. 687, n° 320. 2. M. Sartre, *L'Anatolie hellénistique de l'Égée au Caucase (334-31 av. J.-C.)*, 2003, p. 130-131.

donné par Cos (aménagement du sanctuaire d'Asclépios et fête des Asclépieia instaurée en 242/1).

Prospère entre toutes, Rhodes tient une place de choix dans le concert des nations. La cité fut constituée vers 408 du synœcisme des trois anciennes cités doriennes de l'île, Ialysos, Camiros et Lindos, auxquelles s'ajoutent quelques îles voisines et un domaine continental, la Pérée. À l'époque hellénistique, elle tire son prestige de sa valeureuse résistance au siège du Poliorcète en 305/4. Dotés de solides traditions militaires (cf. Memnon contre Alexandre : _supra_, chap. 17), les Rhodiens disposent surtout d'une flotte respectable : de trente à soixante vaisseaux environ, spécialement des unités légères et rapides, telles ces trihémiolies sans doute mises au point pour la guerre de course, qui ont fait couler beaucoup d'encre. Ils se sont donc imposés comme les spécialistes de la lutte contre les pirates, notamment crétois (cf. les deux guerres conduites à la fin du IIIᵉ s. et peu avant le milieu du IIᵉ). Nous lisons encore aujourd'hui les nombreuses dédicaces inscrites laissées par les flottilles rhodiennes qui écumaient alors l'Égée, cette activité et surtout son efficacité étant néanmoins revues à la baisse par les recherches les plus récentes. C'est en tout cas vers Rhodes que l'on se tourna, en 220, pour une intervention contre Byzance qui avait instauré des taxes sur le transit par le Détroit. Les tétrères et pentères, navires plus lourds et bien protégés, dits « cataphractes » (par opposition aux « aphractes »), fournissaient aussi un appoint appréciable en cas de bataille rangée. Ainsi à Chios en 201, où les Rhodiens combattent Philippe V aux côtés d'Attale, Polybe souligne le sens tactique et l'héroïsme de leur navarque (amiral) Théophiliscos, mais aussi l'habileté manœuvrière des équipages, majoritairement composés de citoyens. Cette flotte joue encore un rôle décisif contre Antiochos III à la fin des années 190 : la célèbre Victoire de Samothrace, présentée en figure de proue d'un navire rhodien, commémore l'un des hauts faits accomplis alors.

La constitution est décrite par Diodore comme l'une des meilleures du temps. Elle est de type démocratique modéré, une forte influence étant néanmoins exercée par ce que d'au-

cuns ont appelé une « aristocratie navale ». En outre, la vie
associative est particulièrement développée. La prospérité de
Rhodes, qui lui permettait de jouer les premiers rôles en
Égée (à la fin du IIIe s., les frais de fonctionnement mensuels
d'une trière en temps de guerre se montent à 10 000 dr.),
tenait à sa situation avantageuse et à ses liens privilégiés
avec l'Égypte lagide, mais aussi à ses propres productions.
Ainsi le vin rhodien était-il transporté dans des amphores
retrouvées en très abondante quantité notamment à Alexandrie, en Égée et en mer Noire, avant un déclin partiel
(Alexandrie et Levant sud exceptés) dans la seconde moitié
du IIe s., époque où se distinguent d'autres centres exporta-
teurs, comme Cnide. Rhodes est aussi demeurée célèbre
pour avoir élaboré un code maritime qui est resté comme
une référence dans l'Empire romain et même bien après (*Lex
Rhodia*). Elle se renforça encore du fait d'une habile politique étrangère. Cela lui valut par exemple la générosité de
tous lors du tremblement de terre de 227. Volontiers sollicités comme arbitres ou comme médiateurs, les Rhodiens
surent s'attacher l'amitié romaine et y gagnèrent à Apamée
un accroissement de leur Pérée en Carie et en Lycie, avant
que des maladresses diplomatiques ne leur fissent perdre cet
avantage en 167 (*supra*, chap. 20). Rhodes, ornée de superbes
constructions (cf. l'acropole de Lindos, avec ses effets de
perspective dans le goût pergaménien), était aussi réputée
pour son école de sculpture et pour être un centre intellectuel
de premier plan (chapitre suivant). On ne peut manquer de
faire un parallèle avec Athènes : après avoir contribué à l'ef-
facement athénien (guerre des Alliés en 357-355 : *supra*,
chap. 15), Rhodes a dans une certaine mesure pris la place
d'Athènes en Égée au IIIe s. et surtout au début du IIe (protectorat sur les Insulaires, avec Ténos et son sanctuaire de
Poséidon et d'Amphitrite pour nouveau centre). Puis elle
déclina à son profit après Apamée, du fait des décisions
romaines (Délos port franc sous administration athénienne).
Les rôles s'inversèrent de nouveau lors de la première guerre
mithridatique : tandis que les Athéniens se donnèrent au roi
du Pont, les Rhodiens retrouvèrent les élans héroïques de

305/4. Tels furent, du IVᵉ au Iᵉʳ s., les destins croisés de deux des plus illustres représentantes de la *polis* grecque.

Les relations diplomatiques entre les cités, bien illustrées par les inscriptions, sont particulièrement nourries, comme en Crète où les *poleis* concluent de multiples traités tout en s'entredéchirant sans répit (voir par exemple la guerre opposant Lyttos à Cnossos et Gortyne vers 220). Les fréquents échanges d'ambassades sont souvent l'occasion d'un rappel des liens de parenté mythiques (*syngéneia*). Les *symbola*, conventions judiciaires bilatérales (asylie des personnes, extradition, etc.), sont spécialement recherchés auprès des États pratiquant la piraterie, comme les Étoliens (conventions avec Chios, Mytilène, Kéos, etc.). Citons aussi l'asylie territoriale dont bénéficient les cités dotées d'un sanctuaire de renom, censée les mettre à l'abri des agressions, spécialement des saisies de représailles, ce qui leur permet d'accueillir les réfugiés dans la mesure où elles les acceptent : on possède par exemple les réponses favorables reçues de tout le monde grec par Cos et Magnésie du Méandre lorsqu'elles instituent les concours pentétériques évoqués plus haut. On connaît encore l'isopolitie (échange global de la citoyenneté potentielle, comme entre Xanthos et Myra, en Lycie, au IIᵉ s.[1]), et la sympolitie, ou adoption d'une citoyenneté et d'un régime communs, qui accompagne en général l'absorption d'une petite cité par une plus grande (cf. Pidasa et Milet peu après 188), mais le terme peut en réalité recouvrir des situations très diverses (une variante est l'homopolitie, comme entre Cos et la petite île voisine de Calymna peu avant 200). La pratique de l'arbitrage, dans laquelle s'illustrent les Rhodiens, est également bien documentée, spécialement dans le cas de litiges territoriaux. Enfin le recours à des juges étrangers est l'une des grandes originalités de la période : une cité peut y avoir recours en cas de blocage de ses propres instances judiciaires, sollicitant une cité amie, souvent proche, pour qu'elle lui envoie temporairement de un à cinq juges et un secrétaire, exté-

---

1. Ph. Gauthier, « Inscriptions du Létôon de Xanthos », *Revue des études grecques*, 107, 1994, p. 319-347.

rieurs à la communauté et donc impartiaux. Une fois leur tâche accomplie, ces tribunaux étrangers sont dûment remerciés par un décret honorifique[1]. Ce sont là autant de manifestations du dynamisme et de l'inventivité politiques des Grecs de cette époque, dont le fédéralisme offre un autre exemple.

Les ligues

Il existe des ligues depuis longtemps en Grèce (*supra*, chap. 9), constituées autour d'un noyau ethnique homogène, spécialement en Grèce centrale et septentrionale (Béotie et Thessalie), mais aussi dans le Péloponnèse (Arcadie). Certains de ces *koina* anciens perdurent à l'époque hellénistique, avec des fluctuations dues à leur évolution interne mais aussi au contexte international. Ainsi en Béotie, même si Cassandre a décidé de relever Thèbes en 315, le troisième *koinon* ne fait plus une part aussi belle à la cité, qui n'y est réintégrée que vers 287, et assure une meilleure représentation des autres membres (cf. *supra*, chap. 15). À l'époque hellénistique, le fédéralisme connaît un grand développement dans les régions montagneuses du nord et du nord-ouest (Épire, Étolie), car il est mieux adapté à leurs populations d'éleveurs transhumants, moins sédentarisées : on parle là d'*ethnè* (pluriel d'*ethnos*), vivant en villages (*kata kômas*) et formant des ensembles parfois très complexes (voir la « pyramide de groupes ethniques » épirotes, avec ses institutions étonnamment sophistiquées, qu'analyse P. Cabanes). Cela ne veut pas dire pour autant que la *polis* en soit absente. Ainsi en Étolie, à côté des *ethnè* de l'intérieur qui forment des districts tribaux (Apodotes, Eurytanes, Agraioi, etc.), le sud du pays, bordant le golfe de Corinthe, connaît une plus forte urbanisation. Les progrès du fédéralisme s'expliquent également par la nécessité de s'unir pour mieux résister aux grandes puissances monarchiques, comme en

---

1. Cf. à Samos, J. Pouilloux, *Choix d'inscriptions grecques*[2], 2003, n° 21.

Grèce centrale sous la férule étolienne, ou dans le Péloponnèse avec les Achaiens.

Les institutions achaiennes, que Polybe loue non sans parti pris, ont fait l'objet de nombreuses discussions. Dans le Péloponnèse, la *polis* est une tradition prégnante et la superposition de ces deux niveaux, politique et fédéral, complique l'analyse. La ligue a contribué à une forme d'unification (lois communes, usage des mêmes poids et mesures), et la notion de citoyenneté fédérale y existe, mais on reste avant tout citoyen de sa cité d'origine. Faire partie du *koinon* donne en outre le droit de déléguer à ses instances (*ekklèsia, boulè, synodos* et *synklètos*, dont la nature et les attributions respectives restent controversées), et d'y élire les magistrats fédéraux (stratège comme Aratos ou Philopoimèn, hipparque comme Polybe). Chez les Étoliens, on retrouve approximativement le même type d'organes : le magistrat suprême (et éponyme) y est également le stratège, assisté d'un hipparque ; on connaît aussi un secrétaire, un agonothète supervisant l'organisation des concours, et des trésoriers. Le conseil (*synédrion* ou *boula*) était élu annuellement, proportionnellement aux contingents militaires fournis par chaque communauté ; il fut doté, quand la Confédération prit sa plus grande extension, d'une commission permanente, les apoclètes. Les assemblées primaires se réunissaient deux fois l'an, en automne lors de la fête des Thermica célébrée dans le sanctuaire fédéral de Thermos, qui donnait lieu à l'élection des magistrats, et au printemps en un lieu variable (Panaitolica). Des monnaies fédérales étaient émises, notamment en liaison avec les dépenses militaires, comme chez les Achaiens. En vertu d'un lien de sympolitie particulier entre les communautés annexées, un citoyen de la cité locrienne de Naupacte devenait par exemple un *Étolien* de Naupacte, et la grande capacité d'assimilation du *koinon* lui permit d'englober une bonne partie de la Grèce centrale. Aussi retrouve-t-on, entre autres, des Locriens ou des Oitaiens (région d'Héraclée Trachinienne) aux postes clés. Forts du prestige tiré de la victoire sur les Galates (création du concours panhellénique des Sôtèria vers le milieu du

IIIe s.), utilisant la vieille Amphictionie delphique et disposant, avec la piraterie, d'un efficace moyen de pression, représentés en outre par des mercenaires dans la plupart des armées, les Étoliens furent un agent actif et souvent perturbateur des relations internationales jusqu'à leur abaissement par Rome (*supra*, chap. 20). Encore faut-il, à leur propos, faire la part des choses en tenant compte, notamment, de la grande hostilité de Polybe à leur égard (cf. la figure pittoresque de Dicaïarchos, pirate féroce et cynique au service de Philippe V qui, à en croire l'historien, élevait des autels à l'Impiété et à l'Iniquité partout où il abordait : XVIII 54, 8-11). On a donc tendance aujourd'hui à relativiser l'étendue de leurs méfaits.

Malgré les mesures restrictives prises par les Romains après la guerre d'Achaïe, les ligues locales se reconstituèrent rapidement, preuve de la vitalité de ce mouvement (chapitre précédent). Le fédéralisme connaît d'ailleurs bien d'autres avatars à l'époque hellénistique, sur lesquels il est impossible de s'attarder ici : outre la résurgence des symmachies (alliances) au service des rois (ligue d'Antigone et Démétrios en 302, ligue hellénique de Dôsôn en 224, Nésiotes), citons les confédérations religieuses de type amphictionique, telle celle d'Athéna Ilias (autour du sanctuaire d'Ilion), regroupant les cités de Troade, ou l'antique *koinon* des Ioniens (*supra*, chap. 10), qui a notamment la faveur de Lysimaque et d'Eumène II. Ce modèle s'étend aux régions hellénisées, telle la Carie (ligue religieuse des Chrysaoriens autour du culte de Zeus Chrysaoreus), ou la Lycie, dont la fédération est assez bien connue après l'affranchissement de la tutelle rhodienne en 167 (cf. le décret pour Orthagoras d'Araxa[1]). Ici encore se mesure la vigueur des institutions grecques, qui s'imposent aux populations hellénisées. Ce constat nous invite à envisager l'extraordinaire foisonnement de la civilisation hellénistique, sous quelques-uns de ses aspects les plus remarquables.

1. J. Pouilloux, *Choix d'inscriptions grecques*[2], 2003, n° 4 (autre traduction commentée chez M. Sartre, *L'Anatolie hellénistique de l'Égée au Caucase (334-31 av. J.-C.)*, 2003, p. 204-205).

Chapitre 23

LA CIVILISATION HELLÉNISTIQUE

L'hellénisme, qui donne son nom à cette période parce qu'elle en marque la plus grande extension, qualifie une langue, des mœurs, un genre de vie (cf. Hérodote VIII, 144 : *supra*, chap. 10). Malgré la tourmente politique et l'établissement de la domination romaine, les trois derniers siècles de l'histoire grecque sont ceux du triomphe d'une culture, somptueusement représentée par Alexandrie. Dans cette perspective, les échanges entre Grecs et non-Grecs sont une question centrale : dès les origines, le verbe *hellènizein*, « parler grec », s'applique à des barbares et qualifie donc un processus d'acculturation. Mais l'élargissement du monde et l'internationalisation de l'histoire ont aussi des conséquences sur les comportements religieux, l'économie, la société. Ce sont ces divers aspects, où l'on ne manquera pas de relever des similitudes avec certains traits de notre époque, que nous aborderons ici, en sollicitant non seulement les sources textuelles, à la fois abondantes et dispersées, mais également la numismatique et l'archéologie, qui livrent des données très précieuses.

Grecs et non-Grecs

Le contact entre Grecs et barbares n'est pas un fait nouveau : la colonisation archaïque avait déjà multiplié les occasions (*supra*, chap. 8). La conquête d'Alexandre a accru la diffusion de l'hellénisme, même s'il n'est pas toujours aisé d'évaluer le phénomène dans sa profondeur : nos sources font naturellement la part belle aux élites et aux documents écrits. Ainsi les langues carienne et lycienne ne laissent-elles plus guère de traces écrites après le IVe s., mais tout porte à croire qu'elles continuent à être parlées. Chypre conserve quelque temps son antique syllabaire et la Mésopotamie garde sa culture millénaire en marge des communautés grecques qui s'y sont établies. En revanche, il est frappant de constater que le modèle de la *polis*, parfois sous le terme dérivé de *politeuma*, devient la référence commune : ainsi parmi les Toriaitai qui reçoivent le statut de cité de la part d'Eumène II peu après la paix d'Apamée (chapitre précédent) figurent des Galates, que Tite-Live appelle des « Gallo-Grecs ». Une inscription récemment publiée a fait apparaître en Pisidie, dans une région qui passe pour être des plus enclavées et fermée aux influences extérieures, une nouvelle cité, Angeira[1]. On fera le même constat à propos de la Cappadoce : Hanisa, héritière d'un établissement hittite puis assyrien, possède à la fin du IIe s. des institutions grecques et un sanctuaire de Zeus Sôter, mais aussi un d'Astarté, alors même que l'onomastique (étude des noms) y révèle une population bigarrée (anthroponymes sémitiques, iraniens, grecs, etc.)[2]. Dès les années 260, les villages des Néoteichites et des Kiddiokomites, en Phrygie, font transcrire le décret, de forme parfaitement canonique, par lequel ils manifestent leur reconnaissance à deux bienfaiteurs, Banabèlos (nom sémitique) et Lacharès (nom grec), non sans fierté de montrer qu'ils savent observer les bons usages de l'hellénisme[3]. La cité a constitué l'un des vecteurs les plus efficaces de ce dernier, notamment par le biais du gymnase (ci-après). Le soulèvement national des Lyciens contre Rhodes après Apamée n'empêche pas ces mêmes Lyciens d'adopter l'organisation politique très grecque du *koinon* (chapitre précédent). Les rois d'ascendance barbare eux-mêmes

---

1. J. Bousquet, Ph. Gauthier, « Un juge de Xanthos à Angeira de Pisidie », *Revue des études grecques*, 106, 1993, p. 12-23. 2. M. Sartre, *L'Anatolie hellénistique de l'Égée au Caucase (334-31 av. J.-C.)*, 2003, p. 94. 3. A. Bielman, *Retour à la liberté. Libération et sauvetage des prisonniers en Grèce ancienne*, 1994, n° 23.

proclament leur sollicitude pour les Grecs et leur culture, notamment en se faisant appeler « philhellènes » : ainsi le Parthe Mithridate Ier Arsace III (vers 140), le Nabatéen Arétas III (vers 75), Antiochos Ier de Commagène ou Tigrane d'Arménie (vers 65).

Le cosmopolitisme est l'un des traits marquants de l'époque, particulièrement à Alexandrie ou dans la Délos du IIe s., qui fait se côtoyer Grecs, Italiens, Phéniciens, Syriens, Juifs, Égyptiens, etc. Les horizons se mêlent et ils reculent aussi, parfois de manière saisissante. Ainsi aux confins de l'empire d'Alexandre, le souverain maurya Asoka (*ca* 269-233), héritier d'une dynastie avec qui Séleucos Ier avait entretenu des relations intéressées à la fin du IVe s. (éléphants de guerre), ne manque pas de diffuser ses « édits » en grec et d'y mentionner les rois contemporains, y compris Magas de Cyrène et Alexandre II d'Épire : cela entre dans le cadre de sa propagande après qu'il a conquis le pays de Kalinga, sur le golfe du Bengale, et qu'il s'est converti au bouddhisme, peu avant le milieu du IIIe s.[1]. Deux inscriptions des IIIe et IIe s. récemment publiées confirment la vigueur de l'hellénisme jusque dans le Tadjikistan et le haut degré d'hellénisation de certaines élites indiennes (les *Yavana*, c'est-à-dire les Grecs, y ont la réputation d'hommes de savoir)[2]. Les fouilles françaises du site d'Aï-Khanoum, sur l'Oxos (Amou Daria, dans l'actuel Afghanistan), ont mis au jour un théâtre et un gymnase, des maximes delphiques, gravées sur l'*hérôon* d'un éminent bienfaiteur de la cité (son fondateur ?), Kinéas, mais aussi un palais associant les conceptions architecturales grecques et mésopotamiennes, et des temples de tradition iranienne. La ville est détruite à peu près en même temps que s'estompe l'autorité grecque sur la Bactriane, dont le dernier grand souverain, Eucratidès Ier, est assassiné vers 145 : outre que les bases de la dynastie étaient apparemment devenues fragiles (Eucratidès lui-même avait

---

1. J. Pouilloux, *Choix d'inscriptions grecques*², 2003, n° 53 ; J.-M. Bertrand, *Inscriptions historiques grecques*, 1992, n° 97.
2. P. Bernard, G.-J. Pinault, G. Rougemont, « Deux nouvelles inscriptions grecques de l'Asie centrale », *Journal des savants*, 2004, p. 227-356.

renversé les Euthydémides : *supra*, chap. 20), il faut y voir
la conséquence de l'expansion parthe et de la pression de
nouveaux envahisseurs, parmi lesquels des nomades venant
de l'Asie centrale chinoise, connus sous le nom de Yuezhi
(145-130). Au sud de l'Hindou-Kouch perdurent des
royaumes indo-grecs qui s'avèrent particulièrement féconds,
même si les étapes de leur constitution et leur extension sont
discutées (classement et rôle respectif des souverains, spécialement celui de l'Euthydémide Démétrios Iᵉʳ, vers 200-
190, puis de Ménandre, dans le processus de conquête mené
sur les ruines de l'empire maurya). La numismatique fournit
ici une part très importante des informations. Ainsi dès les
années 180, Agathocle frappe des tétradrachmes de poids
attique, mais à Taxila, à l'est de l'Indus, ses monnaies quadrangulaires de poids local avec légendes bilingues sont destinées à ses sujets indiens. Dans ces contrées, la plus grande
figure du temps est le roi Ménandre Sôtèr (*ca* 160-130) : né
à Alexandrie du Caucase (Bégram), il fut le rival d'Eucratidès ; il s'est avancé jusqu'au Gange et a donné son nom,
sous la forme Milinda, à une œuvre littéraire indienne évoquant sa conversion au bouddhisme. L'art gréco-bouddhique
du Gandhara livrera plusieurs siècles durant des statues
remarquables, même si le pouvoir grec disparaît peu avant
le milieu du Iᵉʳ s. avant. J.-C.

C'est l'Égypte qui livre la documentation la plus abondante sur les relations entre Grecs et indigènes. De longue
date, les Égyptiens étaient habitués à un pouvoir étranger,
celui des Achéménides, et ils connaissaient les Grecs depuis
l'époque archaïque. Ils ont bien accueilli Alexandre et s'accommodent de la présence gréco-macédonienne, surtout
cantonnée aux villes de Basse-Égypte et spécialement à
Alexandrie. Selon certaines estimations, la proportion d'immigrants dans la population totale du pays, elle-même très
diversement évaluée (moins de 5 millions d'habitants ?) pla-
fonnait entre 10 et 15 % ; d'autres avancent le chiffre d'un
Grec pour cinq Égyptiens environ, mais il faudrait encore
distinguer Grecs de souche et barbares hellénisés, tels les
Thraces, fort nombreux. Suivant l'exemple d'Alexandre,
Ptolémée Iᵉʳ s'est appuyé sur les élites égyptiennes, renfor-

çant en outre son armée de troupes locales. On considère
généralement que c'est pour instruire les nouveaux souverains
sur l'histoire millénaire du pays et de ses pharaons que
l'Égyptien hellénisé Manéthon de Sébennytos (dans le Delta)
compose ses *Aegyptiaka*. Mais l'impression dominante est
que coexistent dans le pays deux mondes distincts, phénomène symbolisé par l'interdiction de mariages mixtes dans les
trois cités (Alexandrie, Naucratis, Ptolémaïs) et par la discri-
mination judiciaire : s'il existe bien des instances mixtes pour
les affaires impliquant Grecs et Égyptiens (*koinodikia*), on est
surtout frappé par le fait que des tribunaux sont réservés aux
Grecs (*dikastèria*) et d'autres aux Égyptiens (*laokritai*), les
uns et les autres étant peu à peu supplantés dans la *chôra* par
les juges royaux (*chrèmatistai*, d'abord itinérants puis fixés
dans les nomes). Héritiers des pharaons, les souverains
lagides sont les seuls vrais garants de l'unité du pays, perçus
comme le suprême recours et recevant les pétitions
(*enteuxeis*) de tout un chacun, par l'intermédiaire des fonctionnaires royaux. Au IIIᵉ s., ceux-ci en traitent le plus grand
nombre et sont eux-mêmes sollicités par des requêtes en
forme de mémorandum (*hypomnèmata*), spécialement à partir
de la fin du siècle.

C'est surtout dans la *chôra* que la cohabitation peut être difficile, notamment du fait des tenures clérouchiques octroyées
aux soldats gréco-macédoniens (chapitre précédent). Il est
vrai qu'après Raphia, de plus en plus de *machimoi* égyptiens
peuvent en bénéficier, et que les clérouques grecs préfèrent
d'ordinaire s'installer dans les agglomérations, affermant l'exploitation de leur domaine. Mais il reste pour les paysans
égyptiens l'obligation du *stathmos* (cantonnement), en vertu
de laquelle ils doivent héberger cléroques et fonctionnaires
en déplacement, et qui suscite maintes protestations. Les
archives de Zénon, vers le milieu du IIIᵉ s., se font l'écho du
mépris dans lequel les Grecs tiennent les indigènes,
contraints d'apprendre quelques rudiments de la langue du
vainqueur. Le bilinguisme demeure difficile à évaluer au-
delà du haut clergé et de l'administration, où les natifs sont
nombreux à l'échelon local (cf. le basilicogrammate qui,
relayé dans les villages par les cômogrammates, assiste le

stratège et l'économe pour les documents en démotique, ces derniers le désignant comme « scribe du pharaon » ; à partir de la seconde moitié du IIᵉ s., obligation est faite d'enregistrer les contrats démotiques avec un résumé en grec).

La littérature égyptienne apocalyptique (cf. *L'Oracle du Potier*), qui paraît annoncer et appeler de ses vœux la fin du régime, est en réalité d'interprétation controversée et reste relativement marginale. Ce sont surtout les difficultés dynastiques et économiques s'accumulant à partir du IIᵉ s. qui exacerbent les conflits, encore qu'il soit malaisé de faire le départ entre les ambitions personnelles, les aspirations nationales ou religieuses et les aspects sociaux (cf. les menées de Dionysios Pétosarapis, les révoltes de Haute-Égypte et les troubles dans les campagnes : *supra*, chap. 21 et 22). Il n'est guère plus facile d'apprécier le rôle d'un clergé hétérogène et dont les élites, partageant bien des intérêts avec le pouvoir, ont un comportement spécifique, plutôt légaliste. On note d'ailleurs que si l'acculturation est indiscutable parmi les élites égyptiennes, elle se développe aussi en bas de l'échelle, où une même condition rapproche les petits paysans grecs des fellahs (mariages mixtes dans la *chôra*, dont la fréquence reste cependant très discutée par les spécialistes, adoption des coutumes funéraires locales). D'intéressantes archives familiales livrées par les papyrus révèlent une société largement métissée, notamment en Haute-Égypte. Mais cette fois, bien des signes suggèrent que ce sont les Grecs qui subissent l'influence des Égyptiens, dont les hiérogrammates (scribes sacrés) conservent scrupuleusement les traditions au sein des « Maisons de vie » sises dans les temples. Cela se vérifie notamment au syncrétisme religieux visible sur certains monuments : ainsi vers la fin du IIIᵉ s., on trouve un bel exemple d'hybridation culturelle avec la stèle funéraire du Magnète Diphilos, fils de Théaros, qui donne à voir le disque solaire ailé au-dessus de la momie du défunt et une scène d'offrande à l'égyptienne (pour ce qu'il est convenu d'appeler l'« égyptianisation » de la dynastie, voir au chapitre précédent)[1]. En définitive, la variété des

---

1. G. Wagner, « Inscriptions grecques d'Égypte », *Bulletin de l'Institut français d'archéologie orientale*, 72, 1972, p. 159-160 et pl. XLI.

concepts utilisés par les Modernes (acculturation, syncrétisme, coexistence, transferts, etc.) trahit la grande difficulté qu'il y a à saisir dans toute sa complexité cet univers multiculturel que les sources n'éclairent encore que trop partiellement.

La question juive, bien documentée, si particulière et pourtant si révélatrice de la désagrégation de l'empire séleucide, constitue aussi une bonne illustration des succès et limites du modèle grec. *Ethnos* gouverné par un grand prêtre et un conseil des Anciens, tributaire mais jouissant d'une certaine autonomie sous les Lagides (cf. les libéralités de Ptolémée II), les Juifs ont bien accueilli Antiochos III lorsqu'il a conquis la région en 200, ce qui leur a valu diverses faveurs royales. Il existe cependant une grande hétérogénéité dans la population et de nombreuses tendances religieuses, depuis les élites hellénisées, telle la famille des Tobiades, jusqu'aux couches modestes soumises à l'influence des scribes exégètes de la Torah, où se recrutent les *Hassidim* (Pieux). L'aristocratie sacerdotale elle-même est déchirée par des factions rivales. C'est dans ce contexte, en réaction contre une vigoureuse politique d'hellénisation menée à Jérusalem par les Juifs « hellénistes » à partir de 175 (création d'une *polis*, construction d'un gymnase), et après une saisie des trésors du Temple par Antiochos IV entre les deux campagnes de la sixième guerre de Syrie, que débute une révolte populaire, matée par le roi et suivie de persécutions : le Temple est placé sous l'invocation de Zeus Olympien et l'édit royal de 167 astreint les Juifs à l'abandon de la Loi et à l'adoption de mœurs grecques. Éclate alors la guerre de libération nationale conduite par Juda Maqqabi (« révolte des Maccabées ») qui conduit à la purification du Temple et à un compromis avec Lysias, régent du jeune Antiochos V (164/3). Juda meurt en 161/0 et son frère Jonathan lui succède. Sachant tirer le meilleur parti des incessantes querelles dynastiques séleucides (notamment sous les deux Démétrios et Alexandre Balas : *supra*, chap. 21), Jonathan obtient le titre de grand prêtre en 152. Il est assassiné par Diodote Tryphon mais son action est prolongée par la constitution d'un État indépendant, de religion juive quoique présentant bien des traits communs avec les monarchies hellénistiques

(143/2 : dynastie hasmonéenne avec Simon jusqu'en 135/4, Jean Hyrcan jusqu'en 104, Aristobule en 104-103, qui prend le titre de *basileus*, à moins que ce ne soit Alexandre Jannée, qui règne entre 103 et 76, avant sa veuve puis ses deux fils qui s'affrontent, Hyrcan II et Aristobule II). Malgré les succès de l'expansion territoriale doublée d'une politique de judaïsation forcée, cette dynastie d'apparence trop grecque finit par susciter la violente opposition du peuple et des Pharisiens (héritiers des *Hassidim*), finalement associés au pouvoir avant que Pompée ne s'empare de Jérusalem. La monarchie est alors abolie et l'on rétablit pour Hyrcan II la vieille fonction de grand prêtre/ethnarque d'un territoire tributaire (63). On le voit, l'élément religieux est représentatif de la complexité du monde né de la conquête d'Alexandre.

Les religions

Nous avons évoqué au chapitre précédent la mise en place des cultes royaux, dans la droite ligne de ce qu'avait sollicité Alexandre : au niveau local, spécialement dans les cités, ou dans le cadre d'un culte d'État officiel, bien illustré chez les Lagides et les Séleucides. Ce dernier phénomène a connu diverses étapes et diverses modalités d'application selon les dynasties, les Antigonides à partir de Gonatas restant réfractaires (ce qui n'exclut pas que Gonatas lui-même ait pu recevoir localement des honneurs divins, comme à Athènes), tandis que le débat est depuis peu relancé sur la spécificité du cas attalide (rôle particulier de la capitale, Pergame, où ces hommages ressortissent à un culte « civique » ; apothéose *post mortem* et possible culte « d'État » étendu au royaume, qui serait supervisé par l'*archiéreus*, grand prêtre hérité des Séleucides avec l'Asie Mineure, après Apamée). Dans la perspective monarchique, c'était un instrument politique de consolidation du pouvoir et d'unification du royaume, vis-à-vis des Grecs comme des indigènes (en Égypte surtout). Envisageons à présent cette pratique dans la perspective de la religiosité grecque. On se souvient en effet que

les cités ont joué un grand rôle dans le processus, prenant
l'initiative de décerner des honneurs cultuels. Le cas de la
reine Laodice, vénérée dans plusieurs d'entre elles avant de
se voir octroyer un culte officiel dans tout le royaume sur
décision de son époux, Antiochos III, est particulièrement
bien illustré par les inscriptions entre 213 et 193 [1]. Mais c'est
déjà ainsi qu'avaient agi les gens de Scepsis en Troade dès
311, pour Antigone le Borgne, et surtout les Athéniens pour
son fils Démétrios à partir de 307. L'historien Douris de
Samos, transmis par Athénée (VI, 253 B-F), nous a conservé
le texte d'un hymne de 291 qui présente le roi comme un
fils de Poséidon et d'Aphrodite, dieu présent, alors que « les
autres dieux ou sont très éloignés ou n'ont pas d'oreilles ou
n'existent pas ou ne font nullement attention à nous ». Les
spécialistes ont mis ce texte curieux en relation avec les
théories développées alors par Évhémère, selon qui les dieux
de l'Olympe ne seraient que d'anciens souverains divinisés.
On rangera dans la même catégorie les honneurs cultuels
décernés aux magistrats romains, tel Flamininus qui fut le
premier d'entre eux à être honoré de la sorte (cf. *supra*,
chap. 20). On rapprochera encore de ce phénomène le culte
de *Théa Rhômè*, Rome divinisée, qui se diffuse à partir du
début du IIe s. (cf. à Smyrne), ou celui de Massalia, dans sa
métropole Phocée, après l'intercession des Marseillais
auprès des Romains à la fin de la guerre d'Aristonicos
(*supra*, chap. 21).

Est-ce à dire qu'il s'opère une mutation de la religiosité
entraînant un déclin des cultes traditionnels ? Il convient surtout de noter que ces manifestations parfois ferventes (cf.
l'accueil de Démétrios à Athènes), à peu près toujours
opportunistes (une même cité peut rendre des honneurs
cultuels à des dynasties rivales, telle Athènes avec ses tribus
Antigonis, Démétrias et *Ptolémaïs* entre 224/3 et 200, date
à laquelle l'*Attalis* remplace les deux antigonides), visent à
établir le plus souvent un rapport spécifique entre la cité et

---

1. J. Ma, *Antiochos III et les cités de l'Asie Mineure occidentale*,
trad. française 2004, p. 322-324 (Sardes), 351-365 (Téos), 375-384
(Iasos), 405-408 (culte officiel d'État).

le souverain, puis avec les autorités romaines. Le roi est en effet une personne exceptionnelle à laquelle les honneurs civiques habituels ne sont pas adaptés. Il est avant tout perçu comme puissance protectrice et cette reconnaissance, qui lui rappelait ses devoirs divins, était censée l'inciter à se montrer à la hauteur de son rang. Mais on a justement fait remarquer que le simple fait d'appeler un Antiochos *Théos* (Dieu) implique un statut inférieur à celui des autres dieux, pour lesquels une telle précision était inutile.

Il est vain de spéculer sur le sentiment profond des Grecs à ce propos, qui nous est inconnu, et l'on se contentera de remarquer que d'autres abstractions d'essence politique connaissent alors une grande vogue, tels *Dèmos* (le Peuple), dont le culte est créé à Athènes au moment de la libération de 229 et plus tard associé à celui de Rome, et surtout (Agathè) Tychè, la (Bonne) Fortune, sous les auspices de laquelle sont votés les décrets des cités, et qui est particulièrement connue pour être la patronne d'Antioche (célèbre statue d'Eutychidès de Sicyône). On soulignera aussi que les anciens cultes civiques perdurent avec une vitalité intacte tout au long de la période : parmi d'innombrables exemples, citons le cas de Callatis dans le Pont qui, entre le IVe et le IIe s., consulte assidûment la Pythie de Delphes au sujet de plusieurs cultes officiels [1], ou celui de Magnésie du Méandre, qui édifie après Apamée un temple de Zeus Sôsipolis (« Sauveur de la cité ») et vote une série de dispositions cultuelles. L'architecture religieuse reste donc florissante et la sculpture n'est pas en reste : il n'est que de songer aux spectaculaires statues cultuelles qu'exécute Damophon de Messène, dans la première moitié du IIe s., pour le temple des Grandes Déesses (Despoina/Corè et Déméter) à Lycosoura, en Arcadie, groupe de figures massives avec lequel tranchera la grâce délicate de la célèbre Aphrodite consacrée à Mélos environ deux générations plus tard (« Vénus de Milo »). La piété traditionnelle peut également se mesurer aux souscriptions publiques à sujet religieux, par exemple celle des femmes

1. A. Avram, *Inscriptions grecques et latines de Scythie Mineure* III. *Callatis et son territoire*, 1999, n° 48-50.

de Tanagra pour le déplacement du sanctuaire de Déméter et Corè vers 200[1]. La pratique oraculaire se maintient, dans les sanctuaires apolliniens de Delphes, Didymes (Milet) ou Claros (Colophon), ou encore à Dodone (questions à Zeus Naïos transcrites sur des lamelles de plomb).

Dans la droite ligne du IVe s., l'époque hellénistique se caractérise en outre par la grande popularité des cultes à mystères (cf. les Grands Dieux de Samothrace, protecteurs de la navigation, qui sont aussi vénérés par exemple à Délos), par celle des divinités guérisseuses (Asclépios ; le héros Amphiaraos à Orôpos), et par la vogue du dionysisme. Celle-ci fut encouragée notamment par les dynastes lagides ou attalides, auprès desquels les associations professionnelles de technites (auteurs, acteurs et musiciens) jouèrent un grand rôle, y compris politique et diplomatique[2]. La guilde d'artistes la plus importante était basée à Athènes, mais on connaît aussi, entre autres, les technites dionysiaques de l'Isthme et de Némée, et ceux de l'Ionie et de l'Hellespont. Ces associations (*koina* ou *synodoi*) passaient contrat avec les autorités responsables des fêtes où se produisaient leurs membres contre rémunération, et organisaient elles-mêmes des concours. Des décrets leur décernent divers privilèges dans le cadre de leurs fonctions (atélie et asylie), et Ptolémée Philadelphe exempta les technites d'Égypte de l'impôt sur le sel. La multiplication des concours locaux, régionaux ou panhelléniques, et l'augmentation des dépenses afférentes, comme la construction ou le réaménagement d'un théâtre, donnent dans les ligues et les cités une importance croissante à la fonction d'agonothète (organisateur et président des concours) ; elles témoignent aussi de la vitalité de la pratique religieuse dans le monde hellénistique, qui réserve aux spectacles « de masse » et à leurs vedettes une place somme toute assez comparable à celle qui est la leur de nos jours (cf. la multiplication des inscriptions agonistiques commémorant

---

1. L. Migeotte, *Les Souscriptions publiques dans les cités grecques*, 1992, n° 28.   **2.** J.-Ch. Moretti, *Théâtre et société dans la Grèce antique*, Le Livre de Poche, « Références », n° 585, 2001, p. 250-269.

notamment les victoires des athlètes et les performances, au sens anglais du terme, des artistes). Rappelons néanmoins que des nombreuses créations du théâtre hellénistique, il ne reste pratiquement plus rien, hormis la comédie « bourgeoise » de Ménandre (ci-après), et l'on continue à représenter les classiques, tel Euripide dont les œuvres, à Athènes, avaient fait l'objet d'une copie officielle conservée dans les archives de la cité, à l'initiative de Lycurgue (*supra*, chap. 18).

L'apparition de cultes étrangers est un fait bien attesté depuis le ve s. (*supra*, chap. 12). Le cosmopolitisme et la multiplication des échanges accentuent le phénomène à l'époque hellénistique, qui a consacré le succès des religions orientales. Citons Cybèle, la Grande Mère phrygienne, et son parèdre Attis, les « dieux syriens » Atargatis (= Aphrodite) et Hadad (= Zeus), Adonis, Sabazios, etc. En Anatolie subsistent de nombreux dieux locaux, d'origine hittite ou louvite (IIe millénaire), dont le nom est d'ordinaire hellénisé. Mais ce sont les dieux égyptiens qui se taillent la part du lion, notamment Isis, dont les arétalogies énumèrent les vertus universelles : la déesse est traditionnellement assimilée à Déméter, mais elle est aussi perçue, entre autres, comme une protectrice de la navigation (Pélagia) et, plus généralement, comme une divinité consolatrice, attributions qui ne sont pas sans rappeler son rôle dans la religion égyptienne, mais que l'*interpretatio graeca* a remodelées. Ce phénomène est encore plus perceptible à travers la figure de Sarapis, popularisé auprès des Grecs d'Égypte (mais pas des Égyptiens eux-mêmes) par Ptolémée Ier à partir d'Oser-Api, avatar osirien du taureau Apis de Memphis : le dieu, dont le plus grand sanctuaire, reconstruit par Ptolémée III, se trouve à Alexandrie, est représenté comme un Zeus, un Asclépios ou un Hadès, avec une chevelure et une barbe fournies, couvert d'une sorte de cylindre en forme de mesure à grain ; on pouvait y reconnaître une image de l'abondance et d'une bienveillante sérénité, ce qui explique le grand succès qui fut le sien en Égée, sans que les Lagides en aient apparemment assuré la promotion. Ainsi à Délos, le culte est d'abord privé, puis se voit dédier un sanctuaire officiel : si les associations jouent un rôle de plus en plus important dans la pratique religieuse de l'époque (Sarapiastes, mais aussi Poséidoniastes, etc.), cet exemple permet de vérifier une nouvelle fois que tout passe à un moment ou à un autre par le contrôle de la cité et que ces nouveautés, loin de se substituer aux cultes civiques, ne font que s'y ajouter.

Économie et société

En matière économique, il en va de l'époque hellénistique comme des précédentes : les données manquent ou sont assez ambiguës pour autoriser des interprétations contradictoires, ainsi à propos du système lagide d'exploitation des ressources de l'Égypte exposé au chapitre précédent. Quelques points se dégagent cependant, comme l'essor de l'économie monétaire et des activités bancaires, ou l'intensification des échanges commerciaux.

Même si cela donne lieu à des estimations divergentes, il est notoire que la conquête d'Alexandre a apporté aux Grecs d'immenses richesses, notamment en métaux précieux (*supra*, chap. 17). Les monnaies au type du conquérant (les « alexandres ») continuent d'ailleurs à être frappées bien après sa mort, comme l'avaient été les « philippes ». Il s'ensuit un développement de l'économie monétaire, spécialement dans le cadre des monarchies. D'une part, l'iconographie véhicule l'idéologie dynastique (voir les éléphants et Apollon, protecteur de la lignée, sur les monnaies séleucides ; les doubles cornes d'abondance sur certaines monnaies lagides ; l'évolution du monnayage de Pergame, où les types empruntés à Lysimaque et à Séleucos Ier laissent place à l'effigie de Philétairos et à des motifs originaux au fur et à mesure que s'affirme l'autonomie attalide). D'autre part, la monnaie est un instrument privilégié de l'économie royale. Cela ressort particulièrement chez les Lagides, qui adoptent un étalon plus léger que l'étalon international attico-alexandrin, dit « hellénique » (tétradrachme de 14,3 gr. env., contre 17,2 gr.) : de la sorte, ils retirent un bénéfice substantiel (env. 17 %) du change, obligatoire aux frontières, car les monnaies étrangères étaient changées au pair (par ex., tétradrachme contre tétradrachme), avant d'être fondues et refrappées aux types et poids officiels dans les ateliers royaux, situés dans les ports. Après la conquête de la Cœlè-Syrie, les Séleucides y ont maintenu ce système et les Attalides ont mené une politique comparable après Apamée, avec le monnayage cistophorique (au type de la « ciste mystique », corbeille contenant des objets sacrés).

Ailleurs, le tétradrachme d'étalon attico-alexandrin constitue la dénomination de référence : ainsi les Séleucides, dont les ateliers sont implantés notamment dans les anciennes capitales achéménides et dans les fondations syriennes ou à Séleucie du Tigre, conservent-ils majoritairement ce système dit « ouvert ». Pour les cités, la marge de manœuvre en cette matière dépend du degré d'autonomie dont elles jouissent (émissions municipales au type royal, ou indépendantes, sous forme d'espèces « pseudo-royales » ou avec une iconographie nationale figurant aussi sur le sceau de la cité : cf. Apollon et le lion à Milet). Celles qui en ont la faculté adoptent parfois un système mixte entraînant une double circulation (étalon local pour les petites dénominations, ce qui permet de conserver un revenu tiré du change, étalon attico-alexandrin pour les paiements extérieurs). Rhodes constitue un cas particulier, qui frappe des monnaies de divers types et étalons au gré de ses besoins et de son intérêt (cf. les drachmes « légères », de 2,7 gr. environ, au IIIᵉ s., puis le monnayage dit « plinthophore » au IIᵉ s., dont la drachme pèse environ 3 gr.). Le prestige et la prospérité de la cité valent à ses monnaies d'être abondamment imitées ailleurs. Le statère d'or (d'ordinaire deux drachmes équivalant à vingt drachmes d'argent) constitue un autre instrument financier favori des rois, par exemple dans le cadre de l'évergétisme. On assiste en outre au développement du numéraire de bronze, moyen de paiement le plus faible, mais aussi le plus répandu au quotidien, spécialement dans les cités et chez les Lagides. Au IIᵉ s., la monnaie athénienne, avec le nouveau style dit « stéphanèphore » (monnaies à la couronne), retrouve une position privilégiée et est largement imitée, ce qui correspond à la nouvelle prospérité de la cité (administration de Délos, etc.). Vers 112, Athènes adopte un décret sur les poids et mesures visant en particulier à faciliter les conversions avec le système romain, auquel la Grèce sera petit à petit intégrée (sous Antoine et Auguste notamment).

Parallèlement à cet essor de l'économie monétaire se développe l'activité bancaire, assurant le change (avec la perception d'un agio), les dépôts et les prêts. En Égypte, qui livre cette fois encore une abondante documentation, la banque royale (*basilikè trapéza*) gère les encaissements et paiements de l'État, mais également des comptes de particuliers ; le taux des prêts peut atteindre des niveaux très élevés, dépassant les 20 %. Il existe aussi des banques affermées, qui reçoivent de Ptolémée II le monopole du change, et des banques privées. Dans les cités, surtout portuaires, les trapézites privés prospèrent. Certains sanctuaires jouent également un grand rôle pour les dépôts et les prêts, publics et privés : parmi les cas bien documentés, citons l'Artémision de Sardes, le sanctuaire d'Apollon à Délos, celui de Zeus à Locres Épizéphyréenne, de la fin du IVe s. à l'époque de Pyrrhos, si c'est bien lui qui se cache derrière le *basileus* anonyme évoqué par les tablettes consignant ces opérations (*supra*, chap. 14).

L'autre phénomène marquant de l'époque est constitué par l'intensification des échanges commerciaux, proportionnelle à l'augmentation des déplacements et à l'élargissement de l'*oikouménè* (terre habitée, monde connu). Là encore, il convient de ne pas exagérer l'ampleur des phénomènes : nos sources font la part belle à l'exceptionnel, tel Athénée à propos de l'extraordinaire Syracusaine, navire mis en chantier par Hiéron II sous la direction d'Archimède, capable de transporter 60 000 mesures de grains, 10 000 jarres de salaisons, 40 000 talents de produits variés, dotée aussi de huit tourelles de défense, d'un gymnase, d'une bibliothèque, d'écuries et d'un sanctuaire d'Aphrodite... Mue par un équipage pléthorique, la Syracusaine fut offerte à Ptolémée et ne bougea apparemment plus d'Alexandrie. Les conditions d'un voyage ordinaire sont sensiblement les mêmes qu'aux périodes précédentes, sinon pires : navires de petites dimensions (cargaisons moyennes oscillant entre 50 et 150 tonnes environ), aléas climatiques qui déroutent par exemple de plusieurs centaines de kilomètres certains correspondants de Zénon (cf. le Samien Colaios à l'époque archaïque : *supra*, chap. 8), enfin, et surtout, recrudescence de la piraterie. Par ailleurs, l'horizon du fellah égyptien comme de la plupart des citoyens grecs reste limité aux confins du village ou du territoire civique.

Ces réserves posées, on note le développement des installations portuaires, ainsi à Milet, Rhodes, Cyzique, et surtout à Alexandrie (ci-après), et la multiplication des routes et circuits d'approvisionnement. En Méditerranée, le principal itinéraire relie Alexandrie, Rhodes (revenus portuaires estimés chez Polybe à un million de drachmes par an avant 167), Délos (durant l'Indépendance puis surtout entre 167 et 88), Athènes (au IIe s. où la cité profite, entre autres, de la destruction de Corinthe en 146), et l'Italie (Pouzzoles et Ostie). Mais il subsiste un cabotage et des trafics locaux intenses, notamment au Levant, en Asie Mineure ou dans le Pont. On connaît aussi les échanges existant entre l'Égypte et le royaume éthiopien de Méroé, et les deux itinéraires vers l'extrême Orient, où se concurrençaient Séleucides et Lagides. Les premiers contrôlaient la « vieille route de l'Inde » reliant Séleucie du Tigre au Gandhara par la Médie et la Bactriane, du moins jusqu'à la constitution d'un royaume dissident dans cette dernière région et avant l'arrivée des Parthes (*supra*, chap. 19-20). Les seconds ont remis en service l'ancien canal qui reliait le Nil au golfe de Suez et possédaient sur les rives de la mer Rouge une série de ports d'où partaient des pistes caravanières (Myos Hormos, Bérénikè Trogodytikè, etc.). Par là, on communiquait avec l'Arabie Heureuse, elle-même en contact avec l'Inde par les trafics maritimes indiens et arabes : des amphores cnidiennes ont atteint la région de Pondichéry et des tessons de vases hellénistiques ont été retrouvés jusqu'au Sri Lanka (l'ouvrage d'Agatharchide de Cnide sur la navigation dans la mer Rouge date du milieu du IIe s., et la découverte en partie fortuite de la mousson par Eudoxe de Cyzique et Hippalos est encore postérieure, tout comme la création par les Lagides du « préposé à la mer Érythrée et Indienne »). Mais de ce côté aussi, les Séleucides étaient présents, notamment par l'influence qu'ils exerçaient épisodiquement dans la région de Gerrha, sur le golfe Persique (cf. le passage d'Antiochos III de retour de l'Anabase en 205) : là se trouvait le point de départ d'une route caravanière transarabique qui conduisait en Cœlè-Syrie et qui fit la fortune des Nabatéens de Pétra, point de transit obligé avant les ports du Levant.

Parmi les marchandises échangées, le grain occupe toujours une place primordiale. La production égyptienne tend à remplacer celle du Pont, en proie à des troubles provoqués par les barbares. Mais les données chiffrées continuent de manquer et il est difficile d'établir des courbes de prix. Un montant de 5-6 dr. le médimne de blé paraît constituer une sorte de référence, sinon de moyenne, mais en Égypte, le cours est de deux à trois fois moindre, alors que certaines inscriptions d'Asie Mineure évoquent en cas de crise des prix cinq à dix fois supérieurs. À Délos, la documentation épigraphique montre que les coûts du blé et de l'huile peuvent connaître de fortes fluctuations en une année (période de « soudure », accidents climatiques ou d'approvisionnement, etc.) : ainsi, sur les neuf premiers mois de 282, le médimne de froment varie à peu près du simple au double (de 4 dr. 1/2 à 10 dr.) ; en 250, le conge d'huile, soit environ 3 l., oscille entre 1 dr. 1/3 et 2 dr. Le vin est l'objet d'un intense trafic et l'on suit par exemple celui de Rhodes à travers les trouvailles d'amphores dans toute la Méditerranée, même si des études récentes suggèrent qu'il ne faut pas surestimer cette production (cf. aussi à Cnide et à Chios). Autre secteur florissant, spécialement dans les îles égéennes, la pêche au murex, coquillage dont les teintureries obtenaient de la pourpre : d'après une inscription de Délos, celle-ci s'échangeait au poids de l'argent (100 dr. la mine). Parmi les produits exotiques, Alexandrie exporte ceux de l'Égypte (papyrus) et du reste de l'Afrique (ivoire, etc.) ; du Levant partent l'encens et les épices d'Arabie, mais également

les parfums, épices, pierres précieuses et textiles de luxe
venant d'Inde (la soie chinoise ne se répandra qu'à l'époque
romaine). Les esclaves constituent une autre marchandise
de valeur. Ce commerce lucratif est en pleine expansion,
notamment parce qu'il est régulièrement alimenté par les
guerres et les rapts perpétrés par les pirates, spécialement
crétois puis ciliciens, et parce que les Romains sont très
demandeurs : on se souvient que l'omniprésence des *negotiatores* explique en partie la guerre de Mithridate (cf.
l'agora des Italiens à Délos et *supra*, chap. 21).

À part dans le domaine militaire, où s'illustrent divers
ingénieurs (cf. les constructions navales ou l'hélépole, « pre-
neuse de ville » qui était une tour de siège mobile mise au
point par Épimachos d'Athènes pour Démétrios Poliorcète),
les progrès techniques semblent relativement limités. Pour
l'agriculture, citons les moulins à céréales, les pressoirs à
coin ou à arbre, l'utilisation de la roue à godets pour l'irrigation et, dans des proportions discutées, de la vis inventée
par Archimède. De cette époque datent les premiers traités
d'agronomie (cf. Théophraste) et quelques expériences d'ac-
climatation, ainsi en Égypte et en Cœlè-Syrie (blé « syria-
que » permettant deux récoltes annuelles, variétés de fruits
et légumes, mais le riz ou le coton, pourtant connus, ne se
diffusent pas). Les spécialistes mettent volontiers l'accent
sur les conséquences économiques de l'urbanisation, d'où
les nécessités toujours plus pressantes du ravitaillement et
le développement des productions spéculatives et de l'artisanat. Évoquons par exemple les « articles d'Alexandrie »
(bijoux, meubles, verreries, camées, faïence, coroplathie produisant des figurines de terre cuite dans le goût de l'époque,
qui privilégie le réalisme et le familier, les sujets dionysiaques
ou érotiques, etc.) ; les étoffes en soie sauvage de Cos aux
effets transparents que les sculpteurs représentent avec virtuosité ; la céramique à vernis rouge, dite « sigillée orientale », les bols à reliefs dits « mégariens », les célèbres
« tanagras » produites dans une multitude d'ateliers méditerranéens, ou encore les figurines de Myrina (au sud d'Élaia,
le port de Pergame). Malgré une standardisation croissante,
les structures sociales de la production ne semblent guère

différentes de celles que l'on entrevoyait précédemment, les
nouveaux cadres monarchiques n'ayant pas fondamentalement changé la donne (ateliers royaux ?). À Délos, les
comptes de l'Indépendance font connaître une main-d'œuvre
très hétérogène (petites gens, artisans polyvalents ou spécialisés, gros entrepreneurs, etc.) ; parfois, on repère une évolution dans les salaires : par exemple, le traitement de certains
employés du sanctuaire baisse dans le deuxième quart du IIIe s.
(cf. celui de l'architecte, qui passe de 2 dr. à 1 dr. 1/2 par jour).

Autre élément de continuité, la nature de la richesse, qui
demeure essentiellement foncière. L'*enktèsis*, droit d'acquérir
des propriétés, notamment des terres, fait d'ailleurs partie des
privilèges accordés par les cités à leurs bienfaiteurs étrangers.
Il n'en reste pas moins que les bases de la fortune et les pratiques continuent à se diversifier. Ainsi suppose-t-on que les
noms des « fabricants » figurant sur les timbres amphoriques,
notamment rhodiens, sont ceux non des potiers eux-mêmes,
mais de propriétaires d'ateliers et que dans certains cas, les
mêmes pouvaient aussi posséder les vignes. Des Rhodiens
s'illustrent dans le négoce du blé et l'« aristocratie navale » de
l'île avait également des intérêts économiques aux succès de
sa diplomatie (accords d'atélie pour l'exportation des surplus,
etc.), même si ce point reste l'objet d'analyses divergentes de
la part des spécialistes. On a exposé au chapitre précédent le
rôle croissant pris par les notables dans la vie des cités. Les
décrets honorifiques laissent entrevoir d'immenses fortunes,
dont on peut avoir une idée notamment par les superbes
demeures que l'on trouve dans la Délos de la seconde domination athénienne, avec leurs étages, leur cour à péristyle, leurs
somptueuses mosaïques et des décors peints dont les villas de
Pompéi offrent des échantillons mieux conservés, en terre italienne. À Délos, le propriétaire de la « maison des sceaux »,
ainsi nommée parce qu'on y a retrouvé par milliers ces
marques servant à l'archivage de documents privés, avait
donc des activités notariales, sinon bancaires ; d'autres trouvailles (amphores, moulin) suggèrent qu'il s'adonnait en outre
au négoce du vin, mais aussi de l'huile, et qu'il produisait de
la farine.

La comédie nouvelle, dont le représentant le plus fameux est l'Athénien Ménandre, a mis en scène cette société de riches bourgeois à la fin du IVe s. (cf. le *Dyscolos*, ou *Atrabilaire*). L'aisance matérielle des « nouveaux riches » était volontiers ostentatoire, tendance dont les excès furent limités à Athènes par les lois somptuaires de Démétrios de Phalère (limitation des dépenses à l'occasion des noces, des funérailles, etc.), et dans diverses cités par l'institution de magistrats chargés de faire respecter les bienséances, appelés gynéconomes (littéralement « surveillants des femmes », dont les attributions s'étendaient aussi aux hommes). C'était à l'image du luxe étalé par les monarchies, notamment lors des processions d'Alexandrie et de Daphnè, ou à travers le programme édilitaire attalide, étalage qui impressionnait fort les Romains (cf. la richesse proverbiale de Pergame et l'ambassade de Scipion Émilien à Alexandrie en 140/39). Mais la richesse était fort mal répartie et il faut aussi évoquer la pauvreté des campagnes égyptiennes ou la recrudescence du problème des dettes dans la vieille Grèce, notamment en Laconie où ce fut l'un des moteurs des réformes d'Agis et de Cléomène de Sparte (*supra*, chap. 19). À Rhodes, Strabon évoque l'entretien des plus pauvres par les plus riches et l'on possède une souscription du Ier s. « pour accroître le bien du peuple des citoyens »[1], secteur dans lequel les associations pouvaient également jouer un certain rôle. Les termes de la souscription restent vagues, mais il ressort du texte de Strabon que ce souci de la concorde intérieure, qui n'est pas sans rappeler les préceptes d'Énée le Tacticien au IVe s. (*supra*, chap. 18), avait pour but principal d'assurer le meilleur fonctionnement de la flotte : tout comme à Sparte, l'intention est militaire plus que sociale. On en dira autant de la révolte d'Aristonicos, dont les réformes (libération d'esclaves) visaient sans doute plus à compléter les effectifs qu'à bâtir une utopie égalitaire, Héliopolis : la politographie (inscription de nouveaux citoyens, notamment parmi les anciennes troupes royales stationnées sur place) que décide au même

[1]. L. Migeotte, *Les Souscriptions publiques dans les cités grecques*, 1992, n° 38.

moment la cité de Pergame paraît répondre en partie aux mêmes objectifs (cf. *supra*, chap. 21, et le chapitre précédent pour le cas des pénestes, depuis fort longtemps engagés dans les armées thessaliennes). C'est aussi bien à de nouvelles pratiques, comme l'affranchissement des esclaves par vente fictive à un dieu (cf. les très nombreux actes gravés à Delphes) ou leur association à des réjouissances civiques, telle la collation offerte par Moschion de Priène (troisième quart du IIᵉ s. environ), que l'on mesurera l'évolution des mentalités : manifestement, la conception de la communauté tend à s'élargir, peut-être parce qu'elle est davantage marquée par des références que nous appellerions aujourd'hui culturelles, concept finalement pas si éloigné de ce que les Grecs du temps désignaient sous le vocable de *paideia*.

Alexandrie et la culture hellénistique

Contrastes, diversité et attitudes nouvelles se concentrent à Alexandrie, symbole de cette civilisation hellénistique qui rayonne à travers le monde et le temps.

Alexandrie est connue par le témoignage des historiens, Polybe, Diodore, Plutarque, et par celui des papyrus (cf. le recueil des *Dikaiômata*, collation de dispositions relatives au droit des gens, mais aussi à l'immobilier et aux relations de voisinage). C'est le géographe Strabon qui donne les informations les plus précieuses sur sa topographie, encore mal connue malgré les progrès récents de l'archéologie, car la ville moderne recouvre la capitale antique, siège de l'administration centrale du royaume lagide[1]. On discute encore des véritables intentions d'Alexandre lorsqu'il fonda la cité, avec d'heureux présages, sur un site répondant aux préceptes de son maître Aristote. Il en confia l'édification à Cléomène

---

1. Strabon XVII 1, 6-10, traduit et commenté par J. Yoyotte et P. Charvet, *Strabon, le voyage en Égypte. Un regard romain*, 1997, p. 77-94, et parmi d'autres *testimonia* (« témoignages » antiques), par A. Bernand, dans Fr. Goddio *et al.*, *Alexandrie, les quartiers royaux submergés*, 2000, p. 90-96.

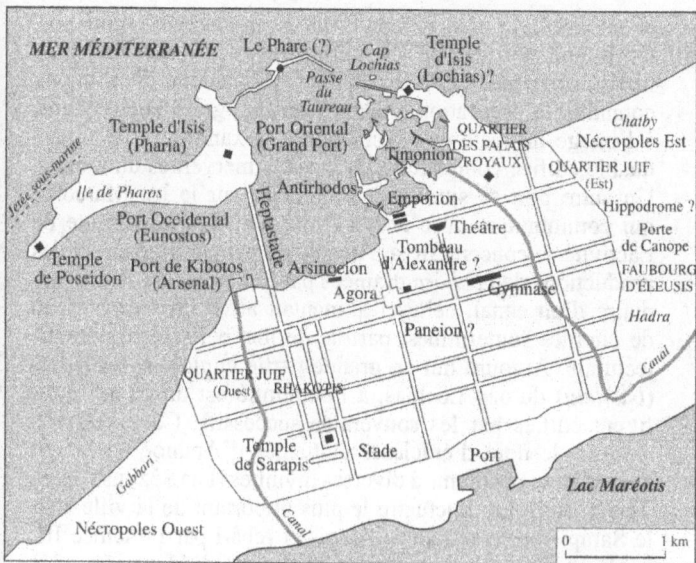

Fig. 17. Plan d'Alexandrie (B. Legras, *Lire en Égypte d'Alexandre à l'Islam*, Picard, 2002, p. 171).

de Naucratis et à l'architecte-urbaniste Deinocratès de Rhodes. Ceinte d'un rempart, la ville épouse la forme d'une chlamyde (courte cape portée par les éphèbes) et couvre un espace d'environ 30 stades sur 7,5 (1 stade = 190 m env.). Le plan est en damier, le principal axe est-ouest (voie appelée « canopique » par les Modernes) étant une vaste avenue de 100 pieds de large (30 m). Alexandrie est dotée d'un territoire civique, mais sa prospérité repose essentiellement sur le commerce. Sur la mer, elle possède deux ports d'accès parfois dangereux, l'Eunostos (Bon Retour) à l'ouest et le Grand Port à l'est, de part et d'autre d'une jetée, l'Heptastade, dont une prospection géophysique a montré depuis peu qu'elle s'inscrivait en réalité dans le quadrillage, perpendiculairement à l'axe est-ouest. L'Heptastade donnait accès à l'île de Pharos, où se trouvait le fameux phare, haut d'une centaine de m, dédicacé sans doute vers 280 par l'architecte et ambassadeur Sostratos de Cnide ; son feu était réputé porter à une soixantaine de kilomètres et des fouilles sous-marines récentes (J.-Y. Empereur) permettent d'en mieux connaître la décoration, mêlant éléments grecs et égyptiens, à l'image du reste de l'architecture alexandrine. Ce remarquable édifice comptait parmi les sept merveilles du monde. Un autre port se situe vers l'intérieur, sur le lac Maréotis, qui communique avec le Nil : une part très importante de l'activité se concentrait là, Alexandrie captant l'essentiel des productions de la *chôra* drainées par le fleuve. Par l'intermédiaire d'un canal, celui-ci alimentait aussi un vaste réseau de citernes souterraines, parfois de fort belle facture architecturale. Aujourd'hui en grande partie engloutis, les palais (*basileia*) du cap Lochias, à l'extrémité est du Grand Port, furent édifiés par les souverains successifs. Certaines rues reçurent le nom d'épiclèses cultuelles d'Arsinoé après son assimilation posthume à diverses divinités (Isis Sôzousa, Héra Téléia, etc.). Le sanctuaire le plus important de la ville était le Sarapieion, consacré à Sarapis et rebâti par Ptolémée III. La localisation du tombeau (*sôma/sèma*) d'Alexandre dû à Ptolémée IV reste discutée.

La population (environ 400 000 habitants ?), sur laquelle les nécropoles jettent quelque lumière, est très bigarrée : elle compte des Macédoniens et d'autres Grecs, mais aussi des Orientaux ; les Juifs sont rassemblés dans le quartier *delta* (selon la tradition transmise par la *Lettre d'Aristée*, c'est sous le règne de Ptolémée II, peut-être sur les conseils de Démétrios de Phalère, que l'on commence à traduire la Bible en grec, entreprise attribuée aux Septante, environ 70 savants juifs venus à cet effet de Jérusalem à Alexandrie) ; quant aux Égyptiens, ils ont affublé la ville d'un nom correspondant à l'aspect qu'elle avait à ses débuts, Rhakotis (« le chantier »), ensuite utilisé par les Grecs pour désigner un quartier proche du Sarapieion. À l'époque de Philadelphe, Théocrite donne d'Alexandrie une image plaisante dans ses *Syracusaines*, mais le corps civique, où la composante gréco-macédonienne originelle se renouvelle peu, devient très minoritaire et le tableau général que dresse Polybe vers le milieu du IIᵉ s. est plutôt sombre : cette sclérose explique en partie les émeutes et révolutions qui jalonnent l'histoire de la ville et de la dynastie lagide à partir de la fin du IIIᵉ s., la populace faisant et défaisant les rois, au risque de subir leur colère (Ptolémée VIII). Les institutions municipales semblent réaliser une synthèse quasi aristotélicienne, avec des emprunts à Athènes et à Rhodes notamment (*Boulè, ekklèsia*, prytanes). Il faut sans doute y voir la marque de Démétrios de Phalère, accueilli à la cour de Ptolémée après la mort de Cassandre (*supra*, chap. 19), qui dut aussi être à l'origine de la création du Musée. Ce sanctuaire des Muses associé aux palais accueillait des savants pratiquant toutes les disciplines, entretenus par l'État, bénéficiant de faveurs royales (exemption de l'impôt sur le sel) et disposant d'une bibliothèque où se reflétait le même souci d'encyclopédisme (on parle de 500 000 volumes, des rouleaux de papyrus dont les catalogues raisonnés, en 120 livres, furent rédigés par le poète Callimaque). C'est dans ce cadre universitaire que naît la critique philologique, notamment celle des poèmes homériques avec le premier préposé à la bibliothèque, Zénodote d'Éphèse. Alexandrie fut pensée par les rois comme la vitrine de leur puissance et c'est dans cette perspective qu'ils s'appliquèrent à attirer les élites intellectuelles grecques : Cyrénéens comme Callimaque et Ératosthène, Syracusains comme Théocrite et Archimède, qui se partagent entre les deux villes, etc. C'est aussi à Alexandrie qu'on pouvait admirer les navires de Ptolémée IV, telle la tesseracontère (une sorte de gigantesque catamaran qui ne sortit sans doute jamais du port et n'avait d'égale que la *thalamègos* destinée aux promenades sur le Nil), participer à des réjouissances fastueuses comme les Ptolémaia pentétériques, et assister à d'exubérantes processions, notamment celle que décrit Callixeinos de Rhodes[1], dont la démesure ne manqua pas d'inspirer les réalisateurs hollywoodiens (*supra*, chap. 19).

Spécialement au IIIᵉ siècle qui est le plus prolifique, ce creuset donna une impulsion remarquable aux sciences, qui bénéficièrent en sus des acquis orientaux. Outre la philologie déjà évoquée, citons les mathématiques, la géométrie et la

---

1. Chez Athénée, 197 C - 203 B.

physique avec Euclide (les *Éléments*) et Archimède (nombre *pi*, sphères et cylindres, hydrostatique, etc.), l'astronomie avec la remarquable théorie héliocentriste d'Aristarque de Samos, restée sans suite jusqu'au XVIᵉ s., la mécanique avec Ctésibios (hydraulisme : pompes, orgues, etc.) et Philon de Byzance (machines de siège, fortifications, etc.). Ératosthène de Cyrène, qui parvient à mesurer avec une précision remarquable la circonférence de la terre et établit le principe des parallèles et des méridiens, mais qui touche aussi à beaucoup d'autres domaines (littérature, chronologie, mathématique, etc.) tout en étant associé à la cour en tant que précepteur de Ptolémée IV, réalise une forme de synthèse de cette effervescence intellectuelle. La médecine n'est pas en reste : enrichie des connaissances anatomiques égyptiennes (momification), elle fait des progrès significatifs, notamment en ce qui concerne les systèmes nerveux, circulatoire et digestif, avec Hérophile et Érasistrate, dont les travaux sont essentiellement connus par des écrits d'époque romaine. Mais si Alexandrie est un centre de recherche, surtout dans la première moitié du IIIᵉ s. où, avec l'appui des deux premiers Ptolémées, sont momentanément levés les interdits frappant la dissection du corps humain (pratique de la vivisection), la plupart des médecins publics embauchés et rémunérés par les cités sont formés ailleurs, dans des écoles comme celles de Cos et de Cnide. En outre, dans toutes les cours, la fonction de médecin, souvent avec le statut de *philos* (chapitre précédent), revêt une grande importance ; c'est d'ailleurs surtout dans ce dernier contexte que progresse la connaissance des poisons et des antidotes, donc des remèdes en général : ainsi Attale III de Pergame était-il lui-même féru de pharmacologie. Parallèlement à ces progrès remarquables de la science, on note aussi, vers la fin de la période, un goût prononcé pour l'irrationnel, la magie, l'occultisme et d'autres croyances où les influences orientales et égyptiennes sont également palpables (astrologie babylonienne, hermétisme qui tire son nom d'Hermès, équivalent du dieu égyptien Thot) : un astronome aussi réputé qu'Hipparque de Nicée, dans la seconde moitié du IIᵉ s., pratiquant également l'astrologie, se trouve à la croisée des chemins. Somme toute, la production littéraire apparaît comme le parent pauvre, non qu'elle ait été inexistante, mais parce qu'elle pèche par excès de recherche érudite (œuvres poétiques de Callimaque ou d'Apollonios de Rhodes) ou pratique des genres considérés comme « mineurs » (épigrammes, *Idylles* et poésie de cour chez Théocrite, *Mimes* d'Hérondas).

Antioche et même Pergame, dont les rois ambitionnaient de rivaliser avec les Lagides, restèrent loin en retrait d'Alexandrie. La capitale attalide, elle aussi dotée d'une bibliothèque, comme Antioche à partir du règne d'Antiochos III, brille plutôt par les audaces de son urbanisme et de son architecture où se mêlent les styles, spécialement sur l'acropole, dont les escarpements ont été savamment exploités pour produire un ensemble grandiose : citons la double agora (inférieure et supérieure) ; les sanctuaires d'Athéna et de Déméter ; les portiques à étages décalés et passages voûtés pour compenser les fortes dénivelées ; le théâtre et le gymnase sur trois niveaux (sans que cela corresponde nécessairement aux différentes classes d'âge : cf. ci-après). Pergame se distingue aussi par la créativité de son école de sculpture : on songe ici aux groupes statuaires commémorant les victoires sur les Galates, et surtout aux frises décorant le Grand Autel probablement consacré aux Douze Dieux (construction commencée sous Eumène II), en particulier à la Gigantomachie (combat mythique entre les dieux de l'Olympe et les Géants), parfois qualifiée de baroque en raison du nombre de figures qu'elle met en scène et qu'elle anime d'expressions pathétiques et d'effets de mouvement spectaculaires. Syracuse, sous l'impulsion de Hiéron, tient un rang honorable (*supra*, chap. 14), ainsi que Rhodes, dont l'école de rhétorique, fondée par Eschine après la fin de sa carrière politique athénienne au IVe s., était réputée.

Mais dans le « vieux » monde, c'est Athènes, modèle et référence des capitales lagide et attalide, qui tire le mieux son épingle du jeu, surtout grâce à ses écoles de philosophie où se pressent les élites de toute la Méditerranée (des notables plus que des « intellectuels » au sens contemporain du terme, ici largement anachronique). Dans leur très grande

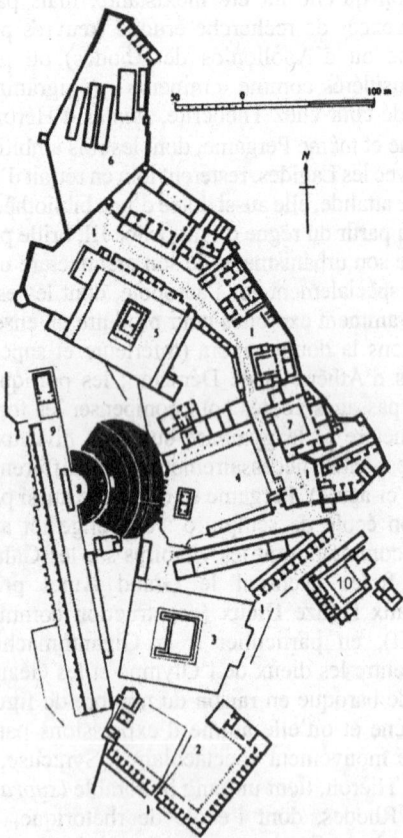

1. Rue principale. 2. Agora supérieure. 3. Grand Autel. 4. Sanctuaire d'Athéna. 5. Temple de Trajan. 6. Arsenal. 7. Palais. 8. Théâtre. 9. Temple de Dionysos. 10. *Héröon* (culte dynastique).

Fig. 18. Plan de l'acropole de Pergame à l'époque impériale
(R. Martin, *L'Art grec*, Le Livre de Poche, « La Pochothèque »,
1984, fig. 350).

Fig. 19. Maquette de l'acropole de Pergame, vue du sud-ouest
(R. Martin, *L'Art grec*, Le Livre de Poche, « La Pochothèque »,
1984, fig. 351).

majorité, les scholarques (chefs d'école) sont eux-mêmes des étrangers à qui les Athéniens accordent la citoyenneté et de nombreux autres honneurs et privilèges pour les fixer chez eux (cf. Carnéade de Cyrène). Par là, la cité peut encore rivaliser avec Alexandrie, comme le montre le parcours d'un Straton de Lampsaque, qui vient y prendre la direction du Lycée après avoir été le précepteur de Ptolémée II. Les Athéniens n'hésitent d'ailleurs pas à se servir du prestige intact dont ils jouissent dans ce domaine : ainsi en 155, quand une ambassade à Rome conduite par les scholarques de l'Académie, du Lycée et du Portique, obtient du Sénat la réduction d'une amende due à la cité voisine d'Orôpos. Outre les anciennes écoles que sont l'Académie, dont Carnéade est au IIᵉ s. le scholarque le plus brillant, et le Lycée où Théophraste a succédé à Aristote et qui est impliqué dans la vie politique du temps en la personne de Démétrios de Phalère, citons l'épicurisme, enseigné par Épicure au Jardin à partir de 306, et le stoïcisme ou Portique (du grec *stoa* = portique, en l'occurrence le Pœcile, *stoa poikilè*, sur l'agora), fondé vers 300 par Zénon de Kition (à Chypre, d'où de probables influences sémitiques). Ces nouvelles doctrines, en grande partie antagonistes, offrent des systèmes englobant la physique, la métaphysique et la morale, qu'il ne nous appartient pas de résumer ici[1]. Dans la perspective qui est la nôtre, rappelons seulement que les épicuriens, matérialistes et héritiers de l'atomisme de Démocrite (vᵉ s.), prônent la connaissance en vue d'atteindre l'ataraxie, ou absence des troubles provoqués par les passions, dans une optique individuelle pouvant conduire à se détacher de la vie publique. Les stoïciens visent aussi la tranquillité de l'âme, mais par l'adhésion libre à l'ordre des choses ; cela peut donc s'accompagner d'un engagement dans les affaires de l'État, fondé sur la vertu, à l'image d'un Antigone Gonatas ou d'un Cléomène de Sparte. Au IIᵉ s., Panaitios de Rhodes connaît un grand succès à Rome, au sein du « cercle des Scipions », et le stoïcisme influence

---

1. Voir C. Lévy, *Les Philosophies hellénistiques*, Le Livre de Poche, « Références », nᵒ 537, 1997.

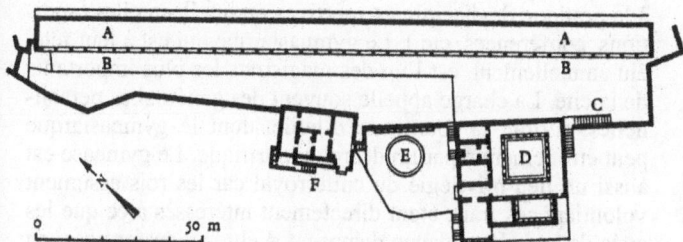

Sur la terrasse supérieure : A. Piste couverte (xyste) longue d'un stade. B. Piste à ciel ouvert (*paradromis*). Sur la terrasse inférieure : C. Escalier. D. Palestre. E. « Piscine ». F. Thermes romains.

Fig. 20. Le gymnase de Delphes (Fr. Chamoux, *La Civilisation hellénistique*, Arthaud, 1981, fig. 25, p. 374).

notamment les Gracques. À la génération suivante, Cicéron, comme César, vient à Rhodes parfaire sa formation rhétorique auprès de Molon, mais il est surtout influencé par l'enseignement du stoïcien Poseidonios d'Apamée, dont le départ pour le Dodécanèse est révélateur du déclin d'Athènes au tournant des IIe/Ier s., au même titre que les difficultés économiques et institutionnelles (*supra*, chap. 21). La cité n'en continuera pas moins d'être considérée comme une sorte de conservatoire de l'hellénisme et de s'autocélébrer comme telle, connaissant une véritable renaissance sous l'Empire.

Strabon parle du gymnase d'Alexandrie comme du plus bel édifice de la ville. C'est que le gymnase est considéré comme le symbole de la *paideia* (formation) hellénistique. On a rappelé plus haut que l'un des gestes les plus forts des « hellénistes » conduits par Jason à Jérusalem, dans les années 170, consista à y créer un gymnase. Alors omniprésents (on en trouve un par exemple à Philadelphie du Fayoum, qui n'a que le statut de *kômè*), ces édifices consacrés à Héraclès et à Hermès sont de mieux en mieux connus grâce aux fouilles et aux inscriptions. Ils peuvent comporter notamment une palestre à péristyle, une piste de course couverte (long

portique appelé xyste), un bain et des pièces annexes servant
à la pratique de disciplines sportives ou intellectuelles (audi-
tions, conférences, etc.). Le gymnasiarque qui est à leur tête,
élu annuellement, est l'un des magistrats les plus importants
de la cité. La charge appelle souvent des générosités personnelles, surtout la fourniture d'huile, dont le gymnasiarque
peut être remercié par un décret honorifique. Le gymnase est
aussi un lieu privilégié du culte royal car les rois assument
volontiers ces frais, étant directement intéressés à ce que les
cités de leur dépendance disposent d'élites bien formées, en
particulier sur le plan militaire. En effet, à côté de la catégorie des *paides* (« garçons », à partir de 12-14 ans) placée
sous la responsabilité des pédotribes, les lieux sont surtout
fréquentés par les éphèbes (18-20 ans) qui y font leurs
classes (tir à l'arc, javelot, etc.), puis par les *néoi* (« jeunes
gens », 20-30 ans), qui y entretiennent et complètent cet
apprentissage, spécialement durant les deux premières
années. Endurance, discipline et prestance étaient jugées
régulièrement, mais le grand moment de la vie du gymnase,
ce sont les concours de fin d'année (*Hermaia*), dont
l'épreuve reine était la lampadédromie, ou course de relais
aux flambeaux. Des armes servaient de prix pour les éphèbes
et les *néoi*. Le gymnase, au sein duquel ces derniers pouvaient verser une cotisation et se constituer en organe délibé-
ratif pour voter des honneurs à leur gymnasiarque, revêt
donc un rôle très traditionnel dans la formation du citoyen,
qui est double, civique et militaire. De ce point de vue,
l'exemple athénien présente quelques spécificités. L'éphébie
a été réformée à Athènes sans doute en 307/6 : elle redevient
alors facultative (volontariat), annuelle et est au moins en
partie à la charge des familles, d'où une forte baisse des
effectifs, tombés de quelques centaines à quelques dizaines
d'individus. Au IIe s., elle est réservée à une élite aisée, placée sous la responsabilité du cosmète ; vers 120, les étrangers y sont admis et à côté de l'éducation physique, on y
fait la part belle à la formation « universitaire », à l'image
de ce que représente désormais la cité sur la scène internationale (au IVe s. déjà, Platon puis Aristote avaient fondé leur
école dans deux des trois gymnases publics existant alors).

Dans tout le monde hellénistique, les gens de bien (*kaloi kagathoi*) s'enorgueillissent d'être passés par le gymnase (*hoi apo gymnasiou*, classe qui sera particulièrement distinguée dans l'Égypte romaine) et les décrets pour les « grands bienfaiteurs » de la basse époque ne manquent pas de souligner l'excellence de leur parcours, depuis leur plus jeune âge. Plus que jamais, cette *koinè* (communauté) culturelle fait l'unité du monde grec, et même au-delà.

Chapitre 24

ÉPILOGUE

En 197/6, menacée par l'avancée des troupes d'Antiochos III, la cité de Lampsaque, sur la côte asiatique des Dardanelles, envoie une ambassade pour solliciter la protection de Rome. Hégésias, volontaire pour conduire la délégation, se rend à Corcyre, où il rencontre le commandant de la flotte romaine, puis à Rome. De là, le Sénat le renvoie à Corinthe, où Flamininus et les Dix sont sur le point de proclamer la liberté des Grecs (*supra*, chap. 20). Entre Corcyre et Rome, l'ambassade a fait un crochet par la cité sœur de Marseille, elle aussi fondation phocéenne, dont elle a obtenu à la fois qu'elle intercède auprès des sénateurs et qu'elle écrive une lettre pour les Galates Tolistoages, avec lesquels Lampsaque était alors en relation : les Lampsacéniens savaient que leurs « frères » massaliotes avaient des rapports privilégiés tant avec les Romains qu'avec les Gaulois (*supra*, chap. 14). De Lampsaque à Lampsaque en passant par Corcyre, Marseille, Rome et Corinthe, l'odyssée diplomatique d'Hégésias relie les rives extrêmes de la Méditerranée, de l'Hellespont aux rivages de la Gaule, dans le sillage des intrépides ancêtres phocéens ; elle établit par là même un pont dans le temps, car la démarche se fonde sur la parenté politique, héritée de la colonisation archaïque, mais aussi mythique (cousinage légendaire entre Lampsaque et Rome par le biais d'Ilion et de la Troade, d'où était venu Énée). En cette période où le monde est sur le point de tomber entre les mains de la superpuissance romaine, le nouvel espace méditerranéen se construit donc aussi sur ce passé recomposé, en une synthèse bien représentative de ce que fut l'aventure grecque depuis le cycle homérique jusqu'à l'époque hellénistique : une base de culture commune a peu à peu contribué à unifier l'*oikouménè* (terre habitée), unification que Rome poursuivra avec un pragmatisme et une largesse de vues tout à fait remarquables. Si Ératosthène a pu calculer la circonférence de la terre, c'est aussi parce que le monde avait changé d'échelle, dans les faits comme dans les esprits, au moins pour une élite informée : l'exploration des mers nordiques par Pythéas, l'expédition indienne d'Alexandre, le développement de l'art gréco-bouddhique, la pénétration des nomades Yuezhi ou encore la mission d'information menée jusqu'en Bactriane par le diplomate chinois Zhang Qian (129/8), ne sont pas sans évoquer, *mutatis mutandis*, une forme de mondialisation.

Aussi bien l'histoire de l'hellénisme ne s'arrête-t-elle pas à Actium. Elle continue même avec une belle vitalité sous l'Empire, qui contribue à sa diffusion, endiguant notamment le déclin de la Grèce d'Europe face à l'Asie plus prospère. On verra un symbole de cette continuité dans la manière dont le futur Auguste (empereur de 27 av. à 14 ap. J.-C.) célèbre sur le sol d'Épire sa victoire sur Antoine : en y fondant non pas une colonie romaine, mais une cité de modèle grec, Nicopolis (« la cité de la victoire »), libre et dotée d'un vaste territoire, peuplée par regroupement des populations environnantes, et introduite dans la prestigieuse Amphictionie de Delphes (30 av. J.-C.). D'une manière générale, et même s'il subsiste bien des disparités d'une province à l'autre, voire au sein d'une même province (cf. en Asie et au Levant, ci-dessous), la diffusion du modèle civique et l'urbanisation sont deux faits caractérisant l'époque impériale, notamment sous la forme de colonies romaines, dotées de leurs institutions habituelles (magistrats et conseils de décurions). Pour leur part, les vieilles cités jouissent de statuts divers, remontant souvent aux vicissitudes traversées aux IIᵉ et Iᵉʳ s. Les princes modifient de temps à autre l'organisation générale, à l'instar d'Auguste, qui dissocie définitivement l'Achaïe de la Macédoine, unit la Crète à la Cyrénaïque (27 av. J.-C.) et légifère notamment sur le système judiciaire (litiges entre Romains et Grecs, procès en concussion contre les magistrats

ou promagistrats, etc. : cf. les « édits de Cyrène », datés de
7-4 av. J.-C.). Ainsi, c'est peut-être en 67 que la Thessalie
est rattachée à la Macédoine où une classe de notables s'est
peu à peu reconstituée ; la même année, Néron (54-68) proclame la liberté de toutes les cités d'Achaïe, avant que la
province ne soit reconstituée par Vespasien (69-79) ; sous
Trajan (98-117) est créée la province d'Épire (*ca* 108). La
liberté n'implique d'ailleurs pas nécessairement d'être
immunis (exempté de tribut) et le fisc impérial, qui s'est
adapté aux usages locaux, perçoit divers impôts directs et
indirects. En Orient, Auguste a pragmatiquement laissé en
place les grandes lignes de l'organisation due à Antoine,
mais la tendance est à l'intégration des États clients et à la
provincialisation. Athènes, Corinthe (la colonie fondée par
César), Éphèse ou Pergame sont des villes importantes ; certaines ont perdu l'essentiel de leur lustre, comme Thèbes,
devenue une médiocre bourgade si l'on en croit Strabon (IX
2, 5) ; d'autres au contraire, telles Nicopolis ou la colonie
de Patras, fondée en 15 av. J.-C., connaissent un grand essor.

À peu près partout, les Romains ont encouragé les regroupements, spécialement sous la forme de *koina*, provinciaux
(*koinon* de Macédoine, d'Achaïe, d'Asie, etc.) ou régionaux
(Thessalie, Éleuthérolaconiens ou « Laconiens libres », *koinon* de Lesbos, etc.), dont les magistrats portent des titres en
-arque (macédoniarque, asiarque, béotarque, etc.). Ces instances prennent parfois une extension qui déborde de leur
cadre géographique originel (une belle stèle de bronze inscrite a par exemple récemment révélé que pratiquement
toute la Locride orientale était rattachée au *koinon* béotien) ;
elles ont des attributions judiciaires locales et relaient le pouvoir romain dans le maintien de l'ordre (arbitrage des sempi-
ternels – et bien souvent dérisoires – litiges entre cités,
notamment frontaliers ou pour l'obtention de faveurs impé-
riales : cf. en Bithynie, la rivalité entre Nicée et Nicomédie
depuis la fin du Iᵉʳ s. jusqu'à l'époque des Sévères). Naturellement, les gouverneurs nommés par le Sénat, sous le
contrôle du prince, ou par le prince lui-même, gardent la
haute autorité, secondés par divers magistrats et chargés de
mission (cf. les *correctores* pour les questions financières et

foncières). Ils peuvent rester plusieurs années en poste mais perçoivent un salaire fixe selon leur rang, ce qui contribue à limiter notablement les exactions contre les provinciaux : en comparaison avec les désastres provoqués par la République agonisante, ceux-ci ont donc tout lieu d'être satisfaits de la monarchie augustéenne (cf. ci-dessous). Rome a d'ailleurs eu le souci d'associer les élites locales à l'administration, et parmi elles figurent à partir de la seconde moitié du Ier s. de grands notables grecs ou hellénisés, tels L. Flavius Arrianos (Arrien), de Nicomédie, qui fut entre autres légat en Cappadoce (131-137) et est passé à la postérité en tant qu'auteur de l'*Anabase d'Alexandre le Grand*, ou T. Flavius Phileinos, membre d'une famille de Thespies (Béotie) bien connue depuis l'époque hellénistique, qui devient notamment proconsul de Lycie-Pamphylie sous les Sévères (années 220). Comme jadis pour les rois hellénistiques, les honneurs cultuels rendus aux empereurs procèdent d'abord d'une initiative des communautés civiques, avant que le culte officiel ne soit organisé par le pouvoir dans le cadre de la province, dont une cité (pas nécessairement la capitale : cf. Béroia en Macédoine et non Thessalonique) est désignée pour abriter le temple de Rome et d'Auguste, recevant du même coup le titre de néocore (*néôkoros* désigne à l'origine une fonction individuelle et est ordinairement rendu par « sacristain »). Le sacerdoce est assumé par un *archiéreus* (grand prêtre), issu des plus grandes familles provinciales.

Les auteurs insistent sur l'appauvrissement extrême du monde grec à la fin de la période républicaine, ruiné par les guerres et les exigences romaines. Ce tableau parfois catastrophiste semble particulièrement fondé pour la Grèce d'Europe et des îles. Faute de moyens, des fêtes ne sont plus célébrées pendant des décennies, le sanctuaire de Delphes est apparemment indigent et les monuments d'Athènes délabrés. Dans les campagnes, il semble que le dépeuplement se soit poursuivi et que le nombre des établissements agricoles ait diminué au profit d'une forte concentration foncière (propriétés de grands notables). Mais certaines de nos sources noircissent sans doute le tableau pour faire ressortir à proportion les bienfaits de l'Empire. Quoi qu'il en soit, on observe des signes de

renouveau en milieu urbain, par exemple à Corinthe et à
Athènes. La première, dont la population est mêlée de Grecs
et d'Italiens, se couvre de monuments (temples, basiliques,
théâtre, aqueduc) et, conformément à son antique vocation,
abrite un artisanat réputé (bronziers, etc.) tout en profitant
commercialement de sa position portuaire privilégiée (plusieurs projets de percement de l'Isthme sont abandonnés).
La ville tire également parti du prestige des concours de
l'Isthme, qui tous les quatre ans coïncident avec des Kaisa-
reia (fêtes en l'honneur des Césars), le sanctuaire de Posé-
don étant aussi le cadre du culte impérial de la province
d'Achaïe jusqu'à Hadrien (117-138). Athènes présente des
caractéristiques semblables (développement du Pirée, qui
jouit d'un statut de marché régional, exportations traditionnelles de marbre, d'huile et de miel), et elle a reçu des empereurs plusieurs annexes, notamment insulaires. Mais comme
par le passé, la cité exploite surtout son patrimoine culturel,
bénéficiant notamment de la vogue de l'archaïsme et du
néoatticisme : ateliers de sculpture, écoles de philosophie et
de rhétorique. Les constructions se multiplient, dont beaucoup sont dues à la sollicitude des princes ou d'autres évergètes : marché de César et d'Auguste (« agora romaine ») ;
odéon d'Agrippa (ami et gendre d'Auguste) sur l'agora ;
escalier de l'Acropole (Claude, 41-54) ; tombeau monumental de C. Julius Antiochos Philopappos, petit-fils du dernier
roi de Commagène (annexée en 72), sur la colline des Muses
(114-116) ; « porte » d'Hadrien qui, entre autres réalisations
d'un ambitieux programme architectural, fait également
achever l'Olympieion dont la construction scande l'histoire
de la cité depuis les Pisistratides (*supra*, chap. 9 et 20) ;
stade de marbre et odéon dus à Hérode Atticus, dont les
générosités profitent aussi à Delphes et à Olympie. En 132,
le culte impérial de la province est transféré à Athènes dans
le cadre du Panhellénion créé par Hadrien. Ce nouveau *koinon* est présidé par un archonte et accueille un délégué de
chaque cité se flattant d'être grecque. Il apparaît comme
l'aboutissement de l'unification encouragée par les empereurs, dont les Panhellènes célèbrent les bienfaits, en même
temps qu'il consacre Athènes dans son rôle de conservatoire

de l'hellénisme. Dans le premier quart du IIe s., Plutarque décrit aussi la renaissance du sanctuaire de Delphes.

Dotée d'un riche terroir, l'Asie Mineure reste globalement prospère. De vastes domaines agricoles (riches particuliers, dont des Romains, domaines impériaux, sanctuaires, etc.) y sont travaillés par des paysans dont le statut n'apparaît pas toujours nettement (hommes libres ou esclaves), et Strabon insiste volontiers sur la variété et la richesse de la *chôra* civique. L'artisanat y est diversifié et prospère (orfèvrerie, textile, céramique), et le commerce local florissant, notamment dans le cadre des panégyries organisées autour des sanctuaires. Outre les divinités indigènes (Cybèle, Attis, Ma, Mèn, etc.), toujours en vogue et qui révèlent la vitalité de communautés plus ou moins hellénisées, citons l'oracle apollinien de Claros, qui atteint son apogée au IIe s., et les sanctuaires d'Asclépios à Pergame et à Cos. Urbanisation et organisation en cité ont grandement progressé, encore qu'à un rythme inégal selon les périodes et les empereurs, et il demeure de grandes disparités selon les régions (la façade maritime reste beaucoup plus développée ; le constat est en gros le même pour le Levant, dont les campagnes semblent peu pénétrées par l'hellénisme). Éphèse peut être considérée comme une sorte de symbole : la ville bénéficie d'un développement édilitaire gréco-romain (théâtre, stade, thermes, bibliothèque, gymnase somptueux) représentatif de la frénésie de construction observée à peu près partout dans le pays, notamment au IIe s., mais l'iconographie de la statue-pilier d'Artémis fait bien plus songer aux déesses mères anatoliennes qu'à la sœur de l'Apollon hellénique.

En Égypte, soumise à l'autorité d'un préfet équestre, l'administration romaine a accentué les discriminations. Le pays connaît une période particulièrement faste sous les Antonins : Hadrien, qui le visite en 130/1, y fonde la cité d'Antinooupolis en mémoire de son favori, Antinoos, qui s'est noyé dans le Nil (Moyenne-Égypte, sur la rive droite du fleuve). Alexandrie, qu'Auguste a privée de sa *Boulè* (mesure punitive accompagnant le « pardon » pour avoir épousé la cause d'Antoine et Cléopâtre), reste un *emporion* de premier plan, mais elle est encore le théâtre d'émeutes dirigées notamment contre les Juifs. Son prestige intellectuel décline, même s'il est acquis aujourd'hui que la bibliothèque ne fut pas détruite par l'incendie de 48/7 (*supra*, chap. 21), et si des esprits remarquables s'y illustrent encore, tel l'astronome et géographe Claude Ptolémée (IIᵉ s.), dont les travaux feront autorité durant des siècles. Dans la *chóra*, les traditions indigènes, spécialement religieuses, restent dominantes (Auguste et ses successeurs font office de pharaons, les constructions conservent le style égyptien), tandis que perdure la popularité internationale des cultes de Sarapis et d'Isis.

Dans les cités et les *koina*, l'évolution oligarchique amorcée depuis le IIᵉ s. avant J.-C. se poursuit. Les Assemblées se réunissent toujours mais sont sous la coupe étroite du Conseil (*Boulè*). Des *gérousiai* (conseils d'Anciens) sont également attestées. Les magistratures traditionnelles survivent mais se transforment substantiellement, puisqu'elles deviennent viagères. Il en va de même pour l'appartenance au Conseil, dont le recrutement est censitaire : même si cette évolution n'exclut pas le maintien de la rotation héritée des pratiques anciennes de la démocratie, les spécialistes n'hésitent plus désormais à parler d'*ordre*, d'après le modèle romain. Ces charges se trouvent en tout cas réservées à des catégories privilégiées de citoyens et distinguées comme telles, d'où une hiérarchisation croissante du corps civique. La notion de *cursus honorum* n'est d'ailleurs plus aussi étrangère aux Grecs qu'elle ne l'était auparavant : nous l'avons vu, les cités elles-mêmes se livrent une farouche compétition en briguant une position toujours plus enviable dans la province (cf. les titres de *première de la province*, que se disputent Éphèse et Pergame en Asie, de *néocore, métropole, asyle, sacrée*, etc.). A Athènes, l'*Ekklèsia*, qui se réunit au théâtre, continue de voter des décrets jusque dans le dernier tiers du IIᵉ s. au moins. Elle est encadrée par la *Boulè* qui recrute encore selon certains usages anciens (annualité, avec itération possible), même si une treizième tribu *Hadrianis* est instituée en l'honneur d'Hadrien (125). Mais c'est la centaine de membres de l'Aréopage, normalement astreints à la règle de la *trigonia* (trois générations d'ancêtres libres), qui tient le haut du pavé. Les archontes, élus, subsistent, mais la charge d'éponyme, qui reste la plus prestigieuse de la cité, est si coûteuse que l'*anarchie* n'est pas rare : la fonction est même parfois remplie par des princes (Hadrien parmi d'autres). Le deuxième personnage en dignité, mais le plus puissant politiquement, est le héraut de l'Aréopage, puis vient le stratège des hoplites, dont la fonction est essentiellement annonaire (du latin *annona* qui signifie « approvisionnement »). Quelques grandes familles, qui ont reçu la citoyenneté romaine, se partagent ces charges. Certaines sont actives dans plusieurs cités, telle celle d'Hérode Atticus, dont le père est patronome éponyme à Sparte dans les années 130.

Dans toutes les cités, la prosopographie enseigne qu'une minorité riche accapare, par nécessité, la plupart des responsabilités. On considère donc que la distinction fondamentale entre citoyens et non-citoyens tend à s'effacer derrière le clivage entre pauvres et riches, dont la fortune reste essentiellement foncière. L'évergétisme volontaire des temps passés finit en tout cas par devenir inhérent aux magistratures (éponymes, agoranomiques, gymnasiarchiques, agonothétiques ou autres), car les fonds publics ne suffisent pas à couvrir les dépenses. Ainsi s'illustrent par exemple Épaminondas d'Acraiphia (Béotie) au Ier s., Dion de Pruse (dit Chrysostome, c'est-à-dire « Bouche d'or », *ca* 40-110), ou Hérode Atticus (*ca* 101-177), tout à la fois généreux milliardaire et créancier parfois tyrannique pour les Athéniens, mais aussi sophiste de renom (cf. ci-dessous). D'aucuns ont vu là une forme de redistribution des richesses, par laquelle les plus fortunés assurent au peuple la nourriture et les loisirs (le succès des concours ne se dément pas), contre la gloire et l'espoir de passer à la postérité. Mais ces liturgies peuvent être si lourdes que les candidats viennent à manquer, sollicitent des exemptions ou se dérobent, tel Aelius Aristide en Asie, vers le milieu du IIe s. À partir de la dynastie des Sévères (193-235), durant laquelle Caracalla (211-217) confère la citoyenneté romaine à tous les habitants libres de l'Empire (édit de 212), la munificence impériale et locale décline, tandis que s'accroissent les menaces extérieures et la pression financière causée par les dépenses militaires qui en découlent (notamment pendant la période dite d'« anarchie militaire », 235-284). Tout en réformant l'État à son sommet (tétrarchie), Dioclétien (284-305) diminue la taille des provinces et en double le nombre. Statuts et fiscalité tendent à y être uniformisés et désormais un curateur, fonction jusque-là occasionnelle, est affecté à chaque cité, où il devient le principal interlocuteur du gouverneur de la province, tel une sorte de « maire » désigné par l'administration impériale. Cela normalise et simplifie la gestion de l'Empire mais restreint d'autant l'autonomie municipale, au moins sur un plan formel : beaucoup considèrent que cette période, qui voit aussi la fin des monnayages locaux, marque un tournant décisif dans l'histoire de la *polis*.

La conquête a eu pour corollaire le pillage des trésors artistiques, ce que pourraient illustrer quelques spectaculaires découvertes sous-marines (voir les célèbres « bronzes de Riace » en Calabre). Mais cette pratique a surtout eu cours de la fin de l'époque républicaine jusqu'à Néron, qui dépouilla les grands sanctuaires de leurs plus belles œuvres d'art (500 statues auraient été dérobées à Delphes). Dans l'ensemble, les empereurs ont manifesté leur sollicitude pour le monde grec (fondations, constructions, réformes, etc.). Évoquons par exemple les générosités d'un Domitien (81-96), qui finance en 84 la restauration du temple d'Apollon à Delphes, ou le philhellénisme pieux et sincère d'Hadrien. Ce dernier, à l'instar d'Auguste, séjourne trois fois à Athènes, où il se fait initier aux Mystères d'Éleusis, et tente de réformer l'Amphictionie de Delphes, avant de réaliser avec le Panhellénion, sous une forme adaptée aux nouvelles conditions politico-religieuses, le vieux rêve panhellénique. Certes, la Grèce est en partie devenue ce musée visité par le tourisme culturel avec une curiosité d'antiquaire, bien illustrée par la *Périégèse* de Pausanias, et les Grecs eux-mêmes exploitent le filon (cf. les gradins aménagés à Sparte dans le sanctuaire d'Artémis Orthia, pour que les spectateurs puissent assister aux flagellations rituelles des jeunes Spartiates). Mais elle n'est pas que cela : il n'est que de songer à l'œuvre foisonnante de Plutarque ; à la production rhétorique et à la « seconde sophistique », qui s'épanouit depuis l'époque des Flaviens jusqu'à celle des Sévères (Dion de Pruse, Aelius Aristide, Lucien, Athénée, Diogène Laërce, Philostrate qui appartient, comme l'historien Dion Cassius, au « cercle » de Julia Domna, épouse de Septime Sévère et mère de Caracalla, etc.), avant de refleurir au IVᵉ s. (Libanios) ; à la naissance et au développement du roman (*Éthiopiques* d'Héliodore, *Daphnis et Chloé* de Longus) ; au stoïcisme de l'affranchi Épictète (*Entretiens* et *Manuel* publiés par son élève Arrien) et de l'empereur Marc Aurèle (161-180) qui, après s'être adonné à la rhétorique avec Hérode Atticus et Fronton, passe à la philosophie et écrit ses *Pensées* en grec ; enfin au néoplatonisme de Plotin (204-270), dont l'enseignement pénètre les cercles du pouvoir à Rome durant le règne de Gallien (253-268 ; cf. les *Énnéades* publiées par son disciple Porphyre), tandis que d'autres néoplatoniciens, tel Longin, exercent une influence politique auprès de Zénobie, reine de la très prospère cité caravanière de Palmyre (267-272), dont on dit qu'elle se faisait volontiers appeler « la nouvelle Cléopâtre ».

De la suite, nous ne rappellerons que les jalons essentiels. Converti à la religion chrétienne en 312 tout en restant Grand Pontife (sacerdoce le plus prestigieux de la religion romaine), l'empereur Constantin (306-337) convoque en 325 le concile de Nicée (Bithynie) : le dogme officiel y est défini, affirmant contre le prédicateur alexandrin Arius l'égale divinité du Père et du Fils. De son règne date le dernier document éphébique connu à ce jour, provenant d'Oxyrhynchos, en Moyenne-Égypte (323), mais en 330, il donne au vieux monde hellénique une nouvelle capitale impériale, Constantinople, l'ancienne Byzance. Le fait marquant est désormais la diffusion du christianisme que l'on suit notamment dans les pas de l'apôtre Paul de Tarse (Cilicie), dont les épîtres inaugurent dans les années 50 une abondante littérature chrétienne de langue grecque (cf. les autres écrits du Nouveau Testament, dont les plus tardifs sont datés de 150 environ ; Clément d'Alexandrie dans la seconde moitié du IIᵉ s. ; le grand Origène au IIIᵉ s. ; Eusèbe de Césarée, le premier historien chrétien, qui fut très proche de Constantin ;

Basile de Césarée, Grégoire de Nysse, Grégoire de Nazianze et Jean Chrysostome au IVe s.). Après la brève réaction de l'empereur Julien (l'« Apostat ») en faveur des cultes païens (361-363), Théodose (379-395) fait de l'orthodoxie nicéenne la religion officielle contre l'hérésie arienne, en 380, avant d'interdire le paganisme (391-394). Les concours cessent peu à peu d'être célébrés, les sanctuaires périclitent ou sont détruits, à l'exception des temples transformés en églises, tels le Parthénon et l'Érechthéion au début du VIIe s. Déjà le monde grec a connu les invasions : en 170, les Costoboques arrivent jusqu'aux abords d'Athènes ; le Levant est menacé par les Parthes, puis par les Perses Sassanides à partir de 230 environ ; vers 253-266, les raids des Goths frappent les côtes d'Asie Mineure ; en 267, comme Corinthe, Argos et Sparte, Athènes est en partie saccagée par les Hérules ; le Goth Alaric l'attaque en 396, avant de prendre Rome en 410. Au Ve s., l'histoire et la poésie de langue grecque jettent leurs derniers feux : Zosime, qui se réfère à Polybe, s'est surtout consacré aux événements des IIIe et IVe s., tandis que Nonnos de Panopolis, avec une épopée mythologique en 48 chants et 21 000 vers intitulée *Les Dionysiaques*, renoue d'une certaine manière avec les origines tout en renouvelant profondément le genre épique. En 529, voulant interdire l'enseignement païen, Justinien ferme l'« École d'Athènes », héritière lointaine et indirecte de l'Académie platonicienne, qui s'était reconstituée à la fin du IVe s. (Proclos en fut le directeur le plus prolifique). Dans le dernier quart du VIe s., les Slaves pénètrent en Grèce (Thasos est complètement détruite vers 620), et en 640, l'Égypte est conquise par les Arabes. Ces derniers conservent une partie de l'héritage antique, à l'instar des lettrés byzantins jusqu'à la prise de Constantinople par les Turcs en 1453 (cf. les précieux lexiques, tel celui du patriarche Photius, au IXe s., et la *Souda*, au Xe). Redécouvert par les humanistes de la Renaissance, cet inestimable patrimoine est depuis lors transmis de génération en génération jusqu'à nos jours.

CHRONOLOGIE [1]

La Grèce du Paléolithique moyen au Bronze ancien

Paléolithique moyen (fin : *ca* 45000-35000) : occupation humaine.

Paléolithique supérieur (*ca* 35000-9000) : pratique de la navigation.

Mésolithique (*ca* 9000-7000) : premières pratiques agricoles et début de la sédentarisation ?

Néolithique (*ca* 7000-3500) : multiplication des sites ; culture, élevage.

Néolithique récent (*ca* 4800-3500) : structures de type « mégaron ».

Bronze ancien (*ca* 3500-2100/2000) : art cycladique ; « maison des tuiles » (Lerne).

Ca **2300** : arrivée des « Proto-Grecs » ?

Civilisations minoenne et mycénienne (ca 2000-1100)

Bronze moyen (*ca* 2100-1600 en Crète : MM = Minoen moyen ; *ca* 2000-1550 sur le continent : HM = Helladique moyen) et **Bronze récent** (*ca* 1600-1050 en Crète : MR = Minoen récent ; *ca* 1550-1050 sur le continent : HR = Helladique récent).

Ca **2000-1700** : premiers palais crétois (période protopalatiale).

Ca **1700-1450** : seconds palais crétois (période néopalatiale).

Ca **1650-1550** : cercle funéraire B à Mycènes.

Ca **1628** ou fin du XVIᵉ s. : éruption du volcan de Santorin (cf. *supra*, chap. 4, pour les conséquences de cette alternative sur le cadre général).

---

1. Rappel : *ca* (*circa*) = environ (cf. *supra*, p. 32).

Ca **1600-1500** : cercle funéraire A à Mycènes.

Seconde moitié du xve-première moitié du xive s. : l'Égée passe
sous influence mycénienne (Dodécanèse, Milet, etc.).

Ca **1450** : Cnossos sous administration mycénienne (tablettes en
linéaire B).

Ca **1370** : destruction du palais de Cnossos.

Première moitié du xive s. : édification des palais mycéniens
continentaux.

Fin du xive-première moitié du xiiie s. : apogée des palais continentaux (grandes tombes à tholos, « porte des lions » à
Mycènes). En Anatolie, destructions à Troie VI (VIh : trembl-
ment de terre, *ca* 1300 ?).

Seconde moitié du xiiie s. : vagues de destructions (Thèbes, Gla,
Pylos, Midéa, reconstruction à Mycènes et à Tirynthe). Milet
(Millawanda) sous contrôle hittite.

Ca **1200** : dernières tablettes en linéaire B. En Anatolie, incendie
de Troie VIIa.

Premier quart du xiie s. : fin de l'empire hittite ; troubles en Méditerranée orientale (« Peuples de la mer »).

Dernier quart du xiie s. : abandon de Mycènes et de Tirynthe.

Ca **1070-1010** : « Submycénien ».

Des « âges obscurs » à la « renaissance »
*du haut archaïsme (*ca *1100-800)*

xie-xe s. : raréfaction des sites, recul démographique, migrations ;
développement de la métallurgie du fer.

Ca **1010-900** : Protogéométrique.

xe s. : édifice de Lefkandi en Eubée (1re moitié du siècle), diffusion
de la céramique eubéenne, renouveau de l'artisanat du bronze.

x^e ou ixe s. : début de l'écriture alphabétique.

Ca **900-850** : Géométrique ancien.

Ca **850-750** : Géométrique moyen.

Milieu du ixe s. : à Athènes, tombe de la « Rich Lady » et début
du processus de synœcisme ? Premier rempart de Smyrne ?

Fin du ixe s. : présence eubéenne dans le comptoir syrien d'Al
Mina.

814 : date conventionnelle de la fondation de Carthage.

*L'époque archaïque (VIIIᵉ-VIᵉ s.) : essor et diffusion
de la cité (colonisation) ; adoption de l'hoplitisme
et de la monnaie ; expériences politiques (tyrans et législateurs)*

VIIIᵉ s. : l'*Iliade* et l'*Odyssée*.

776 : date conventionnelle de la 1ʳᵉ célébration des concours olympiques.

753 : date conventionnelle de la fondation de Rome.

Ca 750 : habitat et premiers lieux de culte à Érétrie. Synœcisme d'Argos. Synœcisme de Mégare ? Fondations eubéennes (Chalcis) de Pithécusses et Cumes. À Athènes, grands vases du Dipylon.

Seconde moitié du VIIIᵉ s. : Géométrique récent. Dans le Péloponnèse, première guerre de Messénie, *ca* 735-715 (ou *ca* 695-675 ?). En Eubée, guerre « lélantine » opposant Chalcis à Érétrie ?

Ca 747-657 : gouvernement des Bacchiades à Corinthe.

Ca 734/3 : fondation de Syracuse par Corinthe.

Ca 730 : fondations de Zancle, Rhégion (?), Catane par Chalcis ; fondation de Mégara Hyblaea par Mégare (troisième quart du VIIIᵉ s.).

Ca 725 : « coupe de Nestor » à Pithécusses.

Dernier quart du VIIIᵉ s. : fondations de Sybaris et Crotone par les Achaiens ; fondation de Sinope par Milet (ou seconde moitié du VIIᵉ s. ?). À Sparte, « grande *rhètra* » ? En Anatolie, Midas roi de Phrygie ; début des raids cimmériens.

Ca 710 : destruction d'Asinè par Argos.

Ca 706 : fondation de Tarente par Sparte.

Fin du VIIIᵉ – seconde moitié du VIIᵉ s. : période « orientalisante » et plastique « dédalique ». Hésiode. Diffusion de la tactique hoplitique (*ca* 640 : *olpè* Chigi). Céramique corinthienne à figures noires.

Ca 690 : fondation rhodienne et crétoise de Géla.

Ca 684/3 ou 683/2 : archontat annuel à Athènes.

Ca 680 : fondation de Locres Épizéphyréenne par les Locriens (ou *ca* 700 ?) ; fondation de Cyzique par les Milésiens ; fondation de Thasos par les Pariens (ou *ca* 650 ?).

Ca 669 : défaite des Spartiates face aux Argiens à Hysiai (tyran Phidon à Argos ?).

Ca 664 : bataille navale entre Corinthiens et Corcyréens.

Ca 660 : fondation de Byzance par Mégare.

Ca 657/6-584/3 : tyrannie des Kypsélides à Corinthe (Kypsélos, *ca*

657/6-627/6 ; Périandre, *ca* 627/6-587/6 ; Psammétique, *ca* 587/6-584/3).

Ca 655-555 : tyrannie des Orthagorides à Sicyône.

Ca 650 : deuxième guerre de Messénie (ou *ca* 635-600 ?), poèmes de Tyrtée à Sparte. Fondation de Lampsaque par Phocée ; fondations d'Istros et d'Olbia (première phase) Milet ; fondations d'Himère par Zancle, de Sélinonte par Mégara Hyblaea (ou *ca* 630 ?).

Ca 640-630 : Théagénès tyran de Mégare. Cylon échoue à établir la tyrannie à Athènes (636 ou 632 ?). Fondation de Métaponte par les Achaiens ; fondation de Cyrène par Théra (631 ?) ; fondation d'Ambracie par Corinthe.

Ca 625 : fondation d'Épidamne par Corinthe et Corcyre.

Dernier quart du VIIᵉ s. : « fondation » de Naucratis par plusieurs cités.

Ca 621/0 : à Athènes, loi de Dracon sur l'homicide.

Ca 610 : fondation d'Apollonia du Pont par Milet.

Fin du VIIᵉ- début du VIᵉ s. : tyrannie de Thrasybule à Milet, qui résiste au siège d'Alyatte, roi de Lydie. Annexion définitive d'Éleusis par Athènes.

Ca 600 : Clisthène tyran de Sicyône. Pittacos aisymnète à Mytilène (*ca* 600-590 ou une dizaine d'années plus tard ?). Fondation de Massalia (Marseille) puis d'Emporion par les Phocéens ; fondation de Poseidonia par Sybaris ; fondations de Potidée et d'Apollonia d'Illyrie par Corinthe.

1ᵉʳ quart du VIᵉ s. : céramique attique à figures noires. Premières monnaies dans les cités grecques d'Asie.

Ca 594/3 : archontat de Solon à Athènes.

Ca 590 : à Delphes, « première guerre sacrée » conduite par les Amphictions contre Kirrha (582 : première célébration des concours pythiques pentétériques et stéphanites) ; mainmise thessalienne sur l'Amphictionie.

Ca 580 : fondation d'Agrigente par Géla.

Ca 575 : fondation de Panticapée par Milet.

Ca 570 : fondation d'Odessos par Milet. Fin de la tyrannie de Clisthène à Sicyône. Annexion définitive de Salamine par Athènes. En Égypte, règne d'Amasis (nouveau statut de Naucratis).

566/5 : instauration des Grandes Panathénées à Athènes ?

Ca 565 : fondation d'Alalia par les Phocéens.

Ca 561/0-528/7 : tyrannie de Pisistrate à Athènes (deux fois interrompue).

Ca 560 : grands temples d'Héra à Samos et d'Artémis à Éphèse. Crésus roi de Lydie.

Milieu du vi⁰ s. : éphorat de Chilon à Sparte (ou plus haut dans le siècle ?) ? Fondation d'Héraclée pontique par Mégare. Soumission des Mèdes par Cyrus le Grand, roi des Perses (559-530).

Troisième quart du vi⁰ s. : premières monnaies d'Égine, Athènes et Corinthe.

548/7 : incendie du temple d'Apollon à Delphes.

Ca 546 : victoire de Sparte sur Argos dans la « bataille des Champions » (annexion de la Thyréatide) ; formation progressive de la ligue du Péloponnèse. Pisistrate définitivement établi à Athènes et Lygdamis à Naxos. Cyrus vainqueur de Crésus, prise de Sardes ; Harpage entreprend la conquête de l'Ionie (prise de Phocée).

Ca 540 : bataille d'Alalia et fondation d'Élée (Vélia) par les Phocéens.

Ca 538 : Polycrate tyran de Samos.

530 : Cambyse roi des Perses. Céramique attique à figures rouges (*ca* –).

528/7 : Hippias et Hipparque tyrans d'Athènes.

525 : conquête de l'Égypte par Cambyse.

Dernier quart du vi⁰ s. : formation d'une ligue béotienne autour de Thèbes.

Ca 524 : échec de l'expédition lacédémonienne et corinthienne contre Samos, fin de la tyrannie de Lygdamis à Naxos.

522 : mort de Polycrate. Darius I⁰ʳ roi des Perses.

519 : alliance des Platéens et des Athéniens.

514 : à Athènes, Hipparque est assassiné par Harmodios et Aristogiton. Le conseil amphictionique adjuge la reconstruction du temple de Delphes aux Alcméonides (*ca* –).

510 : Hippias expulsé d'Athènes (intervention du roi Cléomène I⁰ʳ de Sparte). Sybaris détruite par Crotone.

Ca 508/7 : réformes isonomiques de Clisthène à Athènes.

506 : « discorde d'Éleusis » entre les deux rois de Sparte, Cléomène et Démarate ; victoire des Athéniens sur les Béotiens et les Chalcidiens.

501/0 : à Athènes, collège de dix stratèges élus.

L'époque classique (ca 500-323) : le Vᵉ s. (ca 500-404)

LA RÉVOLTE DE L'IONIE ET LES GUERRES MÉDIQUES (500-478)

500-499 : début de la révolte de l'Ionie (Aristagoras de Milet).

498 : envoi d'un corps expéditionnaire athénien et érétrien en Ionie ; incendie de Sardes.

494 : défaite des Ioniens à Ladè, prise de Milet par les Perses. Victoire de Sparte sur Argos à Sépeia. En Grande-Grèce, début de la tyrannie d'Anaxilas de Rhégion.

493/2 : archontat de Thémistocle et début des travaux d'aménagement du Pirée ?

492 : expédition de Mardonios en Thrace, Thasos se soumet aux Perses.

491 : ultimatum de Darius aux Grecs.

490 : première guerre médique, victoire de Marathon.

489 : mort de Miltiade.

487/6 : à Athènes, archontes tirés au sort.

486 : Xerxès roi des Perses.

Ca **485** : Gélon, tyran de Géla, prend le pouvoir à Syracuse. Naissance d'Hérodote à Halicarnasse.

483/2 : « loi navale » de Thémistocle ; ostracisme d'Aristide.

480 : seconde guerre médique, victoire de Salamine. Gélon de Syracuse vainqueur des Carthaginois à Himère. Entremise d'Alexandre Iᵉʳ « le Philhellène », roi de Macédoine, auprès des Athéniens (hiver 480/79).

479 : victoires de Platées et de Mycale.

LA « PENTÉCONTAÉTIE » ET L'EXPANSION ATHÉNIENNE (478-431)

478/7 : fondation de la « ligue de Délos » (première confédération maritime athénienne). À Syracuse, Hiéron succède à son frère Gélon.

476 : prise de Skyros par Cimon. Mort d'Anaxilas de Rhégion.

Ca **475-470** : soumission de Carystos ; révolte de Naxos (471 ou *ca* 469-465 ?).

474 : Hiéron de Syracuse vainqueur des Étrusques devant Cumes.

472 : Périclès chorège des *Perses* d'Eschyle ; développement du « style sévère » en sculpture.

470 (?) : ostracisme de Thémistocle.

469 (466 ?) : victoire de Cimon à l'Eurymédon.

467/6 : à Sparte, mort du régent Pausanias (ou *ca* 470 ?). À Syracuse, mort de Hiéron (fin de la tyrannie des Deinoménides en 466/5, après le bref règne de Thrasyboulos ; aurige de Delphes).

465 : révolte de Thasos ; implantation athénienne en Thrace (Ennéahodoi), puis massacre de Drabescos (465/4 ?). Artaxerxès Ier roi des Perses.

464 : tremblement de terre à Sparte, « troisième guerre de Messénie ».

463 : capitulation de Thasos.

462/1 : à Athènes, réformes d'Éphialte aux dépens de l'Aréopage ; ostracisme de Cimon ; assassinat d'Éphialte.

461 : fin de la tyrannie à Rhégion et à Messine.

Ca **460-450** : en Sicile, révolte de Doukétios.

460/59 : contingent athénien en Égypte.

458/7 : à Athènes, construction des Longs-Murs.

457 : défaite athénienne à Tanagra puis victoire à Oinophyta (Béotie). Soumission d'Égine ; archontat accessible aux Zeugites (457/6).

Ca **456-454** : expéditions de Tolmidès autour du Péloponnèse (prise de Naupacte ?) puis de Périclès dans le golfe de Corinthe (apogée de la ligue de Délos).

454 : désastre d'Égypte ; transfert du trésor sur l'Acropole ?

451 : loi de Périclès sur la citoyenneté. Trêve de cinq ans entre Athènes et Sparte (ou 454/3 ?)

450 : expédition et mort de Cimon à Chypre ; victoire de Salamine de Chypre. Implantation de clérouquies athéniennes en Égée (*ca* –).

449/8 : « Paix de Callias » mettant les cités grecques d'Asie à l'abri de la menace perse.

447-438 : construction du Parthénon, apogée de la carrière du sculpteur Phidias.

447/6 : défaite athénienne à Coronée ; Confédération béotienne dominée par Thèbes ; révolte de l'Eubée.

446/5 : paix de trente ans entre Athènes et Sparte.

444/3 : fondation de Thourioi. Ostracisme de Thucydide, fils de Mélésias (443).

443/2 : Périclès stratège (jusqu'en 429). *Antigone* de Sophocle (442).

441/0-440/39 : révolte et guerre de Samos. À Cyrène, fin de la dynastie des Battiades (*ca* 440).

437-432 : construction des Propylées de l'Acropole.

437/6 : fondation d'Amphipolis.

433 : bataille des îles Sybota.

433/2 : ultimatum athénien puis siège de Potidée ; « décret mégarien » ?

LA GUERRE DU PÉLOPONNÈSE (431-404)

431-421 : première phase du conflit (« guerre archidamique » ou « guerre de dix ans »).

431 : attaque thébaine contre Platées.

430 : épidémie à Athènes ; destitution de Périclès ; chute de Potidée (hiver 430/29)

429 : réélection et mort de Périclès ; victoire de Phormion à Naupacte.

428 : révolte de Mytilène.

427 : reddition de Mytilène ; destruction de Platées ; guerre civile à Corcyre ; première expédition athénienne en Sicile (jusqu'en 425/4).

426 : défaite de Démosthénès en Étolie ; purification de Délos par les Athéniens.

425 : occupation athénienne de Pylos ; victoire de Sphactérie ; triplement du *phoros* (425/4).

424 : occupation athénienne de Cythère ; défaite athénienne à Délion ; Thucydide échoue à défendre Amphipolis, prise par Brasidas. Darius II roi des Perses (hiver 424/3).

Ca **423** : Euripide, *Les Suppliantes*.

422 : mort de Cléon et de Brasidas devant Amphipolis.

421 : paix de Nicias ; Aristophane, *La Paix*.

421-413 : deuxième phase du conflit (de la paix de Nicias à l'expédition de Sicile).

418 : victoire de Sparte sur Argos et ses alliés à Mantinée.

417 (416 ?) : dernier ostracisme attesté à Athènes (Hyperbolos).

416 : affaire de Mélos.

415 : départ de l'expédition de Sicile ; scandales à Athènes (mutilation des Hermès et parodie des Mystères d'Éleusis), exil d'Alcibiade à Sparte.

413-404 : troisième phase du conflit (« guerre décélique » et « guerre d'Ionie »).

413 : occupation spartiate de Décélie ; désastre athénien à Syracuse, mort de Démosthénès et de Nicias ; taxe du vingtième sur le commerce maritime. En Macédoine, Archélaos succède à Perdiccas II.

412 : défection de Chios et d'autres cités d'Ionie ; Alcibiade auprès de Tissapherne.

411 : à Athènes, révolution oligarchique des Quatre-Cents et révolte de la flotte de Samos à laquelle s'associe Alcibiade ; défection de Byzance et perte de l'Eubée, chute des Quatre-Cents et intermède des Cinq-Mille puis rétablissement de la démocratie ; victoires navales à Kynos Sèma (fin du récit de Thucydide) et à Abydos (début des *Helléniques* de Xénophon).

410 : victoire navale athénienne à Cyzique ; Sparte recouvre Pylos (410/9).

409 : en Sicile, destruction de Sélinonte et d'Himère par les Carthaginois.

408 : Alcibiade reprend Byzance ; synœcisme de Rhodes (*ca* –).

407 : retour triomphal d'Alcibiade à Athènes.

406 : victoire de Lysandre à Notion, exil d'Alcibiade en Thrace puis auprès de Pharnabaze ; victoire athénienne aux Arginuses mais condamnation à mort des généraux. En Sicile, destruction d'Agrigente par les Carthaginois.

405 : victoire décisive de Lysandre à Aigos Potamoi ; siège d'Athènes. À Syracuse, Denys l'Ancien obtient les pleins pouvoirs et conclut la paix avec Carthage. Artaxerxès II Memnon roi des Perses, rivalité avec Cyrus le Jeune (405/4).

404 : reddition d'Athènes, destruction des Longs-Murs, oligarchie des Trente.

403 : Thrasybule rétablit la démocratie à Athènes. À Syracuse, effort d'armement et début de la politique d'expansion de Denys l'Ancien.

L'époque classique (ca 500-323) : le IVᵉ s. (403-323)

L'HÉGÉMONIE SPARTIATE ET LE REDRESSEMENT ATHÉNIEN (403-371)

401 : à Athènes, réintégration d'Éleusis. En Asie, expédition des Dix-Mille (Xénophon, *L'Anabase*), mort de Cyrus le Jeune (bataille de Counaxa).

Ca **400-398** : Agésilas roi de Sparte. Campagnes de Thibron puis de Derkylidas en Asie Mineure.

399 : procès et mort de Socrate. Échec de la révolte de Cinadon à

Sparte (*ca* 399-397). En Macédoine, mort du roi Archélaos et troubles dynastiques.

398/7 : guerre entre Denys l'Ancien et Carthage.

396 : Agésilas en Asie Mineure.

395 : début de la « guerre de Corinthe » ; mort de Lysandre. À Athènes, début de la reconstruction des Longs-Murs.

394 : victoires de Sparte à Némée, puis à Coronée avec Agésilas ; victoire de Conon à Cnide, début du rétablissement de l'influence athénienne en Égée.

393 : Amyntas III roi de Macédoine.

392 : union d'Argos et de Corinthe (393 ?). Paix entre Denys l'Ancien et les Carthaginois.

390 : victoire des peltastes d'Iphicrate à Corinthe. Début des opérations de Thrasybule en Égée.

389/8 : mort de Thrasybule.

388 : victoire de Denys l'Ancien sur la Ligue italiote. Premier séjour de Platon à Syracuse.

387 : raid de Téleutias contre le Pirée. Platon fonde l'Académie.

386 : Paix du Roi, dite d'Antalkidas (*koinè eirènè* : paix commune) ; dissolution de la Confédération béotienne. Denys l'Ancien s'empare de Rhégion.

385 : diœcisme de Mantinée.

***Ca* 383-373** : guerre entre Carthage et Syracuse.

382 : début de la guerre entre Sparte et Olynthe ; coup de main de Phoibidas contre Thèbes.

380 : dans le *Panégyrique*, Isocrate expose les titres d'Athènes à l'hégémonie.

379/8 : soumission d'Olynthe à Sparte. À Thèbes, expulsion de la garnison lacédémonienne et rétablissement de la démocratie ; reconstitution de la Confédération béotienne (Pélopidas et Épaminondas). Échec de Sphodrias contre le Pirée, guerre entre Athènes et Sparte.

378/7 : réformes de Callistratos à Athènes (symmories), fondation de la seconde confédération maritime.

376 : victoire de Chabrias sur la flotte de Sparte à Naxos.

375/4 : victoire de Pélopidas contre les Lacédémoniens à Tégyres ; Timothée en mer Ionienne ; paix entre Athènes et Sparte. Jason de Phères maître de la Thessalie (*ca* –).

***Ca* 373** : les Thébains détruisent Platées et les remparts de Thespies. À Delphes, effondrement du temple.

372 : Iphicrate à Corcyre.

Ca 370-320 : aménagement des sanctuaires de Delphes et d'Épidaure ; carrière des sculpteurs Praxitèle, Scopas et Lysippe.

L'HÉGÉMONIE THÉBAINE (371-361)

371 : à Leuctres, victoire des Thébains contre Sparte.

370 : fondation de la ligue arcadienne. En Thessalie, assassinat de Jason de Phères. En Macédoine, Alexandre II succède à Amyntas III (370/69).

369-368 : refondation de Messène et synœcisme de Mégalopolis ; procès contre Épaminondas et Pélopidas ; Philippe de Macédoine otage à Thèbes ; assassinat d'Alexandre II par Ptolémée d'Alôros.

367 : congrès de Suse. En Sicile, mort de Denys l'Ancien, Denys le Jeune tyran de Syracuse.

367/6 : deuxième séjour de Platon à Syracuse et exil de Dion. Début du gouvernement d'Archytas à Tarente ?

366 : Athènes dépouillée d'Orôpos au profit de Thèbes. Siège de Samos par Timothée.

365 : installation d'une clérouquie athénienne à Samos. Épaminondas fait construire cent trières. En Macédoine, assassinat de Ptolémée d'Alôros par Perdiccas III.

364 : destruction d'Orchomène par les Thébains ; Épaminondas en Égée ; victoire thébaine sur Alexandre de Phères à Cynoscéphales, mais Pélopidas meurt dans la bataille. Guerre entre les Éléens et les Arcadiens, qui occupent Olympie.

364-362 : révolte de Kéos réprimée par les Athéniens.

364-352 : Cléarchos tyran d'Héraclée du Pont.

362 : victoire thébaine à Mantinée, mort d'Épaminondas (fin des *Helléniques* de Xénophon).

362/1 : nouvelle paix commune (sans Sparte et le Grand Roi : sécession de l'Égypte et « grande révolte des satrapes »).

361/0 : fin du gouvernement d'Archytas à Tarente ?

PHILIPPE II ET L'ÉTABLISSEMENT DE L'HÉGÉMONIE MACÉDONIENNE (360-336)

360-359 : défaite et mort de Perdiccas III de Macédoine face à Bardylis, roi des Illyriens ; Philippe (régent puis ?) roi de Macédoine ; paix avec Athènes et réorganisation de l'armée macédonienne. Mort d'Agésilas. En Thrace, mort de Cotys, roi des Odryses.

359 ou 358 : victoires de Philippe sur les Péoniens et les Illyriens. Artaxerxès III Ochos roi des Perses.

357 : à Athènes, loi sur les symmories triérarchiques ; début de la guerre des Alliés (Rhodes, Cos, Chios, Byzance, soutenues par le satrape de Carie, Mausole).

357-354 : Philippe s'empare d'Amphipolis, Pydna, Potidée, Méthonè, Abdère, Maronée et fonde Philippes (contrôle des mines du Pangée). Gouvernement de Dion à Syracuse.

356 : occupation du sanctuaire de Delphes par les Phocidiens et début de la « troisième guerre sacrée ». Naissance d'Alexandre, fils de Philippe et d'Olympias.

355 : défaite d'Athènes dans la guerre des Alliés. Victoire des Béotiens sur les Phocidiens à Néon (354 ?).

Ca **354** : à Athènes, réformes d'Eubule (loi sur le *théôrikon*).

353-352 : défaite de Philippe face aux Phocidiens puis victoire au « champ du Crocos » ; Philippe, chef des Thessaliens, ne peut s'emparer des Thermopyles mais prend pied en Propontide. Mort de Mausole (Mausolée d'Halicarnasse).

351 : *1re Philippique* de Démosthène.

348 : soulèvement anti-athénien en Eubée ; Philippe prend et détruit Olynthe.

346 : « paix de Philocrate » entre Philippe et Athènes ; reddition des Phocidiens, dont Philippe prend la place au conseil amphictionique (présidence des concours pythiques). À Syracuse, retour de Denys le Jeune.

344 : Philippe fait échouer un rapprochement diplomatique entre Athènes et le Grand Roi ; réformes en Thessalie (*ca* –). Expédition de Timoléon en Sicile, abdication de Denys ; gouvernement de Timoléon.

343 : procès *Sur l'ambassade infidèle* opposant Démosthène à Eschine. Philippe installe Alexandre le Molosse sur le trône d'Épire (hiver 343/2). Aristote précepteur d'Alexandre (jusqu'en 340).

342 : affaire d'Halonnèse.

341 : opérations en Chersonèse (Diopeithès) et intervention athénienne en Eubée.

341 ou 339 : victoire de Timoléon contre les Carthaginois sur le fleuve Crimisos.

340 : Philippe assiège en vain Byzance et Périnthe, puis capture un convoi de céréales à destination d'Athènes.

340-339 : campagne de Philippe contre les Scythes. Affaire d'Amphissa et « quatrième guerre sacrée ».

339 : « coup d'Élatée » et alliance athéno-thébaine contre Philippe ; abrogation de la loi sur le *théôrikon*.

338 : victoire de Philippe contre la coalition athéno-thébaine à Chéronée ; oligarchie et garnison macédonienne à Thèbes ; paix entre Philippe et Athènes (« paix de Démade »). Mort du roi Archidamos de Sparte en Italie méridionale. Assassinat d'Artaxerxès III.

337 : fondation de la ligue de Corinthe (hiver 338/7). À Syracuse, Timoléon se retire (il meurt en 334).

336 : corps expéditionnaire de Parménion en Asie. Darius III Codoman roi des Perses. Début de l'administration de Lycurgue à Athènes ? Assassinat de Philippe dans le théâtre d'Aigai.

ALEXANDRE LE GRAND (336-323)

336/5 : Alexandre (III) *hègémôn* de la ligue de Corinthe ; campagnes en Thrace et en Illyrie.

335 : révolte et destruction de Thèbes par Alexandre. Revers de Parménion face à Memnon de Rhodes. À Athènes, Aristote fonde le Lycée.

334 : Alexandre en Asie, victoire du Granique ; licenciement de la flotte à Milet et siège d'Halicarnasse. Début de la campagne d'Alexandre le Molosse en Italie méridionale (334/3).

333 : Alexandre à Gordion, renforts venus de Grèce ; contre-offensive et mort de Memnon en Égée ; victoire d'Alexandre à Issos.

332 : siège et prise de Tyr ; Alexandre arrive en Égypte (hiver).

331 : fondation d'Alexandrie et pèlerinage à Siwah ; victoire de Gaugamèles ; Alexandre à Babylone et à Suse ; renforts venus de Grèce. En Grèce, soulèvement d'Agis III de Sparte, écrasé par Antipatros (bataille de Mégalopolis, autour de l'hiver). Mort d'Alexandre le Molosse en Italie méridionale (331/0).

330 : incendie de Persépolis ; assassinat de Darius par Bessos ; élimination de Philotas et de Parménion ; Alexandre en Arachosie. À Athènes, discours de Démosthène *Sur la couronne*.

Ca **330-320** : en Occident, fondation d'Hyères (Olbia) par les Massaliotes ; voyage de Pythéas.

329-327 : Alexandre en Bactriane et en Sogdiane.

329 : fondation d'Alexandrie Eschatè ; renforts venus de Grèce ;
exécution de Bessos à Ecbatane.

328 : meurtre de Cleitos ; mort de Spitaménès.

327 : mariage d'Alexandre et de Roxane ; levée de troupes asiatiques (Iraniens entraînés à la macédonienne) ; affaire de la
proskynèse et élimination de Callisthène (« conjuration des
pages ») ; premières opérations à l'ouest de l'Indus.

326 : début de la conquête de l'Inde ; sur l'Hydaspe, victoire contre
le roi indien Pôros ; l'armée atteint l'Hyphase puis rebrousse
chemin.

325 : descente de l'Indus ; Alexandre gravement blessé, rumeurs
sur sa mort ; partition de l'armée puis jonction d'Alexandre, de
Cratère et de Néarque en Carmanie (hiver 325/4) ; sanctions
contre les satrapes et fuite d'Harpale.

324 : poursuite de la reprise en main de l'empire ; « noces de
Suse » et mutinerie des troupes (« sédition d'Opis ») ; Alexandre
fait proclamer à Olympie le retour des bannis et exige des honneurs divins ; mort d'Héphaestion. À Athènes, début de l'affaire
d'Harpale ; mort de Lycurgue.

323 (juin) : mort d'Alexandre à Babylone.

L'époque hellénistique (323-30)

L'ÂGE DES DIADOQUES (323-281)

323 : partage de Babylone (Antipatros gouverneur de l'Europe,
Perdiccas chiliarque en Asie, Cratère tuteur de Philippe III et
d'Alexandre IV, Ptolémée fils de Lagos satrape d'Égypte, Anti-
gone le Borgne en Anatolie, Eumène de Cardia en Cappadoce,
Lysimaque en Thrace, Séleucos commandant de la cavalerie).
En Grèce, début de la guerre lamiaque.

322 : batailles d'Amorgos et de Crannon ; oligarchie à Athènes
(Phocion et Démade), exécution d'Hypéride, suicide de Démosthène ; mort d'Aristote.

321 : mort de Cratère vaincu par Eumène ; mort de Perdiccas
durant la campagne contre Ptolémée ; entrevue de Triparadisos
(320 ? Antipatros tuteur des rois, Antigone « stratège de l'Asie »
contre Eumène, Séleucos à Babylone). *Diagramma* de Ptolémée
pour Cyrène.

319 : mort d'Antipatros, qui a désigné Polyperchon pour lui succéder, contre son fils Cassandre.

318 : à Athènes, Phocion est condamné à mort.

317 : Philippe III assassiné par Olympias ; Cassandre épouse Thessalonikè, demi-sœur d'Alexandre le Grand, et prend le contrôle d'Athènes (Démétrios de Phalère).

316 : Olympias assassinée par Cassandre. Eumène vaincu par Antigone et exécuté (316/5). À Syracuse, Agathocle s'empare du pouvoir. À Athènes, représentation du *Dyscolos* de Ménandre.

315 : Cassandre décide de relever Thèbes. Antigone en Babylonie ; « manifeste de Tyr » (314 ?).

314 : indépendance de Délos. Antigone fonde le *koinon* des Nésiotes (313 ?).

312 : défaite de Démétrios Poliorcète contre Ptolémée à Gaza ; retour de Séleucos en Babylonie (début de l'ère « royale » séleucide).

311 : paix entre les Diadoques, sauf Séleucos (campagne dans les satrapies supérieures). Guerre entre Agathocle de Syracuse et Carthage.

310 : Cassandre élimine Roxane et Alexandre IV. Ménélaos, frère de Ptolémée, gouverneur à Chypre.

310-307 : Agathocle porte la guerre contre Carthage en Afrique (alliance avec Ophellas de Cyrène, assassiné en 308).

307 : Démétrios Poliorcète à Athènes.

306 : victoire de Démétrios contre Ptolémée à Salamine de Chypre ; Antigone et Démétrios prennent le titre royal, imités dans l'année qui suit par les autres Diadoques puis par Agathocle de Syracuse (paix avec Carthage). À Athènes, fondation du « Jardin » par Épicure.

305/4 : échec de Démétrios dans le siège de Rhodes (construction du Colosse).

Ca **304/3** : traité entre Séleucos et le souverain maurya Tchandragoupta.

302 : constitution d'une nouvelle « ligue de Corinthe » sous l'égide d'Antigone et de Démétrios.

301 : défaite et mort d'Antigone à Ipsos, face à la coalition de Cassandre, Lysimaque et Séleucos.

300 : à Athènes, tyrannie de Lacharès, soutenu par Cassandre ; fondation du « Portique » par Zénon de Kition (*ca* –). Séleucos fonde Antioche. Magas gouverneur de Cyrène.

Ca 299 : Démétrios marie sa fille Stratonice à Séleucos. Agathocle
   s'empare de Corcyre.
297 : mort de Cassandre. Début de l'ère royale bithynienne (*ca* –).
295 : Pyrrhos épouse Lanassa, fille d'Agathocle. Démétrios reprend
   Athènes. Ptolémée reprend Chypre (295/4).
294 : Démétrios roi de Macédoine. En Asie, Antiochos Ier marié à
   Stratonice et corégent (293 ?).
293 : Démétrios fonde Démétrias.
291 : Démétrios épouse Lanassa, fille d'Agathocle.
Ca 290 : à Alexandrie, construction de la bibliothèque et du phare.
289 : mort d'Agathocle.
288/7 : partage de la Macédoine entre Pyrrhos et Lysimaque ; les
   Nésiotes sous protectorat lagide ; libération d'Athènes (Pirée
   excepté : garnison d'Antigone Gonatas), restauration de la démocratie (287).
285 : Démétrios prisonnier de Séleucos. Lysimaque maître de la
   Macédoine. Ptolémée II corégent en Égypte.
283 : mort de Démétrios Poliorcète.
283/2 : mort de Ptolémée Ier. Crise dynastique à la cour de Lysimaque ; Philétairos, gouverneur à Pergame, se rallie à Séleucos.
281 : défaite et mort de Lysimaque à Couroupédion, face à Séleucos, assassiné peu après par Ptolémée Kéraunos. Mithridate Ier du
   Pont prend le titre royal. Renouveau du *koinon* achaien (281/0).

L'APOGÉE DES GRANDS ROYAUMES (CA 280-217)

280-275 : Pyrrhos en Italie et en Sicile.
280/79 : invasion galate, mort de Ptolémée Kéraunos.
279/8 : Delphes sauvée des Galates, début de l'expansion étolienne.
   À Alexandrie, première célébration des Ptolémaia pentétériques.
277 : victoire d'Antigone Gonatas sur les Galates à Lysimacheia
   (Gonatas roi de Macédoine). Antiochos Ier contre les Galates ; à
   Pergame, émancipation de Philétairos (*ca* –).
Ca 275-215 : Hiéron II stratège puis roi de Syracuse.
274-271 : première guerre de Syrie.
274 : victoire de Pyrrhos sur Gonatas.
273 : relations diplomatiques entre Ptolémée II et Rome.
272 : mort de Pyrrhos à Argos. En Égypte, culte dynastique des
   Dieux Adelphes. Tarente soumise par les Romains.
270 : mort d'Arsinoé Philadelphe.

Ca **269** : victoire d'Antiochos Ier sur les Galates (« bataille des éléphants ») ? En Inde, règne d'Asoka (jusque vers 233).

268/7 : début de la guerre de Chrémonidès.

264 : début de la première guerre punique entre Rome et Carthage.

263/2 : Antigone Gonatas occupe Athènes. Eumène succède à Philétairos.

262 : Eumène vainqueur d'Antiochos Ier à Sardes.

261 : Antiochos II succède à Antiochos Ier.

Ca **260-253** : deuxième guerre de Syrie.

256-248 : Zénon intendant de la *dôréa* d'Apollonios, diœcète de Ptolémée II.

255/4 : dans le Pont, guerre entre Callatis et Byzance pour l'*emporion* de Tomi. Ariarathe III de Cappadoce se proclame roi (*ca* –).

Ca **251/0-245/4** : à Corinthe et en Eubée, révolte d'Alexandre contre Gonatas.

250 : mort de Magas de Cyrène. Royaume de Bactriane (Diodote Ier), sécession de la Parthyène puis irruption des Parnes/Parthes (*ca* –).

250/49 : les Étoliens réorganisent les Sôtèria de Delphes (cycle pentétérique).

246 : Ptolémée III succède à Ptolémée II ; Séleucos II succède à Antiochos II. Début de la troisième guerre de Syrie, dite « laodicéenne ». Victoire de la flotte de Gonatas sur celle de Ptolémée à Andros (246/5 ?).

244-241 : Agis IV roi de Sparte.

243 : Aratos de Sicyône s'empare de l'Acrocorinthe.

241 : guerre puis paix entre les Achaiens et les Étoliens alliés à Antigone Gonatas. Fin de la guerre laodicéenne et de la première guerre punique. Attale Ier succède à Eumène.

Ca **240** : début de la « guerre fratricide » entre Séleucos II et Antiochos Hiérax.

239 : mort d'Antigone Gonatas, Démétrios II roi de Macédoine.

Ca **238/7** : Attale Ier, vainqueur des Galates et d'Antiochos Hiérax, prend le titre royal.

232 : fin de la dynastie éacide en Épire.

229 : mort de Démétrios II, Antigone Dôsôn régent puis roi en Macédoine ; les Athéniens rachètent leur liberté. Début de la « guerre cléoménique ». Début de la première guerre d'Illyrie (Rome et Démétrios de Pharos contre les Illyriens).

228 : fin de la première guerre d'Illyrie ; ambassades romaines en

Grèce ; les Romains sont admis à participer aux concours de l'Isthme.

227 : coup d'État de Cléomène III à Sparte. Expédition d'Antigone Dôsôn en Carie. Séisme de Rhodes. La Sicile province romaine (Syracuse exceptée).

Ca **226** : mort d'Antiochos Hiérax et de Séleucos II ; règne de Séleucos III.

224 : Antigone Dôsôn recouvre l'Acrocorinthe ; fondation de l'Alliance hellénique.

223 : Antiochos III succède à Séleucos III.

222 : victoire de Dôsôn sur Cléomène à Sellasie. Révolte de Molon contre Antiochos III (satrapies supérieures).

221 : Ptolémée IV succède à Ptolémée III (hiver 222/1). Mort de Dôsôn, Philippe V roi de Macédoine. En Crète, guerre de Lyttos contre Cnossos et Gortyne.

220 : en Grèce, début de la guerre des Alliés. Guerre menée par Rhodes et Prusias Ier de Bithynie contre Byzance. Suicide de Molon, vaincu par Antiochos et son stratège Zeuxis. Achaios roi en Asie Mineure.

219 : deuxième guerre d'Illyrie (Rome contre Démétrios de Pharos). Fin de la guerre de Lyttos. Début de la quatrième guerre de Syrie.

218 : début de la deuxième guerre punique.

217 : bataille de Raphia (fin de la quatrième guerre de Syrie). Paix de Naupacte (fin de la guerre des Alliés). Défaite des Romains face à Hannibal sur le lac Trasimène.

AFFIRMATION DE LA PUISSANCE ROMAINE (*ca* 215-167)

215 : traité d'entente entre Philippe V et Hannibal. Début de la première guerre de Macédoine.

214 : Antiochos III exécute Achaios et prend la citadelle de Sardes (automne ou hiver 214/3). Mort de Démétrios de Pharos.

213 : mort d'Aratos de Sicyône.

212 : alliance des Romains et des Étoliens, amis d'Attale Ier (211 ?). Début de l'Anabase d'Antiochos III.

211 : Syracuse prise par les Romains (mort d'Archimède).

207/6 : en Égypte, sécession de la Thébaïde et début des troubles dans le Delta (?).

206 : paix séparée entre Philippe V et les Étoliens.

205 : paix de Phoinikè, fin de la première guerre de Macédoine. « Première guerre crétoise » menée par Rhodes contre les pirates soutenus par Philippe V (jusqu'en 201).

204 : fin de l'Anabase d'Antiochos III. Ptolémée V succède à Ptolémée IV ; rivalités dans l'entourage royal, émeutes à Alexandrie (jusqu'en 203).

203/2 : pacte entre Philippe V et Antiochos III pour le partage de l'empire lagide.

202 : bataille de Zama, fin de la deuxième guerre punique (paix conclue en 201).

201 : Philippe V en Asie Mineure, batailles navales (Ladè et Chios) contre Attale et les Rhodiens, qui en appellent aux Romains. Cinquième guerre de Syrie.

200 : bataille de Panion, Antiochos conquiert la Cœlè-Syrie et prend le titre de Grand Roi. Début de la deuxième guerre de Macédoine. Reconstitution du *koinon* des Nésiotes sous l'égide des Rhodiens (*ca* –).

***Ca* 200-190** : Démétrios Ier roi de Bactriane (conquêtes dans le nord-ouest de l'Inde).

198 : négociations de Locride entre Flamininus et Philippe V.

197 : victoire romaine sur Philippe V à Cynoscéphales, fin de la deuxième guerre de Macédoine. Antiochos III en Asie Mineure occidentale. À Pergame, Eumène II succède à Attale Ier.

196 : Flamininus proclame la liberté des Grecs aux concours isthmiques. Début des tractations entre Rome et Antiochos III, qui prend le contrôle de la Thrace. En Égypte, la révolte du Delta est en partie résorbée (« pierre de Rosette »).

195 : victoire de Flamininus et des Grecs contre Nabis de Sparte.

194 : les légions quittent la Grèce. Ptolémée V épouse Cléopâtre Ire, fille d'Antiochos III (hiver 194/3).

192 : mort de Nabis, Sparte dans le *koinon* achaien. Début de la guerre antiochique.

191 : défaite d'Antiochos et des Étoliens aux Thermopyles.

190 : engagement naval des Rhodiens contre Antiochos III (« Victoire de Samothrace »).

189 : victoire romaine sur Antiochos à Magnésie du Sipyle (hiver 190/89). Traité inégal entre Rome et l'Étolie.

188 : paix d'Apamée, à l'avantage de Pergame (Asie Mineure) et de Rhodes (Carie et Lycie).

187 : Séleucos IV succède à Antiochos III.

186 : début de la guerre entre Eumène II et Prusias Ier de Bithynie (*ca* –). En Égypte, fin de la révolte de la Thébaïde.

183 : fin de la guerre entre Eumène II et Prusias Ier de Bithynie ; début de la guerre entre Eumène II et Pharnace Ier du Pont. Guerre des Achaiens pour réduire la révolte de Messène, mort de Philopoimèn (183/2).

182 : Nikèphoria de Pergame.

180 : Ptolémée VI succède à Ptolémée V (régence de Cléopâtre Ire, morte en 176).

179 : mort de Philippe V, Persée roi de Macédoine. Fin de la guerre entre Eumène et Pharnace.

177 : Rhodes réprime la révolte des Lyciens, dont l'ambassade est favorablement accueillie à Rome.

Ca **176-173** : luttes civiles en Grèce.

175 : Antiochos IV succède à Séleucos IV. Juifs « hellénistes » à Jérusalem.

171 : début de la troisième guerre de Macédoine.

170 : Ptolémée VIII est associé à Ptolémée VI. Début de la sixième guerre de Syrie. À Pergame, construction du Grand Autel (*ca* 170-160).

168 : victoire de Paul-Émile contre Persée à Pydna, fin de la dynastie antigonide. À Éleusis, faubourg d'Alexandrie, épisode du « cercle de Popilius ». Début de la révolte de Dionysios Pétosarapis (168/7).

167 : Rhodes perd la Carie et la Lycie (ainsi que le protectorat sur le *koinon* des Nésiotes, dissous ?) ; Athènes reçoit Délos ; vague de répression romaine en Grèce, Polybe déporté à Rome. Édit d'Antiochos IV contraignant les Juifs à l'abandon de la Loi, début de la « révolte des Maccabées ».

LA FIN DU MONDE HELLÉNISTIQUE (166-30)

166 : grande procession organisée par Antiochos IV à Daphnè, près d'Antioche.

164/3 : Antiochos V succède à Antiochos IV. Purification du Temple de Jérusalem. En Égypte, fin de la révolte de Dionysios Pétosarapis ; Ptolémée VI réfugié à Rome, puis de retour à Alexandrie (163) : partage du royaume lagide (Égypte et Chypre à Ptolémée VI, Cyrénaïque à Ptolémée VIII).

162 : Démétrios Ier élimine Antiochos V.

161/0 : mort de Judas Maccabée, son frère Jonathan chef de la révolte.

158 : Attale II, associé au trône depuis 159, succède à Eumène II.

156 : guerre entre Attale II et Prusias II de Bithynie (jusqu'en 154).

155 : testament de Ptolémée VIII en faveur de Rome. Ambassade des scholarques d'Athènes (dont Carnéade) à Rome. « Seconde guerre crétoise » menée par Rhodes contre les pirates (jusqu'en 153).

Ca **160-130** : règne du souverain indo-grec Ménandre Sôter (Milinda).

153/2 : Alexandre Balas rival de Démétrios Ier. Jonathan Maccabée devient grand prêtre.

150 : Alexandre Balas succède à Démétrios Ier. À Magnésie du Méandre, temple d'Artémis Leucophryénè (architecte Hermogénès).

149-148 : guerre d'Andriscos (création de la province de Macédoine, 148-146).

146 : guerre d'Achaïe ; destruction de Corinthe ; la Grèce est placée sous l'autorité du gouverneur de Macédoine.

145 : en Syrie, Démétrios II succède à Alexandre Balas, vaincu par Ptolémée VI, qui succombe également à ses blessures (retour de Ptolémée VIII à Alexandrie). Déclin du royaume de Bactriane (145-130).

143/2 : assassinat de Jonathan Maccabée par Diodote Tryphon ; début de la dynastie hasmonéenne en Judée (Simon).

141 : les Parthes s'emparent de Séleucie du Tigre.

140/39 : Démétrios II prisonnier des Parthes.

138 : Attale III succède à Attale II. En Syrie, règne d'Antiochos VII Sidètès.

133 : testament d'Attale III en faveur de Rome, révolte d'Aristonicos.

131/0 : Ptolémée VIII à Chypre, Cléopâtre II à Alexandrie.

129 : début de pacification et d'organisation de la province d'Asie. En Syrie, mort d'Antiochos VII Sidètès, retour de Démétrios II.

127/6 : retour de Ptolémée VIII à Alexandrie.

125 : en Syrie, Antiochos VIII Grypos succède à Démétrios II.

124 : réconciliation de Ptolémée VIII et Cléopâtre II.

123 : *lex Sempronia de Asia* de C. Sempronius Gracchus (taxation dans la province d'Asie).

116 : mort de Ptolémée VIII ; Cléopâtre III et ses deux fils, Ptolémée IX et Ptolémée X Alexandre I, héritent du pouvoir.

Ca 114/3 : en Syrie, Antiochos IX Cyzicène règne concurremment avec Antiochos VIII.

102 : victoire de M. Antonius sur les pirates (province de Cilicie ?).

101 : Ptolémée X élimine Cléopâtre III.

Fin du IIe- début du Ier s. : « Vénus de Milo ».

96 : mort de Ptolémée Apion qui lègue la Cyrénaïque à Rome. En Syrie, mort d'Antiochos VIII.

95 : mort d'Antiochos IX, règne de Philippe Ier (entre autres rois).

89 : début de la première guerre de Mithridate.

88 : « Vêpres éphésiennes ». Ptolémée IX remplace Ptolémée X à Alexandrie ; révolte de la Thébaïde.

87/6 : siège et sac d'Athènes par Sylla ; évolution oligarchique des institutions de la cité.

86 : sac de Thèbes par Ptolémée IX.

85 : paix de Dardanos, fin de la première guerre de Mithridate.

84 : Sylla inflige de dures sanctions financières aux Grecs d'Asie.

83 : deuxième guerre de Mithridate (jusqu'en 81). Tigrane II d'Arménie roi de Syrie.

80 : mort de Ptolémée IX (hiver 81/0) et de son successeur, Ptolémée XI Alexandre II ; règne de Ptolémée XII.

Ca 78-75 : campagnes de P. Servilius Vatia dans le sud de l'Asie Mineure.

76/5 (74 ?) : mort de Nicomède IV de Bithynie, qui lègue son royaume à Rome (province de Bithynie).

75 ou 74 : province de Cyrénaïque.

73 : début de la troisième guerre de Mithridate.

71/0 : réforme de Lucullus sur l'endettement de l'Asie.

70 : Héraclée du Pont perd son indépendance.

69 : Mithridate réfugié chez Tigrane, qui est vaincu par Lucullus ; Antiochos Ier de Commagène se soumet à Lucullus et règne jusqu'en 36 env. (monument du Nemrud Dagh). Antiochos XIII rétabli en Syrie. Sac de Délos par les pirates.

67 : victoire de Pompée contre les pirates ; annexion de la Crète.

64 : province de Syrie.

63 : mort de Mithridate. Pompée réorganise la province de Bithynie-Pont. Fin de la monarchie hasmonéenne à Jérusalem.

58 : Chypre rattachée à la province de Cilicie ; exil de Ptolémée XII.

55 : Ptolémée XII rétabli à Alexandrie par Gabinius.

53 : Crassus vaincu par les Parthes à Carrhes.

51 : Ptolémée XIII et Cléopâtre VII succèdent à Ptolémée XII. Cicéron gouverneur de la province de Cilicie.

49 : Marseille perd son indépendance.

48 : à Pharsale, victoire de César sur Pompée, assassiné en Égypte. César à Alexandrie.

47 : César gagne la « guerre d'Alexandrie » (mort de Ptolémée XIII) ; Cléopâtre VII règne avec Ptolémée XIV. Victoire de César contre Pharnace II.

46 : Cléopâtre à Rome.

44 : colonie romaine à Corinthe. Assassinat de César (mars 44), Cléopâtre rentre à Alexandrie et élimine Ptolémée XIV.

42 : Rhodes victime de Cassius ; Cassius et Brutus vaincus par Octavien et Antoine à Philippes.

41-31 : Antoine et Cléopâtre réorganisent l'Orient.

40 : invasion parthe en Syrie et en Carie.

31 : défaite d'Antoine à Actium.

30 : suicide de Cléopâtre ; province romaine d'Égypte.

Le monde grec dans l'Empire romain

Auguste (27 av. J.-C. - 14 ap. J.-C.) : fondation de Nicopolis (30 av. J.-C.) et réorganisation de l'Amphictionie de Delphes ; la province d'Achaïe est définitivement dissociée de la Macédoine (27 av. J.-C.) ; colonie romaine de Patras (15 av. J.-C.) ; « édits de Cyrène » (7-4 av. J.-C.).

Dynastie des **Julio-Claudiens** (14-68) : escalier monumental de l'Acropole d'Athènes (Claude, 41-54) ; pillage d'œuvres d'art par Néron (54-68) et liberté des cités d'Achaïe (67) ; Épaminondas d'Acraiphia.

Dynastie des **Flaviens** (69-96) : sous Vespasien (69-79), reconstitution de la province d'Achaïe et annexion de la Commagène ; restauration du temple d'Apollon à Delphes par Domitien (81-96) ; début de la « seconde sophistique » (Dion de Pruse, *ca* 40-110).

Dynastie des **Antonins** (96-192) :

Trajan (98-117) : province d'Épire (*ca* 108) ; Plutarque prêtre d'Apollon à Delphes ; à Athènes, monument de Philopappos (114-116).

Hadrien (117-138) : réorganisation de l'Amphictionie de Delphes (*ca* 125) ; à Athènes, tribu *Hadrianis* (125), construction d'un arc et achèvement de l'Olympiéion, fondation du Panhellénion (132) ; en Égypte, fondation d'Antinooupolis (131) ; carrière de L. Flavius Arrianos (Arrien).

Antonin le Pieux (138-161) : consulat d'Hérode Atticus et de Fronton (143) ; *Éloge de Rome* d'Aelius Aristide ; début de la rédaction de la *Périégèse* de Pausanias.

Marc Aurèle (161-180) : *Pensées* en grec écrites par le Prince ; irruption des Costoboques dans la péninsule balkanique (170) ; mort d'Hérode Atticus (177).

Dynastie des **Sévères** (193-235) : « cercle » de Julia Domna, épouse de Septime Sévère (193-211) et mère de Caracalla (211-217), auquel appartient notamment le sophiste Philostrate ; édit de Caracalla accordant la citoyenneté romaine à tous les habitants libres de l'Empire (212).

Anarchie militaire (235-284) :

Ca 253 : les Goths commencent à ravager l'Asie Mineure.

Gallien (253-268) : influence politique du néoplatonisme (Plotin).

267 : les Hérules dévastent Athènes et le Péloponnèse ; Zénobie, reine de Palmyre jusqu'en 272 (prise de la ville par l'empereur Aurélien, 270-275).

Dioclétien (284-305) : instauration de la tétrarchie ; réforme des provinces et perte d'autonomie des cités.

Constantin (306-337) : conversion au christianisme (312) ; dernier document éphébique en Égypte (323) ; concile de Nicée (325) et influence d'Eusèbe de Césarée (*ca* 265-340) ; inauguration de Constantinople (330).

Julien l'Apostat (361-363) : restauration du paganisme.

Théodose (379-395) : l'orthodoxie nicéenne devient religion officielle (380) ; interdiction du paganisme (391-394).

396 : le Goth Alaric saccage Athènes (Rome en 410).

Justinien (527-565) : fermeture des écoles de philosophie en 529.

640 : conquête de l'Égypte par les Arabes.

1453 : prise de Constantinople par les Turcs.

ORIENTATIONS BIBLIOGRAPHIQUES

La présentation suit les chapitres du livre ; le sous-ordre est théma-
tique et chronologique (pour les traductions, la date de l'édition
originale n'est précisée que si elle est antérieure d'environ cinq ans
ou plus). Les éditeurs ne sont indiqués que pour les manuels en
français d'usage courant. Les titres des revues sont donnés en
toutes lettres ; beaucoup possèdent en outre un site Internet.

Avant-propos

MANUELS GÉNÉRAUX

P. LÉVÊQUE, *L'Aventure grecque*, A. Colin, 1964 (rééd. Le Livre
   de Poche, « Références », nº 449, 1997).

Cl. MOSSÉ, A. SCHNAPP-GOURBEILLON, *Précis d'histoire grecque. Du
   début du deuxième millénaire à la bataille d'Actium*, A. Colin,
   1990.

M.-Fr. BASLEZ, *Histoire politique du monde grec antique*, Nathan,
   1994.

R. LONIS, *La Cité dans le monde grec. Structures, fonctionnement,
   contradictions*, 1994.

Cl. ORRIEUX, P. SCHMITT PANTEL, *Histoire grecque*[4], Presses Universitaires de France, 1995.

M.-Cl. AMOURETTI, Fr. RUZÉ, *Le Monde grec antique*[2], Hachette
   Supérieur, 2003.

M. HUMBERT, *Institutions politiques et sociales de l'Antiquité*[8], Dal-
   loz, 2003.

CIVILISATION

R. Flacelière, *La Vie quotidienne en Grèce au siècle de Périclès*[2], Hachette, 1959.
Fr. Chamoux, *La Civilisation grecque à l'époque archaïque et classique*, Arthaud, 1977.
Fr. Chamoux, *La Civilisation hellénistique*, Arthaud, 1981.
A. H. Borbein, *La Grèce antique*, Bordas, 1995.

MANUELS EN LANGUE ÉTRANGÈRE

H. Bengtson, *Griechische Geschichte von den Anfängen bis in die Römische Kaiserzeit*[5], 1977.
Cambridge Ancient History[2], 1982-1994 : voir aux chapitres concernés, ci-dessous.
D. Musti, *Storia greca. Linee di sviluppo dall'età micenea all'età romana*[2], 1990.
S. Settis (éd.), *I Greci. Storia Cultura Arte Società. Una Storia Greca 1. Formazione*, 1996 ; 2. *Definizione*, 1997 ; 3. *Transformazione*, 1998.

DICTIONNAIRES

Ch. Daremberg, E. Saglio, *Dictionnaire des Antiquités grecques et romaines* I-V, 1877-1919.
P. Grimal, *Dictionnaire de la mythologie grecque et romaine*, 1969.
W. Buchwald, A. Hohlweg, O. Prinz (éds), *Dictionnaire des auteurs grecs et latins de l'Antiquité et du Moyen Âge*[3], trad. française 1991.
S. Hornblower, A. Spawforth, *The Oxford Classical Dictionary*[3], 1996.
H. Cancik, H. Schneider (éds), *Der Neue Pauly. Enzyklopädie der Antike*, I-XVI, 1996-2003.
A. et Fr. Queyrel, *Lexique d'histoire et de civilisation grecques*, Ellipses, 1996.
J.-P. Thuillier, Ph. Jockey, M. Sève, E. Wolff, *Dictionnaire de l'Antiquité grecque et romaine*, Hachette Supérieur, 2002.
J. Leclant (dir.), *Dictionnaire de l'Antiquité*, Presses Universitaires de France, 2005.

RECUEILS D'ARTICLES

Éd. WILL, *Historica Graeco-Hellenistica. Choix d'écrits 1953-1993*, 1998.
M. I. FINLEY, *Sur l'histoire ancienne. La matière, la forme et la méthode*, trad. française 2001.

CHOIX DE DOCUMENTS COMMENTÉS

J. DELORME, *La Grèce primitive et archaïque*, A. Colin, 1969.
Fr. LETOUBLON, *La Ruche grecque et l'Empire de Rome*, Ellug, 1995 (sur la colonisation archaïque).
Fr. REBUFFAT, *La Grèce archaïque, Documents (750-450)*, Sedes, 1996.
Fr. VANNIER, *Le Vᵉ siècle grec*, A. Colin, 1999.
Fr. VANNIER, *Le IVᵉ siècle grec*, A. Colin, 1969.
J. DELORME, *Le Monde hellénistique (323-133 avant J.-C.). Événements et institutions*, Sedes, 1975.
J.-M. BERTRAND, *L'Hellénisme, 323-31 av. J.-C. Rois, cités et peuples*, A. Colin, 1992.
M. AUSTIN, P. VIDAL-NAQUET, *Économies et sociétés en Grèce ancienne*⁷, A. Colin, 1996.
S. COLLIN-BOUFFIER, M. GRIESHEIMER (éds), *Le Commentaire de documents figuratifs. La Méditerranée antique*, Éditions du Temps, 2000.
Voir aussi *infra*, chap. 1 (*Épigraphie, Papyrologie*).

OUTILS BIBLIOGRAPHIQUES

J. POUCET, J. M. HANNICK, *Aux sources de l'Antiquité gréco-romaine : guide bibliographique*, 1997.
G. NENCI, G. VALLET (éds), *Bibliografia topografica della colonizzazione greca in Italia e nelle isole tirreniche* I-XIX (1977-2005).
L'Année philologique. Bibliographie critique et analytique de l'Antiquité gréco-latine (annuel depuis 1924).
Archäologische Bibliographie, accessible notamment par la publication électronique *Dyabola*.

*Chapitre 1 : Sources, méthodes et enjeux de l'histoire
grecque*

AUTEURS ANCIENS

La plupart des auteurs mentionnés sont traduits en français et
publiés avec le texte original par la maison d'édition Les Belles
Lettres, dans la « Collection des Universités de France »
(C.U.F.), patronnée par l'association Guillaume Budé : parmi
les parutions récentes, voir le volume consacré à Ctèsias par
D. Lenfant (2004). L'équivalent anglais est la « Loeb Classical
Library » (Oxford).

Plusieurs traductions sont plus aisément accessibles au Livre de
Poche, en Folio-Gallimard, Garnier-Flammarion, etc. Citons par
exemple les deux volumes très commodes de la « Bibliothèque
de la Pléiade » consacrés à Hérodote-Thucydide (A. Barguet,
D. Roussel, 1964) et à Polybe (D. Roussel, 1970), et les *Vies
parallèles* de Plutarque, Gallimard, « Quarto », sous la direction
de Fr. Hartog (2001). La présente collection s'est enrichie récemment d'une remarquable traduction annotée de la *Constitution
d'Athènes* d'Aristote, due à M. Sève.

Certaines œuvres ont bénéficié de très utiles commentaires,
comme :

A. W. GOMME, A. ANDREWES, K. J. DOVER, *A Historical Commentary on Thucydides* I-V, 1945-1981.

S. HORNBLOWER, *A Commentary on Thucydides* I-II, 1991-1996.

P. J. RHODES, *A Commentary on the Aristotelian Athenaion Politeia*², 1993.

F. W. WALBANK, *A Historical Commentary on Polybius* I-III, 1957-
1979.

Manuels généraux sur la littérature grecque :

J. DE ROMILLY, *Précis de littérature grecque*, Presses Universitaires
de France, 1980.

A. BILLAULT, *La Littérature grecque*, Hachette Supérieur, 2000.

M.-Fr. BASLEZ, *Les Sources littéraires de l'histoire grecque*,
A. Colin, 2003.

S. SAÏD, M. TRÉDÉ, A. LE BOULLUEC, *Histoire de la littérature
grecque*², Presses Universitaires de France, 2004.

Sur les historiens :

D. ROUSSEL, *Les Historiens grecs*, 1973.

H. VAN EFFENTERRE, *L'Histoire en Grèce*², A. Colin, 1993.

Fr. HARTOG, M. CASEVITZ, *L'Histoire d'Homère à Augustin*, 1999.

P. DEROW, R. PARKER (éds), *Herodotus and his World. Essays from a Conference in Memory of George Forrest*, 2003.

J. DE ROMILLY, *L'Invention de l'histoire politique chez Thucydide*, 2005.

ÉPIGRAPHIE

L. ROBERT, « Épigraphie », dans Ch. SAMARAN (éd.), *L'Histoire et ses méthodes*, « Encyclopédie de la Pléiade », 1961, p. 453-497.

B. RÉMY, Fr. KAYSER, *Initiation à l'épigraphie grecque et latine*, Ellipses, 1999.

Fr. BÉRARD *et al.*, *Guide de l'épigraphiste, bibliographie choisie des épigraphies antiques et médiévales*³, ENS Ulm, 2000.

Ph. GAUTHIER *et al.*, *Bulletin épigraphique* (recension critique des publications en rapport avec l'épigraphie, paraissant chaque année dans la *Revue des études grecques*).

Choix commentés avec le texte grec :

J. POUILLOUX, *Choix d'inscriptions grecques*, Les Belles Lettres, 1960, réédité en 2003 avec une mise à jour bibliographique due à G. ROUGEMONT et D. ROUSSET.

INSTITUT FERNAND COURBY, *Nouveau choix d'inscriptions grecques*, 1971, réédité en 2005 selon les mêmes principes que le précédent.

R. MEIGGS, D. LEWIS, *A Selection of Greek Historical Inscriptions to the End of the Fifth Century B.C.*², 1988.

M. N. TOD, *A Selection of Greek Historical Inscriptions* II, *from 403 to 323*, 1948.

P. J. RHODES, R. OSBORNE, *Greek Historical Inscriptions 404-323 BC*, 2003.

H. VAN EFFENTERRE, F. RUZÉ, *Nomima. Recueil d'inscriptions politiques et juridiques de l'archaïsme grec* I-II, 1994-1995.

M.-Chr. HELLMANN, *Choix d'inscriptions architecturales grecques traduites et commentées*, 1999.

F. DURRBACH, *Choix d'inscriptions de Délos, avec traduction et commentaire*, 1921.

Cl. PRÊTRE (éd.), *Nouveau choix d'inscriptions de Délos. Lois, comptes et inventaires*, 2002.

Choix commentés avec traductions seules :

B. LE GUEN-POLLET, *La Vie religieuse dans le monde grec du v*ᵉ *au IIe siècle avant notre ère. Choix de documents épigraphiques traduits et commentés*, 1991.

J.-M. BERTRAND, *Inscriptions historiques grecques*, 1992.

P. BRUN, *Impérialisme et démocratie à Athènes. Inscriptions de l'époque classique (c. 500-317 av. J.-C.)*, 2005.

PAPYROLOGIE

A. BATAILLE, « Papyrologie », dans Ch. SAMARAN (éd.), *L'Histoire et ses méthodes*, « Encyclopédie de la Pléiade », 1961, p. 498-527.

E. G. TURNER, *Greek Papyri. An Introduction*², 1980.

O. MONTEVECCHI, *La Papirologia*², 1988.

Un manuel de papyrologie en français, par H. CUVIGNY et J.-L. FOURNET, est en préparation aux éditions A. Colin.

Choix et recueils :

A. S. HUNT, C. C. EDGAR, *Select Papyri* I-II, 1956-1963.

M.-Th. LENGER, *Corpus des ordonnances des Ptolémées*², 1980.

Cl. ORRIEUX, *Les Papyrus de Zénon. L'horizon d'un Grec en Égypte au IIIe siècle avant J.-C.*, 1983.

A. VERHOOGT, *Menches, Kommogrammateus of Kerkeosiris. The Doings and Dealings of a Village Scribe in the Late Ptolemaic Period*, 1998.

ARCHÉOLOGIE

Ph. JOCKEY, *L'Archéologie*, Belin, 1999.

I. MORRIS, *Archaeology as Cultural History*, 2000.

R. ÉTIENNE, Chr. MÜLLER, Fr. PROST, *Archéologie historique de la Grèce antique*, Ellipses, 2000.

J.-P. BRUN, Ph. JOCKEY (éds), *Techniques et sociétés en Méditerranée. Hommage à Marie-Claire Amouretti*, 2001.

L'Encyclopédie archéologique sous-marine. Maîtres de la mer, les Phéniciens et les Grecs, 2003.

ÉCOLE FRANÇAISE D'ATHÈNES, *La Redécouverte de Delphes*, 1992.

A. FARNOUX, *Cnossos. L'archéologie d'un rêve*, Gallimard, « Découvertes », 1993.

H. DUCHÊNE, *L'Or de Troie, ou le Rêve de Schliemann*, Gallimard, « Découvertes », 1995.

ÉCOLE FRANÇAISE D'ATHÈNES, *L'Espace grec. 150 ans de fouilles de l'École française d'Athènes*, 1996. La revue annuelle de l'EFA, le *Bulletin de correspondance hellénique*, contient une *Chro-*

nique des fouilles et découvertes archéologiques en Grèce, également accessible « en ligne ».

R. BARBER, *The Blue Guide : Greece*[5], 1990.

R. BARBER, *The Blue Guide : Athens and Environs*[3], 1992.

P. CAMERON, *The Blue Guide : Crete*[5], 1987.

B. MC DONAGH, *The Blue Guide : Turkey. The Aegean and Mediterranean Coasts*, 1989.

E. AKURGAL, *Ancient Civilizations and Ruins of Turkey*[8], 1993.

NUMISMATIQUE

Fr. REBUFFAT, *La Monnaie dans l'Antiquité*, Picard, 1996.

D. GERIN, C. GRANDJEAN, M. AMANDRY, F. de CALLATAŸ, *La Monnaie grecque*, Ellipses, 2001.

G. LE RIDER, *La Naissance de la monnaie. Pratiques monétaires de l'Orient ancien*, 2001.

H. NICOLET-PIERRE, *Numismatique grecque*, A. Colin, 2002.

O. BOPEARACHCHI, Ph. FLANDRIN, *Le Portrait d'Alexandre le Grand. Histoire d'une découverte pour l'humanité*, 2005.

AMPHORES

Y. GARLAN, *Amphores et timbres amphoriques grecs. Entre érudition et idéologie*, 2000.

HISTOIRE DE L'ART ET ICONOGRAPHIE

Enciclopedia dell'arte antica, classica e orientale, 1958- (16 vol. parus à ce jour).

« L'Univers des formes » : P. DEMARGNE, *Naissance de l'art grec*[2], 1974 ; J. CHARBONNEAUX, R. MARTIN, R. VILLARD, *Grèce archaïque (640-480)*, 1968 ; *Grèce classique (480-330)*, 1969 ; *Grèce hellénistique (350-50)*, 1970, avec une mise à jour comprenant également les époques archaïque et classique en 1986.

R. MARTIN, *L'Art grec*, Le Livre de Poche, « La Pochothèque », 1984.

J.-J. MAFFRE, *L'Art grec*, Presses Universitaires de France, 1986.

K. PAPAIOANNOU (éd.), *L'Art grec*[2], Mazenod, 1993.

B. HOLTZMAN, A. PASQUIER, *Histoire de l'art antique. L'art grec*, Manuel de l'École du Louvre, 1998.

R. Martin, *L'Urbanisme dans les cités grecques*², 1974.

M.-Chr. Hellmann, *L'Architecture grecque*, Le Livre de Poche, « Références », n° 544, 1998.

Cl. Rolley, *La Sculpture grecque* 1. *Des origines au milieu du* Vᵉ *siècle* ; 2. *La période classique*, Manuels Picard, 1994-1999.

Ph. Bruneau, *La Mosaïque antique*, 1987.

M. Robertson, *The Art of Vase-Painting in Classical Athens*, 1992.

R. M. Cook, *Greek Painted Pottery*³, 1997.

J. Boardman, *Aux origines de la peinture sur vase en Grèce, XIᵉ siècle-VIᵉ siècle av. J.-C.*, trad. française 1999.

J. Boardman, *The History of Greek Vases. Potters, Painters and Pictures*, 2001.

Lexicon Iconographicum Mythologiae Classicae (*LIMC*), 8 vol., 1981-1997.

J.-P. Vernant *et al.* (éds), *La Cité des images. Religion et société en Grèce antique*, 1984.

M.-Chr. Villanueva-Puig, *Images de la vie quotidienne en Grèce dans l'Antiquité*, 1992.

G. Losfeld, *Essai sur le costume grec*, 1991 ; *L'Art grec et le vêtement*, 1994.

Chapitre 2 : Aperçu géographique

ATLAS

H. E. Stier *et al.*, *Westermann Grosser Atlas zur Weltgeschichte*, rééd. régulières.

N. G. L. Hammond, *Atlas of the Greek and Roman World in Antiquity*, 1981.

P. Cabanes, *Petit atlas historique de l'Antiquité grecque*, A. Colin, 1999 (rééd. 2004).

R. Morkot, *Atlas de la Grèce antique*, Autrement, trad. française 1999.

R. J. A. Talbert (éd.), *Barrington Atlas of the Greek and Roman World*, 2000.

GÉOLOGIE, CLIMAT, RESSOURCES ET POPULATION

G. Panessa, *Fonti greche e latine per la storia dell'ambiente e del clima nel mondo greco*, 1991.

M.D. Higgins, R. Higgins, *A Geological Companion to Greece and the Aegean*, 1996.

M.-Cl. Amouretti, *Le Pain et l'Huile dans la Grèce antique. De l'araire au moulin*, 1986.

P. Garnsey, *Famine et approvisionnement dans le monde gréco-romain. Réactions aux risques et aux crises*, 1988, trad. française 1996.

R. Sallares, *The Ecology of the Ancient Greek World*, 1991.

S. Isager, J. E. Skysgaard, *Ancient Greek Agriculture. An Introduction*, 1992.

M.-Cl. Amouretti, J.-P. Brun (éds), *La Production du vin et de l'huile en Méditerranée, Bulletin de correspondance hellénique*, Suppl. 26, 1993.

M.-Cl. Amouretti, « L'agriculture dans la Grèce antique. Bilan des recherches de la dernière décennie », *Topoi*, 4, 1994, p. 69-93.

Chr. Chandezon, *L'Élevage en Grèce (fin V^e - fin Ier s. a. C.). L'apport des sources épigraphiques*, 2003.

J. Wilkins *et al.* (éds), *Food in Antiquity*, 1995.

A. Dalby, *Siren Feast : a History of Food and Gastronomy in Greece*, 1996.

J.-M. Luce (éd.), *Paysage et alimentation dans le monde grec, Pallas,* 52, 2000.

F. Braudel, *La Méditerranée et le Monde méditerranéen à l'époque de Philippe II*[6], t. 1, 1985.

P. Brulé, « Le pays et les hommes », dans P. Briant, P. Lévêque, *Le Monde grec aux temps classiques*, t. 1 : *Le Ve Siècle*, Presses Universitaires de France, 1995, p. 1-16.

P. Brun, *Les Archipels égéens dans l'Antiquité grecque (V^e-IIe siècles avant notre ère)*, 1996.

J.-N. Corvisier, W. Suder, *La Population de l'Antiquité classique*, 2000.

Les Grecs et la géographie

P. Pédech, *La Géographie des Grecs*, 1976.

Chr. Jacob, *Géographie et ethnographie en Grèce ancienne*, A. Colin, 1991.

J.-M. André, M.-Fr. Baslez, *Voyager dans l'Antiquité*, 1993.

J. Richer, *Géographie sacrée du monde grec*[3], 1994.

G. Raepsaet, *Attelages et techniques de transport dans le monde gréco-romain*, 2002.

Chapitres 3 à 5 : La Grèce au Néolithique et au Bronze ancien ; le monde minoen ; le monde mycénien

OUVRAGES GÉNÉRAUX

H. VAN EFFENTERRE, *Les Égéens. Aux origines de la Grèce, Chypre, Cyclades, Crète et Mycènes*, A. Colin, 1986.

R. L. N. BARBER, *The Cyclades in the Bronze Age*, Duckworth, 1987.

R. TREUIL, P. DARCQUE, J.-Cl. POURSAT, G. TOUCHAIS, *Les Civilisations égéennes du Néolithique et de l'Âge du Bronze*, Presses Universitaires de France, 1989.

G. RACHET, *Civilisations et archéologie de la Grèce préhellénique. Crète, Mycènes, Troie, Chypre*, 1993.

O. DICKINSON, *The Aegean Bronze Age*, Cambridge University Press, 1994.

J.-Cl. POURSAT, *La Grèce préclassique des origines à la fin du VIᵉ siècle*, Seuil, « Points », 1995.

P. CARLIER, *Homère*, 1999.

M. BIETAK (éd.), *The Synchronisation of Civilisations in the Eastern Mediterranean in the Second Millenium B.C.*, I, 2000 ; II, 2003.

NÉOLITHIQUE ET MOUVEMENTS DE POPULATIONS

J. F. CHERRY, « The First Colonization of the Mediterranean Islands : a Review of Recent Research », *Journal of Mediterranean Archaeology*, 3, 1990, p. 145-221.

P. HALSTEAD (éd.), *Neolithic Society in Greece*, 1999.

C. PERLÈS, *The Early Neolithic in Greece. The First Farming Communities in Europe*, 2001.

J. GUILAINE, A. LE BRUN (éds), *Le Néolithique de Chypre, Bulletin de correspondance hellénique*, Suppl. 43, 2003.

R. TREUIL (dir.), *Dikili Tash, village préhistorique de Macédoine orientale*, I, 2, *Bulletin de correspondance hellénique*, Suppl. 37, 2004.

M. SAKELLARIOU, *Les Proto-Grecs*, 1980.

R. DREWS, *The Coming of the Greeks. Indo-European Conquests in the Aegean and Near East*, 1988.

C. RENFREW, *L'Énigme indo-européenne. Archéologie et langage*, trad. française 1990.

D. Briquel, M. Casevitz, J. Cauvin, J.-P. Demoule, A. Farnoux, H. Le Bras, « Débat : C. Renfrew et les Indo-Européens », *Topoi*, 2, 1992, p. 69-130.

B. Sergent, *Les Indo-Européens. Histoire, langues, mythes*, 1995.

Monde minoen

M. Mastorakis, H. van Effenterre, *Les Minoens. L'âge d'or de la Crète*, A. Colin, 1991.

C. Doumas, *The Wall-Paintings of Thera*, 1992.

N. Marinatos, *Minoan Religion. Ritual, Image and Symbol*, 1993.

J. Driessen, Colin F. Macdonald, *The Troubled Island. Minoan Crete before and after the Santorini Eruption*, Aegaeum, 17, 1997.

Y. Duhoux, « Pre-Hellenic Language(s) of Crete », *The Journal of Indo-European Studies*, 26, 1998, p. 1-39.

J. Driessen, I. Schoep, R. Laffineur (éds), *Monuments of Minos. Rethinking the Minoan Palaces*, Aegaeum, 23, 2002.

Y. Duhoux, *Des Minoens en Égypte ? « Keftiou » et « les îles au milieu du Grand Vert »*, 2003.

G. Cadogan et al. (éds), *Knossos : Palace, City, State. British School at Athens Studies*, 12, 2004.

T. Alusik, « Defensive Architecture at Gournia ? », *Eirene*, 41, 2005, p. 45-52.

E. Adams, « Social Strategies and Spatial Dynamics in Neopalatial Crete : An Analysis of the North-Central Area », *American Journal of Archaeology*, 110, 2006, p. 1-36.

Monde mycénien

P. Carlier, *La Royauté en Grèce avant Alexandre*, 1984.

H. van Effenterre, *Mycènes, vie et mort d'une civilisation. La seconde fin du monde*, 1985.

G. Maddoli (éd.), *La civiltà micenea. Guida storica e critica*, 1992.

J. Driessen, A. Farnoux (éds), *La Crète mycénienne. Bulletin de correspondance hellénique*, Suppl. 30, 1997.

Religion, société, économie

B. Rutkowski, *The Cult Places of the Aegean*, 1986.

O. Pelon, « Les tombes circulaires dans l'Égée de l'Âge du Bronze : état des questions », *Topoi*, 4, 1994, p. 153-207.

R. Laffineur, R. Hägg (éds), *Potnia. Deities and Religion in the Aegean Bronze Age*, Aegaeum, 22, 2000.

C. Boëlle, *PO-TI-NI-JA. L'élément féminin dans la religion mycénienne (d'après les archives en linéaire B)*, 2004.

The Mycenaean Feast, Hesperia, 73, fasc. 2 (*Special Issue*), 2004.

Y. Duhoux, « Les nouvelles tablettes en linéaire B de Thèbes et la religion grecque », *L'Antiquité classique*, 74, 2005, p. 1-19.

R. Laffineur, W.-D. Niemeier (éds), *Politeia. Society and State in the Aegean Bronze*, Aegaeum, 12, 1995.

R. Laffineur (éd.), *Polemos. Le contexte guerrier en Égée à l'Âge du Bronze* I-II, Aegaeum, 19, 1999.

R. Laffineur, L. Basch (éds), *Thalassa. L'Égée préhistorique et la mer*, Aegaeum, 7, 1991.

J.-P. Olivier, « L'économie des royaumes mycéniens d'après les tablettes en linéaire B », *Dossiers de l'archéologie*, 195, 1994, p. 50-66.

R. Laffineur, P. P. Betancourt (éds), *TEXNH : Craftsmen, Craftswomen and Craftsmanship in the Aegean Bronze Age* I-II, Aegaeum, 16, 1997.

N. Chr. Stampolidis, V. Karageorghis (éds), *Eastern Mediterranean : Cyprus-Dodecanese-Crete, 16th-6th cent. B.C.*, 1998.

E. H. Cline, D. Harris-Cline (éds), *The Aegean and the Orient in the Second Millenium*, Aegaeum, 18, 1998.

Y. Tzedakis, H. Martlew (éds), *Minoans and Mycenaeans Flavours of their Times*, 1999, catalogue d'exposition, Musée archéologique national d'Athènes.

A. Chaniotis (éd.), *From Minoan Farmers to Roman Traders : Sidelights on the Economy of Ancient Crete*, 1999.

V. Karageorghis, *Early Cyprus. Crossroads of the Mediterranean*, 2002.

J. Vanschoonwinkel, « La Crète minoenne et l'Anatolie », dans Y .Duhoux (éd.), *Briciaka. A Tribute to W.C. Brice, Cretan Studies*, 9, 2003, p. 229-269.

A. Michailidou (éd.) *Manufacture and Measurement. Counting, Measuring and Recording Craft Items in Early Aegean Societies*, 2003.

N. Chr. Stampolidis, V. Karageorghis (éds), *Sea Routes... Interconnections in the Mediterranean, 16th-6th c. BC*, 2003.

R. Hope Simpson, « The Dodecanese and the Ahhiyawa Question », *Annuary of the British School at Athens*, 98, 2003, p. 203-237.

M. Perna, *Recherches sur la fiscalité mycénienne*, 2004.

ÉCRITURES

J. CHADWICK, *Le Déchiffrement du linéaire B. Aux origines de la langue grecque*, trad. française 1972.

J. CHADWICK, M. VENTRIS, *Documents in Mycenaean Greek*², 1973.

L. GODART, *Le Pouvoir de l'écrit. Aux pays des premières écritures*, 1990.

Y. DUHOUX, A. MOPURGO DAVIES (éds), *A Companion to Linear B. Mycenaean Greek Texts and Their World*, 2003.

V. L. ARAVANTINOS, L. GODART, A. SACCONI, *Thèbes, fouilles de la Cadmée I. Les tablettes en linéaire B de la Odos Pelopidou. Édition et commentaire*, 2001.

V. L. ARAVANTINOS, M. DEL FREO, L. GODART, A. SACCONI, *Thèbes, fouilles de la Cadmée IV. Les textes de Thèbes (1-433). Translittération et tableau des scribes*, 2005.

LA FIN DE L'ÂGE DU BRONZE

D. MUSTI (éd.), *Le origini dei Greci. Dori e mondo egeo*, 1990.

J. VANSCHOONWINKEL, *L'Égée et la Méditerranée orientale à la fin du IIᵉ millénaire. Témoignages archéologiques et sources écrites*, 1991.

R. DREWS, *The End of the Bronze Age. Changes in Warfare and the Catastrophe of ca. 1200 B.C.*, 1993.

J. VANSCHOONWINKEL, « Earthquakes and the End of the Mycenaean Palaces », *Les Études classiques*, 70, 2002, p. 123-137.

Chr. ULF (éd.), *Der neue Streit um Troia : eine Bilanz*, 2003.

J. LATACZ, *Troy and Homer. Towards a Solution of an Old Mystery*, 2004.

Chapitre 6 : La Grèce du XIᵉ au IXᵉ siècle

OUVRAGES GÉNÉRAUX

A. M. SNODGRASS, *The Dark Age of Greece. An Archeological Survey of the Eleventh to the Eighth Centuries B.C.*, 1971.

*Cambridge Ancient History*², III 1 : *The Prehistory of the Balkans ; the Middle East and the Aegean World, Tenth to Eighth Centuries B.C.*, 1982.

530   *Orientations bibliographiques*

W. D. E. Coulson, *The Greek Dark Ages : a Review of the Evidence and Suggestions for Future Research*, 1990.
D. Musti *et al.* (éds), *La transizione dal Miceneo all'alto arcaismo. Dal palazzo alla città*, 1991.
Fr. Lang, *Archaische Siedlungen in Griechenland : Struktur und Entwicklung*, 1996.
Cl. Baurain, *Les Grecs et la Méditerranée orientale. Des siècles obscurs à la fin de l'époque archaïque*, Presses Universitaires de France, 1997.
A. Schnapp-Gourbeillon, *Aux origines de la Grèce (XIIIᵉ-VIIIᵉ siècles avant notre ère). La genèse du politique*, Les Belles Lettres, 2002.
I. S. Lemos, *The Protogeometric Aegean. The Archaeology of the Late Eleventh and Tenth Centuries BC*, 2002.

DIALECTES ET ALPHABET

Y. Duhoux, *Introduction aux dialectes grecs anciens. Problèmes et méthodes. Recueil de textes traduits*, 1983.
M. Bile, Cl. Brixhe, R. Hodot, « Les dialectes grecs, ces inconnus », *Bulletin de la société de linguistique de Paris*, 79, 1984, p. 155-203.
Cl. Brixhe, G. Vottéro (éds), *Peuplements et genèses dialectales en Grèce antique*, 2006.
M. Meier-Brügger, *Griechische Sprachwissenschaft* I-II, 1992.
M. Detienne (éd.), *Les Savoirs de l'écriture en Grèce ancienne*, 1988.
L. H. Jeffery, A. W. Johnston, *The Local Scripts of Archaic Greece. A Study of the Origin of the Greek Alphabet and its Development from the Eighth to the Fifth Centuries B.C.²*, 1990.
Cl. Baurain, C. Bonnet, V. Krings (éds), *Phoinikeia Grammata. Lire et écrire en Méditerranée*, 1991.
R. Thomas, *Literacy and Orality in Ancient Greece*, 1992.
Chr. Marek, « Euboia und die Entstehung der Alphabetschrift bei den Griechen », *Klio*, 75, 1993, p. 27-44.
C. J. Ruijgh, « Sur la date de création de l'alphabet grec », *Mnemosyne*, 51, 1998, p. 658-687.
G. Bagnasco Gianni, F. Cordano (éds), *Scritture Mediterranee tra il IX e il VII secolo a. C.*, 1999.

Chapitre 7 : Le monde grec au temps d'Homère et d'Hésiode

L'ÉPOQUE GÉOMÉTRIQUE

J. N. COLDSTREAM, *Geometric Greece*, 1977.

R. H. HÄGG (éd.), *The Greek Renaissance of the Eighth Century. Tradition and Innovation*, 1983.

A. M. SNODGRASS, *La Grèce archaïque, le temps des apprentissages*, Hachette, trad. française 1986.

J.-P. VERNANT, *Les Origines de la pensée grecque*², 1987.

I. MORRIS, *Burial and Ancient Society. The Rise of the Greek City-State*, 1987 ; *Death-ritual and Social Structure in Classical Antiquity*, 1992.

R. ÉTIENNE, « Comment faire parler les morts ? », *Topoi*, 2, 1992, p. 151-156 ; « L'incinération : l'exemple athénien », *Ktèma*, 30, 2005, p. 183-188.

Fr. de POLIGNAC, « Perspectives et limites de l'analyse de l'incinération dans le monde grec », *Ktèma*, 30, 2005, p. 173-181.

C. MORGAN, *Athletes and Oracles. The Transformation of Olympia and Delphi in the Eighth Century B.C.*, 1990.

W. BURKERT, *The Orientalizing Revolution : Near Eastern Influence on Greek Culture in the Early Archaic Age*, 1992.

R. OSBORNE, *Greece in the Making, 1200-479 B.C.*, 1996.

Cl. BAURAIN, *Les Grecs et la Méditerranée orientale. Des siècles obscurs à la fin de l'époque archaïque*, Presses Universitaires de France, 1997.

A. MAZARAKIS-AINIAN, *From Ruler's Dwellings to Temples. Architecture, Religion and Society in Early Iron Age Greece*, 1997.

E. SCHEID-TISSINIER, *L'Homme grec aux origines de la cité (900-700 av. J.-C.)*, A. Colin, 1999.

M. A. LISTON, J. K. PAPADOPOULOS, « The "Rich Athenian Lady" was Pregnant : the Anthropology of a Geometric Age Tomb Reconsidered », *Hesperia*, 73, 2004, p. 7-38.

HOMÈRE

G. S. KIRK *et al.*, *The Iliad. A Commentary* I-VI, 1985-1993.

A. HEUBECK *et al.*, *A Commentary on Homer's Odyssey* I-III, 1988-1992.

Fr. Matz, H. J. Buchholz, J. Wiesner (éds), *Archaeologia Homerica. Die Denkmäler und das frühgriechische Epos* I-III, 1967-1990.

M. I. Finley, *Le Monde d'Ulysse²*, trad. française 1978.

J. P. Crielaard, « Les Mycéniens et les poèmes épiques d'Homère », *Dossiers de l'archéologie*, 195, 1994, p. 126-134.

J. P. Crielaard (éd.), *Homeric Questions. Essays in Philology, Ancient History and Archaeology, including the Papers of a Conference Organized by the Netherlands Institute at Athens* (15 May 1993), 1995, p. 1-96.

Ph. Brunet, *La Naissance de la littérature dans la Grèce ancienne*, Le Livre de Poche, « Références », n° 530, 1997.

P. Carlier, *Homère*, 1999.

F. Montanari, P. Ascheri (éds), *Omero tremila anni dopo*, 2002.

Hésiode

M. Detienne, *Crise agraire et attitude religieuse chez Hésiode, Latomus*, 68, 1963.

E. Will, « Hésiode, crise agraire ? Ou recul de l'aristocratie ? », *Revue des études grecques*, 78, 1965, p. 542-556.

M. Detienne, *Les Maîtres de vérité dans la Grèce archaïque*, 1967 (rééd. Le Livre de Poche, « Références », n° 611, 2006).

J.-P. Vernant, *Mythe et pensée chez les Grecs. Études de psychologie historique³*, 1985.

F. Blaise, P. Judet de la Combe, Ph. Rousseau (éds), *Le Métier du mythe. Lectures d'Hésiode*, 1996.

J. Strauss Clay, *Hesiod's Cosmos*, 2003.

A. T. Edwards, *Hesiod's Ascra*, 2004.

Chapitre 8 : L'apparition des cités et l'aventure coloniale

Ouvrages généraux

Cambridge Ancient History², III 2 : *The Expansion of the Greek World, Eighth to Sixth Centuries B.C.*, 1982.

O. Murray, *La Grèce à l'époque archaïque*, trad. française 1995.

R. Osborne, *Greece in the Making, 1200-479 B.C.*, 1996.

Cl. Baurain, *Les Grecs et la Méditerranée orientale. Des siècles obscurs à la fin de l'époque archaïque*, Presses Universitaires de France, 1997.

N. Fisher, H. van Wees (éd.), *Archaic Greece : New Approaches and New Evidence*, 1998.

La cité

F. Bourriot, *Recherches sur la nature du* génos. *Étude d'histoire sociale athénienne, périodes archaïque et classique* I-II, 1976.

D. Roussel, *Tribu et cité. Études sur les groupes sociaux dans les cités grecques aux époques archaïque et classique*, 1976.

L. H. Jeffery, *Archaic Greece, The City-States c. 700-500*, 1976.

C. G. Starr, *The Economic and Social Growth of Early Greece (800-500 B.C.)*, 1977.

P. Vidal-Naquet, *Le Chasseur noir. Formes de pensée et de société dans le monde grec*[2], 1983.

H. van Effenterre, *La Cité grecque, des origines à la défaite de Marathon*, 1985.

M. B. Sakellariou, *The Polis-State. Definition and Origin*, 1989.

P. Demont, *La Cité grecque archaïque et classique et l'idéal de tranquillité*, 1990.

P. Schmitt Pantel, *La Cité au banquet. Histoire des repas publics dans les cités grecques*, 1992.

O. Murray, S. Price (éds.), *La Cité grecque d'Homère à Alexandre*, trad. française 1992.

M. H. Hansen et al., *Acts of the Copenhagen Polis Centre*, publiés depuis 1993 à Copenhague, et *Papers from the Copenhagen Polis Centre*, publiés depuis 1994 dans les suppléments (*Einzelschriften*) de la revue *Historia*.

Fr. de Polignac, *La Naissance de la cité grecque*[2], 1995.

C. Antonaccio, *An Archaeology of Ancestors. Tomb Cult and Hero Cult in Early Greece*, 1995.

R. Hägg (éd.), *The Role of Religion in the Early Greek Polis*, 1996.

L. G. Mitchell, P. J. Rhodes (éds), *The Development of the* Polis *in archaic Greece*, 1997.

V. Parker, *Untersuchungen zum Lelantischen Krieg und verwandten Problemen der frühgriechischen Geschichte, Historia Einzelschriften*, 109, 1997.

Fr. Ruzé, *Délibération et pouvoir dans la cité grecque, de Nestor à Socrate*, 1997.

J.-M. Luce (éd.), *Habitat et urbanisme dans le monde grec, de la fin des palais mycéniens à la prise de Milet (494 av. J.-C.)*, *Pallas*, 58, 2002.

Fr. Ruzé, *EUNOMIA, à la recherche de l'équité*, 2003.

M. Kõiv, *Ancient Tradition and Early Greek History. The Origins of States in Early-Archaic Sparta, Argos and Corinth*, 2003.

École suisse d'archéologie en Grèce, *Érétrie. Guide de la cité antique*, 2004.

R. Hannah, *Greek & Roman Calendars. Constructions of Time in the Classical World*, 2005.

Voir aussi *infra*, chap. 9.

L'HOPLITISME

J.-P. Vernant, *Problèmes de la guerre en Grèce ancienne*, 1968.

P. Ducrey, *Guerre et guerriers dans la Grèce antique*, 1985, rééd. Hachette 1999.

V. D. Hanson, *Le Modèle occidental de la guerre : la bataille d'infanterie dans la Grèce classique*, trad. française 1990.

A. M. Snodgrass, « The "Hoplite Reform" Revisited », *Dialogues d'histoire ancienne*, 19, 1993, p. 47-61.

Y. Garlan, *La Guerre dans l'Antiquité*², 1999.

LA COLONISATION : OUVRAGES GÉNÉRAUX

Cl. Mossé, *La Colonisation dans l'Antiquité*, 1970.

J. Boardman, *Les Grecs d'outre-mer, colonisation et commerce archaïques*, 1980, trad. française 1995.

A. J. Graham, *Colony and Mother City in Ancient Greece*², 1983 ; *Collected Papers on Greek Colonization*, 2001.

M. Casevitz, *Le Vocabulaire de la colonisation en grec ancien*, 1985.

F. Cordano, *Antiche fondazioni greche*, 1986.

I. Malkin, *Religion and Colonization in Ancient Greece*, 1987.

J.-P. Descœudres (éd.), *Greek Colonists and Native Populations*, 1990.

J.-P. Morel, « La colonisation grecque jusqu'à la fin de l'archaïsme », *L'Information historique*, 57, 1995, p. 190-201.

Cl. Antonetti (éd.), *Il dinamismo della colonizzazione greca*, 1997.

Problemi della chora coloniale dall'Occidente al Mar Nero, Atti del quarantesimo convegno di studi sulla Magna Grecia (40ᵉ congrès de Tarente), 2001.

L. BRACCESI, *I Greci delle periferie : dal Danubio all'Atlantico*, 2003.

Cl. BAURAIN, C. BONNET, *Les Phéniciens, marins des trois continents*, 1992.

M. E. AUBET, *The Phoenicians and the West. Politics, Colonies and Trade*², 2001.

L'OCCIDENT

F. COARELLI, M. TORELLI, *Sicilia, Guide archeologiche Laterza*, 1984.

D. RIDGWAY, *Les Premiers Grecs d'Occident. L'aube de la Grande-Grèce*, 1984, trad. française 1992.

P. ROUILLARD, *Les Grecs et la péninsule Ibérique du VIIIᵉ au IVᵉ siècle avant Jésus-Christ*, 1991.

M. OSANNA, *Chorai coloniali da Taranto a Locri : documentazione archeologica e ricostruzione storica*, 1992.

D. BRIQUEL, *La Civilisation étrusque*, A. Colin, 1993 ; rééd. Fayard, 1999.

J.-P. THUILLIER, *Les Étrusques, histoire d'un peuple*, A. Colin, 2003.

J.-L. LAMBOLEY, *Les Grecs en Occident*, Sedes, 1996.

G. PUGLIESE-CARATELLI (dir.), *I Greci in Occidente*, 1996.

G. VALLET, *Le Monde grec colonial d'Italie du Sud et de Sicile* (recueil d'articles), 1996.

E. GRECO, *La Grande-Grèce*, trad. française 1996.

La Sicile grecque, Dossiers de l'archéologie, 225, 1997.

Siritide e Metapontino. Storie di due territori coloniali, Cahiers du centre Jean Bérard, 20, 1998.

E. M. DE JULIIS, *Città della Magna Grecia – Metaponto*, 2001.

L. BRACCESI, M. LUNI (éds), *I Greci in Adriatico* I (*Hesperìa* 15), 2002 ; II (*Hesperìa* 18), 2004.

F. DE ANGELIS, *Megara Hyblaia and Selinous. The Development of two Greek City-States in Archaic Sicily*, 2003.

D. MERTENS *et al.*, *Selinus* I. *Die Stadt und ihre Mauern*, 2003.

M. GRAS, H. TRÉZINY, H. BROISE, *Mégara Hyblaea 5. La ville archaïque. L'espace urbain d'une cité grecque de Sicile orientale*, 2004.

L. MERCURI, *Eubéens en Calabre à l'époque archaïque. Formes de contacts et implantation*, 2004.

G. M. DELLA FINA (éd.), *I Greci in Etruria, Atti del XI Convegno*

Internazionale di Studi sulla Storia e l'Archeologia dell'Etruria, 2004.
Voir aussi *infra*, chap. 14.

LE NORD DE L'ÉGÉE ET LA MER NOIRE

B. ISAAC, *The Greek Settlement in Thrace until the Macedonian Conquest*, 1986.

N. EHRHARDT, *Milet und seine Kolonien. Vergleichende Untersuchung der kultischen und politischen Einrichtungen*², 1988.

P. LÉVÊQUE, O. LORDKIPANIDZE (éds), *Le Pont-Euxin vu par les Grecs. Sources écrites et archéologie*, 1990.

P. LÉVÊQUE, O. LORDKIPANIDZE (éds), *Sur les traces des Argonautes*, 1996.

G. R. TSETSKHLADZE (éd.), *The Greek Colonisation of the Black Sea Area. Historical Interpretation of Archaeology, Historia Einzelschriften*, 121, 1998.

Y. GRANDJEAN, F. SALVIAT *et al.*, *Guide de Thasos*², 2000.
Voir aussi *infra*, chap. 14.

COMMERCE ET NAVIGATION

A. MELE, *Il commercio greco arcaico. Prexis ed emporie*, 1979.

L. CASSON, *Ships and Seamanship in the Ancient World*², 1986.

L. BASCH, *Le Musée imaginaire de la marine antique*, 1987.

L. LONG, J. MIRO, G. VOLPE, « Les épaves archaïques de la pointe Lequin », dans M. BATS *et al.*, *Marseille grecque et la Gaule, Études massaliètes*, 3, 1992, p. 199-234.

A. BRESSON, P. ROUILLARD (éds), *L'Emporion*, 1993.

G. RAEPSAET, « Le *diolkos* de l'Isthme à Corinthe : son tracé, son fonctionnement », *Bulletin de correspondance hellénique*, 117, 1993, p. 233-261.

S. VON REDEN, *Exchange in Ancient Greece*, 1995.

M. GRAS, *La Méditerranée archaïque*, A. Colin, 1995.

P. POMEY, *La Navigation dans l'Antiquité*, 1997.

M. H. HANSEN, « Emporion. A Study of the Use and Meaning of the Term in the Archaic and Classical Periods », dans Th. H. NIELSEN (éd.), *Yet More Studies in the Ancient Greek Polis, Historia Einzelschriften*, 117, 1997, p. 83-105.

D. W. TANDY, *Warriors into Traders. The Power of the Market in Early Greece*, 1997.

A. Möller, *Naukratis. Trade in Archaic Greece*, 2000.

N. Chr. Stampolidis, V. Karageorghis (éds), *Sea Routes... Interconnections in the Mediterranean, 16th-6th c. BC*, 2003.

C. M. Reed, *Maritime Traders in the Ancient Greek World*, 2003.

Pour la monnaie, voir *supra*, chap. 1.

Chapitre 9 : L'évolution des cités à l'époque archaïque

Tyrans et législateurs

A. Andrewes, *The Greek Tyrants*, 1956.

H. Berve, *Die Tyrannis bei den Griechen* I-II, 1967.

Cl. Mossé, *La Tyrannie dans la Grèce antique*², 1989.

P. Barceló, *Basileia, Monarchia, Tyrannis. Untersuchungen zu Entwicklung und Beurteilung von Alleinherrschaft im vorhellenistischen Griechenland, Historia Einzelschriften*, 79, 1993.

J. F. Mc Glew, *Tyranny and Political Culture in Ancient Greece*, 1993.

H. A. Shapiro, *Art and Cult under the Tyrants in Athens*², 1995.

L. de Libero, *Die archaische Tyrannis*, 1996.

K. A. Morgan (éd.), *Popular Tyranny. Sovereignty and its Discontents in Ancient Greece*, 2003.

M. Gagarin, *Drakon and Early Athenian Homicide Law*, 1981 ; *Early Greek Law*, 1986.

K. J. Hölkeskamp, « Arbitrators, Lawgivers and the "Codification of Law" in Archaic Greece », *Mètis*, 7, 1992, p. 49-81.

E. K. Anhalt, *Solon the Singer : Politics and Poetics*, 1993.

K. J. Hölkeskamp, *Schiedsrichter, Gesetzgeber und Gesetzgebung im archaischen Griechenland, Historia Einzelschriften*, 131, 1999.

L.-M. L'Homme-Wéry, « De l'eunomie solonienne à l'isonomie clisthénienne : d'une conception religieuse de la cité à sa rationalisation partielle », *Kernos*, 15, 2002, p. 211-223.

E. M. Harris, « Did Solon abolish Debt-Bondage ? », *Classical Quarterly*, 52, 2002, p. 415-430.

Chr. Mülke, *Solons politische Elegien und Iamben (FR. 1-13 ; 32-37 West). Einleitung, Text, Übersetzung, Kommentar*, 2002.

E. Irwin, *Solon and Early Greek Poetry. The Politics of Exhortation*, 2005.

P. Sineux (éd.), *Le Législateur et la Loi dans l'Antiquité. Hommage à Françoise Ruzé*, 2005.
Voir aussi *supra*, chap. 8.

Sparte

N. Loraux, « La "belle mort" spartiate », *Ktèma*, 2, 1977, p. 105-120.

J. Ducat, *Les Hilotes, Bulletin de correspondance hellénique*, Suppl. 20, 1990.

M. Nafissi, *La nascita del Kosmos. Studi sulla storia e la società di Sparta*, 1991.

M. Pettersson, *Cults of Apollo at Sparta. The Hyakinthia, the Gymnopaidiai and the Karneia*, 1992.

I. Malkin, *La Méditerranée spartiate : mythe et territoire*, 1994, trad. française 1999.

J. Ducat, « La cryptie en question », dans P. Brulé et J. Ouhlen (éds), *Esclavage, guerre, économie en Grèce ancienne. Hommages à Yvon Garlan*, 1997, p. 43-77.

N. Richer, *Les Éphores. Études sur l'histoire et sur l'image de Sparte (VIIIᵉ-IIIᵉ siècles avant Jésus-Christ)*, 1998.

St. Hodkinson, A. Powell (éds), *Sparta. New Perspectives*, 1999.

St. Hodkinson, A. Powell (éds), *Sparta beyond the Mirage*, 2002.

P. Cartledge, *Sparta and Lakonia. A Regional History 1300 to 362 BC²*, 2002.

E. Lévy, *Sparte. Histoire politique et sociale jusqu'à la conquête romaine*, 2003.

N. Richer, « Les gymnopédies de Sparte », *Ktèma*, 30, 2005, p. 237-262.

Athènes

Cl. Mossé, *Histoire d'une démocratie, Athènes*, Seuil, « Points », 1971.

J. S. Traill, *The Political Organization of Attica : a Study of the Demes, Trittyes and Phylai, and their Representations in the Athenian Council, Hesperia*, Suppl. 14, 1975.

P. Siewert, *Die Trittyen Attikas und die Heeresreform des Kleisthenes*, 1982.

P. Lévêque, P. Vidal-Naquet, *Clisthène l'Athénien. Essai sur la représentation de l'espace et du temps dans la pensée politique grecque de la fin du VIe siècle à la mort de Platon*[2], 1983.

J. S. TRAILL, *Demos and Trittys. Epigraphical and Topographical Studies in the Organization of Attica*, 1986.

D. WHITEHEAD, *The Demes of Attica, 508/7 - ca 250 B.C. A Political and Social Study*, 1986.

S. D. LAMBERT, *The Phratries of Attica*, 1993.

M. H. HANSEN, *La Démocratie athénienne à l'époque de Démosthène. Structure, principes et idéologie*, trad. française 1993.

M. BRUNET, J. BERTRAND, *Les Athéniens à la recherche d'un destin*, 1993.

A. VERBANCK-PIÉRART, D. VIVIERS, *Culture et cité. L'avènement d'Athènes à l'âge archaïque*, 1995.

E. E. COHEN, *The Athenian Nation*, 2000.

J. M. CAMP, *The Archaeology of Athens*, 2001.

M. SCHÄFER, *Zwischen Adelsethos und Demokratie. Archäologische Quellen zu den Hippeis im archaischen und klassischen Athen*, 2002.

A. QUEYREL, *Athènes. La cité archaïque et classique, du VIIIe siècle à la fin du Ve siècle*, Picard, 2003.

R. ÉTIENNE, *Athènes, espaces urbains et histoire. Des origines à la fin du IIIe siècle ap. J.-C.*, Hachette Supérieur, 2004.

AUTRES CITÉS ET LIGUES ; OUVRAGES GÉNÉRAUX

V. EHRENBERG, *L'État grec (la Cité, l'État fédéral, la monarchie hellénistique)*, 1965, trad. française 1976.

H. J. GEHRKE, *Jenseits von Athen und Sparta. Das Dritte Griechenland und seine Staatenwelt*, 1986.

N. F. JONES, *Public Organization in Ancient Greece : A Documentary Study*, 1987.

A. FOUCHARD, *Aristocratie et démocratie. Idéologies et sociétés en Grèce ancienne*, 1997.

R. BROCK, St. HODKINSON, *Alternatives to Athens. Varieties of Political Organization and Community in Ancient Greece*, 2000.

A. FOUCHARD, *Les États grecs*, Ellipses, 2003.

A. FOUCHARD, *Les Systèmes politiques grecs*, Ellipses, 2003.

M. H. HANSEN, Th. H. NIELSEN (éds), *An Inventory of Archaic and Classical Poleis*, 2004.

R. P. LEGON, *Megara. The Political History of a Greek City-State to 336 B.C.*, 1981.

Th. J. Figueira, Gr. Nagy (éds), *Theognis of Megara, Poetry and the Polis*, 1985.

Th. J. Figueira, *Aegina, Society and Politics*, 1981.

B. Salmon, *Wealthy Corinth. A History of the City to 338 B.C.*, 1984.

A. D. Rizakis, *Achaïe* I. *Sources textuelles et histoire régionale*, 1995.

M. Piérart, G. Touchais, *Argos, une ville grecque de 6 000 ans*, 1996.

Th. H. Nielsen, *Arkadia and its Poleis in the Archaic and Classical Periods*, 2002.

S. M. Sherwin-White, *Ancient Cos. An Historical Study from the Dorian Settlement to the Imperial Period*, 1978.

J. Boardman, C. E. Vaphopoulou-Richardson (éds), *Chios. A Conference at the Homereion in Chios*, 1986.

G. Shipley, *A History of Samos, 800-188 BC*, 1987.

C. Carusi, *Isole e Peree in Asia Minore. Contributi allo studio dei rapporti tra poleis insulari e territori continentali dipendenti*, 2003.

V. Costa, *Nasso dalle origini al V secolo a. C.*, 1997.

Y. Grandjean, F. Salviat *et al.*, *Guide de Thasos*², 2000.

V. B. Gorman, *Miletos, the Ornament of Ionia. A History of the City to 400 B.C.E.*, 2001.

P. Perlmann, « Gortyn. The First Seven Hundred Years, Part I », dans P. Flensted-Jensen *et al.* (éd.), *Polis and Politics. Studies in Ancient Greek History presented to Mogens Herman Hansen on his 60th Birthday*, 2000, p. 177-205 ; « Part II », dans Th. H. Nielsen (éd.), *Even More Studies in the Ancient Greek Polis, Historia Einzelschriften*, 162, 2002, p. 187-227.

A. Chaniotis, *Das Antike Kreta*, 2004.

M. Prent, *Cretan Sanctuaries and Cults. Continuity and Change from Late Minoan IIIC to the Archaic Period*, 2005.

V. Karageorghis, *Les Anciens Chypriotes. Entre Orient et Occident*, 1990.

V. Karageorghis, *Early Cyprus. Crossroads of the Mediterranean*, 2002.

J. A. O. Larsen, *Greek Federal States. Their Institutions and History*, 1968.

C. Morgan, *Early Greek States beyond the Polis*, 2003.

J. Ducat, *Les Pénestes de Thessalie*, 1994.

B. HELLY, *L'État thessalien. Aleuas le Roux, les tétrades et les tagoi*, 1995.

« Autour du livre de B. Helly, *L'État thessalien, Aleuas le Rouge, les tétrades et les* tagoi », *Topoi*, 7, 1997, p. 165-262 (discussions sur le précédent).

J. DUCAT, « La confédération béotienne et l'expansion thébaine à l'époque archaïque », *Bulletin de correspondance hellénique*, 97, 1973, p. 59-73.

R. J. BUCK, *A History of Boeotia*, 1979.

H. VAN EFFENTERRE, *Les Béotiens*, 1989.

G. MAFFODA, *Il koinon beotico in età arcaica e classica. Storia ed istituzioni*, 1999.

L. LÉRAT, *Les Locriens de l'Ouest* I. *Topographie et ruines* ; II. *Histoire, institutions, prosopographie*, 1952.

P. ELLINGER, *La Légende nationale phocidienne. Artémis, les situations extrêmes et les récits de guerre d'anéantissement, Bulletin de correspondance hellénique*, Suppl. 27, 1993.

N. G. L. HAMMOND, *Epirus. The Geography, the Ancient Remains, the History and the Topography of Epirus and Adjacent Areas*, 1967 (à compléter par les Actes des colloques *L'Illyrie méridionale et l'Épire dans l'Antiquité*, régulièrement publiés depuis 1988).

Cl. ANTONETTI, *Les Étoliens. Image et religion*, 1990.

Chapitre 10 : Les guerres médiques

OUVRAGES GÉNÉRAUX

O. PICARD, *Les Grecs devant la menace perse*, Sedes, 1980.

A. J. BURN, *Persia and the Greeks : the Defence of the West, c. 546-478 B.C.*[2], 1984 (*postscript* de D. M. LEWIS).

Éd. WILL, *Le Monde grec et l'Orient. Le Vᵉ siècle*[3], Presses Universitaires de France, 1988.

Cambridge Ancient History[2], IV : *Persia, Greece and the Western Mediterranean c. 525 to 479 B.C.*, 1988.

J. F. LAZENBY, *The Defence of Greece, 490-479*, 1993.

P. BRIANT, « La guerre et la paix », dans P. BRIANT, P. LÉVÊQUE, *Le Monde grec aux temps classiques*, t. 1 : *Le Vᵉ siècle*, Presses Universitaires de France, 1995, p. 17-37.

E. Lévy, *La Grèce au Vᵉ siècle, de Clisthène à Socrate*, Seuil, « Points », 1995.

P. Briant, *Histoire de l'empire perse, de Cyrus à Alexandre*, Fayard, 1996.

P. Green, *The Greco-Persian Wars*, 1996.

I. Malkin (éd.), *Ancient Perceptions of Greek Ethnicity*, 2001.

Th. Harrison (éd.), *Greeks and Barbarians*, 2002.

Ph. de Souza, *The Greek and Persian Wars, 499-386 BC*, 2003.

P. Brun, *Le Monde grec à l'époque classique, 500-323 avant J.-C.*, A. Colin, 2003.

G. Cawkwell, *The Greek Wars. The Failure of Persia*, 2005.

ÉTUDES PARTICULIÈRES

J. Labarbe, *La Loi navale de Thémistocle*, 1957.

A. J. Podlecki, *The Life of Themistocles. A Critical Survey of the Literary and Archaeological Evidence*, 1975.

W. Blösel, *Themistokles bei Herodot : Spiegel Athens im fünften Jahrhundert. Studien zur Geschichte und historiographischen Konstruktion des griechischen Freiheitskampfs, 480 v. Chr., Historia Einzelschriften*, 183, 2004.

G. Roux, « Eschyle, Hérodote, Diodore, Plutarque racontent la bataille de Salamine », *Bulletin de correspondance hellénique*, 98, 1974, p. 51-94.

J. Delorme, « Deux notes sur la bataille de Salamine », *Bulletin de correspondance hellénique*, 102, 1978, p. 87-96.

B. S. Strauss, *Salamis : the Greatest Naval Battle of the Ancient World, 480 B.C.*, 2004.

Chapitre 11 : La pentécontaétie

OUVRAGES GÉNÉRAUX

*Cambridge Ancient History*², V : *The Fifth Century B.C.*, 1992.

Éd. Will, *Le Monde grec et l'Orient. Le Vᵉ siècle*³, Presses Universitaires de France, 1988.

J. K. Davies, *Democracy and Classical Greece*², 1993.

P. Briant, P. Lévêque, *Le Monde grec aux temps classiques*, t. 1 : *Le Vᵉ siècle*, Presses Universitaires de France, 1995.

E. LÉVY, *La Grèce au Vᵉ siècle, de Clisthène à Socrate*, Seuil, « Points », 1995.

A. JACQUEMIN, *La Grèce classique, 510-336 av. J.-C.*, Ellipses, 2002.

P. BRUN, *Le Monde grec à l'époque classique, 500-323 avant J.-C.*, A. Colin, 2003.

P. J. RHODES, *A History of the Classical Greek World, 478-323 BC*, 2006.

LA PENTÉCONTAÉTIE

A. POWELL, *Athens and Sparta. Constructing Greek Political and Social History from 478 B.C.*, 1988.

J. DELORME, *Histoire des cinquante ans. Commentaire sur la Pentékontaétie de Thucydide*, 1992.

E. BADIAN, *From Plataea to Potidaea. Studies in the History and Historiography of the Pentekontaetia*, 1993.

V. PARKER, « The Chronology of the Pentecontaetia from 465 to 456 », *Athenaeum*, 81, 1993, p. 129-147.

Ph. A. STADTER, « The Form and Content of Thucydides' Pentecontaetia (1.89-117) », *Greek, Roman & Byzantine Studies*, 34, 1993, p. 35-72.

LA GRANDEUR D'ATHÈNES

D. KAGAN, *Pericles of Athens and the Birth of Democracy*, 1990.

J.-J. MAFFRE, *Le Siècle de Périclès*, 1994.

A. J. PODLECKI, *Perikles and his Circle*, 1998.

W. WILL, *Thukydides und Perikles. Der Historiker und sein Held*, 2003.

D. JOUANNA, *Aspasie de Milet, égérie de Périclès. Histoire d'une femme, histoire d'un mythe*, 2005.

Cl. MOSSÉ, *Périclès. L'inventeur de la démocratie*, 2005.

J. DE ROMILLY, *L'Élan démocratique dans l'Athènes ancienne*, 2005.

J. DE ROMILLY, *Thucydide et l'impérialisme athénien²*, 1951.

R. MEIGGS, *The Athenian Empire²*, 1975.

P. J. RHODES, *The Athenian Empire*, 1985.

R. GARLAND, *The Piraeus from the Fifth to the First Century B.C.*, 1987.

H. B. MATTINGLY, *The Athenian Empire Restored*, 1996.

N. Salomon, *Le cleruchie di Atene. Caratteri e funzione*, 1997.

O. Picard, *Guerre et économie dans l'alliance athénienne (490-322 av. J.-C.)*, Sedes, 2000.

M. C. Miller, *Athens and Persia in the Fifth Century BC. A Study in Cultural Receptivity*, 1997.

J. de Romilly, *Les Grands Sophistes dans l'Athènes de Périclès*, Le Livre de Poche, « Biblio essais », n° 4109, 1989.

J. de Romilly , *Alcibiade*, 1995.

R. Parker, *Athenian Religion. A History*, 1996.

R. Parker, *Polytheism and Society at Athens*, 2005.

P. Demont, A. Lebeau, *Introduction au théâtre grec antique*, Le Livre de Poche, « Références », n° 525, 1996.

J.-Ch. Moretti, *Théâtre et société dans la Grèce antique*, Le Livre de Poche, « Références », n° 585, 2001.

W. D. E. Coulson et al. (éds), *The Archaeology of Athens and Attica under the Democracy*, 1994.

D. Boedeker, K. Raaflaub (éds), *Democracy, Empire and the Arts in Fifth-Century Athens*, 1998.

B. Holtzmann, *L'Acropole d'Athènes. Monuments, cultes et histoire du sanctuaire d'Athéna Polias*, 2003.

Chapitre 12 : Aspects de la civilisation grecque au ve siècle

Ouvrages généraux

Voir *supra*, chap. 11.

Vie religieuse

J. Rudhardt, *Notions fondamentales de la pensée religieuse et actes constitutifs du culte dans la Grèce classique*, 1962 (rééd. 1992).

W. Burkert, *Greek Religion*, trad. anglaise 1985.

L. Bruit Zaidman, P. Schmitt Pantel, *La Religion grecque*, A. Colin, 1989 ; rééd. 2004.

M. Jost, *Aspects de la vie religieuse en Grèce (du début du ve s. à la fin du iiie s. av. J.-C.)*, Sedes, 1992.

A. Motte, V. Pirenne-Delforge, P. Wathelet (éds), *Mentor*.

Guide bibliographique de la religion grecque, Kernos, Suppl. 2, 1992.

D. Aubriot-Sevin, *Prière et conceptions religieuses en Grèce ancienne jusqu'à la fin du Vᵉ siècle av. J.-C.*, 1996.

V. Pirenne-Delforge, « Religion grecque », dans Y. Lehmann (éd.), *Religions de l'Antiquité*, 1999, p. 79-175.

L. Bruit Zaidman, *Le Commerce des dieux. Eusebeia. Essai sur la piété en Grèce ancienne*, 2001.

L. Bruit Zaidman, *Les Grecs et leurs dieux. Pratiques et représentations religieuses dans la cité à l'époque classique*, A. Colin, 2005.

M.-Th. Le Dinahet, *La Religion des cités grecques, VIIIᵉ-Iᵉʳ siècle av. J.-C.*, Ellipses, 2005.

R. Graves, *Les Mythes grecs*, 1958, trad. française 1967 (rééd. Le Livre de Poche, « La Pochothèque », 1999).

W. Burkert, *Homo necans : rites sacrificiels et mythes de la Grèce ancienne*, 1972/1997, trad. française 2005.

J.-P. Vernant, *Mythe et religion en Grèce ancienne*, 1990.

P. Chuvin, *La Mythologie grecque*, 1992.

S. Saïd, *Approches de la mythologie grecque*, Nathan, 1993.

Th. H. Carpenter, *Les Mythes dans l'art grec*, trad. française 1998.

C. Salles, *La Mythologie grecque et romaine*, 2003.

M. Detienne, J.-P. Vernant (éds), *La Cuisine du sacrifice en pays grec*, 1979.

P. Bonnechère, *Le Sacrifice humain en Grèce ancienne*, Kernos, Suppl. 3, 1994.

G. Ekroth, *The Sacrificial Rituals of Greek Hero-Cults in the Archaic to the Early Hellenistic Periods*, Kernos, Suppl. 12, 2002.

G. Gnoli, J.-P. Vernant (éds), *La Mort, les morts dans les sociétés anciennes*, 1982.

R. Garland, *The Greek Way of Death*[2], 2001.

A. Le Bris, *La Mort et la conception de l'au-delà en Grèce ancienne*, 2002.

R. Parker, *Miasma : Pollution and Purification in Early Greek Religion*, 1983.

M.-H. Delavaud-Roux, *Les Danses armées en Grèce antique*, 1993 ; *Les Danses pacifiques en Grèce antique*, 1994.

A. Jacquemin, *Guerre et religion dans le monde grec (490-322 av. J.-C.)*, Sedes, 2000.

M. Dillon, *Girls and Women in Classical Greek Religion*, 2002.

B. Gentili, F. Perusino (éds), *Le orse di Brauron. Un rituale di iniziazione femminile nel santuario di Artemide*, 2002.

W. Burkert, *Les Cultes à mystères dans l'Antiquité*, trad. française 1992.

K. Clinton, *Myth and Cult. The Iconography of the Eleusinian Mysteries*, 1992.

L. Brisson, *Orphée et l'orphisme dans l'Antiquité gréco-romaine*, 1995.

R. Sorel, *Orphée et l'orphisme*, 1995.

APPROCHES RÉGIONALES ET GRANDS SANCTUAIRES

A. Schachter, *Cults of Boiotia* I-III, 1981-1994.

Fr. Graf, *Nordionische Kulte*, 1985.

M. Jost, *Sanctuaires et cultes d'Arcadie*, 1985.

M. Osanna, *Santuari e culti dell'Acaia antica*, 1996.

M. B. Savo, *Culti, Sacerdozi e Feste delle Cicladi, dall'età arcaica all'età romana* I, 2004.

N. Marinatos, R. Hägg (éds), *Greek Sanctuaries. New Approaches*, 1993.

U. Sinn, *Olympia, Kult, Sport und Fest in der Antike*, 1996.

H. M. Lee, *The Program and Schedule of the Ancient Olympic Games, Nikephoros*, Suppl. 6, 1998.

M. Golden, *Sport and Society in Ancient Greece*, 1998.

M. Casevitz, A. Jacquemin, édition de Pausanias, *L'Élide*, dans la « Collection des Universités de France » (Guillaume Budé), livres V (1999) et VI (2002).

A. Pasquier (éd.), *Olympia*, 2001 (conférences du musée du Louvre).

N. B. Crowther, *Athletika. Studies on the Olympic Games and Greek Athletics, Nikephoros*, Suppl. 8, 2004.

G. Roux, *Delphes, son oracle et ses dieux*, 1976.

J. Fontenrose, *The Delphic Oracle*, 1978.

J.-Fr. Bommelaer, D. Laroche, *Guide de Delphes. Le site*, 1991 ; P. Amandry et al., *Guide de Delphes. Le musée*, 1991.

A. Jacquemin, *Offrandes monumentales à Delphes*, 1999.

Fr. Lefèvre, *L'Amphictionie pyléo-delphique : histoire et institutions*, 1998 ; *Corpus des inscriptions de Delphes*, IV, *Documents amphictioniques*, 2002.

P. Sánchez, *L'Amphictionie des Pyles et de Delphes. Recherches*

sur son rôle historique, des origines au II siècle de notre ère,
Historia Einzelschriften, 148, 2001.

J. DUCAT, Ph. BRUNEAU, *Guide de Délos*, 1983.

Ph. BRUNEAU *et al.*, *Délos : île sacrée et ville cosmopolite*, 1996.

SOCIÉTÉ

G. DUBY, M. PERROT (éds), *Histoire des femmes* I. *L'Antiquité*
(P. SCHMITT PANTEL dir.), 1990.

S. BLUNDELL, *Women in Ancient Greece*, 1995.

S. B. POMEROY, *Spartan Women*, 2002.

N. LORAUX (dir.), *La Grèce au féminin*, trad. française 2003.

N. BERNARD, *Femmes et société dans la Grèce classique*, A. Colin,
2003.

M. GOLDEN, *Children and Childhood in Classical Athens*, 1990.

S. B. POMEROY, *Families in Classical and Hellenistic Greece.
Representations and Realities*, 1997.

C. B. PATTERSON, *The Family in Greek History*, 1998.

A.-M. VÉRILHAC, Cl. VIAL, *Le Mariage grec, du VI* siècle av. J.-C.
à l'époque d'Auguste*, Bulletin de correspondance hellénique,
Suppl. 32, 1998.

E. KARABÉLIAS, *L'Épiclérat attique. Recherches sur la condition
juridique de la fille épiclère athénienne*, 2002.

Cl. VATIN, *Citoyens et non-citoyens dans le monde grec*, Sedes,
1984.

D. WHITEHEAD, *The Ideology of Athenian Metic*, 1977 ; « The Ideology of Athenian Metic : Some Pendants and a Reappraisal »,
Proceedings of the Cambridge Philological Society, 212, 1986,
p. 145-168.

M. ADAK, *Metöken als Wohltäter Athens. Untersuchungen zum
sozialen Austausch zwischen ortsansässigen Fremden und der
Bürgergemeinde in klassischer und hellenistischer Zeit (ca. 500-
150 v. Chr.)*, 2003.

M.-Fr. BASLEZ, *L'Étranger dans la Grèce antique*, 1984.

R. LONIS (éd.), *L'Étranger dans le monde grec*, 1988 ; *L'Étranger
dans le monde grec* II, 1992.

Y. GARLAN, *L'Esclavage dans le monde grec. Recueil de textes
grecs et latins*, 1984 ; *Les Esclaves en Grèce ancienne*², 1995.

H. KLEES, *Sklavenleben im klassischen Griechenland*, 1998.

P. GARNSEY, *Conceptions de l'esclavage d'Aristote à saint Augustin*, trad. française 2004.

H. I. Marrou, *Histoire de l'éducation dans l'Antiquité*, I. *Le monde grec*, 1948.

St. G. Miller, *Arete. Greek Sports from Ancient Sources. A Second and Expanded Edition*, 1991.

D. Vanhove (éd.), *Le Sport dans la Grèce antique. Du jeu à la compétition*, 1992.

Chr. Mann, *Athlet und Polis im archaischen und frühklassischen Griechenland*, 2001.

B. Legras, *Éducation et culture dans le monde grec VIIIᵉ av. J.-C.-IVᵉ siècle ap. J.-C.²*, A. Colin, 2002.

J. M. Hall, *Hellenicity : between Ethnicity and Culture*, 2002.

G. Hoffmann, *La Culture grecque*, Ellipses, 2003.

Économie

M. I. Finley (éd.), *Problèmes de la terre en Grèce ancienne*, 1973.

M. I. Finley, *L'Économie antique*, trad. française 1975 ; réédition en anglais avec des corrections et ajouts de l'auteur en 1985, puis en 1999 avec un *Foreword* de I. Morris.

R. J. Hopper, *Trade and Industry in Classical Greece*, 1979.

D. Musti, *L'economia in Grecia²*, 1987.

R. Étienne, « Primitivisme et modernisme de l'économie antique », *Actualité de l'Antiquité. Textes réunis et présentés par J.-M. Pailler*, 1989, p. 35-42.

S. Isager, J.-E. Skysgaard, *Ancient Greek Agriculture. An Introduction*, 1992.

Fr. Blondé, J.-Y. Perreault (éds), *Les Ateliers de potiers dans le monde grec aux époques géométrique, archaïque et classique, Bulletin de correspondance hellénique*, Suppl. 23, 1992.

A. Bresson, *La Cité marchande*, 2000.

Fr. Blondé, A. Müller (éds), *L'Artisanat en Grèce ancienne, les productions, les diffusions*, 2000.

J.-P. Brun, Ph. Jockey (éds), *Techniques et sociétés en Méditerranée. Hommage à Marie-Claire Amouretti*, 2001.

L. Migeotte, *L'Économie des cités grecques, de l'archaïsme au Haut-Empire romain*, Ellipses, 2002.

P. Cartledge *et al.* (éds), *Money, Labour and Land. Approaches to the Economies of Ancient Greece*, 2002.

Chapitre 13 : La guerre du Péloponnèse

OUVRAGES SUR LA GUERRE DANS LA GRÈCE CLASSIQUE

Y. GARLAN, *Guerre et économie en Grèce ancienne*, 1989.

P. BRULÉ, J. OULHEN (éds), *La Guerre en Grèce à l'époque classique*, 1999.

Fr. PROST (éd.), *Armées et sociétés de la Grèce classique. Aspects sociaux et politiques de la guerre aux Vᵉ et IVᵉ s. av. J.-C.*, Errance, 1999.

M.-Cl. AMOURETTI, Fr. RUZÉ, *Les Sociétés et la guerre à l'époque classique*, Ellipses, 1999.

Fr. REBUFFAT, *Guerre et société dans le monde grec (490-322 av. J.-C.)*, Sedes, 2000.

Y. GARLAN, *Recherches de poliorcétique grecque*, 1974.

J.-P. ADAM, *L'Architecture militaire grecque*, 1982.

Les Fortifications grecques, Dossiers de l'archéologie, 172, 1992.

À la découverte des forteresses grecques, Dossiers de l'archéologie, 179, 1993.

Fr. LISSARAGUE, *L'Autre Guerrier. Archers, peltastes, cavaliers dans l'imagerie attique*, 1990.

I. G. SPENCE, *The Cavalry of Classical Greece*, 1993.

J. WORLEY, *Hippeis : the Cavalry of Ancient Greece*, 1994.

R. E. GAEBEL, *Cavalry Operations in the Ancient Greek World*, 2002.

L. BASCH, *Le Musée imaginaire de la marine antique*, 1987.

L. KALLET-MARX, *Money, Expense and Naval Power in Thucydides' History 1-5, 24*, 1993.

J. S. MORRISON, J. F. COATES, *Greek and Roman Oared Warships, 399-31 BC*, 1994.

J. S. MORRISON, J. F. COATES, N. B. RANKOV, *The Athenian Trireme. The History and Reconstruction of an Ancient Greek Warship*², 2000.

LES ÉVÉNEMENTS

D. KAGAN, *The Peloponnesian War : The Outbreak of the Peloponnesian War*, 1969 ; *The Archidamian War*, 1974 ; *The Peace of Nicias and the Sicilian Expedition*, 1981 ; *The Fall of the Athenian Empire*, 1987.

Éd. WILL, *Le Monde grec et l'Orient. Le ve siècle³*, Presses Universitaires de France, 1988.

P. BRIANT, « La guerre et la paix », dans P. BRIANT, P. LÉVÊQUE, *Le Monde grec aux temps classiques*, t. 1 : *Le ve siècle*, Presses Universitaires de France, 1995, p. 81-132.

J. F. LAZENBY, *The Peloponnesian War. A Military Study*, 2004.

G. E. M. DE STE CROIX, *The Origins of the Peloponnesian War*, 1972.

E. A. MEYER, « *The Outbreak of the Peloponnesian War* after twenty-five years », dans Ch. D. HAMILTON, P. KRENTZ (éds), *Polis and Polemos, Essays on Politics, War, and History in Ancient Greece in Honor of D. Kagan*, 1997, p. 23-54.

N. GESKE, *Nikias und das Volk von Athen im Archidamischen Krieg, Historia Einzelschriften*, 186, 2005.

J. HATZFELD, *Alcibiade. Étude sur l'histoire d'Athènes à la fin du ve siècle*, 1951.

P. GREEN, *Armada from Athens*, 1971.

L. KALLET, *Money and the Corrosion of Power in Thucydides. The Sicilian Expedition and Its Aftermath*, 2001.

B. BLECKMANN, *Athens Weg in die Niederlage. Die letzten Jahre des Peloponnesischen Krieges*, 1998.

E. LÉVY, *Athènes devant la défaite de 404. Histoire d'une crise idéologique*, 1976.

Cl. MOSSÉ, *Le Procès de Socrate*, 1996.

P. KRENTZ, *The Thirty at Athens*, 1982.

M. OSTWALD, *Oligarchia. The Development of a Constitutional Form in Ancient Greece, Historia Einzelschriften*, 144, 2000.

H. HEFTNER, *Der oligarchische Umsturz des Jahres 411 v. Chr. und die Herrschaft der Vierhundert in Athen*, 2001.

Chapitre 14 : Les Grecs en Occident, en Cyrénaïque et dans le Pont-Euxin

OCCIDENT

P. WUILLEUMIER, *Tarente des origines à la conquête romaine*, 1939.

G. URSO, *Taranto e gli xenikoì strategoí*, 1998.

E. M. DE JULIIS, *Città della Magna Grecia – Taranto*, 2000.

Taranto e il Mediterraneo, Atti del quarantunesimo convegno di studi sulla Magna Grecia (41e congrès de Tarente), 2002.

L. Costamagna, Cl. Sabbione, *Una città in Magna Grecia, Locri Epizefiri. Guida archeologica*, 1990.

F. Costabile (éd.), *Polis ed Olympieion a Locri Epizefiri*, 1992.

R. Lomas, *Rome and the Western Greeks 350 BC - 200 AD. Conquest and Acculturation in Southern Italy*, 1993.

Alessandro il Molosso e i « Condottieri » in Magna Grecia, Atti del quarantatreesimo convegno di studi sulla Magna Grecia (43e congrès de Tarente), 2004.

M. I. Finley, *La Sicile antique. Des origines à l'époque byzantine*, 1979, trad. française 1986.

R. J. A. Talbert, *Timoleon and the Revival of Greek Sicily, 344-317 B. C.*, 1974.

L. J. Sanders, *Dionysius of Syracuse and Greek Tyranny*, 1987.

B. Caven, *Dionysius I, War-Lord of Sicily*, 1990.

S. Berger, *Revolution and Society in Greek Sicily and Southern Italy*, 1992.

N. Luraghi, *Tirannidi arcaiche in Sicilia e Magna Grecia. Da Panezio di Leontini alla caduta dei Dinomenidi*, 1994.

S. N. Consolo Langher, *Un Imperialismo tra democrazia e tirannide : Siracusa nei secoli V e IV a. C.*, Kokalos, Suppl. 12, 1997.

F. Muccioli, *Dionisio II. Storia e tradizione letteraria*, Monografie di *Simblos*, 1, 2000.

S. N. Consolo Langher, *Agatocle. Da capoparte a monarca fondatore di un regno tra Cartagine e i diadochi*, 2000.

P. Rouillard, *Les Grecs et la péninsule Ibérique du VIIIe au IVe siècle avant Jésus-Christ*, 1991.

R. Plana-Mallart, *La* chora *d'Emporion. Paysages et structures agraires dans le nord-est catalan à la période préromaine*, 1994.

A. Hermary, A. Hesnard, H. Tréziny, *Marseille grecque, la cité phocéenne, 600-49 av. J.-C.*, 1999.

Cl. Rolley (dir.), *La Tombe princière de Vix*, 2003.

B. Cunliffe, *Pythéas le Grec découvre l'Europe du Nord, IVe siècle av. J.-C.*, trad. française 2003.

Voir aussi *supra*, chap. 8.

Cyrénaïque

Fr. Chamoux, *Cyrène sous la monarchie des Battiades*, 1953.

A. Laronde, *Cyrène et la Libye hellénistique. Libykai Historiai, de l'époque républicaine au principat d'Auguste*, 1987.

A. Laronde, J.-Cl. Golvin, *L'Afrique antique. Histoire et monuments. Libye, Tunisie, Algérie, Maroc*, 2001.

Pont-Euxin

D. M. Pippidi, *Scythica Minora. Recherches sur les colonies grecques du littoral roumain de la mer Noire*, 1975.

A. Chtcheglov, *Polis et Chôra. Cité et territoire dans le Pont-Euxin*, trad. française 1992.

Les Villes grecques de la mer Noire, Dossiers de l'archéologie, 188, 1993.

J. G. Vinogradov, S. D. Kryzickij, *Olbia. Eine altgriechische Stadt im nordwestlichen Schwarzmeerraum*, Mnemosyne, Suppl. 149, 1995.

L. Dubois, *Inscriptions grecques dialectales d'Olbia du Pont*, 1996.

R. Nawotka, *The Western Pontic Cities. History and Political Organization*, 1997.

S. J. Saprykin, *Heracleia Pontica and Tauric Chersonesus before Roman Domination*, 1997.

A. Bittner, *Gesellschaft und Wirtschaft in Herakleia Pontike. Eine Polis zwischen Tyrannis und Selbstverwaltung*, 1998.

A. Avram, *Inscriptions de Scythie mineure III. Callatis et son territoire*, 1999.

« Territoires coloniaux de mer Noire », dans M. Brunet (éd.), *Territoire des cités grecques*, Bulletin de correspondance hellénique, Suppl. 34, 1999, p. 244-353.

Y. Garlan (éd.), *Production et commerce des amphores anciennes en mer Noire*, 1999.

V. Stolba, L. Hannestad (éds), *Chronologies of the Black Sea Area in the Period c. 400-100 BC*, 2005.

Voir aussi *supra*, chap. 8.

Chapitre 15 : Les hégémonies de la première moitié du IVe siècle

Ouvrages généraux

*Cambridge Ancient History*², VI : *The Fourth Century B.C.*, 1994.

P. Carlier, *Le IVe Siècle grec jusqu'à la mort d'Alexandre*, Seuil, « Points », 1995.

P. CARLIER (éd.), *Le IVe Siècle av. J.-C. Approches historiographiques*, 1996.

L. A. TRITLE (éd.), *The Greek World in the Fourth Century. From the Fall of the Athenian Empire to the Successors of Alexander*, 1996.

ÉTUDES PARTICULIÈRES

P. BRIANT (éd.), *Dans les pas des Dix-Mille : peuples et pays du Proche-Orient vus par un Grec, Pallas*, 43, 1995.

Chr. TUPLIN, « On the Track of the Ten Thousand », *Revue des études anciennes*, 101, 1999, p. 331-366 (compte rendu du précédent).

R. LANE FOX (éd.), *The Long March. Xenophon and the Ten Thousand*, 2004.

J.-Cl. RIEDINGER, *Étude sur les Helléniques. Xénophon et l'histoire*, 1991.

J. DILLERY, *Xenophon and the History of his Times*, 1995.

Chr. TUPLIN (éd.), *Xenophon and his World. Papers from a Conference held in Liverpool in July 1999, Historia Einzelschriften*, 172, 2004.

C. BEARZOT, *Federalismo e autonomia nelle Elleniche di Senofonte*, 2004.

P. J. STYLIANOU, *A Historical Commentary on Diodorus Siculus, Book 15*, 1998.

T. T. B. RYDER, *Koine Eirene. General Peace and Local Independence in Ancient Greece*, 1965.

M. JEHNE, *Koine Eirene. Untersuchungen zu den Befriedungs- und Stabilisierungsbemühungen in der griechischen Poliswelt des 4. Jahrhunderts v. Chr., Hermes Einzelschriften*, 63, 1994.

K. SCHMIDT, « The Peace of Antalcidas and the Idea of the *Koine Eirene*. A Panhellenic Peace Movement », *Revue internationale des droits de l'Antiquité*, 46, 1999, p. 81-96.

Ph. DE SOUZA, *The Greek and Persian Wars, 499-386 BC*, 2003.

G. CAWKWELL, *The Greek Wars. The Failure of Persia*, 2005.

SPARTE

J.-Fr. BOMMELAER, *Lysandre de Sparte. Histoire et traditions*, 1981.

P. CARTLEDGE, *Agesilaos and the Crisis of Sparta*, 1987.

Ch. D. HAMILTON, *Agesilaus and the Failure of Spartan Hegemony*, 1991.

ATHÈNES

J. OBER, *Fortress Attica : Defense of the Athenian Land Frontier, 404-322 B.C.*, 1985.

B. STRAUSS, *Athens after the Peloponnesian War : Class, Faction and Policy, 403-386*, 1986.

S. ACCAME, *La lega ateniese del secolo IV A. C.*, 1941.

J. L. CARGILL, *The Second Athenian League. Empire or Free Alliance ?*, 1981.

M. DREHER, *Hegemon und Symmachoi. Untersuchungen zum Zweiten athenischen Seebund*, 1995.

J. L. CARGILL, *Athenian Settlements of the Fourth Century B.C.*, 1995.

R. J. BUCK, *Thrasybulus and the Athenian Democracy, Historia Einzelschriften*, 120, 1998.

O. PICARD, *Guerre et économie dans l'alliance athénienne (490-322 av. J.-C.)*, Sedes, 2000.

THÈBES ET AUTRES CITÉS OU LIGUES

P. CLOCHÉ, *Thèbes de Béotie. Des origines à la conquête romaine*, 1952.

P. SALMON, *Étude sur la Confédération béotienne (447/446-386). Son organisation et son administration*, 1978.

J. BUCKLER, *The Theban Hegemony (371-362)*, 1980.

R. J. BUCK, *Boiotia and the Boiotian League 432-371 B.C.*, 1994.

M. JEHNE, « Formen der thebanischen Hegemonial-politik zwischen Leuktra und Chaironeia », *Klio*, 81, 1999, p. 317-358.

O. PICARD, *Chalcis et la Confédération eubéenne, étude de numismatique et d'histoire (IVᵉ-Iᵉʳ s.)*, 1979.

C. GRANDJEAN, *Les Messéniens de 370/369 au Iᵉʳ siècle de notre ère. Monnayages et histoire, Bulletin de correspondance hellénique*, Suppl. 44, 2003.

P. DEBORD, *L'Asie Mineure au IVᵉ siècle (412-323 a. C.). Pouvoirs et jeux politiques*, 1999.

M. MOGGI, *I sinecismi interstatali greci. I. Dalle origini al 338 a. C.*, 1976.

H. BECK, *Polis und Koinon. Untersuchungen zur Geschichte und*

Struktur der griechischen Bundesstaaten im 4. Jahrhundert v. Chr., Historia Einzelschriften, 114, 1997.

Th. CORSTEN, *Vom Stamm zum Bund. Gründung und territoriale Organisation griechischer Bundesstaaten*, 1999.

Voir aussi *supra*, chap. 9.

Chapitre 16 : Philippe II et l'hégémonie macédonienne

LA MACÉDOINE

G. T. GRIFFITH, N. G. L. HAMMOND, *A History of Macedonia* II, 1979.

M. ANDRONICOS, *Vergina : the Royal Tombs and the Ancient City*, 1984.

N. G. L. HAMMOND, *The Macedonian State. Origins, Institutions and History*, 1989.

R. GINOUVÈS (éd.), *La Macédoine, de Philippe II à la conquête romaine*, 1993.

M. B. HATZOPOULOS, *Cultes et rites de passage en Macédoine*, 1994.

M. B. HATZOPOULOS, *Macedonian Institutions under the Kings* I (*a Historical and Epigraphic Study*) et II (*Epigraphic Appendix*), 1996.

M. MARI, *Al di là dell'Olimpo. Macedoni e grandi santuari della Grecia dall'età arcaica al primo ellenismo*, 2002.

S. Le BOHEC, « Les royaumes du Nord », dans P. BRULÉ, R. DESCAT, *Le Monde grec aux temps classiques*, t. 2 : *Le IVe Siècle*, Presses Universitaires de France, 2004, p. 181-231.

PHILIPPE

P. CLOCHÉ, *Un fondateur d'Empire : Philippe II, roi de Macédoine (383]2-336]5)*, 1955.

J. R. ELLIS, *Philip II and Macedonian Imperialism*, 1976.

G. CAWKWELL, *Philip of Macedon*, 1978.

M. B. HATZOPOULOS, L. D. LOUKOPOULOU (éds), *Philippe de Macédoine*, trad. française 1982.

J. BUCKLER, *Philip II and the Sacred War*, Mnemosyne, Suppl. 109, 1989.

N. G. L. HAMMOND, *Philip of Macedon*, 1994.

G. LE RIDER, *Monnayage et finances de Philippe II : un état de la question*, 1996.

J.-N. CORVISIER, *Philippe II de Macédoine*, 2002.

ATHÈNES ET AUTRES

P. CARLIER, *Démosthène*, 1990.

R. SEALEY, *Demosthenes and His Time. A Study in Defeat*, 1993.

G. A. LEHMANN, *Demosthenes von Athen. Ein Leben für die Freiheit*, 2004.

E. M. HARRIS, *Æschines and Athenian Politics*, 1995.

I. WORTHINGTON (éd.), *Demosthenes, Statesman and Orator*, 2000.

P. BRUN, *L'Orateur Démade. Essai d'histoire et d'historiographie*, 2000.

S. PSOMA, *Olynthe et les Chalcidiens de Thrace. Études de numismatique et d'histoire*, 2001.

P. CABANES, *Les Illyriens de Bardylis à Genthios (IVᵉ-IIᵉ s. av. J.-C.)*, 1988.

Z. H. ARCHIBALD, *The Odrysian Kingdom of Thrace. Orpheus Unmasked*, 1998.

I. LEBEDYNSKY, *Les Scythes. La civilisation des steppes (VIIᵉ-IIIᵉ s. av. J.-C.)*, 2001.

Chapitre 17 : Alexandre le Grand

A. B. BOSWORTH, *A Historical Commentary on Arrian's History of Alexander* I-II, 1980-1995.

P. GOUKOWSKY, *Essai sur les origines du mythe d'Alexandre* I-II, 1978-1981.

P. FAURE, *La Vie quotidienne des armées d'Alexandre*, Hachette, 1982.

P. FAURE, *Alexandre*, 1985.

P. GOUKOWSKY, « Alexandre et la conquête de l'Orient (336-323) », dans Éd. WILL *et al.* (éds), *Le Monde grec et l'Orient. Le IVᵉ siècle et l'époque hellénistique²*, Presses Universitaires de France, 1985, p. 247-333.

A. B. BOSWORTH, *Conquest and Empire. The Reign of Alexander the Great*, 1988.

P. GREEN, *Alexander of Macedon, 356-323 B.C. A Historical Biography²*, 1991.

P. Briant, *Histoire de l'empire perse, de Cyrus à Alexandre*, Fayard, 1996.

P. M. Fraser, *The Cities of Alexander the Great*, 1996.

G. Le Rider, « Cléomène de Naucratis », *Bulletin de correspondance hellénique*, 121, 1997, p. 71-93.

N. G. L. Hammond, *Le Génie d'Alexandre le Grand*, trad. française 2001.

J. Auberger, *Historiens d'Alexandre, textes traduits et annotés*, 2001.

P. Briant, *Alexandre le Grand⁵*, 2002.

W. Heckel, *The Wars of Alexander the Great*, 2003.

G. Le Rider, *Alexandre le Grand. Monnaie, finances et politique*, 2003.

O. Battistini, P. Charvet (dir.), *Alexandre le Grand, histoire et dictionnaire*, Robert Laffont, 2004.

F. L. Holt, *Into the Land of the Bones. Alexander the Great in Afghanistan*, 2005.

Voir aussi *supra*, chap. 16.

Chapitre 18 : Les mutations du IVᵉ siècle

RELIGION

Fr. Graf, *La Magie dans l'Antiquité gréco-romaine : idéologie et pratique*, 1994.

M. W. Dickie, *Magic and Magicians in the Greco-Roman World*, 2001.

M. Martin, *Magie et magiciens dans le monde gréco-romain*, 2005.

A. Burford, *The Greek Temple Builders at Epidauros*, 1969.

S. B. Aleshire, *The Athenian Asklepieion. The People, their Dedications, and the Inventories*, 1989.

S. B. Aleshire, *Asklepios at Athens. Epigraphic and Prosopographic Essays on the Athenian Healing Cults*, 1991.

R. Ginouvès et al. (éds), *L'Eau, la santé, la maladie dans le monde grec, Bulletin de correspondance hellénique*, Suppl. 28, 1994.

J. Jouanna, *Hippocrate²*, 1995.

H. Jeanmaire, *Dionysos, histoire du culte de Bacchus*, 1951.

K. Kerenyi, *Dionysos : Archetypal Image of Indestructible Life*, trad. anglaise 1976.

Fr. FRONTISI-DUCROUX, *Le Dieu-masque : une figure du Dionysos d'Athènes*, 1991.

R. HÄGG (éd.), *Ancient Greek Cult Practice from the Epigraphical Evidence*, 1994.

G. THÉRIAULT, *Le Culte d'Homonoia dans les cités grecques*, 1996.

Voir aussi *supra*, chap. 12.

APERÇU SOCIO-ÉCONOMIQUE : ÉTUDES SUR ATHÈNES ET AUTRES

J. K. DAVIES, *Athenian Propertied Families*, 1971.

Ph. GAUTHIER, *Un commentaire historique des Poroi de Xénophon*, 1976.

J. K. DAVIES, *Wealth and Power of Wealth in Classical Athens*, 1981.

E. E. COHEN, *Athenian Economy and Society. A Banking Perspective*, 1992.

J. TREVETT, *Apollodoros, the Son of Pasion*, 1992.

S. B. POMEROY, *Xenophon, Œconomicus : A Social and Historical Commentary*, 1994.

V. GABRIELSEN, *Financing the Athenian Fleet. Public Taxation and Social Relations*, 1994.

J. OULHEN, « La société athénienne », dans P. BRULÉ, R. DESCAT, *Le Monde grec aux temps classiques*, t. 2 : *Le IVe Siècle*, Presses Universitaires de France, 2004, p. 251-351.

N. F. JONES, *Rural Athens under the Democracy*, 2004.

St. HODKINSON, *Property and Wealth in Classical Sparta*, 2000.

R. BOGAERT, *Banques et banquiers dans les cités grecques*, 1968.

J. VÉLISSAROPOULOS, *Les Nauclères grecs. Recherches sur les institutions maritimes en Grèce et dans l'Orient hellénisé*, 1980.

G. E. M. DE STE CROIX, *The Class Struggle in the Ancient Greek World*, 1981.

A. FUKS, *Social Conflict in Ancient Greece*, 1984.

Chr. FEYEL, *Les Artisans dans les sanctuaires grecs aux époques classique et hellénistique à travers la documentation financière en Grèce*, 2006.

R. DESCAT, « L'économie », dans P. BRULÉ, R. DESCAT, *Le Monde grec aux temps classiques*, t. 2 : *Le IVe Siècle*, Presses Universitaires de France, 2004, p. 353-411.

L. P. MARINOVIC, *Le Mercenariat grec au IVe siècle avant notre ère et la crise de la polis*, trad. française 1988.

S. YALICHEV, *Mercenaries of the Ancient World*, 1997.

D. Whitehead, *Aineias the Tactician. How to survive under Siege*, 1990.

M. Bettali, *Enea Tattico, La difesa di una città assediata*, 1990.

P. Brun, « Guerre et finance : état de la question », *Pallas*, 51, 1999, p. 223-240.

L. Migeotte, « Les dépenses militaires des cités grecques : essai de typologie », dans J. Andreau, P. Briant, R. Descat (éd.), *La Guerre dans les économies antiques*, 2000, p. 145-175.

Voir aussi *supra*, chap. 12.

Évolutions politiques : études sur Athènes et autres

Chr. Pélékidis, *Histoire de l'éphébie attique, des origines à 31 avant Jésus-Christ*, 1962.

J. Engels, *Studien zur politischen Biographie des Hypereides : Athen in der Epoche der lykurgischen Reformen und des makedonischen Universalreiches*, 1989.

M. H. Hansen, *La Démocratie athénienne à l'époque de Démosthène. Structure, principes et idéologie*, trad. française 1993.

A. L. Boegehold et al., *The Lawcourts at Athens : Sites, Buildings, Equipment, Procedure and Testimonia* (*The Athenian Agora*, 28), 1995.

L. A. Burckhardt, *Bürger und Soldaten. Aspekte der politischen und militärischen Rolle Athenischer Bürger im Kriegswesen des 4. Jahrhunderts v. Chr.*, Historia Einzelschriften, 101, 1996.

J. Ober, *Political Dissent in Democratic Athens*, 1998.

H. J. Gehrke, *Stasis. Untersuchungen zu den inneren Kriegen in den griechischen Staaten des 5. und 4. Jahrhunderts v. Chr.*, 1985.

P. Fröhlich, *Les Cités grecques et le contrôle des magistrats (IVᵉ-Iᵉʳ siècle avant J.-C.)*, 2004.

Chapitres 19-21 : Le monde hellénistique jusqu'à la première guerre de Macédoine (323 - ca 215) ; les États hellénistiques face à Rome (ca 215-168) ; la fin du monde hellénistique (168-30)

Ouvrages généraux

Cl. Préaux, *Le Monde hellénistique. La Grèce et l'Orient de la mort d'Alexandre à la conquête romaine de la Grèce (323-*

146 a. C.), Presses Universitaires de France, 1978 (3ᵉ addendum bibliographique par I. SAVALLI-LESTRADE dans la réédition de 2002).

Éd. WILL, *Histoire politique du monde hellénistique (323-30 av. J.-C.)*², I-II, 1979-1982 (rééd. Seuil, « Points », 2003).

Éd. WILL, « Le monde hellénistique », dans Éd. WILL *et al.* (éds), *Le Monde grec et l'Orient. Le IVᵉ siècle et l'époque hellénistique*², Presses Universitaires de France, 1985, p. 337-645.

N. G. L. HAMMOND, F. W. WALBANK, *A History of Macedonia* III, 1988.

*Cambridge Ancient History*², VII 1 : *The Hellenistic World*, 1984.

*Cambridge Ancient History*², VII 2 : *The Rise of Rome to 220 B.C.*, 1989.

*Cambridge Ancient History*², VIII : *Rome and the Mediterranean to 133 B.C.*, 1989.

*Cambridge Ancient History*², IX : *The Last Age of the Roman Republic 146-43 B.C.*, 1994.

P. CABANES, *Le Monde hellénistique de la mort d'Alexandre à la paix d'Apamée, 323-188*, Seuil, « Points », 1995.

Cl. VIAL, *Les Grecs de la paix d'Apamée à la bataille d'Actium, 188-31*, Seuil, « Points », 1995.

P. GREEN, *D'Alexandre à Actium. Du partage de l'empire au triomphe de Rome*, Robert Laffont, trad. française 1997.

G. SHIPLEY, *The Greek World after Alexander 323-30 B.C.*, 2000.

H. J. GEHRKE, *Geschichte des Hellenismus*³, 2003.

O. PICARD *et al., Royaumes et cités hellénistiques de 323 à 55 av. J.-C.*, Sedes, 2003.

A. ERSKINE (éd.), *Le Monde hellénistique. Espaces, sociétés, cultures, 323-31 av. J.-C.*, Presses Universitaires de Rennes, trad. française 2004.

DIADOQUES, ROIS ET REINES

O. SCHMITT, *Der Lamische Krieg*, 1992.

H. BENGTSON, *Die Diadochen. Die Nachfolger Alexanders, 323-281*, 1987.

A. B. BOSWORTH, *The Legacy of Alexander : Politics, Warfare and Propaganda under the Successors*, 2002.

Chr. SCHÄFER, *Eumenes von Kardia und der Kampf um die Macht im Alexanderreich*, 2002.

F. Landucci Gattinoni, *L'arte del potere. Vita e opere di Cassandro di Macedonia, Historia Einzelschriften*, 171, 2003.

Cl. Wehrli, *Antigone et Démétrios*, 1968.

R. A. Billows, *Antigonos the One-Eyed and the Creation of the Hellenistic State*, 1990.

J. J. Gabbert, *Antigonus II Gonatas. A Political Biography*, 1997.

S. Le Bohec, *Antigone Dôsôn, roi de Macédoine*, 1993.

P. Meloni, *Perseo e la fine della monarchia macedonica*, 1953.

H. S. Lund, *Lysimachus. A Study in Early Hellenistic Kingship*, 1992.

F. Landucci Gattinoni, *Lisimaco di Tracia nella prospettiva del primo ellenismo*, 1992.

C. Franco, *Il regno di Lisimaco. Strutture amministrative e rapporti con le città*, 1993.

A. Mehl, *Seleukos Nikator und sein Reich* I. *Seleukos' Leben und die Entwicklung seiner Machtposition*, 1986.

J. D. Grainger, *Seleukos Nikator. Constructing a Hellenistic Kingdom*, 1990.

J. Ma, *Antiochos III et les cités de l'Asie Mineure occidentale*, trad. française 2004.

P. Lévêque, *Pyrrhos*, 1957.

P. Garoufalias, *Pyrrhus King of Epirus*, 1979.

S. N. Consolo Langher, *Agatocle. Da capoparte a monarca fondatore di un regno tra Cartagine e i Diadochi*, 2000.

M. Chauveau, *Cléopâtre au-delà du mythe*, 1998.

ROME ET L'ORIENT HELLÉNISTIQUE

E. S. Gruen, *The Hellenistic World and the Coming of Rome* I-II, 1984.

R. Bernhardt, *Polis und römische Herrschaft in der späten Republik (149-31 v. Chr.)*, 1985.

J.-L. Ferrary, *Philhellénisme et impérialisme. Aspects idéologiques de la conquête romaine du monde hellénistique*, 1988.

Cl. Nicolet (dir.), *Rome et la conquête du monde méditerranéen (264-27 av. J.-C.)*, t. 2, *Genèse d'un empire*, Presses Universitaires de France, rééd. 1989 avec mise à jour bibliographique.

I. Didu, *La fine della Confederazione achea. Lotta politica e rapporti con Roma dal 180 al 146 a. C.*, 1993.

R. Kallet-Marx, *Hegemony to Empire. The Development of the Roman Imperium in the East from 148 to 62 B. C.*, 1995.

Fr. de CALLATAŸ, *L'Histoire des guerres mithridatiques vue par les monnaies*, 1997.

Fr. HINARD (dir.), *Histoire romaine*, I. *Des origines à Auguste*, 2000.

J. D. GRAINGER, *The Roman War of Antiochos the Great, Mnemosyne*, Suppl. 239, 2002.

Chr. MÜLLER, Cl. HASENOHR, *Les Italiens dans le monde grec, IIᵉ siècle av. J.-C. - Iᵉʳ siècle ap. J.-C., Bulletin de correspondance hellénique*, Suppl. 41, 2002.

N. EHRHARDT, L.-M. GÜNTHER (éds), *Widerstand-Anpassung-Integration. Die griechische Staatenwelt und Rom ; Festschrift für Jürgen Deininger zum 65. Geburtstag*, 2002.

Cl. EILERS, *Roman Patrons of Greek Cities*, 2002.

J.-L FERRARY, « Rome et les monarchies hellénistiques dans l'Orient méditerranéen : le légat et le proconsul », dans Fr. PROST (éd.), *L'Orient méditerranéen de la mort d'Alexandre aux campagnes de Pompée. Cités et royaumes à l'époque hellénistique*, 2003, p. 403-412.

Chapitre 22 : Royaumes, cités et ligues à l'époque hellénistique

ROYAUMES

R. R. R. SMITH, *Hellenistic Royal Portraits*, 1988.

R. ÉTIENNE, « Basileia », *Topoi*, 8, 1998, p. 347-355 (compte rendu d'ouvrages récents sur les palais royaux).

I. SAVALLI-LESTRADE, *Les Philoi royaux dans l'Asie hellénistique*, 1998.

B. VIRGILIO, *Lancia, diadema e porpora. Il re e la regalità ellenistica²*, 2003.

I. SAVALLI-LESTRADE, « La place des reines à la cour et dans le royaume à l'époque hellénistique », dans R. FREI-STOLBA, A. BIELMAN, O. BIANCHI (éds), *Les Femmes antiques entre sphère privée et sphère publique. Actes du diplôme d'études avancées, Universités de Lausanne et Neuchâtel, 2000-2002*, 2003, p. 59-76.

K. BURASELIS, *Das hellenistische Makedonien und die Ägäis. Forschungen zur Politik des Kassandros und der drei ersten Antigoniden im Ägäischen Meer und in Westkleinasien*, 1982.

M. B. Hatzopoulos, *L'Organisation de l'armée macédonienne sous les Antigonides. problèmes anciens et documents nouveaux*, 2001.

E. Bevan, *Histoire des Lagides*, trad. française 1934.

R. S. Bagnall, *The Administration of the Ptolemaic Possessions outside Egypt*, 1976.

G. Husson, D. Valbelle, *L'État et les institutions en Égypte, des premiers pharaons aux empereurs romains*, A. Colin, 1992.

M. Chauveau, *L'Égypte au temps de Cléopâtre,180-30 av. J.-C.*, 1997.

W. Hub, *Ägypten in hellenistischer Zeit, 332-30 v. Chr.*, 2001.

B. Legras, *L'Égypte grecque et romaine*, A. Colin, 2004.

Fr. Duyrat, O. Picard (éds), *L'Exception égyptienne ? Production et échanges monétaires en Égypte hellénistique et romaine*, 2005.

E. Bikerman, *Institutions des Séleucides*, 1938.

B. Bar-Kochva, *The Seleucid Army : Organization and Tactics in the Great Campaigns*, 1976.

G. M. Cohen, *The Seleucid Colonies. Studies in Founding, Administration and Organization, Historia Einzelschriften*, 30, 1978.

M.-Fr. Boussac, J.-Fr. Salles (éds), « Les Séleucides : à propos de S. Sherwin-White et A. Kuhrt, *From Samarkhand to Sardis. A New Approach of the Seleucid Empire*, London 1993 », *Topoi*, 4, 1994, p. 431-610.

J. D. Lerner, *The Impact of Seleucid Decline on the Eastern Iranian Plateau. The Foundations of Arsacid Parthia and Graeco-Bactria, Historia Einzelschriften*, 123, 1999.

J. Wolski, *Seleucid and Arsacid Studies. A Progress Report on Developments in Source Research*, 2003.

L. Sève-Martinez, « Quoi de neuf sur le royaume séleucide ? », dans Fr. Prost (éd.), *L'Orient méditerranéen de la mort d'Alexandre aux campagnes de Pompée. Cités et royaumes à l'époque hellénistique*, 2003, p. 221-242.

B. Cabouret, P.-L. Gatier, C. Saliou (éds), *Antioche de Syrie. Histoire, images et traces de la ville antique, Topoi*, Suppl. 5, 2004.

V. Chankowski, F. Duyrat (éds), *Le Roi et l'économie. Autonomies locales et structures royales dans l'économie de l'empire séleucide, Topoi*, Suppl. 6, 2004.

G. G. Aperghis, *The Seleucid Royal Economy : the Finances and Financial Administration of the Seleukid Empire*, 2004.

E. V. Hansen, *The Attalids of Pergamon*[2], 1971.

R. E. Allen, *The Attalid Kingdom. A Constitutional History*, 1983.

W. Radt, *Pergamon. Geschichte und Bauten einer antiken Metropole*, 1999.

Istanbuler Mitteilungen, 54, 2004 : numéro consacré à Pergame (« Mélanges » W. Radt).

Cités

Ph. Gauthier, *Symbola. Les étrangers et la justice dans les cités grecques*, 1972.

P. Veyne, *Le Pain et le Cirque. Sociologie historique d'un pluralisme politique*, 1976.

Ph. Gauthier, *Les Cités grecques et leurs bienfaiteurs, Bulletin de correspondance hellénique*, Suppl. 12, 1985.

P. Fröhlich, Chr. Müller (éds), *Citoyenneté et participation à la basse époque hellénistique*, 2005.

A. Bielman, *Femmes en public dans le monde hellénistique*, Sedes, 2002.

G. M. Cohen, *The Hellenistic Settlements in Europe, the Islands and Asia Minor*, 1995.

O. Curty, *Les Parentés légendaires entre cités grecques*, 1995.

K. J. Rigsby, *Asylia. Territorial Inviolability in the Hellenistic World*, 1996.

Chr. Habicht, *Athènes hellénistique. Histoire de la cité d'Alexandre le Grand à Marc-Antoine*, 1995, trad. française mise à jour 2000, corrigée et augmentée en 2006.

P. Cartledge, A. Spawforth, *Hellenistic and Roman Sparta. A Tale of two Cities*[2], 2002.

D. Knoepfler, *Décrets érétriens de proxénie et de citoyenneté*, 2001.

R. M. Berthold, *Rhodes in the Hellenistic Age*, 1984.

V. Gabrielsen, *The Naval Aristocracy of Hellenistic Rhodes*, 1996.

H.-U. Wiemer, *Krieg, Handel und Piraterie. Untersuchungen zur Geschichte des hellenistischen Rhodos*, 2002.

W. Hoepfner, *Der Koloss von Rhodos und die Bauten des Helios. Neue Forschungen zu einem der Sieben Weltwunder*, 2003.

Cl. Vial, *Délos indépendante (314-167 avant J.-C.). Étude d'une communauté civique et de ses institutions, Bulletin de correspondance hellénique*, Suppl. 10, 1984.

P. Roussel, *Délos colonie athénienne*, 1916 ; rééd. mise à jour, 1987.

N. K. Rauh, *The Sacred Bonds of Commerce. Religion, Economy and Trade Society at Hellenistic Roman Delos, 166-87 B.C.*, 1993.

R. Étienne, *Ténos II. Ténos et les Cyclades du milieu du IVᵉ siècle av. J.-C. au milieu du IIIᵉ siècle ap. J.-C.*, 1990.

G. Labarre, *Les Cités de Lesbos aux époques hellénistique et impériale*, 1996, avec le compte rendu de Ph. Gauthier, *Topoi*, 7, 1997, p. 349-361.

C. Carusi, *Isole e Peree in Asia Minore. Contributi allo studio dei rapporti tra poleis insulari e territori continentali dipendenti*, 2003.

K. Höghammar (éd.), *The Hellenistic Polis of Kos. State, Economy and Culture, Boreas*, 28, 2004.

A. Bresson, R. Descat (éds), *Les Cités d'Asie Mineure occidentale au IIᵉ s. av. J.-C.*, 2001.

L. et J. Robert, *Claros I. Décrets hellénistiques*, 1989.

S. Karwiese, *Groß ist die Artemis von Ephesos. Die Geschichte einer der großen Städte der Antike*, 1995.

M.-Chr. Marcellesi, *Milet des Hécatomnides à la domination romaine. Pratiques monétaires et histoire de la cité du IVᵉ au IIᵉ siècle av. J.-C.*, 2004.

Ligues ; études régionales

P. Roesch, *Thespies et la Confédération béotienne*, 1965.

P. Roesch, *Études béotiennes*, 1982.

R. M. Errington, *Philopoemen*, 1969.

R. Urban, *Wachstum und Krise des achäischen Bundes. Quellenstudien zur Entwicklung des Bundes von 280 bis 222 v. Chr., Historia Einzelschriften*, 35, 1979.

A. Bastini, *Der achäische Bund als hellenistische Mittelmacht. Geschichte des achäischen Koinon in der Symmachie mit Rom*, 1987.

J. D. Grainger, *The League of the Aitolians, Mnemosyne*, Suppl. 200, 1999.

J. B. Scholten, *The Politics of Plunder : Aitolians and their Koinon in the Early Hellenistic Era, 279-217 B.C.*, 2000.

O. Dany, *Akarnanien im Hellenismus. Geschichte und Völkerrecht in Nordwestgriechenland*, 1999.

P. Cabanes, *L'Épire de la mort de Pyrrhos à la conquête romaine (272-167)*, 1976.

P. Cabanes, *Les Illyriens de Bardylis à Genthios (IVᵉ-IIᵉ s. av. J.-C.)*, 1988.

R. Berhwald, *Der Lykische Bund. Untersuchungen zu Geschichte und Literatur*, 2000.

M. Sartre, *D'Alexandre à Zénobie. Histoire du Levant antique, IVᵉ siècle av. J.-C. - IIIᵉ siècle ap. J.-C.*, Fayard, 2001.

M. Sartre, *L'Anatolie hellénistique de l'Égée au Caucase (334-31 av. J.-C.)*, A. Colin, 2003.

Chr. G. Schwentzel, *L'Orient méditerranéen à l'époque hellénistique*, Éd. du Temps, 2003.

M.-Fr. Baslez (dir.), *L'Orient hellénistique, 323-55 av. J.-C.*, Atlande, 2004.

P. Fröhlich, *Les Grecs en Orient (IVᵉ-Iᵉʳ siècle av. J.-C.). L'héritage d'Alexandre* (La Documentation française. Documentation photographique, dossier nº 8040), 2004.

Chapitre 23 : La civilisation hellénistique

Grecs et non-Grecs

A. Momigliano, *Sagesses barbares, les limites de l'hellénisation*, trad. française 1979.

Fr. Dunand, « Grecs et Égyptiens en Égypte lagide. Le problème de l'acculturation », *Modes de contacts et processus de transformation dans les sociétés anciennes*, Collection de l'École française de Rome, 67, 1983.

N. Lewis, *Greeks in Ptolemaic Egypt. Case Studies in the Social History of the Hellenistic World*, 1986.

A. E. Veisse, *Les « révoltes égyptiennes ». Recherches sur les troubles intérieurs en Égypte du règne de Ptolémée III à la conquête romaine*, 2004.

K. Strobel, *Die Galater : Geschichte und Eigenart der keltischen Staatenbildung auf dem Boden des hellenistischen Kleinasien*, 1996.

Cl. Rapin, « Greeks in Afghanistan : Aï Khanum », dans J.-P. Descœudres (éd.), *Greek Colonists and Native Populations*, 1990, p. 329-342.

Cl. Rapin, *La Trésorerie du palais hellénistique d'Aï Khanoum. L'apogée et la chute du royaume grec de Bactriane* (*Fouilles d'Aï Khanoum*, VIII), 1991.

O. Bopearachchi, *Monnaies gréco-bactriennes et indo-grecques. Catalogue raisonné*, 1991.

F. L. Holt, *Thundering Zeus : the Making of Hellenistic Bactria*, 1999.

P. Bernard, G.-J. Pinault, G. Rougemont, « Deux nouvelles inscriptions grecques de l'Asie centrale », *Journal des Savants*, 2004, p. 227-356.

R. Thapar, *Asoka and the Decline of the Mauryas*², 1997.

K. Karttunen, *India and the Hellenistic World*, 1997.

B. Bar-Kochva, *Judas Maccabaeus. The Jewish Struggle against the Seleucids*, 1989.

J. J. Collins, G. E. Sterling (éds), *Hellenism in the Land of Israel*, 2001.

Les religions

A.-J. Festugière, *La Vie spirituelle en Grèce à l'époque hellénistique*, 1977.

Ph. Bruneau, *Recherches sur les cultes de Délos à l'époque hellénistique et à l'époque romaine*, 1970.

J. D. Mikalson, *Religion in Hellenistic Athens*, 1998.

Fr. Perpillou-Thomas, *Fêtes d'Égypte ptolémaïque et romaine d'après la documentation papyrologique grecque*, 1993.

L. Bricaut, *Atlas de la diffusion des cultes isiaques*, 2001.

P. Debord, *Aspects sociaux et économiques de la vie religieuse dans l'Anatolie gréco-romaine*, 1982.

J. de La Genière, « Le sanctuaire d'Apollon à Claros », *Revue des études grecques*, 103, 1990, p. 96-110.

B. Dignas, *Economy of the Sacred in Hellenistic and Roman Asia Minor*, 2002.

Chr. Habicht, *Gottmenschentum und griechische Städte*², 1970.

P. Debord, « Le culte royal chez les Séleucides », dans Fr. Prost (éd.), *L'Orient méditerranéen de la mort d'Alexandre aux campagnes de Pompée. Cités et royaumes à l'époque hellénistique*, 2003, p. 281-308.

P. Van Nuffelen, « Le culte royal de l'empire des Séleucides : une réinterprétation », *Historia*, 53, 2004, p. 278-301.

P. Hamon, « Les prêtres du culte royal dans la capitale des Attalides : note sur le décret de Pergame en l'honneur du roi Attale
III (*OGIS* 332) », *Chiron*, 34, 2004, p. 169-185.

R. Mellor, *Théa Rhômè. The Worship of the Goddess Roma in the
Greek World*, 1975.

Économie et société

M. I. Rostovtzeff, *Histoire économique et sociale du monde hellénistique*, 1941, trad. française, Robert Laffont, 1989.

F. Papazoglou, Laoi *et* Paroikoi. *Recherches sur la structure de la
société hellénistique*, 1997.

Z. H. Archibald *et al.* (éds), *Hellenistic Economies*, 2001.

R. Descat, « Qu'est-ce que l'économie royale ? », dans Fr. Prost
(éd.), *L'Orient méditerranéen de la mort d'Alexandre aux campagnes de Pompée. Cités et royaumes à l'époque hellénistique*,
2003, p. 149-168.

Cl. Orrieux, *Les Papyrus de Zénon. L'horizon d'un Grec en
Égypte au III*[e] *siècle avant J.-C.*, 1983.

Cl. Orrieux, *Zénon de Caunos, parépidèmos, et le destin grec*,
1985.

W. Clarysse, K. Vandorpe, *Zénon, un homme d'affaires grec à
l'ombre des pyramides*, 1995.

L. Migeotte, *L'Emprunt public dans les cités grecques*, 1984.

L. Migeotte, *Les Souscriptions publiques dans les cités grecques*,
1992.

G. Hellenkemper Salies *et al.* (éds), *Das Wrack. Der antike
Schiffsfund von Mahdia* I-II, 1994.

M. Sartre, A. Tranoy, *La Méditerranée antique, IV*[e] *siècle av.
J.-C./III*[e] *siècle ap. J.-C.*[2], A. Colin, 1997.

J.-P. Morel, « Le commerce à l'époque hellénistique et romaine et
les enseignements des épaves », dans G. Volpe (éd.), *Archeologia subacquea. Come opera l'archeologo sott'acqua. Storie
dalle acque*, 1998, p. 485-529.

Ph. de Souza, *Piracy in the Graeco-Roman World*, 1999.

A. Chaniotis (éd.), *From Minoan Farmers to Roman Traders :
Sidelights on the Economy of Ancient Crete*, 1999.

M.-Chr. Marcellesi, « Commerce, monnaies locales et monnaies
communes dans les États hellénistiques », *Revue des études
grecques*, 113, 2000, p. 326-358.

M. Launey, *Recherches sur les armées hellénistiques*, 1949 ; rééd. mise à jour par Y. Garlan *et al.* en 1987.

A. Bielman, *Retour à la Liberté, libération et sauvetage des prisonniers en Grèce ancienne*, 1994.

P. Baker, « La guerre à l'époque hellénistique », dans Fr. Prost (éd.), *L'Orient méditerranéen de la mort d'Alexandre aux campagnes de Pompée. Cités et royaumes à l'époque hellénistique*, 2003, p. 381-402.

A. Chaniotis, *War in the Hellenistic World. A Social and Cultural History*, 2005.

Alexandrie et la culture hellénistique

P. M. Fraser, *Ptolemaic Alexandria* I-III, 1972.

L. Canfora, *La Véritable Histoire de la bibliothèque d'Alexandrie*, trad. française 1988.

A. Bernand, *Alexandrie la Grande*[2], 1998.

Catalogue de l'exposition *La Gloire d'Alexandrie*, Paris Musées, 1998.

J.-Y. Empereur, *Alexandrie redécouverte*, 1998.

J.-Y. Empereur (éd.), *Commerce et artisanat dans l'Alexandrie hellénistique et romaine*, Bulletin de correspondance hellénique, Suppl. 33, 1998.

P. Ballet, *La Vie quotidienne à Alexandrie (331-30 av. J.-C.)*, Hachette, 1999.

A. Adriani, *La tomba di Alessandro. Realtà, ipotesi e fantasie*, 2000.

Fr. Goddio *et al.*, *Alexandrie, les quartiers royaux submergés*, 2000.

L. Canfora, *Histoire de la littérature grecque à l'époque hellénistique*, 1989, trad. française 2004.

G. E. R. Lloyd, *Une histoire de la science grecque*, trad. française 1993.

J. Sirinelli, *Les Enfants d'Alexandre. La littérature et la pensée grecques. 334 av. J.-C. - 519 ap. J.-C.*, 1993.

C. Lévy, *Les Philosophies hellénistiques*, Le Livre de Poche, « Références », n° 537, 1997.

K. Geus, *Eratosthenes von Kyrene : Studien zur hellenistischen Kultur- und Wissenschaftsgeschichte*, 2002.

L. Casson, *Libraries in the Ancient World*, 2001.

E. Perrin-Saminadayar, « Des élites intellectuelles à Athènes à l'époque hellénistique ? Non, des notables », dans M. Cébeillac-

GERVASONI, L. LAMOINE (éds), *Les Élites et leurs facettes. Les élites locales dans le monde hellénistique et romain*, 2003, p. 383-400.

E. SAMAMA, *Les Médecins dans le monde grec. Sources épigraphiques sur la naissance d'un corps médical*, 2003.

N. MASSAR, *Soigner et servir. Histoire sociale et culturelle de la médecine grecque à l'époque hellénistique*, 2005.

A. BÉLIS, *Les Musiciens dans l'Antiquité*, 1999.

B. LE GUEN, *Les Associations de technites dionysiaques à l'époque hellénistique*, 2001.

S. ANEZIRI, *Die Vereine der Dionysischen Techniten im Kontext der hellenistischen Gesellschaft*, *Historia Einzelschriften*, 163, 2003.

J. DELORME, *Gymnasion. Étude sur les monuments consacrés à l'éducation en Grèce*, 1960.

Ph. GAUTHIER, M. B. HATZOPOULOS, *La Loi gymnasiarchique de Béroia*, 1993.

Ph. GAUTHIER, « Notes sur le rôle du gymnase dans les cités hellénistiques », dans M. WÖRRLE, P. ZANKER (éds), *Stadtbild und Bürgerbild im Hellenismus*, 1995, p. 1-11.

D. KAH, P. SCHOLTZ (éds), *Das hellenistische Gymnasion*, 2005.

B. LEGRAS, *Néotês. Recherches sur les jeunes Grecs dans l'Égypte ptolémaïque*, 1999.

J.-Y. MARC, J.-Ch. MORETTI (éds), *Constructions publiques et programmes édilitaires en Grèce, II* s. av. - I** *s. ap. J.-C.*, *Bulletin de correspondance hellénique*, Suppl. 39, 2001.

Voir aussi ci-après, chap. 24.

Chapitre 24 : Épilogue

OUVRAGES GÉNÉRAUX

M. SARTRE, *L'Orient romain. Provinces et sociétés provinciales en Méditerranée orientale d'Auguste aux Sévères (31 avant J.-C. - 235 après J.-C.)*, Seuil, 1991.

F. MILLAR, *The Roman Near East (31 B.C. - A. D. 337)*, 1993.

Cl. LEPELLEY (dir.), *Rome et l'intégration de l'Empire, 44 av. J.-C. - 260 ap. J.-C.*, t. 2, *Approches régionales du Haut-Empire romain*, Presses Universitaires de France, 1998.

Y. MODÉRAN, *L'Empire romain tardif, 235-395 ap. J.-C.*, Ellipses, 2003.

ÉTUDES RÉGIONALES

P. GRAINDOR, *Athènes sous Auguste*, 1923.

P. GRAINDOR, *Athènes de Tibère à Trajan*, 1931.

P. GRAINDOR, *Athènes sous Hadrien*, 1934.

S. FOLLET, *Athènes au IIᵉ et au IIIᵉ siècle. Études chronologiques et prosopographiques*, 1976.

P. GRAINDOR, *Un milliardaire antique, Hérode Atticus et sa famille*, 1930.

J. TOBIN, *Herodes Attikos and the city of Athens. Patronage and Conflict under the Antonines*, 1997.

R. ÉTIENNE, *Athènes, espaces urbains et histoire. Des origines à la fin du IIIᵉ siècle ap. J.-C.*, Hachette Supérieur, 2004.

A. D. RIZAKIS, *Achaïe* II. *La cité de Patras : épigraphie et histoire*, 1998.

A. D. RIZAKIS et al., *Roman Peloponnese. Roman Personal Names in their Social Context*, I (*Achaia, Arcadia, Argolis, Corinthia and Eleia*), 2001 ; II (*Laconia and Messenia*), 2004.

A. HUPFLOHER, *Kulte im kaiserzeitliche Sparta. Eine Rekonstruktion anhand der Priesterämter*, 2000.

S. B. ZOUMBAKI, *Elis und Olympia in der Kaiserzeit. Das Leben einer Gesellschaft zwischen Stadt und Heiligtum auf prosopographischer Grundlage*, 2001.

F. PAPAZOGLOU, *Les Villes de Macédoine à l'époque romaine, Bulletin de correspondance hellénique*, Suppl. 16, 1988.

D. STRAUCH, *Römische Politik und Griechische Tradition. Die Umgestaltung Nordwest-Griechenlands unter römischer Herrschaft*, 1996.

L. ROBERT, « La titulature de Nicée et de Nicomédie : la gloire et la haine », *Harvard Studies in Classical Philology*, 81, 1977, p. 1-39 (article reproduit dans les *Opera Minora Selecta*, VI, p. 211-249).

M. SARTRE, *L'Asie Mineure et l'Anatolie d'Alexandre à Dioclétien*, A. Colin, 1995.

St. MITCHELL, *Anatolia, Land, Men and Gods*. I, *The Celts in Anatolia and the Impact of Roman Rule* ; II, *The Rise of the Church*, 1995.

G. LABARRE, M.-Th. LE DINAHET, « Les métiers du textile en Asie Mineure de l'époque hellénistique à l'époque impériale », *Aspects de l'artisanat du textile dans le monde méditerranéen (Égypte, Grèce, Monde romain)*, 1996.

G. D. MEROLA, *Autonomia locale, Governo imperiale. Fiscalità e amministrazione nelle province asiane*, 2001.

H. HALFMANN, *Éphèse et Pergame. Urbanisme et commanditaires en Asie Mineure romaine*, 2004.

H.-L. FERNOUX, *Notables et élites de Bithynie aux époques hellénistique et romaine (IIIᵉ siècle av. J.-C./IIIᵉ siècle ap. J.-C.). Essai d'histoire sociale*, 2004.

M. SARTRE, *D'Alexandre à Zénobie. Histoire du Levant antique, IVᵉ siècle av. J.-C. - IIIᵉ siècle ap. J.-C.*, Fayard, 2001.

G. HUSSON, D. VALBELLE, *L'État et les institutions en Égypte, des premiers pharaons aux empereurs romains*, A. Colin, 1992.

B. LEGRAS, *L'Égypte grecque et romaine*, A. Colin, 2004.

QUESTIONS DIVERSES

G. W. BOWERSOCK, *Augustus and the Greek World*, 1965.

M. T. BOATWRIGHT, *Hadrian and the Cities of the Roman Empire*, 2000.

S. WALKER, A. CAMERON (éds), *The Greek Renaissance in the Roman Empire*, 1989.

S. E. ALCOCK, *Graecia Capta. The Landscapes of Roman Greece*, 1993.

Fr. QUAß, *Die Honoratiorenschicht in den Städten des griechischen Ostens, Untersuchungen zur politischen und sozialen Entwicklung in hellenistischer und römischer Zeit*, 1993 (compte rendu de Ph. GAUTHIER, *Bulletin épigraphique, Revue des études grecques*, 107, 1994, n° 194, p. 505-508).

M. SARTRE, A. TRANOY, *La Méditerranée antique, IVᵉ siècle av. J.-C./IIIᵉ siècle ap. J.-C.²*, A. Colin, 1997.

J. SIRINELLI, *Les Enfants d'Alexandre. La littérature et la pensée grecques. 334 av. J.-C. - 519 ap. J.-C.*, 1993.

S. SWAIN, *Hellenism and Empire*, 1996.

J. SIRINELLI, *Plutarque de Chéronée. Un philosophe dans le siècle*, 2000.

B. PUECH, *Orateurs et sophistes grecs dans les inscriptions d'époque impériale*, 2002.

S. FOLLET (éd), *L'Hellénisme d'époque romaine : nouveaux documents, nouvelles approches (Iᵉʳ s. a. C. - IIIᵉ s. p. C.)*, 2004.

P. Veyne, *L'empire gréco-romain*, 2005.

A. Chastagnol, *La Fin du monde antique*, 1976.

G. W. Bowersock, *Hellenism in Late Antiquity*, 1990.

I. Becker, *Paul. « L'apôtre des Nations »*, trad. française 1995.

P. Maraval, *Le Christianisme de Constantin à la conquête arabe*[2], 2001.

J.-Cl. Cheynet, *Byzance. L'Empire romain d'Orient*, A. Colin, 2002.

INDEX DES NOMS DE PERSONNES, DE FAMILLES ET DE DIVINITÉS

INDEX DES NOMS DE LIEUX, DE PEUPLES ET ASSIMILÉS

604 *Index des noms de lieux, de peuples et assimilés*

INDEX DES MOTS GRECS ET LATINS

logistai : 346
logos : 208

macédoniarque : 483
machimoi : 424, 452
médimne : 233, 338, 464
mégaron : 52, 62, 71, 75, 76, 97
mérides : 392, 419
mérismos : 350
mésogée : 164
métèques : 164, 167, 208, 228,
   229, 231, 232, 252, 309, 340,
   341, 343, 349, 351
mètis : 188
métoikion : 228, 349
métonomasie : 431
métrète : 234
métronomes : 340
miasma : 214
mine : 140
misthoi : 169, 203, 225, 232,
   249, 338
misthos dikastikos : 203
misthos ekklèsiastikos : 255,
   338
misthos hèliastikos : 203
moira : 113
monumentum ephesenum : 405
mothakes : 152, 154
mothônes : 154
myste : 218

naucraries : 156
nauklèroi : 342
navarque : 250, 442
negotiatores : 405, 465
néocore : 484, 487

néodamodes : 154, 256
néoi : 478
néoploutoi : 253
néopolitai : 265
nikè : 416
nomarques : 424
nomes : 424
nomisma : 139
nomos : 139, 166
nomos empsychos : 417
nomothètes : 254, 347
nous : 204

ôbai : 151
obéloi : 140
obole : 140
oikétai : 229
oikistès : 129
oikonomia attikè : 234
oikos : 111, 112, 115, 119, 129,
   148, 214, 227, 234
oikouménè : 19, 277, 330, 332,
   462, 482
oliganthropie : 43, 45, 292, 336,
   439
oligoi : 122, 203
olpè : 123
opisthodome : 266
oppidum : 275
ostraka : 24, 166, 426
ouranien (*ouranos*) : 214

paideia : 222, 468, 477
paides : 479
panégyrie : 219
panoplie : 124, 199
paragraphè : 347

INDEX THÉMATIQUE

TABLE DES CARTES

TABLE DES FIGURES

TABLE

Table 631

L'Antiquité grecque
dans Le Livre de Poche

ARISTOTE

Constitution d'Athènes   n° 4688

La Constitution d'Athènes est la seule qui nous soit parvenue des
158 monographies des cités grecques composées au sein de l'école
d'Aristote, peu après le milieu du IVe siècle av. J.-C. Ce texte donne
une description inégalée du régime politique de cette cité, et montre
les étapes de sa mise en place.

DONALD J. ALLAN

Aristote le philosophe   n° 595

Historien de la philosophie, Allan offre une magistrale introduction
à l'œuvre du philosophe le plus influent et le plus commenté de
toute l'histoire. Il reconstitue sa formation intellectuelle, son rapport au platonisme et expose l'ensemble de sa démarche philosophique.

LUCIANO DE CRESCENZO

Les Grands Philosophes de la Grèce antique   n° 4306

La Grèce antique, parce qu'elle a inventé la philosophie, est considérée comme le berceau de notre civilisation européenne. On trouvera
ici une présentation claire, accessible des idées des grands philosophes, de Diogène le Cynique à Aristote, et du dernier entretien de
Socrate le sage avec ses disciples aux grands mythes platoniciens.

PAUL DEMONT et ANNE LEBEAU

Introduction au théâtre grec antique n° 525

Les grandes étapes de la formation et du développement du théâtre grec antique : genèse des spectacles, description des représentations au siècle de Périclès, âge d'or de la production théâtrale, lien entre théâtre et cité...

MARCEL DETIENNE

Les Maîtres de vérité dans la Grèce archaïque n° 611

« Les Maîtres de vérité... trois types de personnages que leurs fonctions qualifient, dans le contexte social et culturel de la Grèce archaïque, comme détenteurs d'un privilège inséparable de leur rôle institutionnel. Ces trois personnages sont l'aède, le devin, le roi de justice ; leur commun privilège est de dispenser la "Vérité". »

DIOGÈNE LAËRCE

Vies et doctrines des philosophes illustres La Pochothèque

Au début de III⁰ siècle de notre ère, Diogène Laërce a rassemblé en dix livres à peu près tout ce qu'un honnête homme à l'époque savait de l'histoire de la philosophie depuis ses origines et de la vie des philosophes les plus célèbres. Agrémentées de poèmes de sa composition, ces biographies sont pour l'historien de la philosophie d'une valeur inestimable.

ROBERT GRAVES

Les Mythes grecs La Pochothèque

Près de 200 mythes, de la création de l'Olympe et de la vie de ses dieux jusqu'à l'*Iliade* et l'*Odyssée*. Une somme qui s'est imposée au fil des décennies comme l'un des livres de référence les plus suggestifs et les plus stimulants pour une relecture moderne des « fables antiques ».

Marie-Christine Hellmann

L'Architecture grecque   n° 544

Si l'architecture d'époque ou d'inspiration romaine est nettement
plus présente en France que l'architecture grecque, celle-ci n'en
reste pas moins bien visible, à travers les réalisations néo-grecques
les plus variées...

Bernard Holtzmann

La Sculpture grecque   n° 31778

Des figurines primitives de l'époque géométrique aux statues honorifiques des notables de l'Antiquité tardive, cet ouvrage présente,
en 125 œuvres photographiées et commentées, plus d'un millénaire
de sculpture grecque : matériaux, genres, sujets, styles sont abordés
tour à tour.

Pierre Lévêque

L'Aventure grecque   n° 449

Cinq mille ans d'Antiquité en Grèce et dans le monde grec, des
premiers établissements néolithiques jusqu'à la conquête romaine,
et des confins de la mer Noire et de l'Inde à l'Europe occidentale,
illustrant le dynamisme d'un peuple qui a fondé la culture classique
dont nous avons recueilli l'héritage.

Jean-Charles Moretti

Théâtre et société dans la Grèce antique   n° 585

Le théâtre est certainement la partie la plus immédiatement accessible de l'héritage grec antique : les tragédies d'Eschyle, de Sophocle,
d'Euripide, les comédies d'Aristophane ne cessent d'être reprises
et interprétées avec la liberté que supportent les grands textes. Mais
que savons-nous des pratiques théâtrales des Grecs, à quelle fin ces

chefs-d'œuvre ont-ils été créés, qui les jouait, qu'est-ce qu'une mise en scène antique, comment se présentaient les lieux de théâtre, qui les fréquentait ?

LAURENT PERNOT

La Rhétorique dans l'Antiquité   n° 553

L'art qui vise à comprendre, à produire et à réguler la persuasion, a été inventé par l'Antiquité. Aujourd'hui, la rhétorique antique, créatrice d'un vocabulaire encore en usage, donne des clefs indispensables pour aborder les problèmes actuels de la théorie littéraire, de la communication et du débat politique ou judiciaire.

JACQUELINE DE ROMILLY

Les Grands Sophistes dans l'Athènes de Périclès   n° 479

Tous les grands auteurs du « siècle de Périclès » ont été les disciples de ces maîtres d'un nouveau genre que furent les sophistes. Avec la rhétorique, ceux-ci ont développé l'art de raisonner. Ils ont ouvert la voie à toutes les formes de la libre pensée.

Les Cyniques grecs   n° 4614

Les Cyniques ont représenté un mouvement intellectuel singulier qui s'est violemment affronté aux valeurs établies et aux philosophies dominantes de l'époque (IVe siècle avant J.-C.). Ils ont développé ce qui s'est peu à peu affirmé comme une attitude philosophique critique, sans équivalent dans l'histoire de la pensée, dont l'ironie aura été l'arme principale.

Les Tragiques grecs   La Pochothèque

ESCHYLE : Les Perses / Les Sept contre Thèbes / Les Suppliantes / L'Orestie : Agamemnon, Les Choéphores, Les Euménides / Prométhée enchaîné.

Le Livre de Poche s'engage pour
l'environnement en réduisant
l'empreinte carbone de ses livres.
Celle de cet exemplaire est de :
1,100 kg éq. CO_2
Rendez-vous sur
www.livredepoche-durable.fr

PAPIER À BASE DE
FIBRES CERTIFIÉES

Composition réalisée par Nord Compo

Imprimé en France par CPI
en juin 2018
N° d'impression : 2036100
Dépôt légal 1re publication : février 2007
Édition 09 - juin 2018
LIBRAIRIE GÉNÉRALE FRANÇAISE
21, rue du Montparnasse - 75298 Paris Cedex 06